"十三五"国家重点出版物出版规划项目

高速铁路线路工程关键技术丛书

高速铁路轨道不平顺大数据分析与智能维修

何庆 王平 著

西南交通大学出版社

·成都·

图书在版编目（CIP）数据

高速铁路轨道不平顺大数据分析与智能维修 / 何庆，王平著. —成都：西南交通大学出版社，2022.12
（高速铁路线路工程关键技术丛书）
"十三五"国家重点出版物出版规划项目
ISBN 978-7-5643-9063-1

Ⅰ.①高… Ⅱ.①何…②王… Ⅲ.①高速铁路 – 轨道不平顺（铁路）– 研究 Ⅳ.①U211.3

中国版本图书馆 CIP 数据核字（2022）第 246407 号

"十三五"国家重点出版物出版规划项目
高速铁路线路工程关键技术丛书

Gaosu Tielu Guidao Bupingshun Dashuju Fenxi yu Zhineng WeiXiu
高速铁路轨道不平顺大数据分析与智能维修

何庆 王平 著

*

出 版 人	王建琼
责任编辑	姜锡伟
责任校对	赵思琪
封面设计	原谋书装

西南交通大学出版社出版发行
四川省成都市二环路北一段 111 号西南交通大学创新大厦 21 楼
邮政编码：610031　发行部电话：028-87600564
http://www.xnjdcbs.com

四川玖艺呈现印刷有限公司印刷

*

成品尺寸：185 mm × 240 mm　　印张：24.75
字数：512 千
2022 年 12 月第 1 版　　2022 年 12 月第 1 次印刷
ISBN 978-7-5643-9063-1
定价：116.00 元

图书如有印装质量问题　本社负责退换
版权所有　盗版必究　举报电话：028-87600562

前 言

在高速铁路长期运营的过程中，运维部门采用轨道动检车和轨检小车动、静态检测相结合的方法，积累了海量的轨道不平顺动、静态检测数据。为了满足当下大数据时代铁路的发展需求，有效提高我国高速铁路智能化运维水平，作者及其研究团队开展了一系列轨道不平顺大数据分析研究：针对当下轨道动检数据存在的里程误差问题，提出了动检数据里程误差修正模型以及异常值处理方法，为轨道不平顺大数据分析建立了可靠的数据基础；根据海量轨道动检数据，深入探究了车体动态响应和轨道动态不平顺之间的映射关系，据此开发了车辆-轨道系统快速仿真、结构参数识别和车对地便携式检测等应用技术，显著提高了轨道不平顺检测效率以及线路设计初期的动力学仿真计算效率。

轨道不平顺的评价体系是决定和检验维修工作有效性的最终环节，为维修后线路运营列车达速运行提供科学的安全保障。我国高速铁路面临线路空间跨度巨大、地区地质条件迥异、轨道部件参数劣化、运营环境复杂等多种问题。因此，通过轨道线路在多年运营过程中的历史检测数据，建立针对不同线路的轨道不平顺个性化评价方法具有一定的实际意义。作者提出了针对车体响应的轨道不平顺指标相对权重分析方法，以及在不同服役条件下各项轨道不平顺指标的管理建议值；此外，作者还建立了针对高速铁路无砟轨道线路的不平顺指标变化趋势分析模型，该模型可以用于线路维修状态评价，识别反复维修的敏感线路区段，为我国高速铁路轨道平顺性验收评价标准的制定提供了有价值的参考，可以更好地帮助运维相关人员开展科学的轨道平顺性验收工作。

在轨道平顺性维修方面，轨道几何精调是目前针对高速铁路无砟轨道较为常用的维修技术之一。过去通过人工制定精调策略的方法效率低下，无法适应我国高速铁路飞速建设、轨道维修工作量日益剧增的发展现状。因此，作者开展了轨道不平顺动、静态检测数据相关性分析，建立了动、静态检测数据里程对齐方法，并进一步探究了动、静态检测数据的内在关联规律。在此基础上，作者建立了基于有限元仿真和多目标优化理论的轨道不平顺动态精调方法，该方法能够有效地保证在复杂约束条件下轨道不平顺状态优化和维修成本优化。

本书参考并引用了西南交通大学轨道工程科研团队近年来在攻克轨道不平顺性方面的部分研究成果，旨在为我国高速铁路大数据分析及智能运维领域的学术研究与技术创新提供新的视角。同时，作者在撰写过程中尽可能地向读者介绍国内外相关领域的最新研究成果，在此向广大研究者和同仁表示诚挚的谢意！

本书由西南交通大学何庆教授与王平教授统筹编撰，参与编写工作的有李晨钟、丁文灏、孙华坤、王源、汪鑫、杨翠平、汪健辉、利璐、马玉松、邓亚杰、李王逸嘉、刘宇恒、王庆晶、徐淙洋等，在此表示衷心的感谢！

我国高速铁路大数据分析及智能运维相关理论和技术尚处于发展初期，仍需要业界相关研究人员和技术同行不断探索和研究。作为阶段性研究成果，书中的不足和疏漏在所难免，恳请广大读者批评指正，我们将努力在今后的研究中不断改进与完善。

作 者

2022 年 8 月 15 日

目 录

1 轨道不平顺概述 ··· 001
   1.1 轨道不平顺的类型 ··· 002
   1.2 轨道不平顺检测技术简介 ·· 008
   1.3 轨道不平顺数据分析简介 ·· 029
   1.4 国外高速铁路轨道不平顺管理办法 ·· 049

2 数据驱动的车辆-轨道耦合动力学研究 ··· 057
   2.1 车辆-轨道耦合动力学理论概述 ·· 057
   2.2 偏微分方程算子回归理论 ·· 072
   2.3 数据驱动的车辆-轨道耦合动力学模型:理论及实现 ······················ 081
   2.4 本章小结 ··· 092

3 轨道动态检测数据里程误差修正研究 ··· 094
   3.1 轨道动态不平顺里程误差研究现状 ·· 094
   3.2 轨道动态不平顺检测数据的里程误差评估模型 ····························· 097
   3.3 轨道动态不平顺检测数据的里程误差修正模型 ····························· 112
   3.4 基于多次检测数据的轨道不平顺异常值处理模型 ·························· 140
   3.5 本章小结 ··· 158

4 轨道动、静态检测数据映射关系研究 ··· 160
   4.1 动、静态检测数据波形特征相关性 ·· 161
   4.2 动、静态检测数据里程对齐及误差修正 ······································· 167
   4.3 动、静态检测数据映射关系研究 ··· 178
   4.4 本章小结 ··· 193

5 轨道不平顺估计车体响应研究 ·········· 194
5.1 轨道不平顺估计车体响应研究现状 ·········· 194
5.2 动检数据分析 ·········· 200
5.3 多体动力学模型与悬挂参数估计 ·········· 212
5.4 基于深度学习的车体加速度估计 ·········· 226
5.5 本章小结 ·········· 245

6 车体响应反演轨道不平顺与轨道板变形识别研究 ·········· 247
6.1 车载式不平顺检测及轨道板变形识别研究背景 ·········· 247
6.2 基于车体加速度的轨道不平顺反演模型 ·········· 252
6.3 基于轨道不平顺的轨道板变形识别及预测模型 ·········· 262
6.4 本章小结 ·········· 280

7 轨道不平顺管理值研究 ·········· 282
7.1 国内外高速铁路轨道不平顺管理概述 ·········· 282
7.2 关联车体响应的轨道不平顺各项指标相对权重分析 ·········· 288
7.3 基于分位数回归的轨道质量指数阈值合理性数据分析 ·········· 298
7.4 基于极值理论的轨道不平顺峰值超限管理研究 ·········· 307
7.5 本章小结 ·········· 316

8 数据物理模型融合下的轨道不平顺精调方案研究 ·········· 317
8.1 轨道不平顺精调简介 ·········· 317
8.2 智能化轨道不平顺精调方案 ·········· 322
8.3 精调方案的效果评估方法 ·········· 344
8.4 精调工具软件 ·········· 351
8.5 本章小结 ·········· 355

9 我国高速铁路十年动检数据趋势分析与修理评价 ·········· 357
9.1 板式无砟轨道十年动检数据分析 ·········· 358
9.2 基于信息熵和S-G滤波器的线路区段维修评价模型 ·········· 373
9.3 本章小结 ·········· 388

1

轨道不平顺概述

铁路轨道的作用是确保车辆运行在固定的铁路线形上。理想的铁路线路是完全平滑的，不存在任何变形。然而，由于承受荷载作用，以及复杂的地理、自然环境作用，实际的铁路线路不可避免地会产生各种病害和变形，线路或多或少与设计的铁路线形之间存在偏差，我们称之为轨道不平顺。轨道不平顺是指轨道的几何形状、尺寸和空间位置相对其设计状态的偏差。轨道不平顺包括：直线轨道不平、不直，相对轨道中心线位置和高度、宽度正确尺寸存在偏差；曲线轨道不圆顺，偏离正确的曲线中心线位置或正确的超高、轨距及顺坡变化数值等[1]。

轨道不平顺的存在，会加剧轮轨间动作用力效应，影响列车运行的安全性、平稳性和舒适性，以及轨道的使用状态和车辆、轨道结构部件的使用寿命；而且大的轮轨动作用力反过来又会加剧轨道几何状态的恶化，如此形成恶性循环。国外铁路运营实践证明：如果轨道的平顺状态满足要求，高速列车的振动和动作用力都不会太大，行车安全性和平稳性、舒适性就能得到保证，轨道和机车车辆部件的使用周期和维修周期也会得到延长；如果轨道的平顺状态严重不良，即使轨道结构的应力和弹性变形都不超过允许限度，轨道也不能很好地完成其使命。因此，铁路工务部门必须经常检测轨道的几何状态，找出存在严重不平顺的地段，进行轨道的养护维修作业。新线路施工、改进轨道结构、加强路基道床，以及改进轨道状态检测、维修管理技术等方面所采取的主要技术措施都是围绕提高和保持轨道平顺状态进行的。高速铁路为满足高速行车和繁重运输任务的要求，除改进和加强轨道结构外，更应重视轨道状态的检测、监视和养护维修工作，以更好地识别和消除影响较大的轨道不平顺，保证线路质量和行车安全、平稳，降低轮轨动荷载[2]。

---

[1] 罗林, 张格明, 吴旺青, 等. 轮轨系统轨道平顺状态的控制[M]. 北京：中国铁道出版社，2006：1-2.
[2] 高建敏. 铁路有砟轨道下沉及高低不平顺发展预测研究[D]. 成都：西南交通大学，2008：52-53.

1 轨道不平顺概述

轨道不平顺的形成和发展是诸多随机性因素共同作用的结果，这些因素包括：钢轨的初始平直性，钢轨磨耗、损伤，轨枕间距不均、质量不一，线路施工高程存在偏差，有砟道床的级配和强度不均，道床松动、脏污、板结，路基下沉不均匀、刚度变化，道床、路基的不均匀残余变形累积，机车车辆时刻变化的动力作用，以及雨、雪、气温、地震等自然环境因素。这些随机因素综合作用，造成了轨道不平顺也具有随机特性。实际运营中的轨道不平顺是经常变化的，显得很不规则，通常不同位置的轨道不平顺幅值和波长都各不相同。所以轨道不平顺波形不能用单一的简谐、三角、指数或抛物线等规则的波形来描述，可以看作是由许多不同频率、不同幅值、不同相位的简谐波叠加而成的复杂的随机波。从本质上讲，轨道不平顺是一个随机过程，是里程位置的随机函数，任一特定区段的轨道不平顺均可看成随机过程的一个样本。轨道不平顺的随机性特征决定了对轨道不平顺的描述不能用一个明确的数学表达式来表示，而只能用一些统计函数的数字特征比如"均方差""方差"和"功率谱密度"来表达轨道不平顺的特征，从时域、频域方面对轨道不平顺的幅值特性、波长结构以及是否包含周期性波形等作全面的描述[①]。

轨道不平顺根据其变形结果可分为弹性不平顺和塑性不平顺（残余变形）；根据其物理特性可分为几何不平顺和材料不平顺，材料不平顺主要指钢轨的磨耗，而本书中轨道不平顺是指轨道几何不平顺。

1.1 轨道不平顺的类型

1.1.1 按激扰方向分类

根据对机车车辆激扰作用的方向，轨道不平顺可分为垂向、横向以及复合三类。

1. 垂向轨道不平顺

垂向轨道不平顺又分为高低不平顺、水平不平顺和扭曲不平顺。

1）高低不平顺

高低不平顺是指轨道沿钢轨长度方向，在垂向上凹凸不平，如图1-1所示。轨道高低不

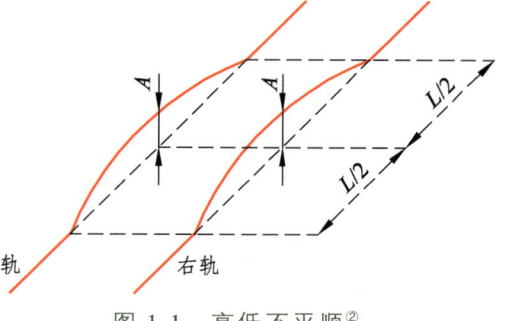

图1-1 高低不平顺[②]

---
① 陈宪麦. 轨道不平顺时频域分析及预测方法的研究[D]. 北京：铁道科学研究院，2006：1-2.
② 魏晖. 高速铁路轨道平顺性静态检测理论与精调技术研究[D]. 南昌大学，2014：3.

平顺左、右两股钢轨高低起伏的变化并不相同，因此，高低不平顺又可分为左轨、右轨和轨道中心线高低不平顺。其中，轨道中心线高低不平顺等于左、右轨不平顺的平均值。

高低不平顺包括钢轨表面不平、轨道弹性变形和残余变形不均匀、部件间隙不一致、路基不均匀下沉等形成的垂向不平顺。轨道高低不平顺会激起车辆垂向振动，致使轮轨间垂向动作用力效应加剧，反过来进一步加剧轨道的不平顺。高低不平顺是激起车辆产生垂向振动的主要原因，车体因此产生浮沉和点头振动，并可使轮轨间产生过大的垂向作用力。

2）水平不平顺

水平不平顺是轨道各个横截面上左右两轨顶面高差的波动变化，如图 1-2 所示。水平不平顺的幅值，在曲线上是指扣除正常超高值后的偏差部分，在直线上是指扣除一侧钢轨均匀抬高值后的偏差部分。

轨道水平不平顺是由轨道高低不平顺所派生的。轨道水平不平顺引起机车车辆横向滚摆耦合振动、左右股钢轨不均匀受力和磨耗。

3）扭曲不平顺

轨道扭曲不平顺（我国通常称为三角坑）为左、右两轨顶面相对于轨道平面的扭曲，具体指的是相隔一定间距的两组横截面水平幅值的代数差，如图 1-3 所示。扭曲不平顺反映轨道平面性的好坏。扭曲不平顺严重时，会导致车辆轮对三点支承、一点悬空，对转向架造成破坏；当偏差足够大时还有可能导致脱轨。

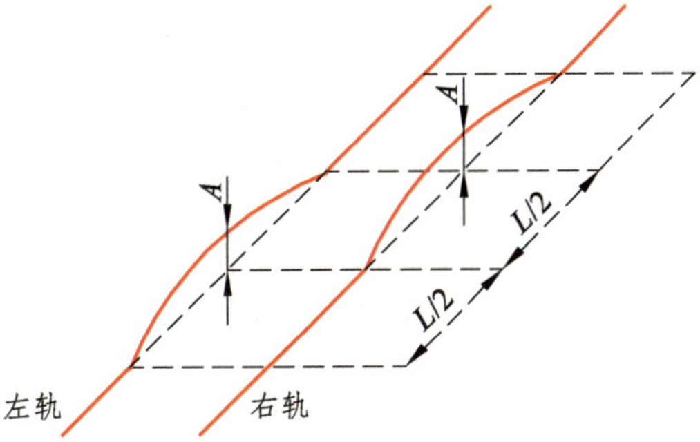

2. **横向轨道不平顺**

横向轨道不平顺包括轨道方向不平顺和轨距不平顺。

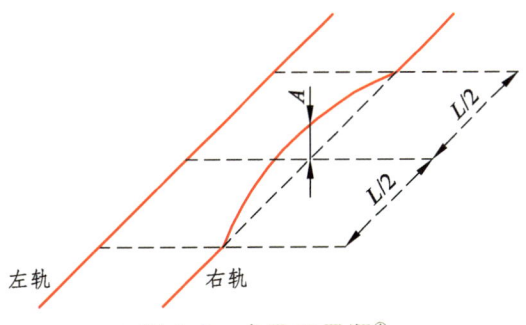

图 1-2　水平不平顺[1]

图 1-3　扭曲不平顺[2]

---

[1] 魏晖. 高速铁路轨道平顺性静态检测理论与精调技术研究[D]. 南昌大学，2014：3.
[2] 魏晖. 高速铁路轨道平顺性静态检测理论与精调技术研究[D]. 南昌大学，2014：3.

1）轨道方向不平顺

轨道方向不平顺（常简称轨向不平顺或方向不平顺）指轨头内侧面沿长度方向的横向凹凸不平顺，即指两根钢轨横向偏移引起线路中心线的横向偏差，如图1-4所示。轨道方向不平顺包括轨道中心线偏差、轨排横向不均匀残余变形累积、轨头侧面不均匀磨耗、轨道横向弹性不一致等形成的横向不平顺。

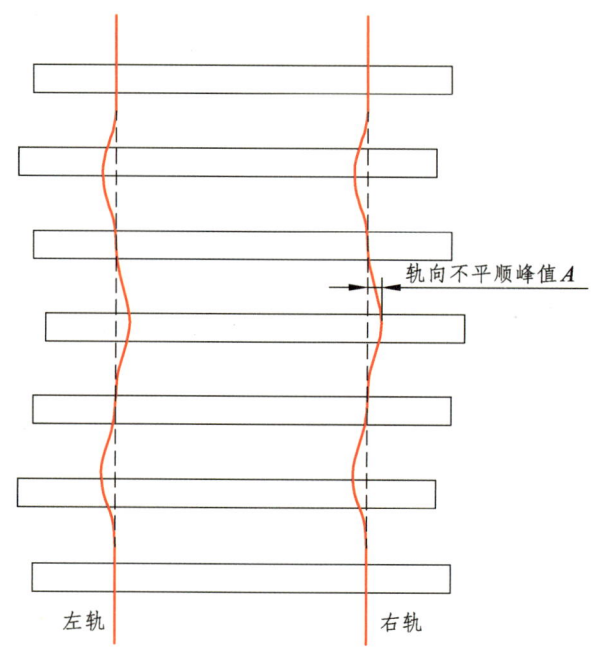

图1-4　轨道方向不平顺

轨向不平顺分为左轨向和右轨向不平顺。因为左、右两股钢轨方向的变化往往不同，尤其在轨枕和扣件薄弱的曲线区段差异更大，所以需要区别左、右轨，并将左、右轨方向不平顺的平均值作为轨道的中心线方向偏差。

轨向不平顺通常由铺轨施工、整道作业、钢轨横向残余变形累积、钢轨不均匀磨耗等原因造成。方向不平顺主要引起车辆的横向振动及摇头，增大轮轨横向力。

2）轨距不平顺

轨距不平顺（或偏差）是在轨道同一横截面、钢轨顶面以下16 mm处，左右两股钢轨之间的最小内侧距离相对于标准轨距的偏差，如图1-5所示。轨距不平顺对车辆的横向稳定性有重要影响。

1.1 轨道不平顺的类型

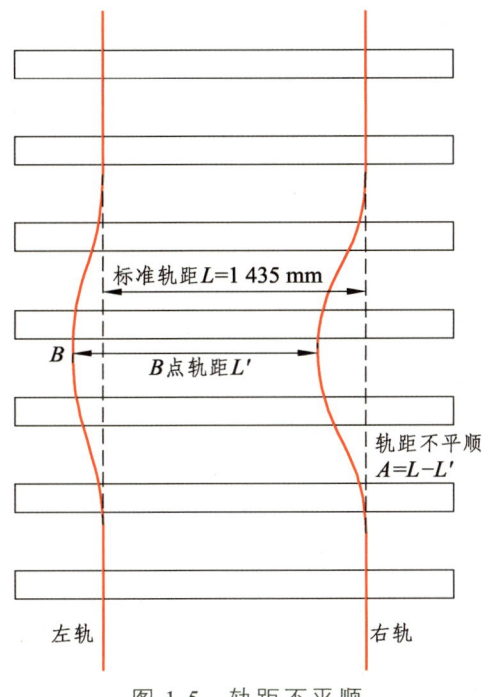

图 1-5 轨距不平顺

3. 轨道复合不平顺

在轨道同一位置上，垂向和横向不平顺共同存在形成的双向不平顺称为轨道复合不平顺，如图 1-6 所示。危害较大的复合不平顺包括方向水平逆向复合不平顺和曲线头尾的几何偏差[1]。

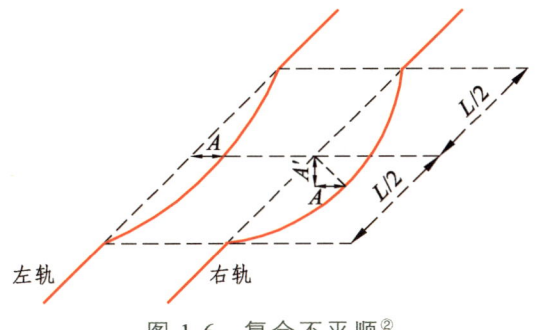

图 1-6 复合不平顺[2]

---

[1] 罗林, 张格明, 吴旺青, 等. 轮轨系统轨道平顺状态的控制[M]. 北京：中国铁道出版社, 2006: 6-7.
[2] 魏晖. 高速铁路轨道平顺性静态检测理论与精调技术研究[D]. 南昌大学, 2014: 3.

1.1.2 按波长特征分类

随机性轨道不平顺包含许多不同的波长成分,波长范围很宽,0.01~200 m 波长的不平顺均较常见。根据波长特征,可以将轨道不平顺分为三类,即短波不平顺、中波不平顺及长波不平顺。世界各国划分的波长范围不完全相同,我国的划分情况见表 1-1。

表 1-1 我国不同波长下的轨道不平顺分类

波长类型	波长范围	幅值范围	常见不平顺
短波不平顺	几毫米至几十毫米	1 mm 以内	轨面擦伤、轨面剥离、钢轨焊缝、波浪形磨耗
	几百毫米	2 mm 以内	钢轨波磨、轨枕间距不均匀
中波不平顺	1~3.5 m	0.1~1 mm	钢轨初始不平直
	3~30 m	1~35 mm	高低、水平、扭曲、轨向、轨距不平顺
长波不平顺	30~150 m	1~60 mm	高低、轨向不平顺

短波不平顺的波长在 1 m 以下,通常幅值很小,多在 0.1~2 mm,主要由钢轨接头焊缝、不均匀磨耗、轨头擦伤、剥离掉块、波浪和波纹磨耗以及轨枕间距不均匀等因素形成。

中波不平顺的波长范围在 1~30 m。其中:1~3.5 m 范围的波长成分,主要是钢轨在轧制过程中形成的周期性成分和波浪形磨耗;3~30 m 波段主要由道床路基的残余变形不均匀,道床弹性、密实度不均,各部件间隙不等,接头或焊头形成的以轨长为基波的复杂周期波成分,以及桥涵、道口等轨道刚度变化和中、小跨度桥梁的动挠度等构成。

长波不平顺的波长范围在 30~150 m,包括路基不均匀沉降,30 m 以上跨度桥梁的挠曲变形,桥梁、隧道头尾刚度差异,测量误差形成的长波不平顺。多跨等距桥梁挠度形成的不平顺,具有周期性的特征。而更长的长波多由于地形起伏、线路坡度变化等形成。

1.1.3 按显现时有无轮载作用分类

按显现时有无轮载作用,轨道不平顺可分为静态不平顺和动态不平顺。

1. 静态不平顺

静态不平顺是指用人工拉弦方法测量或利用测量小车测得的轨道不平顺。此时轨道无轮载作用,在较短范围内钢轨、轨枕不会跟随轨下基础结构的变形和缺陷等产生弯曲,因此静态不平顺不能真实反映轨下基础结构的实际情况,如存在轨枕空吊、暗坑等,只能反映轨道不均匀残余变形长时间积累形成的不平顺。

2. 动态不平顺

动态不平顺是指当列车以一定速度通过时轨道显现出来的不平顺。当轨道承受车辆荷载和轮轨力作用时，若轨下基础结构存在缺陷，则钢轨会产生与正常区段不同的位移。即使静态不平顺相同的轨道，不同车辆通过时也会产生不同的动态不平顺。由于动态不平顺真实地反映了列车运行时的轨道状态，因此，目前各国轨道不平顺的各种控制及维修管理标准，尤其是安全管理标准，大多是控制动态不平顺值。

为了研究静态和动态不平顺之间的关系，中国铁道科学研究院和日本原国铁研究所都进行了大量的对比测量和分析，得到了类似的结论。对于 3~30 m 波长范围的轨道不平顺，已查明：

（1）对于相同线路，轨下基础结构缺陷越多，如存在扣件松脱、轨枕空吊、暗坑的情况越多，动态不平顺与静态不平顺之间的差异就越大。

（2）动态不平顺幅值越大，其与静态不平顺之间的差异就越大。

（3）新线刚完成钢轨铺设或大修、维修作业刚完工时，若作业质量较高，则动、静态不平顺间的差异较小。

（4）高平顺的高速轨道、无砟轨道，动、静态不平顺之间的差异较一般轨道上的差异小。不同轨道结构、不同种类的轨道不平顺，动、静态不平顺幅值之间的差异和相互关系各不相同。

1.1.4　轨道刚度不平顺

轨道刚度不平顺是指由于轨下基础结构发生变化或存在缺陷所引起的轨道沿纵向的弹性不均匀现象。刚度不平顺是产生动力激扰的主要因素，在无荷载作用时不易感知，但当车辆通过时，将出现不同于正常区段的轨道变形与冲击。长时间的这种作用将导致轨道的局部永久变形，从而可能造成轨道几何不平顺恶化，反过来又会加剧轮轨动力作用效应。

轨道刚度不平顺包括轨道过渡段刚度不平顺、道岔区轨道刚度不平顺以及轨下基础结构缺陷（包括轨枕失效或扣件松脱、道床暗坑或空吊板、道床板结或松散）等方面。

1. 轨道过渡段刚度不平顺

当轨下基础支撑条件发生变化时，轨道刚度就会出现纵向不均匀现象，形成轨道刚度不平顺。此类刚度不平顺存在于路桥过渡段、路涵过渡段、隧道洞口、道岔头尾、有砟轨道与无砟轨道过渡段等，其中路桥过渡段最为典型。由于柔性路基与刚性桥台刚度差别很大，这种差别必将引起列车通过时轨面位移的响应不一致，如图 1-7 所示。同时，路基与桥台的沉降也不均匀，在桥路过渡点附近极易产生变形差而导致轨面发生弯折。当列车高速通过时，弯折将增加列车与线路的振动，引起轮轨动力作用增大，影响线路结构的稳定,加速线路状态的恶化,增加线路的养护维修费用,严重时甚至危及行车安全。因此,在路桥间设置一定长度的过渡段,可使轨道刚度逐渐变化,并最大限度地减小路桥间的变形差,以达到保证列车安全、平稳、舒适运行的目的。

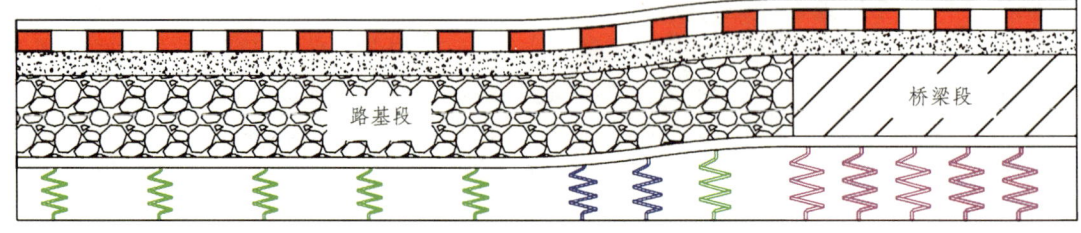

图 1-7 列车通过路桥过渡段时的轨面位移响应

2. 道岔区轨道刚度不平顺

道岔的特殊结构决定了道岔区轨道的刚度要大于区间线路的轨道刚度。造成道岔区刚度增大且变化不均匀的原因有:岔枕长度不一致造成的轨枕支撑面积不一致;道岔区轨线多且轨头变化复杂,钢轨抗弯刚度变化较大;道岔区道床捣固不均匀;等等。

3. 轨下基础结构缺陷

轨下基础结构缺陷可分为三种情况:

(1) 轨枕失效或扣件松脱。

(2) 道床暗坑或空吊板:路基沉陷、轨道变形及捣固作业等因素可使轨枕出现空吊现象,从而使该处的道床丧失正常的工作能力。

(3) 道床板结或松散:由于道床铺设、维修及自然条件等方面的因素影响,道床会在一定区段内出现结构松散或道床板结现象,导致道床弹性、阻尼系数发生较大变化。

1.2 轨道不平顺检测技术简介

轨道不平顺的测定方法对取得结果的真实性有很大影响。目前,世界各国对于高低、轨向不平顺的测量方法可归纳为静态检测和动态检测两大类,其中,静态检测包括矢距差法和弦测法,而动态检测通常使用惯性基准方法。下面分别对三种方法进行介绍。

1.2.1 静态检测技术

1. 矢距差法

目前,矢距差法主要用于对高速铁路轨道中长波静态不平顺进行检测,其原理是通过轨测仪采集轨道点的坐标高程数据,再将坐标高程转换为矢距差法中的矢距值,据此来完成中长波轨向、高低不平顺的检测。德国铁路轨道采用 30 m 弦和 300 m 弦所对应的 5 m 和 150 m 间隔的设计矢距差与实测矢距差的较差来评价轨向、高低中长波不平顺，用于指导轨道精调，控制轨道不平顺状态。

1）中波 5 m/30 m 弦轨向、高低平顺性

假设有效区段内里程开始位置为 S_1，轨枕间隔为 0.625 m。取 30 m 弦线，则 S_1—S_{49} 构成基准弦。取 5 m 检测波长，则基准弦 S_1—S_{49} 包含检测波 S_2—S_{10}、S_3—S_{11} … S_{40}—S_{48} 共 39 列（检测波起点为测量点，终点为检核点）。根据这 39 列检测波可对 30 m 基准弦 S_1—S_{49} 的轨道进行平顺性评价；然后以点 S_{40} 为基准弦起点重复上述操作，得到第二根基准弦 S_{40}—S_{88} 以及对应的 39 列检测波 S_{41}—S_{49}、S_{42}—S_{50} … S_{79}—S_{87}；以此类推直至完成有效区段内中波 5 m/30 m 弦校核以评价轨道平顺性。中波 5 m/30 m 弦校核的基准弦和检测波位置如图 1-8 所示。图中，h_{17}、h_{25} 分别为点 S_{17}、S_{25} 对应 30 m 弦的矢距值。

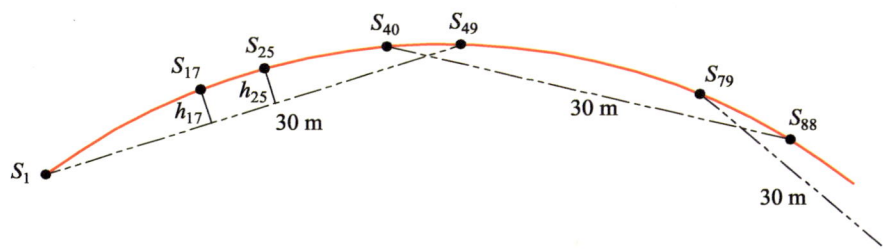

图 1-8 中波 5 m/30 m 弦校核基准弦与检测波示意图[①]

以基准弦 S_1—S_{49} 为例，其内部检测波 S_{17}—S_{25} 的轨向（或高低）平顺性通过测量点 S_{17} 与检核点 S_{25} 的设计矢距差与实测矢距差的较差值来评价：

$$S^0_{17-25} = (h_{17\text{设计}} - h_{25\text{设计}}) - (h_{17\text{实测}} - h_{25\text{实测}}) \tag{1-1}$$

式中：S^0_{17-25}——检测波 S_{17}—S_{25} 对应 30 m 基准弦 S_1—S_{49} 的轨向（或高低）不平顺；

$h_{17\text{设计}}$，$h_{25\text{设计}}$——点 S_{17}、S_{25} 对应位置的轨向（或高低）设计矢距值；

$h_{17\text{实测}}$，$h_{25\text{实测}}$——点 S_{17}、S_{25} 对应位置的轨向（或高低）实测矢距值。

2）长波 150 m/300 m 弦轨向、高低平顺性

矢距差法对长波 150 m/300 m 弦的检测原理与中波 5 m/30 m 弦相同，其方法的差异仅仅是基准弦长、检测波长的增加。同样假设里程开始位置为 S_1，轨枕间隔为 0.625 m。此时在 300 m 的基准弦长下，第一根基准弦从中波 30 m 波长下的 S_1—S_{49} 变化为长波 300 m 波长下的 S_1—S_{481}。由于检测波长变化为 150 m，因此基准弦 S_1—S_{481} 包含检测波 S_2—S_{242}、S_3—S_{243} … S_{240}—S_{480} 共 239 根，以此类推。长波 150 m/300 m 弦校核的基准弦和检测波位置如图 1-9 所示。图中，h_{25}、h_{265} 分别为点 S_{25}、S_{265} 对应 300 m 弦的矢距值。

---

① 李阳腾龙. 高速铁路轨道精测精调及其平顺性优化研究[D]. 成都：西南交通大学，2017：65.

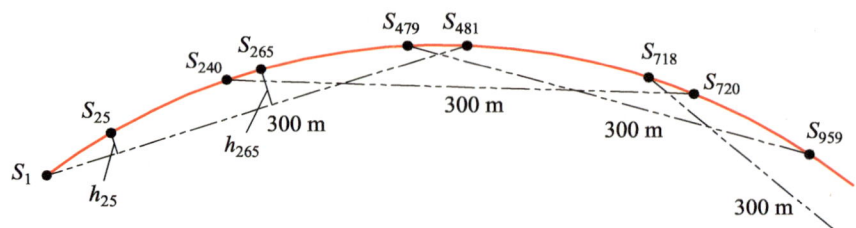

图 1-9 长波 150 m/300 m 弦校核基准弦与检测波示意图①

同样，以基准弦 S_1—S_{481} 及其内部检测波 S_{25}—S_{265} 为例，其轨向（或高低）平顺性通过测量点 S_{25} 与检核点 S_{265} 的设计、实测矢距差的较差值来评价：

$$S^0_{25-265} = (h_{25设计} - h_{265设计}) - (h_{25实测} - h_{265实测}) \tag{1-2}$$

式中：S^0_{25-265}——检测波 S_{25}—S_{265} 对应 300 m 基准弦 S_1—S_{481} 的轨向（或高低）不平顺；

$h_{25设计}$、$h_{265设计}$——点 S_{25}、S_{265} 对应位置的轨向（或高低）设计矢距值；

$h_{25实测}$、$h_{265实测}$——点 S_{25}、S_{265} 对应位置的轨向（或高低）实测矢距值。

3）矢距差法坐标高程转换

（1）中长波轨向不平顺高程转换。

矢距差法计算中长波轨向可采用检测点的平面实测与设计坐标转换为对应弦线的实测矢距与设计矢距计算。以图 1-8 中 30 m 基准弦 S_1—S_{49} 为例，以基准弦起点 S_1 为原点，S_{49} 为终点，以原点指向终点的射线作为 x 轴，过原点且与 x 轴垂直的射线为 y 轴，如图 1-10 所示。图中纵坐标 y^S_9、y^S_{17}、y^S_{25} 即为检测点 S_9、S_{17}、S_{25} 所对应基准弦 S_1—S_{49} 的矢距 h_9、h_{17}、h_{25}。

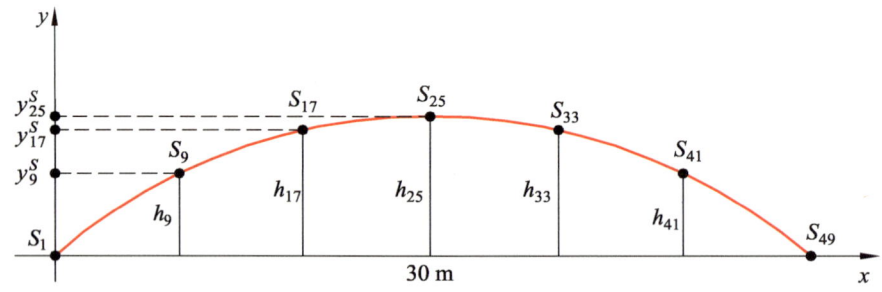

图 1-10 基准弦 S_1—S_{49} 的轨向不平顺坐标转换法②

① 李阳腾龙. 高速铁路轨道精测精调及其平顺性优化研究[D]. 成都：西南交通大学，2017：66.
② 李阳腾龙. 高速铁路轨道精测精调及其平顺性优化研究[D]. 成都：西南交通大学，2017：67.

设基准弦起点为 S_m 及平面测量系坐标为 (X_m^S, Y_m^S)、终点为 S_n,点 S_m 到点 S_n 的方位角为 $\alpha_{m,n}$,则在以起点 S_m 为原点,过点 S_m 且指向点 S_n 为 x 轴的独立坐标系中(图 1-10),基准弦内任意检测点 $S_i(i \in [m,n])$ 的坐标为:

$$\begin{bmatrix} x_i^S \\ y_i^S \end{bmatrix} = \begin{bmatrix} \cos\alpha_{m,n} & \sin\alpha_{m,n} \\ -v\sin\alpha_{m,n} & v\cos\alpha_{m,n} \end{bmatrix} \begin{bmatrix} X_i^S - X_m^S \\ Y_i^S - Y_m^S \end{bmatrix} \quad (1\text{-}3)$$

式中:(x_i^S, y_i^S)——基准弦 S_m—S_n 中任意检测点 S_i 转换后的独立坐标系坐标,其中 $y_i^S = h_i$,即矢距;

(X_i^S, Y_i^S)——基准弦 S_m—S_n 中任意检测点 S_i 转换前测量坐标系坐标;

v——符号变量,当 y 轴指向线路前进方向左侧时 $v=-1$,反之 $v=1$。

根据式(1-3)可分别计算检测点 S_i 对应基准弦的实测矢距 $h_{i实测}$ 和设计矢距 $h_{i设计}$,并代入式(1-1)和式(1-2)中,分别计算轨道中波 5 m/30 m 弦和长波 150 m/300 m 弦轨向不平顺。

(2)中长波高低不平顺高程转换。

以图 1-8 中 30 m 基准弦 S_1—S_{49} 为例,在纵断面上拉弦,如图 1-11 所示。图中,S_{17}—S_{25} 为基准弦 S_1—S_{49} 中的检测波,$\beta_{1,49}$ 为基准弦起点 S_1 到终点 S_{49} 的竖直角,h_{17} 和 h_{25} 分别是测量点 S_{17} 与检核点 S_{25} 对应基准弦的矢距,$\Delta h_{17,25}$ 为两点的矢距差,$d_{17,25}$ 为点 S_{17} 与点 S_{25} 在弦线上的投影长度。

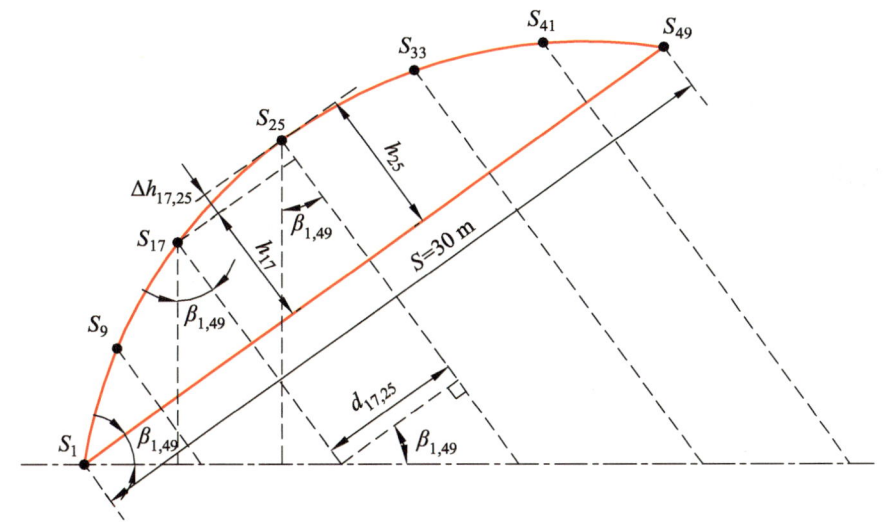

图 1-11 基准弦 S_1—S_{49} 的高低不平顺坐标转换法[①]

[①] 李阳腾龙. 高速铁路轨道精测精调及其平顺性优化研究[D]. 成都:西南交通大学,2017:65-68.

设基准弦起点 S_m 和终点 S_n 的高程和里程分别为 H_m^S、H_n^S 以及 $\wp_m$、$\wp_n$，基准弦上检测波测量点 S_i 和检核点 S_j 的高程分别为 H_i^S、H_j^S，则起点 S_m 到终点 S_n 的竖直角为：

$$\beta_{m,n} = \arctan\left(\frac{H_n^S - H_m^S}{\wp_n - \wp_m}\right) \tag{1-4}$$

根据式（1-4）可求得点 S_i 和点 S_j 在弦线上的投影长度：

$$d_{i,j} = \left|\frac{H_n^S - H_m^S}{\sin\beta_{m,n}}\right| \cdot \frac{j-i}{n-m} \tag{1-5}$$

根据式（1-4）、式（1-5）得到点 S_i 和点 S_j 对应基准弦的矢距差：

$$\Delta h_{i,j} = \frac{H_i^S}{\cos\beta_{m,n}} - \frac{H_j^S}{\cos\beta_{m,n}} + d_{i,j} \cdot \tan\beta_{m,n} \tag{1-6}$$

根据式（1-6）可分别计算测量点 S_i 与检核点 S_j 对应基准弦的实测矢距差 $\Delta h_{i,j\text{实测}}$ 与设计矢距差 $\Delta h_{i,j\text{设计}}$，并代入式（1-1）和式（1-2）中，即可分别计算轨道中波 5 m/30 m 弦和长波 150 m/300 m 弦高低不平顺①。

南昌大学对矢距差法的频域特性及误差特性进行分析，发现矢距差方法在相频与幅频特性上均存在畸变，难以全面描述轨道平顺性状态；另外，在同样技术标准条件下，矢距差方法包含的误差分量较少，不利于对轨道整体平顺性的控制。相比之下，中点矢距法几何意义明确，其与轨道的曲率概念直接相关，更有利于对轨道几何尺寸病害的现场里程标定和轮轨的动态性能描述，在某种程度上可以代替 5 m/30 m 矢距差校核②。

2. 弦测法

弦测法包括：两点差分法、三点中弦法（又称正矢法）、三点偏弦法、多点弦测法。国外苏联（现俄罗斯等国）轨检车采用两点差分法，法国国铁轨检车采用多点弦测法，其他许多国家轨检车采用三点中弦法或三点偏弦法。国内外的轻型轨检小车大都采用三点中弦法。

由于在行进中的检测车上找不到静止不动的测量基准线，多年来世界各国普遍采用弦测法进行测量。弦测法装置具有简单、使用方便、价格便宜等优点，从保障客车振动舒适度的观点看，10 m 弦测法的检测特性也有有利的一面（弦测法的传递函数与客车转

---

① 李阳腾龙. 高速铁路轨道精测精调及其平顺性优化研究[D]. 成都：西南交通大学，2017：65-68.
② 魏晖，朱洪涛，万坚. 基于中点弦测法的矢距计算通式及其特性研究[J]. 铁道工程学报，2013（11）：40-44.

向架的传递函数有较为有利的相关性,被弦测法夸大的波长成分正是车体振动敏感的部分),对客车车体振动加速度敏感波段的不平顺测值是放大的,不易漏掉。因此,弦测法不仅为许多大型轨道检查车所采用,也是轨检小车、人工检测常用的基本方法。但是弦测法的传递函数随弦长与不平顺波长的比值变化,有较严重的缺陷,只有在部分情况下才能正确测量或近似反映轨道的平顺状态。

三点中弦法利用如图 1-12 所示,A、C 两轮与轨道接触点的连线 ac 作为测量的"基准线",将 B 轮与轨道接触点 b 偏离这一弦线的数值 bd 作为轨道不平顺的测量值,弦测值 bd 通过测量 A、B、C 三轮的轴箱相对于车体主梁的位移按式(1-7)、式(1-8)计算求得:

$$bd = b'd - b'b = (a'a + c'c)/2 - b'b \tag{1-7}$$

$$bd = bo'_2 - do'_2 = bo'_2 - \frac{1}{2}(ao'_1 + co'_3) \tag{1-8}$$

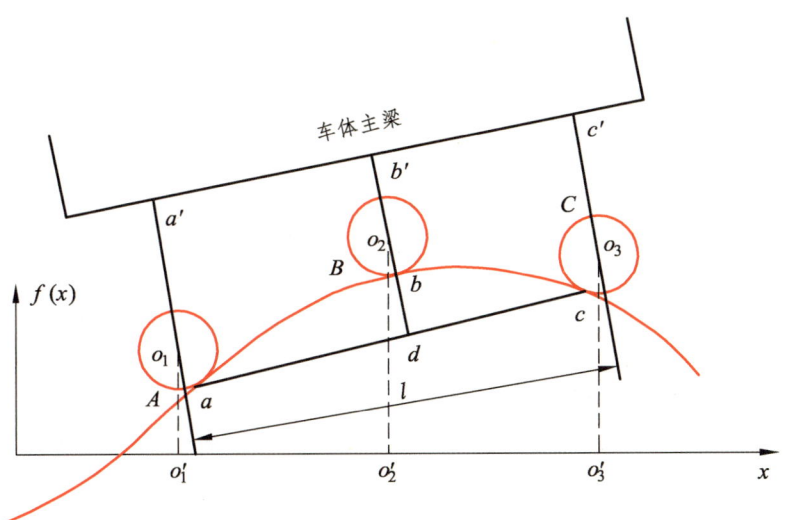

图 1-12 三点中弦法图示[①]

由于被当作测量"基准线"的 ac 是随轨道的高低不平或方向不直、不圆顺而起伏变动的,这就使得弦测法在许多情况下不能正确反映轨道的高低、轨向不平顺。

---

① 罗林,张格明,吴旺青,等. 轮轨系统轨道平顺状态的控制[M]. 北京:中国铁道出版社,2006:118.

对于正弦形轨道不平顺，可用数学方法推出弦测法的测量值与实际值之间的关系。以相同轮重作用下轨道完全平顺的状态作为"实际基准线"（x轴），轮轨接触点 b 偏离实际基准线的数值 bo_2'，即是轨道不平顺的实际值，用 $f(x)$ 来表示；bd 为弦测法的测量值，简称弦测值，用 $M(x)$ 来表示。若 A、B、C 三轮的轮重相同、间距相等，$ac = l$（弦长），由于 $f(x) \ll l$，所以可以认为测量轮 B 与两基线轮 A、C 之间的间距相等，$o_1'o_2' = o_2'o_3' = \dfrac{l}{2}$，$a$、$b$、$d$、$c$ 各点分别在各车轮重心与 x 轴的垂线上，则弦测值 $M(x)$ 与实际值 $f(x)$ 之间的关系可用式（1-9）表示：

$$M(x) = f(x) - \frac{1}{2}\left[f\left(x - \frac{l}{2}\right) + f\left(x + \frac{l}{2}\right)\right] \tag{1-9}$$

当轨道不平顺为正弦波[其表达式见（1-10）]，即：

$$f(x) = F_0 \sin \frac{2\pi}{\lambda} x \tag{1-10}$$

时（λ——正弦形不平顺的波长）

$$\begin{aligned} M(x) &= F_0 \sin \frac{2\pi}{\lambda} x - \frac{1}{2}\left[F_0 \sin \frac{2\pi}{\lambda}\left(x - \frac{l}{2}\right) + F_0 \sin \frac{2\pi}{\lambda}\left(x + \frac{l}{2}\right)\right] \\ &= F_0 \sin \frac{2\pi}{\lambda} x \left(1 - \cos \frac{2\pi}{\lambda} \cdot \frac{l}{2}\right) = f(x) \cdot H(x) \end{aligned} \tag{1-11}$$

从式（1-11）看出，弦测值 $M(x)$ 并不等于轨道不平顺的实际值 $f(x)$，而是等于实际值 $f(x)$ 与 $H(x)$ 的乘积，$H(x)$ 即为传递函数。

显然，只有当传递函数 $H(x) = 1$ 时，弦测值 $M(x)$ 才等于实际值 $f(x)$。可是从式（1-11）看出，弦测法的传递函数 $H(x) = 1 - \cos \pi \dfrac{l}{\lambda}$ 不恒为 1。表 1-2 是传递函数 $H(x)$ 随弦长与不平顺波长之比变化的情况，由表可以看出，只有当 $\dfrac{l}{\lambda}$ 为 1/2、3/2、5/2、7/2 等值时，传递函数值才为 1，也就是说，只有当不平顺波长 λ 为弦长的 2 倍、2/3 倍、2/5 倍、2/7 倍等少数情况时，弦测法才能反映轨道不平顺的实际情况；当 $\dfrac{l}{\lambda}$ 为 2、4、6、8 等偶数时，弦测法的传递函数值为 0，这时无论实际不平顺多大，弦测值都是 0；当 $\dfrac{l}{\lambda}$ 为 1、3、5、7 等奇数时，弦测法的传递函数值为 2，弦测值是实际值的 2 倍。

表 1-2 弦测法对于正弦波不平顺的传递函数[①]

波长与不平顺波长的比值 $\frac{l}{\lambda}$	$\cos\pi\frac{l}{\lambda}$	传递函数 $H(\lambda)=M(x)/f(x)$ $=1-\cos\pi\frac{l}{\lambda}$	图例 $H(\lambda)=M(x)/f(x)$ =测量值bd/实测值bo'_2
2、4、6、8、10…	±1	0	$bd=0$ ($\frac{1}{\lambda}=2$)
$\frac{1}{2}$、$\frac{3}{2}$、$\frac{5}{2}$、$\frac{7}{2}$、$\frac{9}{2}$…	0	1	$bd=bo'_2$ ($\frac{1}{\lambda}=\frac{1}{2}$)
1、3、5、7、9…	−1	2	$bd=2bo'_2$ ($\frac{1}{\lambda}=1$)

用弦测法测量轨道不平顺计算其功率谱密度时，需按各正弦分量的波长所对应的传递函数逐点进行修正，不仅费事，也无法解决弦测法的传递函数为零以及"虚幅"等造成的影响（图 1-13），仍难以得到符合实际情况的结果。

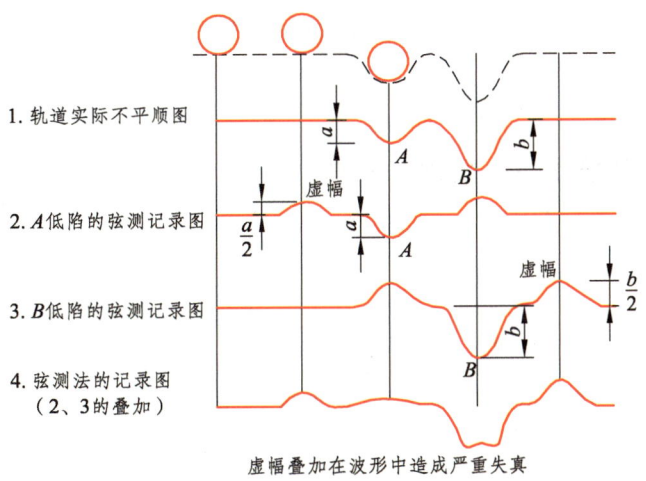

图 1-13 弦测法测得的严重失真的波形[②]

---

① 罗林，张格明，吴旺青，等. 轮轨系统轨道平顺状态的控制[M]. 北京：中国铁道出版社，2006：120.
② 罗林，张格明，吴旺青，等. 轮轨系统轨道平顺状态的控制[M]. 北京：中国铁道出版社，2006.10：118-122.

测量轮与两基线轮距离不等的偏弦法实质与中弦法相同，同样存在上述种种问题；多点弦测法的传递特性较三点弦测法有所改善，但传递函数仍不能恒为 1，可测波长范围仍不能满足要求，且多点弦测装置需要增加很多的测量轮，造成车辆走行部分复杂、运行不便等问题，所以除法国等少数国家的轨检车用此类弦测装置外，多点弦测法未被普遍采用。图 1-14 中绘出了法国弦测装置和六点弦测装置的传递函数以及 10 m 三点中弦法传递函数的比较。

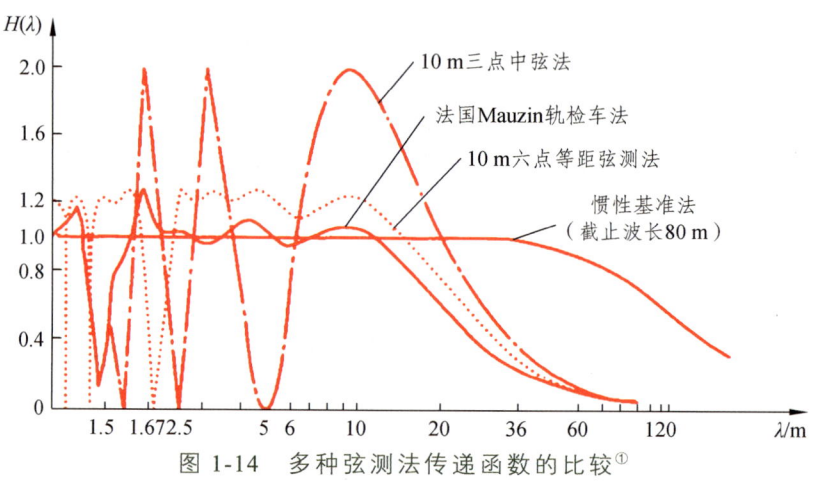

图 1-14　多种弦测法传递函数的比较[1]

综上所述，弦测法有夸大、缩小、完全不反映（即传递函数为零时）、歪曲实际不平顺的正负方向以及出现虚假图形等无法克服的严重缺陷。所以，有必要研究、采用能更好地反映轨道实际情况的先进检测方法来取代弦测法[2]。

1.2.2　动态检测技术——惯性基准法

惯性基准法包括：惯性位移法（又称振动质量法）、轴箱加速度积分法、轴箱加速度快速傅里叶变换法、质量弹簧系统加速度积分与位移相加法。其中，前三种方法存在可测波长范围较窄等缺点，仅个别国家、少数研究机构曾采用或试用。只有加速度积分与位移相加法被许多国家的现代轨检车普遍采用，成为实用化的惯性基准法。

惯性基准法是利用惯性原理获得测量基准的现代先进检测方法。一个如图 1-15 所示的由车体、车轮轴箱等组成的质量弹簧系统，当轴箱上下振动频率很高，大大高于系统的自振频率时，根据惯性原理，车体便不能跟随轴箱上下运动而静止，车体便成了可用作测

---

[1] 罗林,张格明,吴旺青,等. 轮轨系统轨道平顺状态的控制[M]. 北京：中国铁道出版社,2006.10：118-122.
[2] 罗林,张格明,吴旺青,等. 轮轨系统轨道平顺状态的控制[M]. 北京：中国铁道出版社,2006.10：118-122.

1.2 轨道不平顺检测技术简介

量的静止基准。这时只要测出轴箱与车体间的相对位移便得到了轴箱上下振动的位移。

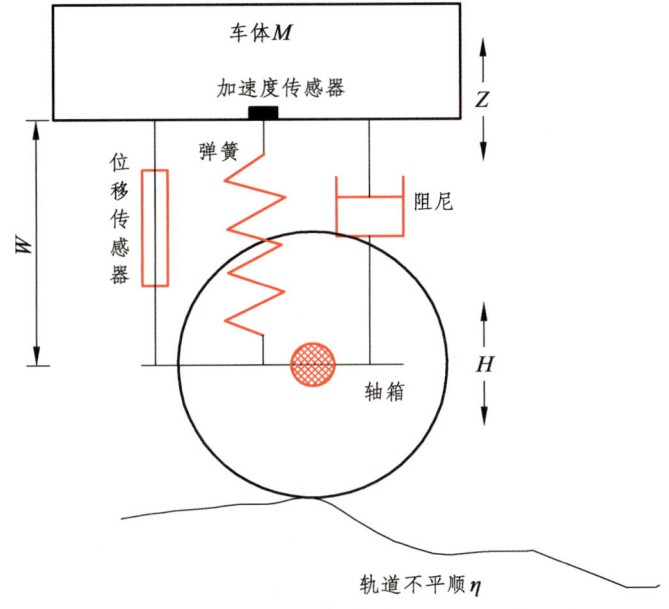

图 1-15 惯性基准法原理图示[①]

如果轴箱的位移是由轨道不平顺引起的，则在车轮不脱离钢轨的条件下，轴箱相对于车体的位移就是轨道不平顺。这便是早期轨道检查车曾使用的类似地震仪原理的惯性位移法监测系统，其原理见式（1-12）。

$$\eta = H(x)W \tag{1-12}$$

但轨道不平顺引起轴箱上下振动的频率并不都远高于系统自振频率，当不平顺波长稍长或行车速度较低时，轨道不平顺引起的轴箱振动频率不够高，车体便会随之运动，测量的静止基准随之丧失。因此，另一种基于惯性原理且更简便易行的轴箱加速度积分法被国内外机构广泛研究试验。

轴箱加速度积分法通过测出轴箱加速度并经二次积分运算和高通滤波得出轴箱位移（即轨道的不平顺）。其在理论上完全正确，但是由于轨道不平顺引起的轴箱加速度动态范围太大，例如当速度为 100 km/h 时，波长为 0.1 m、幅值为 1 mm 的正弦形不平顺所引起的轴箱加速度为 311g，轴箱振动频率为 278 Hz；而波长为 50 m、幅值为 1 mm 的正弦形不平顺所引起的轴箱加速度仅为 0.001 3g，频率为 0.56 Hz。若要测出 1 mm 分辨精度下 0.1～50 m 范围的波长的不平顺，所需测量的加速度动态范围是 0.001 3g～311g，

[①] 罗林,张格明,吴旺青,等. 轮轨系统轨道平顺状态的控制[M]. 北京：中国铁道出版社，2006.10：123.

1 轨道不平顺概述

最大、最小值相差 5 个数量级。目前的传感器和电测仪器尚无法在这样大的动态范围内保证必要的分辨精度。受限于传感与电测技术,这种方法未能得到实际应用。

各国现代轨检车实际采用的惯性基准法其原理如图 1-15 所示。当车轮不脱离钢轨时,车轮轴箱的上下运动 H 即轨道的高低不平顺 η,等于车体的上下运动 Z 及车体与轴箱间相对位移 W 之和,车体对其惯性基准线的位移 Z 可用加速度传感器测出车体的加速度 $\ddot{Z}$ 经二次积分得到,车体与轴箱间的相对位移 W 可用位移传感器测得,即:

$$\eta = H = Z + W = \iint \ddot{Z} \mathrm{d}t\mathrm{d}t + W \tag{1-13}$$

当轨道不平顺的波长较短,车速较快,轴箱上下运动的频率 ω 远高于质量弹簧系统的自振频率 $\omega_0 (\omega \gg \omega_0)$ 时,车体 M 的位移 Z 为零,轴箱上下运动的高度 H 即为轨道的高低不平顺。从物理学的角度可解释为:当轴箱的上下运动频率很快时,车体不能随轴箱快速移动因而保持静止,此时车体的静止位置即为质量弹簧系统的"惯性零位"或称"惯性基准",轨道不平顺的变化可完全由位移传感器 W 反映出来,即 $H = W$。当轨道不平顺的波长较长,车速较慢,车轮上下运动的频率 ω 远低于系统自振频率 $\omega_0(\omega \ll \omega_0)$ 时,车体随着车轮上下运动,车体与轴箱间的相对位移 $W = 0$(即弹簧不伸长也不缩短),此时轨道的不平顺 H 即为车体 M 相对其惯性基准的位移 Z,完全由加速度传感器来反映,即 $H = \iint \ddot{Z} \mathrm{d}t\mathrm{d}t$。但大多数情况介于这两种极端情况之间,即式(1-13)所表示的轨道不平顺是车体加速度的两次积分 $\iint \ddot{Z} \mathrm{d}t\mathrm{d}t$ 和车体与轴箱间相对位移 W 之和。

由式(1-13)可以看出,等号右边除了 $\iint \ddot{Z} \mathrm{d}t\mathrm{d}t$ 和 W 两项外,并无其他不为 1 的函数因子,因此若将式(1-13)写成包括传递函数的表达式,即:

$$H = H(x)(\iint \ddot{Z} \mathrm{d}t\mathrm{d}t + W), \quad H(x) = 1 \tag{1-14}$$

则可表明该方法的传递函数恒为 1。如果正确地测得车体位移 Z 和车体、轴箱之间的相对位移 W,就能准确测得轨道高低不平顺 η。

这一方法的特点是,在经弹簧系统减振后,车体 M 的加速度动态范围大大缩小,车体上的加速度传感器主要反映的是频率较低、加速度数值较小的长波,而位移传感器主要反映的是频率较高的短波,由两者之和得到整个需测波长范围的轨道不平顺,这样便解决了轴箱加速度直接积分法所遇到的轴箱加速度动态范围过大的困难。

理论上这一方法可以测出任何波长的轨道高低不平顺,但需要引入高通滤波器来排除轨道坡度变化、高程变化、曲线超高等频率极低、变化缓慢、波长极大的因素带来的影响。高通滤波器的截止频率随行车速度的变化而自动切换,以保持可测波长不随行车速度变化。此外,还需要对由于曲线超高、较大水平不平顺等引起车体倾斜、侧滚而使加速度计产生相应输出进行修正,才能得到精度较高的结果。

测量方向不平顺的原理与此类似,但需将装置转 90°横向安装,测得轴箱横向运行轨迹后,还需加上轮缘与轨头内侧面间的间隙变化。得到左、右两轨的高低不平顺后,计算同一横截面左、右轨高低之差便可得到水平不平顺。

近代各国普遍采用的惯性基准法克服了弦测法的严重缺陷,解决了振动质量法和轴箱加速度积分法不能满足需测波长范围要求等问题,能比较真实地反映实际的轨道不平顺,是一种先进适用的方法。惯性基准法的主要缺点是:由于必须采用高通滤波器等,当速度低于 15 km/h 时不能正确测量;并且系统比较复杂,对系统的瞬态特性和修正补偿要求严格,价格昂贵。

图 1-16 所示是几种测量方法传递函数的比较。显然惯性基准法的传递特性最佳,其传递函数曲线在设定的波长范围内都是平直的;而弦测法的传递函数曲线随波长起伏变化[1]。

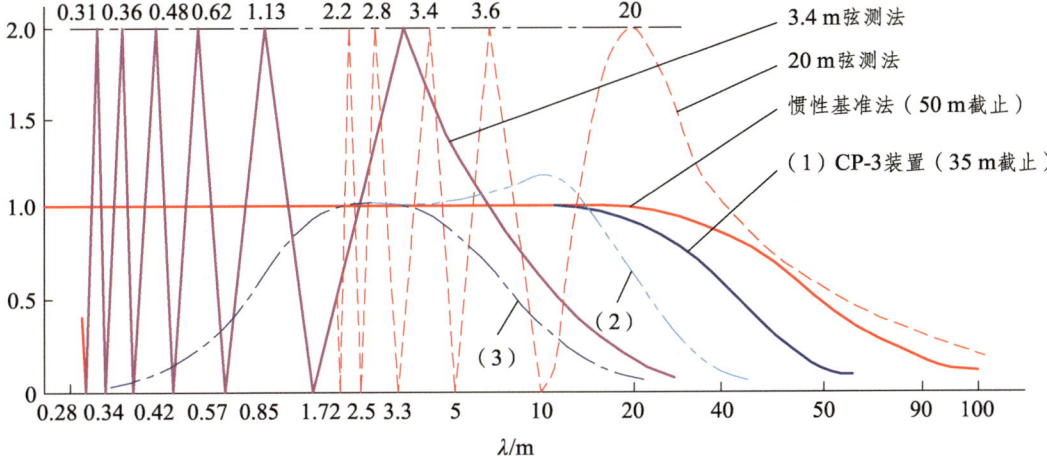

(1) 振动质量法(自振频率为 1.5 Hz、阻尼为 0.5、车速为 80 km/h);
(2) 轴箱加速度积分法(高通滤波器截止频率为 3 Hz、车速为 80 km/h);
(3) 惯性位移法。

图 1-16 不同测量方法传递函数的比较[2]

1.2.3 检测技术对比

测量轨道不平顺的技术比较复杂,需要采用多个和多种传感器组合,并经多重模拟、数字电路的运算处理,才能得出高低、轨向等不平顺的记录。与此同时,系统的稳定性还需要结合轨道不平顺大小幅值、长短波长检测,平纵断面变化点、桥梁端点、道岔区检测,正反向试验重复性检测,不同速度下轨检结果一致性检测等多个方面的结果进行验证。

---
[1] 罗林,张格明,吴旺青,等. 轮轨系统轨道平顺状态的控制[M]. 北京:中国铁道出版社,2006:123-126.
[2] 罗林,张格明,吴旺青,等. 轮轨系统轨道平顺状态的控制[M]. 北京:中国铁道出版社,2006:123-126.

1 轨道不平顺概述

中国铁道科学研究院首次在实际轨道上检验了弦测法和惯性基准法装置的正确性，在整个试验考察期间，校验轨道的不平顺状态没有改变，各种方法自身的重复性都很好，试验前后静态测得的结果也都一致，成功地在实际轨道上检验了短波不平顺测量装置和中长波不平顺检测装置的正确性和实际精度。中国铁道科学研究院分别在基础变形很小的混凝土检查坑和轨枕板上设置校验轨道，将其一侧钢轨打磨成一定准确尺寸的不平顺，并用精密水准仪和道尺测出试验车测量轮在各轨枕位置和各特征点的轴箱高程和左右轨水平差的准静态变化轨迹作为实际的轨道不平顺波形图，以校验轨道的实际不平顺波形数据，作为已知评定参照来考察各种测量装置的输出记录。

图 1-17 是用设置在混凝土检查坑上的校验轨道 I 和设置在轨枕板上的校验轨道 II 考察 3.4 m 中弦法、18.5 m 不等长弦法、振动质量法、轴箱加速度积分法和惯性基准法的实测记录。显然，惯性基准法最接近实际情况，而弦测法的夸大、缩小、传递函数为零、为负、"虚幅"等问题都得到了证实，记录的波形严重失真[①]。

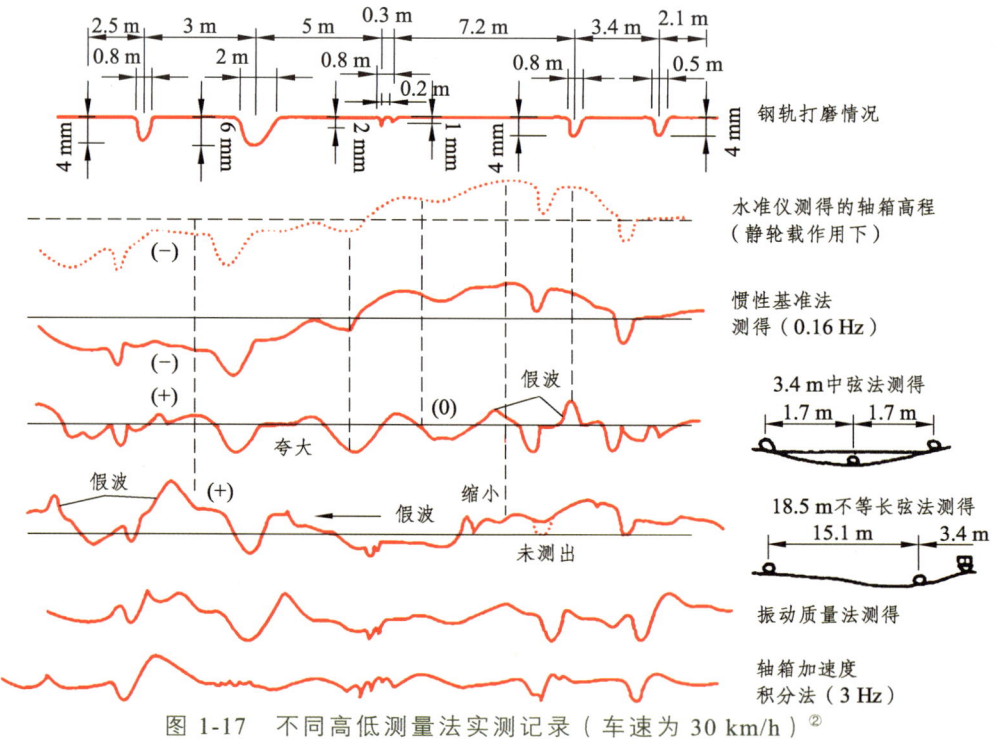

图 1-17 不同高低测量法实测记录（车速为 30 km/h）[②]

---

① 罗林，张格明，吴旺青，等. 轮轨系统轨道平顺状态的控制[M]. 北京：中国铁道出版社，2006：127-130.
② 罗林，张格明，吴旺青，等. 轮轨系统轨道平顺状态的控制[M]. 北京：中国铁道出版社，2006：127-130.

1.2.4 检测设备

1. 轨道检查车

轨道动态几何不平顺的检测主要依赖于轨检车,高速铁路使用动检车。自20世纪30年代以来,日本、美国、英国、荷兰、瑞士、瑞典等国分别开发了各具特色的轨道动态检测系统,其核心测量原理包括基于弦测法和惯性基准法两种。1953年,铁道部铁道研究所(今中国铁道科学研究院)在引进吸收的基础上,研发了我国第一辆轨检车,进而开发了GJ系列的多种轨道检测系统,最高测量速度可达160 km/h。动检车是进行高速铁路基础设施状态快速检测的重要工具,其重要检测内容之一是轨道几何不平顺。1975年,日本研发了Doctor Yellow动检车,并应用于新干线的基础设施检测与养护维修中。继而,意大利、法国、英国、瑞典、瑞士等分别研制了自己的高铁综合检测列车。各国综合检测列车主要信息整理见表1-3。由表可以看出,综合检测列车的速度较高、检测内容多样,轨道几何不平顺只是其中的一项测量内容。

表1-3 各国综合检测列车对比

国家	型号	最高测量速度/(km/h)	完成时间	主要依据及检测项目
意大利	阿基米德	220	2003	主要检测项目包括信号系统、路网环境、接触网、GSM/GSM-R、定位系统、轨道测量、运动动力学、各种视频及环境监测
日本	Doctor Yellow	210	1975	主要检测项目包括信号系统、线路视频检测、接触网、轨道测量、定位系统、无线通信
日本	East-i	275	2002	
法国	IRIS320	320	2006	主要检测项目包括轨道几何参数、信号系统、路网环境、接触网、GSM/GSM-R、环境视频检测、转向架与车体加速度
英国	NMT	201	2006	依据欧洲标准EN13848;主要检测项目包括轨道几何参数、接触网、车辆动态响应、视频监测、钢轨表面损失、轨枕和扣件状态
瑞士	SBB	120	2013	依据欧洲标准EN13848,采用McrMec和Laserail检测系统、基于图形的钢轨三维重构,并基于三维重构结果提取轨道几何参数,采样间隔为0.25 m
瑞典	IMV100	100	2009	依据欧洲标准EN13848;主要检测项目包括轨道几何参数、信号系统、接触网、道床状态等;原始采样间隔为0.05 m,预处理后采样间隔为0.25 m
瑞典	IMV200	200		
中国	CRH380系列	400	2010	系统融合了图像处理、数据滤波、数据融合以及射频识别(RFID)标签辅助的里程定位等技术;轨道不平顺测量精度达到毫米等级

图 1-18 所示为日本 Doctor Yellow 与英国的 Network Rail 型动检车，这两种动检车均是标准编组的动车组。相比之下，图 1-19 和图 1-20 所示的瑞士 SBB 和瑞典的 TRC IMV 200 型检测车均为单节机车，检测系统集成度较高。

图 1-18　日本 Doctor Yellow 动检车[①]（左）与英国 Network Rail 轨检车[②]（右）

图 1-19　瑞士 SBB 轨检车[③]

---

① 岩谷祐，多田清和. Dr. Yellow to Sustain Safety and Reliable Transportation of the Shinkansen[J]. 電気学会誌，2004，124（12）：791.

② NIELSEN J, BERGGREN E, LÖLGEN T, et al. Overview of methods for measurement of track irregularities[J]. RIVAS Railway Induced Vibration Abatement Solutions Collaborative Project, 2013：9-10.

③ NIELSEN J, BERGGREN E, LÖLGEN T, et al. Overview of methods for measurement of track irregularities[J]. RIVAS Railway Induced Vibration Abatement Solutions Collaborative Project, 2013：9-10.

1.2 轨道不平顺检测技术简介

图 1-20 瑞典 TRC IMV 200 轨检车[①]

国产动检车于 2008 年开始服役。目前正在服役的动检车主要为 CRH380 系列，例如 CRH380AJ-0201（350 km/h）、CRH380AJ-0202（400 km/h），如图 1-21 所示。CRH380 系列动检车包含独立 8 列编组的和谐号动车组，每节车厢测量不同的线路状态信息，例如定位系统、信号系统、接触网、环境视频检测等内容。其中一节车厢用于测量轨道几何不平顺，能够达到毫米级精度。据此可进而分析波形图，做线路平顺性评估报表，根据规范中的阈值要求指导制订线路维修作业计划。

图 1-21 中国 CRH380AJ-0202 动检车[②]

---

① NIELSEN J, BERGGREN E, LÖLGEN T, et al. Overview of methods for measurement of track irregularities[J]. RIVAS Railway Induced Vibration Abatement Solutions Collaborative Project, 2013：11.
② 王源. 轨道几何的一弦 N 点弦测法检测理论及应用[D]. 成都：西南交通大学, 2019：8-9.

2. 辅助检测设备

1）轨距尺

轨距尺（俗称道尺）是检测铁路轨道轨距、水平（超高）的主要测量工具，按准确度分为 0 级、1 级、2 级三个等级：0 级轨距尺用于测量允许速度不大于 350 km/h 的线路，1 级轨距尺用于测量允许速度不大于 250 km/h 的线路，2 级轨距尺用于测量允许速度不大于 160 km/h 的线路。早期轨距尺是木质结构，本身变形量较大，量测精度低且使用寿命短，现已被淘汰。目前在役的轨距尺采用铝镁合金制作，使用寿命长、精度高，分为标尺类和数显类两种。

标尺类轨距尺由标尺、活动测头、固定测头、水准泡、超高显示装置等组成，如图1-22 所示，可用于包括道岔在内的任何铁路线路轨距、道岔参数、水平和超高的测量。标尺类轨距尺质量轻，携带方便，结构简单，易于安装，便于现场使用和维护。

图 1-22　标尺类轨距尺[①]

数显类轨距尺（DTG）是智能化的、基于计算机的轨道几何形位静态测量工具，如图 1-23 所示，具有测量精度高、速度快、自动化程度高、显示清晰直观、检定方便快捷、节省维修费用等特点。

图 1-24 所示为走行数显类轨距尺，可自动、实时记录下其走行时所经过轨道的轨距、水平、超高和里程等数据，将其显示在屏幕上或有序地储存起来，事后使用者可方便地调出任意点的测量数据。

图 1-23　数显类轨距尺[②]

图 1-24　走行数显类轨距尺[③]

---

① 黎国清. 铁路工务检测技术[M]. 2 版. 北京：中国铁道出版社，2018：6.
② 黎国清. 铁路工务检测技术[M]. 2 版. 北京：中国铁道出版社，2018：6-7.
③ 黎国清. 铁路工务检测技术[M]. 2 版. 北京：中国铁道出版社，2018：6-7.

2）轨测仪

轨测仪是具备绝对测量功能的轨道检查仪，是通过全站仪及电子、传感技术测位并自动记录客运专线铁路轨道内部及外部静态几何状态的测量仪器；它基于线路两旁建立的轨道控制网（CPⅢ）进行绝对定位测量，能够获取轨距、超高、水平、轨向、高低、三角坑、轨距变化率、平面坐标及高程（左轨、中线、右轨）等轨道内、外部几何参数，进而指导高速铁路轨道精调。代表性的进口轨测仪有 Amberg GRP 1000 S、GRP 3000、GRP 5000、GRP System FX 以及 GEDO CE 等，国产轨测仪有 SGJ-T-EBJ-I、SGJ-T-CEC-I、SGJ-I-TEY-I 和 SGJ-T-CSU-I 等，如图 1-25 和图 1-26 所示。

 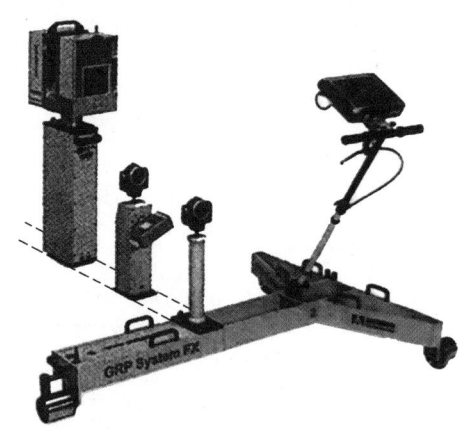

图 1-25　GRP 5000[①]　　　　　　图 1-26　GRP System FX[②]

轨测仪可以测量轨道的几何尺寸及三维绝对坐标，自动测量轨距、水平（超高）、高低和轨道 360°横断面，主要用于无砟轨道所要求的高精度施工测量、有砟轨道的施工和养护维修、线路的设计测量和线路大修等。

3）轨检仪

轨检仪是具备相对测量功能的轨道检查仪，是利用移动或静态激光弦测量铁路轨道几何参数、静态测量特定点外部几何参数的铁路专用计量器具。轨检仪分为两个等级：0 级用于测量允许速度在 350 km/h 以下的铁路，1 级用于测量允许速度在 200 km/h 以下的铁路。轨检仪能够测量轨道的轨距（轨向）、水平（超高）、高低、三角坑、轨距变化率等几何参数。它通过仪器与轨道密切接触并利用高精度陀螺仪的测角原理，解算上述几何参数，达到检测轨道几何状态的目的。

轨检仪的硬件由可拆卸横梁、轨距传感器、里程传感器、倾角传感器、陀螺仪、电

[①] 黎国清. 铁路工务检测技术[M]. 2 版. 北京：中国铁道出版社，2018：6-7.
[②] 黎国清. 铁路工务检测技术[M]. 2 版. 北京：中国铁道出版社，2018：6-7.

源及笔记本电脑等组成，配有相应的数据采集与处理专业软件。轨检仪可用于普速铁路、高速铁路轨道精调前后的静态测量。图 1-27 所示为 GJY-T 型轨检仪。

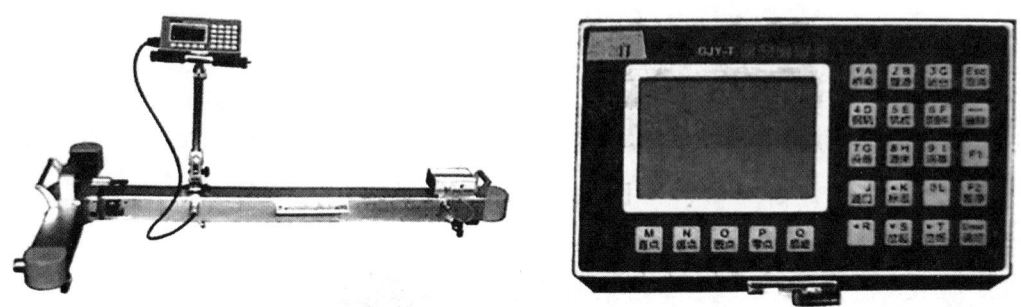

图 1-27　GJY-T 型轨检仪及其操作面板[①]

轨检仪现场检测的数据还可储存在数据采集系统的内存中。轨检仪可同步采集线路设备的轨距、水平（超高）、高低、轨向、三角坑、曲线正矢等轨道几何形位数据。表 1-4 为轨检仪的检测项目及主要性能指标。

表 1-4　轨检仪的检测项目及主要性能指标[②]

等级	轨距/mm		超高/mm		10 m 弦轨向及高低/mm	三角坑/mm	轨距变化率
	范围	精度	范围	精度	精度	精度	精度
0 级	−25～+35	±0.3	±200	±0.3	±0.3	±0.5	0.2‰
1 级	−25～+35	±0.5	±200	±0.5	±0.5	±0.7	0.3‰

专业配套的分析软件可以对线路资料进行自动识别，并根据线路轨道静态参数管理值进行判断，形成格式化报表（包括三种级别的超限报表、曲线检查报表、线路检查报表等）并打印输出，作为轨道维修的依据，从而可解决路局直管站段后的数据传递、查询、浏览、历史数据的对比分析处理和数据共享问题。

4）激光轨道高低和轨向检测设备

XJY-100 线路激光测量仪是针对提速铁路建设需求而研制的一种集光学、精密机械、数字处理技术于一体的精密测量仪器（图 1-28），可实现 100 m 内任意弦长的高低、轨向测量，具有精度高、定位可靠、测量快捷、使用方便的特点，适用于工务部门的现场施工作业和线路日常检查。

---
① 黎国清. 铁路工务检测技术[M]. 2 版. 北京：中国铁道出版社，2018：9.
② 黎国清. 铁路工务检测技术[M]. 2 版. 北京：中国铁道出版社，2018：9.

图 1-28　XJY-100 线路激光测量仪[①]

XJY-100 线路激光测量仪由发射装置、接收装置和数据采集及处理系统组成。其中：发射装置由激光源、机架、二维调整机构和瞄准器组成；接收装置由机架、二维光电测量靶组成。XJY-100 线路激光测量仪的量程为 ±35 mm（轨向）、±25 mm（高低），测量距离为 100 m 内任意弦长。

XJY-200 线路激光测量仪是针对提速及高速铁路建设需求而研制的一种集光学、传感器、精密机械、伺服系统、数字处理技术于一体的精密测量仪器。仪器利用激光提供准直光源，利用二维光电靶测量高低、轨向（正矢），利用陀螺仪测量水平（超高），利用传感器测量轨距和里程。XJY-200 线路激光测量仪可实现 200 m 内任意弦长线路几何参数的测量，具有精度高、测量方便的特点。

图 1-29 所示是 JGY 型激光长弦轨道检查仪，它由计算机控制系统、激光发射小车和接收小车等部分组成。计算机控制系统能够实现数据的实时显示、数据存储以及报表生成与分析等功能。激光发射小车上的激光发射器可以实现建立激光基准弦线以及对其进行调整的功能。激光接收小车由位移传感器、倾角传感器、脉冲编码器和二维激光接收系统组成，可实现传感器数据的采集处理和实时通信功能。

---

① 黎国清. 铁路工务检测技术[M]. 2 版. 北京：中国铁道出版社，2018：10.

图 1-29　JGY 型激光长弦轨道检查仪[①]

JGY 型激光长弦轨道检查仪通过发射小车与接收小车间的激光束建立的"理论弦线"基准和小车行进过程中检测出的相对于基准的横向/纵向偏差、轨距和超高等测量数据的结合来计算轨道几何参数。

5）钢轨平顺性及波磨检测设备

钢轨平顺性直接影响轨道的平顺性，钢轨高低不平顺主要包括长波和短波（或脉冲）不平顺。长波不平顺以 10 m 弦作为基准弦，采用手工、轨道检查仪或轨检车测量。短波不平顺包括钢轨波磨、钢轨接头不平顺、焊缝不平顺、轨头剥离掉块以及擦伤等，会造成轮轨动力作用的显著增大及轨道车辆设备的剧烈振动与破坏。针对钢轨短波不平顺，相关机构也开发有一系列的检测设备。

钢轨波形磨耗是指钢轨顶面出现波浪状的不均匀磨耗，是引起轮轨相互作用力变化、产生轮轨噪声的主要原因之一。随着高速、重载的发展，钢轨波磨日益严重，加剧了轨道结构部件的伤损和轨道状态的恶化，影响线路设备的使用寿命甚至危及行车安全。我国钢轨波磨波长主要范围在 200~600 mm，主要出现在重载线路上；客运专线由于运营时间较短，可能出现的波磨及其特点尚需观察。对钢轨波磨的科学测量可为钢轨打磨计划的制订提供科学依据，从而经济合理地进行维修。

钢轨平直度测量仪（图 1-30）是目前使用的较为精确的静态测量钢轨平顺性及波磨的检测设备，适用于测量钢轨焊补、接头以及绝缘轨接头的平顺度。钢轨平直度测量仪采用非接触测量方法，利用嵌入式系统、激光电荷耦合器件（CCD）三角测距技术，实

---

① 黎国清. 铁路工务检测技术[M]. 2 版. 北京：中国铁道出版社，2018：10.

现对钢轨平直度的实时检测。其非接触型测量方式可同时测量垂直和水平两个方位的平顺度情况，可对钢轨的垂直面磨损程度进行评估。由于在测量过程中采用了重叠法，该设备具备的钢轨磨损测量长度可超过设备本身的长度。所以，该测量仪不仅可用于 0.03～0.3 m 短波范围的钢轨磨损情况评估，也可用于 1～3 m 波形范围的钢轨磨损情况评估。测量系统具有成本低、质量轻、便于工人操作等优点。

钢轨波磨测量仪（Corrugation Analysis Trolley，CAT）是一款用于测量和分析钢轨表面纵向不平顺度的专用设备（图 1-31）。该设备的特点是能在长距离上迅速、大量和高精度地采集钢轨纵向不平顺度数据，并有相应软件进行数据分析。其垂向精度达到 0.01 μm，具有测量钢轨表面噪声级粗糙度的能力；其垂向量程范围为 ±5 mm，具有分析软件集成绘图、滤波、频谱分析和数据比较等功能。[1]

图 1-30　钢轨平直度测量仪[2]

图 1-31　钢轨波磨测量仪 CAT[3]

1.3　轨道不平顺数据分析简介

1.3.1　轨道不平顺数据特点

1. 时空性

轨道不平顺数据是一种典型的时间与空间序列。数据点具有很强的时空特性。

（1）时间上：在干线铁路上，铁路工务部门每月进行两次轨道状态检测，一般安排在每月的上下旬进行。由于轨检车排班、轨道养护作业、天气等，检测时间一般不固定；因此时间间隔是一个大概趋势，即半个月。这就决定了轨道不平顺时间序列数据具有采样时间间距不等的特点。

---

[1] 黎国清. 铁路工务检测技术[M]. 2 版. 北京：中国铁道出版社，2018：5-16.
[2] 黎国清. 铁路工务检测技术[M]. 2 版. 北京：中国铁道出版社，2018：5-16.
[3] 黎国清. 铁路工务检测技术[M]. 2 版. 北京：中国铁道出版社，2018：5-16.

(2) 空间上：轨道不平顺数据是沿线路方向，以一定的距离间隔进行采样的。其中，静态检测小车的距离间隔一般为 0.125 m，动检车的采样距离间隔为 0.25 m。轨道不平顺在空间上具有传统时间序列数据的一些特性比如周期性、平稳性、自相关性，在时域上经常用方差、标准差来描述其统计特性，在频域上经常用功率谱来描述其周期性或频率特性。

2. 周期性

轨道不平顺数据整体上表现出周期性特征，具体为"时间低频"和"空间高频"。

（1）时间上：由于轨道不平顺状态检测频次低（每月两次）且具有周期性特点，因此轨道不平顺时间序列数据在一个单周期内，在时间维上是一个小样本数据集。若要对轨道状态随时间变化的趋势进行预测，则需要在少量历史数据的情况下，找到实现研究目标的有效预测方法，或者扩大研究时间范围，可以研究 10 年以上的时间跨度。

（2）空间上：相比在时间维上的小样本数据特征，轨道不平顺数据在空间上则为大样本数据。在检测区段里程范围内，动检车每隔 0.25 m 取一条检测数据，假设某路局内铁路长度为 1 000 km，则每次全线检测将产生 400 万条检测数据，因此轨道不平顺数据在空间上是大样本数据。根据上一节的描述，空间上的周期性或波长由轨道的特性体现，短波不平顺多是由钢轨表面病害等因素形成，中波不平顺多是由钢轨自身出厂制造长度或简支桥梁的长度等因素造成，长波不平顺多是由路基不均匀沉降或其他轨下基础机构导致。

3. 里程误差

轨道不平顺检测数据不是通过对固定测点长期连续检测而获得的，而是通过累积的各次区段检测数据形成的。每次的检测数据构成一组时间序列数据，多次检测数据则构成多组时间序列数据。然而，每次检测数据对应的检测点都会有一定偏移，产生这种偏移的原因主要是检测设备。由于这种检测属于动态检测，检测数据里程存在漂移，因此轨检车运行时需要每检测一次进行一次人工校正，但是人工校正存在着误差。据现场工作经验，这种误差基本上在 50 m 以内，但这还是很大的误差。

里程误差具体又可以分为两种情况：第一种情况为绝对里程误差，即在单次检测中，测点检测数据与实际里程点位置对应有误差，特别是线路主点，如直缓、缓圆、圆缓、缓直点，与检测的主点位置里程存在误差；第二种为相对里程误差，即在多次检测中，各次检测数据之间对应测点位置有差异，各次检测数据相互之间的里程位置不对应。在实际情况中，这两种情况是共同存在的。

1.3.2 轨道不平顺统计描述

正确测得各种轨道不平顺数据是轨道状态评价的重要前提，铁路部门需要以此为依据对整个数据区段内不平顺的严重程度进行评价和诊断,并根据诊断结果指导各区段轨道的养护维修。常用的轨道不平顺统计描述方法包括时域范围内针对局部不平顺峰值的峰值管理法以及针对区段不平顺的均值管理法,在频域范围内的针对全局不平顺响应的功率谱密度法等。

1. 峰值统计方法(时域)

峰值统计主要通过对轨道不平顺指标的幅值进行控制。一方面,它能够找出轨道的局部病害以及病害的类型、程度和所在的位置,特别是对确定需要做紧急补修和局部修理的轨道病害非常实用;但是另一方面,仅用超限峰值不能全面评价轨道区段的平均质量状态,因为它既没有反映超限长度的影响,也没有反映轨道不平顺变化率和周期性连续不平顺所产生的谐波的影响,存在明显的缺陷。

峰值扣分法主要对轨道的几何尺寸和动力指标进行评价,以 1 km 为单位计算总扣分,以最终分数评定轨道的质量。该方法需要测量轨道每个测点各参数的幅值大小以进行超限判定,并根据超限的不同等级进行扣分,在确定的轨道区段范围内,统计各级超限数量以及各参数的扣分数,以加权计算的方式评价区段内的轨道质量状态。其中:检查项目包括轨距、水平、高低、轨向、三角坑、车体垂向振动加速度和横向振动加速度 7 项;不平顺超限等级一般分为 4 级,速度越高,各个管理标准值越小(严格)。

轨道区段扣分数(1 km)计算公式如式(1-15)所示:

$$S = \sum_{i=1}^{7} \sum_{j=1}^{4} T_i K_j C_{ij} \tag{1-15}$$

式中: S ——每千米扣分数;

T_i ——不同检测项目的加权系数;

K_j ——各级超限扣分加权系数,对应于各级超限的扣分值;

C_{ij} ——不同检测项目的各级超限个数。

2. 均值统计方法(时域)

轨道不平顺质量指数(Track Quality Index)简称 TQI,是一种采用数学统计方法描述区段轨道整体质量状态的综合指标统计方法。运用 TQI 评价和管理轨道状态,是对单一幅值扣分评判轨道质量方法的补充,提高了轨道检测数据的综合应用水平,为科学制订线路维修计划、保证轨道状态的均衡发展提供了科学依据。TQI 是高低、轨向、轨距、水平和三角坑的动态检测数据的统计结果,该值的大小与轨道状态平顺性密切相关,表明 200 m 区段轨道状态离散的程度。TQI 数值越大,则轨道波动性也越大,平顺程度越差。各单项轨道不平顺的统计值也同样可以反映轨道该项指标的平顺状态。

TQI 值是左高低、右高低、左轨向、右轨向、轨距、水平和三角坑等 7 项几何不平顺在 200 m 区段内的标准差之和，其计算公式如式（1-16）～式（1-18）所示：

$$TQI = \sum_{i=1}^{7} \sigma_i \tag{1-16}$$

$$\sigma_i = \sqrt{\frac{1}{n}\sum_{j=1}^{n}(x_{ij}^2 - \overline{x}_i^2)} \tag{1-17}$$

$$\overline{x}_i = \frac{1}{n}\sum_{j=1}^{n} x_{ij} \tag{1-18}$$

式中：σ_i——各项几何偏差的标准差，其中 $i=1,2\cdots 7$ 分别代表左高低、右高低、左轨向、右轨向、轨距、水平、三角坑等 7 项不平顺指标；

x_{ij}——在 200 m 单元区段中各项几何偏差的幅值，$i=1,2\cdots 7$，$j=1,2\cdots n$；

n——采样点的个数（200 m 单元区段中 $n=800$）。

3. 轨道连续不平顺的评定方法（时域）

用标准差等不平顺幅值的统计指标可评定 200～500 m 的轨道连续不平顺状态，诊断确定需要成段维修的区段。例如：法国高速铁路用 300 m 段不平顺幅值的滑动平均值来统计评定区段的平顺状态；日本仍沿用既有线的经验，用 500 m 段幅值超过 3 mm 的采样点数的百分数（P 值）来评价某区段的平顺性；英、德、美、荷兰和我国大多采用 200 m、250 m 段轨道不平顺幅值的标准差来统计评定轨道平顺性的好坏。标准差公式如式（1-19）所示：

$$\sigma = \sqrt{\frac{1}{N}\sum_{i=1}^{N}(x_i - \mu)^2} \tag{1-19}$$

单元长度过短时，无法很好地反映一定长度内不平顺幅值起伏波动的统计特征，失去了统计评定的意义；单元长度过长时，单元内沿长度分布的不平顺幅值的差异往往较大，不利于反映幅值较接近的各小段的特征。因此，在单元长度的选择上，欧美国家铁路评定轨道不平顺幅值统计特征的单元长度多为 200 m、300 m，仅日本采用 500 m 作为评定单元。我国铁路将 200 m 作为基本单元，对各项平顺性进行评定统计和维修，凡标准差超过允许限值的，均诊断为平顺状态不良，无论个别地点局部轨道不平顺的超限情况如何，该段都应进行维修。

4. 功率谱密度（频域）

多数轨道不平顺的波长结构，可用平稳随机过程的功率谱密度描述。若某段轨道不平顺平稳样本记录 $\eta(t)$ 或 $\eta(x)$ 的功率谱密度估计值 $\widehat{G}_\eta(f)$ 定义为：

$$\widehat{G}_\eta(f) = \frac{\widehat{\Psi}_\eta^2(f, \Delta f)}{\Delta f} \tag{1-20}$$

式中：Δf ——带宽；

$\widehat{\Psi}_\eta^2(f, \Delta f)$ —— $\eta(t)$ 或 $\eta(x)$ 在 Δf 内的均方值。

则进一步可得到功率谱密度的更精确的表达式。当 Δf 无限小（$\Delta f \to 0$）、统计时间无限长（$\Delta T \to \infty$）或距离无限大（$\Delta X \to \infty$）时，可得到以下表达式：

$$\widehat{G}_\eta(f) = \lim_{\Delta f \to 0} \frac{1}{\Delta f} \left[\lim_{\Delta T \to \infty} \frac{1}{T} \int_0^T \eta^2(t, f, \Delta f) \mathrm{d}t \right] \tag{1-21}$$

$$\widehat{G}_\eta(f) = \lim_{\Delta f \to 0} \frac{1}{\Delta f} \left[\lim_{\Delta X \to \infty} \frac{1}{X} \int_0^X \eta^2(x, f, \Delta f) \mathrm{d}x \right] \tag{1-22}$$

式中：$\eta(t, f, \Delta f)$、$\eta(x, f, \Delta f)$ —— $\eta(t)$、$\eta(x)$ 在 $f \sim f + \Delta f$ 频率范围内的值；

$\eta(t, f, \Delta f)$ 中的 f ——时间频率，$f = \frac{1}{T}(\mathrm{Hz})$；

$\eta(x, f, \Delta f)$ 中的 f ——空间频率，$f = \frac{1}{\lambda}(\mathrm{m})$。

由式（1-20）、式（1-21）和式（1-22）定义的功率谱密度，只对正频率存在，称为单边功率谱密度（简称轨道不平顺谱）。

计算轨道不平顺谱的方法有很多，主要包括经典谱估计方法和现代谱估计方法两大类。本节将对经典谱估计法中的周期图法、Bartlett 法和 Welch 法这三种方法进行简要介绍。

目前，用来进行谱密度计算的方法建立在傅里叶变换的基础上，适用于对平稳信号进行变换分析；若随机数据样本是非平稳的，则无法直接套用而须用其他更为复杂的方法来处理。但多数轨道不平顺样本记录具有平稳性或弱平稳特征，可以近似地作为平稳随机过程来处理。但接头焊缝不平顺、道岔区的不平顺、存在各种轨道病害地段的不平顺，往往具有非平稳特征，需要进行平稳性检验。平稳性检验将在下一节数据预处理中介绍。周期图计算方法如下：

设长度为 $0 \leq n \leq N-1$、采样间隔 $\Delta t = 1$ 的平稳随机序列 $\{X(n)\}$ 经傅里叶变换后频谱为：

$$X(\omega) = \sum_{n=0}^{N-1} X(n) \mathrm{e}^{-\mathrm{j}\omega n} \tag{1-23}$$

周期图法下功率谱密度函数 $I_N(\omega)$ 的计算公式为：

$$I_N(\omega) = \frac{1}{N} |X(\omega)|^2 \tag{1-24}$$

可分别从数学期望、方差、能量与分辨率等方面对周期图的谱估计性能进行分析：
周期图的数学期望如式（1-25）所示：

$$E[I_N(\omega)] = \sum_{m=-(N-1)}^{N-1} E[\hat{\gamma}'_{xx}(m)]e^{-j\omega m} = \sum_{m=-(N-1)}^{N-1} \left(\frac{N-|m|}{N}\right)\gamma_{xx}(m)e^{-j\omega m} \qquad (1-25)$$

而由 $\gamma_{xx}(m)$ 所得功率谱 $P_{xx}(\omega)$ 为：

$$P_{xx}(\omega) = \sum_{m=-\infty}^{\infty} \gamma_{xx}(m)e^{-j\omega m} \qquad (1-26)$$

可见 $E[I_N(\omega)] \neq P_{xx}(\omega)$，因此周期图只是功率谱 $P_{xx}(\omega)$ 的有偏估计。

方差近似表达式同样可用于评价周期图法的估计结果。假定 $X(n)(0 \leq n \leq N-1)$ 是具有零均值、均方差为 σ 的正态随机序列，其周期图 $I_N(\omega)$ 可表示为：

$$I_N(\omega) = \frac{1}{N}|X(\omega)|^2 = \frac{1}{N}\sum_{l=0}^{N-1}\sum_{m=0}^{N-1}X(l)X(m)e^{-j\omega m}e^{-j\omega l} \qquad (1-27)$$

周期图 $I_N(\omega)$ 的方差为：

$$Var[I_N(\omega)] = \sigma_x^4\left[1 + \left(\frac{\sin \omega N}{N\sin \omega}\right)^2\right] \qquad (1-28)$$

当 N 趋于无穷大时，周期图方差并不趋近于 0，且对任意的 N 而言，周期图方差与 σ_x^4 保持同一数量级，因此周期图并不是功率谱的一致估计。

还可以从分辨率与能量泄漏方面对周期图法的估计效果进行评价。在周期图法中，长度为 $0 < n \leq N-1$ 的随机数据序列可视为无限长的随机数据序列被矩形窗截断的结果。两个时间序列相乘的傅里叶变换等于两个时间序列傅里叶变换的褶积，对于矩形窗时间序列，其傅里叶变换为 $\sin N\pi f / \sin \pi f$ 形式。因此，由有限长随机数据序列所得的频谱等于该信号的真正频谱与 $\sin N\pi f / \sin \pi f$ 频谱的褶积。如果信号的真正功率集中在一个窄的频带内，则该褶积运算将把这个窄带的功率扩展到邻近的频段，这种现象称为"泄漏"现象。弱信号的主瓣很容易被强信号泄漏到邻近的副瓣所淹没或畸变，从而造成谱的模糊与失真，因此"泄漏"现象不仅会使谱估计产生畸变，还会降低功率谱估计及正弦分量的可测性。另外，褶积运算窗的宽度会影响信号的主瓣宽度，对矩形窗时间序列，其傅里叶变换的主瓣宽度近似地等于观测时间的倒数。所以，对于短观测数据序列，其功率谱估计的分辨率是不高的。

由于利用周期图法对功率谱密进行估算存在分辨率与能量泄漏等问题，多位学者对周期图法作出如下改进：

1）平均周期图法（Bartlett 法）

平均周期图法将样本点数为 N 的数据分为 k 段，每段长度为 M，即 $N=kM$，使用周期图法对每段数据进行谱估计：

$$I_N^B(\omega) = \frac{1}{M}\left|\sum_{n=0}^{M-1} X_i(n)\right|^2, \quad i=1,2\cdots k \tag{1-29}$$

对计算的每段功率谱求和后取平均值，得到平均周期图法估计的功率谱密度：

$$P_{xx}^B(\omega) = \frac{1}{k}\sum_{i=1}^{k} I_N^B(\omega) \tag{1-30}$$

平均周期图法可以提高功率谱的分辨率，功率谱估计精度随平均次数的增加而升高，但过多的平均次数所带来的精度提升逐渐趋于不明显，还会使计算量大大增加；因此需合理选择平均次数。

2）窗函数法

对窗函数的合理选择同样可以提高谱估计的精度，其原理在于用一适当的窗函数与周期图进行褶积可以减少泄漏效应，使旁瓣降低及谱平滑，从而使畸变与方差减小。窗函数所带来的影响和选取原则总结如下：

（1）原始信号的频谱是根据窗函数 $W(\omega)$ 的频谱宽度进行滑动平均所得到的，因此功率谱的分辨率随窗函数主瓣宽度的增加而降低。

（2）若窗函数带有波动状旁瓣，则可能使得到的不平顺频谱存在虚幅（虚假峰谷）现象。

（3）具有负的旁瓣的窗函数，可能会导致能量泄漏，因此窗函数最好无负旁瓣。

（4）间断、振荡的旁瓣是由窗函数急剧上升、下降产生的，因此应尽量使窗函数两边圆滑。

（5）频率结构的详细程度与窗长 T 大小呈正相关，窗长 T 越大，所得轨道谱越接近真实谱。

窗长是影响谱线的分辨率和能量泄漏的重要因素。对于平稳随机过程，窗长越大分析精度就越高，泄漏的信号就越少，窗长趋近无穷大时，就得到接近真实的谱图。但由于计算机分析处理能力及真实信号长度等限制，需要选择合理的窗长。从减少泄漏的角度考虑，分析长度应为所需研究的最大周期的 2 倍以上，到 8~10 倍。当窗长足够大时，泄漏已经很少，选择窗函数类型时，应主要考虑使信号在绝大部分时间内持续平整以保证主瓣窄细，在信号两端附近光滑变细以减小振荡。常见的窗函数有矩形窗（Rectangular）、汉宁窗（Hanning）、汉明窗（Hamming）等，都已有成熟的代码和软件可以使用。

3）修正周期图法（Welch 法）

Welch 法继续对平均周期图法进行改进，在将样本点数为 N 的数据分成 k 段时，允许小段内部的数据有重叠部分，并在周期图法谱估计前对所有小段进行加窗处理，窗函数类型可用汉宁窗、Riesz 窗等。使用非矩形窗对数据进行分段时能使两边数据平滑过渡至零，减小了泄漏效应。再按平均周期图法求得功率谱密度函数为：

$$I_N^W(\omega) = \frac{1}{MU}\left|\sum_{n=0}^{M-1} X_i(n)W(n)\mathrm{e}^{-\mathrm{j}\omega n}\right|^2, \quad i=1,2\cdots k \tag{1-31}$$

式中：$W(n)$ —— 窗函数；

U —— 窗函数的归一化因子，

$$U = \frac{1}{N}\sum_{l=0}^{N-1} W^2(l) \tag{1-32}$$

当相邻窗口子段之间重叠点数为 $M/5$ 时，分段数 k 计算方式如下：

$$k = \frac{N - M/5}{M/5} \tag{1-33}$$

Welch 法功率谱估计如式（1-34）所示：

$$P_{xx}^W(\omega) = \frac{1}{k}\sum_{i=1}^{k} I_N^W(\omega) \tag{1-34}$$

Welch 法既优化了谱线方差性能，也使谱线频率分辨率不至于太差。Welch 法是功率谱的无偏估计，当分段数增大时，Welch 法趋于一致估计。

4）现代谱分析法

功率谱估计方法具有方差性能较差、分辨率较低的缺点。虽然进行了平均、加窗平滑的改进，能在一定程度上降低谱线方差、提高分辨率；但由于周期图法需要足够的窗长和平均次数，在样本数据较小的情况下，例如对于道岔、桥梁等特殊区段，轨道结构不平顺数据有限，修正周期图法的分辨率和精度均难以满足需要。而现代谱估计具有分辨率高、方差小的优点，且不受数据长度限制，但是其计算效率较低、对信噪比敏感、谱线容易产生分裂并会产生虚假成分。现代谱估计模型有 AR、MA、ARMA 模型法以及最大熵法等[1]。

本节对现代谱分析法中的最大熵法进行介绍。最大熵法是对已知延迟点上的自相关函数不加修改，而对未知延迟点上的自相关函数按最大熵进行外推。这样，最大熵谱分

---

[1] 赖思成. 基于重载铁路轨检数据的轨道不平顺谱研究[D]. 成都：西南交通大学，2021：19-20.

析法就比传统方法所得到的谱估计分辨率高得多,尤其适用于短数据情况。

具有零均值的 $N+2$ 维正态随机矢量 $\boldsymbol{X}$,其熵为

$$H = \lg(2\pi e)^{\frac{N+2}{2}} \det[R_{xx}(N+1)]^{\frac{1}{2}} \tag{1-35}$$

式中:$\det[\boldsymbol{R}_{xx}(N+1)]$ ——平稳随机序列 $\{X(n)\}$ 的自相关函数的 $N+1$ 个值 $r_{xx}(0)$、$r_{xx}(1)$ … $r_{xx}(n)$ 所组成矩阵的行列式。

由数学推导可得,当熵 H 最大时,有:

$$\begin{vmatrix} r_{xx}(1) & r_{xx}(0) & \cdots & r_{xx}(N-1) \\ r_{xx}(2) & r_{xx}(1) & \cdots & r_{xx}(N-2) \\ \vdots & \vdots & & \vdots \\ r_{xx}(N+1) & \cdots & r_{xx}(N) & \cdots & r_{xx}(1) \end{vmatrix} = 0 \tag{1-36}$$

式(1-36)为 $r_{xx}(N+1)$ 的一次函数,可以解出合适的 $r_{xx}(N+1)$;然后采用相同的方法,将 $r_{xx}(N+1)$ 代入矩阵 $\boldsymbol{R}_{xx}(N+2)$ 和 $\det[\boldsymbol{R}_{xx}(N+2)]$ 中,求 $\det[\boldsymbol{R}_{xx}(N+2)]$ 对 $r_{xx}(N+2)$ 的最大值,得到 $r_{xx}(N+2)$,依次类推。经过自相关函数外推,可使功率谱估计分辨率大大提高。最大熵谱估计法可用伯格递推法进行具体实现,FPE 准则可用于确定最佳模型阶数。最大熵法的谱估计结果相较于周期图法将更加平滑,特征更为明显。

1.3.3 轨道不平顺数据预处理

铁路轨道不平顺数据一般通过各类轨检车检测所得。但在测量过程中存在以下多种可能会造成数据异常的因素:

(1)运行条件与外界环境造成异常,由雨雪天气、阳光干扰、车速过低等因素引起。

(2)线路设备造成异常,由岔区尖轨刨切、道岔加宽、过分相等因素引起。

(3)人为因素导致异常,由数据误删、选线错误、参数设置错误等因素引起。

(4)检测设备导致异常,包括高低弦故障、检测系统故障引起的数据异常,以及主轮轨相对滑动、光栅编码器故障等因素所导致的里程误差。

异常数据会直接影响轨道不平顺谱的计算与分析,因此在对实测轨道不平顺数据进行分析之前,需要对数据进行预处理。

1. 重复值删除/空白值补齐

铁路轨道不平顺实测数据可能会在某些里程段重复出现,或在某些区段出现缺失,这可能是由于里程漂移、系统故障。为使轨道不平顺谱相关计算工作正常进行,需要对重复、缺失数据进行处理。当出现数据区段重复时,将重复区段删去即可。当出现单个

值缺失时,可以将缺失值删除,也可使用平均数、众数对其进行替换;当出现数据区段缺失时,可采取以下方法对缺失区段进行填补。

1)热卡填充或就近补齐(Hot deck imputation)

对于一个包含空值的对象,热卡填充法会在完整数据中找到一个与它最相似的对象,然后用这个相似对象的值来填充。不同的问题可能会选用不同的标准来对相似进行判定。该方法概念上很简单,且利用了数据间的关系来进行空值估计。这个方法的缺点在于难以定义相似标准,主观因素较多。

2)回归(Regression)

该法是基于完整的数据集,建立回归方程,或利用机器学习中的回归算法处理数据的一种方法。对于包含空值的对象,它将已知属性值代入方程来估计未知属性值,以此估计值来进行填充。当变量不是线性相关时,使用该法会导致有偏差的估计,且在使用时应当注意防止过拟合。回归是一种较为常用的方法。

3)期望值最大化方法(Expectation Maximization,EM)

EM 算法是一种在不完全数据情况下计算极大似然估计或者后验分布的迭代算法。在每一迭代循环过程中交替执行两个步骤:期望步(Expectation step),在给定完全数据和前一次迭代所得到的参数估计的情况下计算完全数据对应的对数似然函数的条件期望;最大化步(Maximization step),用极大化对数似然函数以确定参数的值,并用于下步的迭代。算法在 E 步和 M 步之间不断迭代直至收敛,即两次迭代之间的参数变化小于一个预先给定的阈值时结束。该方法可能会陷入局部极值,收敛速度也不是很快,并且计算很复杂。

还可用人工填补、K 最近邻算法、多重插补法对缺失数据进行处理,应根据数据维度、数据缺失程度、数据分布等多个因素考虑,选择合适的缺失值处理方法。

2. 趋势项去除

用轨检车测取的高低、轨向不平顺数据,由于已经过检测系统中的高通滤波器处理,所以不含低频变化的趋势项(平均值部分),但在地面用水平仪测得的长波高低不平顺中也会因含有随轨道纵断面坡度变化的高程数据而导致出现非线性趋势项;轨道水平不平顺的检测是通过对超高进行 25 m 高通滤波的方法得到的,由于标定误差、曲线超高、仪器漂移等使超高信号包含明显的非平稳趋势项,对其进行滤波并不能消除该趋势项;此外,轨距不平顺由于陀螺漂移、曲线段不均匀磨耗等也存在着非线性的趋势项;这些趋势项的存在,使得对信号进行时域的相关分析或频域的功率谱分析时将产生较大误差,特别是使得低频段的信号严重失真。这些均值不为零、含有趋势项的数据,将导致谱密度值的错误，因此，消除轨道不平顺测试数据中的趋势项是预处理中一项重要的工作[①]。

对于轨道不平顺整体偏移与线性趋势项，可对其采用差分法、最小二乘法拟合去趋势处理；对于轨道不平顺出现的非线性趋势项，采用高通滤波去除。现有的研究更多是运用刘秀波博士提出的小波变换法对轨道不平顺趋势项进行去除，但是小波变换奇函数选择各不相同，且该法对轨道不平顺趋势项去除方法并无明确规定。其他去除数据趋势的方法还有凸优化、FIR 滤波、平滑滤波、经验模态分解、变分模态分解等，均已有成熟的算法和软件可以直接使用，本书不再赘述[②]。

3. 里程误差处理

基于全球定位系统（GPS）自动校正的里程计定位方式，因简单、经济、高效而被广泛应用于当前轨检车、高速综合检测列车的里程标定系统中。但该里程标定系统容易受轮径尺寸误差、轮轨间的相对滑动、轮轴光栅编码器故障、GPS 局限性等因素影响，检测数据不仅存在里程误差且在测量过程中会不断累积，当人工或系统自动校正里程信息后，又可能导致里程标识的重复或者缺失问题。由于影响里程误差的因素随机出现，导致里程误差在轨道不平顺检测数据中随机分布，即测量里程值与实际里程值间存在随机误差，同时随机误差导致不同时间检测数据间的测量里程值也不一致。由此，可将里程误差分为两类：绝对里程误差与相对里程误差。现有的针对不平顺数据的里程修正方法已非常成熟，本书会在第 4 章对里程误差处理方法进行详细介绍。

4. 异常值去除

由于早期检测车检测系统误差、雨雪反光、道岔有害空间扫空等，检测数据可能产生局部幅值过大的突出点，出现类似"尖刺"的异常值。目前，针对轨检数据异常值的剔除方法，主要有变化率修正法和拉依达准则两种，拉依达准则适用于正态分布或近似正态分布。如若数据呈现非正态分布、偏态分布，则可使用四分位数法对异常值进行剔除[③]。

在统计学中，拉依达准则（3σ 准则）认为随机变量取值几乎全部集中在 $[\mu-3\sigma, \mu+3\sigma]$ 的范围内，超出这个范围的可能性仅占不足 0.3%，适用于正态分布的数据，如图 1-32 所示。利用该特征，将与均值的差大于数据 3 倍标准差的点判定为异常点，其置信概率为 99.7%。可基于拉依达准则的异常数据剔除方法，通过识别异常点后，按照 1‰ 的变化率修正异常数据。

---

① 李再帏，雷晓燕，高亮. 轨道不平顺检测数据的预处理方法分析[J]. 铁道科学与工程学报，2014，11（3）：43-47.
② 赖思成. 基于重载铁路轨检数据的轨道不平顺谱研究[D]. 成都：西南交通大学，2021：24-25.
③ 陈苗. 武广高速铁路轨道状态演变规律研究[D]. 北京：中国铁道科学研究院，2022：21-22.

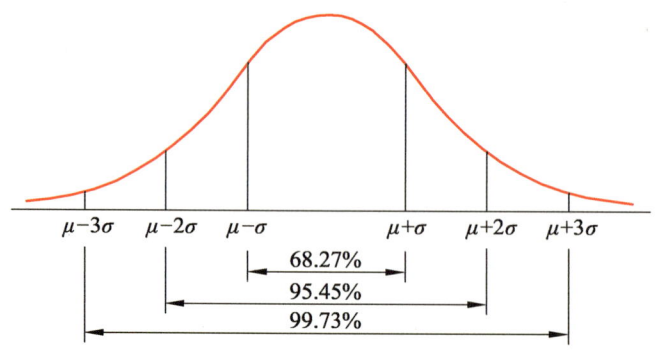

图 1-32　正态分布数据在拉依达准则下对应的百分比

与拉依达准则类似，四分位数阈值界定法用上下四分位数和四分位差来定义内限、外限，将内限以外的小概率离群点视为异常值。该法同样适用于非正态分布的数据。四分位数阈值界定法常用 Q_3、Q_1 分别表示上、下四分位数（总体数据从小到大排列后位于 75% 与 25% 位置的数据），IQR 即 Q_3 与 Q_1 的差值为四分位差；内限范围为 $[Q_1-1.5IQR, Q_3+1.5IQR]$，数据点坐落于内限以外的概率为 0.7%，置信概率为 99.3%。可根据需要，对所需 IQR 的倍数阈值进行调整，从而将异常值从数据中去除。

5. 平稳性检验

平稳随机过程与非平稳随机过程的谱分析计算方法是完全不同的。目前常用于进行谱密度计算的傅里叶变换法是建立在符合平稳性假定基础之上的；如果随机数据样本是非平稳的，则必须用其他更为复杂的方法来处理。多数轨道不平顺样本记录具有平稳性或弱平稳特征，可以近似地作为平稳随机过程来处理，但接头焊缝不平顺、道岔区的不平顺、存在各种轨道病害地段的不平顺，往往具有非平稳特征，需要进行平稳性检验。

平稳性检验的实质是检验随机信号数据的基本物理因素是否随时间（或空间距离）变化，如果不变，则满足平稳性假定。平稳性检验的主要方法有以下几种：

1）图形经验观察识别

对某些具有典型时变均值、时变均方值、时变波长结构的轨道不平顺样本函数，可根据其波形特征，用肉眼初步识别其平稳性。图 1-33 是 4 种典型的非平稳轨道不平顺波形[①]。

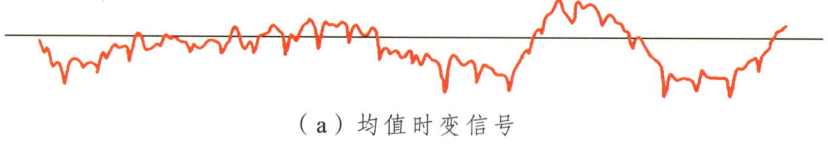

（a）均值时变信号

---

① 罗林，张格明，吴旺青，等. 轮轨系统轨道平顺状态的控制[M]. 北京：中国铁道出版社，2006：174.

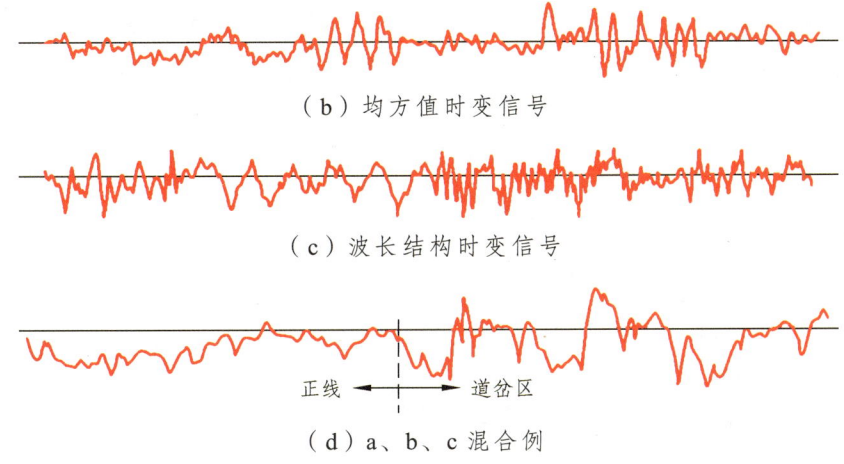

(b) 均方值时变信号

(c) 波长结构时变信号

(d) a、b、c 混合例

图 1-33 几种典型的非平稳信号波形[①]

2) 轮次检验法

轮次检验法的基本原理是将待检验的序列划分成若干段，求出每个小段的均方值（方差、标准差等），然后由求得的每个小段的均方值组成一个新序列，求出这个新序列的均值，再将每个小段的均方值与新序列的均值进行比较，当均方值大于均值时记为"+"，当均方值小于均值时记为"−"。可将出现的"+"与"−"记为一个新的记号序列，假设此记号序列的长度为出现"+"与"−"的总数 N_1 与 N_2，将记号发生变化的次数记为轮次数 r。则对于一个平稳随机序列，当 N_1、N_2 都不高于 15 时，其轮次数的均值和方差分别为：

$$\left. \begin{array}{l} E(r) = \dfrac{2N_1 N_2}{N} + 1 \\ D(r) = \dfrac{2N_1 N_2 (2N_1 N_2 - N)}{N^2 (N-1)} \end{array} \right\} \tag{1-37}$$

当 N_1、N_2 中任一数值高于 15 时，其统计量为：

$$Z = \dfrac{r - E(r)}{\sqrt{D(r)}} \tag{1-38}$$

渐进服从正态分布。

当 N_1、N_2 均低于 15 时，可计算出轮次数 r，若 r 满足 $r_L < r < r_U$（r_L、r_U 分别为轮

[①] 罗林，张格明，吴旺青，等. 轮轨系统轨道平顺状态的控制[M]. 北京：中国铁道出版社，2006：175.

次分布表①中 r 的下限与上限），则可认定检验的序列是平稳序列；当 N_1、N_2 中任一数值高于 15 时，若计算统计量 $|Z|<1.96$，则可认定序列为平稳序列；反之则为不平稳序列。

3）逆序检验法

逆序检验法的原理为将待检验的序列划分成 M 段，求出每小段数据的均值（方差），再由求得的每个小段的均值组成一个新序列，求出这个新序列的逆序数为 A。则对于随机序列，逆序数 A 的期望和方差②为：

$$E(A)=\frac{1}{4}M(M-1) \qquad (1-39)$$

$$D(A)=\frac{M(2M^2+3M-5)}{72} \qquad (1-40)$$

其统计量为：

$$Y=\frac{A+\frac{1}{2}-E(A)}{\sqrt{D(A)}} \qquad (1-41)$$

渐进服从正态分布。在显著水平 $\alpha=0.05$ 下，若统计量 $|Y|<1.96$，则检验序列为平稳序列；反之则为非平稳序列。当 A 较大时，说明检验序列均值趋势是上升的；A 过小时则相反③。

1.3.4 轨道不平顺数据分析方法概述

由于铁路系统本身和运行环境的复杂性，轨道不平顺在线路的运营寿命中一直存在，其产生的原因、发展变化的规律以及影响发展、恶化的因素都非常复杂。许多轨道不平顺直接来源于轨道投入运营以前的部件制造和安装施工阶段，有些更来源于制造轨道部件的材料。铁路线路开通运营后，在列车荷载、自然环境以及养护维修等诸多因素的作用下，不但旧有的许多轨道不平顺会继续恶化增大，还会产生新的轨道不平顺。这些不平顺往往会对铁路的运营造成不利影响，不仅使其无法保证高质量的运输条件，更严重影响了列车运行的舒适性和安全性。因此，各国学者均致力于通过对不平顺数据的分析保证轨道的健康服役状态，通过指导养护维修工作减小甚至消除轨道不平顺④。

---

① 蒋华，沙宗鲁，轩爱成. 基于方程式逆序数的软件水印算法[J]. 计算机应用研究，2010，27（2）：749.
② 蒋华，沙宗鲁，轩爱成. 基于方程式逆序数的软件水印算法[J]. 计算机应用研究，2010，27（2）：749.
③ 赖思成. 基于重载铁路轨检数据的轨道不平顺谱研究[D]. 成都：西南交通大学，2021：26.
④ 陈宪麦. 轨道不平顺时频域分析及预测方法的研究[D]. 北京：铁道科学研究院，2006：1-2.

轨道不平顺数据的分析模型通常被归为分类与预测两类。其中：分类模型依靠提取轨道不平顺数据中的特征，建立数据特征与轨道下部缺陷的对应关系，实现对轨道下部病害的识别；而预测模型通常是利用现有的不平顺数据对未知的数据进行推断，例如利用现有数据预测未来轨道不平顺的发展规律，或利用不平顺数据反演车体加速度、轮轨力等能直观反映车辆运行品质的数据。

各国铁路制定了诸多措施来处理轨道不平顺，如我国就将线路维修划分为综合维修、经常保养和临时补修三种类型。这种维修计划的制订需要参考众多因素，如线路条件、运输条件、自然条件等。当数据充足时，这些因素均可作为不平顺数据特征用于识别下部病害，通过病害分类，可对维修方案进行具体指导；而事实上，为制订维修计划需要进行大量的检测搜集工作，往往会发生漏检或路况情报搜集不充足、不及时的情况，延误线路的维修，在运营中造成重大的运输事故。此时需要最大化获取有用的路况信息以合理地制订维修计划，轨道不平顺状况的预测对这一工作则具有重要意义。

综上所述，基于轨道不平顺数据的分析方法对指导铁路线路养护维修作业、建立铁路线路事故预警系统都至关重要，是减小人民生命财产损失的重要前提。本节对一些常见的轨道不平顺分析方法进行简单介绍。

1. 线性回归（Linear Regression）

线性回归分为一元与多元线性回归，是确定两种或两种以上变量间相互依赖的定量关系的一种统计分析方法。一元线性回归即涉及的变量只有两个，多元线性回归涉及的变量则为三个或三个以上。从本质上说，线性回归是通过找到变量之间的线性相关性来建立变量与变量之间的联系，试图学得一个线性模型以尽可能准确地预测实值的输出标记，而线性相关性则是线性回归模型的理论基础。下面对一元线性回归进行介绍。

假设有数据集 $D=\{(x_1,y_1),(x_2,y_2)\cdots(x_n,y_n)\}$，并假设所有样本只有一个属性值，则线性回归就是对数据样本进行训练学习得出假设函数 $\hat{y}_i$，使得

$$\hat{y}_i = wx_i + b \tag{1-42}$$

模型训练的过程即是确定参数 w 和 b 的过程，预测值 $\hat{y}_i$ 与实际值 y_i 的差值被称为损失。训练的目的在于使得到的假设函数 $\hat{y}_i$ 和样本的实际输出值 y_i 尽可能地接近，使损失最小化。可使用均方误差对其相似度进行衡量：

$$J(w,b) = \frac{1}{2n}\sum_{i=1}^{n}(\hat{y}_i - y_i)^2 \tag{1-43}$$

通常可以使用梯度下降法、最小二乘法求出代价函数 $J(w,b)$ 最小化时参数 w、b 的取值，这样就能得到以 x 为输入对 y 进行预测的线性回归模型。

2. 逻辑回归（Logistic Regression）

逻辑回归也被称为广义线性回归，它与线性回归模型的形式基本上相同，都具有 $wx+b$，区别在于它们的因变量不同。线性回归模型的输出是连续的，即对于每一个输入的 x，都有一个对应的 y 输出，模型的定义域和值域都可以是 $(-\infty,+\infty)$；逻辑回归在线性回归的基础上增加了 Sigmoid 函数，式（1-44）为其函数表达式，其函数图像如图 1-34 所示。由图可知，Sigmoid 函数引入了非线性因素，将其在定义域 $(-\infty,+\infty)$ 下的值域转化为 [0,1] 区间内的有限值。

$$\sigma(x)=\frac{1}{1+e^{-x}} \tag{1-44}$$

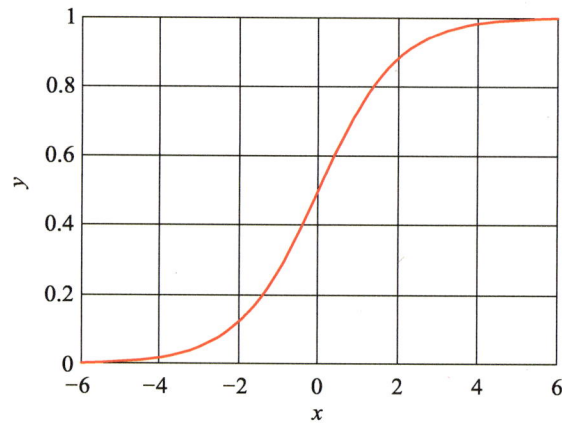

图 1-34 Sigmoid 函数图像

式（1-45）为逻辑回归假设函数表达式。逻辑回归可用交叉熵函数或均方误差作为代价函数，交叉熵函数如式（1-46）所示。

$$\hat{y}_i=\frac{1}{1+e^{-(wx_i+b)}} \tag{1-45}$$

$$J(y_i,\hat{y}_i)=-\frac{1}{n}\sum_{i=1}^{n}[y_i\ln\hat{y}_i+(1-y_i)\ln(1-\hat{y}_i)] \tag{1-46}$$

逻辑回归得到的预测值是在 [0,1] 区间上的一个数，可以通过阈值的设置，将大于阈值的输出分为类别 1，小于阈值的输出分为类别 0，将值域转化 {0,1} 两个值。这两个值可用于表示对样本的某种分类，如 0 代表正常、1 代表故障，因此逻辑回归可用于解决钢轨的伤损/正常、设备的健康/故障等常见的二分类问题。

3. 支持向量机（SVM）

支持向量机与逻辑回归均属于分类模型，其目的在于寻找最优区分两类数据的超平面。SVM利用样本数据的特征向量构成一个空间，每个样本点都占据空间中的一个位置。使用一条线、一个面或者一个特殊形状将样本数据分割成两部分，使其中一部分为正样本，另一部分为负样本，且可以通过该分割线（面）将新数据判别为正样本或负样本，这样的一个分割线（面）就叫作超平面。

SVM线性可分模型如图1-35所示，此时白色、黑色样本可通过无穷多的超平面正确分开，SVM会寻找一个最优的超平面，即它能尽可能地区分不同类的数据，更直观地可以理解为这个平面分别与两类数据的最近的数据点之间的距离之和最大。图1-35（a）中两条蓝色虚线之间的距离显然小于图（b）中两条蓝色虚线之间的距离。我们把蓝色虚线之间的距离定义为"边缘"，它就是两类数据距离分离超平面的距离之和，而分离超平面，就是与蓝色虚线平行且等距的超平面，显然图（b）中红色MMH实线能更好地分离样本数据，且此时的分离超平面所产生的分类结果是最具稳健性（鲁棒性）的，对未知实例的泛化能力最强，通过该超平面可实现对新数据样本的分类。

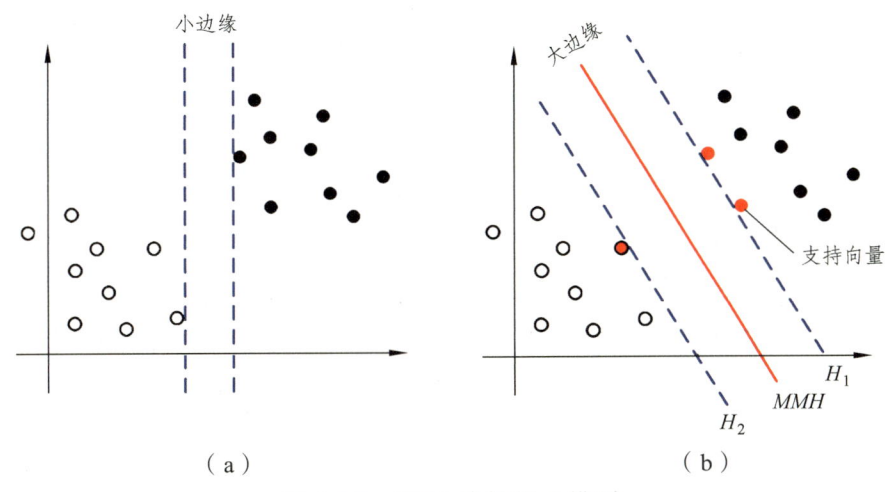

图1-35　SVM线性可分模型

SVM模型又可根据样本的线性可分程度分为线性可分SVM、线性SVM和非线性SVM三类，如图1-36所示。当训练样本线性可分时，通过硬间隔最大化学习成线性可分SVM；当训练数据近似线性可分时，引入松弛变量，通过软间隔最大化学习成线性SVM；当训练数据线性不可分时，通过使用核函数及软间隔最大化，学习为非线性SVM。

支持向量机在解决非线性高维模式识别或小样本模式识别中都有很多优势，它将学习训练过程转化为一个二次规划问题。与神经网络等其他人工智能方法相比，SVM可以很好地克服小样本、维数灾难、局部极小点以及过学习等问题。

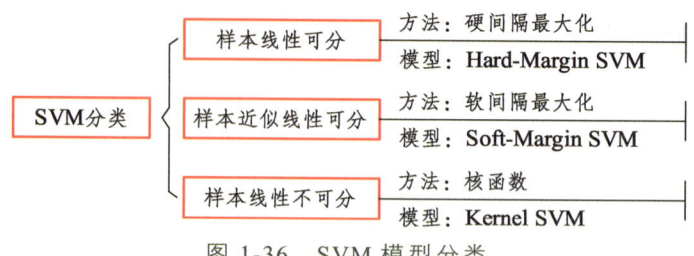

图 1-36　SVM 模型分类

4. 随机森林（Random Forest）

随机森林是一种组合分类器方法，构成随机森林的基本分类器是决策树，如图 1-37 所示。决策树是一种由节点和有向边组成的层次结构，树中包含 3 种节点：根节点、内部节点、终节点。决策树仅有一个根节点，是全体训练数据集合。树中的每个内部节点是一个分裂问题，它将到达该节点处的样本按某个特定属性分块。每个终节点（又称为叶节点）是带有分类标签的数据集合。从决策树的根节点到叶节点的一条路径就形成一个判别规则。决策树算法采用自顶向下的贪婪算法，每个内部节点选择分类结果最好的属性将到达该节点的数据分成 2 块或者更多块，继续这个过程直至这棵树能准确地分类全部训练数据。决策树算法的核心问题是选择较优的分裂属性。选择分裂属性的标准很多，例如信息增益、信息增益比、Gini 索引等，对应不同属性的决策树算法有 ID3、C4.5、CART 等。

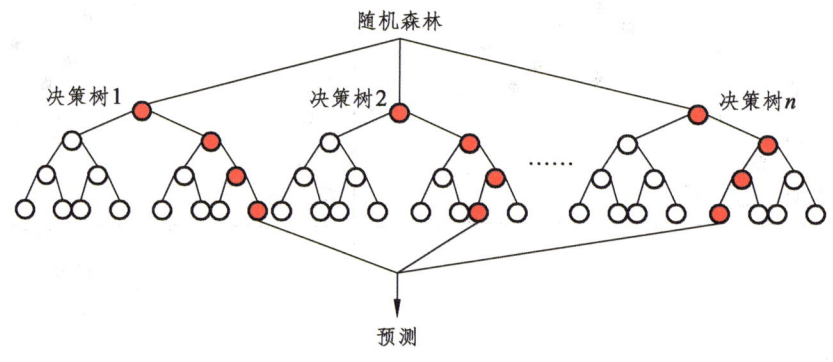

图 1-37　随机森林模型

CART 法分裂属性的选择以 Gini 指数为指标。Gini 指数是一种不纯度分裂方法，它能适用于类别、二进制、连续数值等类型的字段，具体算法思想是假设某节点处的数据样本集合 T 包含 k 个类别的记录，那么其 Gini 指标为：

$$Gini(t) = 1 - \sum_{j=1}^{k}[p(j|t)]^2 \tag{1-47}$$

式中：$p(j|t)$ ——类别 j 在节点 t 处的概率。

当 $Gini(t)$ 最小为 0 时,即在此节点处所有样本都属于同一类别,表示能得到最大的有用信息;当此节点中的所有样本对于类别字段来说均匀分布时,$Gini(t)$ 最大,此时的有用信息最小。如果将集合分成 l 个部分,那么进行这个分割的 $Gini$ 指数就是:

$$Gini(T) = \sum_{1}^{l} (n_i/n) Gini(i) \tag{1-48}$$

式中:l 是子节点的个数;n_i 是在子节点 i 处的样本数;n 是在母节点处的样本数。

$Gini$ 指数的基本思想是:对于每个属性都要遍历所有可能的分割方法,若能提供最小的 $Gini_{split}$,则被选择作为此节点处分裂的标准;此时再按对应的属性值来分裂,并且根据每一个属性值创建树枝;进一步向下划分样本,直到满足停止条件,例如单个叶节点上的样本都属于同一类或者叶节点的纯度(即该节点处包含某类样本的频数)满足某个阈值范围。预先设定阈值,当叶节点纯度超过阈值时停止划分,这个过程相当于对树进行剪枝。

随机森林重复上述的建树过程构建多个决策树的组合。首先设定森林中有 M 棵树,即有 M 个决策树分类器,且全体训练数据的样本总数为 N。使用 bagging 方法,即从全体训练样本中随机有放回地抽取 N 个样本,形成单棵决策树的训练集。重复 M 次这样的抽样过程分别得到 M 棵决策树的学习样本。除了单棵决策树的学习样本是随机产生的外,随机森林还将随机性加入每棵树的生成过程之中。设样本共有 Q 个属性,事先给定 $q<Q$(q 通常取 Q 的平方根),在选择每个节点的分裂属性时,并不对所有的属性进行比较,而是从全体属性中随机选择 q 个属性进行比较,选择其中分类结果较好的属性进行分裂。这样可以增加每棵树之间的差异度,从而提高森林的泛化误差。单棵决策树建造过程不进行剪枝,森林形成之后,对于一个新的样本,每棵树都得出相应的分类结论,最后由所有树通过简单多数投票决定分类结果。与其他组合分类技术相比较,当树的数目相当大时,随机森林并不易出现过拟合的现象。

5. 人工神经网络(Artificial Neural Network,ANN)

人工神经网络是对人脑或自然的神经网络若干基本特性的抽象和模拟,是一种非线性的动力学系统,具有大规模的并行处理和分布式的信息存储能力,良好的自适应性、自组织性,以及很强的学习、联想、容错、抗干扰能力。目前,人工神经网络模型有数十种,较典型的有 BP 网络、Hopfield 网络及 CPN 网络等,下面以误差反向传播的 BP 网络为例作简要介绍。

BP 网络属于多层状型的人工神经网络,由若干层神经元组成,它们可分为输入层、隐含层和输出层,各层神经元作用各不相同。图 1-38 所示是具有一个隐含层的 BP 神经网络模型。输入信息从输入层经隐含层(一层或多层)传向输出层,如果在输出层得不到期望输出,则转入反向传播,将误差信号沿原来通路返回,通过学习来修改各层神经元的权值,使误差信号最小。每层神经元的状态都将影响下一层的神经元状态,且每个神经元状态都对应着一个作用函数 (f) 和阈值 (a)。BP 网络的基本处理单元量为非线性输入-输出的关系,输入层神经元阈值为 0,且 $f(x)=x$,而隐含层和输出层的作用函数为非线性的 Sigmoid 型函数。

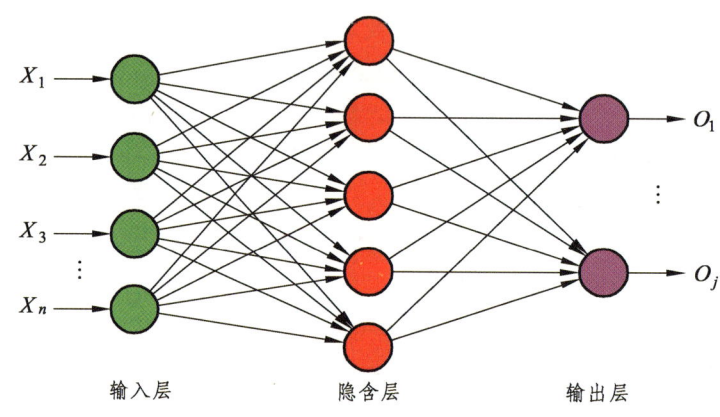

图 1-38 BP 神经网络模型

设有 L 对学习样本 $(X_k, O_k)(k=1,2\cdots l)$,其中 X_k 为输入,O_k 为期望输出。X_k 经网络传播后得到的实际输出为 Y_k,则 Y_k 与要求的期望输出 O_k 之间的均方误差为:

$$E_k = \frac{1}{2}\sum_{p}^{M}(Y_{k,p} - O_{k,p})^2 \tag{1-49}$$

式中:M 为输出层单元数;$Y_{k,p}$ 为第 k 样本对第 p 特性分量的实际输出;$O_{k,p}$ 为第 k 样本对第 p 特性分量的期望输出。

样本集的总误差为:

$$E = \sum_{k=1}^{L} E_k \tag{1-50}$$

由梯度下降法修改网络的权值,使得 E 取得最小值,由学习样本对权值 W_{ij} 的修正为:

$$\Delta W_{ij}(k) = -\eta\left(\frac{\delta E_k}{\delta W_{ij}}\right) \tag{1-51}$$

式中:η 为学习速率,可取 0 到 1 间的数值。

所有学习样本对权值 W_{ij} 的修正为:

$$\Delta W_{ij} = \sum_{k=1}^{L} \Delta W_{ij}(k) \tag{1-52}$$

通常为增加学习过程的稳定性,用式(1-53)对 W_{ij} 进行再修正:

$$\Delta W_{ij}(t) = \sum_{k=1}^{L} \Delta W_{ij}(k) + \beta [W_{ij}(t) - W_{ij}(t-1)] \tag{1-53}$$

式中:β 为充量常量;$W_{ij}(t)$ 为 BP 网络第 t 次迭代循环训练后的连接权值;$W_{ij}(t-1)$ 为 BP 网络第 $t-1$ 次迭代循环训练后的连接权值。

在 BP 网络学习的过程中,先调整输出层与隐含层之间的连接权值,然后调整中间隐含层间的连接权值,最后调整隐含层与输入层之间的连接权值。BP 神经网络模型实质上实现了一个从输入到输出的映射功能,而数学理论已证明它具有实现任何复杂非线性映射的功能。这使得它特别适合于求解内部机制复杂的问题,可以通过学习带正确答案的实例集自动提取"合理的"求解规则,具有一定的概括、推广能力。但同时其缺点同样突出:BP 算法的学习速度很慢,不能用传统的一维搜索法求每次迭代的步长,而必须把步长的更新规则预先赋予网络,这种方法会影响模型效率;此外,BP 神经网络还存在难以解决实例规模和网络规模间之间巨大差异的问题。

1.4 国外高速铁路轨道不平顺管理办法

国外高速铁路发达国家已有几十年的运营经历,对我国高速铁路轨道的养护维修管理具有重要参考价值。因此,本节选择部分有代表性的国家的轨道不平顺管理标准予以介绍。

1.4.1 日 本

日本铁路分为既有线和高速新干线两大类。两者轨距不同,既有线都是客货混运的窄轨铁路,轨距为 1 067 mm,而新干线都是采用 1 435 mm 标准轨距的高速铁路。日本新干线铁路对轨道不平顺的管理采用局部幅值管理和 500 m 区段轨道不平顺指数 P 值管理两种方式。

1. 局部幅值管理

局部幅值管理分为作业验收目标值、计划维修目标值、舒适性管理目标值、安全管理目标值和慢行管理目标值等 5 级,其具体管理值见表 1-5[①]。

---

① 田国英,高建敏,翟婉明. 高速铁路轨道不平顺管理标准的对比分析[J]. 铁道学报,2015,37(3):65.

(1) 作业验收目标值：维修作业和工程施工后应达到的质量目标值。

(2) 计划维修目标值：需要列入维修计划，在进行预防性计划维修时消除的局部轨道不平顺幅值。

(3) 舒适度管理目标值：为确保列车舒适度良好，在进行日常养护管理时，需及时校正的目标值。

(4) 安全管理目标值：当达到或超过该值时，可能对高速行车安全性有影响，为防止发展到需限速的状态，应限期紧急补修。

(5) 慢行管理目标值：当达到或超过该值时，列车必须降速慢行，并以任何可能的手段立即予以消除。

表 1-5　日本新干线轨道不平顺动态管理标准[①]　　　　　　单位：mm

项目	作业验收	计划维修	舒适性管理	安全管理	慢行管理
高低（10 m 弦）	4/3	6	7	10	15
方向（10 m 弦）	3/2	4	4	6	9
高低（40 m 弦）	5	7~10	—	—	—
方向（40 m 弦）	3	6~7			
轨距	±2	+6，-4	+6，-4	+6，-4	—
水平	3/2	5	5	7	
扭曲（基长 2.5 m）	3	4	5	6	

注：作业验收标准中的"/"前后分别对应有砟轨道和无砟轨道，其他等级管理值未区分轨道结构类型。

由表 1-5 可见，日本新干线轨道不平顺局部幅值管理采用 10 m 弦和 40 m 弦两种测量方式。40 m 弦只有作业验收和计划维修 2 级标准，日本各铁路公司制定的 40 m 弦计划维修管理值也略有差异。

2. 舒适度管理

日本新干线采用加速度-振动频率曲线对舒适度进行管理。针对垂向加速度和横向加速度，各有 4 条曲线对舒适性进行分级，包括 5 级：优良、良好、合格、差、非常差。如图 1-39 所示，在振动频率为 4~20 Hz 时，加速度管理值最低，说明在此频率范围内，人体对加速度比较敏感。

[①] 古川敦. 新幹線の軌道管理技術[J]. Raliway Research Review, 2011, 68 (3): 15.

1.4 国外高速铁路轨道不平顺管理办法

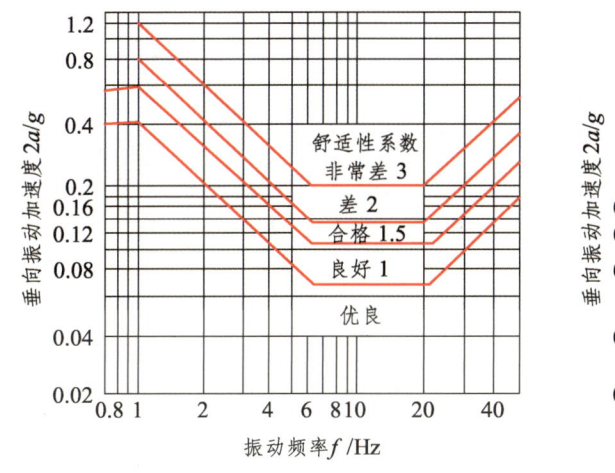
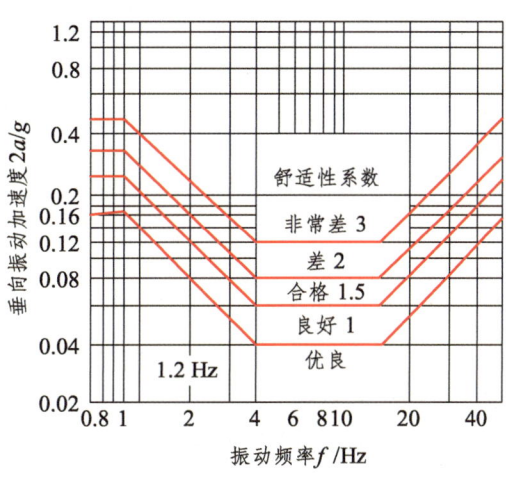

图 1-39 新干线的舒适度与振动频率的关系[①]

基于 P 值的轨道不平顺维修管理：

日本高速新干线采用 500 m 段轨道不平顺的 P 值来制订预防性维修作业计划。P 值指的是 500 m 轨道区段中，超过 ±3 mm 的采样点数占总采样点数的百分比。P 值管理仅限于高低和轨向两项不平顺。东海道新干线的高低 P 值约为 1.5，轨向 P 值约为 0.3。

1.4.2 法　国

1. 局部轨道不平顺管理

法国高速铁路对局部轨道不平顺按 4 个指标，分 4 级管理：

（1）目标值（V_O）：新线铺设或维修作业后应达到的质量标准。

（2）警告值（V_A）：对达到或超过该值的轨道不平顺要实施重点观测，分析其发展变化情况并作出维修计划。

（3）干预值（V_I）：对于达到或超过该值的地点或区段实施必要的整修作业，一般在 15 d 之内予以实施，并使其达到目标值。

（4）限速值（V_R）：对于达到或超过该值的地点或区段，列车必须降速行驶，并尽快以任何可能的手段（包括人工作业）及时整治。

法国国铁对轨道不平顺采用传统基长（10 m 和 12.2 m）和扩展基长（31 m 和 33 m）两种检测数据来评价、管理、维修。扩展基长数据可帮助控制长波不平顺。传统基长的幅值限值以半峰值形式给出，而扩展基长的幅值限值以峰-峰值形式给出。表 1-6 是法国高速铁路局部轨道不平顺管理标准。另外，法国高速铁路还用车体和转向架的振动加速度来评价管理轨道的平顺状态。

[①] 罗林，张格明，吴旺青，等. 轮轨系统轨道平顺状态的控制[M]. 北京：中国铁道出版社，2006：247.

表 1-6 法国高速铁路局部轨道不平顺管理标准（基于莫赞型轨检车数据）①

标准	横向振动加速度 /(m/s²)		高低/mm		轨向/mm	
	车体	转向架	12.2 m 基长（半峰值）	31 m 基长（峰-峰值）	10 m 基长（半峰值）	33 m 基长（峰-峰值）
V_O			3		2	
V_A	1.2	3.5	5	10	6	12
V_I	2.2	6	10	18	8	16
V_R	2.8	8	15	24	12	20

2. 轨面短波不平顺管理

法国国铁对 TGV 高铁钢轨短波不平顺的管理十分重视，除对新轨的平直性必须进行严格的验收管理外，还对钢轨进行预防性和整修性打磨管理，其标准见表 1-7。

表 1-7 法国 TGV 轨面短波不平顺控制标准②

标准	焊接接头		轨身（端）平直度		
	接触焊	铝热焊			
顶面	+0.2～0 mm/m 或 +0.3～0 mm/1.6m	+0.2～0 mm/m	轨身/硬弯	垂向	0.3 mm/3 m 或 0.2 mm/m
				横向	0.45 mm/1.5 m
内侧面	+0.2～0 mm/m	±0.3 mm/m	轨端/翘曲	上弯	0.4 mm/2 m
				下弯	0.2 mm/2 m
				横弯	0.5 mm/2 m

1.4.3 德　国

德国高速铁路对轨道状态的评价分为 SR_0、SR_A、SR_{100}、SR_{lim}、$SR_{极限值}$ 等 5 个等级。表 1-8 为德国高速铁路对轨道状态进行检测、评价时的轨道不平顺管理标准③，适用于 140～300 km/h 速度等级线路。由表 1-8 可见，德国的轨道不平顺管理标准对轨道高低、方向、水平和扭曲不平顺幅值进行了限定，未给出轨距不平顺的管理标准。其中，高低和方向不平顺管理值以峰-峰值形式给出，且规定高低和方向不平顺分别以 2.6/6 m、4/6 m 不等弦测量。扭曲不平顺仅给出了 SR_0、SR_A、SR_{100} 等级 2.5 m 基长变化率管理值。

---

① 田国英，高建敏，翟婉明. 高速铁路轨道不平顺管理标准的对比分析[J]. 铁道学报，2015，37（3）：65.
② 罗林，张格明，吴旺青，等. 轮轨系统轨道平顺状态的控制[M]. 北京：中国铁道出版社，2006：254.
③ 罗林，张格明，吴旺青，等. 轮轨系统轨道平顺状态的控制[M]. 北京：中国铁道出版社，2006：257.

表 1-8　德国高速铁路轨道不平顺管理标准[①]

项目	SR_0	SR_A	SR_{100}	SR_{lim}	$SR_{极限值}$
高低（2.6/6.0 m 弦）/mm	6	10	14	20	35
高低（4.0/6.0 m 弦）/mm	6	10	14	20	35
水平/mm	4	6	8	12	20
扭曲（基长 2.5 m）	1.3‰	2.0‰	3.0‰	—	—

此外，德国还对高速铁路无砟轨道动态验收标准作了规定，见表 1-9，与表 1-8 的不平顺测量方法有所不同[②]。

表 1-9　德国高速铁路无砟轨道动态验收标准[③]

项目	处理方式	取值方式	评定标准
高低	50 m 波长高通滤波	半峰值	±4 mm
方向	50 m 波长高通滤波	半峰值	±4 mm
水平	40 m 波长高通滤波	半峰值	±3 mm
轨距	—	1 435 mm/峰值	±2 mm
扭曲	测量基长 1.5～19.5 m	半峰值	<1‰

1.4.4　欧洲标准委员会（CEN）

欧洲标准委员会专门针对轨道几何状态颁布了欧洲 EN13848 系列标准，共 6 部分。其中第 5 部分 EN13848-5 对轨道不平顺的幅值管理值作了规定，将轨道不平顺限值按不同速度等级和波长范围进行划分，允许的最高运行速度不超过 300 km/h，管理的波长范围分别为 3～25 m、25～70 m。CEN 标准将轨道不平顺管理等级分为警示限值 AL、干预限值 IL 和紧急补修限值 IAL 等 3 级。其中：紧急补修限值的制定考虑了车辆/轨道相互作用，是强制性限值；警示限值和干预限值与轨道养护策略有关，目的是在保证行车安全的前提下达到一定的舒适度水平，可在一定幅值范围内选择。表 1-10 为 EN13848-5 标准规定的 230～300 km/h 速度等级轨道不平顺动态管理标准。

此外，欧洲标准 EN13231-1 对不同速度等级有砟轨道的作业验收动态管理值作了规定。表 1-11 为 EN13231-1 标准规定的 230～300 km/h 速度等级轨道不平顺作业验收标准。

---

① 田国英，高建敏，翟婉明. 高速铁路轨道不平顺管理标准的对比分析[J]. 铁道学报，2015，37（3）：66.
② 罗林，张格明，吴旺青，等. 轮轨系统轨道平顺状态的控制[M]. 北京：中国铁道出版社，2006：257.
③ 田国英，高建敏，翟婉明. 高速铁路轨道不平顺管理标准的对比分析[J]. 铁道学报，2015，37（3）：66.

表 1-10　CEN 高速铁路轨道不平顺管理标准[①]

项目	AL	IL	IAL
高低（3~25 m 波长）/mm	6~10	8~12	16
高低（25~70 m 波长）/mm	12~18	16~20	28
方向（3~25 m 波长）/mm	4~7	6~8	10
方向（25~70 m 波长）/mm	8~13	12~14	20
轨距/mm	−3,+20	−4,+23	−5,+28
扭曲（3 m 基长）	3‰	4‰	5‰

表 1-11　CEN 高速铁路轨道不平顺作业验收标准[②]

项目	验收管理值	项目	验收管理值
高低（10 m 波长）	3 mm	方向（10 m 弦）	3 mm
水平	2 mm	轨距	±2 mm
扭曲（3 m 基长）	1‰		

1.4.5　英　国

英国高速铁路对轨道状态的管理包括对局部轨道不平顺的管理和对整体区段轨道不平顺的管理。表 1-12 为英国高速铁路局部轨道不平顺管理标准，其特点是按不同的波长规定了不同的幅值允许标准。

表 1-12　英国 200 km/h（及以上）轨道局部不平顺管理的维修标准[③]

| 波长/m | 幅值标准 | | 波长/m | 幅值标准 | |
	满足平稳性条件时/mm	满足动荷增量条件时/mm		满足平稳性条件时/mm	满足动荷增量条件时/mm
0.5		0.1	10	5	
1		0.3	20	9	
2		0.6	50	16	
5		2.5			

---

① 田国英，高建敏，翟婉明. 高速铁路轨道不平顺管理标准的对比分析[J]. 铁道学报，2015，37（3）：66.
② 田国英，高建敏，翟婉明. 高速铁路轨道不平顺管理标准的对比分析[J]. 铁道学报，2015，37（3）：66.
③ 罗林，张格明，吴旺青，等. 轮轨系统轨道平顺状态的控制[M]. 北京：中国铁道出版社，2006：258.

对区段轨道平顺性的评价管理，英国采用轨道不平顺的标准差作为依据。在小于 160 km/h 的铁路上，需管理的波长在 42 m 以下；而在高速（175～250 km/h）行车条件下，英国将需要监控管理的不平顺波长增加至 84 m。质量指数标准差的单元区段长，对 42 m 以下的波长为 200 m，对长波不平顺（42～84 m）改为 400 m，表 1-13 为英国区段轨道不平顺的质量指数标准。

表 1-13 英国轨道不平顺标准差的平均值和最大值[①]

速度/(km/h)	高低/mm				轨向/mm			
	<42 m 波长		42～84 m 波长		<42 m 波长		42～84 m 波长	
	平均值	最大值	平均值	最大值	平均值	最大值	平均值	最大值
175	1.8	2.9	3.2	5.7	1.1	1.9	2.6	4.6
200	1.5	2.4	2.7	4.7	0.9	1.6	2.2	3.9
225	1.3	2.0	2.3	4.0	0.8	1.4	1.8	3.2
250	1.1	1.7	1.9	3.3	0.7	1.1	1.5	2.7

1.4.6 美 国

美国政府对轨道平顺状态的管理是以安全法规的形式来实现的。美国联邦铁路管理局（FRA）1998 年修订的轨道不平顺限速管理安全标准见表 1-14。当前美国仅有的高速铁路为 Amtrack 公司运营的 Acela 特快线，连接波士顿与首都华盛顿，最高速度为 200 km/h。

美国轨道不平顺测量的弦长一般有 3 种：31 ft、62 ft 和 124 ft，分别对应 9.4 m、18.9 m 和 37.8 m。美国把铁路分为 9 个等级，标准中包括的最高速度达 322 km/h，然而由于美国绝大部分铁路为非高速铁路，该标准一般只应用到 5 级。

表 1-14 美国轨道不平顺限速管理安全标准[②]

线路等级	允许速度/(km/h)		轨距/mm		轨向/mm			高低/mm			水平/mm	扭曲/mm	
	货车	客车	最小值	最大值	测量弦长/m			测量弦长/m				缓和曲线 9.4 m 内	18.9 m 内
					9.4	18.9	37.8	9.4	18.9	37.8			
1	16	24	1 422	1 473		127			76		76	51	76
2	40	48	1 422	1 467		76			70		51	44	57

---

① 罗林,张格明,吴旺青,等.轮轨系统轨道平顺状态的控制[M].北京：中国铁道出版社,2006：259.
② 罗林,张格明,吴旺青,等.轮轨系统轨道平顺状态的控制[M].北京：中国铁道出版社,2006：259.

1 轨道不平顺概述

续表

线路等级	允许速度 /(km/h) 货车	允许速度 /(km/h) 客车	轨距/mm 最小值	轨距/mm 最大值	轨向/mm 测量弦长/m 9.4	轨向/mm 测量弦长/m 18.9	轨向/mm 测量弦长/m 37.8	高低/mm 测量弦长/m 9.4	高低/mm 测量弦长/m 18.9	高低/mm 测量弦长/m 37.8	水平/mm	扭曲/mm 缓和曲线 9.4 m 内	扭曲/mm 18.9 m 内
3	64		1 422	1 467	32（曲）	44			57		44	32	51
4	96		1 422	1 460	25（曲）	38			51		32	25	44
5	129		1 422	1 460	13（曲）	19（直）、16（曲）			32		25	19	38
6	177		1 422	1 454	13/10	19/13	38/25	25/19	25/19	44/32			38
7	201		1 422	1 454	13/10	13/10	32/22	25/19	25/19	38/25			38
8	257		1 422	1 454	13/10	13/10	19/13	19/13	25/19	32/22			38
9	322		1 429	1 454	13/10	13/10	19/13	13/10	19/13	32/22			38

2

数据驱动的车辆-轨道耦合动力学研究

  本书第 1 章介绍了轨道不平顺的定义、测量技术及评价方法。在实际铁路运维工作中，评价和控制轨道不平顺最终的目的是确保行车安全及乘客舒适度。在列车运行过程中，滚动轮由于轨道不平顺的影响与钢轨发生冲击，对轮轨系统的稳定性和行车安全造成影响。轮轨冲击振动继续向上传递，通过车辆系统的一、二系悬挂到达车厢，影响乘客的舒适性。在这一背景下，对铁路列车-轨道系统进行力学建模显得至关重要。通过力学模拟和数值求解，铁路工程师可以在列车运行前评估行车安全性和乘客舒适性，从而避免发生重大安全事故；铁路产品设计者可以通过仿真预测对车辆系统的悬挂配置和轨道的扣件系统进行设计，从而达到最佳的运营状态。车辆-轨道耦合动力学应运而生，在过去的 20 年中得到了快速发展。本书将在本章介绍其基本原理，并提出一种数据驱动的下一代车辆-轨道耦合动力学模型，该模型基于嵌入物理先验知识的深度学习技术，与传统数值积分算法相比能够极大提升动力系统的求解效率。

2.1 车辆-轨道耦合动力学理论概述

  在早期的铁路工程研究中，针对铁道车辆动力和轨道结构振动问题的研究一直是分开进行的，由此形成了车辆动力学、轨道动力学两个相对独立的学科领域。经典的车辆动力学对铁道车辆系统进行力学建模，将轨道结构视作刚性的支撑基础，不考虑轨道系统振动对车辆系统运动的影响，研究目标为车辆在轨道上运行时的运动稳定性、运行安全性与平稳性；经典的轨道动力学常常将车辆系统简化为移动的多轴简谐荷载，分析轨道结构振动响应特征与变化特性。

  现代轨道交通运输的飞速发展，尤其是列车运行速度、运载质量和运输密度的大幅度提高，使得铁路车辆与轨道系统动力学问题更加突出，也更趋于复杂。列车运行速度越高，车辆与轨道之间的动态相互作用越强，行车安全性与乘车舒适性问题越显突出，既要保证列车高速（快速）通过线路平纵断面曲线、道岔及桥头过渡段等关键路段时不颠覆、不脱轨，又要保证机车车辆在线路激扰下能平稳运行、乘坐舒适；车辆运载质量越大，轮轨之间的动力作用越强，车辆对线路结构的动力破坏作用也越严重，必须最大限度地减轻轮轨之间的动力作用。总之，客运高速化、货运重载化大大加剧了车辆与轨道的动态相互作用。在车辆和轨道系统分为两个相对独立子系统的情况下，利用这些理论工具来解决这样一个复杂的集成系统的动态交互问题是非常困难的。

鉴于这些情况，20世纪80年代后出现了整体集成车辆和轨道系统角度的"车辆-轨道耦合动力学"概念，并在90年代初期将理论付诸实践[①]。总的来说，车辆-轨道耦合动力学的基本原理是将车辆系统和轨道系统视为通过轮轨相互作用耦合在一起的一个交互和集成系统，其中轮轨相互作用作为一个纽带。采用这种方法，人们可以对车辆在弹性阻尼轨道结构上行驶的动力学行为以及车辆对轨道结构的动力学影响，特别是动力学特性进行综合研究。实际上，机车车辆和轨道是铁路运输系统不可分割的两个组成部分。这两个组件通过轮轨交互系统构成一个整体，如图 2-1 所示。车辆在轨道上运行是一个复杂的交互动力学过程，涉及车辆和轨道两个方面的诸多因素。例如：轨道的几何变形会刺激车辆系统的振动；反过来，车轮振动通过轮轨接触界面的传递也会使得轨道结构的振动加剧，进而恶化轨道的几何形位不平顺。此外，车辆系统和轨道系统之间通过轮轨界面的动态耦合机制如图 2-2 所示。轮轨界面的扰动相应地激发了轮轨接触力的振动波传导。轮轨力的振动波可以向上传递，从而引发车辆系统的振动，同时也可以向下传导，导致轨道结构的振动。轮对和钢轨振动可以直接导致轮轨接触几何形位的动态变化。在轮轨振动的影响下，轮轨接触法向平面上弹性压缩变形的变化导致轮轨法向接触力的波动。同时，轮轨接触切面上的轮轨蠕变（取决于轮轨之间的相对速度）变化也会导致轮轨切向蠕变力的波动。

自车辆-轨道耦合动力学理论提出以来，大量铁路现场测试数据表明，假设轨道绝对静止（即不考虑车辆和轨道系统的耦合作用）会导致系统振动响应的理论计算结果同实际观测情况有较大偏差，因此在研究高度交互的车辆-轨道系统时，考虑弹性轨道系统实际的振动效应是非常有必要的。目前，车辆-轨道耦合动力学的理论已经被应用在铁路工程的各个方面。

2.1.1 车辆-轨道耦合系统的力学模型

依据车辆类别不同，车辆-轨道垂向统一模型可以分为 3 种不同类型，即客车-轨道垂向统一模型、货车-轨道垂向统一模型和机车-轨道垂向统一模型。在本书中，我们重点关注客车车辆，其力学模型的拓扑示意图如图 2-1 所示。

---

① ZHAI W M. Vehicle-track coupled dynamics: theory and applications[M]. Singapore: Springer, 2020: 17-56.

2.1 车辆-轨道耦合动力学理论概述

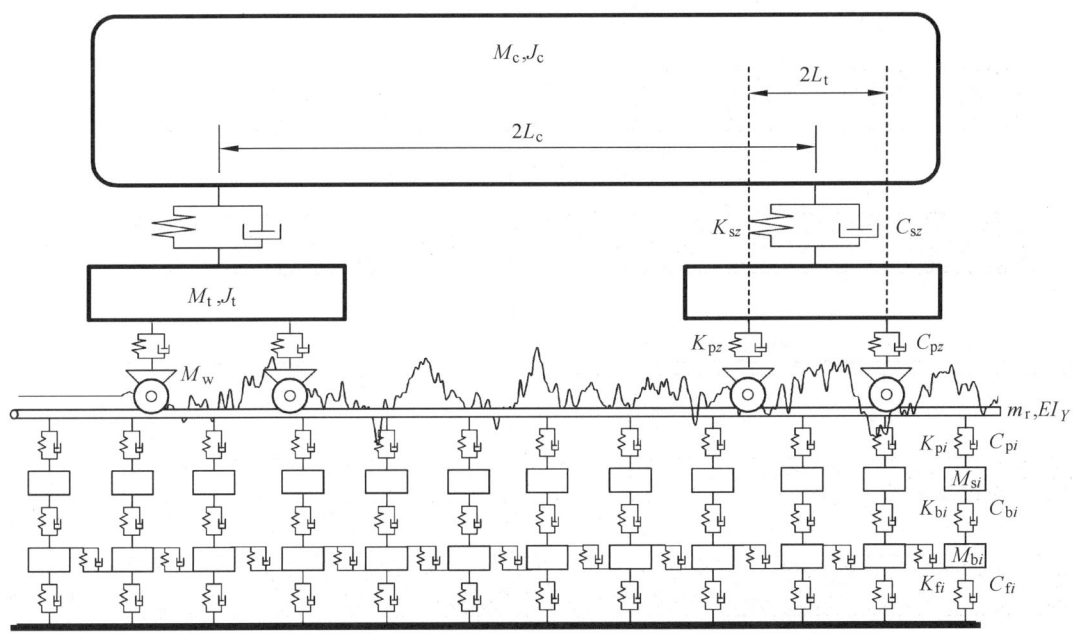

图 2-1 典型客车-轨道垂向统一模型

对于客车车辆模型,车辆被模拟成一个以速度 v 运行于轨道结构上的多刚体系统,系统完整地反映了车体质量(M_c)及其点头惯量(J_c)、前后转向架构架质量(M_t)及其点头惯量(J_t)、各轮对质量(M_w)以及一系悬挂刚度(K_{pz})和阻尼(C_{pz})、二系悬挂刚度(K_{sz})和阻尼(C_{sz})。在该模型中,考虑车体的沉浮(Z_{t1})和点头(Z_{t2})运动,前后构架的沉浮(Z_{t1}, Z_{t2})和点头(β_{t1}, β_{t2})运动,以及 4 个轮对的垂向振动($Z_{wi}, i=1\sim4$),共 10 个自由度。

对于轨道模型,钢轨通常被视为连续弹性离散点支承上的无限长梁[欧拉(Euler)梁],轨下基础沿纵向被离散,离散以各轨枕支点为基元,每个支承单元采用双质量(轨枕 M_s 和道床 M_b)、三层(钢轨-轨枕-道床-路基)弹簧阻尼振动模型。相邻支承单元之间通过引入道床剪切刚度 K_w 和剪切阻尼 C_w 而得到联系。模型中:m_r、EI_Y 分别表示钢轨单位长度质量和钢轨的抗弯刚度;K_{pi}、K_{bi} 和 C_{pi}、C_{bi}、C_{fi} 分别表示每个支承单元所对应的轨下垫层、道床和路基的刚度与阻尼。该模型中的道床参振质量是通过道床锥体受荷载假设计算得到的,具体计算流程可参见相关文献。

以上介绍是有砟轨道的力学模型。随着高速铁路的迅猛发展,新型无砟轨道结构不断涌现并得到成功应用。图 2-2 给出了两种典型的无砟轨道力学模型,包括长枕埋入式轨道和板式轨道。

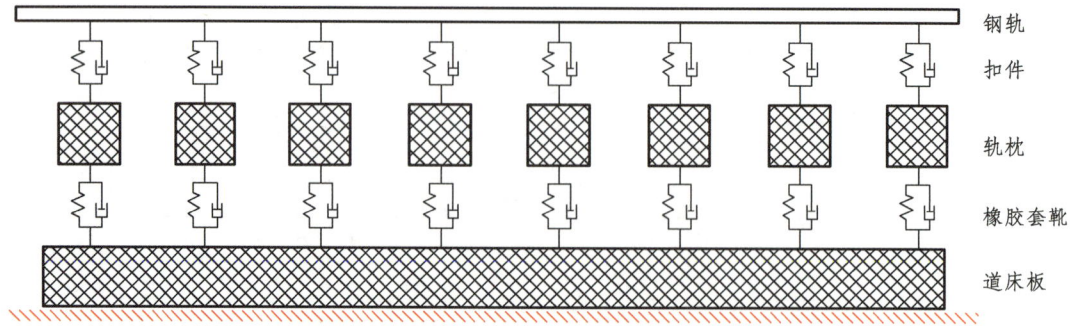

（a）弹性长枕埋入式轨道

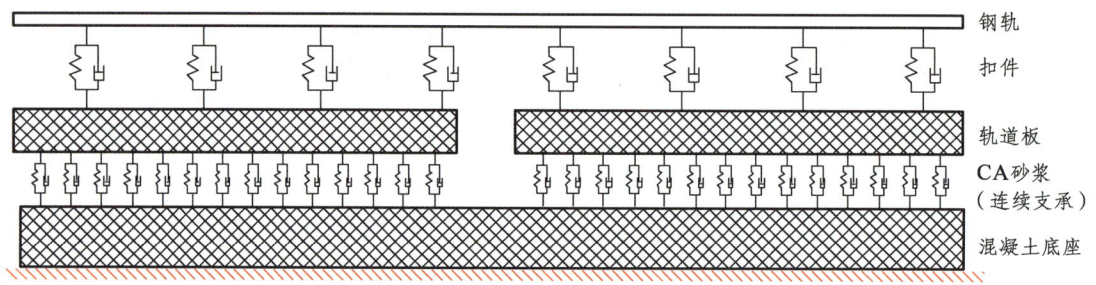

（b）板式无砟轨道

图 2-2　两种典型的无砟轨道力学模型

2.1.2　车辆-轨道耦合系统的数学描述

研究任何物理和力学问题都应基本遵循"力学建模—方程描述—数值/解析求解"的流程。本章在上一节已经建立了客车垂向统一模型的力学模型，下面分别描述车辆、轨道和轮轨接触的控制方程。

1. 客车系统振动方程

（1）车体沉浮运动：

$$M_c\ddot{Z}_c + 2C_{sz}\dot{Z}_c + 2K_{sz}Z_c - C_{sz}\dot{Z}_{t1} - K_{sz}Z_{t1} - C_{sz}\dot{Z}_{t2} - K_{sz}Z_{t2} = M_c g \quad (2\text{-}1)$$

（2）车体点头运动：

$$J_c\ddot{\beta}_c + 2C_{sz}l_c^2\dot{\beta}_c + 2K_{sz}l_c^2\beta_c + C_{sz}l_c\dot{Z}_{t1} - C_{sz}l_c\dot{Z}_{t2} + K_{sz}l_cZ_{t1} - K_{sz}l_cZ_{t2} = 0 \quad (2\text{-}2)$$

（3）前转向架构架沉浮运动：

$$M_t\ddot{Z}_{t1} + (2C_{pz} + C_{sz})\dot{Z}_{t1} + (2K_{pz} + K_{sz})Z_{t1} - C_{sz}\dot{Z}_c -$$
$$K_{sz}Z_c - C_{pz}\dot{Z}_{w1} - C_{pz}\dot{Z}_{w2} + C_{sz}l_c\dot{\beta}_c = M_t g \quad (2\text{-}3)$$

(4) 前转向架构架点头运动：

$$J_t \ddot{\beta}_{t1} + 2C_{pz} l_t^2 \dot{\beta}_{t1} + C_{pz} l_t \dot{Z}_{w1} - C_{pz} l_t \dot{Z}_{w2} + K_{pz} l_t Z_{w1} - K_{pz} l_t Z_{w2} = 0 \qquad (2\text{-}4)$$

(5) 后转向架构架沉浮运动：

$$M_t \ddot{Z}_{t2} + (2C_{pz} + C_{sz}) \dot{Z}_{t2} + (2K_{pz} + K_{sz}) Z_{t2} - C_{sz} \dot{Z}_c - K_{sz} Z_c - C_{pz} \dot{Z}_{w3} - C_{pz} \dot{Z}_{w4} + C_{sz} l_c \dot{\beta}_c = M_t g \qquad (2\text{-}5)$$

(6) 后转向架构架点头运动：

$$J_t \ddot{\beta}_{t2} + 2C_{pz} l_t^2 \dot{\beta}_{t2} + C_{pz} l_t \dot{Z}_{w3} - C_{pz} l_t \dot{Z}_{w4} + K_{pz} l_t Z_{w3} - K_{pz} l_t Z_{w4} = 0 \qquad (2\text{-}6)$$

(7) 第一轮对沉浮运动：

$$M_w \ddot{Z}_{w1} + C_{pz} \dot{Z}_{w1} + K_{pz} Z_{w1} - C_{pz} \dot{Z}_{t1} - K_{pz} Z_{t1} + C_{pz} l_t \dot{\beta}_{t1} + K_{pz} l_t \beta_{t1} + 2 p_1(t) - M_w g = F_{01}(t) \qquad (2\text{-}7)$$

(8) 第二轮对沉浮运动：

$$M_w \ddot{Z}_{w2} + C_{pz} \dot{Z}_{w2} + K_{pz} Z_{w2} - C_{pz} \dot{Z}_{t1} - K_{pz} Z_{t1} + C_{pz} l_t \dot{\beta}_{t1} + K_{pz} l_t \beta_{t1} + 2 p_2(t) - M_w g = F_{02}(t) \qquad (2\text{-}8)$$

(9) 第三轮对沉浮运动：

$$M_w \ddot{Z}_{w3} + C_{pz} \dot{Z}_{w3} + K_{pz} Z_{w3} - C_{pz} \dot{Z}_{t2} - K_{pz} Z_{t2} + C_{pz} l_t \dot{\beta}_{t2} + K_{pz} l_t \beta_{t2} + 2 p_3(t) - M_w g = F_{03}(t) \qquad (2\text{-}9)$$

(10) 第四轮对沉浮运动：

$$M_w \ddot{Z}_{w4} + C_{pz} \dot{Z}_{w4} + K_{pz} Z_{w4} - C_{pz} \dot{Z}_{t2} - K_{pz} Z_{t2} + C_{pz} l_t \dot{\beta}_{t2} + K_{pz} l_t \beta_{t2} + 2 p_4(t) - M_w g = F_{04}(t) \qquad (2\text{-}10)$$

式中：l_c 为车辆定距之半（m）；l_t 为转向架固定轴距之半（m）；$p_i(t)$ 为单侧车轮的轮轨垂向作用力（$i=1\sim4$）；$F_{0i}(t)$ 为各轮对处激振力函数（$i=1\sim4$），如偏心轮的惯性力输入。

2. 有砟轨道结构振动方程

理论上，轨道被当作连续支承无限长梁体系；而在实际处理中，常常将钢轨看成有限长简支梁，采用欧拉梁模型或铁木辛柯梁模型模拟。事实上，当计算长度取得足够长时，这样的处理可以获得令人满意的效果。本章仅使用欧拉梁模型模拟钢轨结构，其振动偏微分方程（PDE）及处理方法如下所示：

钢轨采用欧拉梁模型时,其受力关系如图2-3所示。图中:p_i为轮轨作用力(图中为四轴车辆),随车辆以速度v向前移;$F_{rsi}(i=1\sim N)$是轨枕支点反力,N为长度l范围内轨枕支点的总数;ox为固结于钢轨的固定坐标系;$o'x'$是连接在车辆上的移动坐标系。两种坐标之间的相互变换关系为:

$$x = x' + x_0 + vt \tag{2-11}$$

式中,x_0为起始时刻第四轮对的固定坐标;t为运动时间变量。

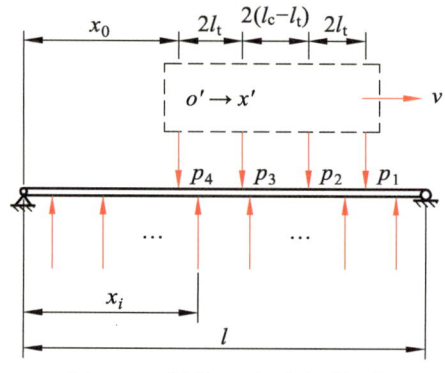

图2-3 钢轨受力分析模型

设钢轨的振动位移变量为$Z_r(x,t)$,钢轨弹性模量为E,钢轨截面对Y轴的转动惯量为I_Y,则其振动微分方程为:

$$EI_Y\frac{\partial^4 Z_r(x,t)}{\partial x^4} + m_r\frac{\partial^2 Z_r(x,t)}{\partial t^2} = -\sum_{i=1}^{N}F_{rsi}(t)\delta(x-x_i) + \sum_{j=1}^{4}p_j\delta(x-x_{wj}) \tag{2-12}$$

其中

$$F_{rsi} = K_{pi}[Z_r(x_i,t) - Z_{si}] + C_{pi}[\dot{Z}_r(x_i,t) - \dot{Z}_{si}(t)] \tag{2-13}$$

式中:$Z_{si}(t)$为轨枕的振动位移(m)。

各车轮的运动坐标$x_{wj}(j=1\sim 4)$依次是:

$$\left.\begin{array}{l} x_{w1}(t) = x_0 + 2(l_c + l_t) + vt \\ x_{w2}(t) = x_0 + 2l_c + vt \\ x_{w3}(t) = x_0 + 2l_t + vt \\ x_{w4}(t) = x_0 + vt \end{array}\right\} \tag{2-14}$$

各轨枕的支点坐标为:

$$x_i = il_s \quad (i=1\sim N) \tag{2-15}$$

式中:l_s为轨枕间距(m)。

式（2-12）是一个四阶 PDE，为了进行数值求解，需要将其转换为二阶常微分方程组，这里采用 Ritz 法。通过引入钢轨的正则振型坐标 $q_k(t)$，应用简支梁的正则振型函数，可得相应于本模型条件的钢轨垂向振型是：

$$Z_k(x) = \sqrt{\frac{2}{m_r l}} \sin \frac{k\pi x}{l} \tag{2-16}$$

则式（2-16）的解可以写作：

$$Z_r(x,t) = \sum_{k=1}^{NM} Z_k(x) q_k(t) \tag{2-17}$$

对于所截取的模态阶数 NM，要求其截止频率在所分析的钢轨有效频率的 2 倍以上。将式（2-16）代入式（2-17），然后两边同时乘以 $Z_h(x)(h=1,2\cdots NM)$，对 x 自 0 至 l 积分，利用不同模态之间的正交性，最终可以得到：

$$\ddot{q}_k(t) + \sum_{i=1}^{N} C_{pi} Z_k(x_i) \sum_{h=1}^{NM} Z_h(x_i) \dot{q}_h(t) + \frac{EI_Y}{m_r}\left(\frac{k\pi}{l}\right)^4 q_k(t) +$$
$$\sum_{i=1}^{N} K_{pi} Z_k(x_i) \sum_{h=1}^{NM} Z_h(x_i) q_h(t) - \sum_{i=1}^{N} C_{pi} Z_k(x_i) \dot{Z}_{si}(t) - \sum_{i=1}^{N} K_{pi} Z_k(x_i) Z_{si}(t)$$
$$= \sum_{j=1}^{4} p_j(t) Z_k(x_{wj}) \quad (k = 1 \sim NM) \tag{2-18}$$

式（2-18）的具体数学推导参见文献[①]，此处不再赘述。

3. 轮轨接触算法

应用赫兹（Hertz）非线性弹簧接触理论，可以确定轮轨之间的垂向作用力为：

$$p(t) = \left[\frac{1}{G} \delta Z(t)\right]^{3/2} \tag{2-19}$$

式中：G 为轮轨接触常数 $[(m/N)^{2/3}]$；$\delta Z(t)$ 为轮轨间的弹性压缩量（m）。

对于锥形踏面车轮：

$$G = 4.57 R^{-0.149} \times 10^{-8} \ (m/N)^{2/3} \tag{2-20}$$

对于磨耗型踏面车轮：

$$G = 3.86 R^{-0.115} \times 10^{-8} \ (m/N)^{2/3} \tag{2-21}$$

---

① ZHAI W M. Vehicle-track coupled dynamics: theory and applications[M]. Singapore: Springer, 2020: 55-56.

轮轨间的弹性压缩量包括车轮的静压量在内，可由轮轨接触点处车轮和钢轨的位移直接确定：

$$\delta Z(t) = Z_{wj}(t) - Z_r(x_{wj}, t) \tag{2-22}$$

式中：$Z_{wj}(t)$ 为 t 时刻第 j 位车轮的位移（m）；$Z_r(x_{wj}, t)$ 为 t 时刻第 j 位车轮下钢轨的位移（m）。特别地，当 $\delta Z(t) < 0$ 时，表明轮轨已经相互脱离，显然此时轮轨力 $p(t) = 0$。

当界面存在位移不平顺 $Z_0(t)$ 输入时，轮轨力表达式为：

$$p_j(t) = \left\langle \frac{1}{G}[Z_{wj}(t) - Z_r(x_{wj}, t) - Z_0(t)] \right\rangle \tag{2-23}$$

式中：G 是由赫兹理论决定的应力常数（$N^{2/3}/m^2$）。

在 $R = 0.15 \sim 0.6 \, m$ 的常用范围内：

$$G = 4.57 R^{-0.149} \times 10^{-8} \quad （锥形踏面车轮） \tag{2-24}$$

$$G = 3.86 R^{-0.115} \times 10^{-8} \quad （磨耗型踏面车轮） \tag{2-25}$$

2.1.3 轨道不平顺反演及数值积分算法

1. 轨道不平顺反演算法

实际线路的几何状态受众多因素的影响往往表现出明显的随机性，这些影响因素包括：钢轨初始弯曲，钢轨磨耗、伤损，轨枕间距不均、质量不一，道床级配和强度不均、松动、脏污、板结，路基下沉不均匀、刚度变化等。它们综合作用，构成了轨道不平顺的随机特征。受轨道随机不平顺激扰，车辆-轨道耦合系统会产生随机振动，一方面影响了旅客乘坐舒适性和货物运送平稳性，另一方面又影响到机车车辆结构部件的疲劳伤损与运用可靠性，同时还影响到轨道结构部件疲劳破坏、线路变形累积，反过来又加剧了轨道几何状态的恶化。在实际线路上存在的各种轨道不平顺是由不同波长、不同相位和不同幅值的随机不平顺波叠加而成的，是与线路里程有关的复杂随机过程。一般而言，功率谱密度（Power Spectral Density，PSD）函数是表述作为平稳随机过程的轨道不平顺的最重要和最常用的统计函数，由此而得轨道谱。工程中常采用功率谱图来描述谱密度对频率的函数变化。轨道不平顺的功率谱图是以谱密度为纵坐标、以频率或波长为横坐标的连续变化曲线，它可以清楚地表示不平顺的大小随频率的变化关系。轨道随机不平顺的统计特征只能依靠线路实地测量获得。英国于 1964 年就开始了这项测试工作，是世界上开展这一研究最早的国家。目前，英国、日本、德国、俄罗斯、印度、捷克等国家都测定了各自的轨道不平顺的谱密度和相关函数。我国也在这方面做了不少研究工作。20 世纪 90 年代末，铁道科学研究院对我国轨道不平顺进行了较为深入细致的研究，在我国东南西北各主要干线约 4 万千米轨检车检测数据和部分地面测量数据的基础上，经筛选、分类处理、统计分析，提出了我国铁路主要干线高低、水平、轨向三种轨道不平顺和部分轨道长波不平顺的功率谱密度，其中包括重载线、提速线、准高速线、高速试验线、不同轨道结构以及特大桥梁等各种情况下的轨道不平顺功率谱密度。随着我国高速铁路新线的不断开通与大规模运营，为了满足中国高速铁路研究与维护需求，中国铁道科学研究院（原铁道科学研究院）在对京津、武广、郑西、沪杭、沪宁和京沪等高速铁路无砟轨道轨检车检测数据进行统计分析的基础上，与西南交通大学联合提出了中国第一个高速铁路无砟轨道不平顺谱。下面列举国内外较典型的轨道谱，并通过分析比较明确其特征，从而便于在动力学分析中选取合适的轨道随机不平顺激扰模型。

1）美国轨道谱

美国联邦铁路管理局根据大量实测资料得到线路不平顺功率谱密度，拟合成一个以截断频率和粗糙度常数表示的偶次函数，其波长范围为 1.524～304.8 m，轨道级别分为 6 级。

（1）轨道高低不平顺：

$$S_v(\phi) = \frac{A_v \phi_{v2}^2 (\phi^2 + \phi_{v1}^2)}{\phi^4 (\phi^2 + \phi_{v2}^2)} \tag{2-26}$$

（2）轨道轨向不平顺：

$$S_a(\phi) = \frac{A_a \phi_{a2}^2 (\phi^2 + \phi_{a1}^2)}{\phi^4 (\phi^2 + \phi_{a2}^2)} \tag{2-27}$$

（3）轨道水平不平顺：

$$S_c(\phi) = \frac{A_c \phi_{c2}^2}{(\phi^2 + \phi_{c1}^2)(\phi^2 + \phi_{c2}^2)} \tag{2-28}$$

（4）轨道轨距不平顺：

$$S_g(\phi) = \frac{A_g \phi_{g2}^2}{(\phi^2 + \phi_{g1}^2)(\phi^2 + \phi_{g2}^2)} \tag{2-29}$$

式中：$S(\phi)$ 为轨道不平顺功率谱密度 $[m^2/(1/m)]$；ϕ 为不平顺空间频率 $(1/m)$；A 是粗糙度常数 (m)；ϕ_1、ϕ_2 是截断频率 $(1/m)$。

美国铁路所有级别的粗糙度参数和截断频率见表 2-1。

表 2-1 美国标准轨道谱参数

类型	参数	线路等级					
		一级	二级	三级	四级	五级	六级
高低	$A_v/(10^{-7}\text{m})$	16.721 7	9.525 0	5.291 7	2.963 3	1.672 2	0.952 5
	$\phi_{v1}/(1/\text{m})$	0.023 3	0.023 3	0.023 3	0.023 3	0.023 3	0.023 3
	$\phi_{v2}/(1/\text{m})$	0.131 2	0.131 2	0.131 2	0.131 2	0.131 2	0.131 2
轨向	$A_a/(10^{-7}\text{m})$	10.583 3	5.926 7	3.386 7	1.883 8	1.058 3	0.592 7
	$\phi_{a1}/(1/\text{m})$	0.032 8	0.032 8	0.032 8	0.032 8	0.032 8	0.032 8
	$\phi_{a2}/(1/\text{m})$	0.183 7	0.183 7	0.183 7	0.183 7	0.183 7	0.183 7
水平	$A_c/(10^{-7}\text{m})$	4.868 3	3.386 7	2.328 3	1.566 3	1.058 3	0.719 7
	$\phi_{c1}/(1/\text{m})$	0.023 3	0.023 3	0.023 3	0.023 3	0.023 3	0.023 3
	$\phi_{c2}/(1/\text{m})$	0.131 2	0.131 2	0.131 2	0.131 2	0.131 2	0.131 2
轨距	$A_g/(10^{-7}\text{m})$	10.583 3	5.926 7	3.386 7	1.883 8	1.058 3	0.592 7
	$\phi_{g1}/(1/\text{m})$	0.029 2	0.029 2	0.029 2	0.029 2	0.029 2	0.029 2
	$\phi_{g2}/(1/\text{m})$	0.232 9	0.232 9	0.232 9	0.232 9	0.232 9	0.232 9

2）德国轨道谱

（1）轨道高低不平顺：

$$S_v(\Omega) = \frac{A_v \Omega_c^2}{(\Omega^2 + \Omega_r^2)(\Omega^2 + \Omega_c^2)} \tag{2-30}$$

（2）轨道轨向不平顺：

$$S_a(\Omega) = \frac{A_a \Omega_c^2}{(\Omega^2 + \Omega_r^2)(\Omega^2 + \Omega_c^2)} \tag{2-31}$$

（3）轨道水平不平顺：

$$S_c(\Omega) = \frac{A_v b^{-2} \Omega^2 \Omega_c^2}{(\Omega^2 + \Omega_r^2)(\Omega^2 + \Omega_c^2)(\Omega^2 + \Omega_s^2)} \tag{2-32}$$

式中：高低、轨向不平顺功率谱密度的单位为 $\text{m}^2/(\text{rad}/\text{m})$；水平不平顺由于采用倾角度量，其功率谱密度单位为 $1/(\text{rad}/\text{m})$；Ω 为轨道不平顺的空间频率 (rad/m)；b 是左、右滚动圆距离之半，一般可以取 0.75 m。

其中，低干扰轨道谱可适用于德国速度 250 km/h 及以上的高速铁路，高干扰轨道谱适用于德国速度 250 km/h 以下的铁路。

3）中国普通干线铁路轨道谱

我国轨道高低、水平、轨向不平顺功率谱密度采用系数不同的同一解析表达式表达：

$$S(f) = \frac{A(f^2 + Bf + C)}{f^4 + Df^3 + Ef^2 + Ff + G} \tag{2-33}$$

式中：$S(f)$ 的单位为 $mm^2/(1/m)$；f 是空间频率 (1/m)。我国京沪、京广、京哈三大提速干线轨道的特征参数见表 2-2，可适用于最高行驶速度为 160 km/h 的线路。

表 2-2 中国既有铁路提速干线轨道谱特征参数

参数	A	B	C	D	E	F	G
左轨高低	1.102 9	1.470 9	0.594 1	0.848 0	3.801 6	0.250 0	0.011 2
右轨高低	0.858 1	1.460 7	0.584 8	0.040 7	2.842 8	0.198 9	0.009 4
左轨轨向	0.224 4	1.574 6	0.668 3	2.146 6	1.766 5	0.150 0	0.005 2
右轨轨向	0.374 3	1.589 4	0.726 5	0.435 3	0.910 1	0.027 0	0.003 1
水平	0.121 4	2.160 3	2.021 4	4.508 9	2.222 7	0.039 6	0.007 3

4）中国高速铁路无砟轨道谱

我国速度为 300～350 km/h 的高速铁路大规模采用无砟轨道，不平顺谱采用幂函数分段拟合，各波长区域的轨道谱均采用统一表达式：

$$S(f) = \frac{A}{f^n} \tag{2-34}$$

式中：$S(f)$ 的单位为 $mm^2/(1/m)$；f 是空间频率 (1/m)。表 2-3、表 2-4 给出了拟合系数以及各分段点的空间频率对应波长，适用于速度为 300～350 km/h 的无砟线路。

表 2-3 中国高速铁路无砟轨道不平顺的平均谱拟合系数

类型	第一段		第二段		第三段		第四段	
	A	n	A	n	A	n	A	n
高低								
轨向	1.054 4	10	3.389 1	3.558 8	10	1.927 1	1.978 4	10
水平	3.951 3	10	1.867 0	1.104 7	10	1.535 4	7.563 3	10
轨距	3.614 8	10	1.727 8	4.368 5	10	1.046 1	4.586 7	10

表 2-4 中国高速铁路无砟轨道不平顺谱各分段点的空间频率及对应波长

类型	第一、二段之分段点		第二、三段之分段点		第三、四段之分段点	
	空间频率 /(1/m)	空间波长 /m	空间频率 /(1/m)	空间波长 /m	空间频率 /(1/m)	空间波长 /m
高低	0.018 7	53.5	0.047 4	21.1	0.153 3	6.5
轨向	0.045 0	22.2	0.123 4	8.1	—	—
水平	0.025 8	38.8	0.116 3	8.6	—	—
轨距	0.109 0	9.2	0.293 8	3.4		

由上可见，不同国家的轨道谱密度自变量及单位都不同，有的采用空间波数作为函数自变量，有的采用空间频率。接下来进行轨道谱比较分析，在进行比较前首先需要进行转换。各种不同的自变量之间有如下关系式：

$$\begin{cases} \Omega = 1/\lambda \\ \Omega = \omega/v \\ f = f_t/v \\ f = 1/\lambda \end{cases} \tag{2-35}$$

式中：λ 为空间波长 (m)；Ω 为轨道不平顺的空间波数 (rad/m)；f 为空间频率 (1/m)；f_t 是时间频率 (Hz)，v 为车辆运行速度 (m/s)。

由图 2-4 可见，我国普通铁路三大干线谱的方向不平顺总体大于美国五级线路谱和六级线路谱数值，表明线路方向几何状态较差。具体比较结果如下：与美国六级线路谱相比，在 25 m 以下波长范围内，我国三大干线谱密度值明显偏大，仅在 25 m 以上的少许波长下，三大干线谱密度值要小些；与美国五级线路谱相比，在 20 m 以下波长范围内，我国三大干线谱密度值也偏大，而波长大于 20 m 时，我国三大干线谱优于美国五级线路谱。

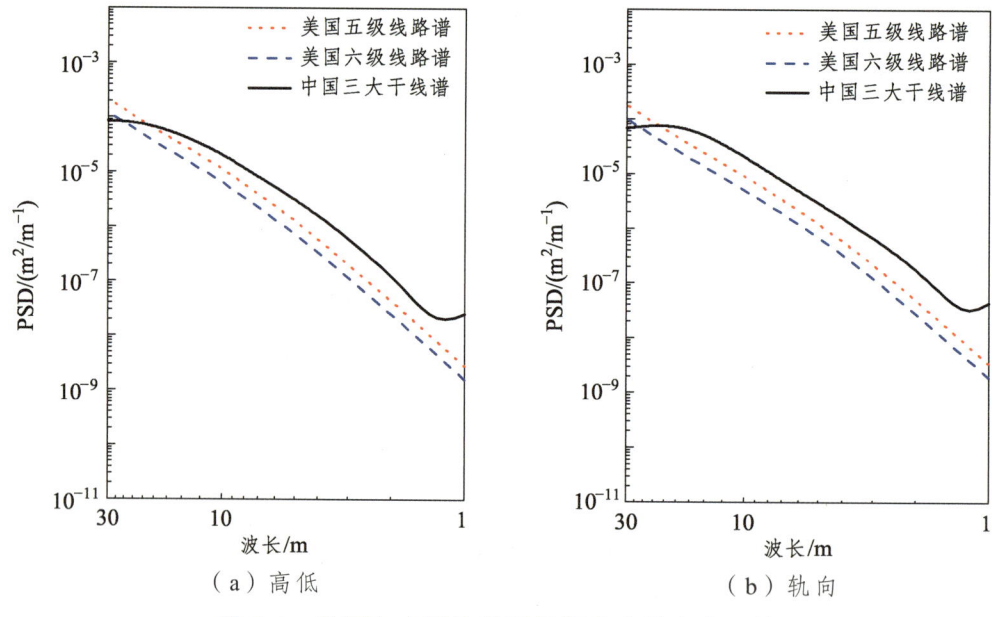

图 2-4 美国和中国轨道不平顺功率谱密度比较

由图 2-5 可见：对于方向不平顺，在 2～200 m 波长范围内，中国高速无砟轨道谱均普遍优于德国高速铁路（低干扰）轨道谱，尤其是对数米以上的长波范围非常明显；对于高低不平顺，在 2~200 m 波长范围内，中国高速铁路无砟轨道谱均明显优于德国低干扰轨道谱，尤其是在 10~100 m 波长范围特别显著。

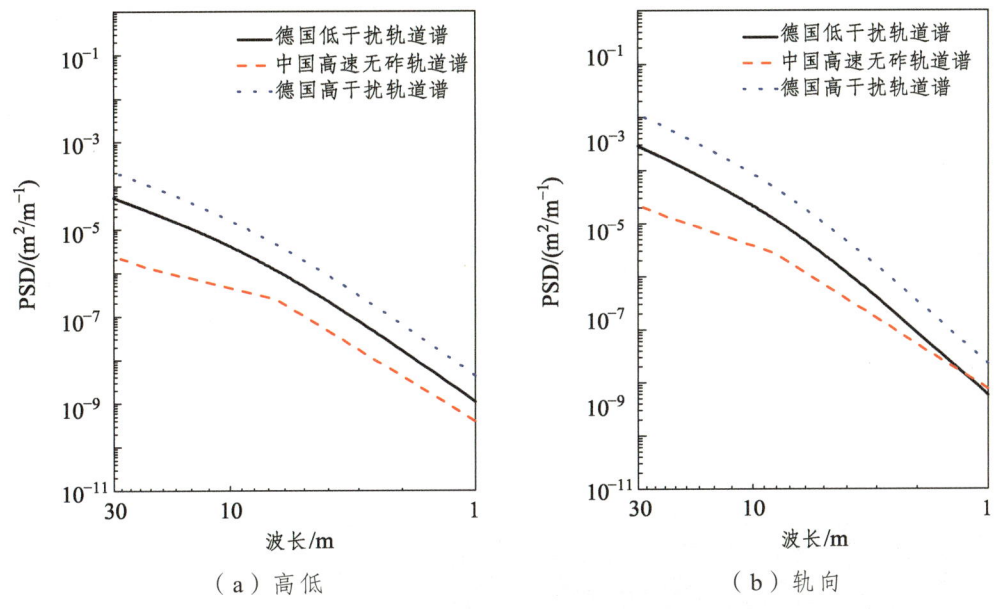

图 2-5 德国和中国轨道不平顺功率谱密度比较

本节以上内容介绍了各个国家的轨道不平顺功率密度拟合曲线的函数表达式。为了在计算机仿真中通过功率谱密度曲线反演空间域上的随机轨道不平顺信号，需要使用轨道谱反演算法。反演算法在铁路工程中已经相当成熟，主要有两种：谱方法和随机简谐函数法。谱方法将功率谱密度函数在频域上的每一个离散区间内的函数值和相位值视作随机变量，通过离散逆傅里叶变换（IDFT）实现信号反演；随机简谐函数的理念与谱方法相似，但是采用数量更少的简谐函数来反演信号。从结果上来讲，谱方法反演信号分析得到的功率谱曲线最为光滑，接近原始的轨道不平顺功率谱函数曲线，代价是考虑的随机变量数量众多，对可靠度评估问题不利。在本章中，我们不考虑进行车辆-轨道耦合动力学模型的可靠度分析，因此选择采用反演精度更好的谱方法来生成轨道不平顺的空间域模拟信号[①]。

功率谱密度值 $S_{xx}(k)$ 在离散地采样点上与信号的频谱有一个确定的关系：

[①] ZHAI W M. Vehicle-track coupled dynamics: theory and applications[M]. Singapore: Springer, 2020: 183-201.

$$S_{xx}(k) = \left\langle \frac{1}{N}\sum_{s=0}^{N-1} x_s \exp\left[i\left(k\frac{2\pi}{N}\right)s\right]\right\rangle \left\langle \frac{1}{N}\sum_{j=0}^{N-1} x_{+j} \exp\left[-i\left(k\frac{2\pi}{N}\right)j\right]\right\rangle$$
$$= \frac{1}{N^2}\left|\text{DFT}[x_s]^2\right| = \frac{1}{N^2}\left[X^*(k)X(k)\right] \tag{2-36}$$

式中：$X(k)$ 为时间序列 x_s 的频谱，$k,s = 0,1 \cdots N-1$。

铁路轨道不平顺功率谱密度函数均为单边谱，因此在处理时需要首先将其转换为双边谱 $S_x(f)$。设轨道不平顺的最短波长为 $\lambda_{\min}$，最长波长为 $\lambda_{\max}$，车辆运行的最大速度为 $v_{\max}$，则最高时间频率为 $f_{\max} = \dfrac{v_{\max}}{\lambda_{\min}}$。由于机车车辆的自振主频一般在 1 Hz 左右，所以应该确保 $f_{\min} < 1\,\text{Hz}$。根据奈奎斯特采样定理，采样周期 $\Delta T \leqslant 1/(2f_{\max})$。设模拟的总时间为 T_s，则时域采样点数为 $T_s/\Delta T$，一般需要在末尾添加 0 来保证采样点数为 2 的整数次幂，即 N_r。由周期图法估计出的功率谱具有周期性，且为偶对称序列，因此最后形成以 $N_r/2$ 为对称中心的偶对称序列 $S_x(f = k\Delta f, K = 0,1\cdots N_r - 1, \Delta f = 1/(N_r \Delta T)$，如图 2-6 所示。

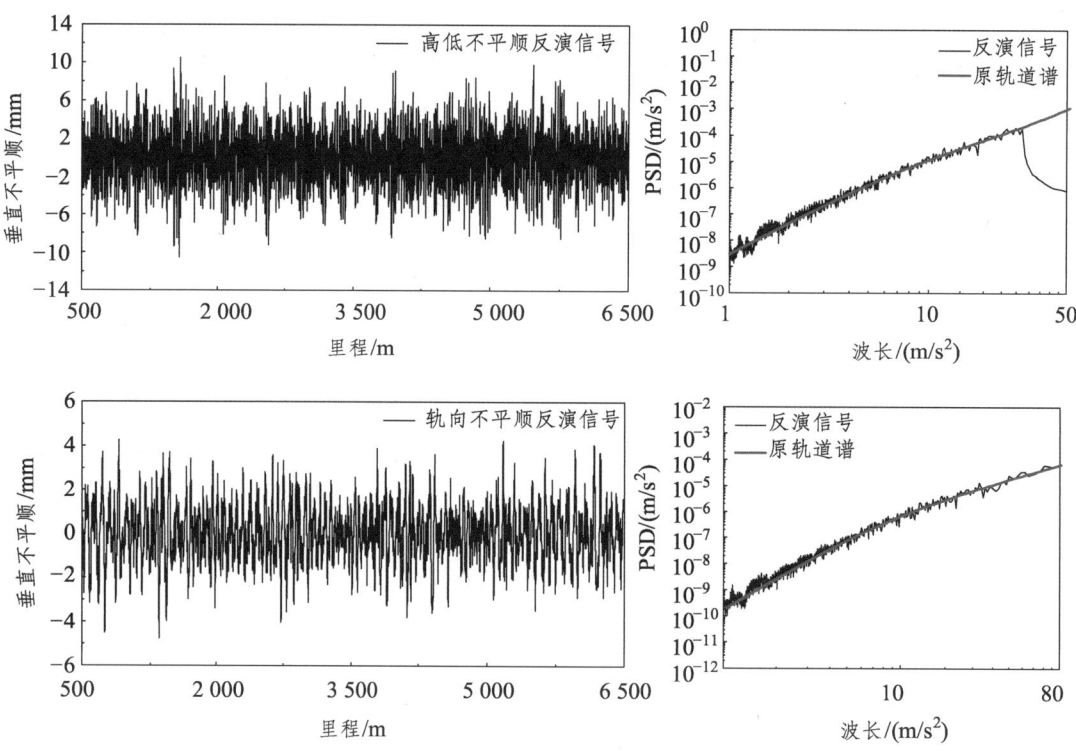

图 2-6 通过谱方法反演生成的轨道不平顺信号

由式（2-36）可知，时域序列的频谱模值为：

$$|X(k)| = |\text{DFT}[x_s]| = \sqrt{N_r^2 S_k(k)} = N_r\sqrt{S_k(k)} = N_r\sqrt{S_x(k\Delta f)\Delta f}\,(k=0,1\cdots N_r-1)$$

由于时间序列 $X(k)$ 为一随机过程，其频谱相位一定具有随机性。设 $|\xi_n|=1$ 为独立的相位序列，它的各分量均值为零，由于实序列的快速傅里叶变换为复序列（实部偶对称，虚部奇对称），所以 ξ_n 应该为复数，故设

$$\xi_n = \cos\phi_n + i\sin\phi_n = \exp(i\phi_n) \tag{2-37}$$

式中：ϕ_n 服从 $0\sim2\pi$ 的均匀分布。

又因为 $X(k)$ 的实部关于 $N_r/2$ 偶对称，虚部关于 $N_r/2$ 奇对称，所以只需求出 $0\sim N_r/2$ 的频谱，由式（2-36）和式（2-37）可得：

$$X(k) = \xi_n|X(k)| = N_r\xi_n\sqrt{S_n(k\Delta f)\Delta f}\,(k=0,1\cdots N_r/2) \tag{2-38}$$

显然，通过对称条件就可以反演得到 $X(k)$。将得到的复序列 $X(k)$ 进行 IDFT，就可以得到轨道不平顺的时域模拟样本。图 2-6 给出了利用谱方法生成的轨道不平顺高低和水平模拟信号，并给出了模拟信号功率谱曲线与原始功率谱曲线的比较。可以看到，采用谱方法模拟得到的轨道不平顺功率谱与原始函数有较好的拟合度。

2. 动力学系统数值积分算法

车辆-轨道耦合系统的动力响应，在本质上是列车运行过程中轨道不平顺激扰形成的系统振动。为了求解动力学系统的振动响应，需要对本章 2.1.2 节建立的数学方程组进行求解。当前，工程界的数值积分理论已经发展到了一个相当成熟的阶段。本节将介绍翟婉明院士提出的大型非线性动力学系统的数值求解方法，在下文中，我们将用该方法（简称 Zhai 方法）为笔者团队提出的数据驱动车辆-轨道耦合动力学模型提供训练数据[①]。

由 2.1.2 节可见，车辆-轨道耦合动力学方程可表示成统一形式：

$$[M]\{\ddot{X}\} + [C]\{\dot{X}\} + [K]\{X\} = \{P\} \tag{2-39}$$

式中：$[M]$、$[C]$、$[K]$ 分别为车辆-轨道耦合动力系统的质量、阻尼和刚度矩阵；$\{X\}$ 为耦合系统的广义位移矢量；$\{\dot{X}\}$ 为耦合系统的广义速度矢量；$\{\ddot{X}\}$ 为耦合系统的广义加速度矢量；$\{P\}$ 为车辆-轨道耦合系统的广义荷载矢量，难于显式表达，是与 $\{\dot{X}\}$ 和 $\{\ddot{X}\}$ 有关的非线性过程量。

Zhai 方法属于显式二步数值积分法，其基本原理是：利用前两步的位移、速度、加速度量预测下一步的位移、速度量，再根据系统运动方程求解下一步的加速度量，如此循环往复。其积分格式为：

---

① ZHAI W M. Vehicle-track coupled dynamics: theory and applications[M]. Singapore: Springer, 2020: 203-205.

$$\left.\begin{array}{l}\{X\}_{n+1} = \{X\}_n + \{V\}_n \Delta t + (1/2+\psi)\{A\}_n \Delta t^2 - \psi\{A\}_{n-1}\Delta t^2 \\ \{V\}_{n+1} = \{V\}_n + (1/2+\varphi)\{A\}_n \Delta t - \varphi\{A\}_{n-1}\Delta t\end{array}\right\} \quad (2\text{-}40)$$

式中：Δt 为时间积分步长；下标 n、$n-1$、$n+1$ 分别代表当前步、上一步和下一步时刻；ψ 和 φ 是控制积分方法特性的独立参数。将该式代入系统振动方程（2-39）在 $t=(n+1)\Delta t$ 时刻的形式

$$[M]\{A\}_{n+1} + [C]_{n+1}\{V\}_{n+1} + [K]_{n+1}\{X\}_{n+1} = \{P\}_{n+1} \quad (2\text{-}41)$$

可得：

$$\{A\}_{n+1} = [M]^{-1}\{\tilde{P}\}_{n+1} \quad (2\text{-}42)$$

式中：

$$\begin{aligned}\{\tilde{P}\}_{n+1} = & \{P\}_{n+1} - [K]_{n+1}\{X\}_n - ([C]_{n+1}+[K]_{n+1}\Delta t)\{V\}_n - \\ & \{(1+\varphi)[C]_{n+1} + (1/2+\psi)[K]_{n+1}\Delta t\}\{A\}_n \Delta t + \\ & (\varphi[C]_{n+1} + \psi[K]_{n+1}\Delta t)\{A\}_{n-1}\Delta t\end{aligned} \quad (2\text{-}43)$$

对于线性时不变系统，式（2-43）中的刚度和阻尼矩阵为常数矩阵。依据位移矩阵、速度矩阵和加速度矩阵的初始条件，可以按照积分递推式（2-42）和式（2-43）逐次计算出对应于各步的位移、速度和加速度离散值。需要指出的是，启动算法时只需要令 $\varphi=\psi=0$，从而使 Zhai 方法具有积分"自开始"的特性。

2.2 偏微分方程算子回归理论

无论是自然科学还是工程科学，在对一个实际对象或是现象行为进行研究时，总是先通过试验收集数据，然后尝试建立数学描述。对于绝大多数的物理系统，既有的力学和数学知识已经积累了足够的理论基础，因此可以用偏微分方程（PDE）或常微分方程（ODE）对它们进行描述。在过去的 50 年时间里，我们通常通过使用有限差分、有限元、谱方法甚至是无网格方法对 PDE 进行数值求解。从地球环境物理学，到生物物理学，再到工程力学，都取得了巨大的进展。尽管取得了明显的进步，但是通过经典的数学方法进行建模和预测分析在非线性、多尺度和不确定性演化（混沌）方面不可避免地面临着严峻的挑战，并遇到了高昂计算成本和结果不确定的困难。究其根本，传统数学方法无法解决这些问题是因为它们缺乏智能，在求解每一个问题时将它们视作独立的个体，无法在相似问题上积累经验。每当求解一个相似的新问题时（例如，一个参数发生了变化的工程结构），传统数学方法无法在先前已经完成求解的问题上获取任何经验。自 21 世纪初以来，工程界已经积累了大量的结构健康监测数据和数值模拟（仿真）数据，然而这些数据目前并没有很好地被缝合到物理模型之中。

与之相对的,大数据和深度学习理论正在蓬勃发展,可用数据的丰富性和时空异质性凸显变革性方法的必要性。这就是机器学习发挥功效的地方,它可以探索大量的参数空间,识别多维相关性,并对不确定的区域进行建模。当前科学领域的一个共同主题是,收集和创建观测数据的能力已经远远超过了合理地吸收数据的能力,更不用说理解数据。尽管目前在工程领域大数据技术已经产生了一些初步成效,但是现在它们的问题在于很难从数据中提取可以解释的信息和知识。此外,纯粹的数据驱动模型可能只在观测空间内较为合理,但是在进行外推时由于观测的偏差可能导致模型泛化性的急剧下降,预测可能在物理上不一致或不可信。

因此近年来诞生了一种全新的理念,通过"教授"机器学习模型目标问题的物理规则,来整合理解物理定律和先验知识的模型。这反过来又可以提供"信息先验",即强大的理论约束和归纳偏差观察的结合。这一理念可以理解为利用源自人类对于世界的观察、经验、物理或者是数学的先验知识来提高学习算法性能的一个过程。当前,反映这一理念的典型方法是嵌入物理信息的深度神经网络:Physics-Informed Neural Networks (PINNs)[1][2][3][4]。这一方法的本质是采用深度神经网络并利用它们众所周知的强大能力作为通用的函数逼近器。在这种情况下,面对复杂非线性问题时,不需要任何事先的假设、线性化处理或者时间步长限制,就可以使用深度学习自动微分领域的最新技术,使得神经网络相对于空间坐标进行偏微分求导,从而施加PDE约束,迫使神经网络不断逼近目标PDE问题的解函数。该方法的数学描述如下所示。考虑一个包含带参数和非线性的偏微分方程问题:

$$u_{t,x} + \mathcal{N}[u;\lambda] = 0, x \in \Omega, t \in [0,T] \tag{2-44}$$

其中:$u_{t,x}$是目标PDE问题的隐含解函数;$\mathcal{N}[\cdot;\lambda]$是非线性算子;$\lambda$描述的是该PDE方程的具体物理参数;$\Omega$是$\mathbb{R}^d$的一个有界子集。公式(2-44)的描述适用于一系列物理问题,当然包括经典的弹性力学和振动力学问题。PINN的核心理念是训练一个深度神经网络u_θ来逼近公式(2-44)中的u。其中,深度神经网络的损失函数可以表示为:

---

[1] RAISSI M, PERDIKARIS P, KARNIADAKIS G E. Physics-informed neural networks: A deep learning framework for solving forward and inverse problems involving nonlinear partial differential equations[J]. Journal of Computational Physics, 2019, 378: 686-707.

[2] RAMABATHIRAN A A, RAMACHANDRAN P. SPINN: Sparse, Physics-based, and partially Interpretable Neural Networks for PDEs[J]. Journal of Computational Physics, 2021, 445, 110600.

[3] ZHU Y, ZABARAS N, KOUTSOURELAKIS P, et al. Physics-constrained deep learning for high-dimensional surrogate modeling and uncertainty quantification without labeled data[J]. Journal of Computational Physics, 2019, 394: 56-81.

[4] YANG L, MENG X, KARNIADAKIS G E. B-PINNs: Bayesian physics-informed neural networks for forward and inverse PDE problems with noisy data[J]. Journal of Computational Physics, 2021, 425, 109913.

$$MSE = MSE_u + MSE_f + MSE_b \tag{2-45}$$

式中：MSE_u、MSE_b 和 MSE_f 分别代表了神经网络的数据损失、边界损失和 PDE 损失。

其中：MSE_u 直接将求解域上的部分真实数据提供给神经网络，在实际使用中，我们通常希望提供尽可能少的数据，甚至是不提供任何数据。MSE_b 是边界损失，通过在求解域的周围提供足够的边界数据，可以对求解域内的结果施加约束，从而确保深度神经网络求解得到的结果唯一且准确。最后，MSE_f 是神经网络 PDE 损失，利用自动微分技术可以获取神经网络对空间和时间坐标的偏微分结果，代入公式（2-44）即可得到训练过程中神经网络结果在先验 PDE 上的偏离程度，从而在训练过程中引导神经网络得出符合物理 PDE 描述的结果。目前，PINN 已经在 Navier-Stokes 方程、Allen-Cahn 方程和 Covid-19 传染模型（常微分方程组）上取得了不错的效果。

然而，观察（2-45）可以发现，尽管 PINN 成功地利用自动微分为神经网络嵌入了先验物理知识，但是由于逼近的目标是 u，即目标问题的解函数，PINN 只是传统数值求解方法的一个替代，同样无法在多个变化的问题上吸收经验[①]。举例来说，一旦求解域发生变化，抑或是 PDE 参数 λ 发生变化，获取新问题的解函数就需要对深度神经网络进行重新训练。对于求解难度较大的问题，例如三维的 Navier-Stokes 方程，这显然不是一个问题。利用 PINN 进行求解通常可以将传统数学方法需要的几天时间缩短至几小时。但是对于求解难度较低，但求解数量要求较大的问题来说，PINN 则完全无法发挥优势。对于车辆-轨道耦合动力学来说，若是希望对某一条设计的新线进行动力学评估，往往需要测试数百千米；若是希望分析某一种铁路产品或多种产品的参数匹配（例如车辆悬挂参数与轨道垫板参数的匹配设计问题），则需要在有限的时间内进行大量的计算找到最优配置。因此，尽管 PINN 提供了将物理先验知识嵌入数据驱动模型的先进理念，但是并不能直接应用于车辆-轨道耦合动力学中。

2.2.1 基于深度学习的算子回归理论的国内外研究现状

鉴于 PINN 不适合大量参数 PDE 求解的特点，近年来产生了一种新的采用深度学习求解 PDE 的理念：逼近参数 PDE 的求解算子，而不是单个 PDE 的解函数。其中，较为典型的有 ConvPQ、DeepONet 和神经元算子（Neural Operator）。我们将在本节重点介绍神经元算子的数学理论，然后给出在深度学习模型中嵌入物理先验知识的方法。

DeepONet 是最早出现的基于深度学习的算子逼近技术之一，由 Lu 等提出[②]。DeepONet 采用一种特殊的深度学习网络结构来逼近数学方程的求解算子。

---

① KARNIADAKIS G E, et al. Physics-informed machine learning[J]. Nat Rev Phys, 2021, 3: 422-440.
② LU L, JIN P, PANG G, et al. Learning nonlinear operators via DeepONet based on the universal approximation theorem of operators[J]. Nat Mach Intell, 2021, 3: 218-221.

如图 2-7 所示，DeepONet 由一个主干网络和一个分支网络组成。其中：主干网络负责从控制方程的参数空间中提取信息，即学习方程参数变化对结果造成的影响；分支网络负责感知方程自变量在空间中位置（例如时间和空间位置）。主干网络和分支网络在最后一层通过一个内积（Einstein 求和）输出最终的方程解函数值。

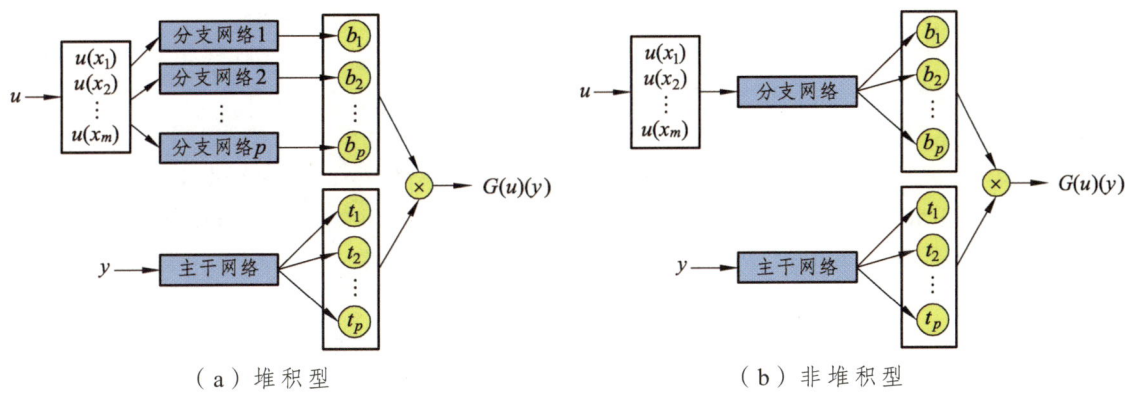

（a）堆积型　　　　　　　　　　　　（b）非堆积型

图 2-7　DeepONet 基本网络结构

可以看出，DeepONet 网络的逼近对象是控制方程的求解算子，而不是单个参数条件下的解函数。一旦 DeepONet 完成训练，考虑控制方程参数的变化和空间位置的变化，可以通过一次正向传输立即输出大量的结果，从而实现参数 PDE 的高效求解。据笔者所知，DeepONet 在算子逼近领域为主流方法，吸引了大量的应用研究，其中不乏工程应用。例如：使用 DeepONet 预测简单房屋模型在地震荷载作用下的振动响应，并计算结构可靠度[1]；对风力发电机使用 DeepONet 进行建模，模拟计算了不同风荷载流场条件下的发电机能量采集效率[2]；利用 DeepONet 对气泡动力学问题进行建模求解[3]。此外，为了能够考虑包含多个耦合物理量的多物理场问题，Mao 和 Cai 开发了 HyperM&MNet[4][5]。该网络结构将多个 DeepONet 连接在一起，目前已经在电池电容问题和 Hypersonics 问题上

---

[1] GARG S, GUPTA H, CHAKRABORTY S. Assessment of DeepONet for reliability analysis of stochastic nonlinear dynamical systems[J]. 2022: 6-10. Preprint at http://arxiv.org/abs/2201.13145.

[2] Lin C, et al. Operator learning for predicting multiscale bubble growth dynamics[J]. J Chem Phys 2021: 154, 5-12.

[3] DE S, REYNOLDS M, HASSANALY M, et al. Bi-fidelity Modeling of Uncertain and Partially Unknown Systems using DeepONets[Z]. 2022: 12-14. Preprint at http://arxiv.org/abs/2204.00997.

[4] CAI S, WANG Z, LU L, et al. DeepM&Mnet: Inferring the electroconvection multiphysics fields based on operator approximation by neural networks[J]. Journal of Computational Physics, 2021, 436: 1-3.

[5] MAO Z, LU L, Marxen O, et al. DeepM&Mnet for hypersonics: Predicting the coupled flow and finite-rate chemistry behind a normal shock using neural-network approximation of operators[J]. Journal of Computational Physics, 2022, 447: 1-4.

得到了应用。这些问题都属于多物理场问题,控制方程为一个包含多个物理量的微分方程组。由于 DeepONet 网络最后一层为内积结构,该网络虽然能考虑多个不同函数的输入,却只能一次性输出一个物理量的预测值。为了绕过这一单输出特性,HyperM&MNet 需要首先为每一个物理量建立一个单独的 DeepONet(单输出),然后提供数据给每一个网络单独进行训练。训练完成后,这些 DeepONets 再被连接进串联系统中。在这个过程中,提前训练好的算子不会参与训练,它们可以被视作深度神经网络加速收集信息的增幅器。

几乎在相同时期,加利福尼亚理工大学团队提出了另外一种有着相同理念的深度学习框架:神经元算子[1][2]。神经元算子同样是希望用一个深度学习网络来逼近目标控制方程的求解算子,不同的是,神经元算受到了图卷积神经网络(Graph Neural Network,GNN)和图卷积核(Graph Kernel Network,GKN)理论的启发,网络结构与 DeepONet 相比更为简单。实际上,Kovachki[3]已经证明,在 DeepONet 主干和分支网络采用普通全连接层时,DeepONet 可以视作一个具有两层卷积层的神经元算子。

图神经网络的理论启发来自许多实际应用场景数据从非欧氏空间生成的特点。传统的深度学习方法在处理非欧式空间数据上的表现仍难以使人满意。例如,在电子商务中,一个基于图(Graph)的学习系统能够利用用户和产品之间的交互来作出非常准确的推荐,但图的复杂性使得现有的深度学习算法在处理时面临着巨大的挑战。这是因为图是不规则的,每个图都有一个大小可变的无序节点,图中的每个节点都有不同数量的相邻节点,导致一些重要的操作(例如卷积)在图像(Image)上很容易计算,但不再适合直接用于图。此外,现有深度学习算法的一个核心假设是数据样本之间彼此独立。然而,对于图来说,情况并非如此,图中的每个数据样本(节点)都会有边与图中其他实数据样本(节点)相关,这些信息可用于捕获实例之间的相互依赖关系。在多方因素的成功推动下,研究人员借鉴了卷积网络、循环网络和深度自动编码器的思想,定义和设计了用于处理图数据的神经网络结构,由此 GNN 应运而生。图卷积的核心在于定义节点之间的聚合函数,如式(2-46)所示:

$$m_x^{t+1} = \sum_{y \in N(x)} M_t(h_x^t, h_y^t, e_{x,y}), h_x^{t+1} = U_t(h_x^t, m_x^{t+1}) \tag{2-46}$$

式中:m_x^{t+1} 是 t 层节点通过信息函数 M 聚合得到的 $t+1$ 层的隐藏状态,$t+1$ 层节点状态 h_{t+1} 可以通过 t 层周边的节点 h_t 经过聚合函数 U 聚合得到。从另一个角度上说,基于聚合函

---

[1] LI Z, et al. Neural Operator: Graph Kernel Network for Partial Differential Equations[Z]. 2020: 1-8. Preprint at https://arxiv.org/pdf/2003.03485.pdf.
[2] LI Z, et al. Fourier Neural Operator for Parametric Partial Differential Equations[Z]. 2021: 1-12. Preprint at https://arxiv.org/pdf/2010.08895.pdf.
[3] KOVACHKI N, et al. Neural Operator: Learning Maps Between Function Spaces[Z]. 2021: 1-6. Preprint at https://arxiv.org/pdf/2108.08481.pdf.

数,每个节点都可以表示为周围节点和自身的信息叠加,因此该模型通过定义通用的聚合函数提出图卷积网络的通用框架,它由两部分构成,如图 2-8 所示。

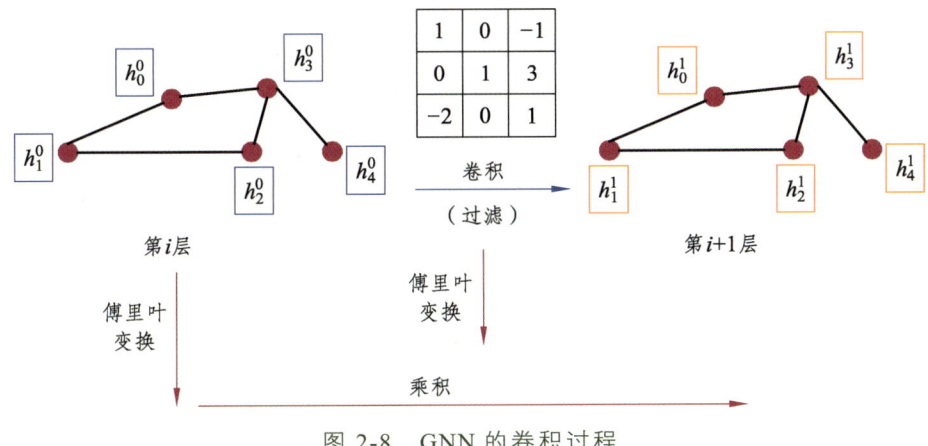

图 2-8 GNN 的卷积过程

(1) 信息传递阶段:运行多步基于空间的图卷积,通过信息函数 M 和聚合函数 U,有:

$$h_v^t = U_t[h_v^{t-1}, \sum_{w \in N(v)} M_t(h_v^{t-1}, h_w^{t-1}, e_{vw})] \tag{2-47}$$

式中:$N(v)$ 指代集合 v 周边一定范围内的节点集;e 是偏置值。

(2) 表达阶段:基于每一个节点的表达得到整个图的表达。

$$\hat{y} = R(h_v^T \mid v \in G) \tag{2-48}$$

在训练过程中,一个神经元算子基于图神经网络理论,通过梯度下降在训练数据的输入和输出之间寻找关系。截至目前,Li 已经提出了一系列不同特点的神经元算子,包括 GNO、LRO 和 FNO(Fourier Neural Operator)。其中,FNO 采用傅里叶变换来实现 GKN 的卷积操作,本章将在 2.2.2 节对其数学原理进行详细介绍。

2.2.2 基于图神经网络的神经元算子理论

FNO 的工作框架如图 2-9 所示。其中,$v(x)$ 是系统的输入,神经元算子首先对输入执行快速傅里叶变换 $\mathcal{F}$,之后采用一个线性变换 R 对傅里叶变换得到的多个模态进行一个低通滤波,去除一定频率以上的信号,之后再使用逆傅里叶变换 $\mathcal{F}^{-1}$。此处,我们首先给方程算子回归问题进行一个数学上的定义,然后提供神经元算子的数学原理。

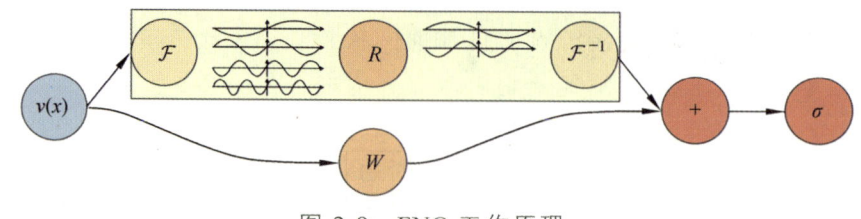

图 2-9　FNO 工作原理

从根本上来说，神经元算子的目标是学会两个无界函数空间之间的映射关系。我们首先假设一个物理问题有控制 PDE 为：

$$\begin{aligned} \mathcal{P}(u,a) &= 0, \text{ in } D \subset \mathbb{R}^d \\ u &= g, \text{ in } \partial D \end{aligned} \tag{2-49}$$

定义 $D \subset \mathbb{R}^d$ 为一个有界的开集，∂D 是其边界。并且，$\mathcal{A} = \mathcal{A}(D;\mathbb{R}^{d_a})$ 和 $\mathcal{U} = \mathcal{U}(D;\mathbb{R}^{d_u})$ 是两个分开的巴拿赫函数空间，其中的元素属于高维实数集合 $\mathbb{R}^{d_a}$。进一步的，我们定义 $G^\dagger: \mathcal{A} \to \mathcal{U}$ 是一个非线性的映射。那么，$G^\dagger$ 既是控制方程的求解算子，也是我们希望逼近的目标。假设我们拥有数据集 $\{a_j, u_j\}_{j=1}^N$，其中 $a_j \sim \mu$ 是独立的、服从某一个概率分布 μ、属于空间 $\mathcal{A}$ 的数据（控制方程的参数），而 $u_j = G^\dagger(a_j)$ 是控制方程的求解结果。那么，神经元算子的目的是通过深度神经网络，对

$$G: \mathcal{A} \times \Theta \to \mathcal{U} \tag{2-50}$$

构造一个逼近：

$$G_\theta: \mathcal{A} \times \Theta \to \mathcal{U}, \theta \in \Theta \tag{2-51}$$

其中：神经网络的参数 θ 属于一些有限维参数空间 Θ，从而使得 $G(\cdot;\theta^\dagger) = G_{\theta^\dagger} \approx G^\dagger$。同一般的深度学习过程相似，这是一个有限维函数空间之间映射关系的逼近，因此损失函数可以表达为：

$$\min_{\theta \in \Theta} \mathbb{E}_{a \sim \mu}[C(G(a;\theta), G^\dagger(a))] \tag{2-52}$$

神经元算子的运算基本可以总结为一个迭代结构：$v_0 \to v_1 \to \cdots \to v_t$。其中，$v_j, j = 0,1 \cdots T-1$ 是一个函数序列，从高维实数空间 $\mathbb{R}^{d_v}$ 中取值。参数空间 $\mathcal{A}$ 中的输入 a 首先通过一个局部变换 P（浅层全连接神经网络）被映射到一个更高维度的表达 $v_0 = P(a)$ 中。对于每一个 $\mathcal{A}$ 中的 a，独立地进行一个局部变换，即 $P: \mathbb{R}^{d_a} \to \mathbb{R}^{d_v}$。相似的，系统最终的输出 $u = Q(v_T)$ 也是将最后一层的表达通过一个局部变换 $Q: \mathbb{R}^{d_v} \to \mathbb{R}^{d_u}$ 进行投射。在每一次迭代的过程中，$v_t \to v_{t+1}$ 的更新过程被定义为一个非局部积分算子 $\mathcal{K}$ 和一个激活函数 δ 的乘积。

定义 1：迭代更新

定义更新过程 $v_t \to v_{t+1}$ 为：

$$v_{t+1}(x) := \sigma(Wv_t(x) + (\mathcal{K}(a;\phi)v_t)(x)), \forall x \in D \tag{2-53}$$

其中：$\mathcal{K}: \mathcal{A} \times \Theta_{\mathcal{K}} \to \mathcal{L}(\mathcal{U}(D;\mathbb{R}^{d_v}), \mathcal{U}(D;\mathbb{R}^{d_v}))$ 是一个向着 $\mathcal{U}(D;\mathbb{R}^{d_v})$ 上的线性算子的映射，该映射的参数由 $\phi \in \Theta_{\mathcal{K}}$ 表示。$W: \mathbb{R}^{d_v} \to \mathbb{R}^{d_v}$ 是一个线性转化，而 $\sigma: \mathbb{R} \to \mathbb{R}$ 是一个非线性的激活函数，可以在不同的位置有不同的定义。

我们会用神经网络来作为核卷积变换 $\mathcal{K}(a;\phi)$。

定义 2：核卷积算子 $\mathcal{K}$

定义式（2-53）中的核卷积算子为：

$$(\mathcal{K}(a;\phi)v_t)(x) := \int_D \kappa(x,y,a(x),a(y);\phi)v_t(y)\mathrm{d}y, \forall x \in D \tag{2-54}$$

其中：$\kappa_\phi: \mathbb{R}^{2(d+d_a)} \to \mathbb{R}^{d_v \times d_v}$ 是一个神经网络，参数 $\phi \in \Theta_{\mathcal{K}}$。

此处，κ_ϕ 是我们希望从数据中学会的卷积核函数。结合定义 1 和定义 2 我们可以得到一个通用的有限维空间中的神经网络。实际上，如果把函数 a 的空间依赖性去除，然后定义 $\kappa_\phi(x,y) = \kappa_\phi(x-y)$，我们就可以得到一个常规的卷积操作。

在傅里叶空间中定义卷积算子，结合定义 2 我们就可以得到傅里叶神经元算子的基本数学表达式。定义 $\mathcal{F}$ 为 FFT（Fast Fourier Transform，快速傅里叶变换）操作，而 $\mathcal{F}^{-1}$ 为 IFFT 操作，那么有：

$$(\mathcal{F}f)_j(k) = \int_D f_j(x)\mathrm{e}^{-2\pi\mathrm{i}\langle x,k\rangle}\mathrm{d}x, (\mathcal{F}^{-1}f)_j(x) = \int_D f_j(k)\mathrm{e}^{2\pi\mathrm{i}\langle x,k\rangle}\mathrm{d}k$$

通过简化定义 $\kappa_\phi(x,y,a(x),a(y)) = \kappa_\phi(x-y)$，然后应用卷积理论，可以推导得到：

$$(\mathcal{K}(a;\phi)v_t)(x) = \mathcal{F}^{-1}(R_\phi \cdot \mathcal{F}v_t)(x), \forall x \in D \tag{2-55}$$

接下来，就可以在傅里叶空间内参数化 κ_θ 了。

定义 3：傅里叶卷积算子 $\mathcal{K}$

定义傅里叶卷积算子为：

$$(\mathcal{K}(\phi)v_t)(x) = \mathcal{F}^{-1}(R_\phi \cdot \mathcal{F}v_t)(x) \tag{2-56}$$

其中：R_ϕ 是周期函数 $\kappa: \bar{D} \to \mathbb{R}^{d_v \times d_v}$ 的傅里叶变换。

对于频域模态 $k \in D$，我们有 $(\mathcal{F}v_t)(k) \in \mathbb{C}^{d_v}$ 以及 $R_\phi(k) \in \mathbb{C}^{d_v \times d_v}$。注意到我们假设 κ 是周期性的，因此可以对离散模态 $k \in \mathbb{Z}^d$ 进行处理。在实际的训练过程中，我们定义 $Z_{k_{\max}}$ 为进行低通滤波时考虑的最高模态。

2.2.3 力学先验知识的嵌入方法

如本章前文中对 Physics-informed Neural Network 原理的介绍，在已知目标物理系统控制方程的前提下，可以通过自动微分将控制方程植入神经网络的损失函数中，从而实现向深度学习嵌入先验物理知识的操作。是否存在方法可以将这一优点结合到神经元算子技术上，从而同时吸收 PINN 和神经元算子的优点？答案是肯定。通过借鉴 PINN 的思路将先验物理知识嵌入神经元算子的网络结构中，Wang 和 Li 分别提出了嵌入先验物理知识的 DeepONet 和 Neural Operator：Physic-informed DeepONet 和 Physic-informed Neural Operator[1][2][3]。

Physics-informed Neural Operator 相较原始版本的 FNO 区别为增加了控制方程的 PDE 损失。我们依然假设一个物理问题的控制 PDE 为：

$$\begin{aligned} \mathcal{P}(u,a) = 0, \text{in } D \subset \mathbb{R}^d \\ u = g, \text{in } \partial D \end{aligned} \tag{2-57}$$

那么，神经元算子的 PDE 损失可以定义为：

$$\begin{aligned} \mathcal{L}_{pde}(a,u_\theta) &= \left\| \mathcal{P}(a,u_\theta) \right\|_{L^2(D)}^2 + \alpha \left\| u_\theta \right|_{\partial D} - g \right\|_{L^2(D)}^2 \\ &= \int_D \left| \mathcal{P}(u_\theta(x),a(x)) \right|^2 dx + \alpha \int_D \left| u_\theta(x) - g(x) \right|^2 dx \end{aligned} \tag{2-58}$$

注意到，PINN 在嵌入物理先验知识时，将神经网络自身视为目标解函数的逼近，因此通过自动微分来实现求解。在实际应用的过程中，自动微分需要神经网络自身对某一物理量进行偏导求解，由于神经网络在处理复杂的控制方程时层数往往较深，自动微分会导致计算缓慢而且 GPU 占用率过高。Li 提出可以使用直接数值微分来处理的思路，对于离散的信号，可以使用差分来近似代替的微分操作，这样既避免了自动微分计算缓慢和 GPU 占用率高的问题，又能保证微分结果的稳定性，在本章中，我们主要采用数值差分来代替自动微分，从而将车辆-轨道耦合动力学的力学先验知识嵌入神经元算子结构。

---
[1] WANG S, WANG H, PERDIKARIS P. Learning the solution operator of parametric partial differential equations with physics-informed DeepONets[J]. Sci Adv, 2021, 7: 8-11.
[2] GOSWAMI S, YIN M, Yu Y, et al. A physics-informed variational DeepONet for predicting the crack path in brittle materials[J]. Computer Methods in Applied Mechanics and Engineering, 2022. 391: 1-8.
[3] LI Z, et al. Physics-Informed Neural Operator for Learning Partial Differential Equations[J]. 2021: 1-5. Preprint at https://arxiv.org/pdf/2111.03794.pdf.

2.3 数据驱动的车辆-轨道耦合动力学模型：理论及实现

在本章第 2.1 节中，我们介绍了车辆-轨道耦合动力学模型的力学和数学模型，并给出了控制方程组。在第 2.2 节中，我们已经详细介绍了神经元算子的基本工作理念和数学原理。在本节中，我们将使用神经元算子理论构建一个用于学习多体动力学系统控制方程（耦合常微分方程组）求解算子的深度学习框架。之后，我们将在第 2.1 节介绍的车辆-轨道耦合动力学问题上应用该框架。最终，我们的目标是训练得到一个能考虑车辆-轨道耦合动力学系统各类物理参数变化的求解算子，包括车辆系统的各物理参数、轨道系统的各物理参数、车辆的运行速度以及轨道随机不平顺。训练完成后，任意改变车辆-轨道耦合系统中的任何物理参数，通过一次对神经元算子的正向输出都可以立即得到大量求解结果，并同时保证信号的精确性。

2.3.1 嵌入力学先验知识的数据驱动车辆-轨道耦合动力学模型

本节，我们将首先介绍笔者科研团队提出的针对柔性多体动力学的通用深度学习算子框架 PINO-MBD（PINO for Multi-Body Dynamics）[①]，然后详细阐述使用该框架构造数据驱动的车辆-轨道耦合动力学模型的过程。

如图 2-10 所示，PINO-MBD 的工作流程主要可以分为两部分：力学模块[图（a）]和深度学习模块[图（b）]。力学模块的功能是对多体动力学系统的控制方程进行降维。一个广义的多体动力学系统通常包含柔性体、刚性体和连接三种成分。柔性体在系统发生运动行为时会呈现出变形，物体内部和表面的各个位置有可能会发生变化，从而使得其与其他物体之间的连接状态发生一定程度的改变。此类物体通常是连续介质，在不考虑塑性和开裂等力学行为的前提下，受到弹性力学基本 PDE 的控制。与之相对的，刚性体是没有具体形状的物体，通常用来描述工程结构中刚度非常大而几乎不发生变形的对象。在系统发生动力响应时，刚性体不会发生形状的改变，只会发生整体的振动。力元是连接各个物体（柔性和刚性）的纽带，在系统发生动力行为的过程中在各个物体之间传递能量。图 2-10 中的分析对象是一个典型的多体动力学系统，其中浅蓝色和绿色的两个物体是两个力学性质不同的橡胶片，它们在力学建模时被视作柔性体，控制方程为弹性力学 PDE。红色的球状物体是钢珠，由于它受到作用时几乎不会发生变形，因此在力学建模时被视作刚性体，控制方程为振动力学 ODE。刚性体和弹性体被不同的钢弹簧连接，钢弹簧即为该系统中的力元。显然，依据弹性力学和振动力学理论，一个多体动力学系统整体的控制方程是一个耦合微分方程组：

---

① DING W, et al. Solving practical multi-body dynamics problems using a single neural operator[Z]. 2022: 1-8. Preprint at https://arxiv.org/abs/2210.00222.

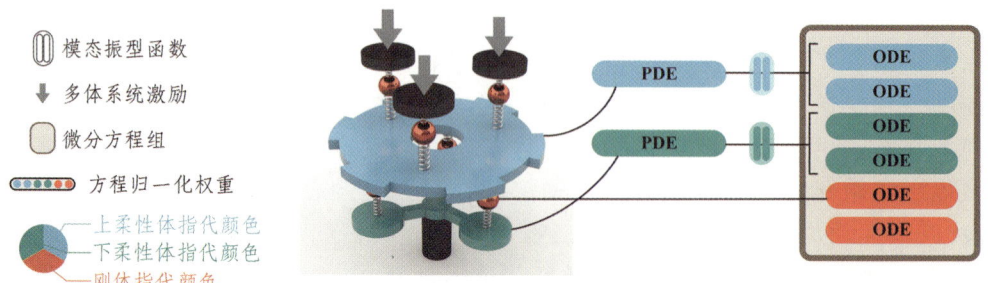

(a) 力学模块

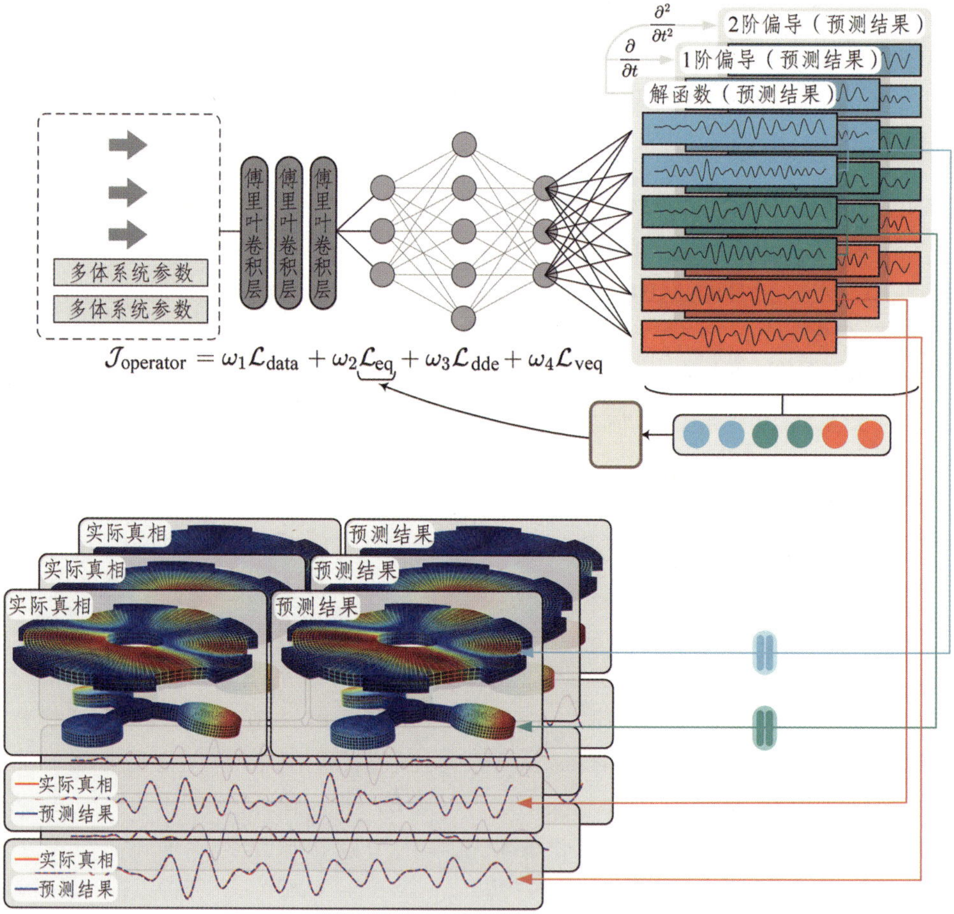

$$\mathcal{J}_{\text{operator}} = \omega_1 \mathcal{L}_{\text{data}} + \omega_2 \mathcal{L}_{\text{eq}} + \omega_3 \mathcal{L}_{\text{dde}} + \omega_4 \mathcal{L}_{\text{veq}}$$

(b) 深度学习模块

图 2-10　PINO-MBD 框架的基本工作流程

$$\mathcal{M}(p, f, u, t) = 0, \text{in } D \tag{2-59}$$

式中：p 和 f 分别表示具有 n_p 和 n_f 个元素的系统物理参数和系统激励；u 表示 $\mathcal{M}$ 中所有物理量响应的数量；D 是有界时域。笔者科研团队所提出的 PINO-MBD 框架的目标即是训练 $\mathcal{M}$ 的求解算子。但是如本章第 2.2 节提到的，现有的算子回归技术大多是针对单一物理量设计的，这一点尤其适用于 DeepONet。为了处理多物理变量问题，例如 HyperM&MNet 针对的多物理场问题，必须首先训练多个算子，每一个算子都只输出一个物理变量；然后，需要再将这些算子集合到一个人工设计的网络中，从而最终训练得到一个能够输出多个物理变量的普通深度神经网络。这里我们将使用另一种思路，即仅使用单个神经元算子逼近整个多体动力学系统中所有物理量响应的求解算子，而不是提前为每一个物理量训练对应的单输出算子。这一点是多体动力学问题的特性所驱使的，因为一个多体动力学系统中可能包含几十个甚至上百个物理量，而且每个物理量可能与相当多的其他物理量存在耦合关系。仿照现有文献中的思路提前对每一个算子进行预训练是不现实的，而且普通的全连接神经网络也很难拥有同时逼近数百个物理变量解算子的能力。因此，PINO-MBD 另辟蹊径，选择采用神经元算子作为网络的主干，然后连接一个浅层的全连接神经网络一次性输出所有的物理变量。注意到，多体动力学系统中部分物体的控制方程为 PDE，部分为 ODE。维度不同的方程算子是不能同时逼近的，因此 PINO-MBD 将会首先在力学模块中通过经典的模态叠加法（MSUP）将柔性体的控制 PDE 分解为多个 ODE，然后组装形成整个系统的耦合 ODE 方程组。随后，深度学习的模块是学习这个耦合 ODE 方程组的求解算子。下面，我们将分别介绍力学模块使用的 MSUP 和深度学习模块使用的 PINO 构造原理。

1. MSUP

MSUP 在有限元理论中是一项经典且有效的方法。MSUP 采用少量的结构模态振幅组合逼近结构的动力响应，方程如式（2-60）所示。

$$\left. \begin{array}{l} \{u^*\} = \sum_{i=1}^{n} \phi_i * \{u_i\} \ \{u^*\} = 位移场 \\ \{\phi\} = 模态振型 \\ \{u\} = 模态振幅 \\ \{n\} = 使用的模态数量 \\ \{i\} = 模态编号 \end{array} \right\} \tag{2-60}$$

此处，振型函数 ϕ_i 是柔性物体本身的固有属性，它与网格无关，只与材料和几何形状有关。解析 ϕ 可以通过对简单机械结构的解析推导获得。例如，车辆-轨道耦合动力学中的钢轨结构采用欧拉梁建模，其分析振型函数描述如下：

$$Z_k(x) = \sqrt{\frac{2}{m_r l}} \sin \frac{k\pi x}{l} \tag{2-61}$$

式中: m_r 和 l 分别表示每米质量和总长度。

对于更复杂的对象,可以使用有限元法(FEM)在空间上逼近弹性 PDE 并计算数值 ϕ。

2. PINO 主干

在深度学习模块中,我们使用以傅里叶神经算子(FNO)为核心的 PINO 作为框架的主干。PINO 在训练过程中将通过观察数据,考虑不同的系统参数配置,通过傅里叶卷积层中的卷积运算提取频域系统激励的数据特征;然后将这些特征输入到全连接层中进行组合,以输出多体动力学系统中不同自由度的动态响应。从根本上说,FNO 旨在确定频域中输入和输出数据之间的映射。使用快速傅里叶变换执行卷积操作。随后连接的全连接层允许深度学习模块为多个输出形成不同的特征组合。此工作流程允许 PINO-MBD 使用单个网络对多体动力学系统中的所有自由度进行处理,从而避免像 HyperM&MNet 一样提前训练多个单输出网络。如第 2.1 节所述,车辆-轨道耦合动力学模型中车辆系统的主要控制方程有 14 个,因此我们将应用 PINO-MBD 输出该动力学系统中的 14 个自由度,即车辆系统的 10 个自由度和 4 个轮对下方的钢轨振动位移。在训练期间,PINO-MBD 从 4 种类型的损失函数中获取梯度:数据损失 $\mathcal{L}_{\text{data}}$、方程损失 $\mathcal{L}_{\text{eq}}$、直接导数损失 $\mathcal{L}_{\text{dde}}$ 和虚拟方程损失 $\mathcal{L}_{\text{veq}}$。4 种损失函数的数学计算式如式(2-62)所示:

$$\left. \begin{aligned} \mathcal{J}_{\text{operator}} &= \omega_1 \mathcal{L}_{\text{data}} + \omega_2 \mathcal{L}_{\text{eq}} + \omega_3 \mathcal{L}_{\text{dde}} + \omega_4 \mathcal{L}_{\text{veq}} \\ \mathcal{L}_{\text{data}}(u, \mathcal{G}_\theta(a)) &= \mathbb{E}_{a \sim u} \left[\left\| u - \mathcal{G}_\theta(a) \right\|_\mathcal{U}^2 \right] \approx \frac{1}{N} \sum_{j=1}^{N} \int_T |u(t) - \mathcal{G}_\theta(a)(t)|^2 \, \mathrm{d}t \\ \mathcal{L}_{\text{eq}} &= \mathbb{E}_{a \sim u} \left[\left\| \mathcal{M}(a, \mathcal{G}_\theta(a)) \right\|_\mathcal{U}^2 \right] \approx \frac{1}{N} \sum_{j=1}^{N} \int_T |\mathcal{M}(a, \mathcal{G}_\theta(a), t)|^2 \, \mathrm{d}t \\ \mathcal{L}_{\text{dde}} &= \mathbb{E}_{a \sim u} \left[\left\| \left(\frac{\partial u}{\partial t} + \frac{\partial^2 u}{\partial t^2} \right) - \left(\frac{\partial \mathcal{G}_\theta(a)}{\partial t} + \frac{\partial^2 \mathcal{G}_\theta(a)}{\partial t^2} \right) \right\|_\mathcal{U}^2 \right] \\ &\approx \frac{1}{N} \sum_{j=1}^{N} \int_T \left| \left(\frac{\partial u}{\partial t} + \frac{\partial^2 u}{\partial t^2} \right) - \left(\frac{\partial \mathcal{G}_\theta(a)}{\partial t} + \frac{\partial^2 \mathcal{G}_\theta(a)}{\partial t^2} \right) \right|^2 \mathrm{d}t \end{aligned} \right\} \tag{2-62}$$

我们假设数据集 $\{a_j, u_j\}_{j=1}^{N}$ 可用,其中 $a_j \sim \mu$ 是从空间 $\mathcal{A}$ 中提取的一些服从高维分布 μ 的车辆-轨道耦合动力学系统参数。在训练前,我们首先对 a_j 和 u_j 进行数据归一化处理,保证不同自由度得到的数据损失 $\mathcal{L}_{\text{data}}$ 数量级相当。方程损失 $\mathcal{L}_{\text{eq}}$ 定义为时域上的平均平方范数。在训练过程中，PINO-MBD 只输出 MBD 系统的解，它们的导数在重新归一化后通过差分运算得到。考虑到其效率、图形处理单元（GPU）占用率低和稳定性的综合优势，我们在时域中使用了简单的数值差分运算来实现这一点，以达到嵌入物理先验知识的效果；然后将这些数据输入微分方程组 $\mathcal{M}$ 以生成方程损失 $\mathcal{L}_{eq}$。$\mathcal{L}_{veq}$ 与 $\mathcal{L}_{eq}$ 有相同的数学表达式，只是 $\mathcal{L}_{veq}$ 是从附加虚拟数据集 $\{a_k\}_{k=1}^{M}$ 上计算的。注意：该数据集中没有多体动力学系统响应的真实解。在小数据集的情况下，$\mathcal{L}_{veq}$ 使 PINO-MBD 能够在更大的数据集上获得方程损失。这几乎不会增加训练成本，因为我们不需要生成对应的多体动力学系统响应的真实解。

最后，$\mathcal{L}_{dde}$ 是通过直接向 PINO-MBD 提供第一和第二阶导数的真实解来计算的。设计 $\mathcal{L}_{dde}$ 是受到工程科学的实际需求启发的，许多物理现象往往和控制方程的解关系不明显，而与控制方程解的导数密切联系。例如在自然界中，物体振动发出的声音往往与振动速度（一阶导数）直接相关，而人体通常对加速度（二阶导数）比较敏感。毫无疑问，在训练过程中直接使用 $\mathcal{L}_{dde}$ 一定会对输出结果导数的精度造成积极的影响，因为深度学习模型可以看到这些导数的真实解。有一些方程对自身解的导数非常不敏感，也就是当其解的导数偏差很大时不会导致 $\mathcal{L}_{eq}$ 明显增加。此时，使用 $\mathcal{L}_{dde}$ 是提高框架输出解的导数精度的唯一手段。然而，虽然生成导数的真实解数据并不会显著增加成本（大多数数值积分算法可以同时提供解及其导数），但使用 $\mathcal{L}_{dde}$ 需要更多的 GPU 占用，因此减慢了训练过程。此外，对于某些情况（我们在本章中用上标 + 表示），我们仅在时域边缘的一小段时间内计算了 $\mathcal{L}_{dde}$，也就只给神经网络提供一个边界约束，类似 PINN 的 MSE_b。这将有助于 PINO-MBD 提高性能——因为确保了解的唯一性，而不会显著增加训练成本——因为只需要提供很少的真实解数据。4 个损失函数通过 GradNorm 技术控制的权重 $\omega_i(i=1\sim4)$ 进行平衡，在实际使用时可以根据不同的需求和目的选择不同的损失函数组合。例如，寻求精度的用户可能倾向于使用 $\mathcal{L}_{dde}$，而那些寻求降低训练成本的用户可能倾向于使用 $\mathcal{L}_{eq}$。

2.3.2 方程归一化策略

在上一节笔者已经提到，4 种不同的损失函数在算子整体的损失函数表达式中通过人为设定的权重值 $\omega_i(i=1\sim4)$ 平衡，在训练过程中可以通过 GradNorm 技术来实现动态平衡。然而，$\mathcal{L}_{veq}$ 非常特殊，仅仅分配一个权重值进行平衡是远远不够的，会极大地损害模型的性能。我们将在本节解释造成这一情况的原因，并且提出一种用于解决该问题的方程归一化策略。

对于单个 PDE 的常见算子回归问题，为每种类型的损失函数应用手动确定的权重就足够了，例如 PINN 通常为 3 种不同的损失函数 MSF_f、MSF_b、MSF_u 分别指派一个人工设定的权重,确保 3 种损失函数在训练过程中数量级接近。然而,这不适用于 MBD 系统,因为微分方程组 $\mathcal{M}$ 包含 n_{dof} 个 ODE,每个 ODE 都描述了一个独特的物理运动。在训练过程中,当数据损失相似时,$\mathcal{M}$ 中不同 ODE 的方程损失规模可能会有很大差异。我们针对车辆-轨道耦合动力学给出一个量化分析,如图 2-11 所示。我们首先对整个车辆-轨道耦合动力学控制微分方程组的所有物理量以及它们的导数(车体系统的所有自由度,以及 4 个轮对下方的钢轨位移)施加一个 2%(相对于每一个物理量在整个数据集上的标准差)的白噪声。这相当于是在模拟深度学习逼近物理量动力响应真实解的过程,然后再将这些信号代入车辆-轨道耦合动力学整体的控制方程组 $\mathcal{M}(p,f,u,t) = 0$, in D 中。由于这些信号都已经被噪声污染了,因此 $\mathcal{L}_{eq}$ 必然偏离零。我们为控制方程组 $\mathcal{M}$ 中的每一个方程计算 $\mathcal{L}_{eq}$,注意到每一个数据对都含有不同的 (p, f),因此每一个数据计算得到的结果都不相同。我们将计算得到的 10 个方程的 $\mathcal{L}_{eq}$ 在整个数据集上作统计,结果可视化为图 2-11。

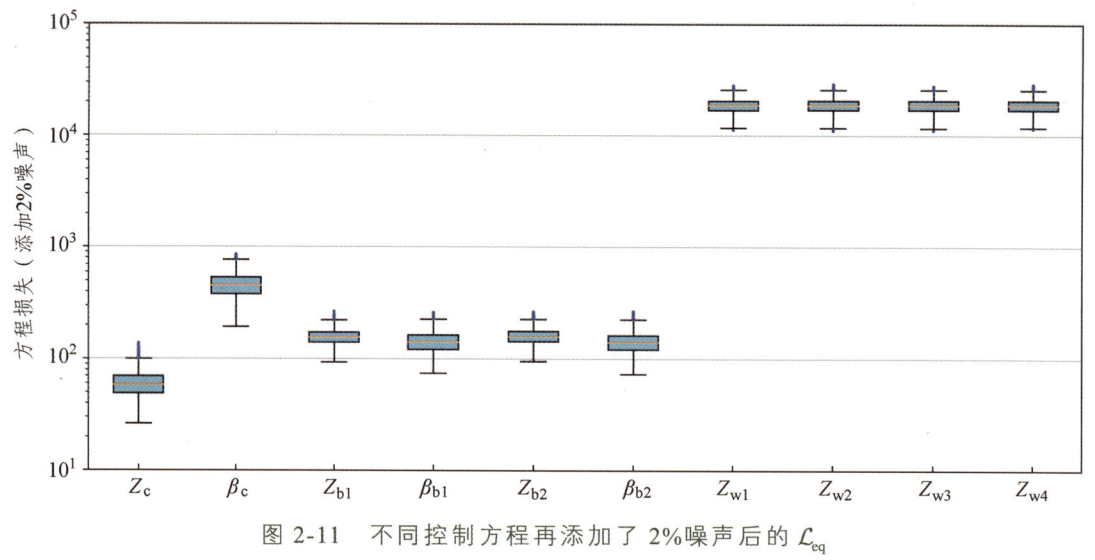

图 2-11 不同控制方程再添加了 2%噪声后的 $\mathcal{L}_{eq}$

可以看到,不同方程的 $\mathcal{L}_{eq}$ 数量级相差巨大,其中车体的垂向振动运动和轮对的垂向振动运动的方程损失数量级差异可以达到 4 个数量级。然后,在计算之前所有的物理量添加的噪声都是自身标准差的 2%,也就是说,不同的物理量目前的数据损失 $\mathcal{L}_{data}$ 都接近 2%。因此我们可以发现,如果对方程不加处理直接进行训练,在耦合方程组内不同方程的物理量数据损失接近的时候它们的方程损失数量级相差会非常大。这种 MBD 特有的不平衡现象会导致 PINO-MBD 在训练过程中几乎只能从比较敏感的方程,也就是那些方程解偏离真实值时 $\mathcal{L}_{eq}$ 很大的方程上收获梯度。

然而，方程的敏感性只是一个数学特征，不能代表它所描述的物理量的重要性。为了解决这个问题，我们提出了一种充分利用先验物理知识的方程归一化技术，简称为 EN（Equation Normalization）。具体来说，EN 为每个数据对中的每个 ODE 生成一个权重 λ，可用于在训练期间对它们的方程损失进行归一化。这些权重允许 PINO-MBD 在训练期间均匀地逼近不同的 ODE，从而提高整体性能。我们把完整的 EN 算法总结在算法中。这里：$\sigma(x)$ 表示 x 的标准差；$\varepsilon(a,b)$ 生成遵循 $(-a,a)$，与 b 具有相同的维度；$\max^T|\mathcal{M}|$ 计算 $\mathcal{M}$ 中每个 ODE 在时域中的极值；r 是一个预定义的常数，表示可接受的错误水平，在本研究中设置为 2%，与上面给出的示例相同。在训练期间，λ_{ij} 被分配给每个数据对中的每个 ODE，这使得当它们的数据损失接近 r 时，它们的方程损失可以归一化为近似 r。从另一个角度来看，对数据的真实解及其导数添加白噪声扰动并计算相应的方程损失，实际上就是对学习过程的模拟。不同 ODE 方程损失的差异程度表明了不平衡的严重程度。

算法 1　方程归一化（EN）算法

为第 i 个数据对中第 j 个方程计算权重因子 λ_{ij}

for $i = 1 \to N$
  提取数据对 $\{a_i, u_i\}$
　for $j = 1 \to n_{\text{dof}}$
$u = u_i(:,j)$
$p_0 \Leftarrow \varepsilon(r*\sigma(u), u), p_0 \Leftarrow \varepsilon(r*\sigma(\dot{u}), \dot{u}), p_0 \Leftarrow \varepsilon(r*\sigma(\ddot{u}), \ddot{u})$
$s_0(:,j) \Leftarrow u + p_0, s_1(:,j) \Leftarrow \dfrac{\partial u}{\partial t} + p_1, s_2(:,j) \Leftarrow \dfrac{\partial^2 u}{\partial t^2} + p_2$
　end for
$L = \max^T | \mathcal{M}(a_i, s_0, s_1, s_2)|$
　for $j = 1 \to n_{\text{dof}}$
$\lambda_{ij} = \dfrac{r}{L(j)}$
　end for
end for

2.3.3　模型测试及验证

以上笔者已经介绍了所在科研团队提出的用于逼近多体动力学微分方程组求解算子的深度学习框架 PINO-MBD，并且阐述了 4 种不同损失函数的数学表达，以及用于强化方程损失 $\mathcal{L}_{\text{eq}}$ 的方程归一化策略。本节我们将在车辆-轨道耦合动力学上使用

PINO-MBD，对训练过程和深度学习框架最终的表现进行可视化。同时，我们还将对损失函数构成进行一些消融试验，用于分析不同损失函数对训练质量的影响。

我们以高速铁路列车为对象，目标是一个能学习车辆-轨道耦合动力学系统参数空间和动力响应空间映射关系的神经元算子。在这个问题上，我们考虑的动力学系统参数包括车辆系统的全部力学特征：车体质量，车体转动惯量，前后构架质量和点头惯量，车辆轮对质量，一、二系悬挂的刚度和阻尼，车辆定距和转向架定距大小以及列车的运行速度。对于轨道结构，我们考虑以下参数：轨道扣件系统垫板的刚度和阻尼，以及轨道表面随机不平顺。我们考虑的动力响应包括以下成分：10个车辆系统自由度动力响应（如本章第 2.1 节所述）和 4 个轮对下方的钢轨振动位移。

训练过程中需要使用到 6 个数据集，分别是：训练输入数据 $\mathcal{D}_t(\text{in})$、训练输出数据 $\mathcal{D}_t(\text{out})$；验证输入数据 $\mathcal{D}_v(\text{in})$、验证输出数据 $\mathcal{D}_v(\text{out})$；虚拟数据集（只有输入）$\mathcal{D}_v$；方程归一化权重数据 $\mathcal{W}_{\text{EN}}$；数据归一化信息 $\mathcal{N}$。各数据集包含 10 000 个数据对，其中：输入数据张量的最后一维大小为 19，包括了时间信息（一维）和系统参数信息（4 个轮对下方的不平顺信号激励，以及 14 个物理参数）；输出数据张量的最后一维大小为 34，包括了 10 个车辆系统自由度的动力响应解、它们的第一和第二阶导数和 4 个轮对下方的振动位移（仅有解而无导数）；虚拟数据张量同上述的训练和测试输入数据张量维度相同，仅有输入而没有输出（真实解）；方程归一化权重数据张量最后一维大小为 10，对应车辆动力系统的 10 个控制方程；数据归一化信息张量的最后一维大小为 19+34，对应了输入和输出数据张量最后一维大小之和，在训练过程中，神经网络会在多个位置使用 $\mathcal{N}$ 来对数据进行归一化和反归一化。

我们设计了一套消融试验，见表 2-5，训练初始设置学习率为 0.000 1，采用 StepLR 策略在学习过程中调整学习率，每隔 50 步将学习率调整为 0.75 倍。我们选择相对 L_2 损失作为评价深度学习框架表现的主要指标，所有的数据在计算该指标前都会先通过 $\mathcal{N}$ 进行数据归一化操作。在下面的分析中，我们会时刻关注深度学习框架在车辆-轨道耦合动力学系统中的动力响应，以及在它们的第一阶导数（速度）和第二阶导数（加速度）上的相对 L_2 损失表现。

表 2-5 PINO-MBD 测试工况设计

工况	模型		损失函数			$r_{\text{LSE}}/\%$			
	PI	EN	$\mathcal{L}_{\text{eq}}$	$\mathcal{L}_{\text{dde}}$	$\mathcal{L}_{\text{veq}}$	位移	速度	加速度	平均
V1	√	√	*	*		4.22	2.42	3.42	3.35
V2	√	√	*	+		4.80	3.56	5.25	4.54
V3	√		*	+		4.12	4.77	15.14	8.00
V4						3.14	12.32	2 584.13	866.53

为了给出一个更加直观的展示，图 2-12 在测试数据集上随机选择了一个数据对展示了 PINO-MBD 预测的车辆-轨道耦合动力学响应，包括了车辆系统所有动力响应及其第一、二阶导数（速度和加速度），以及第一轮对下方的钢轨振动位移。图中的数据真实解（Ground Truth）是通过 Zhai 数值积分法（2.1.3 节）计算得到的。观察结果可以发现以下几个结论。

（1）力学先验知识的嵌入对模型在第一、二阶导数上的表现至关重要。无力学先验知识嵌入的框架（FNO）可以在系统动力响应上取得非常好的效果。这应该归功于力学系统的输入和输出在频域内的映射关系非常稳定，GKN 可以很轻松地逼近。但是注意到如前所述，PINO-MBD 只输出系统动力响应的解，它们的第一、二阶导数是通过对输出信号进行数值差分获取的，因此，由于神经网络对数据背后的力学知识没有理解，它不能保证输出结果的导数的精确性。可以观察到，工况 4 在车体垂向振动和点头振动响应的位移信号上取得了非常好的效果，但是在数值差分后，信号的速度和加速度与真实解的偏差非常夸张，显然是完全无法适应工程应用的。上文笔者已经提到，在实际的工程中往往更加关注动力学系统响应的导数而不是响应本身，因此对于车辆-轨道耦合动力学而言，嵌入力学先验知识是必须的。

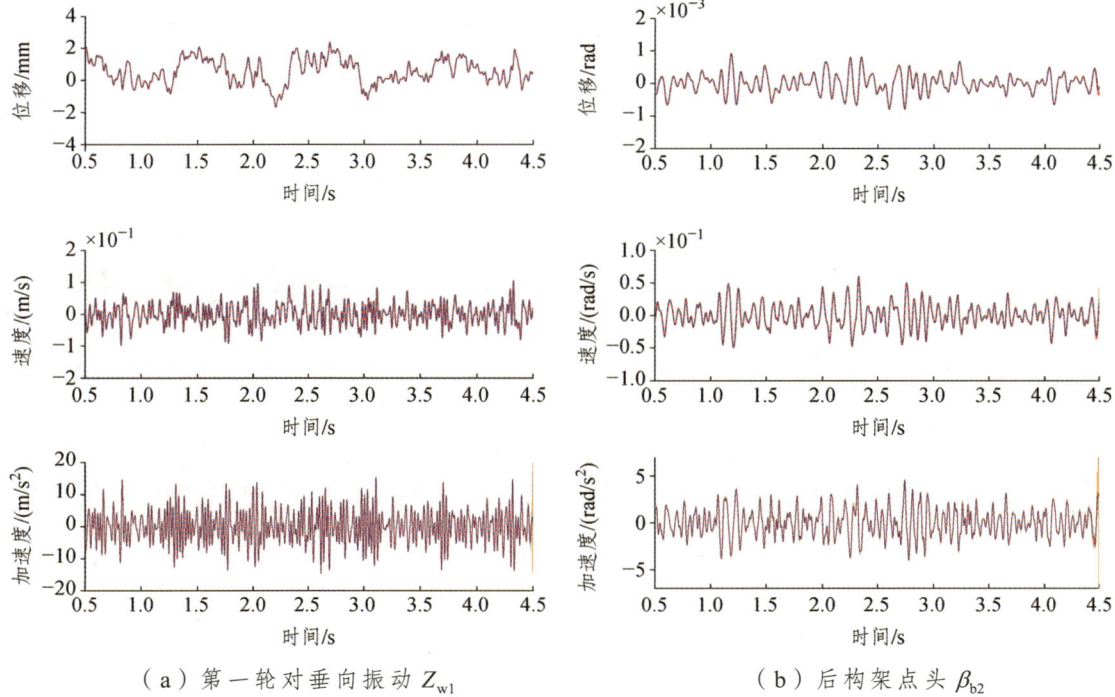

(a) 第一轮对垂向振动 Z_{w1}　　　　(b) 后构架点头 β_{b2}

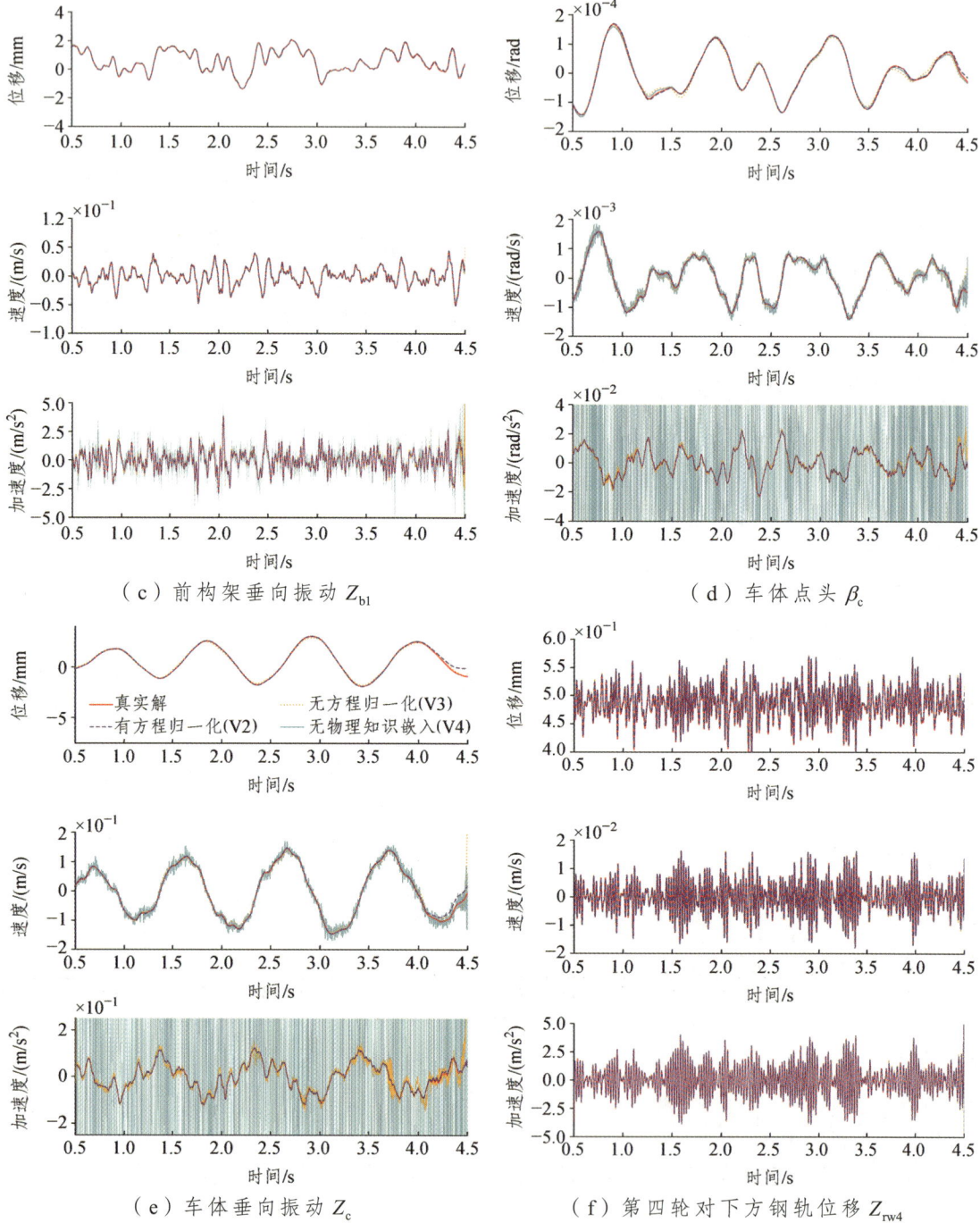

(c) 前构架垂向振动 Z_{b1} (d) 车体点头 β_c

(e) 车体垂向振动 Z_c (f) 第四轮对下方钢轨位移 Z_{rw4}

图 2-12 不同工况在动力响应及其第一、二阶导数上的训练表现

(2) 方程归一化策略 EN 对模型表现的积极影响非常明显。根据工况 2 和工况 3 可以看出 EN 对深度学习框架训练质量的积极影响。如前所述，EN 能够对不同方程的 $\mathcal{L}_{eq}$ 实现归一化效果，从而确保在不同方程的数据损失 $\mathcal{L}_{data}$ 接近时它们的方程损失 $\mathcal{L}_{eq}$ 也接近。在本例中，使用 EN 使得输出响应的第一和第二阶导数精度分别提升了 1.21% 和 9.89%，代价仅为输出动力响应的精度恶化了 0.68%。当然可以关注到，在所有工况中，使用了完全的 $\mathcal{L}_{dde}$ 的工况 1 具有最好的精度，使用 EN 的工况 3 在第一阶导数和第二阶导数上与工况 1 分别有着 1.14% 和 1.83% 的微小差距。但是如前所述，工况 1 在训练过程中的速度明显慢于工况 3，而且 GPU 占用率大致为其 2 倍，训练成本更高。对于铁道工程来说，保持动力学系统响应误差 5% 以下已经足以应对大部分的实际应用。因此可以总结得出，EN 是一个非常实用的训练策略，当不追求极致精度时，使用 EN 可以在几乎不提供动力学系统响应导数的情况下使得模型在动力响应导数上的表现得到提升。

(3) PINO-MBD 在计算效率上具有非常显著的优势。在本例中，我们花费了大约 4 h 来训练 PINO-MBD 框架（工况 1）。训练完成后，在参数空间内任意变更车辆-轨道耦合动力学系统的参数配置可以立即得到系统动力学响应的解。对于一辆以 350 km/h 速度运行的高速列车，运行 5 s 的仿真结果在 UM 和 SIMPACK 软件中分别需要 18 s 和 25 s。然而，使用训练完成的 PINO-MBD 通过张量运算一次性计算 10 000 个不同的车辆-轨道耦合动力学案例只需要 0.02 s，计算效率提升了 3 个数量级。由此可以看出笔者科研团队提出的 PINO-MBD 框架的优势，一旦完成了训练，该框架就形成了一个数据驱动的车辆-轨道耦合动力学模型，可以高效地进行大量的动力学案例求解。可以联想到，该数据驱动的车辆-轨道耦合动力学模型对新线安全评估、车辆系统悬挂配置优化等实际铁道工程问题具有非常明显的意义。

以上我们已经对 PINO-MBD 在车辆-轨道耦合动力学问题上的表现进行了测试和验证，并证明了该框架与传统数值积分算法相比在效率上具有非常明显的优势。我们还希望能够与深度学习算法进行竞争，从而证明该框架的精度优势。目前，应用深度学习对多体动力学系统进行代理和求解的研究工作都停留在传统的深度学习阶段[1][2]。这可能是由于算子回归领域的发展尚处在早期，也有可能是因为既有算子回归技术都针对单个物理变量而无法直接应用在多体动力学上。目前已有的典型模型为 Choi 等提出的深度学习模型（使用全连接 DNN）和 Ye 等提出的 MBSNet[3][使用卷积神经网络-长短期记忆

---

[1] CHOI H S, AN J, Han S, et al. Data-driven simulation for general-purpose multibody dynamics using Deep Neural Networks[J]. Multibody System Dynamics, 2021, 51(4): 434-454.

[2] OISHI A, YAGAWA G. Computational mechanics enhanced by deep learning[J]. Computer Methods in Applied Mechanics and Engineering, 2017, 327: 327-333.

[3] YE Y, HUANG P, SUN Y, et al. MBSNet: A deep learning model for multibody dynamics simulation and its application to a vehicle-track system[J]. Mechanical Systems and Signal Processing, 2021, 157. DOI: https://doi.org/10.1016/j.ymssp.2021.107716.

（CNN-LSTM）结构]。我们选择 MBSNet 作为竞争对象，因为 MBSNet 同样适用于车辆-轨道耦合动力学。图 2-13 给出了 MBSNet 和 PINO-MBD 在各自由度上的表现情况。

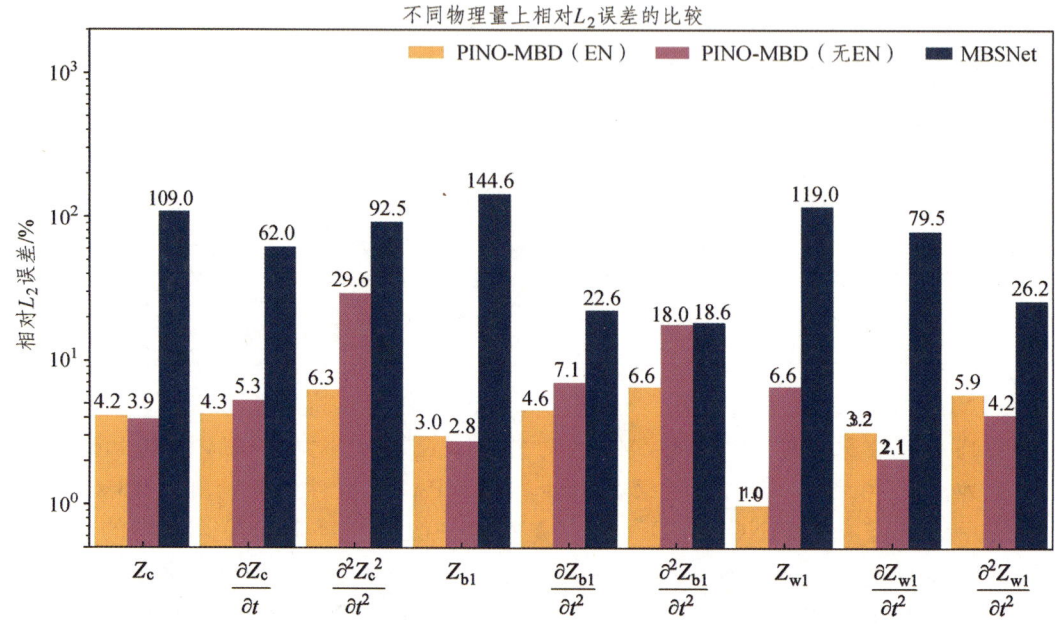

图 2-13　PINO-MBD 与 MBSNet 在不同自由度上的表现情况比较

可以看出，笔者所在科研团队提出的深度学习框架在几乎所有的自由度上都取得了超过 1 个数量级的精度提升，尤其是加速度，这应当归功于模型嵌入了物理先验知识的特性。同时需要强调的是：MBSNet 使用 CNN-LSTM 主干一次性输出车辆-轨道耦合动力学模型的全部响应，即同时输出位移、速度和加速度；而 PINO-MBD 只输出位移，但是能确保速度和加速度的精度。笔者希望指出，这一特点不仅更加简洁，实现难度也更大。

2.4　本章小结

本章介绍了车辆-轨道耦合动力学理论的基本概念，给出了力学模型拓扑和控制方程（常微分方程组）。此外，本章建立了基于嵌入物理先验知识的深度学习的车辆-轨道耦合动力学模型（数据驱动），并通过仿真展示表现了该模型在效率和精度上的优势。相关的分析结论整理如下：

（1）本章所提出的数据驱动车辆-轨道耦合动力学模型能实现高效的数值仿真，适合应用于铁路动力学问题。通过嵌入物理先验知识的神经元算子，训练的深度学习模型能了解车辆-轨道耦合动力学系统的物理本质。在逼近了输入空间（系统物理参数和外部激励)与响应空间（所有自由度的动力响应）后，可以实现一次性进行大量参数配置不同的个例求解，从而大大提升效率。与传统数值积分算法相比，利用张量运算效率可提升4个数量级以上。

（2）本章提出的方程归一化理论对提升神经元算子的精度具有非常显著的影响。在车辆-轨道耦合动力学问题上，方程归一化能让算子在没有真实解梯度信息的前提下提升梯度信号的输出精确性。方程归一化为直接梯度损失提供了一个替代作用，从而避免使用后者带来的 GPU 占用率大量增加的不利影响。

（3）由于嵌入了物理系统的先验知识，所提出的算法同既有的基于经典深度学习的算法相比精度上有质的飞跃。本书提出的算法能在车辆-轨道耦合动力学系统的大部分自由度上获得 1 个数量级以上的精度提升（相对 L_2 误差）。同时，本章所提出的算法只输出不同自由度的方程解（位移），但是能保证第一、二阶导数（速度和加速度）的精确性，相比经典深度学习算法直接输出所有变量（位移、速度、加速度）更具有挑战性。

3
轨道动态检测数据里程误差修正研究

目前,针对轨道不平顺的维修管理标准,尤其是安全管理标准,主要是控制轨道动态不平顺。利用轨检车与高速综合检测列车测量轨道几何形位是目前通用的轨道动态不平顺检测手段,其除了可以获取轨道高低、轨向、轨距、三角坑、超高等轨道变形参数外,还可检测列车的瞬时速度、里程信息、车体振动加速度等,该检测数据不仅能直接指导现场养护维修,也可用于轨道状态演变规律的研究,为实现铁路的预知性维护管理提供数据支撑。而当轨道动态不平顺检测数据存在里程误差时,该误差不仅影响轨道质量状态的评估精度、增加养护维修工人的劳动强度,更重要的是会造成轨道状态评估结果的失真,导致对线路曲线、路桥过渡段等单个设备的维护管理变得困难。

因此,减小轨道几何不平顺检测数据里程误差,不仅可以实现准确评估轨道几何状态、有效指导现场工人养护维修作业、降低运营维修成本的目的,还可以为深入挖掘轨道状态信息提供支撑,对实现轨道预知性维护管理具有重要意义[①]。

3.1 轨道动态不平顺里程误差研究现状

轨道不平顺是轮轨系统的激扰源,它会造成车体振动变大,影响旅客乘坐舒适度,同时会加剧轮轨间冲击、引起极大的相互作用力,进而导致轨道和机车车辆部件的损坏。因此,为保障高速列车的安全、平稳、连续运行,高速铁路轨道必须具备高平顺性。该误差会显著降低轨道质量状态的评估精度,增加工人的劳动强度与养护维修成本。

现有里程测量方法基于 GPS 自动校正的里程计定位方式,因简单、经济、高效而被广泛应用于当前轨检车、高速综合检测列车的里程标定系统中。但该里程标定系统容易受轮径尺寸误差、轮轨间的相对滑动、轮轴光栅编码器故障、GPS 局限性等因素影响,检测数据不仅存在里程误差且在测量过程中会不断累积,该误差会显著降低轨道质量状态的评估精度、增加工人的劳动强度与养护维修成本,当人工或系统自动校正里程信息后,又可能导致里程标识的重复或者缺失问题。

---

① 汪鑫. 轨道动态不平顺检测数据的里程误差评估与修正[D]. 成都:西南交通大学,2019:64-65.

3.1.1 现有里程误差研究方法

在处理轨道不平顺绝对里程误差的研究中，同济大学李海峰将整段平面曲线作为里程校正参照，采用最小二乘法将实测轨道不平顺与线路设计曲线信息进行匹配，计算得到里程误差后进行修正[①]；西南交通大学李文宝提出将曲线的直缓点和缓直点作为里程校正点，能进一步地控制里程误差[②]；郭浩龙首先基于计算机视觉处理方法得到标准数据，再将经过小波变换后的数据作为待修正数据，基于欧氏距离的方法匹配区段数据里程误差并修正[③]；北京交通大学徐鹏提出根据关键设备（线路列车运行监控装置，线路LKJ）信息来校准里程误差的思想，并结合线路的设备里程信息对轨道不平顺数据进行绝对里程误差修正[④]。

在处理轨道不平顺相对里程误差的研究中，李海峰将测量时间较早的文件作为校正参照数据（假设无里程误差），并基于非水平指标中任意一个不平顺指标，采用最小二乘法对待修正数据进行波形匹配，最终确定相对里程误差并处理；曲建军等将轨距指标作为参照通道，将某次检测数据作为校正参照数据，基于皮尔逊相关系数对待修正测量数据的里程误差进行匹配处理[⑤]；其他学者如 Selig E T、李再帏等分别基于互相关函数（Cross-correlation function，CCF）、灰色关联度等方法对两次检测数据进行波形匹配，并处理两次检测数据间的里程误差。北京交通大学徐鹏等将最近一次检测数据作为校正基准数据，并基于动态时间规划（整）（Dynamic time warping，DTW）算法对待修正数据进行处理；同时，针对养护维修区段提出了基于多尺度动态时间规划（整）算法的相对里程误差处理模型[⑥]。

3.1.2 现有研究方法存在的不足

对于绝对里程误差：

（1）既有方法主要是通过观察轨道不平顺数据波形的重复性判断误差处理效果，没有定量评估模型。

---

① LI H, XU Y. A Method to Correct the Mileage Error in Railway Track Geometry Data and Its Usage[C]// International Conference on Traffic and Transportation Studies. 2010: 1130-1135.
② 李文宝. 钢轨磨耗检测与列车定位技术研究[D]. 成都：西南交通大学，2013：58-59.
③ 郭浩龙. 轨道不平顺数据的里程校准及TQI预测[D]. 成都：西南交通大学，2018：59.
④ 徐鹏. 铁路轨检车检测数据里程偏差修正模型及轨道不平顺状态预测模型研究[D]. 北京交通大学，2012：115-118.
⑤ 曲建军，王卫东，田新宇. 基于灰色系统辨识的轨道质量生命周期预测方法研究[J]. 铁道学报，2012，34（9）：75-80.
⑥ XU P, LIU R, SUN Q, et al. Dynamic-Time-Warping-Based Measurement Data Alignment Model for Condition-Based Railroad Track Maintenance[J]. IEEE Transactions on Intelligent Transportation Systems, 2015, 16 (2): 799-812.

（2）里程误差的分布具有较强的非线性，既有算法中绝对里程校正点间距离过长，导致难以控制校正点间线路里程误差。

对于相对里程误差：

（1）因轨道不平顺劣化过快、养护维修作业扰动等导致较长区间内数据波形重复性差，当前算法不能给出有效的里程误差处理方法。

（2）各次检测数据均会存在里程误差，因此直接将某次检测数据当作参照数据会造成整体数据出现明显的波形偏移现象。

（3）当计算的通道数据受传感器、数据传输等因素影响出现故障时，会导致整个相对里程误差处理算法失效，因此当前算法稳定性差。

3.1.3 异常值处理方法

轨检车、高速综合检测列车在测量过程中不可避免地会受到数据传输、传感器故障、外界环境等因素影响，导致轨道不平顺检测数据中常常包含异常值。这不仅影响轨道质量指数（TQI）、峰值扣分等评价指标的计算精度，过大的异常值甚至造成轨道状态评估结果的完全失真。

目前，处理轨道不平顺检测数据中异常值主要有人工和自动两种方式。依靠人工剔除脉冲噪声存在效率低下和由于检测人员经验水平差异导致的评判结果多样性等问题。自动处理轨道不平顺中的异常值，通常是根据轨道结构的特殊性与统计方法将相邻两点变化率大于 3‰的检测数据当作异常值，并按照 1‰变化率与线性插值方法替换[①]；许贵阳等通过引入与不平顺数据均值有关的常数作为阈值识别轨道不平顺异常值[②]；熊艳艳等提出采用拉依达准则识别异常值，即将幅值超过 3 倍标准差的不平顺数据作为异常值[③]；李再帏等指出轨道变化率法与拉依达准则均具有较高的识别精度，但前者的计算效率更高[④]；刘金朝等设计了模糊消刺方法识别异常值并利用线性插值算法替代异常值[⑤]。

3.1.4 异常值处理方法的不足

上述异常值处理算法存在如下不足：

---

① 康熊，刘秀波，李红艳，等. 高速铁路无砟轨道不平顺谱[J]. 中国科学：技术科学，2014，44（7）：687-696.
② 许贵阳，史天运，刘金朝，等. 高速铁路轨道几何检测数据自动预处理方法研究[J]. 中国铁道科学，2013，34（6）：8-12.
③ 熊艳艳，吴先球. 粗大误差四种判别准则的比较和应用[J]. 大学物理实验，2010，23（1）：66-68.
④ 李再帏，雷晓燕，高亮. 轨道不平顺检测数据的预处理方法分析[J]. 铁道科学与工程学报，2014，11（3）：43-47.
⑤ 刘金朝，黎国清，孙善超，等. 高速铁路轨道几何不平顺改进模糊消刺方法[J]. 交通运输工程学报，2016，16（2）：37-45.

（1）轨道不平顺数据包含长波大幅值不平顺，因此绝大多数轨道不平顺数据不满足正态分布特性，采用拉依达准则识别异常值的结果偏于保守，进而影响评估线路几何状态的精度。

（2）轨道几何形位的劣化、钢轨表面伤损或接头、焊缝等特殊结构均会引起较大的不平顺变化率，上述算法由于忽视局部不平顺特征会导致错误识别异常值，现场人员难以有效管理局部的特殊不平顺。

（3）轨道不平顺是沿里程变化的随机函数，以 1‰ 变化率或根据异常值两侧的数据直接线性插值修正异常值不能有效反映轨道真实状态。

3.2 轨道动态不平顺检测数据的里程误差评估模型

在测量轨道动态不平顺过程中，由于影响里程误差的因素随机出现，导致误差值在测量数据中随机分布，即测量里程值与实际里程值间存在随机误差，同时随机误差导致同一位置处在不同时间检测数据中的里程值也不一致。

3.2.1 里程误差现象

里程误差是由于轨道不平顺检测数据不是通过对固定测点长期连续检测而获得，而是通过累积的各次区段检测数据形成。每次的检测数据构成一组时间序列数据，多次检测数据构成多组时间序列数据。然而，每次检测数据对应的检测点都会有一定偏移，产生这种偏移的原因主要是由于检测设备造成的。由这种检测属于动态检测，检测数据里程存在漂移。因此轨检车运行时需要每检测一次进行一次人工校正，但是人工校正存在着误差据现场工作经验这种误差基本上在 50 m 以内，但这还是很大误差。

里程误差具体又可以分为两种情况。第一种情况为绝对里程误差，即在单次检测中。测点检测数据与实际里程点位置对应有误差，特别是线路主点，如直缓、缓圆、圆缓、缓直点。与检测的主点位置里程存在误差。第二种为相对里程误差。即在多次检测中，各次检测数据之间对应测点位置有差异，各次检测数据相互之间的里程位置不对应。在实际情况中，这两种情况是共同存在的。

1. 绝对里程误差

轨道动态不平顺检测数据的里程误差具有较强的随机性，因此通常需要参考带有特殊几何形位的轨道设备信息来判断绝对里程误差，即借助合适的绝对里程参照来判断绝对里程误差。

以线路的曲线超高信息为例，某线路 2016 年 1 月 6 日的轨道不平顺测量数据如图

3-1 所示，其中超高值为正时表示曲线为左转曲线，超高值为负时表示曲线为右转曲线。从图（a）和（b）可以看出，由于检测列车在测量轨道几何形位时存在里程误差，重新标定里程信息后出现了里程重复现象；图（c）显示，缓圆点处的里程误差约 15 m，而圆缓点里程误差约 10 m，在其余区段也可以看出，里程误差呈现忽大忽小的现象，说明里程误差在线路检测数据中呈现较强的随机性。

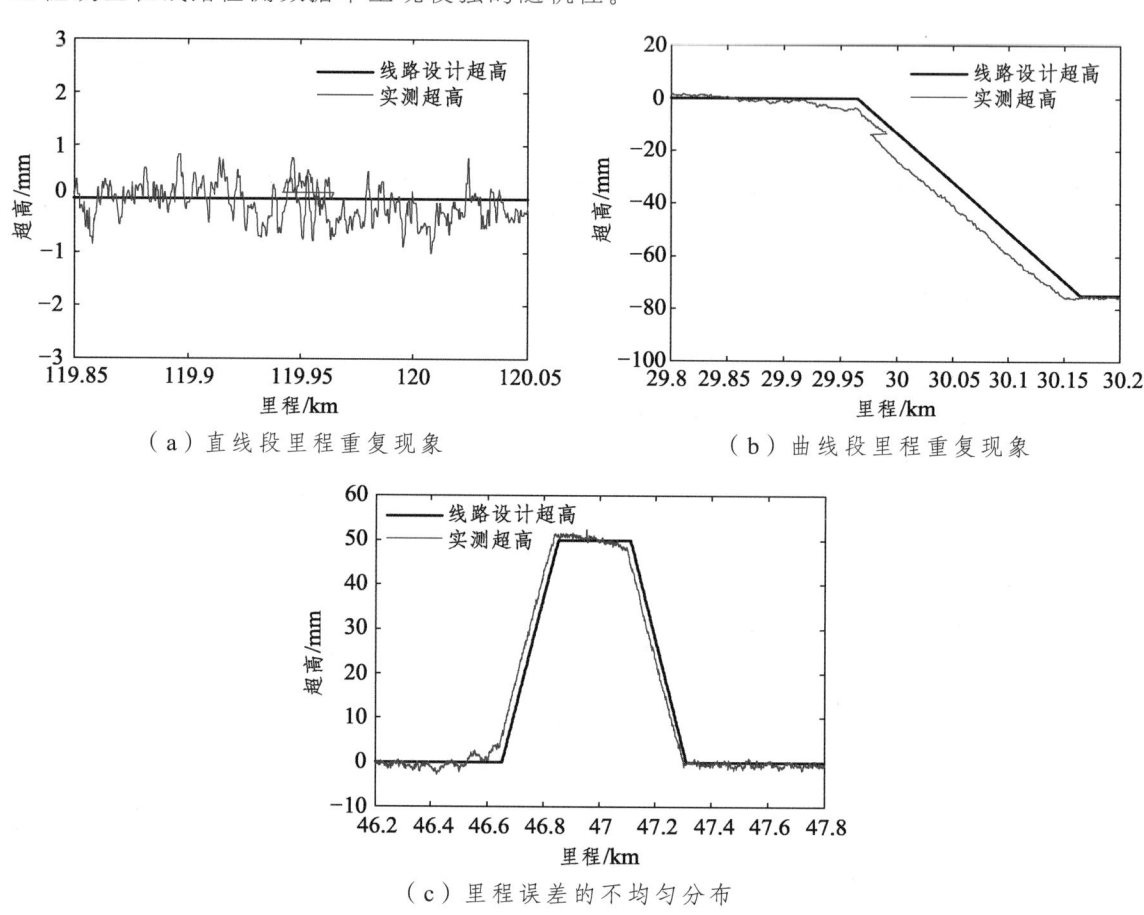

(a) 直线段里程重复现象

(b) 曲线段里程重复现象

(c) 里程误差的不均匀分布

图 3-1　绝对里程误差

轨道动态不平顺数据的采样间隔为 0.25 m，因此每千米采样频数应为 4 000。统计检测数据频数沿里程的分布，当每千米采样频数不为 4 000 时表示里程值出现重复或者跳过对该段里程的标识。从图 3-2 可以看出：该线路检测数据出现 20 余处里程重复和 2 处里程缺失。考虑到轨道几何形位的连续性，里程重复和缺失会导致检测数据波形失真，进而影响对该局部位置处轨道几何状态的评估。

3.2 轨道动态不平顺检测数据的里程误差评估模型

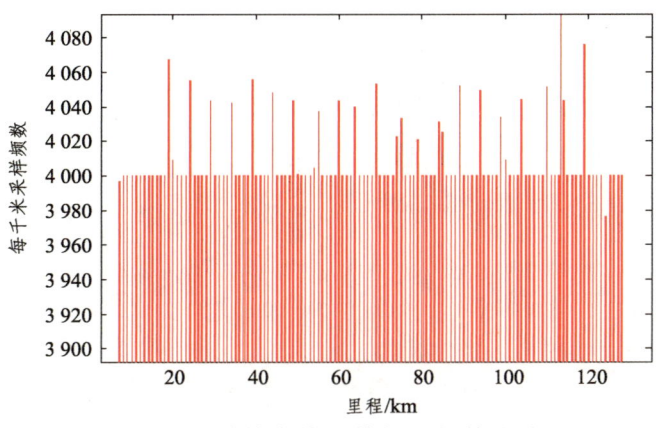

图 3-2　轨检车检测数据的频数统计

由上述分析可知，轨道动态不平顺检测数据中绝对里程误差在空间位置和误差值大小上均呈现较强的随机性，里程标记系统在重新标定里程信息后，里程值会出现重复或缺失现象。

2. 相对里程误差

根据绝对里程误差空间位置与误差值的随机性可知，任意两次检测数据间也存在里程误差，即相对里程误差。通常情况下，在一定时间范围内，轨道几何形位不会出现幅值过大的波动，因此可直接根据不同时间检测数据波形衡量相对里程误差，如图 3-3 所示。

观察不同时间检测数据轨道几何不平顺 7 项指标与超高可以发现：不同时间检测数据的趋势、峰值点等大致相同，验证了在短期范围内，轨道不平顺状态波动较小；由于测量数据中随机里程误差存在，在不同的检测数据中，同一位置处的里程测量值会在线路实际里程附近随机漂移，从而导致该位置处的不平顺数据呈现时间历程上的无规律性。从图 3-3（f）可以明显看出，超高测量数据的波形存在位置偏差，即里程误差，该检测数据还存在标定误差并导致检测波形出现了整体幅值偏小或偏大的现象。

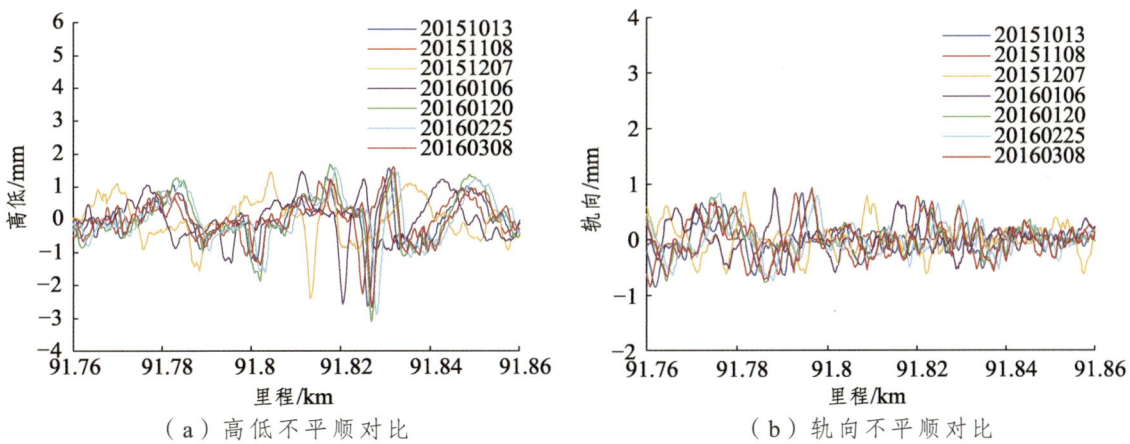

（a）高低不平顺对比　　　　　　　　　（b）轨向不平顺对比

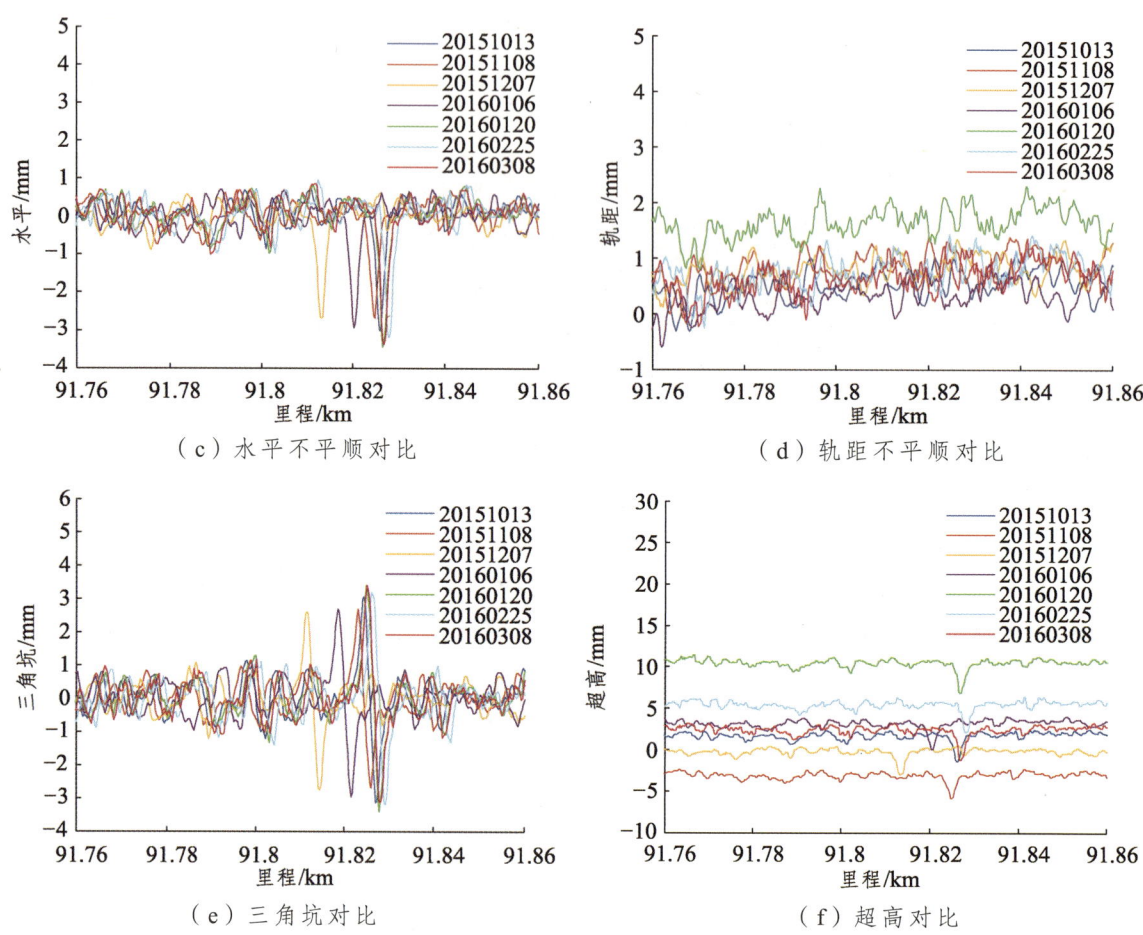

(c) 水平不平顺对比　　　　　　(d) 轨距不平顺对比

(e) 三角坑对比　　　　　　(f) 超高对比

图 3-3　不同时间检测数据不平顺对比

综上，绝对里程误差会增加轨道养护维修人员定位、复检的工作量，降低工作效率；相对里程误差会阻碍准确判断轨道几何状态的演变规律，影响预防性、预知性维护管理的发展。

3.2.2　评估算法的选取

绝对里程误差与相对里程误差的评估，均是首先选取参照数据（假设无里程误差），再利用数学算法计算里程误差值。在评估绝对里程误差时，需选取带有准确里程值的设备信息数据作为参照数据；评估相对里程误差时，则需要选取测量数据文件作为参照数据。

互相关函数在随机信号的匹配中有着较好的应用[①]，由于采集数据具有空间离散性，

---

① 吴占生. 一个用快速富氏变换计算互相关函数的算法[J]. 应用数学学报, 1978, 1(1): 85-89.

3.2 轨道动态不平顺检测数据的里程误差评估模型

记参照数据为 $X=\{x_i | i=1,2\cdots N\}$，待修正数据为 $Y=\{y_i | i=1,2\cdots N\}$，将以位置 k 为中心、在窗长 s 下测量的数据分别记为 X_{sk} 与 Y_{sk}，则基于互相关函数的相似度 R_{xy} 与对应的信号误差 δ_{sk} 如式（3-1）和图 3-4 所示：

$$\left.\begin{array}{l} R_{xy}(\delta_{sk}) = \lim_{K\to\infty} \frac{1}{K} \int_0^K X_{s(k+\delta_{sk})} \cdot Y_{sk} \mathrm{d}k = \frac{1}{K}\sum_{t=0}^T X_{s(k+\delta_{sk})} \cdot Y_{sk} \\ \delta_{sk} = \underset{\delta}{\mathrm{argmax}} \underset{-\varepsilon\leqslant\delta\leqslant\varepsilon}{\mathrm{opt}} \max(R_{xy}(\delta_{sk})) \end{array}\right\} \quad (3-1)$$

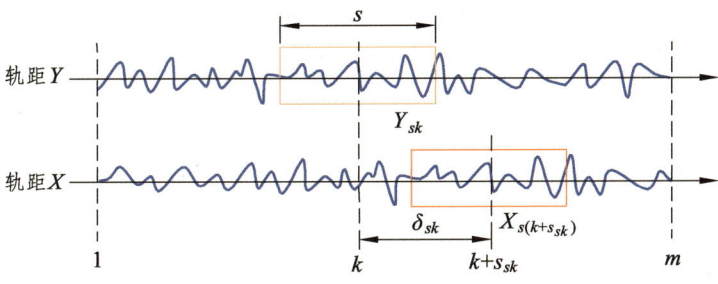

图 3-4 里程误差示意图

而在实际应用中，由于测量时不可避地会受传感器、外界环境和数据传输等因素影响，因此测量数据存在凸起变形等数据异常情况。结合式（3-1）可知，此时采用互相关函数可能导致整个区段匹配错误，即在某些情况下采用互相关函数进行里程匹配存在不稳定性。

根据皮尔逊相关系数①的定义，基于皮尔逊相关系数的参照数据和待修正数据间的相似度和信号误差值计算式如下：

$$\delta_{sk} = \underset{\theta}{\mathrm{argmax}} \left| r(X_{s(k+\theta)}, Y_{sk}) \right| \quad (3-2)$$

$$\rho_{sk} = r(X_{s(k+\delta_{sk})}, Y_{sk}) \quad (3-3)$$

其中：$r(x,y)$ 为皮尔逊相关系数函数，

$$r(x,y) = \frac{E[xy] - E[x]E[y]}{\sqrt{E[x^2] - (E[x])^2}\sqrt{E[y^2] - (E[y])^2}} \quad (3-4)$$

由于在计算期望时能基于"异常出现次数较少"的概率角度弱化异常值影响，因此采用皮尔逊相关系数能较好地保证匹配的可靠性。

---
① 杨军华，李勇，程伟. 基于最邻近相关系数的指纹室内定位新算法[J]. 西北工业大学学报，2017，35（4）：676-682.

3.2.3 绝对里程误差评估模型

当列车运行到曲线上时，为了避免离心力、因外轨超高不连续形成的冲击不会突然产生与消失，以保持列车在曲线上运行的平稳性与舒适性，需要在直线与圆曲线轨道之间设置一段曲率半径和外轨超高均逐渐变化的曲线，即缓和曲线[①]。在纵断面上，外轨超高顺坡的形状有两种形式：一种是直线形[图 3-5（a）]；另外一种是曲线形[图 3-5（b）]。目前常用缓和曲线的外轨超高顺坡为直线顺坡，即直缓点到缓圆点的超高-里程线型为直线，因此整段曲线的超高沿里程变化可以看作等腰梯形。

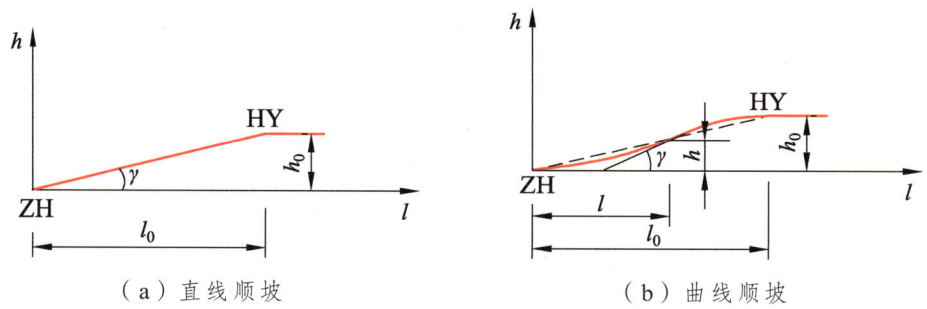

（a）直线顺坡　　　　　　　　（b）曲线顺坡

图 3-5　线路超高顺坡形式

根据线路基础数据（工务类 LKJ 基础数据），具有明确起讫里程的线路设备包括曲线、股道、道岔、坡道、桥梁、含有金属物的道口、轨距拉杆、钢桥和铺设护轨的混凝土桥（ALD）等。考虑到这些线路设备与实测数据各通道特征之间的关系：金属标识与桥梁、道岔等结构存在一定的关联，但因其辨识可靠性较差而不予考虑；而实测曲率、超高与线路平面曲线密切相关。同时，参考现有研究，其中可靠的绝对里程标识数据为线路平面曲线。因此我们最终将线路设计超高设为绝对里程参照数据以衡量绝对里程误差。

由于线路基础数据中曲线信息包含直缓点与缓直点里程、曲线半径、曲线长、缓和曲线长、超高值等信息，采用式（3-5）可计算得到曲线的缓圆点与圆缓点里程：

$$\begin{aligned} HY &= ZH + l \\ YH &= HZ - l \end{aligned} \tag{3-5}$$

式中：ZH、HY、YH、HZ 分别表示直缓点、缓圆点、圆缓点、缓直点里程；l 表示缓和曲线长度。通过导入线路设计超高信息，可得到线路超高沿里程的分布如图 3-6 所示。

---

① 易思蓉. 铁道工程[M]. 北京：中国铁道出版社，2009：69-74.

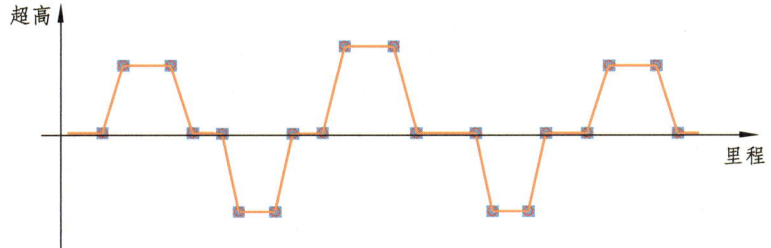

图 3-6　线路设计超高信息

将某次轨道动态不平顺检测数据中的实测超高记为 $X=\{x_i\,|\,i=1,2\cdots N\}$，线路设计超高数据记为 $Y=\{y_i\,|\,i=1,2\cdots N\}$，当局部轨道不平顺波形存在里程偏差时，将窗长为 s、X 与 Y 在位置 k 处的局部超高数据记为 X_{sk} 与 Y_{sk}。定义在窗长 s 下，k 位置的 X 相对于 Y 的里程偏差 δ_{sk} 及两个波形的相似度 ρ_{sk} 为：

$$\delta_{sk}(X,Y) = \mathop{\mathrm{argmax}}\limits_{\theta}\left|P(X_{s(k+\theta)},Y_{sk})\right| \tag{3-6}$$

$$\rho_{sk}(X,Y) = P(X_{s(k+\delta_{sk})},Y_{sk}) \tag{3-7}$$

其中：$P(x,y)$ 为皮尔逊相关系数函数，

$$P(x,y) = \frac{E[xy]-E[x]E[y]}{\sqrt{E[x^2]-(E[x])^2}\sqrt{E[y^2]-(E[y])^2}} \tag{3-8}$$

在窗长为 s 的情况下，实测超高 X 相对于设计超高 Y 的绝对里程误差 $D_s(X,Y)$ 为：

$$D_s(X,Y) = \sqrt{\frac{1}{N}\sum_{k=1}^{N}\delta_{sk}(X,Y)^2} \tag{3-9}$$

绝对里程误差值 $D_s(X,Y)$ 计算采用里程偏差 δ_{sk} 的平方和除以 $\sqrt{N}$ 的方式，可以比较不同长度检测数据的里程误差。实测超高数据 X 与设计超高数据 Y 间里程误差大于 $3D_s(X,Y)$ 的概率为 0.3%，这提供了一种基于概率评价里程误差的量化方法，即可以将 $3D_s(X,Y)$ 作为里程误差的代表值。

在实际应用中，若窗长 s 范围内的检测数据存在连续的异常值，则 X_{sk} 与 Y_{sk} 可能出现弱相关性情况，即 $\rho_{sk}(X,Y)\ll 1$，而弱相关性也会导致距离偏差 $\delta_{sk}(X,Y)$ 的计算值出现错误，因此引入相似度的阈值 ρ_0 以避免错误计算里程误差值。定义条件判断符号 $\mathrm{bo}(\rho,\rho_0)$ 为：

$$\mathrm{bo}(\rho,\rho_0) = \begin{cases} 1, & \text{if } \rho \geqslant \rho_0 \\ 0, & \text{if } \rho < \rho_0 \end{cases} \tag{3-10}$$

于是，在考虑相似度阈值 ρ_0 后，里程误差值的表达式 $D_s(X,Y)$ 重新定义为 $D_{s\rho_0}(X,Y)$：

$$D_{s,\rho_0}(X,Y) = \sqrt{\frac{1}{N_\rho}\sum_{k=1}^{N}\mathrm{bo}(\rho_{sk}(X,Y),\rho_0)\delta_{sk}(X,Y)^2} \qquad (3\text{-}11)$$

式中：$N_\rho = \sum_{k=1}^{N}\mathrm{bo}(\rho_{sk}(X,Y),\rho_0)$，其含义为在相似度阈值 ρ_0 下，实测超高数据 X 相对于设计超高数据 Y 的有效匹配点数。

3.2.4 相对里程误差评估模型

针对轨道动态不平顺检测数据中相对里程误差的研究，目前均是选取某次检测数据作为参照数据（假设无里程误差），采用相关的数学算法计算相对里程误差值，并进行里程误差的修正。而由实际测量过程可知，每次检测数据均会存在绝对里程误差与相对里程误差，因此直接将某时间的检测数据作为无里程误差数据存在明显的不足。下面提出采用"临时参考数据"的方法，即在匹配相对里程误差时，临时假设某次检测数据没有里程误差，并逐区段计算与其他检测数据的里程误差，最后形成轨道不平顺检测数据的相对里程误差矩阵，通过对该矩阵进行合理处理与求解，得到各次检测数据每个区段的相对里程误差值。

1. 参照通道

轨道不平顺是一个与线路里程有关的复杂随机过程，但在测量过程中轨道动态不平顺呈现较好的可重复观测性，因此理想状态下不同时间测得的不平顺数据波形应能较好地吻合。同时，在理想状态下评估线路相对里程误差时，参考轨道不平顺的指标可以选取轨距、高低、轨向中的任意一个。但实际上，轨道不平顺单个通道数据存在较长区间内数据失真的情况，比如，四型轨检车（GJ-4）轨距吊梁共振会引起轨距、轨向检测数据的严重失真，此时基于轨距或轨向检测指标评估相对里程误差会导致较长区段出现错误匹配；此外，若当某个测量通道的检测数据受到传感器故障、传输数据错误等干扰，则基于单通道的算法无法合理评估里程误差。

综上分析，当前基于单个通道数据（主要为轨距）评估轨道不平顺检测数据相对里程误差的算法存在稳定性较差的不足，而采用多个通道检测数据可以较好地弥补单通道方法的缺陷。但不同检测列车的测量传感器安装存在差异，因此首先需要对通道误差进行处理。

假设检测数据的总通道数为 m，两次不同时间测得的通道 i 数据分别记为 $X_i = \{x_{ij} | i=1,2\cdots N\}$ 与 $Y_i = \{y_{ij} | i=1,2\cdots N\}$，其中 N 为测量数据点个数，由于各通道检测数据均存在整体偏移现象，因此首先需将某个通道数据当作参照通道，即假设通道 i_0 不存在通道误差，则任意两次检测数据参照通道 X_{i_0} 与 Y_{i_0} 的偏差可采用如下计算式。将检测数据划分成 K 个区段数据，则区段窗长为 s_1 时 k 区段的参照通道偏差 μ_{0k} 为：

$$\mu_{0k} = \arg\max_{\theta} \left| r(X_{i_o(s_1+\theta)}, Y_{i_o}) \right| \tag{3-12}$$

$$\rho_{0k} = r(X_{i_o(s_1+\theta)}, Y_{i_o}) \tag{3-13}$$

式中：θ 为匹配时移动偏差；$r(x,y)$ 为皮尔逊相关系数函数，具体表达式见公式（3-8）。

通过式（3-12）可以得到参照通道各个区段的偏差值 $\mu_{0k}(k=1,2\cdots K)$，每个区段的计算值可能存在差异，因此采用均值作为该参考通道的偏差，如式（3-14）所示：

$$\mu_0 = \sum_{k=1}^{K} \mu_{0k} \tag{3-14}$$

考虑到受区段测量数据误差影响，会存在错误计算现象，直接采用均值会导致计算出的参照通道误差出错，因此引入如下约束条件以考虑错误匹配与离群值的影响：

（1）当两次检测数据波形重复性较差时，此时计算得到的相关系数较低，因此可以设置相关系数约束：

$$\rho_{0k} \leq \rho \tag{3-15}$$

式中：ρ 为相关系数阈值，此处取相关系数阈值为 0.8。

（2）两次检测数据间里程误差一般都在一定范围内，若计算出的里程误差值过大，则可能是错误匹配导致的，因此设置最大误差约束：

$$|\mu_{0k}| \leq u, \quad k=1,2\cdots K \tag{3-16}$$

（3）通道误差一般较为确定，若某些区段计算值过大或者过小，则在计算均值前应将其删除，由此可得到离群值约束，即将超出原始数据均值 3 倍标准差的值当作异常值：

$$\mu_0 - 3\sigma_0 \leq \mu_{0k} \leq \mu_0 + 3\sigma_0 \tag{3-17}$$

其中：

$$\mu_0 = \sum_{k=1}^{K} \mu_{0k} \tag{3-18}$$

$$\sigma_0 = \sqrt{\frac{1}{K}\sum_{k=1}^{K} \mu_{0k} - \mu_0^2} \tag{3-19}$$

综合考虑上述约束条件，可得约束条件函数 f 如式（3-20）所示：

$$f = \begin{cases} 0, & \rho_{0k} > \rho \text{ or } |\mu_{0k}| > u \text{ or } \mu_0 - 3\sigma_0 > \mu_{0k} \text{ or } \mu_0 + 3\sigma_0 < \mu_{0k} \\ 1, & \text{else} \end{cases} \tag{3-20}$$

3 轨道动态检测数据里程误差修正研究

在引入约束函数 f 后，任意两次参照通道的偏差值 μ_0^* 可修改如下：

$$\mu_0^* = \frac{1}{k'} \sum_{k=1}^{K} [\mu_{0k} \cdot f] \quad (k = 1, 2 \cdots K) \tag{3-21}$$

其中：$k' = \sum_{k=1}^{K} f(\mu_{0k})$

同理可以计算得出第 i 个通道的偏差值为 μ_i^*，因此第 i 个通道与参照通道的偏差值，即第 i 通道需要整体移动的里程值 ψ_i 为：

$$\psi_i = \mu_i^* - \mu_0^* \tag{3-22}$$

在确定通道误差后，可采用多个通道检测数据评估相对里程误差，根据轨道不平顺可重复观测效果。本章采用如下计算顺序：轨距、左高低、右高低、左轨向、右轨向、水平、三角坑。在评估某个区段相对里程误差时，当轨距指标出现计算错误时，采用左高低指标计算该区段相对里程误差；当采用左高低指标计算错误时，则采用右高低指标计算相对里程误差，并以此类推。

2. 两次动检数据间的里程误差

以轨距指标为例，建立任意两次检测数据间相对里程误差评估模型，如图 3-7 所示：两次不同时间测得的轨距分别记为 $X = \{x_i \mid i = 1, 2 \cdots N\}$ 与 $Y = \{y_i \mid i = 1, 2 \cdots N\}$，将以位置 k 为中心、在窗长 s 内的两次实测数据分别记为 X_{sk} 与 Y_{sk}，则检测数据 X_{sk} 相对于检测数据 Y_{sk} 的里程误差 δ_{sk} 及相似度 ρ_{sk} 为：

$$\delta_{sk} = \underset{\theta}{\operatorname{argmax}} \left| r(X_{s(k+\theta)}, Y_{sk}) \right| \tag{3-23}$$

$$\rho_{sk} = r(X_{sk+\delta_{sk}}, Y_{sk}) \tag{3-24}$$

其中：$r(x, y)$ 为皮尔逊相关系数函数见公式（3-8）。

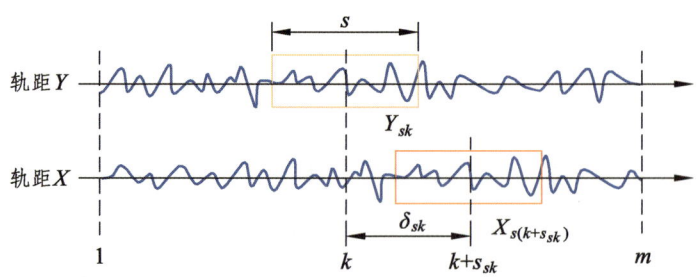

图 3-7 里程误差评估模型示意图

(1) 当两次检测数据存在较大几何形位改变,波形重复性较差时,计算得到的相关系数较低,里程误差计算值可靠性较低,因此可以设置相关系数约束:

$$\rho_{sk} \leqslant \rho_0 \tag{3-25}$$

式中:ρ_0 为相关系数阈值。

(2) 两次检测数据间里程误差一般都在一定范围内,若计算得到的里程误差值过大,则可能是错误匹配导致,可设置最大误差约束:

$$|\delta_{sk}| \leqslant \delta_0,\ k=1,2\cdots m\ (m\text{为线路总长}) \tag{3-26}$$

(3) 在处理绝对里程误差后,里程值的重复、缺失等突变已经得到修正,此时相邻区段的里程误差值的差值应在一定范围内,即相对里程误差存在连续性约束:

$$|\delta_{sk} - \delta_{s(k+1)}| \leqslant \lambda,\ k=1,2\cdots m-1 \tag{3-27}$$

式中:λ 为相邻区段里程误差的差值的限值。

3. 里程误差值确定

基于上述任意两次里程误差值计算方法,k 位置处窗长 s 下每两次检测数据的里程误差矩阵如下:

$$\boldsymbol{\Delta}_{sk} = \begin{bmatrix} \delta_{11sk} & \cdots & \delta_{1nsk} \\ \vdots & & \vdots \\ \delta_{n1sk} & \cdots & \delta_{nnsk} \end{bmatrix} \tag{3-28}$$

式中:n 表示检测数据的次数;δ_{ijsk} 表示 k 位置处窗长 s 下,第 i 次相对于第 j 次检测数据的里程误差。

由于里程误差存在较强非线性,即各次检测数据相对里程误差存在差异,因此上式里程误差信息矩阵 $\boldsymbol{\Delta}_{sk}$ 是主对角线为 0 的"弱反对称矩阵",即:

$$\begin{cases} \delta_{ijsk} = 0,\ i=j \\ \delta_{jisk} = -\delta_{jisk} + \xi_{ij},\ i \neq j \end{cases} \tag{3-29}$$

式中:ξ_{ij} 是一个很小的随机数。

采用如下两个原则对里程误差矩阵进行处理:①待修正检测数据的里程误差值与其他检测数据的总误差值最小;②所有检测数据的里程误差总和等于零,即不出现检测数据的整体里程平移现象。最终,得到第 i 次检测数据在位置 k 处窗长 s 下的里程误差 d_{isk} 如式(3-30)所示:

$$\begin{cases} d_{isk} = \arg\min_{d_{isk}} \sum_{i=1}^{n}\sum_{j=1}^{n} |\delta_{ijsk} - d_{isk}| \\ \sum_{i=1}^{n} d_{isk} = 0 \end{cases} \tag{3-30}$$

上述等式约束条件下的优化问题可采用拉格朗日乘数法求解，即：

$$L = \sum_{i=1}^{n}\sum_{j=1}^{n} |\delta_{ijsk} - d_{isk}| + \mu \sum_{i=1}^{n} d_{isk} \tag{3-31}$$

求解 L 对 d_{isk}、μ 的偏导同为零时即可得到最优解，即 d_{isk} 的最优估计 d_{isk}^* 为：

$$d_{isk}^* = \frac{1}{n}\sum_{j=1}^{n}\delta_{ijsk} - \frac{1}{n^2}\sum_{i=1}^{n}\sum_{j=1}^{n}\delta_{ijsk} \quad (i,j=1,2\cdots n) \tag{3-32}$$

综合考虑匹配误差的约束条件，定义判断函数 $f(\delta_{ijsk},\rho_0,\delta_0,\lambda)$（简记为 f）：

$$f = \begin{cases} 0, & \rho_{ijsk} > \rho_0 \text{ or } |\delta_{ijsk}| > \delta_0 \text{ or } |\delta_{ijsk} - \delta_{ijs(k+1)}| > \lambda \\ 1, & \text{else} \end{cases} \tag{3-33}$$

最终第 i 次检测数据的最可靠里程误差可定义如下：

$$d_{isk}^* = \frac{1}{n'}\sum_{j=1}^{n}[\delta_{ijsk} \cdot f] - \frac{1}{n''}\sum_{i=1}^{n}\sum_{j=1}^{n}[\delta_{ijsk} \cdot f] \quad (i=1,2\cdots n) \tag{3-34}$$

其中：$n' = \sum_{j=1}^{n} f$；$n'' = \sum_{i=1}^{n}\sum_{j=1}^{n} f$

3.2.5 实例分析

以某无砟双线客运专线为例，线路铺设 CRTSⅢ型板式无砟轨道，桥梁长度占线路总长约 50%，线路速度目标值为 300 km/h，当前线路运行速度为 250 km/h。选取该线上行段约 100 km、共一年的轨道动态不平顺检测数据进行分析，其中，该段平面曲线共有 38 段，最小曲线长 189 m，最大曲线长 4.42 km。

首先选取该线路 2015 年 2 月 11 日的检测数据，里程 K23+297～K23+679 处曲线的超高通道数据与线路设计数据进行对比，如图 3-8 所示。可以看出，该实测超高数据

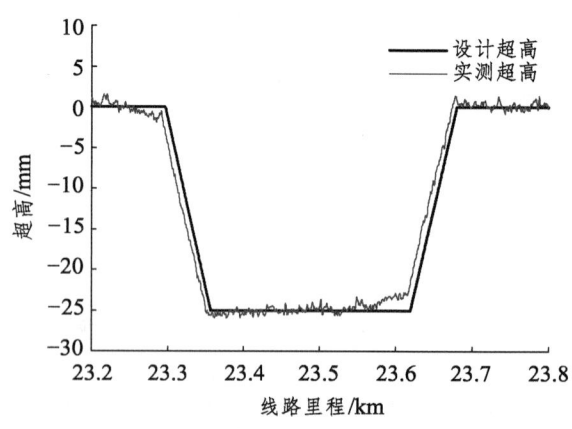

图 3-8 曲线 1 的里程误差

3.2 轨道动态不平顺检测数据的里程误差评估模型

与设计超高数据存在较为明显的整体波形偏移现象。

采用本章提出的绝对里程误差评估方法计算该检测数据的绝对里程误差。由于模型的窗长确定带有半经验性,窗长过大计算精度低,窗长过小则容易出现错误匹配情况。综合考虑模型计算精度与线路实际情况,最终确定模型窗长为 70 m,最大里程误差为 90 m,可得到某曲线的 4 个主点(直缓点、缓圆点、圆缓点、缓直点)的误差评估值与对应的相关系数,如图 3-9 所示。

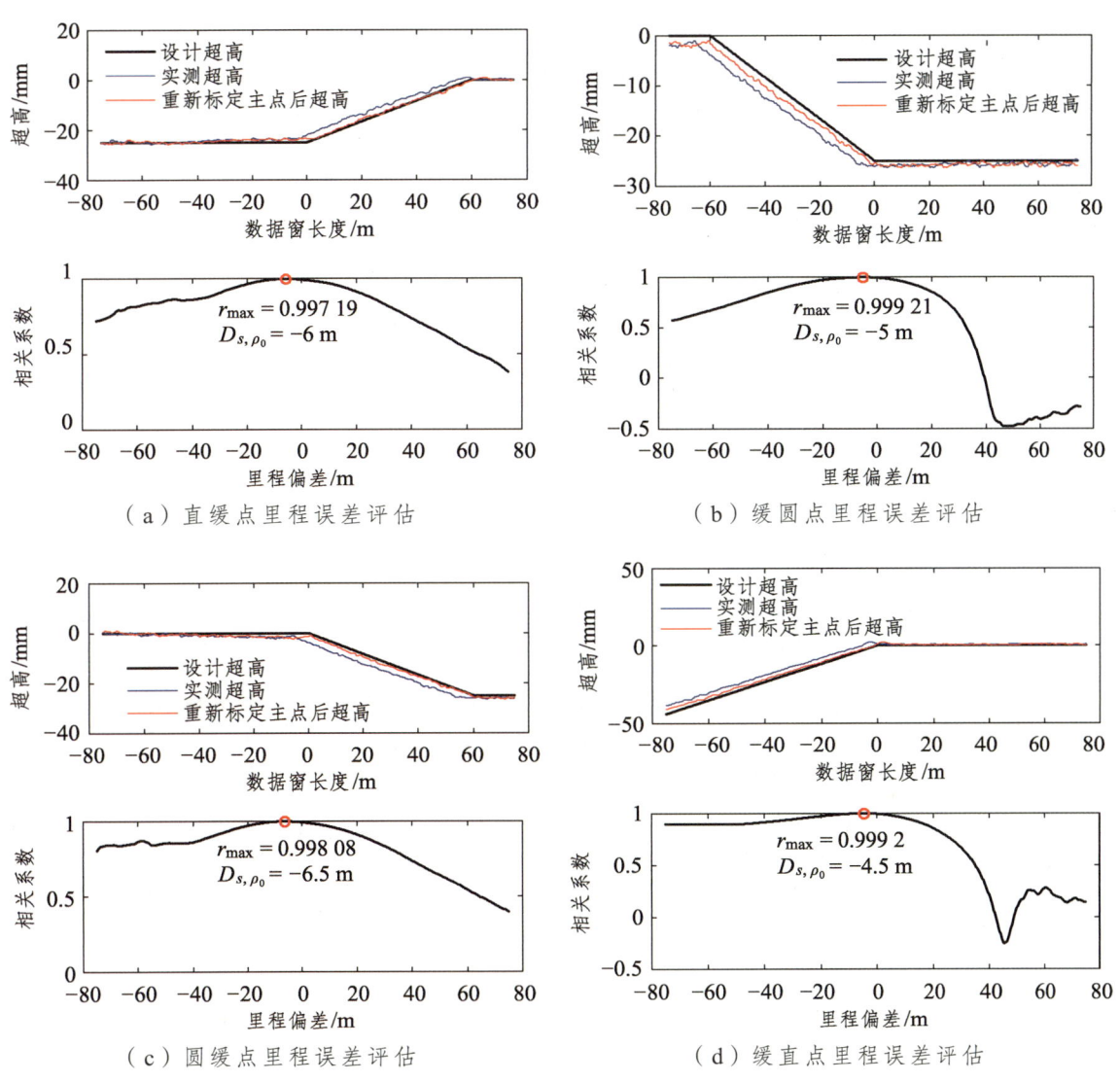

(a)直缓点里程误差评估

(b)缓圆点里程误差评估

(c)圆缓点里程误差评估

(d)缓直点里程误差评估

图 3-9 曲线 1 的主点里程误差评估

3 轨道动态检测数据里程误差修正研究

将具有最大皮尔逊相关系数的相位偏差点定义为里程误差值,则该曲线的直缓点、缓圆点、圆缓点与缓直点里程误差分别为 -6 m、-5 m、-6.5 m、-4.5 m(负值表示实测里程偏小),说明里程误差在实测线路检测数据中非均匀分布;根据该误差值重新标定主点里程后,超高数据波形与线路超高较为吻合,说明该里程误差评估算法精度较高。

为进一步验证模型的适用性,对比 K46+652~K47+310 处曲线的超高通道数据与线路设计数据如图 3-10 所示。可以看出:该实测超高数据与设计超高数据存在较为明显的波形偏移现象,但直缓点偏移较大,缓直点偏移较小。

通过里程误差评估算法分别计算该曲线 4 个主点的绝对里程误差,并按照计算值重新标定实测数据里程信息后,可得到基于超高检测数据的误差评估值与相关系数,如图 3-11 所示,曲线 4 个主点(直缓点、缓圆点、圆缓点、缓直点)的里程误差计算值分别为 -5 m、-9 m、-10.25 m、-4.5 m。

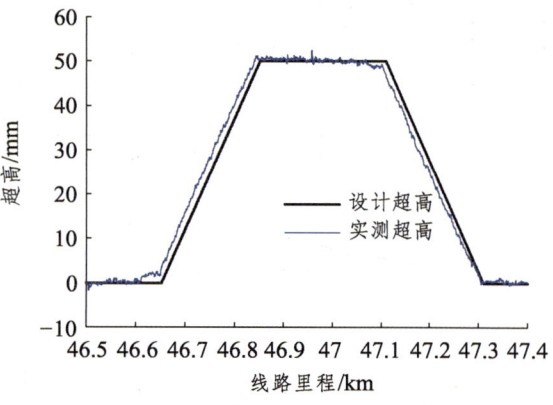

图 3-10 曲线 2 的里程误差

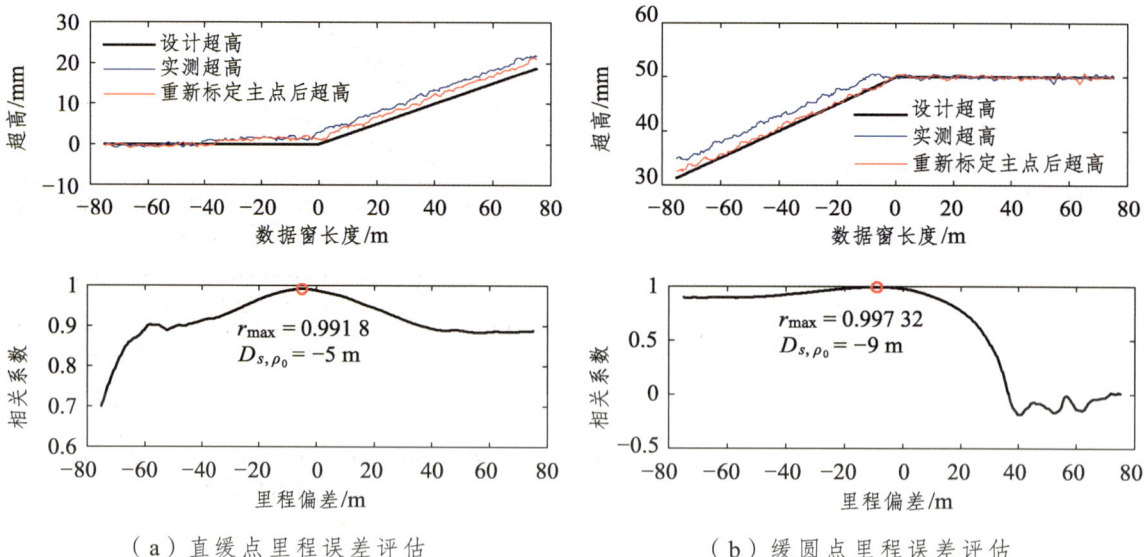

(a)直缓点里程误差评估   (b)缓圆点里程误差评估

3.2 轨道动态不平顺检测数据的里程误差评估模型

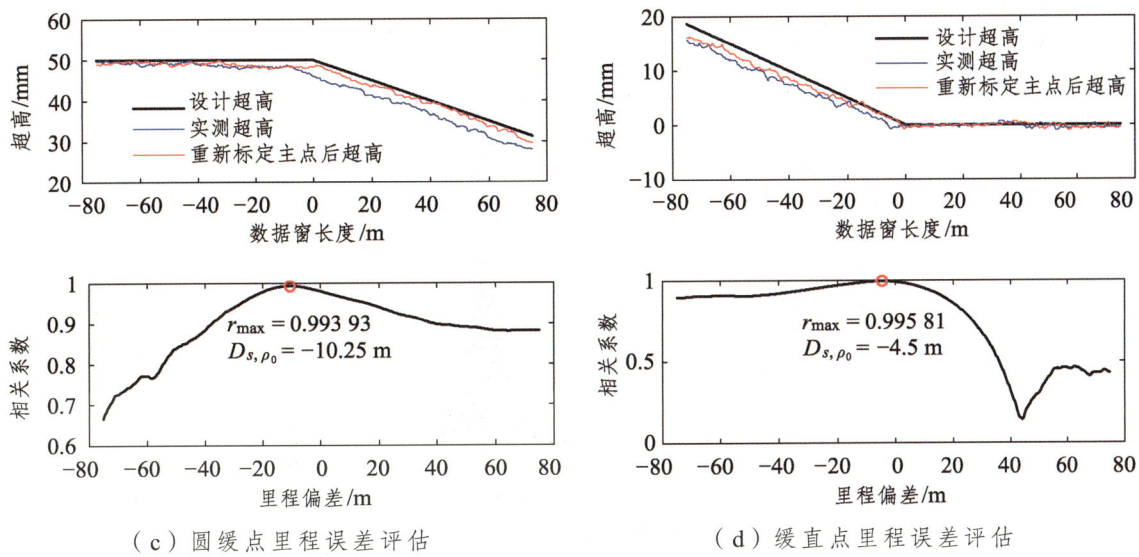

（c）圆缓点里程误差评估　　　　　（d）缓直点里程误差评估

图 3-11　曲线 2 的主点里程误差评估

对比上述两段曲线可以发现：同一曲线内各个曲线主点的绝对里程误差值不一致，不同曲线间的绝对里程误差值也不一致。这说明轨道动态不平顺检测数据的绝对里程误差具有较强的不均匀分布特性。

基于上述计算方法，可得到 2015 年 2 月 11 日与 2015 年 5 月 19 日检测数据的所有曲线主点里程误差分布，如图 3-12 所示。可以看出：检测数据的里程误差具有随机分布特性，不同时间检测数据间也存在差异。

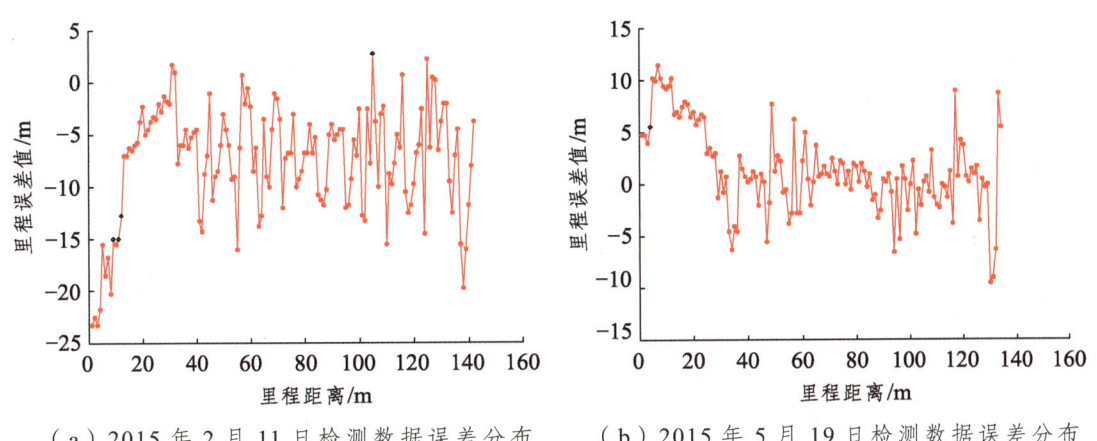

（a）2015 年 2 月 11 日检测数据误差分布　　（b）2015 年 5 月 19 日检测数据误差分布

图 3-12　曲线主点里程误差分布

分别评估各次检测数据的绝对里程误差，最终可得到轨道不平顺检测数据的绝对里程误差频数统计图，如图 3-13 所示。

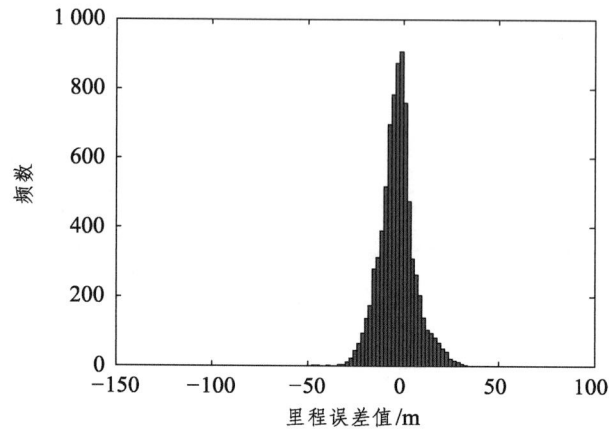

图 3-13　曲线主点里程误差分布

所有检测数据绝对里程误差值的标准差值为 9.4 m，考虑到绝大多数检测数据的绝对里程误差在其 3 倍标准差内，由此将该线路检测数据里程误差值的 3 倍标准差当作里程误差代表值。最终，可得到该无砟轨道动态不平顺检测数据的绝对里程误差分布在 28.3 m 内。

3.3　轨道动态不平顺检测数据的里程误差修正模型

采用合理的里程误差处理算法不仅可以减小线路里程误差，同时也可以降低对原始检测数据的干扰，避免出现因轨道不平顺波形过度拉伸或压缩导致的检测数据失真情况，进而影响对轨道几何状态的判断。利用处理后的检测数据，可以有效地指导现场的养护与维修作业，降低工作人员的劳动强度。

3.3.1　绝对里程误差修正模型

绝对里程误差的评估只确定了绝对里程参考点处的误差值，依据该计算值可以较好地修正里程参考点处的里程误差。对于非里程参考点处的里程误差修正，本节将采用基于插值算法的误差修正算法进行处理。

将获取的轨道动态不平顺数据记为 $X = \{x_i \mid i = 1, 2 \cdots N\}$，该检测数据为等距采样，将该数据的原始里程值 $d_{ori} = \{d_1, d_2 \cdots d_m\}$ 移动到新位置处 $d_{new} = \{d'_1, d'_2 \cdots d'_m\}$，则原始里程值会出现不均匀的变大或变小现象，进而引起该轨道不平顺波形出现拉伸或者压缩现象，并形成新的波形数据 X_{new}。该变换过程可以采用下列两次插值算法实现：

$$D_{\text{new}} = \text{interp}(d_{\text{ori}}, d_{\text{new}}, d_{\text{v}}, \text{method1}) \tag{3-35}$$

$$X_{\text{new}} = \text{interp}(D_{\text{ori}}, X_{\text{new}}, d_{\text{v}}, \text{method2}) \tag{3-36}$$

式中：$\text{interp}(x, y, x_i, \text{method})$——插值函数，$y$ 为函数值矢量，x 为自变量取值范围，x_i 为插值点的自变量矢量，method 为采用的插值方法；

D_{new}——采用分段插值方法得到的原始不平顺数据各测量点的移动位置；

X_{new}——在新里程下，采样点等距分布的轨道动态不平顺数据；

d_{v}——等距离采样的序列（一般间隔 0.25 m）。

在修正里程误差时，采用样条插值、三次函数等高次插值方法会造成轨道不平顺检测数据出现误差放大现象；在将经过里程修正后的轨道不平顺检测数据处理成等距采样数据的过程中，三次样条插值与线性插值算法会引起轨道不平顺幅值变大或变小。因此，综合考虑插值函数需解决的误差特征与轨道不平顺的数据特征，最终，本节分别选用线性插值与三次多项式插值算法，即上述里程误差修正算法可修改如下：

$$D_{\text{new}} = \text{interp}(d_{\text{ori}}, d_{\text{new}}, d_{\text{v}}, \text{line}) \tag{3-37}$$

$$X_{\text{new}} = \text{interp}(D_{\text{ori}}, X_{\text{new}}, d_{\text{v}}, \text{cubic}) \tag{3-38}$$

式中：line——采用线性插值算法；

cubic——采用三次多项式插值算法。

同时，该绝对里程误差修正算法应存在如下假设与约束：

（1）轨道动态不平顺数据的实际测量里程与修正误差后数据的里程值间的差值存在限值，即存在误差限值约束。假设某条线路的测量里程最大误差为 Δ，则可以得到线路的误差限约束：

$$|d_{\text{ori}} - d_{\text{new}}| \leqslant \Delta \tag{3-39}$$

（2）后测量点的实际里程一定比先测量点的里程值大，修正里程误差后的测量点里程应该保持单调性，并可得到线路的单调性约束：

$$d_{\text{new}}(i-1) < d_{\text{new}}(i) \tag{3-40}$$

（3）测量过程中可能存在因传感器锁死导致检测数据连续为零值等异常现象，但数据上应具备连续采样特性，即测量数据采样点不存在缺失问题，因此绝对里程修正后检测数据满足如下约束：

$$d_{\text{new}}(i) - d_{\text{new}}(i-1) < \omega \tag{3-41}$$

式中：ω 为理论采样间距的 2 倍。

3.3.2 相对里程误差修正模型

1. 修正模型

不同位置处轨道动态不平顺检测数据的相对里程误差值存在差异，因此相对里程误差的评估需将线路分成较短的区段并分别计算各个区段的相对里程误差值。将以位置 k 为中心、窗长 s 下的检测数据记为 $X_{sk} = \left\{ x_h \mid k - \frac{s}{2} + 1 \leqslant h < k + \frac{s}{2} \right\}$，该区段测量点检测数据的里程信息为 $D_{sk} = \left\{ d_h \mid k - \frac{s}{2} + 1 \leqslant h < k + \frac{s}{2} \right\}$，在采用上述里程误差修正算法得到更可靠的里程后，将里程信息 D_{sk} 重新标定，即 $D_{sk}^* = D_{sk} + d_{isk}^*$。对里程信息 D_{sk}^* 进行线性处理可得到修正后各测量点的正确里程标识 D_{sk}'（图 3-14）。同样，采用样条插值、三次函数等高次插值方法会造成轨道不平顺数据出现误差放大现象；在将经里程修正后的轨道不平顺检测数据处理成等距采样数据的插值过程中，三次样条插值会引起轨道不平顺幅值变大，而线性插值会引起轨道不平顺幅值变小。最终本节采用如下线性变换得到修正里程后的轨道动态不平顺数据 X_{sk}'，如式（3-42）所示：

$$\begin{cases} D_{sk}' = \dfrac{d_k^* - d_{k-s}^*}{d_k' - d_{k-s}'} \cdot D_{s(k-1)}^* + (d_{k-s}' - d_{k-s}^*) \\ X_{sk}' = \mathrm{interp}(D_{sk}^*, X_{sk}, D_{sk}', \mathrm{method}) \end{cases} \quad (3\text{-}42)$$

式中：$\mathrm{interp}(x, y, x_i, \mathrm{method})$ 为插值函数，y 为函数值矢量，x 为自变量取值范围，x_i 为插值点的自变量矢量，method 为插值方法。

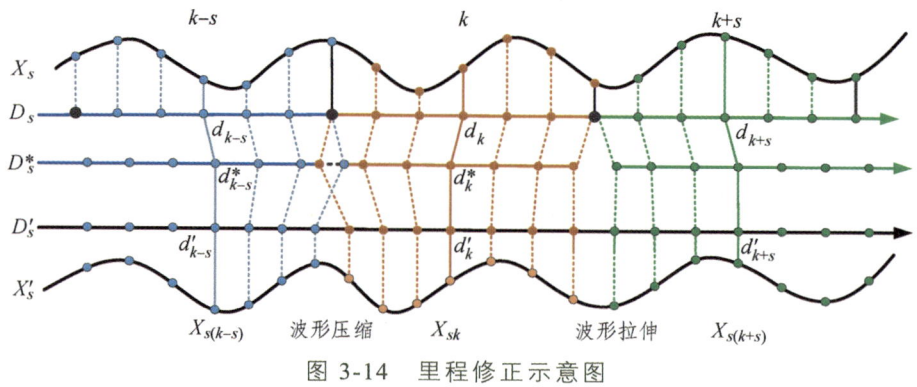

图 3-14 里程修正示意图

相对里程误差的随机性导致在修正里程误差时，不同区段会出现不同的里程偏移，最终引起经误差修正后的轨道不平顺波形数据 X_{sk}' 出现拉伸或压缩现象。如图 3-14 所示：第 k 段的左侧轨道不平顺波形出现"压缩"现象，右侧的轨道不平顺波形出现"拉伸"

现象。由于经过式（3-42）修正后的不平顺数据是非等距离（0.25 m）分布的，因此，如需转换为等距采样的检测数据，则采用三次多项式插值算法对修正后的检测数据 X'_{sk} 进行等距采样即可。

2. 存在错误匹配区段时修正模型

上节的相对里程误差修正算法是针对理想状态下的里程误差进行处理的，即各区段均存在有效的相对里程误差匹配值。在实际工程中，因轨道几何状态在检测期内出现较大劣化、工务的养护维修扰动等造成轨道几何形位出现较大改变，此时会出现错误评估相对里程误差的情况，即该区段相对里程误差计算值为无效值。本节将对错误匹配区段的里程误差进行处理。

如图 3-15 所示：将以位置 k 为中心、窗长为 s 的检测数据记为 $X_{sk} = \left\{ x_h \mid k - \dfrac{s}{2} + 1 \leq h < k + \dfrac{s}{2} \right\}$，测量点的里程信息为 $D_{sk} = \left\{ d_h \mid k - \dfrac{s}{2} + 1 \leq h < k + \dfrac{s}{2} \right\}$，当 k 区段的里程误差匹配值为无效值时，考虑到较短区段范围里程误差值相差较小，因此可以参考 k 区段两侧有效的相对里程误差计算值对无效匹配区段进行修正。为尽可能避免因高次插值算法造成错误修正，最终采用如下线性变换处理错误匹配区段的里程误差：

$$\begin{cases} D'_{sk} = \dfrac{d^*_{k+s} - d^*_{k-s}}{d'_{k+s} - d'_{k-s}} \cdot D^*_{s(k-1)} + (d'_{k-s} - d^*_{k-s}) \\ X'_{sk} = \mathrm{interp}(D^*_{sk}, X_{sk}, D'_{sk}, \mathrm{method}) \end{cases} \quad (3\text{-}43)$$

式中：$\mathrm{interp}(x, y, x_i, \mathrm{method})$ 为插值函数，y 为函数值矢量，x 为自变量取值范围，x_i 为插值点的自变量矢量，method 为插值方法。

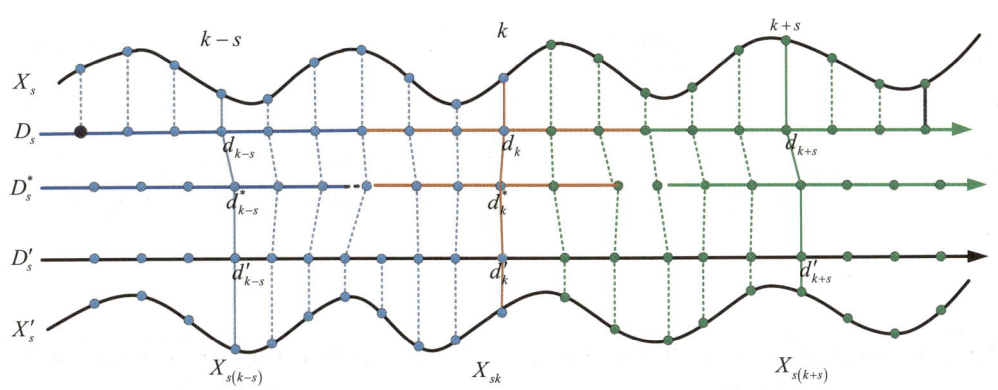

图 3-15　错误匹配区段里程修正示意图

3.3.3 实例分析

1. 绝对里程误差修正效果

在绝对里程误差的处理中,首先是根据计算出的绝对里程误差值对绝对里程参考点处的里程值进行重新标定,再分别采用线性插值与三次函数插值的方式得到修正绝对里程误差后的轨道动态不平顺数据(等距数据)。

经过绝对里程误差修正后,里程 K23+297~K23+679 与 K46+652~K47+310 处曲线的超高数据对比如图 3-16 所示。由图可以看出:修正绝对里程误差后检测数据波形与设计超高波形较为吻合,此时绝对里程误差被较好地消除了。

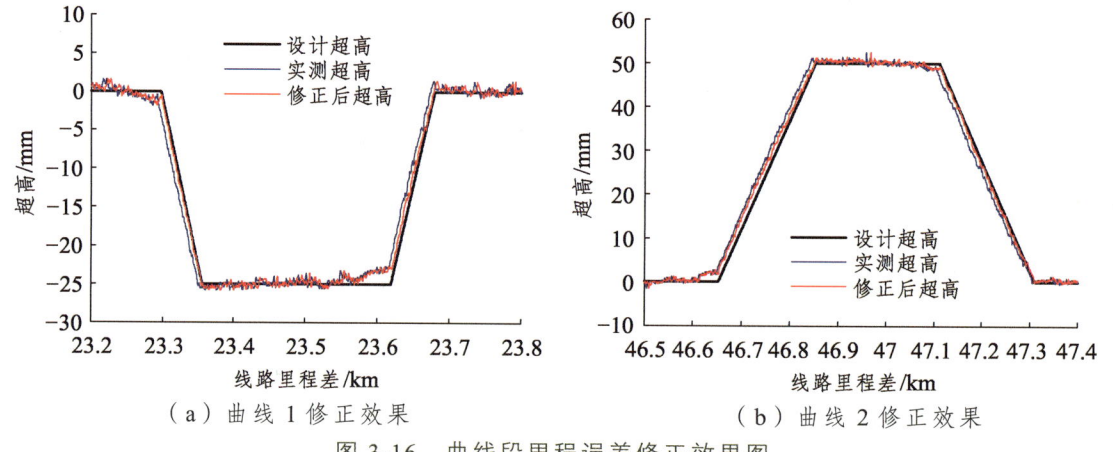

图 3-16 曲线段里程误差修正效果图

轨道不平顺数据中里程标识重复与缺失问题会显著影响轨道几何状态的评估精度,图 3-17 与图 3-18 显示了采用本节修正算法对曲线段与直线段里程重复位置处的误差进行处理后的效果。

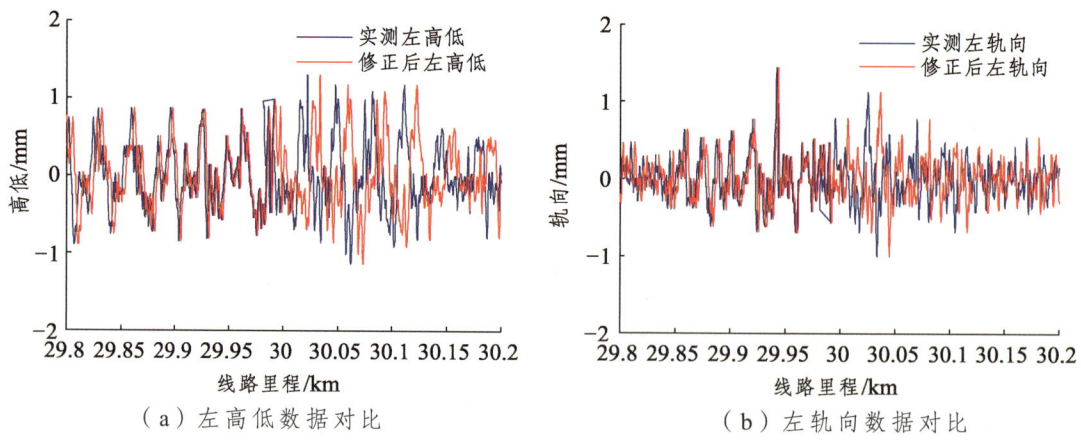

3.3 轨道动态不平顺检测数据的里程误差修正模型

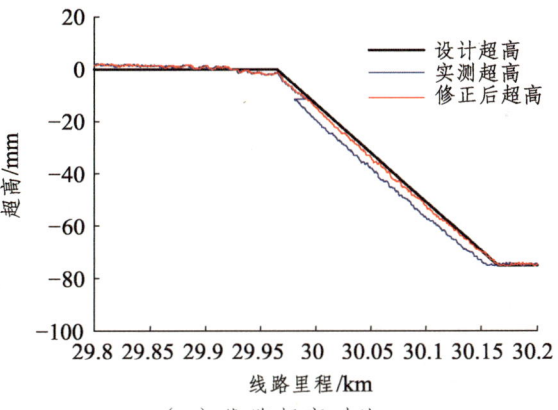

（c）线路超高对比

图 3-17 曲线段里程重复处误差修正效果

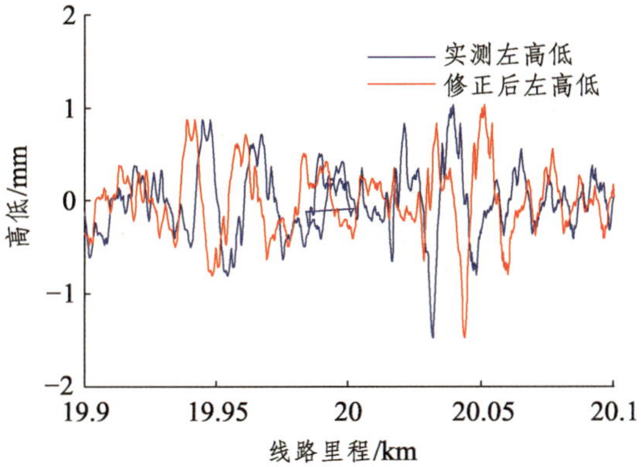

（a）左高低数据对比 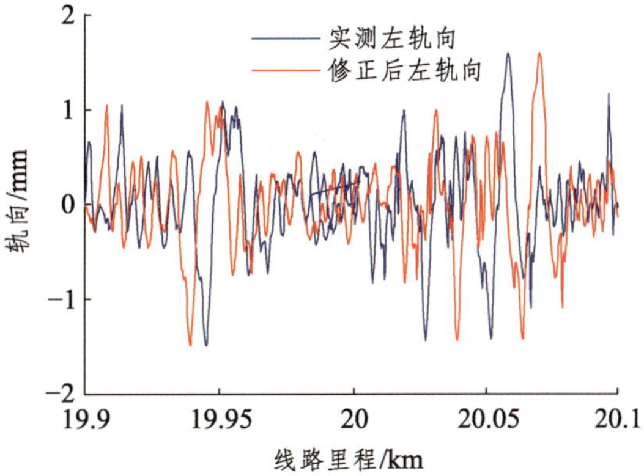　　　　　（b）左轨向数据对比

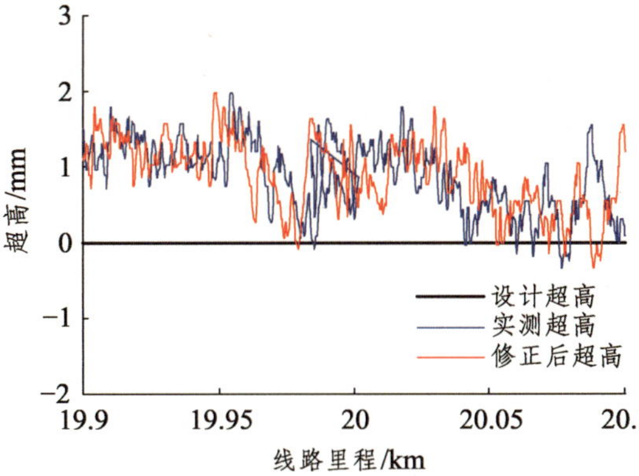

（c）线路超高对比

图 3-18 直线段里程重复处误差修正效果

可以看出：经过处理，曲线段与直线段的里程重复处轨道动态不平顺检测数据的误差问题得到了修正，同时还较好地保留了原始数据波形，避免检测数据失真。

同样采用绝对里程误差修正算法对里程 K24+990 处里程缺失问题进行处理，得到误差修正效果如图 3-19 所示。可以发现：修正后检测数据呈现较好的连续性，且里程缺失处周围检测数据的波形未受到该算法的影响，说明本节算法能有效避免对正常测量区段的扰动，保证检测数据的可靠性。

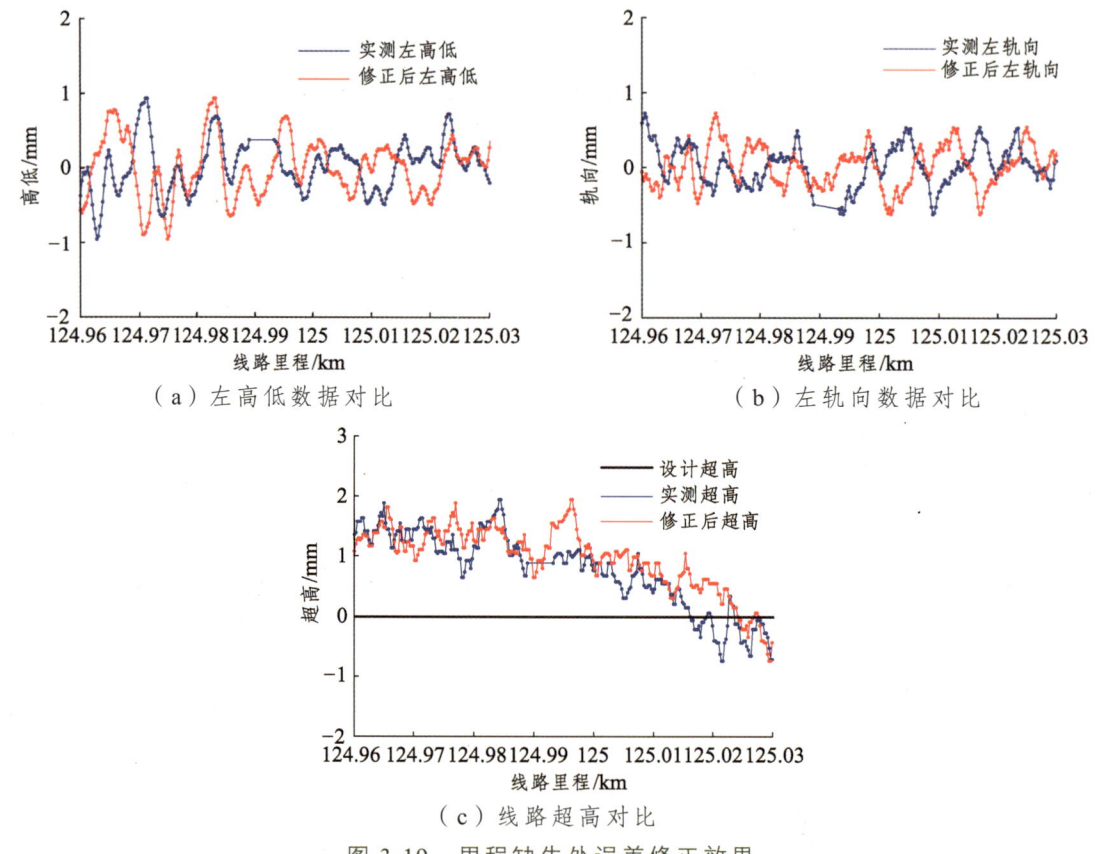

图 3-19 里程缺失处误差修正效果

综上，绝对里程误差修正算法能很好地处理轨道动态不平顺检测数据的绝对里程误差，同时能有效地处理里程标识重复与缺失问题，并尽可能减小对周围正常检测数据的干扰。

如图 3-20 所示：当轨道动态不平顺存在里程误差后，各次检测数据不仅与设计超高存在波形偏移的误差，同时在时间历程检测数据下高低、轨向、超高等数据均存在波形偏移现象，进而导致难以判断轨道几何状态的演变规律。采用本节方法处理轨道动态不平顺检测数据的绝对里程误差后，时间历程检测数据波形已初步对应，此时可以初步判断轨道几何状态的波动规律。

3.3 轨道动态不平顺检测数据的里程误差修正模型

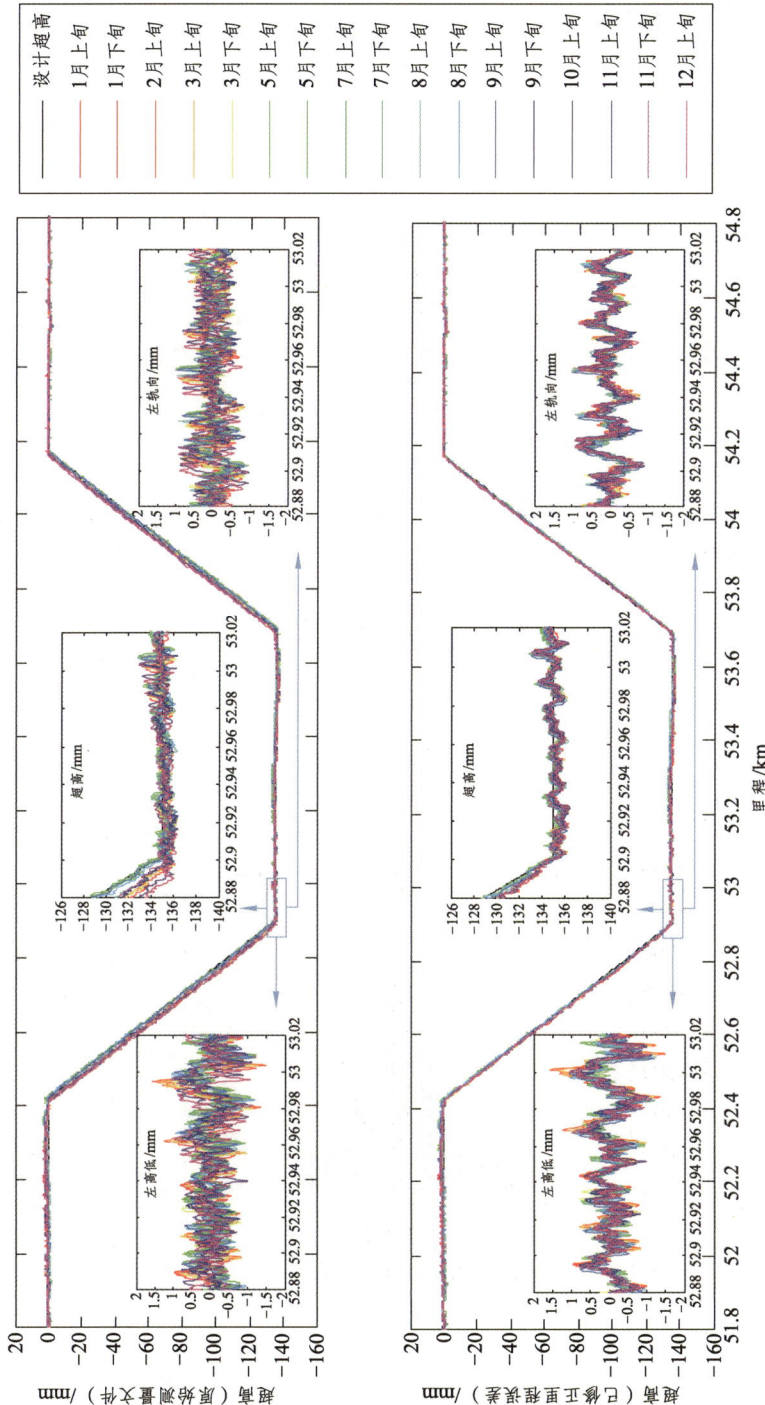

图 3-20 绝对里程误差修正效果

2. 绝对里程误差修正精度

为定量评估绝对里程误差的修正精度,我们基于绝对里程误差评估模型计算在更小窗长下经里程修正后的检测数据的残余绝对里程误差,最终得到修正里程后 2015 年 2 月 11 日与 2015 年 5 月 19 日检测数据的残余绝对里程误差分布,如图 3-21 所示:

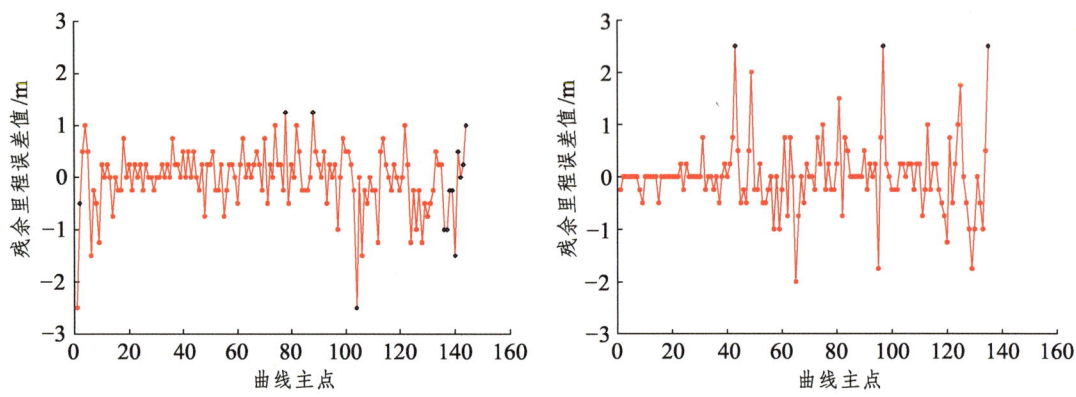

(a) 2015 年 2 月 11 日检测数据误差分布　　(b) 2015 年 5 月 19 日检测数据误差分布

图 3-21　曲线主点残余里程误差分布

可以看出:经过里程误差修正后,各曲线主点处里程误差明显减小。采用频数统计图绘制各次检测数据残余绝对里程误差如图 3-22 所示,曲线主点残余绝对里程误差均值为 0.060 4 m,残余里程误差的标准差为 0.56 m,由此可认为曲线主点处残余绝对里程误差分布在[−1.68 m,1.68 m],同时也说明本节模型的里程修正精度较高。

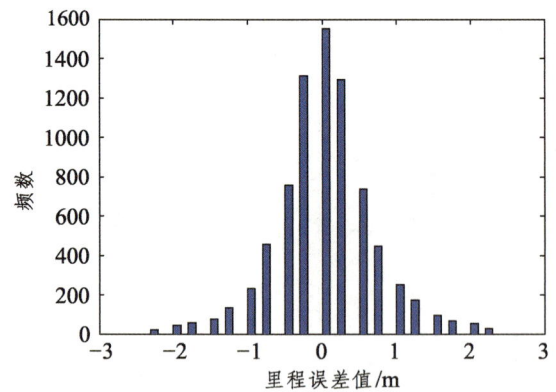

图 3-22　曲线主点残余里程误差频数统计

3. 通道误差评估

在未处理绝对里程误差时,时间历程检测数据间相对里程误差较大,并掩盖了轨道不平顺的演变规律，此时直接评估相对里程误差需设置较大的搜索范围，导致计算量过大，因此本节并未直接计算原始检测数据的相对里程误差。

经过绝对里程误差修正后，曲线主点处绝对里程误差与相对里程误差均得到了很好的控制，同时全线检测数据中较大的里程误差也得到了处理，因此全线相对里程误差可控制在一定范围内，这极大地减小了计算线路相对里程误差的计算量。基于此，本节计算经过绝对里程处理后检测数据的相对里程误差；同时，为采用基于多通道的相对里程误差评估算法，首先需处理因不同检测车辆传感器安装差异导致的通道误差。

1）任意两次检测数据参照通道偏差

考虑到传感器安装误差小于转向架轴距，因此将通道误差最大值设为 5 m；为减小计算量并增加计算的可靠程度，将计算窗长选取为 200 m，由此可以得到 2015 年 1 月 20 日与 2015 年 2 月 11 日检测数据的波形对比以及参照通道的匹配偏差，如图 3-23、图 3-24 所示。

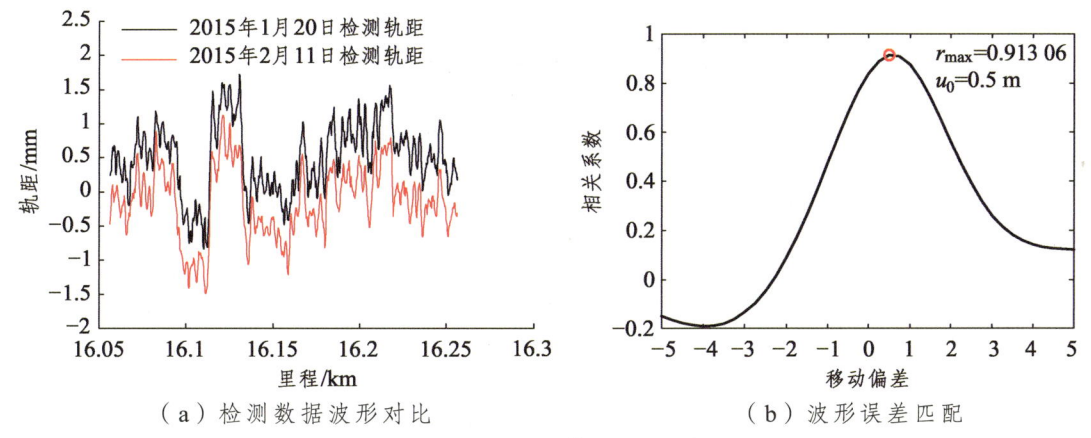

（a）检测数据波形对比　　（b）波形误差匹配

图 3-23　区段 1 轨距通道对比

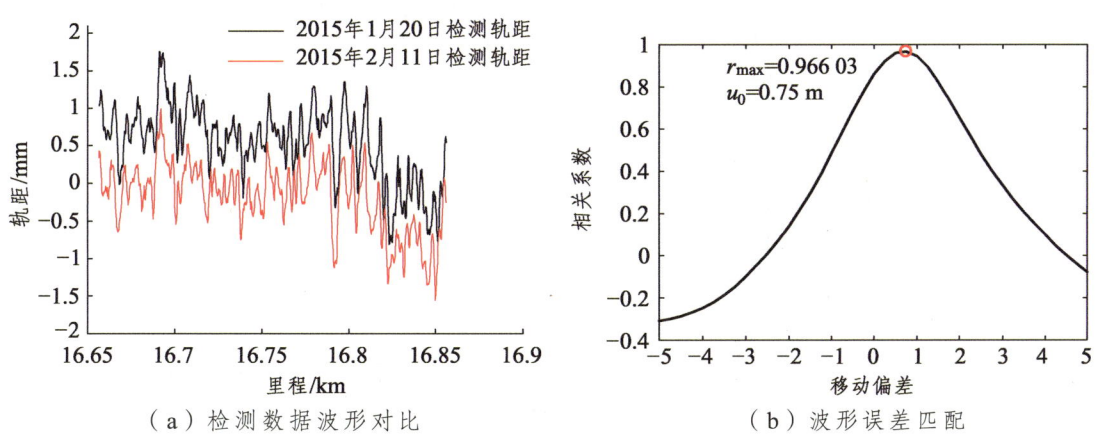

（a）检测数据波形对比　　（b）波形误差匹配

图 3-24　区段 2 轨距通道对比

可以看出：在 200 m 的窗长范围内，轨距不平顺波形较为吻合。通过计算不同偏差下对应的相关系数，可得图示窗长内数据最大相关系数均大于 0.9，由最大相关系数确定的偏差分别为 0.5 m 与 0.75 m。同时可以得到这两次轨距数据的所有区段偏差如图 3-25 所示：

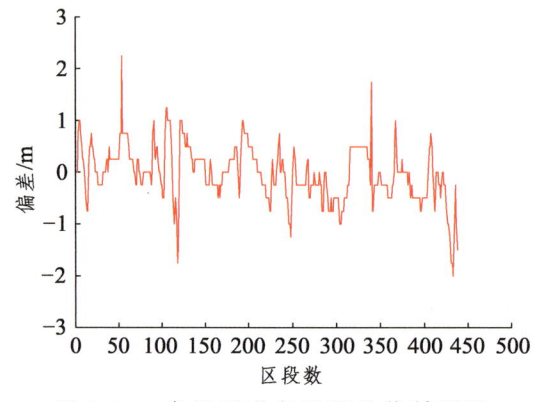

图 3-25　参照通道各区段的偏差匹配

根据上述结果可得到均值 $\mu_{0k} = \mu_{02} = -0.024$ m，标准差 $\sigma_0 = 0.530$ m，因此区间[-1.613 m, 1.565 m]内的检测数据为正常检测数据。根据约束条件 f 去除数据异常值后，得到轨距通道的偏差值 $\mu_0^* = -0.033$ m。在实际工程中，轨道不平顺采样间隔为 0.25 m，因此可以认为该参照通道不存在偏差。

同理计算得到这两次检测数据左高低、右高低、左轨向、右轨向、轨距、水平与三角坑的通道偏差如图 3-26 所示。轨距通道偏差为 0 m，因此，其余通道数据的偏差即为通道偏差值。

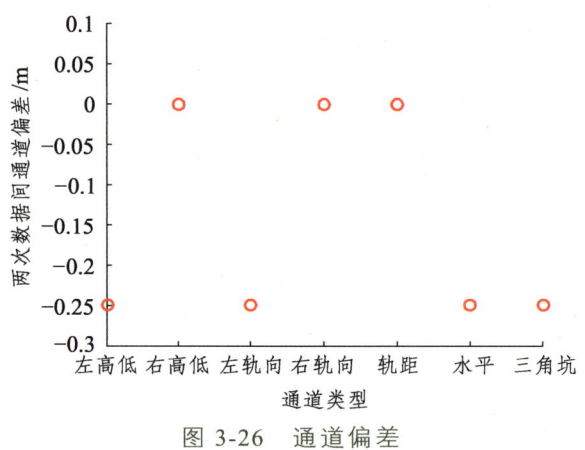

图 3-26　通道偏差

3.3 轨道动态不平顺检测数据的里程误差修正模型

从图 3-26 可以发现，这两次检测数据的左高低、左轨向、水平与三角坑通道数据相差 0.25 m，因此需要整体移动该 4 个通道的里程。

2）所有检测数据参照通道偏差

按照上述原理计算得到各次轨道动态不平顺检测数据的轨距通道偏差如图 3-27 所示。由图可以发现：通道偏差最大值为 2.5 m，小于一个转向架轴距，即该计算结果具有可靠性；检测数据误差在 [−0.5 m, 0.5 m] 与 [−2 m, −1.5 m] 这两个区间内分布较为集中，说明检测车辆传感器的安装位置主要存在两种安装差异。

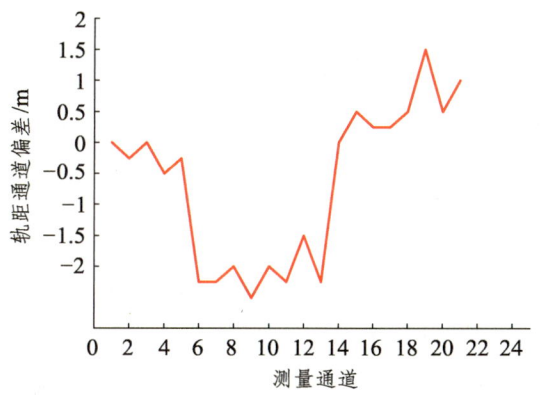

图 3-27　所有检测数据参照通道偏差匹配

同时，计算各次检测数据所有通道的偏差，可得到轨道动态不平顺检测数据各通道偏差，见表 3-1：

表 3-1　检测数据各通道偏差　　　　　　　　　　　单位：m

检测数据	左高低	右高低	左轨向	右轨向	轨距	水平	三角坑
1	0	0	0	0	0	0	0
2	−0.25	0	−0.25	0	0	−0.25	−0.25
3	0	0	0	0	0	0	0
4	−0.25	0	−0.5	−0.25	−0.5	0	−0.25
5	0	−0.75	0.5	0.25	−0.25	−0.25	−0.25
6	−1.75	−2	−1.25	−1	−2.25	−1.75	−1.75
7	−2	−2	−1.25	−1.5	−2.25	−2	−2
8	−2.25	−2.75	−2	−1.75	−2	−2	−2
9	−2	−2	−2	−2	−2.5	−2.5	−2.5
10	−2	−2.5	−1.5	−1.5	−2	−2	−2

续表

检测数据	左高低	右高低	左轨向	右轨向	轨距	水平	三角坑
11	−2	−2.25	−1.25	−1.75	−2.25	−2	−2
12	−1.5	−1.5	−1	−1	−1.5	−1.75	−1.75
13	−2	−2	−1.5	−1.75	−2.25	−2	−2
14	0.25	0.25	−0.25	0	0	0.25	0.25
15	0.5	0.5	0.5	0.5	0.5	0.5	0.5
16	0.25	0.5	0.25	0.25	0.25	0.5	0.5
17	0	0	0.25	0.25	0.25	0	0
18	0.75	0.75	0.5	0.5	0.5	0.75	0.75
19	0	0	1.25	1.5	1.5	0	0
20	−0.25	−0.75	0.5	0.5	0.5	−0.75	−0.25
21	−1	−1	1	1	1	−0.5	−0.5

由表可以发现所有通道偏差集中在[−0.5 m, 0.5 m]与[−2 m, −1.5 m]这两个区间内, 即检测列车类型会对多个检测通道产生影响, 但该类影响偏差较为集中, 且数值较小。将轨距通道作为参照通道(假设无误差), 则可以得到所有轨道动态不平顺检测数据各通道需移动的距离见表3-2。

表3-2 检测数据各通道需移动距离　　　　　单位: m

检测数据	左高低	右高低	左轨向	右轨向	轨距	水平	三角坑
1	0	0	0	0	0	0	0
2	−0.25	0	−0.25	0	0	−0.25	−0.25
3	0	0	0	0	0	0	0
4	0.25	0.5	0	0.25	0	0.5	0.25
5	0.25	−0.5	0.75	0.5	0	0	0
6	0.5	0.25	1	1.25	0	0.5	0.5
7	0.25	0.25	1	0.75	0	0.25	0.25
8	−0.25	−0.75	0	0.25	0	0	0
9	0.5	0.5	0.5	0.5	0	0	0
10	0	−0.5	0.5	0.5	0	0	0
11	0.25	0	1	0.5	0	0.25	0.25

续表

检测数据	左高低	右高低	左轨向	右轨向	轨距	水平	三角坑
12	0	0	0.5	0.5	0	−0.25	−0.25
13	0.25	0.25	0.75	0.5	0	0.25	0.25
14	0.25	0.25	−0.25	0	0	0.25	0.25
15	0	0	0	0	0	0	0
16	0	0.25	0	0	0	0.25	0.25
17	−0.25	−0.25	0	0	0	−0.25	−0.25
18	0.25	0.25	0	0	0	0.25	0.25
19	−1.5	−1.5	−0.25	0	0	−1.5	−1.5
20	−0.75	−1.25	0	0	0	−1.25	−0.75
21	−2	−2	0	0	0	−1.5	−1.5

4. 相对里程误差评估

1）选定参照数据的相对里程误差评估

在相对里程误差评估过程中，由于窗长范围内仅采用一个相对误差值，因此过大的窗长会导致评估结果不准确；同时，过短的窗长会使窗长内数据包含特征信息较少，并引起计算错误。

本算例在计算过程中将窗长选取为 160 个数据点，即 40 m，设经过相对里程误差修正后的两次检测数据间相对里程误差最大值为 100 个数据点，即 25 m。以 2015 年 1 月 20 日检测数据为参照数据（假设无里程误差），可以得到该数据与 2015 年 2 月 11 日检测数据部分区段的相对里程偏差与对应的相关系数如图 3-28～图 3-30 所示。

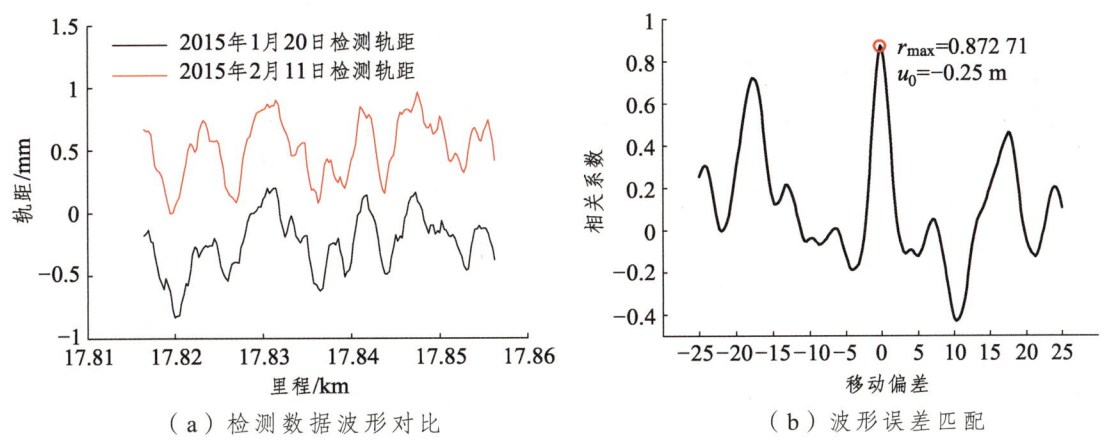

（a）检测数据波形对比　　　（b）波形误差匹配

图 3-28　区段 1 相对里程误差匹配

区段 1 在偏差为 0.25 m 时有最大的相关系数 0.863，因此可认为该区段的相对里程误差为 0.25 m。

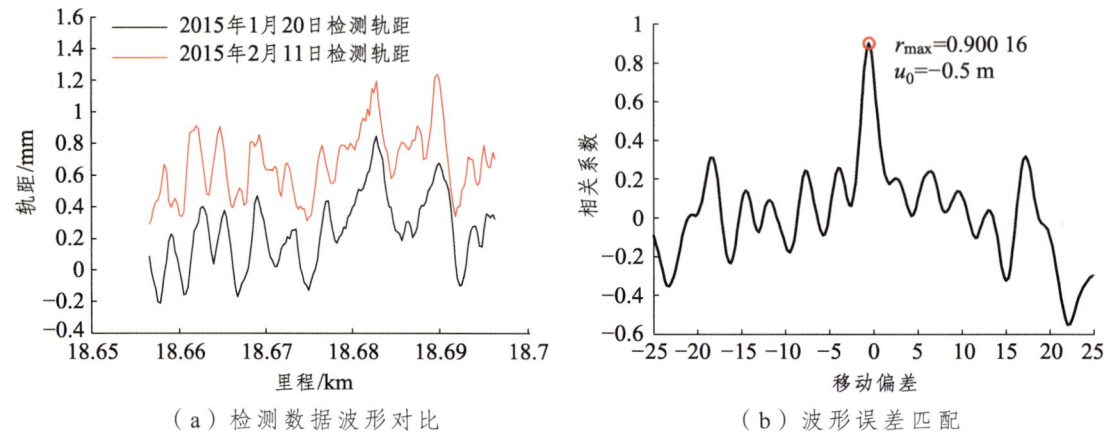

（a）检测数据波形对比　　　　　　（b）波形误差匹配

图 3-29　区段 2 相对里程误差匹配

区段 2 在偏差为 −0.5 m 时有最大的相关系数 0.90，因此可认为该区段的相对里程误差为 −0.5 m。

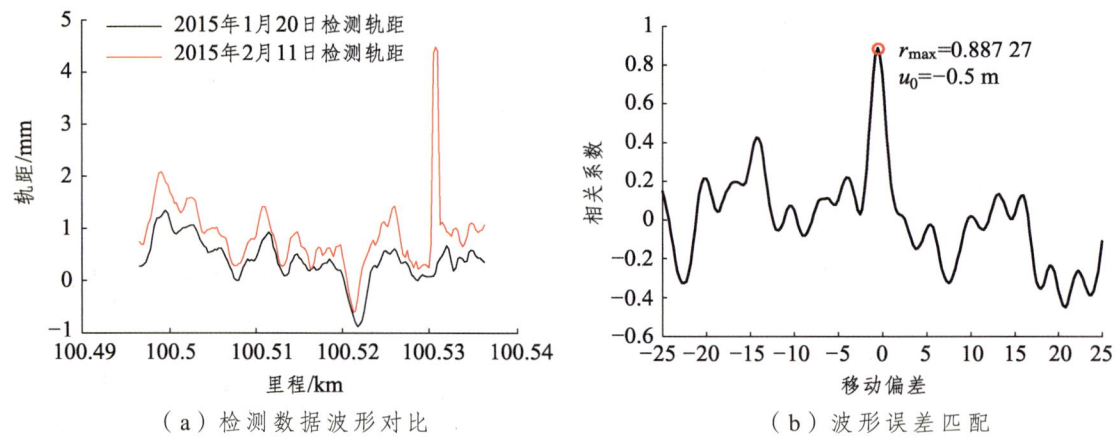

（a）检测数据波形对比　　　　　　（b）波形误差匹配

图 3-30　区段 3 相对里程误差匹配

区段 3 在里程 K100+530 处存在明显的检测数据异常值，而该里程误差评估模型能降低该异常值的干扰，并给出可靠的相对里程误差值，在偏差为 −0.5 m 时有最大的相关系数 0.887，因此可认为该区段的相对里程误差为 −0.5 m。

由上述计算原理可以得到以 2015 年 1 月 20 日检测数据为参照数据时，2015 年 2 月 11 日全线检测数据的相对里程误差，如图 3-31 所示。

3.3 轨道动态不平顺检测数据的里程误差修正模型

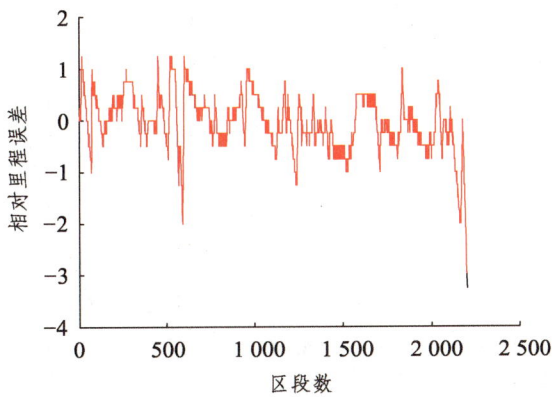

图 3-31 2015 年 2 月 11 日数据相对里程误差

由上述计算结果可以发现：不同区段的相对里程误差值存在差异，全线的相对里程误差分布在[-1.5 m, 3.5 m]范围内；相邻区段相对里程误差的差值较小，说明在较短区段内，轨道动态不平顺检测数据的相对里程误差变化较小，因此采用同一个相对里程误差计算值代替较短区段内所有测量点的相对里程误差值、采用线性插值方式修正里程误差均具备可行性。

此外，通过观察轨距不平顺可以发现：2015 年 9 月 11 日的检测轨距在 100 m 长的区段内出现了异常值（图 3-32），在里程约 K25+400 处，轨距测量值出现幅值与波长均异常的状态。对比时间历程检测数据可以发现，该处轨距状态未发生较大波动，因此该区段为检测异常值。

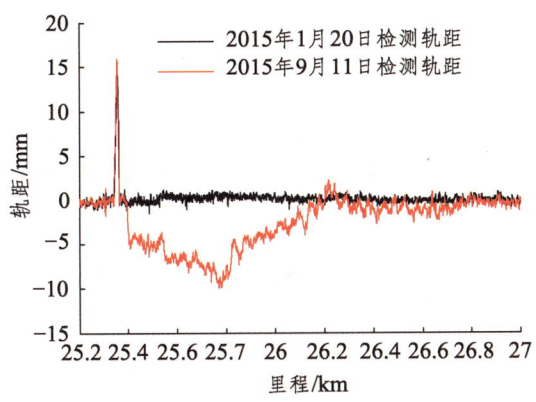

图 3-32 轨距波形数据对比

区段 4 中 2015 年 9 月 11 日检测数据中异常值区段左侧相对里程误差评估参照数据（假设无里程误差）为 2015 年 1 月 20 日，可以得到对应的轨距波形与相对里程误差匹配图如图 3-33 所示。

3 轨道动态检测数据里程误差修正研究

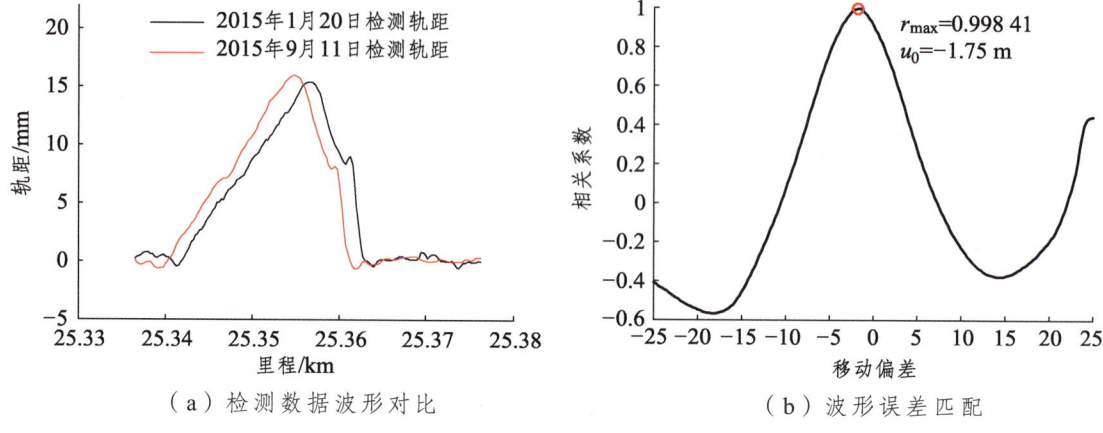

（a）检测数据波形对比　　　　　　（b）波形误差匹配

图 3-33　区段 4 相对里程误差匹配

在偏差为 −1.75 m 时有最大相关系数 0.998，因此可认为该区段的相对里程误差为 −1.75 m。并基于同样的原理采用轨距指标计算区段 5 的相对里程误差，该区段内轨距出现较多异常值，最终得到对应的数据波形与相对里程误差匹配图如图 3-34 所示。

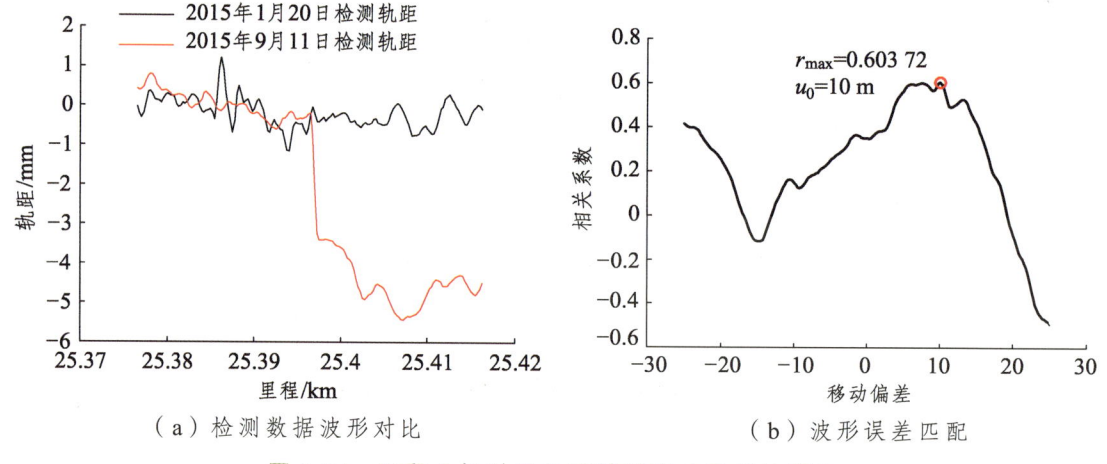

（a）检测数据波形对比　　　　　　（b）波形误差匹配

图 3-34　区段 5 相对里程误差匹配（采用轨距）

可以发现：由于较长区段内轨距测量数据存在异常值，此时采用轨距计算相对里程误差时存在相关系数较低的情况，最大相关系数 0.604 对应的相对里程误差值 10 m 可靠性较低。

根据里程误差评估模型，此时需采用其他通道数据评估该区段的相对里程误差，本节其余通道选用的顺序如下所示：左高低、右高低、左轨向、右轨向、水平、三角坑。采用左高低通道计算区段 5 的相对里程误差，其数据波形与计算结果如图 3-35 所示。

3.3 轨道动态不平顺检测数据的里程误差修正模型

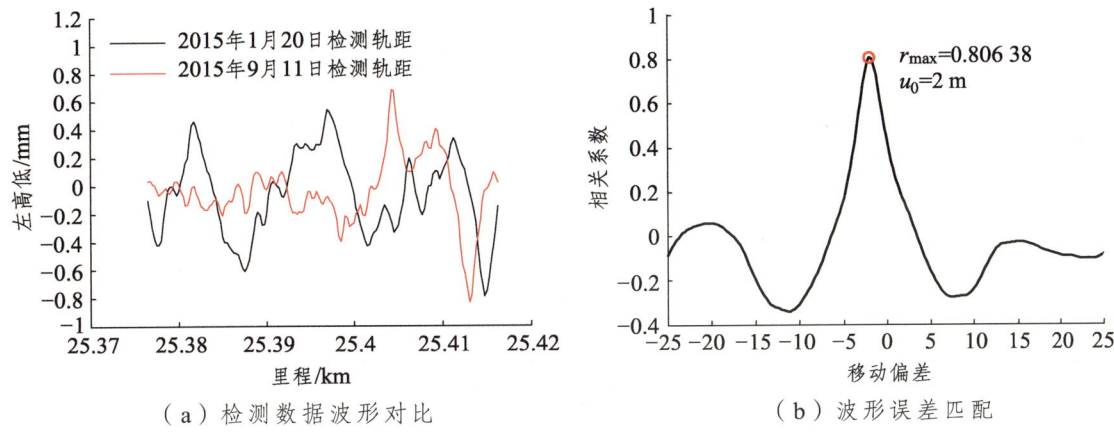

（a）检测数据波形对比　　　　　（b）波形误差匹配

图 3-35　区段 5 相对里程误差匹配（采用左高低）

可以发现：在采用左高低通道评估相对里程误差时，最大相关系数 0.806 对应的相对里程误差值为 −2 m，此时相关系数明显提高，提升了模型计算结果的可靠性。同时，该区段相对里程误差 −2 m 的计算值与前一个区段的相对里程误差计算值 −1.75 m 较为接近，满足相邻区段相对里程误差的差值较小的约束条件，并从侧面说明采用左高低计算结果可靠。

综上，当较长区段内检测数据存在异常值时，采用该指标计算相对里程误差会存在错误；而基于多通道数据计算相对里程误差能有效提高计算结果的可靠性与稳定性，进而增加评估线路相对里程误差的精度。

2）基于时间历程的相对里程误差评估

采用上述计算方法，依次将每次检测数据作为参照数据，逐区段计算与其余检测数据的相对里程误差，最终得到每两次检测数据的计算结果，即区段的相对里程误差矩阵与对应的匹配相关系数，见表 3-3、表 3-4。

表 3-3　区段 1 相对里程误差矩阵（部分）

参照	待匹配									
	1	2	3	4	5	6	7	8	9	10
1	0	−2.5	0	−2.5	−65	−22.5	−20	−22.5	−20	−20
2	2.5	0	0	0	−62.5	−22.5	−20	−20	−20	−20
3	0	0	0	0	−65	−22.5	−20	−22.5	−20	−20
4	2.5	0	0	0	−62.5	−22.5	−20	−22.5	−20	−20
5	65	62.5	65	62.5	0	40	45	40	45	45
6	22.5	22.5	22.5	22.5	−40	0	2.5	−2.5	2.5	2.5

续表

参照	待匹配									
	1	2	3	4	5	6	7	8	9	10
7	20	20	20	20	−45	−2.5	0	−2.5	0	0
8	22.5	17.5	22.5	22.5	−40	2.5	2.5	0	2.5	2.5
9	20	17.5	20	20	−45	−2.5	0	−2.5	0	0
10	20	20	20	20	−45	−2.5	0	−2.5	0	0

表 3-4 区段 1 相对里程误差相关系数矩阵（部分）

参照	待匹配									
	1	2	3	4	5	6	7	8	9	10
1	1.000	0.873	0.941	0.917	0.926	0.926	0.945	0.877	0.917	0.947
2	0.872	1.000	0.874	0.856	0.827	0.833	0.815	0.954	0.819	0.820
3	0.941	0.874	1.000	0.924	0.916	0.920	0.944	0.888	0.922	0.946
4	0.916	0.856	0.924	1.000	0.937	0.926	0.916	0.922	0.916	0.931
5	0.920	0.809	0.907	0.925	1.000	0.960	0.953	0.948	0.955	0.953
6	0.944	0.828	0.933	0.943	0.969	1.000	0.972	0.941	0.974	0.978
7	0.963	0.847	0.957	0.936	0.962	0.973	1.000	0.923	0.972	0.983
8	0.903	0.962	0.905	0.942	0.957	0.941	0.923	1.000	0.935	0.939
9	0.938	0.811	0.936	0.937	0.966	0.974	0.972	0.935	1.000	0.976
10	0.960	0.850	0.955	0.946	0.967	0.978	0.983	0.939	0.976	1.000

将该区段数据即 21×21 矩阵转化成二维彩图展示，其中一个框内代表该区段两次检测数据的相对里程误差值[图 3-36（a）]以及对应的相关系数[图 3-36（b）]。

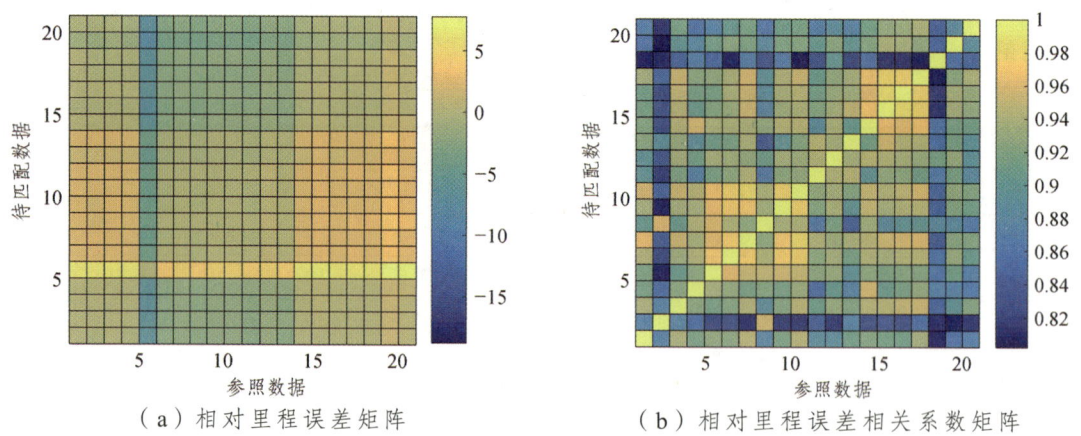

（a）相对里程误差矩阵　　　　（b）相对里程误差相关系数矩阵

图 3-36 区段 1 相对里程误差计算结果

可以发现：检测数据主对角线相对里程误差值为 0，匹配相关系数值为 1；里程误差矩阵呈现"弱反对称性质"，即以主对角线为对称轴，两侧矩阵的误差值近似相反；相关系数矩阵呈现"弱对称性质"，即以主对角线为对称轴，两侧矩阵的相关系数值近似相等。

为进一步分析该矩阵规律，计算上述区段 2 相对里程误差矩阵与相关系数矩阵，如图 3-37 所示。相邻区段相对里程误差的差值存在限值，因此该里程误差矩阵相邻元素较为接近，同时说明计算结果可靠度较高。

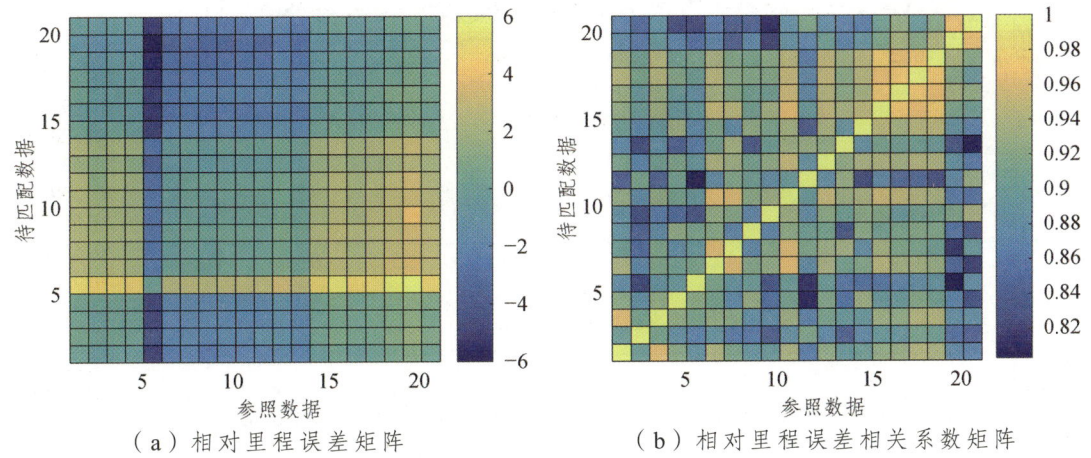

（a）相对里程误差矩阵　　　　　　（b）相对里程误差相关系数矩阵

图 3-37　区段 2 相对里程误差计算结果

基于上述计算方法得到每两次检测数据各个区段的相对里程误差频数统计如图 3-38 所示，该相对里程误差的均值为 0.001 5 m，标准差为 2.36 m，将 3 倍标准差值作为所有检测数据的相对里程误差代表值，由此可以得到经绝对里程修正后数据的相对里程误差值为 7.09 m。

5. 相对里程误差修正

采用第 3.2 节的优化模型处理上述里程误差矩阵，得到每次检测数据各区段的里程误差值，分别采用线性插值算法与三次多项式插值算法处理里程误差并将数据重新采样为 0.25 m 等间距数据，最终得到时间历程下原始检测数据[图（a）]、修正绝对里程误差后检测数据[图（c）]与修正相对里程误差检测数据[图（e）]对比如图 3-39 所示。

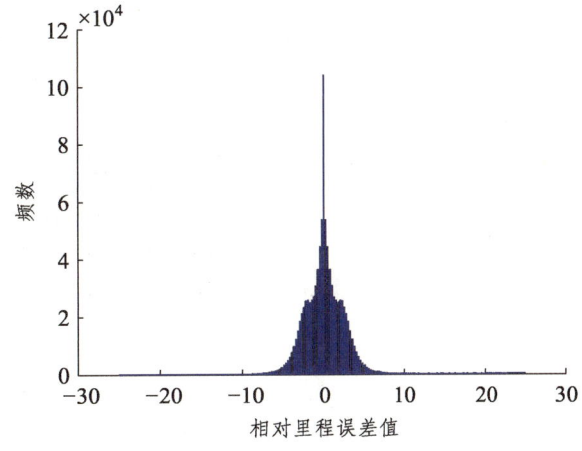

图 3-38　相对里程误差频数统计

3 轨道动态检测数据里程误差修正研究

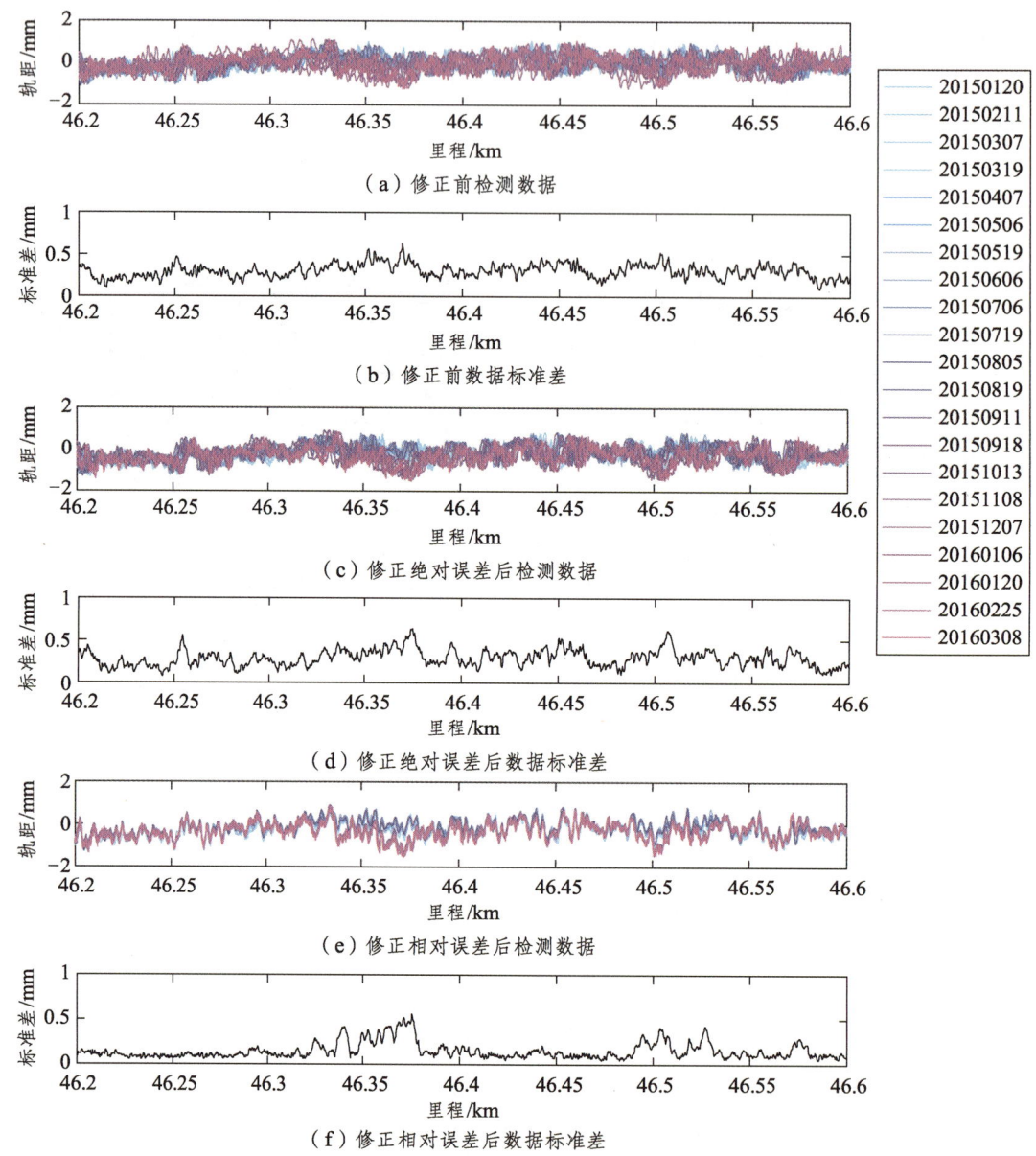

图 3-39 K46+200~K46+600 处修正轨距里程修正效果

可以看出：由于原始检测数据受里程误差的影响，时间历程下检测数据的波形存在明显的偏差，同时该偏差导致无法判断轨道动态不平顺的演变规律，进而阻碍现场对铁路轨道的预知性维护管理。在处理绝对里程误差后[图（c）]轨道波形初步呈现规律性，如里程 K46+250 处，可以依靠人工初步判断轨道不平顺规律，但基于人工识别的方法存在准确性差、人工耗时长等缺点。在处理相对里程误差后[图（e）]，此时不同位置处轨道不平顺随时间历程变化能被有效地识别，如里程 K46＋350 与 K46＋500 处，轨距不平顺出现明显的波动。

为进一步指导工程实际，根据测量点空间位置，计算时间历程下多个点的标准差，以观察轨道不平顺的波动情况，并得到原始检测数据、经绝对里程误差处理后检测数据与经相对里程误差处理后检测数据的时间历程下标准差沿里程变化分布如图 3-39（b）、图 3-39（d）与图 3-39（f）所示。可以看出：原始数据的时间历程下标准差值波动主要分布在 0.3～0.5 mm，且标准差沿里程分布呈现较强随机性；经过绝对里程修正后的标准差值[图 3-39（d）]，在几何状态波动较大位置处的标准差值也偏大，但受相对里程误差的影响，此时该标准差值仍不能较好地反映轨道几何不平顺的波动情况；经相对里程误差修正后的时间历程标准差值在一般区段分布在 0.1～0.2 mm，受轨道几何状态波动的影响，此时标准差值明显变大，如 K46＋350 与 K46＋500 处，标准差值在 0.3～0.5 mm。

同样可以观察到高低、轨向等通道在经过里程修正后的时间历程下波动情况如图 3-40、图 3-41 所示。

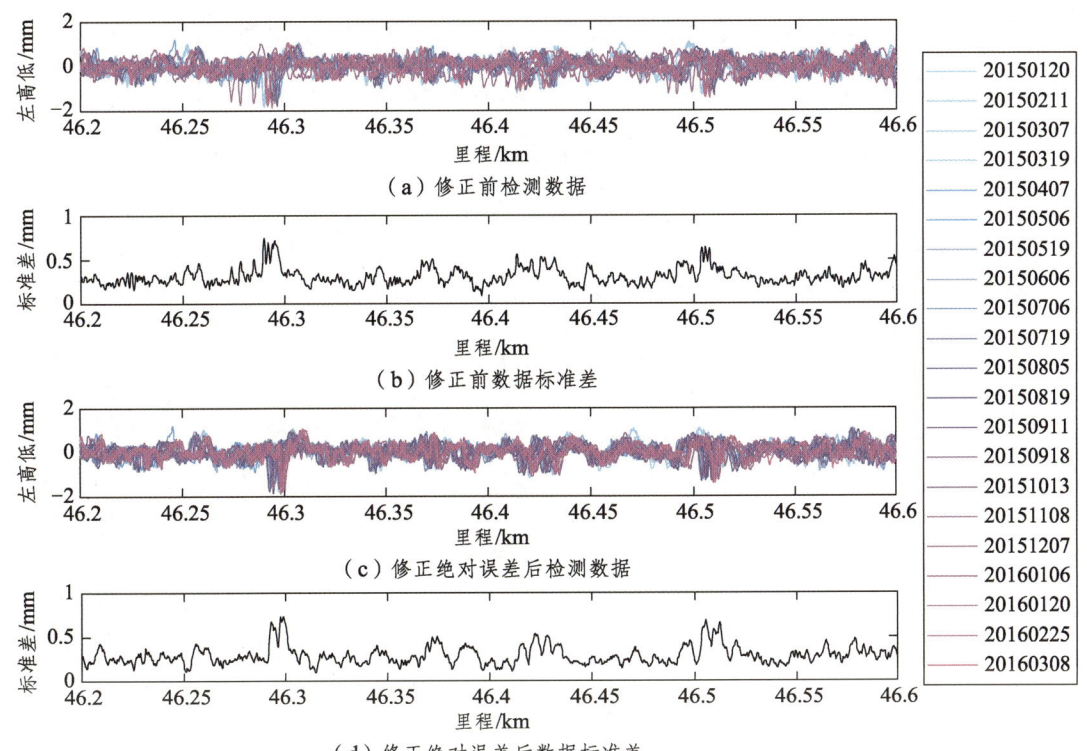

（a）修正前检测数据

（b）修正前数据标准差

（c）修正绝对误差后检测数据

（d）修正绝对误差后数据标准差

(e) 修正相对误差后检测数据

(f) 修正相对误差后数据标准差

图 3-40 K46+200~K46+600 处左高低里程修正效果

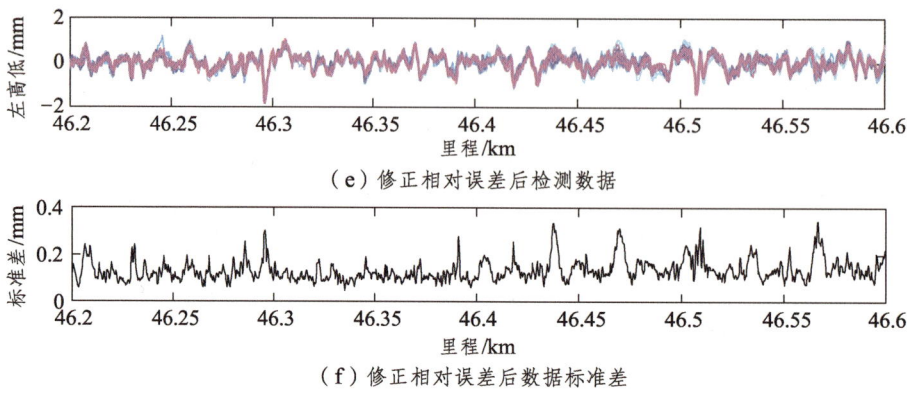

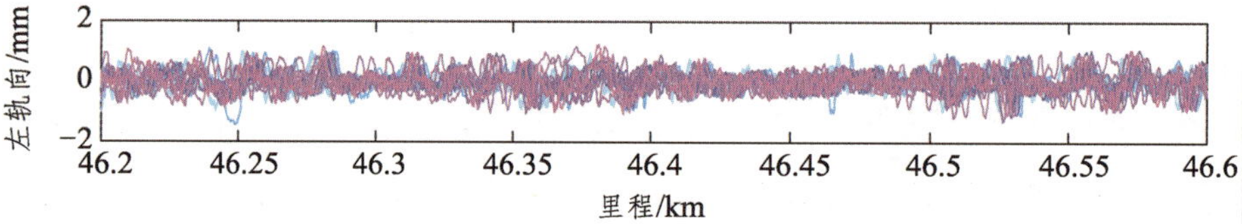

(a) 修正前检测数据

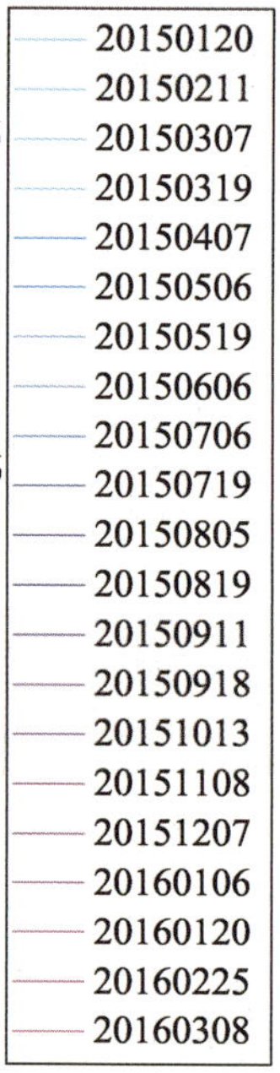

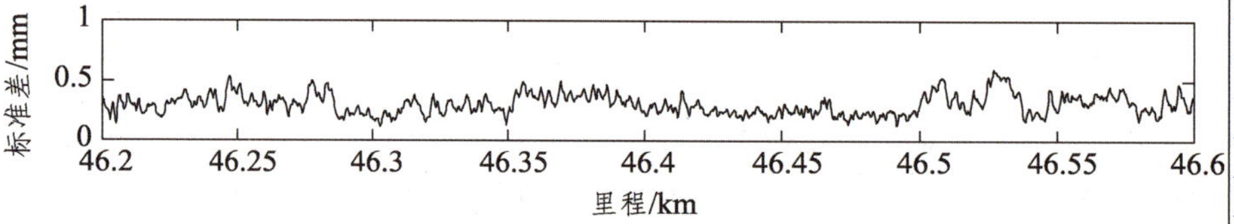

(b) 修正前数据标准差

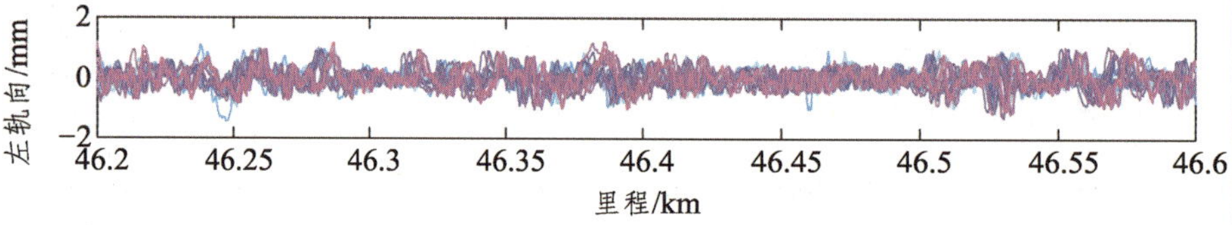

(c) 修正绝对误差后检测数据

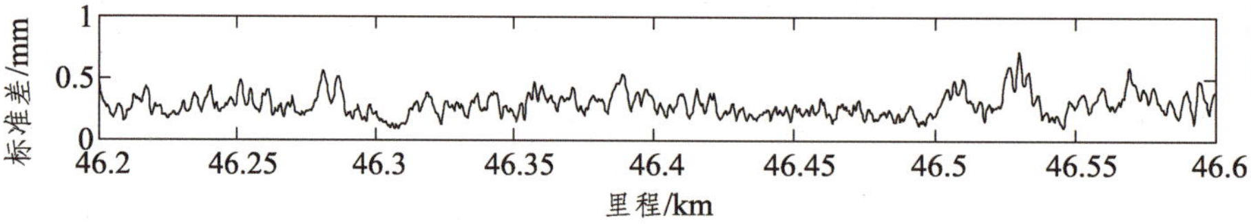

(d) 修正绝对误差后数据标准差

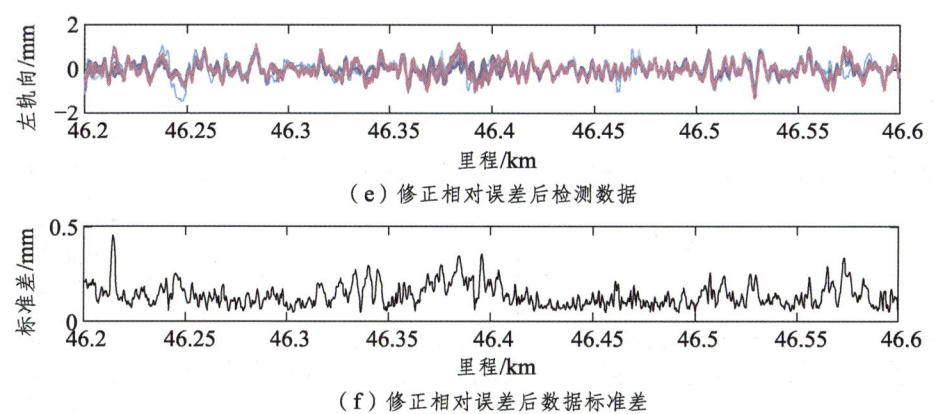

(e) 修正相对误差后检测数据

(f) 修正相对误差后数据标准差

图 3-41　K46+200~K46+600 处左轨向里程修正效果

从里程修正前后的左高低通道数据可以看出：在未处理误差前，轨道高低不平顺的数据波形重复性较差，直接根据该数据判断线路几何状态演变规律存在较大难度；经过里程误差处理后，轨道高低不平顺数据波形具备较好的重复观测性，此时养护维修工作人员可以结合时间历程检测数据制定更科学的养护维修策略。

从里程修正前后的左轨向通道数据可以看出：在未处理误差前，轨向不平顺的波形重复性较差，而处理里程误差后可以根据时间历程数据标准差判断轨道不平顺波动状态。

在实际工程中，轨道不平顺数据在采集过程中不可避免地会存在异常值，因此里程误差处理模型的稳定性，即处理含有异常值尤其是较多异常值时的稳定性尤为重要。图 3-42 所示为轨距出现较长区段的异常值时各通道的修正效果。

可以看出：有两次检测数据的轨距通道存在明显的异常值，而采用本节算法处理里程误差后，该处的其余时间检测数据波形均能较好地吻合，即说明，当较长区段内轨距出现异常值时，该异常值不会影响其余时间检测数据的里程误差处理。此外，该异常值区段两侧的正常检测数据的里程误差仍能被较好地处理，因此当某次检测数据的某个区段出现异常值时，不会影响该次检测数据其余区段的里程修正。

为进一步分析该轨距异常值区段对里程误差处理的影响，对比分析高低与轨向通道的检测数据如图 3-43、图 3-44 所示。

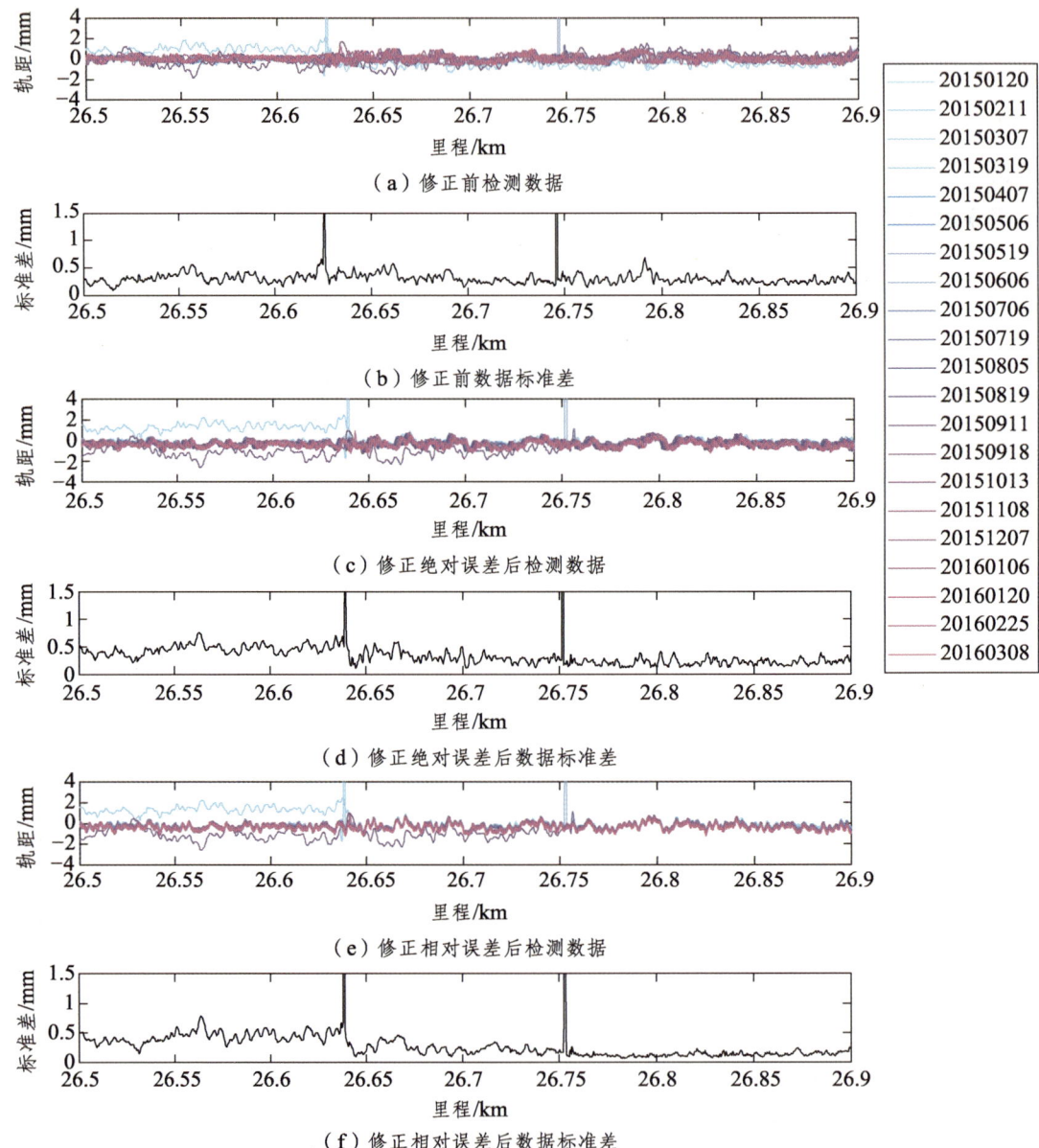

图 3-42 K26+500～K26+900 处轨距里程修正效果

3.3 轨道动态不平顺检测数据的里程误差修正模型

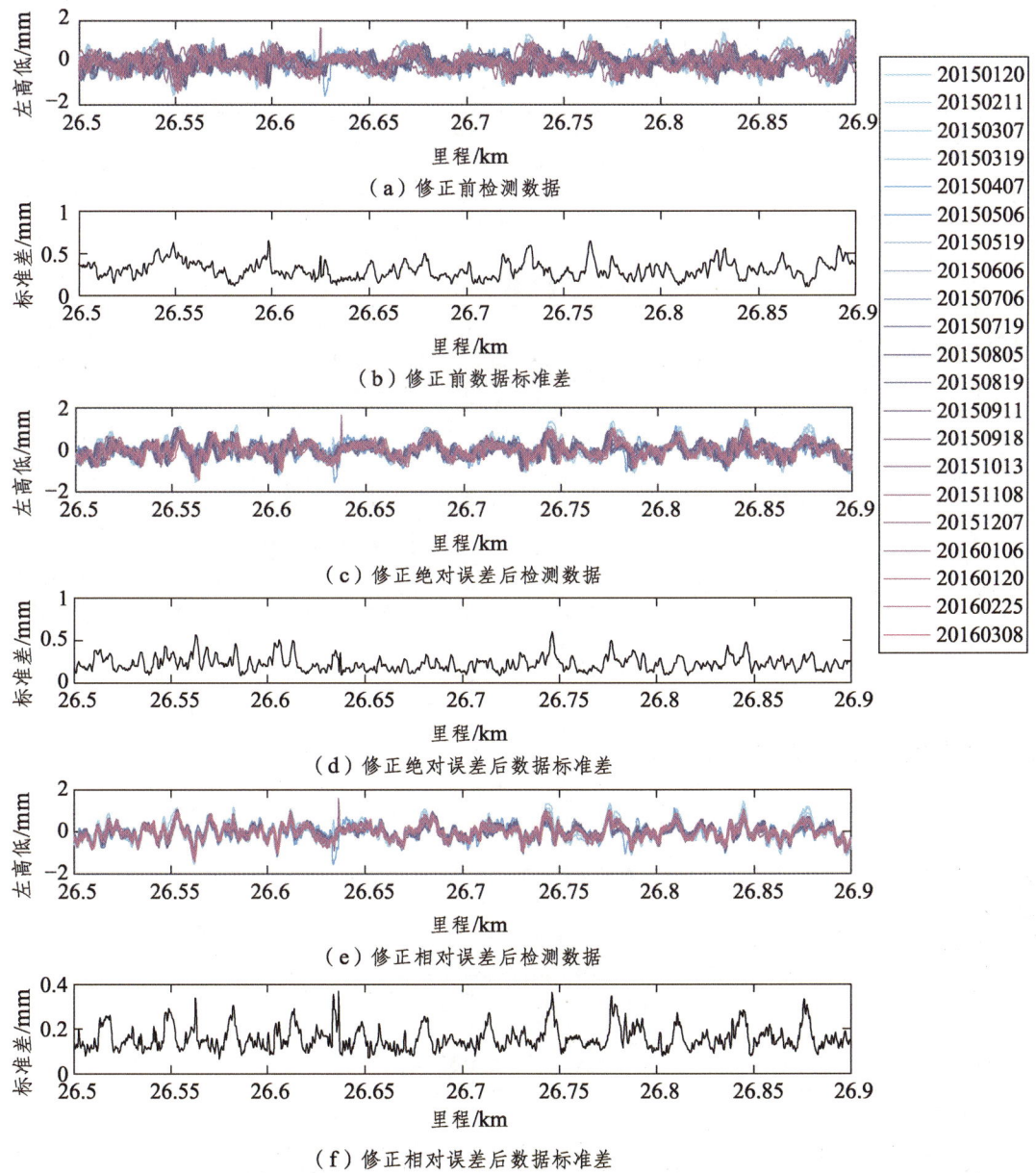

图 3-43　K26+500~K26+900 处左高低里程修正效果

从图 3-43 可以看出：轨距不平顺存在单个异常值或者区段异常值时，由于采用多通道的里程误差评估算法，采用其余通道能较好地处理轨距测量值失效情况下的里程误差。

3 轨道动态检测数据里程误差修正研究

在处理该区段的里程误差后,时间历程下轨道高低不平顺波形吻合较好,此时采用时间历程数据标准差方法,能快速确定轨道不平顺状态波动较大的区段。

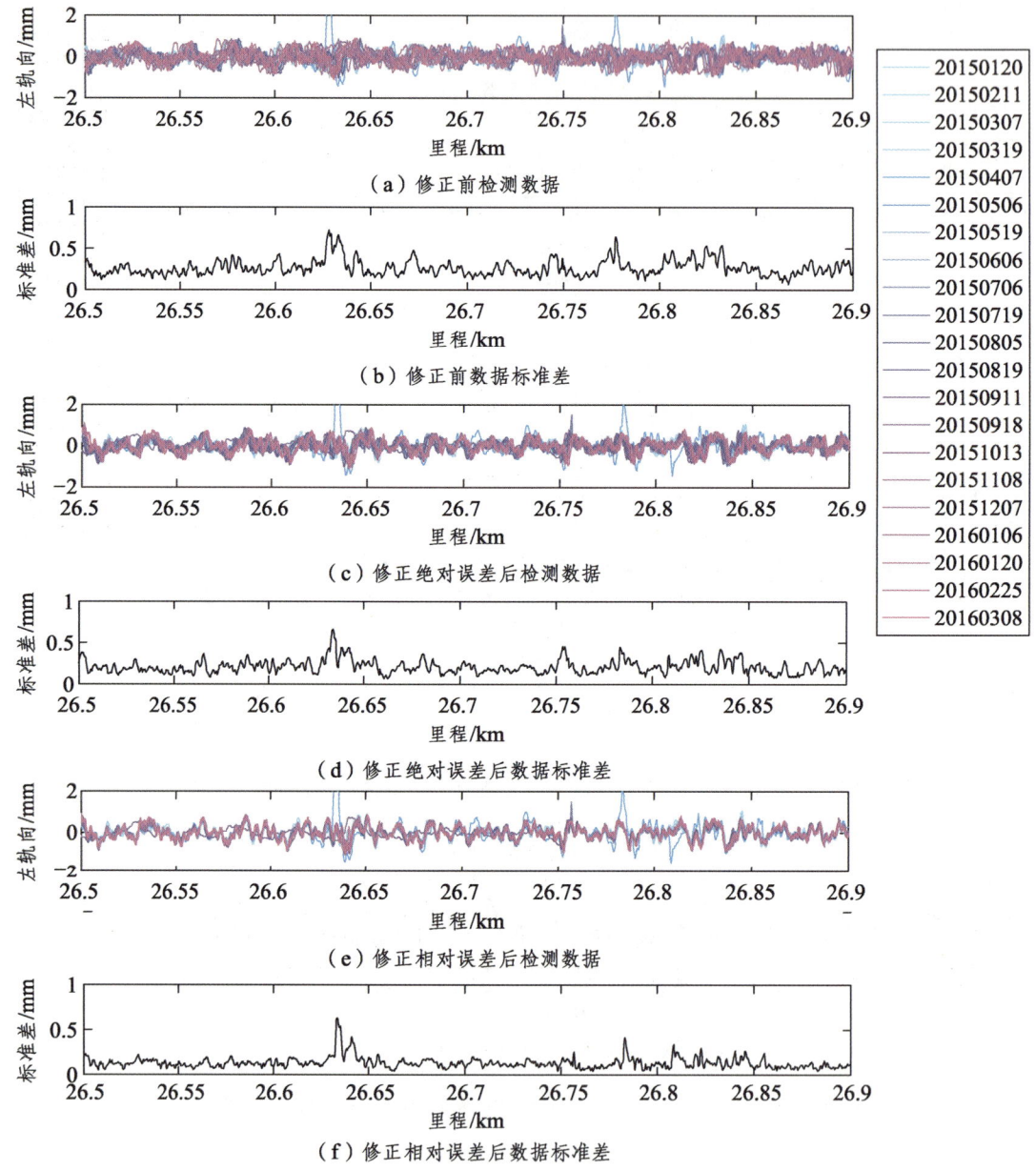

图 3-44 K26+500~K26+900 处左轨向里程修正效果

从图 3-44 可以看出：在处理数据的相对里程误差后，有两次左轨向检测数据也存在异常值，但这两次检测数据的区段异常值不影响正常采样区段的里程误差处理，其余次采样数据的里程误差均得到了较好的修正，检测数据波形较为吻合，并能有效地为养护维修管理人员判断轨道几何状态、制定科学的维护管理策略提供数据支撑。

综上，本节所提出的里程误差处理模型具有较好的稳定性，在检测数据出现较多异常值时，采用多通道处理方法可以有效地对该区段内里程误差进行处理。

3.3.4 关键参数分析

在绝对里程误差的评估中，由于曲线主点个数较少，该评估算法有着较高的计算效率。而相对里程误差的评估需要逐区段计算里程误差，因此模型窗长对计算效率有着显著的影响，但过大的窗长会导致采用一个相对里程误差值代替整个较长区段的相对里程误差，进而降低模型的评估与修正精度，因此需要对相对里程误差评估模型的窗长参数进行分析。

采用不同的窗长对检测数据的相对里程误差进行评估与修正，并采用同一个窗长值（40 m）对相对里程误差进行检算，将里程误差值的 3 倍标准差作为修正精度（置信度 99.7%）。最终可得到窗长 40 m 工况下，处理里程误差后的残余相对里程误差频数统计分布如图 3-45 所示：

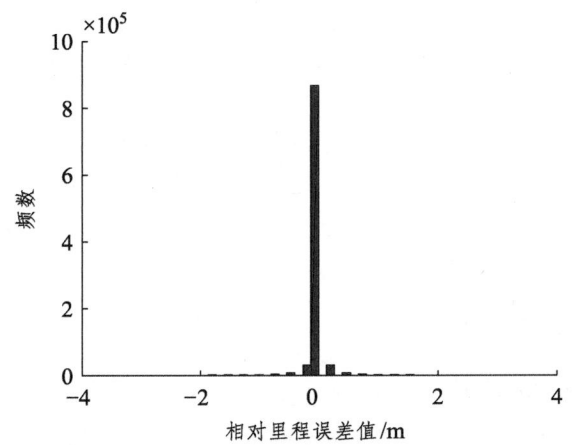

图 3-45 窗长 40 m 修正里程后残余相对里程误差

窗长为 40 m 时修正里程误差后，残余相对里程误差的标准差为 0.18 m，3 倍标准差值为 0.54 m，因此可认为在窗长为 40 m 时，计算得到检测数据相对里程误差可以控制在 0.54 m。同理可以计算得到不同窗长参数与修正精度的对应关系如下所示：当计算窗长过小时，不仅增加计算时长还降低修正精度，其可能是窗长过小导致包含数据波形特征较少，此时计算区段相对里程误差时会出现较多的错误匹配区段。当窗长从 40 m 变大至 120 m 时，修正精度从 0.54 m 降至 0.59 m；而当窗长参数大于 120 m 时，随着窗长参数的变大，修正精度呈现急剧降低趋势，如图 3-46 所示。因此，本节建议模型的窗长参数取 40～120 m 较为合理。

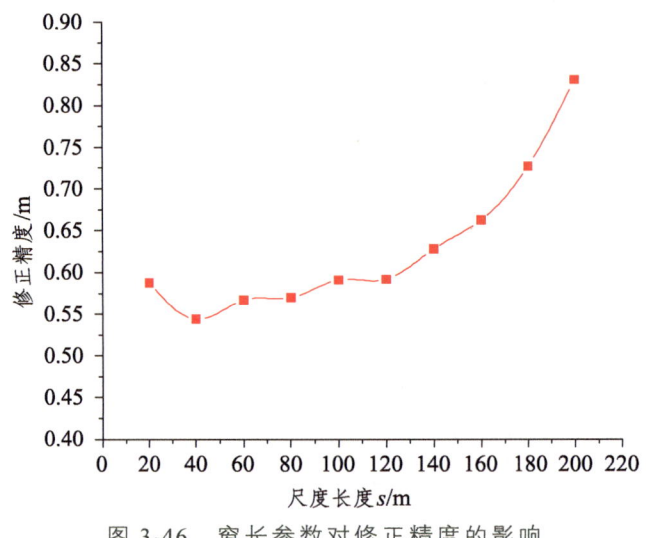

图 3-46　窗长参数对修正精度的影响

3.4　基于多次检测数据的轨道不平顺异常值处理模型

轨道几何状态劣化、钢轨表面伤损（擦伤、轨面不均匀磨耗等）或接头、焊缝等特殊结构均会引起较大的幅值或轨道不平顺变化率。因此，合理处理轨道不平顺检测数据中的异常值对获取可靠的轨道状态数据、识别轨道异常状态、指导高速铁路线路维护管理与保障列车运营安全具有重要意义。

3.4.1　轨道不平顺波动特征分析

1. 轨道不平顺波动特征定义

基于里程误差处理后的轨道不平顺检测数据，可以分析时间历程下轨道几何状态的波动情况，从而进一步掌握轨道不平顺的特征。由于受气温、混凝土伸缩徐变、下部基础的服役状态变化等因素影响[1]，某位置处局部动态不平顺会出现波动情况。应注意到该轨道动态不平顺的波动可能造成列车运行品质下降，同时也存在提升运行品质的可能

---

[1] 罗浩，郭向荣，汪建群，等. 混凝土收缩徐变对高速铁路大跨度预应力混凝土连续梁的列车走行性影响研究[J]. 公路交通科技（应用技术版），2017，13（11）：214-217.

性。假设 $t(t=1,2\cdots m)$ 时测得 $k(k=1,2\cdots n)$ 位置处动态不平顺幅值为 y_{tk}，该位置处的时间历程下轨道动态不平顺均值 $\bar{y}_k$ 与标准差 σ_k 如下所示：

$$\begin{cases} \sigma_k = \sqrt{\dfrac{1}{m}\sum_{t=1}^{m}(y_{tk}-y_k)^2} \\ \bar{y}_k = \dfrac{1}{m}\sum_{t=1}^{m} y_{tk} \end{cases} \quad (3\text{-}44)$$

式中：m 表示最近一次检测的时间。

σ_k 表征时间历程下轨道动态不平顺的波动程度。当 σ_k 较小时，表明轨道几何状态较为稳定，在时间历程数据下表现差异小；当 σ_k 较大时，则在时间历程下的轨道动态不平顺差异较大，轨道几何状态波动较大。考虑到在长期服役中轨道几何状态的变化，以及测量系统误差的影响，因此选取约一年不平顺测量数据的 $3\sigma_k$ 作为轨道波动特征的代表值。该指标可以体现一年周期气温、线路状态劣化等综合因素对线路几何状态的影响。

2. 不同下部基础的轨道不平顺波动

我们分别计算不同下部基础的轨道高低、轨向、轨距、水平与三角坑不平顺时间历程标准差，进而分析轨道几何状态随时间的波动情况，其中基础类型1、2、3分别对应轨道的下部结构为路基、桥梁与隧道。

1）高低不平顺波动（图3-47）

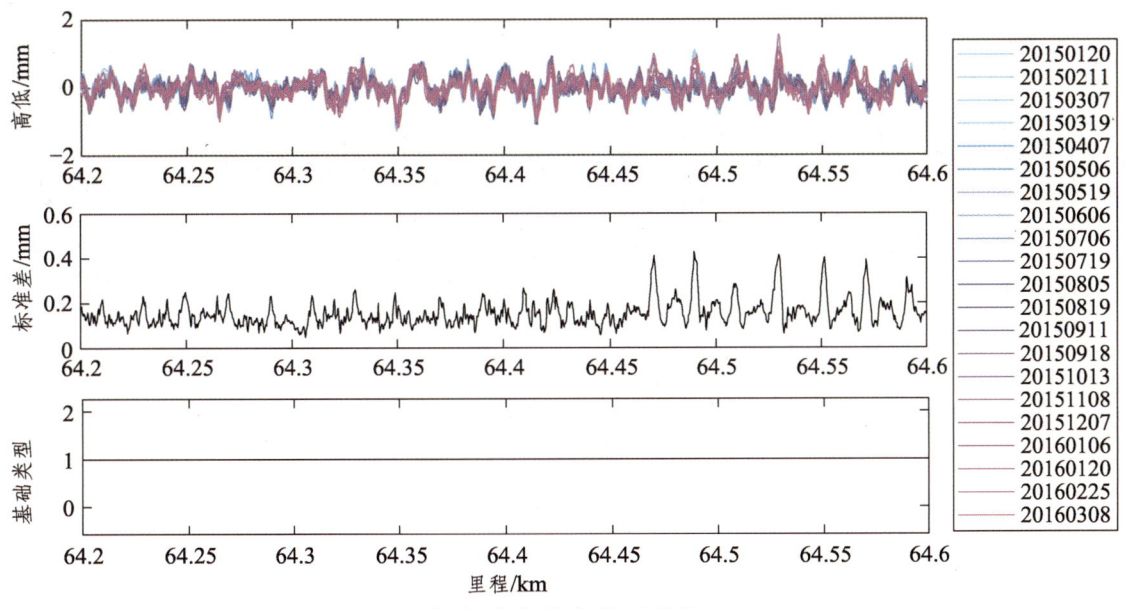

（a）路基段高低不平顺

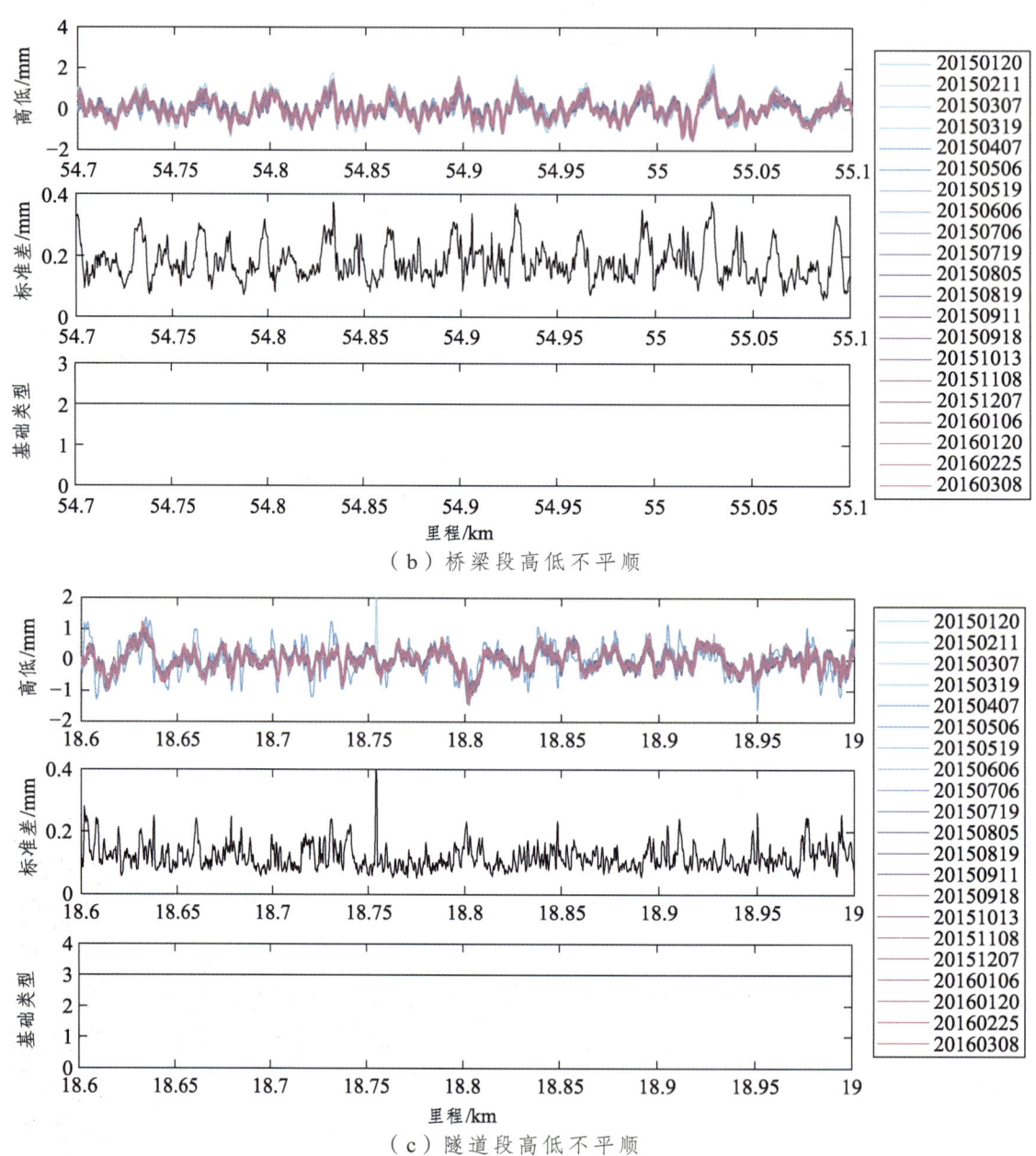

（b）桥梁段高低不平顺

（c）隧道段高低不平顺

图 3-47 线路高低不平顺

由图 3-47 可以看出：在一年周期内，路基段高低不平顺的时间历程标准差主要分布在 0.1~0.25 mm，同时底座板端部与中部标准差值能达到 0.4 mm；桥梁段高低不平顺的时间历程标准差值主要分布在 0.1~0.3 mm，桥梁端部与中部的时间历程标准差值主要为 0.3~0.4 mm，并明显大于其余位置处的时间历程标准差值；隧道段检测数据受异常值影响较大，删除异常检测数据后其标准差主要分布在 0.1~0.2 mm。

本节将 3 倍标准差值当作桥梁波动特征代表值，由此可以得到该线路一年时间内路基、桥梁、隧道段高低动态不平顺波动主要分布在 0.3~1.2 mm、0.3~1.2 mm、0.3~0.6 mm。

桥梁段高低动态不平顺随着时间主要呈现以周期性为主的几何状态变化。温度较低月份（1月）的桥梁端部高低不平顺幅值较大；高温辐射等因素导致桥梁受温度梯度的影响，温度较高月份（7月）的桥梁中部高低幅值较大。

2）轨向不平顺波动（图 3-48）

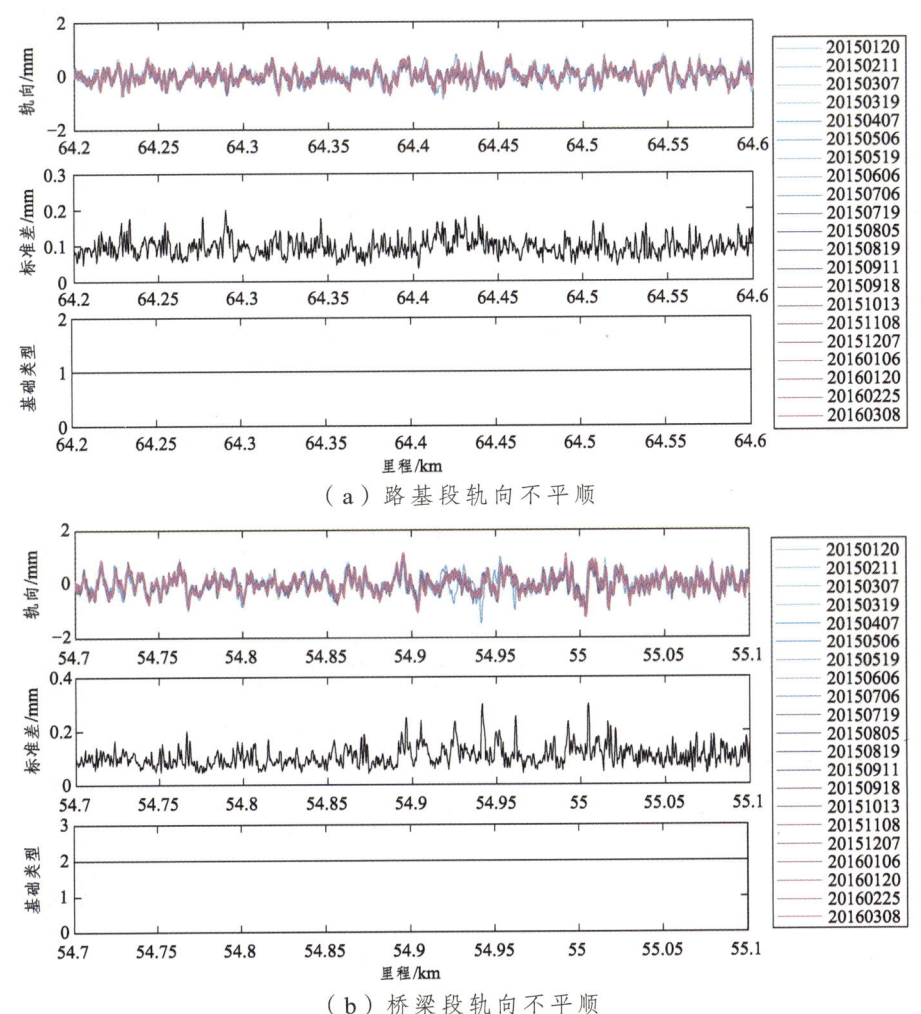

（a）路基段轨向不平顺

（b）桥梁段轨向不平顺

3 轨道动态检测数据里程误差修正研究

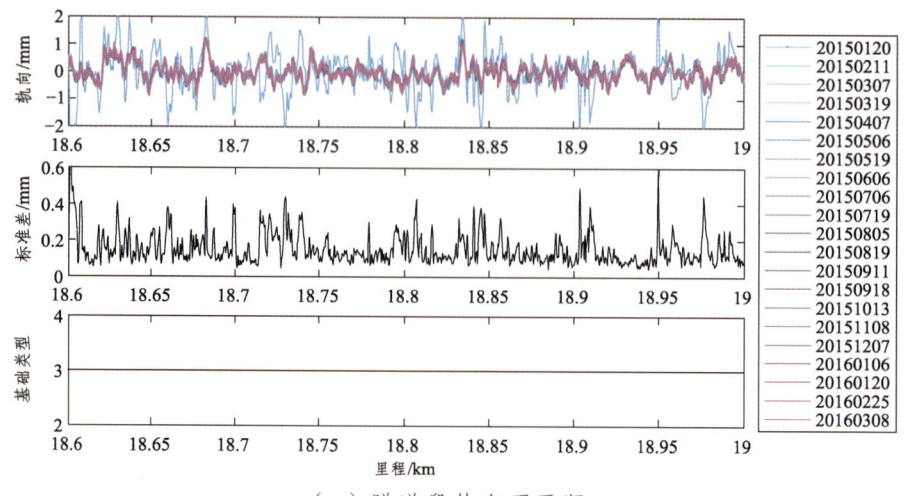

（c）隧道段轨向不平顺

图 3-48 线路轨向不平顺

由图 3-48 可以看出：在一年周期内，路基、桥梁、隧道段轨向不平顺的时间历程标准差无明显区别，主要分布在 0.1～0.15 mm，少数位置处桥上轨道轨向的时间历程标准差值达到 0.2 mm（如 K64+290、K54+900）。最终可以得到该线路一年时间内桥梁轨向动态不平顺波动主要分布在 0.3～0.6 mm 范围内。

同样可以看出：当存在异常值时，采用时间历程的标准差判断轨道波动状态存在失真情况，此时标准差不能反映几何状态的波动。

既有研究从频域角度发现桥上轨向不平顺的轨道谱无特征波长，结合图 3-48 同样可以发现：轨向不平顺的波动与桥梁结构关联较弱。

3）轨距不平顺波动（图 3-49）

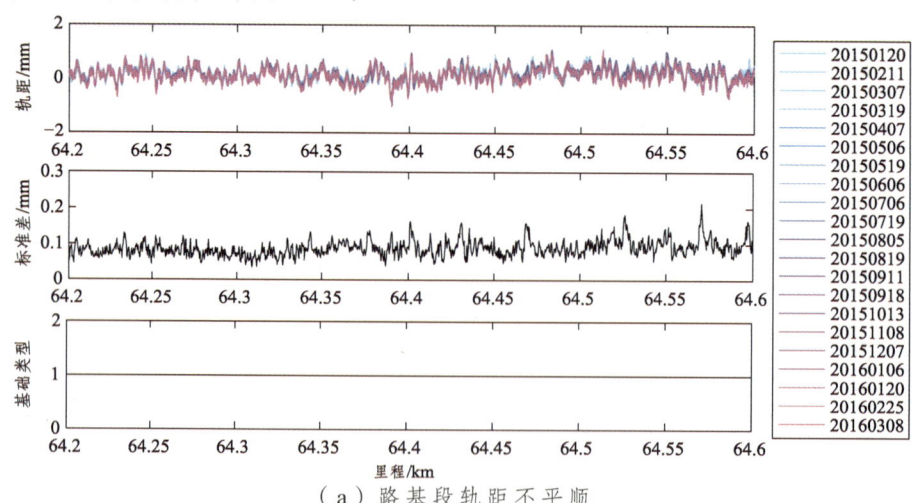

（a）路基段轨距不平顺

3.4 基于多次检测数据的轨道不平顺异常值处理模型

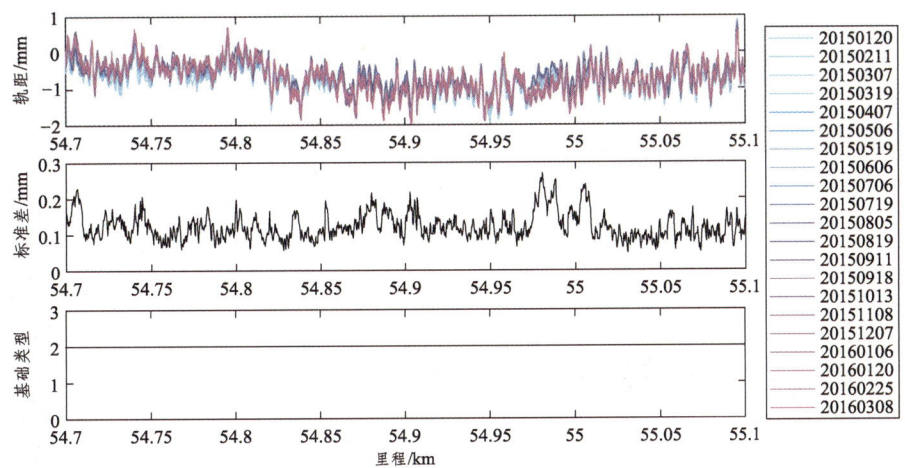

（b）桥梁段轨距不平顺

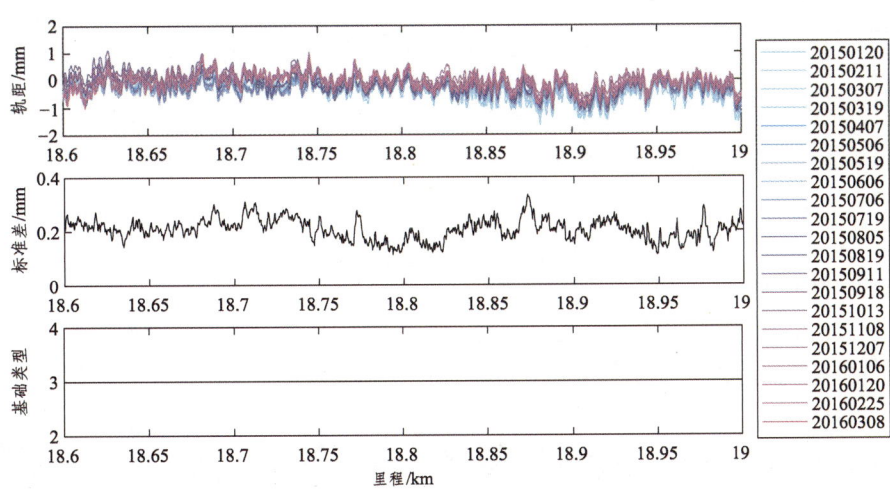

（c）隧道段轨距不平顺

图 3-49　线路轨距不平顺

由图 3-49 可以看出：在一年周期内，路基、桥梁、隧道段轨距不平顺的时间历程标准差分别分布在 0.05~0.15 mm、0.1~0.2 mm、0.15~0.3 mm 内，由此可以得到该线路一年时间内路基、桥梁、隧道轨距动态不平顺波动主要分布在 0.15~0.25 mm、0.3~0.6 mm、0.45~0.9 mm 范围内。

3 轨道动态检测数据里程误差修正研究

此外，轨距的波动受季节影响较小，一年周期内轨距不平顺幅值呈现持续上升或下降趋势。

4）水平不平顺波动（图3-50）

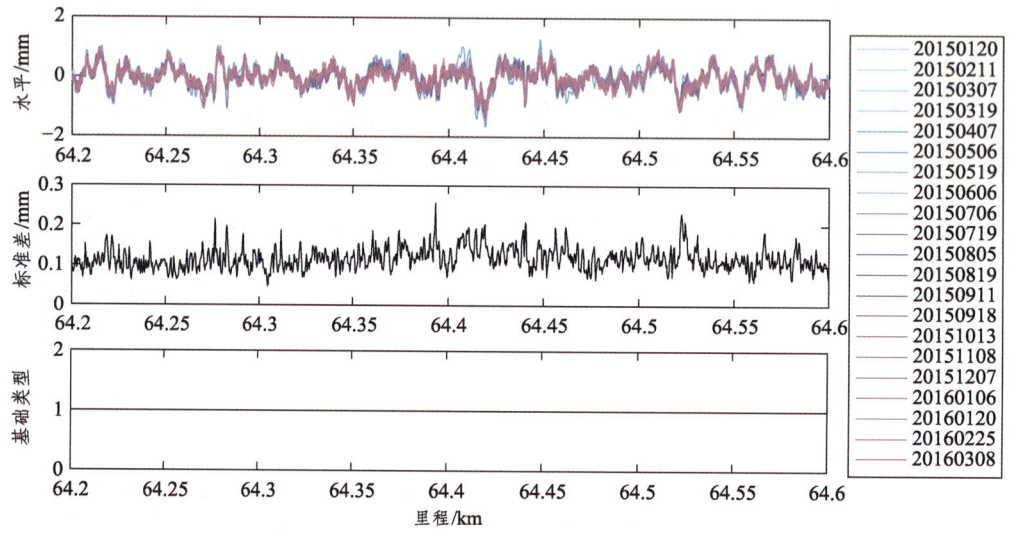

（a）路基段水平不平顺

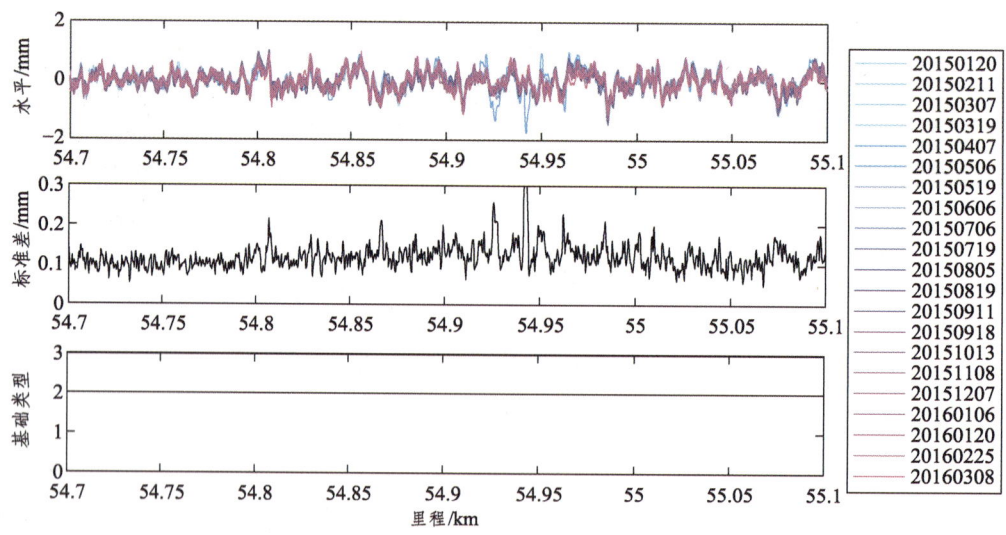

（b）桥梁段水平不平顺

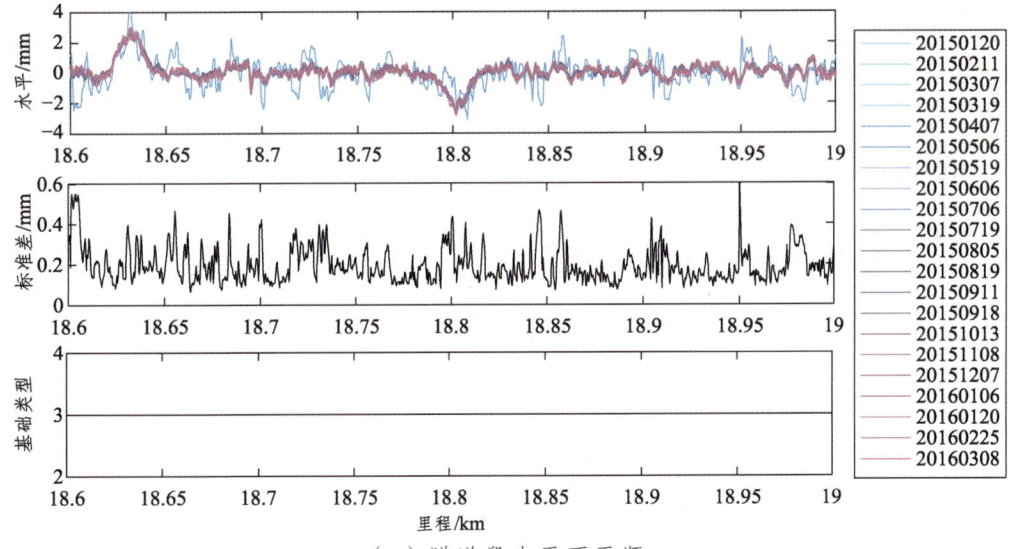

（c）隧道段水平不平顺

图 3-50　线路水平不平顺

由图 3-50 可以看出：在一年周期内，路基、桥梁、隧道段水平不平顺的时间历程标准差整体差异不大，大致分布在 0.1～0.15 mm，少部分区段能达到 0.2 mm，如 K54+810 处。由此可以得到该线路一年时间内路基、桥梁、隧道水平动态不平顺波动主要分布在 0.3～0.45 mm 范围内。

5）三角坑不平顺波动（图 3-51）

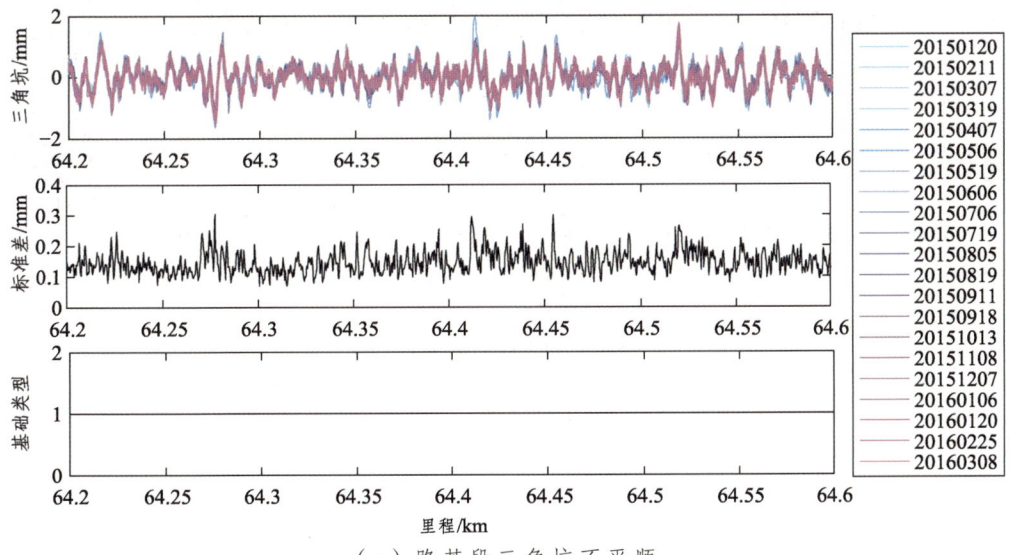

（a）路基段三角坑不平顺

3 轨道动态检测数据里程误差修正研究

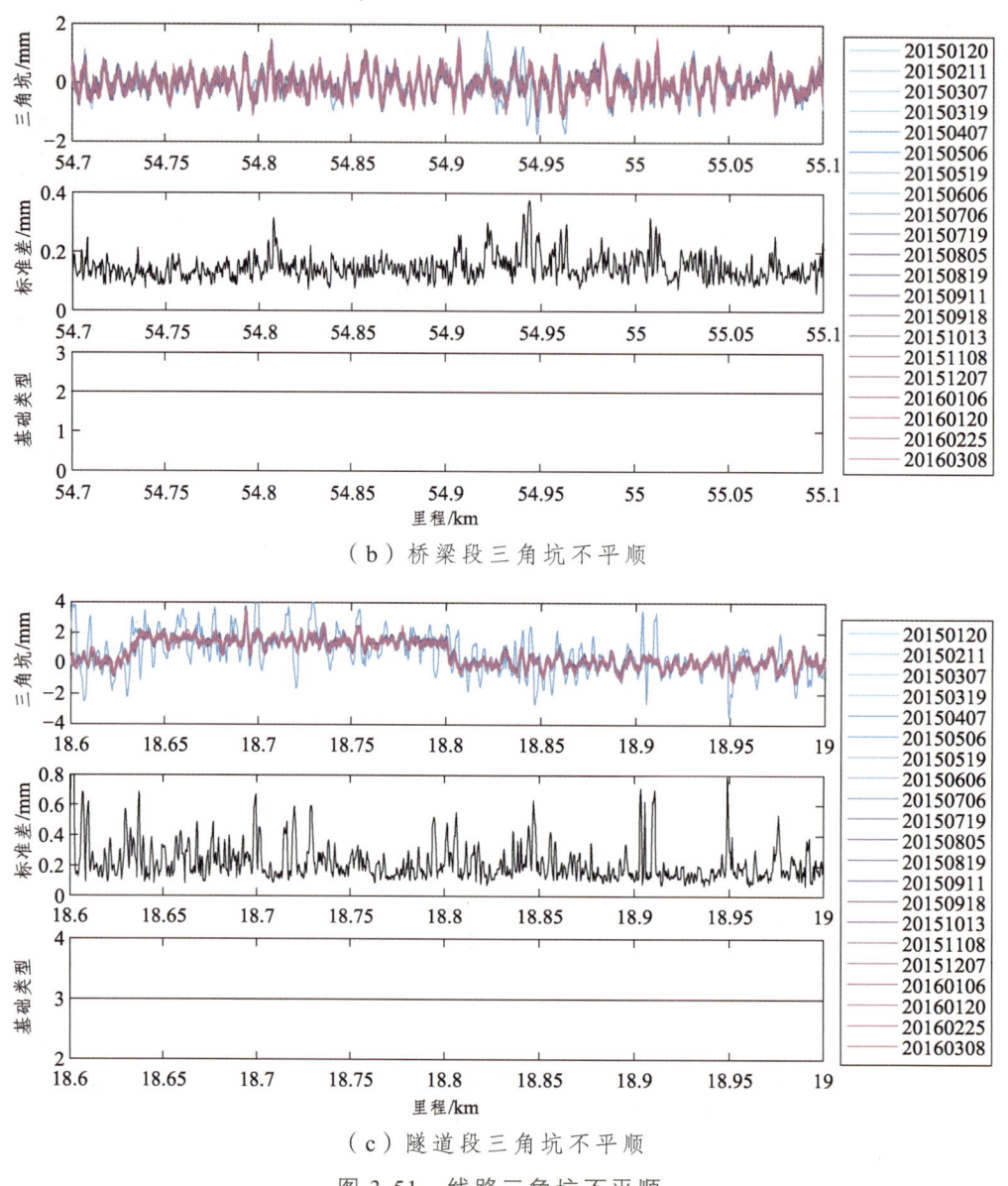

（b）桥梁段三角坑不平顺

（c）隧道段三角坑不平顺

图 3-51 线路三角坑不平顺

由图 3-51 可以看出：在一年周期内，路基、桥梁、隧道段三角坑不平顺的时间历程标准差整体差异不大，大致分布在 0.1～0.25 mm，少部分能达到 0.3 mm，如 K55+015 处。由此可以得到该线路一年时间内路基、桥梁、隧道三角坑动态不平顺波动主要分布在 0.3～0.75 mm 范围内。

3.4 基于多次检测数据的轨道不平顺异常值处理模型

综上,在一年周期内轨道几何不平顺波动程度由强到弱分别为:高低、轨距、三角坑、轨向、水平。同时,检测数据异常值会对基于时间历程判断轨道不平顺波动情况产生较大干扰,因此需要对数据异常值进行处理。

3.4.2 异常值识别

由于轨道不平顺幅值或者变化率过大的异常状态与轨道不平顺检测数据的异常值较为相似,因此采用单次检测数据处理轨道异常值时,会出现将部分轨道状态检测数据错误识别为异常值,或者将异常值错误识别为正常检测数据的现象。

如图 3-52 所示:根据单次检测数据,可以发现Ⅰ、Ⅱ、Ⅲ处的轨道几何状态较差,或者有可能均为异常值。结合时间历程检测数据可以发现:当出现几次、重复的"尖峰"波形时,表明该局部不平顺测量值可靠性较高,并表明该处轨道几何状态较差(如Ⅰ、Ⅲ);而仅某次测量数据出现"尖峰"波形,则表明该测量波形是异常值的概率较大。因此,为更准确地识别轨道几何不平顺中的测量异常值,本节提出基于时间历程的轨道异常值识别模型。

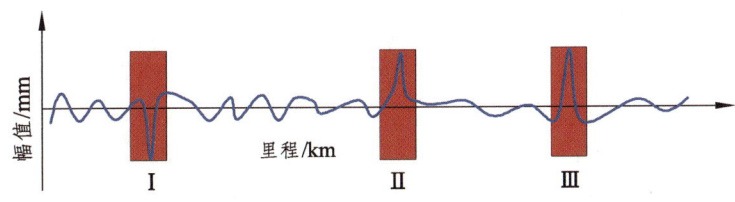

(a)轨道不平顺沿里程分布

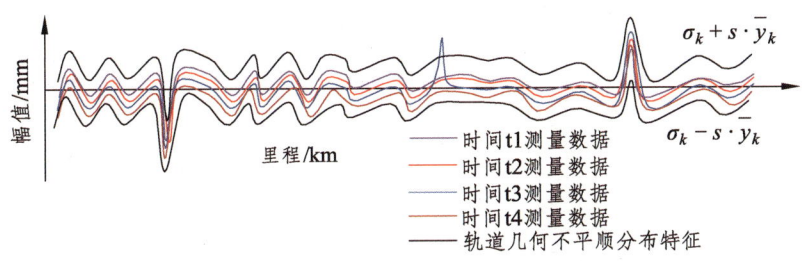

(b)时间历程轨道不平顺波形特征

图 3-52 轨道不平顺变化特征

分析轨道不平顺波动特征时发现:时间历程检测数据标准差容易受异常值影响,从而导致该标准差值突然过大。因此,在识别轨道不平顺异常值时引入时间历程检测数据的标准差,综合考虑轨道不平顺的随机特点,定义基于轨道动态不平顺均值 $\bar{y}_k$ 与标准差 σ_k 的不平顺特征阈值范围[图 3-52(b)中黑线]如式(3-45)、式(3-46)所示:

$$\bar{y}_k - s \cdot \sigma_k \leqslant y_{tk} \leqslant \bar{y}_k + s \cdot \sigma_k \tag{3-45}$$

$$\begin{cases} \sigma_k = \sqrt{\dfrac{1}{m}\sum_{t=1}^{m}(y_{tk} - y_k)^2} \\ \bar{y}_k = \dfrac{1}{m}\sum_{t=1}^{m} y_{tk} \end{cases} \tag{3-46}$$

一般 s 取 3~4，当线路几何状态波动较大时可取为 4，当线路几何状态波动较稳定时可取为 3。上式从统计角度表明：受测量系统误差、轨道状态劣化等因素影响，不同位置处的轨道几何状态会出现不同程度的波动，但该波动与时间历程检测的状态数据有密切的关系。当轨道的某时间检测的局部不平顺 y_{tk} 满足上式时，该局部不平顺测量值可信度较高；而测量值 y_{tk} 超出特征阈值范围时，则可认为是该处轨道不平顺出现突然变化。

轨道不平顺测量值出现突变，除了是由于测量数据出现异常外，养护维修作业扰动、钢轨表面伤损、线路几何状态劣化等原因也可能导致轨道几何状态出现变化。因此，在处理时间 t 数据时，应首先将得到的轨道不平顺波形突变区段定义为"疑似异常值"，并按照该异常值修正算法对该局部不平顺进行处理。获取 $t+1$ 检测数据后，应对该局部不平顺进行校核。

此外，考虑到经过里程误差处理后，残余相对里程误差控制在 0.5 m 内，因此采用窗长为 1 m 的均值滤波方式削弱里程误差的影响。结合轨道不平顺变化率与不平顺特征阈值，定义轨道不平顺异常值识别算法如式（3-47）、式（3-48）：

$$p_k = \begin{cases} 1 & (|w| \leqslant \gamma) \,\&\, (\sigma_k^* - s\bar{y}_k^* \leqslant y_{tk} \leqslant \sigma_k^* + s\bar{y}_k^*) \\ 0 & \text{else} \end{cases} \tag{3-47}$$

$$\begin{cases} \sigma_k^* = \sqrt{\dfrac{1}{m}\sum_{t=1}^{m}(y_{tk}^* - \bar{y}_k^*)^2} \\ \bar{y}_k^* = \dfrac{1}{m}\sum_{t=1}^{m} y_{tk}^* \\ w = \dfrac{y_{tk} - y_{t(k-1)}}{d} \\ y_{tk}^* = \dfrac{1}{2h+1}\sum_{r=-h}^{h} x_{t(k+r)} \end{cases} \tag{3-48}$$

式中：$p_k = 1$ 表示 k 位置处测量值不是异常值，$p_k = 0$ 表示 k 位置处测量值是异常值；

d——测量点间距，通常为 0.25 m；

h——均值滤波窗长的一半，一般取 0.5 m；

w——轨道不平顺变化率；

y_{tk}^*——不平顺的有效值，即经过均值滤波后的不平顺。

过大的不平顺变化率阈值 γ 会导致难以识别不平顺变化率较小的异常值，本节最终取 $\gamma = 2‰$，从而避免异常值识别结果过于保守。

3.4.3 异常值修复

轨道异常值处理首先是能准确识别轨道几何不平顺检测数据的异常值，其次是合理修复轨道几何不平顺的异常值，最终为工务部门及时提供可靠的轨道局部不平顺数据，指导现场作业人员科学合理地维护管理铁路。

既有文献表明：在不同温度、下部基础条件下，不同线路的轨道几何状态劣化差异较大；在相同条件下，同一条线路上不同里程位置处或同一位置处不同时间段的轨道几何不平顺劣化率差异也较大。基于此，本节根据时间历程检测数据对轨道不平顺异常值进行修正。

假设 t 时间 k 位置处轨道几何不平顺检测数据 y_{tk} 被识别为异常值，此时，对异常值的处理可理解为：测量值 y_{tk} 完全失真并应采用最接近 y_{tk} 的值进行替换。为兼顾计算精度与效率，本节采用线性预测模型计算 y_{tk}，考虑到较长时间范围内轨道不平顺的演变规律存在较大变化，为避免时间跨度大导致预测精度较低，本节选取异常值处最近半年检测数据对 k 处的异常值进行线性预测，其公式如式（3-49）所示：

$$y_j = \alpha_j + \beta_j \cdot t \tag{3-49}$$

其中采用最小二乘法对参数 α_j、β_j 进行估计，由此可得到参数的估计值 $\hat{\alpha}_j$、$\hat{\beta}_j$ 计算式如式（3-50）所示：

$$\begin{cases} \hat{\beta}_j = \dfrac{\sum\limits_{i=1}^{m}(t_i - \bar{t})(y_{tk} - \bar{y}_k)}{\sum\limits_{i=1}^{m}(t_i - \bar{t})^2} \\ \hat{\alpha}_j = \bar{y} - \hat{\beta}_j \cdot \bar{x} \end{cases} \tag{3-50}$$

式中：t_i 表示测量时间（d）；$\bar{t} = \dfrac{1}{m}\sum\limits_{i=1}^{m} t_i$。

当检测数据产生异常值的时间较早时，直接采用线性拟合会由于数据过少导致拟合的误差过大，因此定义如下：当 t 时刻前检测数据少于 3 次时，则采用检测数据的均值进行替换。最终可得到如下表达式：

$$y_{tk} = \bar{y}_k = \dfrac{1}{m-1}\sum\limits_{t=t_1}^{t_{m-1}} y_{tk} \tag{3-51}$$

上式根据多次不平顺检测数据的真实变化规律对异常值进行科学合理替代,从而提高了处理不平顺检测数据中异常值的可靠性和精度。

3.4.4 实例分析

1. 异常值识别与修复

如图 3-53 所示:某客运专线里程 K91+830 处轨道高低不平顺幅值明显较大且高低变化率(3.1‰)超限,既有算法易将该局部不平顺识别为异常值。而通过对比时间历程高低不平顺检测数据(图 3-54)可以发现:在历次检测数据中,该局部不平顺的幅值与变化率均较大,呈现"尖峰"的波形特征。通过本节算法计算发现该局部不平顺在不平顺阈值变化范围内(图中黑线所示),因此该局部不平顺测量值具有较高置信度,即该测量值真实可靠。

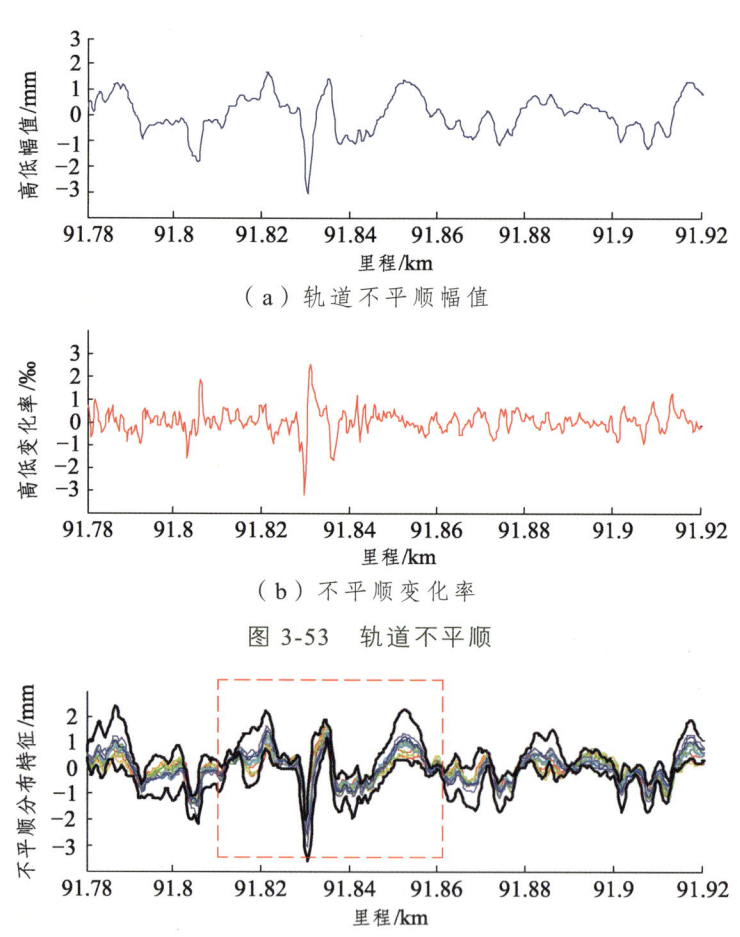

(a)轨道不平顺幅值

(b)不平顺变化率

图 3-53 轨道不平顺

(a)时间历程检测数据及阈值范围

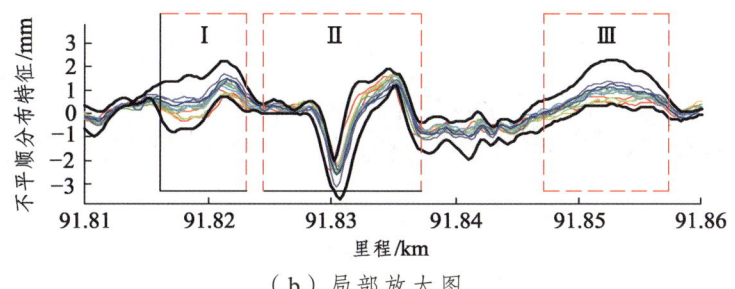

（b）局部放大图

图 3-54 时间历程检测数据

同时，从图 3-54 可以进一步得到轨道不平顺阈值特性如下：

（1）轨道不平顺阈值与轨道不平顺波形变化趋势一致。

（2）当某位置处轨道状态劣化缓慢、不同时间检测轨道不平顺差异较小时（位置Ⅱ处），轨道不平顺特征阈值范围较窄。

（3）当某处轨道几何状态波动较大（如Ⅰ、Ⅲ）时，轨道不平顺阈值也随之范围变大，以适应轨道波动特征。

综上，本节算法通过综合考虑时间历程检测数据，并结合轨道不平顺变化特征，能有效地提高异常值的识别精度，使检测数据更加接近轨道的真实状态。

2. 异常值修正

如图 3-55 所示：当测量得到的局部不平顺被识别为异常值时，可以看出该局部不平顺超出不平顺特征阈值范围，此时测量值的可靠度较低，该局部不平顺被判断为"疑似异常值"，因此需要对该局部不平顺进行处理。

在异常值的处理中，既有文献采用的 1‰ 变化率方法与本节提出的异常值修正方法均能有效地消除局部不平顺的"毛刺"。但结合时间历程检测数据可以发现：直接采用 1‰ 变化率的方法由于在处理局部不平顺时，忽视了不同局部不平顺具有不同的特征，因此修正后的数据会明显改变轨道局部不平顺，进而影响轨道状态的评估精度与轨道劣化规律的判断；本节提出的异常值修复方法通过结合时间历程检测数据，能有效地保持检测数据波形趋势，从而更为可靠地复原该位置处的几何不平顺，最大限度地减少异常值带来的不利影响。

3. 动力学仿真

高速客车转向架多为无摇枕、无摇动台、无旁承结构，针对此特性，我们建立其车辆动力模型。如图 3-56～图 3-58 所示：车辆可看作一个七刚体结构：1 个车体、2 个转向架和 4 个轮，整个车辆子系统共有 31 个自由度，见表 3-5。

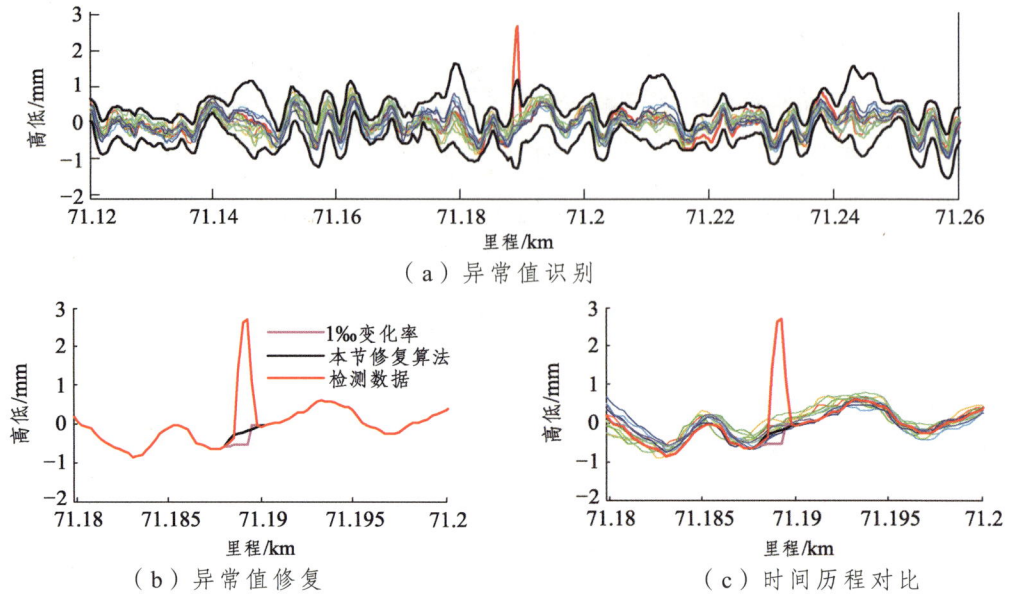

(a) 异常值识别

(b) 异常值修复

(c) 时间历程对比

图 3-55 异常值修复效果

表 3-5 机车车辆模型自由度

自由度	横移	沉浮	侧滚	点头	摇头
车体	Y_c	Z_c	φ_c	β_c	ψ_c
构架（$i=1\sim 2$）	Y_{ti}	Z_{ti}	φ_{ti}	β_{ti}	ψ_{ti}
轮对（$i=1\sim 4$）	Y_{wi}	Z_{wi}	φ_{wi}	—	ψ_{wi}

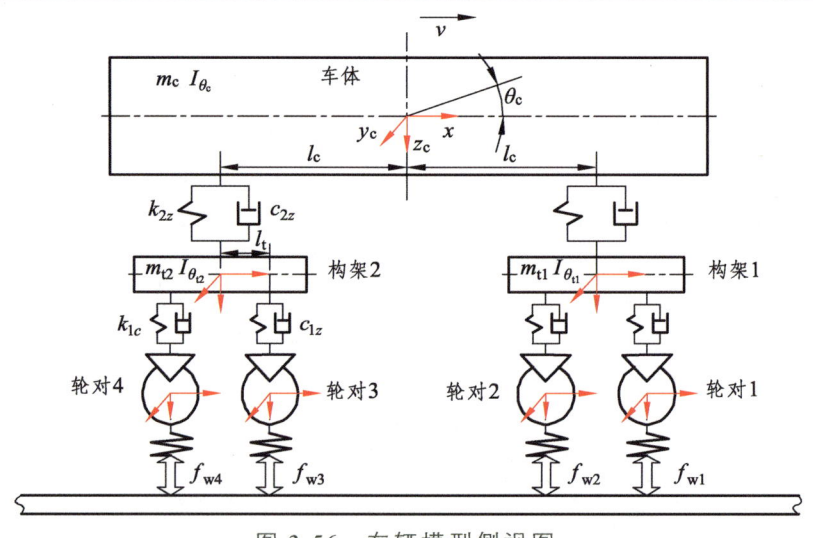

图 3-56 车辆模型侧视图

3.4 基于多次检测数据的轨道不平顺异常值处理模型

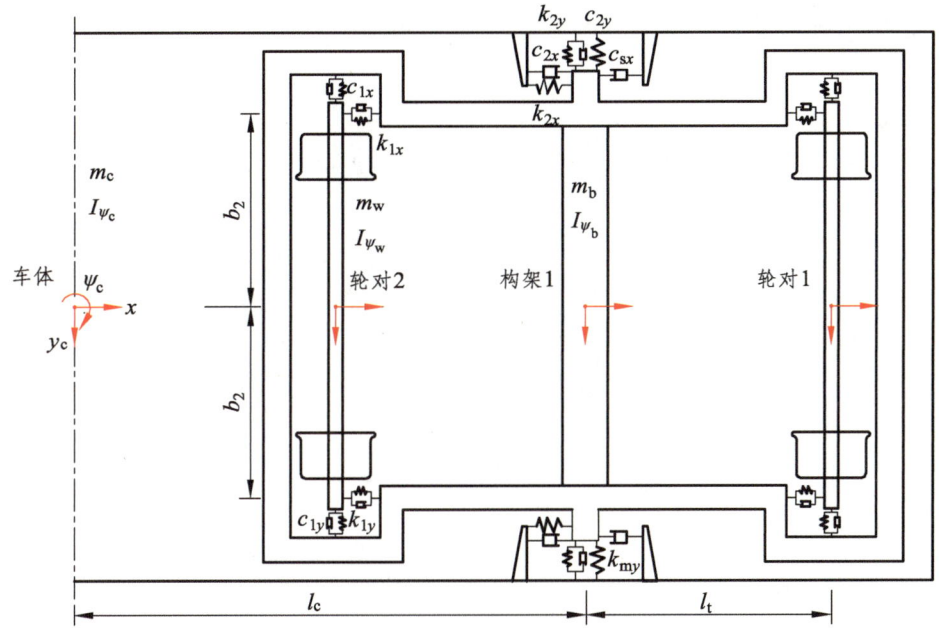

图 3-57 车辆模型俯视图

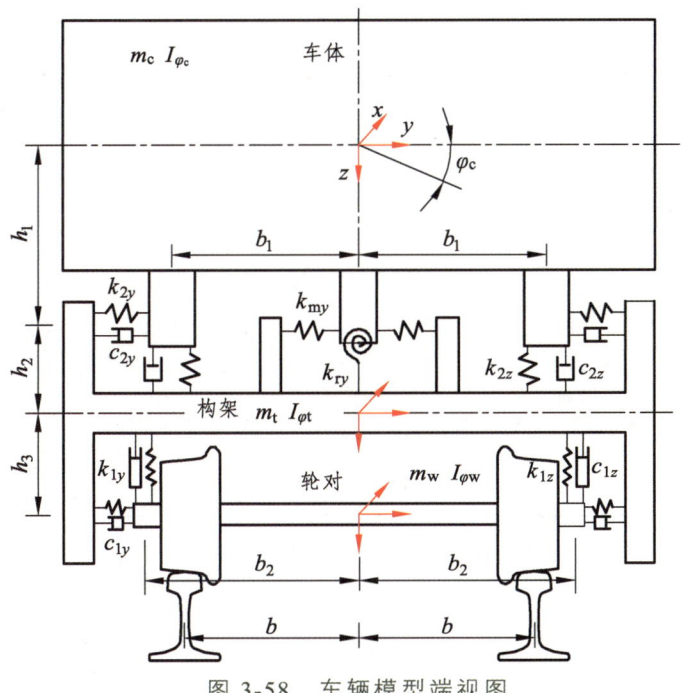

图 3-58 车辆模型端视图

图中，所用符号的含义如下：

m_c、m_t、m_w——车体、构架和轮对质量（kg）；

I_{θ_c}、I_{φ_c}、I_{ψ_c}——车体绕 x、y、z 轴转动惯量（kg·m²）；

$I_{\theta_{t2}}$、$I_{\varphi_{t2}}$、I_{ψ_b}——构架绕 x、y、z 轴转动惯量（kg·m²）；

I_{ψ_w}、I_{φ_w}——轮对绕 x、z 轴转动惯量（kg·m²）；

k_{2x}、k_{2y}、k_{2z}——二系悬挂纵向、横向、垂向刚度（转向架一侧，N/m）；

c_{2x}、c_{2y}、c_{2z}——二系悬挂纵向、横向、垂向阻尼（转向架一侧，N·s/m）；

k_{1x}、k_{1y}、k_{1z}——一系悬挂纵向、横向、垂向刚度（每轴箱，N/m）；

c_{1x}、c_{1y}、c_{1z}——一系悬挂纵向、横向、垂向阻尼（每轴箱，N·s/m）；

k_{my}、k_{ry}——横向止挡、抗侧滚刚度 N/m；

c_{sx}——抗蛇行减振器阻尼（N·s/m）；

x、y、z——纵向、横向、垂向坐标（m）；

h_1、h_2、h_3——车体质心与摇枕质心的距离、摇枕质心与构架质心的距离、构架质心与轮对质心的距离（m）；

l_c、l_t——车辆定距之半、车辆固定轴距之半（m）；

b_1——中央弹簧横向距离之半（m）；

b_2——轴箱弹簧横向距离之半（m）；

同时，为尽可能模拟列车悬挂系统的减振作用，模型中考虑了空气弹簧、轴箱转臂节点、垂横向减振器、抗蛇行减振器、横向止挡和牵引拉杆等力元作用。车辆采用 CRH2A，车辆基本参数、质量、转动惯量和重心的参数见表 3-6 和表 3-7。

表 3-6 车辆基本参数

车辆参数	值/mm
转向架中心距	17 500
轴距	2 500
车轮滚动圆横向跨距	1 493
车轮滚动圆直径	860
轮对内侧距	1 353

表 3-7 质量、转动惯量和重心

车辆参数	数值	单位
车体空载质量	35.199	t
车体侧滚转动惯量	119.8	t·m²

续表

车辆参数	数值	单位
车体点头转动惯量	1 718.6	$t \cdot m^2$
车体摇头转动惯量	1 620.2	$t \cdot m^2$
重心位置	1.51	m
构架质量	3.63	t
构架侧滚转动惯量	2.94	$t \cdot m^2$
构架点头转动惯量	1.99	$t \cdot m^2$
构架摇头转动惯量	3.63	$t \cdot m^2$
构架重心位置	0.48	m
轮对质量	1.794	t
轮对侧滚转动惯量	0.9	$t \cdot m^2$
轮对点头转动惯量	0.22	$t \cdot m^2$
轮对摇头转动惯量	0.95	$t \cdot m^2$

车辆的横向止挡非线性曲线如图 3-59 所示：

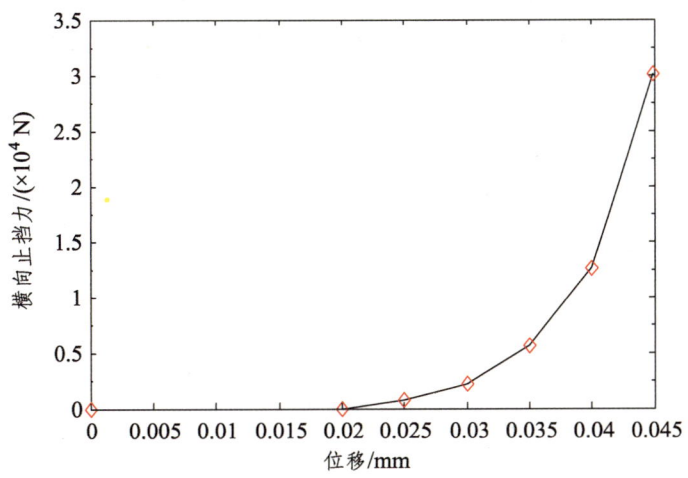

图 3-59 横向止挡力-位移曲线

轮轨法向作用力可用赫兹非线性弹性接触理论进行求解，其计算公式见式（2-19）。切向力采用 Kalker 理论进行计算。根据该理论，在线性范围内轮轨间的蠕滑力可表示为：

$$\begin{cases} F_x = -f_{11}\xi_x \\ F_y = -f_{22}\xi_y - f_{23}\xi_{sp} \\ M_z = f_{23}\xi_y - f_{33}\xi_{sp} \end{cases} \quad (3\text{-}52)$$

式中：F_x、F_y、M_z——纵、横向蠕滑力和旋转蠕滑力矩；

ζ_x、ζ_y、ζ_{sp}——纵、横向和旋转蠕滑率；

f_{11}、f_{22}、f_{33}——纵、横向和旋转蠕滑系数；

f_{23}——旋转/横向蠕滑系数。

采用 SIMPACK 软件建立车辆动力学模型，车轮踏面采用 LMA，钢轨采用标准的 CHN60，运行速度为 200 km/h，可得到在该线路 K91+810～K91+860 高低不平顺激励下的动力响应如图 3-60 所示。

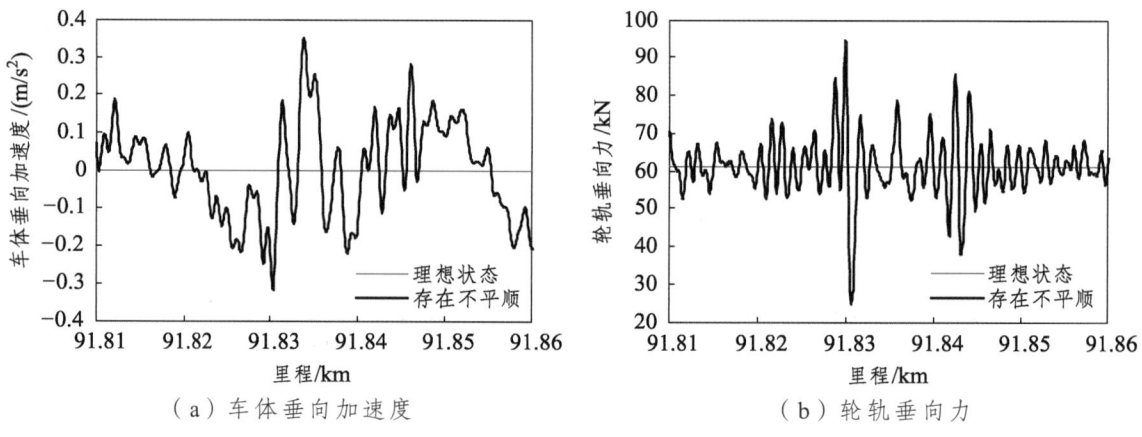

（a）车体垂向加速度　　　　（b）轮轨垂向力

图 3-60　车辆垂向动力响应

从上述计算结果可以看出：列车在经过该局部不平顺时，车体的垂向振动加速度变化较小，极大值为 0.35 m/s²，远小于有关规范中规定的限值 2.5 m/s²。但轮轨垂向力受该局部不平顺的影响较大，其垂向力极大值为 91.83 kN，极小值为 26.38 kN，此时轮重减载率为 0.595 并较接近规范中的限值 0.65。可见：轨道不平顺变化率过大的局部不平顺会明显加剧轮轨间冲击，引起极大的相互作用力。

综上：通过提高异常值识别精度、准确获取轨道几何不平顺动态检测数据，有助于重点管理局部不平顺并保障列车安全运营。

3.5　本章小结

减小轨道动态不平顺里程误差，对实现准确评估轨道几何状态、提高天窗利用率与深入研究轨道几何形位演变规律具有重要意义。本章分析了动态不平顺检测数据的里程误差现象及其影响，进而说明皮尔逊相关系数在处理轨道动态不平顺检测数据里程误差中的可行性；通过分析平面曲线信息，建立了基于曲线主点的轨道不平顺绝对里程误差评估模型；在相对里程误差评估中，为有效利用多个通道检测数据提升评估精度与稳定性，首先对数据通道误差进行评估，提出了基于多通道的相对里程误差评估模型。

本章提出了基于线性插值与三次函数插值的里程误差修正模型；同时，在相对里程误差修正模型中，首先对通道误差进行修正处理，进而采用多通道误差修正算法对里程误差进行修正，提升了误差修正算法的稳定性。此外，当各个通道数据均失效时，本章给出了基于错误匹配区段的相对里程误差修正算法。

基于处理里程误差后的时间历程检测数据，本章提出了衡量轨道不平顺波动特征的指标，并采用该指标分析了路基、桥梁与隧道区段轨道不平顺的波动特征。根据异常值易干扰时间历程标准差数据的特性，本章提出了基于时间历程的轨道不平顺异常值识别算法，并提出了基于多次检测数据的异常值线性拟合修正算法。

本章主要结论可概括如下：

（1）绝对里程误差评估模型因增加了里程校正点数量，缩短了绝对里程评估点间的距离，提升了评估精度；选取的无砟轨道动态不平顺检测数据的绝对里程误差在 28.3 m 内。

（2）分析了时间历程轨道不平顺检测数据各通道间的误差，综合考虑多个通道数据与数据波形重复性较差的情况，提出了基于多次波形匹配的轨道动态不平顺相对里程误差评估模型；采用拉格朗日乘数法求解该模型，得到了更可靠的相对里程误差值，结合实例验证了该计算模型具有更好的可靠性与稳定性。

（3）经过绝对里程误差修正后，多次检测数据波形初步吻合；线路的主点处残余里程误差的标准差为 0.56 m，因此线路曲线主点处残余绝对里程误差分布在 [−1.68, 1.68] m；任意两次检测数据的相对里程误差值在 7.09 m 内。

（4）相对里程误差的窗长参数对修正效果有着较大的影响，建议将窗长选取为 40～120 m，此时修正后的残余相对里程误差可控制在 0.5 m 左右。

（5）结合时间历程检测数据与统计方法分析轨道不平顺变化特征，有助于迅速判断轨道几何状态及劣化速率。

（6）在一年周期内，轨道不平顺波动程度由强到弱分别为高低、轨距、三角坑、轨向、水平。路基、桥梁、隧道段高低动态不平顺波动主要在 0.3～1.2 mm、0.3～1.2 mm、0.3～0.6 mm。桥梁段高低动态不平顺随着时间变化主要呈现以周期性为主的几何状态变化。温度较低月份（1 月）的桥梁端部高低不平顺幅值较大；夏季高温辐射等因素导致桥梁受温度梯度的影响，温度较高月份（7 月）桥梁中部的高低不平顺幅值较大。

（7）结合时间历程检测数据与统计方法分析了轨道不平顺变化特征，给出轨道不平顺特征阈值范围，提出了一种基于时间历程检测数据的轨道异常值识别模型；基于线性预测算法提出了轨道不平顺异常值修正算法；结合工程实例与动力学，验证了本章所提出的异常值处理模型具有更高的计算精度，能有效避免错误判断异常值情况并使检测数据更加接近轨道的实际状态。

4
轨道动、静态检测数据映射关系研究

轨道不平顺的检测一般可分为动态检测和静态检测。按显现时有无轮载作用,轨道不平顺可分为动态轨道不平顺和静态轨道不平顺两类。

无轮载作用时,由人工或轻型测量小车测得的不平顺通常称为静态不平顺。无轮载作用时,由于具有一定的刚度,在较短的距离内,钢轨、轨枕不会紧随道床的不均匀残余变形和暗坑等产生弯曲。因此,静态轨道不平顺不能反映暗坑、吊板和弹性不均匀等形成的不平顺,只能部分反映道床、路基不均匀残余变形累积形成的不平顺。所以,静态不平顺只是在无列车轮载时,真实完整轨道不平顺的部分、不确定的表象。用水准仪、经纬仪测量因路基不均匀沉降等形成的轨道长波不平顺,所得的静态长波不平顺波形,经去除线路坡度变化的基线修正后,能较好地反映实际情况。用轨检车测得的在列车车轮荷载作用下才完全显现出来的轨道不平顺通常称为动态不平顺。真正对行车安全、轮轨作用力、车辆振动产生实际影响的轨道不平顺是动态不平顺。因此,各国轨道不平顺的各种控制及维修管理标准,尤其是安全管理标准,大多是控制动态不平顺值。

有些学者认为,轨检车在不同速度时测得的轨道不平顺含有不同的轨道附加变形和车轮振动响应成分,并非实际的轨道不平顺。从严格的理论角度而论,只有准静态轮载作用下的轨道不平顺才是轨道本身所固有的真实状态。确实只有在以步行低速度移动时,在不变的准静态轮载作用下,车轮重心的准静态轨迹才能反映真实的垂向轨道不平顺。然而实际上,由于在不同速度时,轨道的附加下沉和车轮的振动位移响应均很小,一般都小于轨检车检测系统的分辨精度。因此,检测速度对检测结果的真实性没有实质性影响[①]。

评价轨道不平顺主要采用高低、轨向、轨距、水平、三角坑等指标。轨距和水平是两股钢轨的相对偏差,实际测量的是其绝对值;三角坑是一定基长的水平差,也是绝对值;高低和方向不平顺如果按绝对值测量,则还要包括线形等值。实际上,更长波长对行车的安全性和舒适性影响不大;因此,动态检测多采用惯性基准法加滤波的方法进行测量,静态检测则利用弦测法进行测量。动态检测惯性基准法测得的高低和轨向主要是控制波长

---

① 罗林,张格明,吴旺青,等. 轮轨系统轨道平顺状态的控制[M]. 北京:中国铁道出版社,2006:11-12.

段，如 1.5～42 m；静态检测弦测法主要利用 10 m 弦进行控制，检测有效波长段为 3～25 m。

在动态检测标准制定方面，我国多次在中国铁道科学研究院环形试验线，郑州铝厂专用线，北京局专用线、京津线黄村试验线，上海铁路局金千线、沪宁线等线上进行各种轨道不平顺的幅值、波长、波数等影响因素的动态测试试验，在考虑一定安全余量的情况下研究轨道不平顺各种特征参数对脱轨系数、轮重减载率、轮轨横向力、车体振动加速度的影响，以最不利波长的幅值为控制值，制定了我国干线轨道不平顺的紧急补修管理值、限速管理值、舒适度和日常保养标准管理值。静态检测管理标准制定依据主要是现场经验结合当时线路的动静态差异情况，由动态检测标准推导而来。采用的动静态差异是 1990 年"七五"国家科技攻关计划项目"客运关键技术和装备研究"专题"干线轨道不平顺静态补修标准和动态保养标准、作业验收标准的研究"的成果。

但随着铁路建设的发展，如今的轨道结构得到大幅加强，线路保持轨道几何形位的能力也远远高于 20 世纪 90 年代。相应地，目前的动静态关系也肯定会不同于 30 年前，日本等国家也在 2004 年对以往的动静态关系进行了修正，因此我国再用以往的动静态关系来指导现场维修，显然不符合当前铁路"状态修"的理念。我们应在总结过去十余年研究成果和现场养护维修经验的基础上，重新对我国现有服役铁路的动静态关系进行研究。

2018 年 1 月 2 日，中国铁路总公司（2019 年 6 月改制成立中国国家铁路集团有限公司）提出了"交通强国 铁路先行"的发展理念。截至 2021 年，我国铁路营业里程已经达到 15 万千米。中国国家铁路集团有限公司在《新时代交通强国铁路先行规划纲要》中提出了 2050 年全面建成更高水平现代化铁路强国的目标。为实现铁路管理体制和机构双重改革，全面深入推进铁路跨越式发展，打造安全平稳的运输环境，进一步提高铁路线路养护维修质量显得尤为重要。构件轨道状态分析系统的目的就是适应铁路跨越式发展，以安全生产为目标，逐步实现轨道设备的管理、维修及检测等的科学化、现代化，以大修和中修为主要手段，深入对维修机制、程序及其技术进行改革，以实现铁路轨道状态的安全可靠管理，争取早日完成国家铁路局提出的我国铁路科技创新目标，让技术设备逐渐向着现代化发展，逐步提高我国铁路的运输能力及铁路运营的效益。轨道状态的综合分析，其主要内容包括病害情况、检测及维修情况等。通过综合分析得到的数据，对轨道的实时状态有一定的掌握并进行相应的预测预报，制订相应的养护或者维修方案，以此来指导轨道维修等工作，确保铁路设备能够正常运行，更合理地优化劳动力资源，为实现铁路的跨越式发展提供技术支持。

4.1 动、静态检测数据波形特征相关性

4.1.1 国内外研究现状分析

国内外在轨道不平顺动、静态相互关系研究方面相应的资料较少，主要集中在我国

和日本。国外大多数国家主要采用轨道检查车对轨道几何状态进行检测,且检测周期较长,人工检查较少,如奥地利,人工检查主要针对站线等。

1. 国　内

国家"七五"科技攻关项目"干线轨道不平顺静态补修标准和动态保养标准、作业验收标准的研究"对轨道不平顺动、静态关系进行了研究。

20世纪80年代铁道部科学研究院铁建所在环形试验基地、南京试验段进行了轨道不平顺动、静态相互关系的对比试验。在环形试验基地,他们选择了约250 m的一段线路进行动态轨道不平顺检测,然后进行人工静态下的轨道不平顺检测。考虑到现场在静态测量中高低、轨向不平顺用弦线进行测量,在南京试验段进行动静态对比试验时也用10 m弦进行了高低不平顺静态测量,并以2.5 m为一测量点连续进行测量。铁道部科学研究院铁建所还利用新型轨道检查车对全国主要干线包括京广、京哈、陇海、兰新等进行了轨道不平顺动态检查。在现场工务段的大力配合下,对于超过动态紧急补修标准值的轨道不平顺,人员到现场进行静态测量。

1990年4月,铁道部科学研究院利用新型轨道检查车对大秦线进行了动态轨道不平顺检测,然后在现场连续测量了约5 km的轨道不平顺静态值。通过对收集的动、静态资料进行分析,得出的动、静态关系如下[①]:

(1) 由于轨道结构、道床、路基状态、运量、轴重等诸因素的影响以及测量方法、原理的不同,轨道不平顺动、静态相互关系是十分复杂的,受到各方面因素的制约。

(2) 轨道不平顺动态平顺性与静态平顺性不仅其波形不同,而且其幅值也有较大的差异。暗坑、吊板越多,不良扣件越多,道床密实度越不均匀,差异越大。

(3) 轨道不平顺动、静态相互关系是统计上的关系,数值上不存在一一对应的关系。

(4) 不同种类的轨道不平顺动态与静态的相互关系各不相同,不能用某一种不平顺的动、静态相互关系来代替其他种类的不平顺动、静态关系。

(5) 新线铺轨或大修、维修作业刚完工时,动态不平顺与静态不平顺的差异较小,起道捣固、拨道作业的质量越好越均匀,两者的差异越小。

(6) 无砟轨道动、静态之间的差异很小。

2013年,在国家铁路总公司运输局领导下,中国铁道科学研究院、广州铁路(集团)公司、厦深铁路广东有限公司等单位,结合厦深铁路(广东段)联调联试,通过实设高低、轨向、轨距、水平、三角坑、水平和轨向复合、三波连续高低、三波连续轨向等8类项目,分析了高速铁路有砟线路的动静态差异,最终得出,有砟轨道绝大多数轨道不平顺动静态差异幅值基本都在2 mm以内。

---

① 罗林,张格明,吴旺青,等. 轮轨系统轨道平顺状态的控制[M]. 北京:中国铁道出版社,2006:12.

同济大学在"既有线提速 200 km/h 改造评估与维护技术"项目中也曾利用过动态轨检车和静态轨检小车数据对同一段线路进行了对比分析。结果得出，波形重复较好，高低动、静态差异较大，轨向和水平差异较小，高低差异上限约为 3 mm。

西南交通大学在"数据驱动的高速铁路轨道几何状态劣化机理与预测方法"项目中针对某条有砟高速铁路线路动、静态轨道几何状态检测数据进行了探索性数据分析及各指标间的相关性研究，具体如下：

首先通过观察选取动、静态检测数据原始波形相似性最高的不平顺指标初步拟定为里程修正算法的验证数据。如图 4-1 所示，可知高低数据和轨距数据的动、静态波形相似性明显优于其他指标。

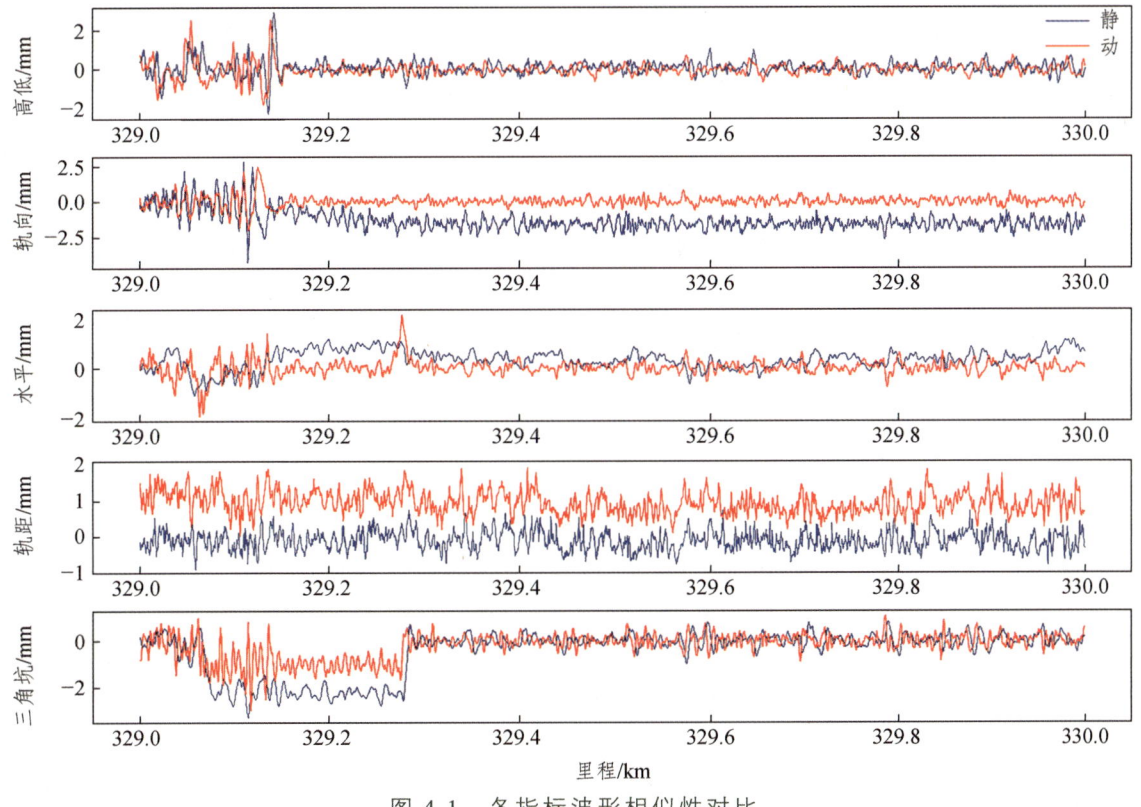

图 4-1 各指标波形相似性对比

据图 4-1 所反映的原始波形虽然可以看出两指标的动、静态波形具有高度相似的变化规律，但仍存在部分干扰数据使波形局部位置出现突变。因此利用滑动平均函数进行原始数据预处理，使得检测数据波形更加平滑，在此基础上，再利用皮尔逊相关系数对动、静态检测数据进行相关性计算。

$$\rho_{XY} = \frac{\text{Cov}(X,Y)}{S_X S_Y} \tag{4-1}$$

式中，S_X、S_Y 分别为动、静态检测数据的标准差。计算结果见表 4-1。

表 4-1 不同窗长条件下的相关系数

窗长/m	高低	轨距
10	0.590 5	0.925 2
15	0.598 9	0.945 8
20	0.598 6	0.955 5
30	0.587 9	0.960 4
40	0.594 1	0.961 0
50	0.572 8	0.960 9

在统计学中，相关系数用来表征两个随机变量序列之间的相关程度，其具体关系如式（4-2）所示。

$$\rho = \begin{cases} 0.0 \sim 0.3 : 二者为弱相关 \\ 0.3 \sim 0.5 : 二者为实相关 \\ 0.5 \sim 0.8 : 二者为显著相关 \\ 0.8 \sim 1.0 : 二者为高度相关 \end{cases} \tag{4-2}$$

由上述计算结果可知：通过改变滑动窗口的大小，高低指标的动、静态检测数据之间计算所得的相关系数在 0.57~0.60 之间，属于显著相关；而轨距指标的两种检测数据的相关系数均大于 0.92 且可达到 0.96，根据式（4-2）的规定，相关系数大于 0.8 即可判定两个变量间为高度相关的关系。高低指标相关性偏低，应是动、静态检测过程中轨道结构不同的受力情况及检测方法不同等多种因素综合导致的。行车轮载的影响可能会造成两种检测方式的刚度不平顺存在差异；而检测原理及检测系统的不同同样会造成检测数据在数值上的差异；另外，上述案例所选线路为有砟线路，有砟轨道在行车荷载作用下表现出不同的轨枕状态和纵横向阻力，这同样会导致轨检数据不同指标间的差异。轨距指标则受上述影响并不显著，尤其是刚度不平顺的差异对轨距指标的影响较小。甚至在轨道平顺性状态极好的条件下，轨距的动、静态检测结果可以互相代替。

上述计算结果和现有研究为下一节中利用静态检测数据作为参考基准，对动态检测数据进行里程误差修正的方法提供了理论基础和可行性验证。

2. 日 本

在轨道不平顺动、静态相互关系研究方面，日本做了较多的研究工作。日本的轨道不平顺动、静态检测皆采用弦测法，一般利用 10 m 弦正矢测量轨道不平顺。日本原国铁研究所也进行了大量的对比测量和分析，得到了与我国大致相同的结论。日本的研究认为，轨道不平顺动态值与静态值之间不存在一一对应的关系，对应于某一静态值的一组动态值可以认为是呈正态分布的。他们利用 1967 年的轨道检测数据，建立了不平顺动态值和静态值的关系，并给出了高低、方向不平顺的动、静态值关系曲线（置信度为 90%）。

日本规定当轨检车动态检测到严重不平顺时，轨检车负责人立即用无线电话向中央调度指挥中心的行车调度和工务调度报告。行车调度发出紧急限速指令，要求轨检车后续列车按不同情况限速运行；工务调度发出紧急调查和处置的指令，要求保线所迅速处理。在严重超限处所未消除前，当天的后续列车全部限速运行。轨检车动态检测到的不平顺值的限速标准，见表 4-2。

表 4-2　动态检测到轨道不平顺时列车限速运行标准

车种	项目	慢行速度/（km/h）				备注
		230	170	120	70	
0 系 100 系 300 系	轨道不平顺	高低/mm	—	18	22	27	10 m
		方向/mm	—	10	12	14	
200 系 E1 系	轨道不平顺	高低/mm	15	18	22	27	
		方向/mm	8	10	12	14	

当保线所的保线工静态检查到线路不平顺超限时，如果是严重不平顺则立即用无线电话向中央调度指挥中心报告。行车调度发出紧急限速指令，要求通过严重不平顺处的列车按规定限速运行；保线所也采取紧急措施，当夜消灭严重超限处所。此时依据的限速标准见表 4-3。

表 4-3　静态检测到轨道不平顺时列车限速运行标准

项目	慢行速度/（km/h）			
	210	160	110	70
高低/mm	14 以下	15~19	20~23	24 以上
方向/mm	8 以下	9~10	11~12	13 以上

根据表 4-2 和表 4-3，日本新干线静态轨道不平顺限速标准值比动态严大约 1~3 mm。2004 年，日本货物铁路公司收集包括敦贺港线及新凑线在内的各地现场数据，对停

4 轨道动、静态检测数据映射关系研究

车线里的动态检测波形图和静态检测波形图重叠后，读出其数据，制成散点图，进行相关关系分析。他们将动态检测波形和静态检测波形，每 10 m 分割为一组，读出其组中波峰的值，测点数根据项目不同而不相同，有 500 个测点，约为 5 000 m。回归统计结果见表 4-4。

表 4-4　回归分析结果

回归方式	单位	2004 年	1967 年
轨距回归式	mm	$y=0.98x+2.09$	$y=1.08x$
水平回归式	mm	$y=1.05x$	$y=1.05x$
高低回归式	mm	$y=0.92x+0.98$	$y=1.0x+1.20$
轨向回归式	mm	$y=0.932x+0.87$	$y=1.05x$

4.1.2　轨道动、静态几何大值趋势分析

本书第 1 章已对轨道动、静态检测技术作了详细介绍。静态检测除了采用道尺、弦绳、水准仪等传统手工检测工具外，随着高精度传感器和检测算法的不断进步，基于相对测量的轨道检查仪和绝对测量的轨道测量仪等自动化检测设备得到了更广泛的应用。轨道静态几何不平顺反映的是轨道不均匀残余变形长时间累积形成的不平顺。动态检测主要通过基于惯性基准和视觉测量技术的动检车（或轨检车）进行线路的周期性检查，轨道动态几何不平顺能快速地反映列车荷载作用下的不平顺问题。对各类动静态轨检信息数据的差异特征进行分析，可以为我们从庞大的动静态轨检信息数据中筛选有效数据，合理准确地应用这些动静态轨检差异数据指导现场病害消灭整治等轨道修理作业提供帮助，以期为科学制订养修作业、道床清筛、轨道精调计划等养护维修工作提供数据支撑。

轨道几何与车体加速度Ⅲ级及以上偏差（统称大值偏差）是反映车辆运行安全性、舒适性的重要检测指标[①]。笔者通过对多条线路的轨道检查车数据进行管理，对高速铁路轨道几何大值趋势进行分析，可知高速铁路正线大值偏差逐年减少，线路质量有所提高，如图 4-2 所示。

经过长期跟踪记录，对部分轨道检查车检测出的大值偏差以及路局反馈的静态复核

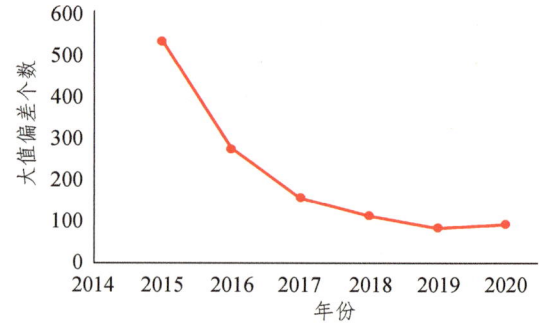

图 4-2　高铁线路动静态大值偏差统计分析

---

① 中国铁道科学研究院. 普速铁路轨道几何动静态相互关系及管理标准值研究报告[R]：6-7.

结果进行统计分析，可以知道：

（1）大值偏差的成因可归为三类，第一类是道岔结构变形引起的大值偏差，第二类是养护作业不到位引起的大值偏差，第三类是环境影响产生的大值偏差。

（2）在大值超限偏差中，三角坑项目的占比较高。

（3）动、静态差异最大的位置往往是翻浆冒泥、空吊板、扣件离缝等极个别不良区段。

（4）扣除空吊板、扣件离缝等影响后，动、静态差异基本控制在 2.5 mm 以内。

4.2 动、静态检测数据里程对齐及误差修正

4.2.1 动、静态检测数据里程误差概述

轨道不平顺是轮轨系统的重要激扰源，直接影响列车运行安全性、平稳性和舒适性。因此，轨道不平顺的精确检测是保障铁路运输安全的重要基础。轨道不平顺检测方式根据轨道是否承受轮载，分为有轮载的动态检测和无轮载的静态检测。动态检测中高低、轨向的检测原理为惯性基准法。而静态检测中高低、轨向的检测原理则为弦测法。动态检测设备以轨道检查车或综合检测列车（轨检车）为主，具有速度快、效率高、项目全等优点，但时常发生轮轨间相对滑动、车轮空转、检测信号缺失等系统性故障，使检测所得的数据存在沿线路整体不均匀分布的里程误差。静态检测设备以轨道检查仪（轨检仪）为主，轨检仪虽然检测速度慢，但可以弥补轨检车的上述缺点，且检测精度高。两种检测方式优势互补，工务部门综合使用这两种检测设备定期从轨道上收集大量数据以监测其几何状况。这一海量数据可用于几何不平顺超限的预测并实现更精确的养护维修策略。而实现这一目的的前提条件是不同检测数据间具有可比性，即消除不同检测频次间的里程误差。

动态检测数据因轨检车的定位精度受到车体运行状态、车载定位设备精度等多种因素的工作影响，里程误差沿整条线路广泛分布并随着里程增大存在误差累积。当前研究中将里程误差分为两种类型：绝对位置误差（Absolute Position Errors，APEs）和相对位置误差（Relative Position Errors，RPEs）[1]。绝对位置误差是根据线路设计资料中的绝对里程位置信息作为参考基准，以此来对现场检测数据进行里程修正；相对位置误差则是指定某次的检测数据作为参考基准，以此来对其他时间的检测数据进行里程修正。

在铁路轨道检测数据里程误差绝对修正的研究中：隋国栋等[2]提出利用最小二乘法

---

[1] YUAN WANG, PING WANG, XIANG LIU, et al. Position Synchronization for Track Geometry Inspection Data Via Big-data Fusion and Incremental Learning[J]. Transportation Research Part C, 2018, 93: 546.

[2] 隋国栋, 李海锋, 许玉德. 轨道几何状态检测数据里程校正算法研究[J]. 交通信息与安全, 2009, 27（6）: 18-21.

实现曲线全区段的有效匹配，进而实现里程误差的统计与修正；李文宝[①]和汪鑫等[②]提出利用线路设计资料中的曲线信息（直缓点、缓圆点、圆缓点、缓直点）作为里程修正的基准点，以此实现对里程误差的进一步控制；徐鹏[③]提出根据线路中的关键设备信息来获取轨检车的运行位置，进而校准检测数据的里程位置；汪振辉等[④]提出通过获取线路铺设过程中的焊缝位置信息与现场检测数据中提取的焊缝位置信息进行匹配，从而实现对现场检测数据的里程误差修正。在相对里程误差的问题上，大多是任选某次的检测数据作为参考基准，利用最小二乘法、灰色关联度、动态时间规整、插值法等算法处理不同时间检测数据间相同检测指标的关系，进而确定两次检测数据间的相对偏移量，即里程误差。上述研究中存在如下不足：

（1）线路设计资料中的里程位置信息在线路实际运行中可能会受施工精度、列车动荷载、轨下基础条件变化等因素影响而发生改变；现场实际检测数据与线路设计数据的匹配效果劣于两者均为实测数据的匹配效果，且可能会出现匹配结果发生错位的情况；上述问题均会造成绝对里程误差修正不准的情况。

（2）在相对里程误差修正中，随机选取的作为参考基准的动检数据其本身就存在一定程度的里程误差，如此可能会造成后续待修正数据被错误修正，出现数据波形失真等情况。

本节所提出的方法以静态检测数据作为参考基准，利用其精度高、可靠性强、更能反映线路真实里程位置信息等特点，基于互相关函数和动态时间规整有效结合的组合修正方法，实现动、静态检测数据波形的有效匹配，进而完成动态检测数据的里程误差修正。基于精度高、误差小的静态检测数据，可快速定位不平顺指标临限位置以及完成轨道几何条件的有效评估，为探究轨道不平顺演变规律、深入研究动静态不平顺关系和制定准确可靠的养护维修策略提供了研究基础。

4.2.2 里程误差修正模型

为保证里程误差修正工作的有效性，对于里程误差的测量与修正需要用到绝对正确的里程参考点。线路设计资料（台账数据）中的道岔表、坡度表、曲线表、桥梁简表、隧道简表所包含的里程数据均可作为里程修正的参考点。结合现有研究中桥梁、道岔等

---

① 李文宝. 钢轨磨耗检测与列车定位技术研究[D]. 西南交通大学，2013.
② 汪鑫，王源，王平，等. 高速铁路动检车检测数据里程误差评估与修正[J]. 铁道标准设计，2018，62（7）：46-51.
③ XU Peng, SUN Quanxin, LIU Rengkui, et al. Optimal Match Method for Milepoint Postprocessing of Track Condition Data from Subway Track Geometry Cars[J]. Journal of Transportation Engineering, 2016: 2-4.
④ 汪振辉，朱洪涛. 轨道不平顺历史数据里程偏差修正研究[J]. 铁道标准设计，2019，63（12）：49-53.

结构的辨识度较差的特点，我们在进行里程修正时引入了线路中的坡度和曲线起、终点里程作为绝对可靠的修正主点。修正模型共包括数据预处理、第一阶段里程修正、第二阶段里程修正三部分，如图4-3所示。第一阶段里程修正利用CCF算法解决动态检测数据在主点位置附近的里程差值及修正；第二阶段里程修正使用DTW算法实现对动态检测数据更加合理的拉伸或压缩，进而实现里程误差的精确修正[①]。

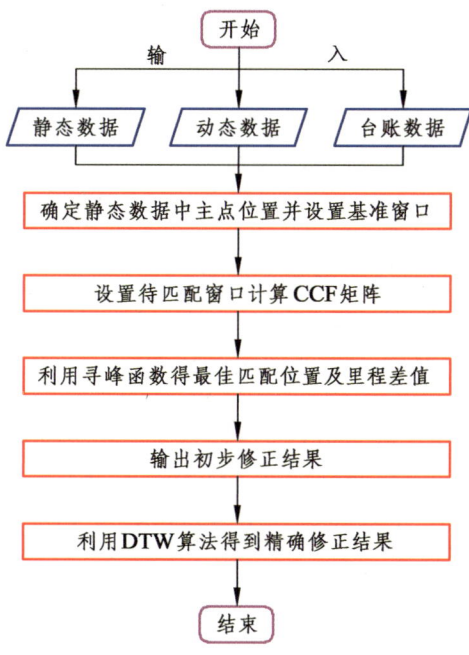

图 4-3 两阶段修正算法流程

1. 数据预处理

静态检测数据单次检测范围较短，一般在1.5～2.5 km之间，同一条线路一年内会在不同位置进行多次静态检测，因此，轨道动、静态几何检测数据实现有效匹配的第一步是建立轨道静态几何检测数据库，即将历次使用轨检仪所测得的轨道静态检测数据进行合并、处理并存储，从而得到连续的静态检测数据。

线路的几何状态反映在轨道不平顺各指标的检测数据上，由线路相同位置的几何状态的一致性可以得到不同检测时间的轨道不平顺指标在空间上的检测数据波形相似性。

在修正前的准备工作中，需分别读取本节前述所建立的轨道静态几何检测数据库中存储的静态检测数据、动态检测数据以及台账数据中坡度表和曲线表所包含的里程数据。

---

① 何庆，马玉松，李晨钟，等. 高速铁路动静态轨检数据里程对齐与误差修正[J]. 铁道学报，2022：4-6.

其中：静态检测数据的采样间隔为 0.125 m，而动态检测数据的采样间隔为 0.25 m。为保证动、静态数据波形的有效匹配，对静态数据里程列采用线性插值得到间隔为 0.25 m 的里程数据，并根据此数据采用二维插值得到与新里程相对应的静态检测数据。对于台账数据则需分别读取坡度表和曲线表中的起、止里程数据，并对两者的里程数据进行合并、排序处理，作为主点信息参与接下来的修正过程。

上节中提到，轨道不平顺各项指标检测数据中轨距指标的动、静态数据波形相关性最高，故本节选用轨距指标进行修正结果的验证。

首先，根据实际需求自定义动态待修正的问题区段里程范围：

$$\text{Mile}(d) = \{x_{d1}, x_{d2} \cdots x_{dn}\} \tag{4-3}$$

其次，通过 x_{d1} 和 x_{dn} 截取与之对应的静态里程区段且满足式（4-4）和式（4-5）的条件：

$$\text{Mile}(j) = \{x_{j1}, x_{j2} \cdots x_{jn}\} \tag{4-4}$$

$$x_{j1} = \min[\text{Mile}(J_i) - x_{d1}]$$
$$x_{jn} = \min[\text{Mile}(J_i) - x_{dn}] \tag{4-5}$$

式中：x_{d1}、x_{dn} 分别代表动态待修正区段的起、止里程；x_{j1}、x_{jn} 分别代表静态基准区段的起、止里程；$\text{Mile}(J_i)$ 表示静态检测数据点 J_i 所在位置对应的里程值。

最后，根据上述自定义的动态待修正区段在主点信息序列中提取出该范围内所包含的所有主点（基准点）里程信息：

$$\text{ZD} = \{zd_1, zd_2 \cdots zd_m\} \tag{4-6}$$

若动态待修正区段里程范围内包含 m 个主点位置，则将待修正区段分为 $m+1$ 段进行分段修正。通过计算得出静态基准区段中与主点里程距离最近的静态里程位置 x_{ikj}，其中 $x = 1, 2 \cdots m$ 拟定 x_{ikj} 为基准序列的中心。

2. 第一阶段里程修正

作为一种度量两个随机变量间关系的数字特征，互相关函数用于计算不平顺静态检测数据和动态检测数据之间的相似性，并通过识别两者间相关系数最大的位置，进一步粗略估计出动态检测数据相对于静态检测数据的里程误差值。假设动、静态检测数据集如下：

$$J = \{j_1, j_2 \cdots j_n\} \tag{4-7}$$

$$D = \{d_1, d_2 \cdots d_m\} \tag{4-8}$$

式中：J 表示静态检测数据集；D 表示动态检测数据集。为了保证能够使用 CCF 计算得到两个数据集之间的相似程度并进一步计算得出两个数据集之间的相对偏移量，在数据

4.2 动、静态检测数据里程对齐及误差修正

预处理阶段须保证两个数据集中拥有相等的数据量。

为满足修正要求和提高修正精度，引入长度为 λ 的矩形窗，通过窗口的移动得到 CCF 的最大值位置，即最佳匹配位置，以及与其对应的里程偏差 S，如图 4-4 所示。

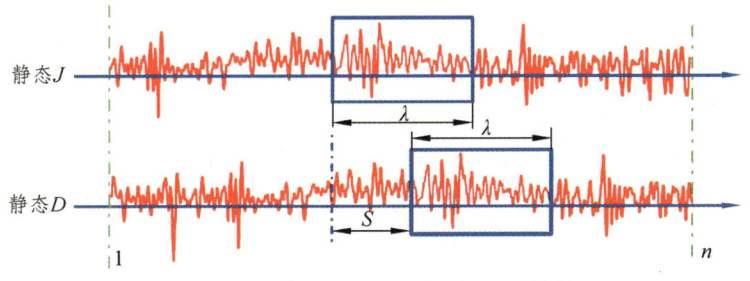

图 4-4 利用 CCF 所得的里程偏差

$$\mathrm{CCF} = \frac{\sum_{i=1}^{n}(j_i - \overline{j})(d_i - \overline{d})}{\sqrt{\sum_{i=1}^{n}(j_i - \overline{j})^2 (d_i - \overline{d})^2}} \tag{4-9}$$

式中：$\overline{j}$ 为静态检测数据集的均值；$\overline{d}$ 为动态检测数据集的均值；n 为两种数据集的长度；s 则为在 CCF 取最大值时动态检测数据集相对于静态的偏移量。

在完成数据预处理的工作后，得以确定静态检测数据基准序列的中心位置，以该点作为滑动窗口中点并设置滑动窗的窗长及误差限，然后取一个采样间隔作为移动步长，对误差限范围内的动态检测数据的待匹配窗口进行平移，如图 4-5 所示。

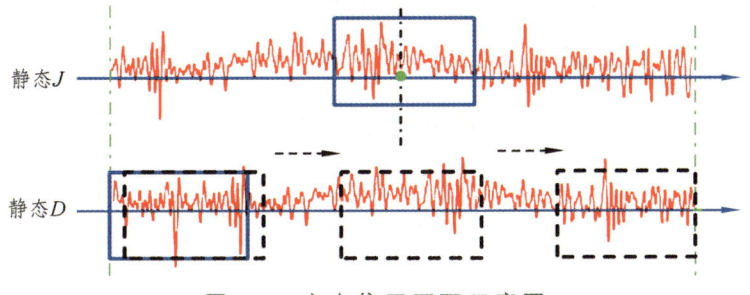

图 4-5 主点位置匹配示意图

通过计算每次移动后两个窗口内检测数据的相关系数，从而得到整个移动过程中的互相关函数矩阵，再利用寻峰函数得到动、静态检测数据的最佳匹配位置及对应的里程差值，如图 4-6 所示。另外，考虑到主点位

$$\begin{bmatrix} I_0 \cdots I_n \\ \rho_0 \cdots \rho_n \end{bmatrix} \xrightarrow{\text{寻峰}} \begin{bmatrix} I_m \\ \rho_{\max} \end{bmatrix}$$

图 4-6 CCF 矩阵及寻峰示意图

置里程偏移量的有限性，上述相关系数通过乘以一个偏移因子对其进行约束，该偏移因子的大小随移动窗长的位置改变而发生线性改变。

如此便完成了第一阶段基于台账数据中主点信息利用静态检测数据对动态检测数据进行的里程误差初步修正。

3. 第二阶段里程修正

轨道不平顺检测数据中的里程误差沿线路处处存在，但绝不是均匀分布的，常见的插值处理会对修正区段内的里程误差进行平均处理。因此，为解决检测数据里程误差随机分布的问题，本节引入动态时间规整算法，以此实现对待修正数据波形更加合理的拉伸或压缩。

将静态检测数据集 J 设为参考模板，动态检测数据集 D 设为测试模板。为了对齐这两个序列，DTW 算法通常会使用欧几里得距离作为两个序列中的每个数据点之间相似性的评判标准，如式（4-10）所示，并根据该标准构造出动、静态检测数据距离矩阵。

$$d_{i,j} = \mathrm{dis}(J_i, D_j) = \sqrt{\sum_{i=1,j=1}^{i=m,j=n}(J_i - D_j)^2} \tag{4-10}$$

在动、静态检测数据累计距离矩阵中规划出一条最短路径，即代表动、静态检测数据之间最佳的匹配效果。该最短路径并不是任意规划的，必须满足以下三个约束条件：

（1）边界条件：两个序列首尾必须匹配。
（2）连续性：不允许跨过某点进行匹配，只能与自身相邻的点进行匹配。
（3）单调性：规划路径一定随时间单调递增。

根据上述约束条件，动、静态检测数据间累计距离计算公式为（4-11），并据其计算结果得到累计距离矩阵，如式（4-12）所示。

$$M[i,j] = \mathrm{dis}(J_i, D_j) + \min \begin{cases} M[i-1,j] \\ M[i-1,j-1] \\ M[i,j-1] \end{cases} \tag{4-11}$$

$$\boldsymbol{M} = \begin{bmatrix} \mathrm{dis}(J_1, D_1) & \cdots & \mathrm{dis}(J_1, D_n) \\ \vdots & & \vdots \\ \mathrm{dis}(J_m, D_1) & \cdots & \mathrm{dis}(J_m, D_n) \end{bmatrix} \tag{4-12}$$

同时，以修正范围内的累计距离误差和平均距离误差，作为衡量修正效果优劣的评价指标。

DTW 算法虽然使用线性规划可以快速求解，但是轨道几何检测数据范围动辄上百千米且具有采样间隔小的特点，面对大型矩阵的高阶运算，综合考虑时间消耗、内存占用以及所得路径准确性等多方面因素，需对 DTW 算法作进一步的改进工作。

首先，已有研究结果表明，累计距离矩阵中最短路径分布区域的边界斜率通常在 $1/2 \sim 2$ 之间[①]，因此可通过限制累计距离矩阵的搜索空间来实现运算加速；其次，对动、静态检测数据进行粗粒度化处理，先对两个序列进行数据抽象，得到最短路径的粗略分布带，以此确定最短路径的大致分布范围；最后，对序列进行细粒度化处理，通过不断的迭代最终确定最短路径的准确位置。这种改进方法在保证计算结果正确的前提下，最大限度地提高了 DTW 算法的计算速度以及最短路径的合理性。

不同检测数据间进行里程误差修正的核心思想是：根据不同检测数据在相同里程位置上因相同的轨下基础条件、线形条件等因素而反映出波形变化的规律性进行匹配对齐，从而达到修正的效果。由图 4-7 可以看出，动、静态检测数据的原始波形因其检测系统的高频率性具有大量的数据突变点，为了得到更好的匹配效果，对两者进行滑动平均滤波处理，得到两者随里程位置改变的波形变化趋势，如图 4-8 所示。

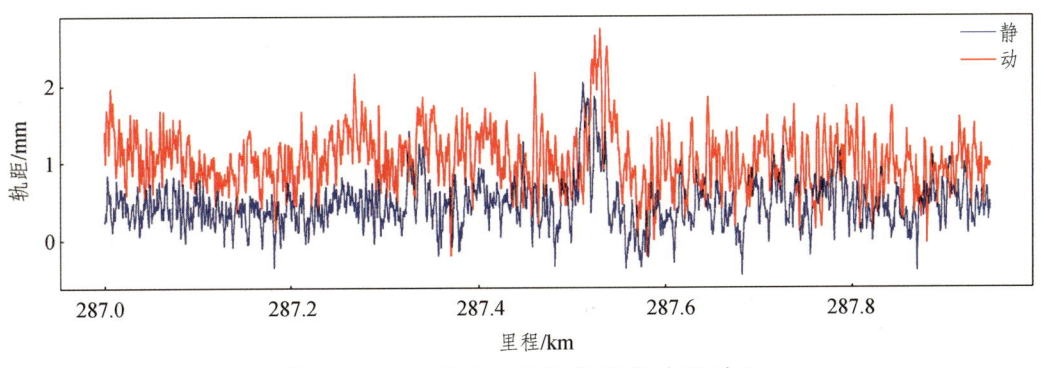

图 4-7　动、静态轨距指标原始波形对比

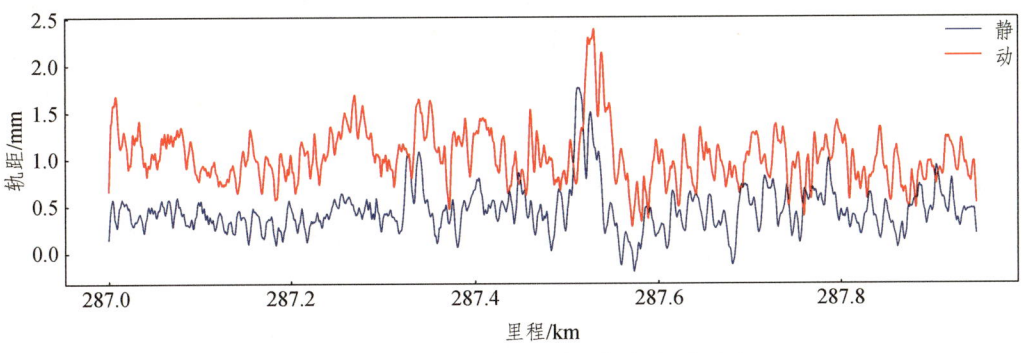

图 4-8　动、静态轨距指标滤波波形对比

---

① TOMASI G, VAN DEN BERG F, ANDERSSON C. Correlation optimized warping and dynamic time warping as preprocessing methods for chromatographic data[J]. Journal of Chemometrics: A Journal of the Chemometrics Society, 2004, 18(5): 234.

由图 4-8 得知，在对动、静态轨距数据进行滤波处理后，二者间反映出趋于一致的波形变化规律，满足了利用 DTW 算法实现里程修正的前提条件。但通过对图 4-8 的观察可以很清楚地看到两者的波形之间存在一个近似常数的纵向漂移因子，该漂移因子的存在可能会造成 DTW 算法利用欧氏距离进行相似度计算时出现匹配失真的问题。因此，该模型对动、静态轨距数据的纵向漂移因子做了剔除处理，以此达到更加真实合理的修正效果。

4.2.3 模型结果展示

为了探究修正方法的修正效果，我们利用某高铁线路的轨道几何测量值进行了案例研究。在本节中，首先提供线路相关信息；然后根据评估标准，对动、静态轨道几何检测数据里程修正的结果进行展示和分析；最后对修正精度的影响因素进行分析。本节介绍的案例研究是基于某高铁线路采集的轨检数据，该路段设计速度为 300 km/h。在本实例分析中，选取该路段 2020 年的动、静态检测数据进行匹配修正。检测报告详细记录了测量数据位置和轨检车运行速度的信息，以及轨道几何参数的测量数据，例如高低、轨向、轨距、水平（超高）、三角坑等；其中轨检车运行速度为 231～262 km/h。

1. 修正结果分析

在动、静态检测数据的初步修正中，将用于主点位置信息匹配的滑动窗窗长设置为 50 m，误差限为 [−100 m，+100 m]，滑动步长为 0.25 m；在完成初步修正，实现动、静态检测数据主点信息的配准后，对二者的波形进行整体修正，修正前的滑动平均滤波过程，通过综合分析滤波效果及后续的修正效果，设置其滑动参数 $N=20$；对于动、静态轨距指标的检测数据存在近似常数差值的问题，本节使用动、静态轨距数据的均值插值作为漂移因子。

图 4-9 对 K287+000～K287+950 范围区段的修正效果作了展示，图 4-9（a）所示为修正前的动、静态轨距原始数据波形的对比，从该图可知，原始波形中虽然存在诸多毛刺和纵向差值，但仍可看出二者间存在趋于一致的变化趋势以及明显的横向里程错位；图 4-9（b）所示为第一阶段修正后的波形对比，通过该图可以看出动态波形根据主点位置进行横向初步配准；图 4-9（c）所示为第二阶段修正后的波形对比，通过该图可清晰地看出动、静态检测数据的波形实现了精确匹配与高度对齐。修正后的波形存在部分合理缩放，这种情况不会造成数据中超限信息、结构伤损信息等有效信息的缺失，而且因超限或伤损位置具有显著特征可以实现更精准的匹配，进而更有利于确定超限或伤损的实际位置和更准确地分析该信息。

4.2 动、静态检测数据里程对齐及误差修正

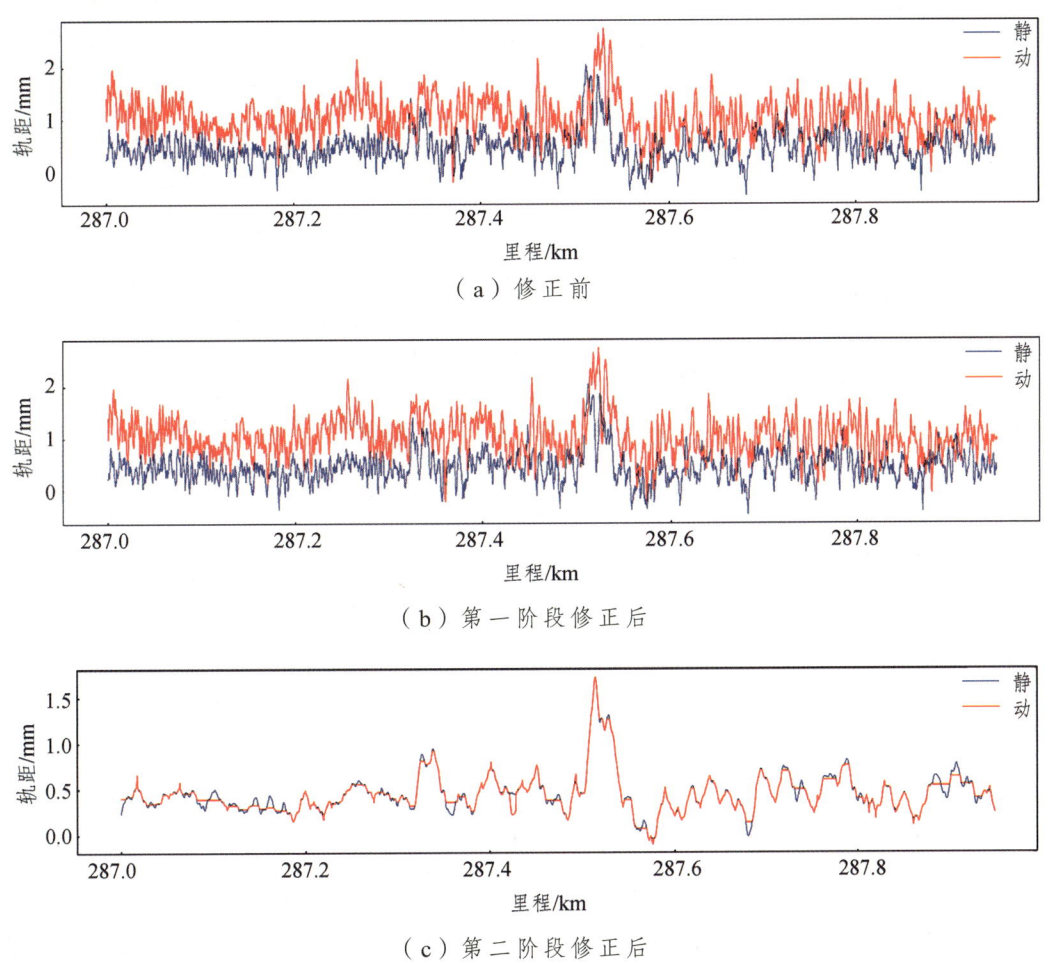

图 4-9 修正前、后轨距指标波形对比

据上一节所述,通过计算动静态波形的欧氏距离作为累计距离误差,以此完成对修正效果的量化。上述案例中所展示的区段采用本节所提出的 CCF + DTW 组合算法进行里程修正后,轨距指标的动、静态检测数据波形重合性较好。该区段的动、静态轨距检测数据在修正前的累计距离误差为 1 388.575 mm;利用本节所提出的组合算法进行修正后,累计距离误差下降至 69.605 mm,降低幅度可达到 95%。

为进一步验证本节所提出的组合算法的有效性和可重复性,选取其他区段进行里程误差修正工作,并对修正前后的累计距离误差进行对比分析,所得结果见表 4-5。

表 4-5 其他区段修正前后误差对比

区段号	区段范围/km	累计距离误差/mm 修正前	累计距离误差/mm 修正后	降幅
1	270~271	1 431.7	98.5	93.1%
2	280~281	1 595.7	49.0	96.9%
3	295~296	1 792.8	73.5	96.0%
4	300~301	1 446.1	89.9	93.8%
5	310~311	1 592.8	87.0	94.5%
6	325~326	3 103.7	187.4	94.0%

如表 4-5 所示，6 个区段经修正后的累计距离误差降幅均大于 93%。由此可以证明，本节所提出的 CCF+DTW 组合算法在解决轨道几何检测数据里程误差的问题上修正有效且效果明显。

2. 敏感性分析

本节算法涉及两种尺度参数，分别为：用于主点信息匹配的滑动窗窗长 λ 和用于数值滤波的滑动参数 N。经验证，滑动窗窗长的设置对第一阶段修正过程的计算效率存在一定影响，但对本节模型的最终计算结果及精度影响较小；而滑动参数的变化则会直接影响动、静态波形的匹配效果，进而导致修正精度的改变。为实现更佳的匹配效果且保留数据的有效信息，需对滑动参数的合理取值范围进行探究。以图 4-9 所对应的区段为例，通过计算得到滑动参数与修正精度的关系见表 4-6：当滑动参数取值过小时，检测数据波形突变点过多，会造成动、静态波形匹配效果不佳，从而导致修正精度偏低；当滑动参数取值过大时，会丢失大量的有效匹配信息，同样导致修正精度变差。综合考虑动、静态波形的匹配效果，动态波形的合理缩放，以及数据有效信息的保留，得出滑动参数的最佳取值范围为 20~40。

表 4-6 滑动参数与修正精度的关系

滑动参数	修正后误差	降幅
10	156.519	88.73%
12	147.235	89.40%
15	119.167	91.42%
20	98.450	92.91%
25	90.988	93.45%

续表

滑动参数	修正后误差	降幅
30	87.449	93.70%
40	69.605	94.99%
50	59.046	95.75%
60	64.208	95.38%

另外，主点信息同样影响本节算法的修正效果，如本节所举案例 125 km 的范围内存在 178 个主点，基本保证了算法的有效运行。但当选取的待修正范围过小（该范围内没有主点信息）时，会造成本节算法的第一阶段失效，为避免这种情况的发生，故拟定所取区段的起、终点及互相关函数最大的滑动窗的中点作为伪主点参与该算法的第一阶段修正过程，以此增强算法的稳健性。同时，研究表明不同的轨道质量状态和轨道结构类型会使动、静态检测数据关系的显性表达式产生一定的改变，但具体关系的变化并不影响动、静态检测数据间的相关性匹配，因此，该算法适用于线路全区段的里程误差修正工作。

4.2.4 结论与展望

针对轨道几何动态检测数据中存在里程误差的问题，本节利用静态检测数据作为参考基准，对动态检测数据进行数据波形匹配，提出了基于 CCF+DTW 的组合算法，并取得了非常显著的修正效果，满足动态检测数据后续使用的要求，为接下来精确预测轨道几何劣化趋势和制定经济合理的养护维修策略提供了一定的研究基础。主要结论如下：

（1）通过对轨道几何动、静态检测数据的对比分析，高低和轨距指标的动、静态数据可进行较好的波形匹配，该发现为探究动、静态检测数据间的内在联系提供了理论支撑。

（2）本节算法使用到两种尺度参数，其中：滑动窗窗长对修正精度影响较小，取经验值即可；而滑动参数的改变会对修正精度产生直接影响，建议取值 20～40。

（3）根据动、静态检测数据高度相关的特点，利用 CCF+DTW 组合修正算法，解决了动态检测数据存在的里程误差问题，修正效果明显，累计距离误差的降低幅度超过 93%，平均距离误差由 1.5 m 降为 0.1 m。

（4）动、静态检测数据各指标的相关性存在显著差异，且不同轨道条件下的动静关系同样存在差异，在下一步的研究中，应对上述现象做进一步的探究。

4.3 动、静态检测数据映射关系研究

轨道对于铁路而言至关重要，是铁路修建的重要内容，是列车能够正常行驶的基础。轨道能够承受车辆行驶中带来的振动、压力、冲击等作用，并且将承受的作用力传递给下部结构物。轨道设备状态是否良好也将会对列车的安全平稳运行造成直接影响，所以，轨道管理部门应加强铁路轨道日常养护维修，及时整治消灭现场设备存在的动、静态病害，确保轨道设备能够维持一定的状态。铁路在经过一定时间的运营后，通常列车总重较之前逐渐增加；同时，轨道也会在各种压力及摩擦的作用下，产生纵向或者横向的弹性变形与非弹性变形：这些都会对轨道的平顺度造成影响。轨道平顺度受影响后将反作用于列车，导致乘客乘坐时舒适性降低，列车的安全平稳运行也会受到影响。如果不对其进行及时有效的修理整治，积累到一定程度时，就会对轨道的强度与结构稳定性造成极大削弱，给列车安全运行留下隐患，进而造成列车摇晃颠簸乃至脱轨倾覆等铁路交通安全事故。由此可见，轨道不平顺状态将会对列车的安全产生至关重要的影响，所以，要对列车的轨道进行有效管理，对轨道的实时状态及质量状态进行必要的掌握与跟踪，对轨道不平顺状态进行有效控制是极为重要的。怎样让轨道设备更加完整且质量维持稳定，让车辆行驶更加平稳和安全，能否及时发现这些事故征兆和事故苗头并及时消除设备故障或事故隐患，确保铁路轨道线路始终保持在良好状态并成为当前我国铁路设备维修保养单位和从事铁路设备维修保养的铁路工务作业人员重点研究的方向之一。正所谓"工欲善其事，必先利其器"，想要及时全面发现并彻底解决这些事故征兆和事故苗头，就必须充分发挥动静态轨检数据对日常养护维修工作的指导作用。

铁路工务部门在日常的养护过程中会产生大量的动、静态基础检测数据，比如轨检小车、探伤车、轨检车等设备在对轨道检测之后生成的数据等，这些日常积累的基础数据都是企业养护维修工作的财富。我们可以在这些数据的基础上，通过数据分析来深入挖掘技术问题，通过全面分析对线路设备状态实现实时把控，并掌握其发展变化的规律。但是由于目前铁路工务部门在工作中并没有对这些数据给予足够的重视，数据没有得到合理充分的利用。工作人员在对轨道设备进行维护和保养时虽然会依据检测数据对安全问题进行排除，在一定程度上提高了线路的设备质量，保证了行车的安全；但对于检测存在隐患的设备获得的数据却缺乏重视，导致轨道设备的真实状态常常没有被认真对待和发现，存在隐患的轨道设备没有得到及时整修，没有真正实现线路维修的针对性和预防性。另外，我们的维修周期主要是根据设备类型和运量的大小来确定的，而未充分考虑到线路设备的实际状况，即使是相同的设备类型，由于气候、地理地质条件、养护程度、列车运行速度、作业方式的不同，实际需要的维修周期也会有天壤之别。而我们通过分析和应用相关的轨道数据，能够对铁路特点线路等进行全面的评估，针对有问题的线路在检测和维修时选择的方式和方法更加科学合理，从而让线路维修工作实现计划性、针对性和合理性。

4.3 动、静态检测数据映射关系研究

4.3.1 动、静态检测数据差异统计与相关性分析

笔者选取某高速铁路线路 2020 年的部分里程范围的静态检测数据和同年度不同月份的动态检测数据进行对比分析。每次检查运行不仅记录了有关测量数据位置和轨检车运行速度的信息，还记录了涵盖所有轨道几何参数的测量数据，例如左、右高低，左、右轨向，轨距，水平（超高），三角坑，等。其中：静态检测数据的采样间隔为 0.125 m，即每千米有 8 000 个数据点；动态检测数据的采样间隔为 0.25 m，即每千米有 4 000 个数据点。图 4-10 对所利用的静态检测数据作了展示。在实际的静态检测过程中，部分区段可能因平顺性状态较差所以存在重复检测的情况，故在图中显示的检测频次大于 8 000；由于每次检测的实际起止位置并非为整里程位置，而图中的横轴组距为 1 km，故在图中存在检测频次不足 8 000 或不是 8 000 的倍数的情况。

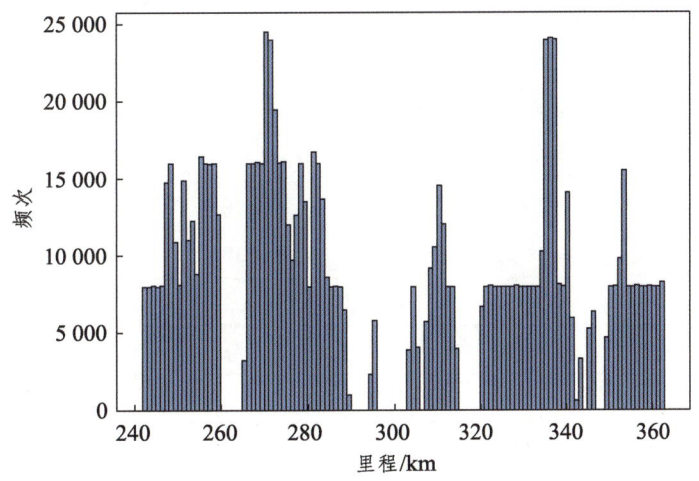

图 4-10 静态轨检数据检测位置及频次

在本实例分析中，课题组选取不同位置处的直线段、曲线段、桥梁段和隧道段进行多种线路形式的对比分析（表 4-7），探究不同条件下的动静关系差异，从多角度阐述动、静态检测数据间的相互关系，为后续的动、静态数据反演工作提供理论支撑，进而更好地指导线路平顺性维护工作。

表 4-7 实例分析中选取的各区段信息介绍

线路形式	起点里程/km	终点里程/km	长度/m
直线段	310.300	311.300	1 000.000
曲线段 1	269.472	270.444	971.843
曲线段 2	281.500	283.418	1 917.540

续表

线路形式	起点里程/km	终点里程/km	长度/m
曲线段 3	311.418	313.226	1 809.122
桥梁段 1	281.396	282.982	1 584.100
桥梁段 2	272.344	272.980	635.800
桥梁段 3	273.096	273.274	178.000
隧道段 1	300.392	301.266	874.000
隧道段 2	327.104	328.356	1 252.000

1. 动、静态数据相关性分析

对各区段的动、静态检测原始数据进行皮尔逊相关系数计算，分析各区段不同检测指标间的动、静态相似性，具体结果见表 4-8。

表 4-8 各区段不同检测指标间的相关系数

线路形式	左高低	右高低	左轨向	右轨向	轨距	水平	三角坑
直线段	0.065	0.103	0.183	0.220	0.157	0.010	0.013
曲线段 1	0.486	0.420	−0.359	−0.356	0.508	−0.260	0.702
曲线段 2	0.068	0.095	−0.023	−0.019	0.224	−0.046	0.305
曲线段 3	0.301	0.316	0.023	0.071	0.413	−0.130	0.685
桥梁段 1	0.107	0.134	−0.012	0.005	0.251	−0.124	0.205
桥梁段 2	0.602	0.605	−0.689	−0.663	0.825	−0.532	0.461
桥梁段 3	0.640	0.518	−0.557	−0.606	0.923	−0.351	0.518
隧道段 1	0.137	0.141	−0.128	−0.114	0.161	−0.326	0.123
隧道段 2	0.135	0.037	−0.128	−0.046	0.213	−0.188	0.119

其中，相关系数与相关程度的关系为：相关系数取值 0~0.3 时，相关程度为低度相关；0.3~0.8 为中度相关；0.8~1.0 为高度相关。

根据表 4-8 的数据，结合动、静态检测数据波形对比图，得到以下几点发现：

（1）直线段的动、静态 7 项检测指标均为正相关，但相关程度较低。

（2）曲线段中三角坑的动、静态检测数据相关程度最高；其他区段中一般是轨距指标的动、静态相关程度最高，轨向和水平的相关程度最低。

（3）在所有区段中，轨距指标的动态检测数据均大于静态检测数据，两者之间存在一个近似常数的差值，如图 4-11 所示。这种情况可能是动态检测受轮载作用造成的。

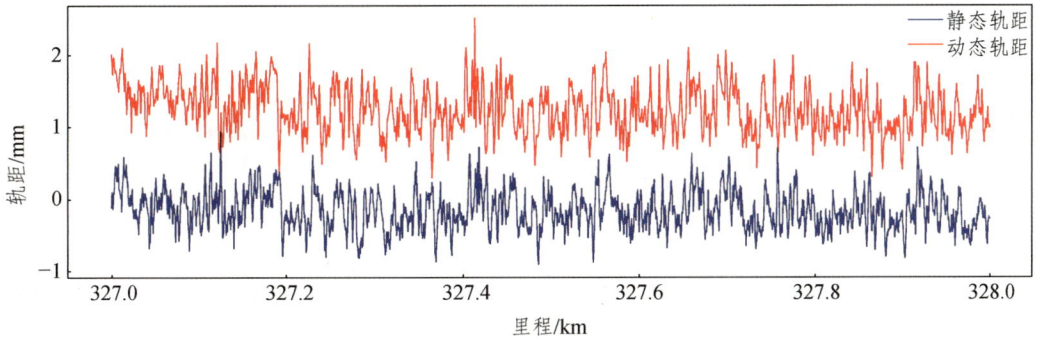

图 4-11　轨距指标动、静态数据波形

（4）桥梁区段高低指标的动、静态波形的重复性优于其他区段，且存在规律性的波形变化，波形的变化周期约为 32 m，因此初步推断产生这种情况可能是由于受轨道下部结构（简支梁桥）的影响，以某特大桥为例，如图 4-12 所示。

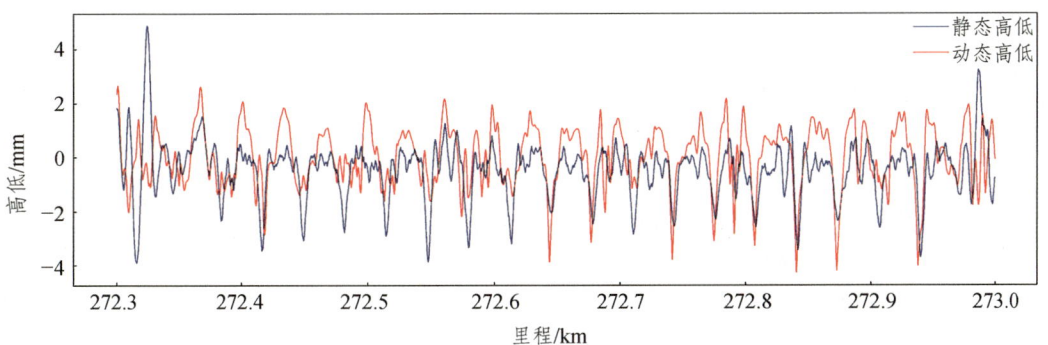

图 4-12　桥梁区段高低指标动、静态波形对比

（5）曲线段轨向指标的静态检测数据波形存在随曲线变化的趋势项，左曲线向下，右曲线向上，如图 4-13 所示。

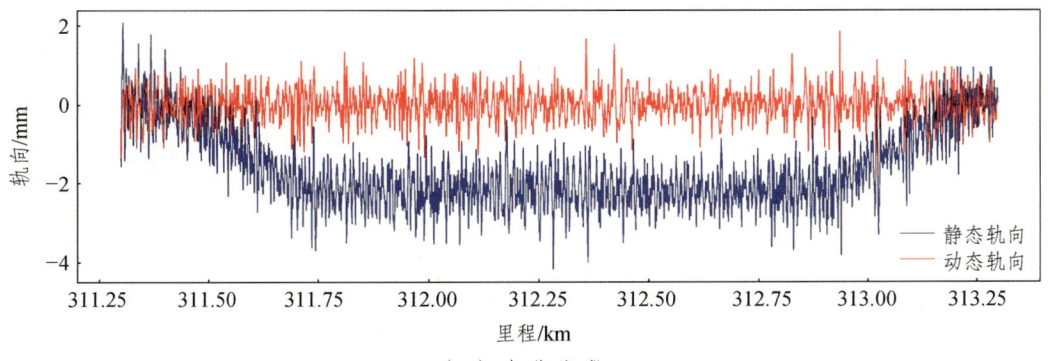

（a）左曲线段

4 轨道动、静态检测数据映射关系研究

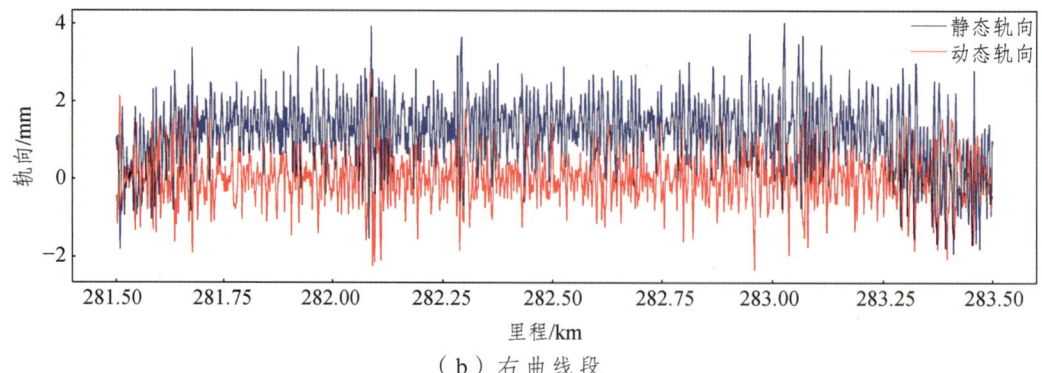

（b）右曲线段

图 4-13 轨向指标动、静态波形对比

（6）三角坑指标在曲线的缓和曲线段中动、静态波形均发生突变。左曲线在前缓和曲线范围内数值减小，后缓和曲线范围内数值增大；右曲线在前缓和曲线范围内数值增大，后缓和曲线范围内数值减小；且静态数据的变化量大于动态数据的变化量。如图4-14所示。

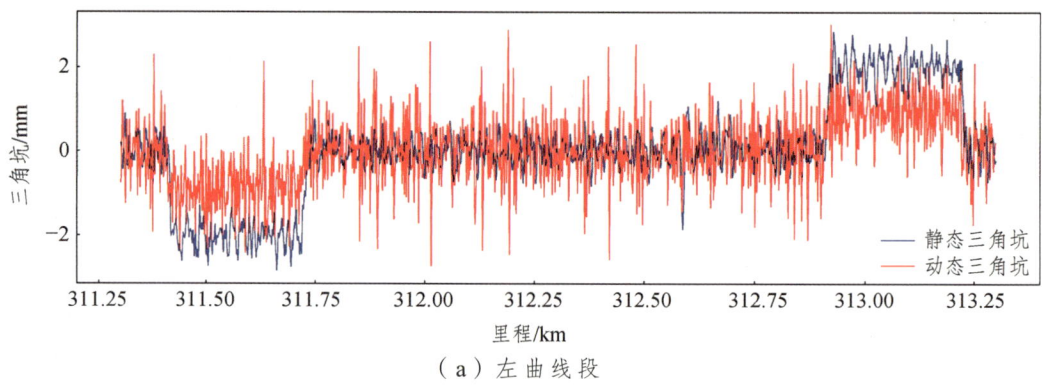

（a）左曲线段

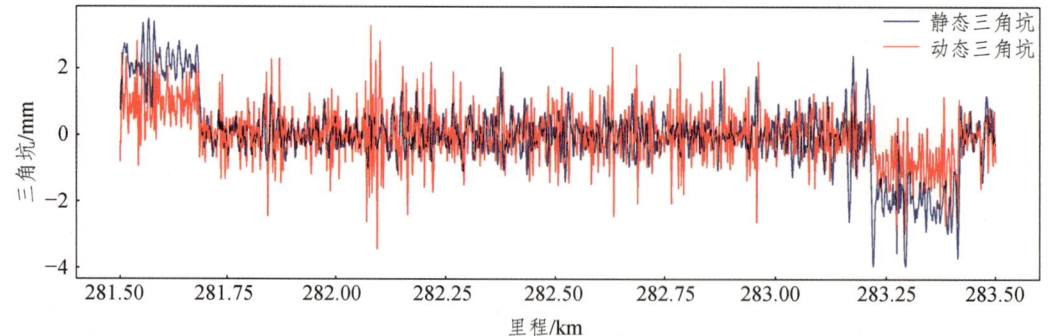

（b）右曲线段

图 4-14 三角坑指标动、静态波形对比

2. 动、静态数据差异统计

本节对不同区段的各项指标的动、静态差异进行对比分析，分析结果见表 4-9；并进一步选取某区段动、静态检测数据的差值（动态数据－静态数据）进行统计分析，分析结果见表 4-10、图 4-15。

表 4-9　各指标动、静态差值标准差　　　　　　　　单位：mm

线路形式	左高低	右高低	左轨向	右轨向	轨距	水平	三角坑
直线段	1.129	1.046	0.771	0.717	0.344	1.573	1.171
曲线段 1	0.843	0.943	1.186	1.169	0.259	1.009	0.905
曲线段 2	1.218	1.132	1.057	1.013	0.27	0.95	1.024
曲线段 3	0.587	0.574	0.883	0.829	0.35	0.666	0.819
桥梁段 1	1.25	1.15	1.014	0.975	0.267	0.78	0.937
桥梁段 2	1.134	0.951	1.048	1.024	0.122	0.9	0.684
桥梁段 3	0.829	1.013	0.94	0.906	0.108	0.584	0.601
隧道段 1	0.601	0.587	0.53	0.485	0.369	0.625	0.466
隧道段 2	0.477	0.472	0.592	0.525	0.376	0.353	0.366

表 4-10　某区段各指标动、静态差值（动态－静态）统计

项目	最大值/mm	平均值/mm	下四分位数/mm	中位数/mm	上四分位数/mm	动静相关系数
左高低	2.446	0.061	−0.403	0.116	0.577	0.716 6
右高低	3.603	0.062	−0.425	0.111	0.558	0.674 2
左轨向	8.256	−0.012	−0.745	−0.022	0.749	−0.524 9
右轨向	7.344	−0.012	−0.706	−0.022	0.730	−0.524 9
轨距	1.974	0.889	0.745	0.891	1.034	0.542 9
水平	4.938	0.352	−0.206	0.310	0.887	−0.422 7
三角坑	4.133	0.001	−0.386	−0.020	0.382	0.442 3

根据表 4-10 中的数据，结合各指标动、静态检测数据差值分布（图 4-15），得到以下几点发现：

（1）对所有区段各项指标的动、静态差异进行累计统计，轨距指标的动、静态差异标准差最小，分布更为集中，如图 4-16 所示。

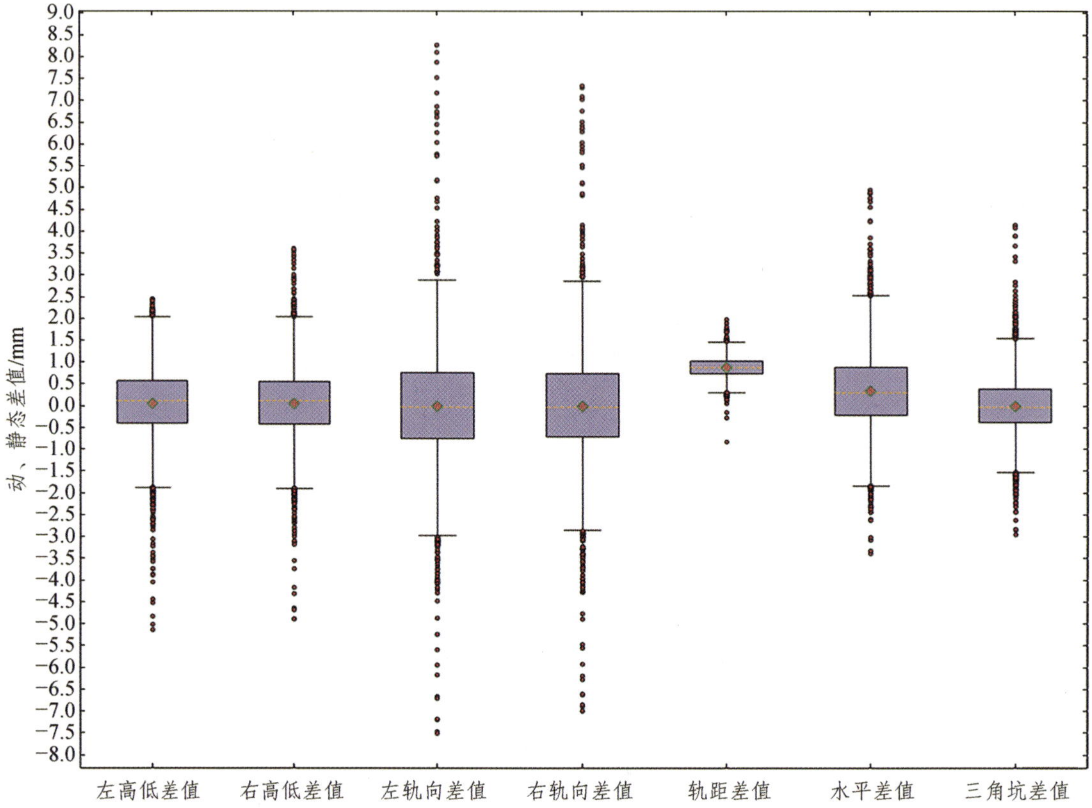

4 轨道动、静态检测数据映射关系研究

图 4-15 某区段各指标动、静态差值（动态－静态）统计

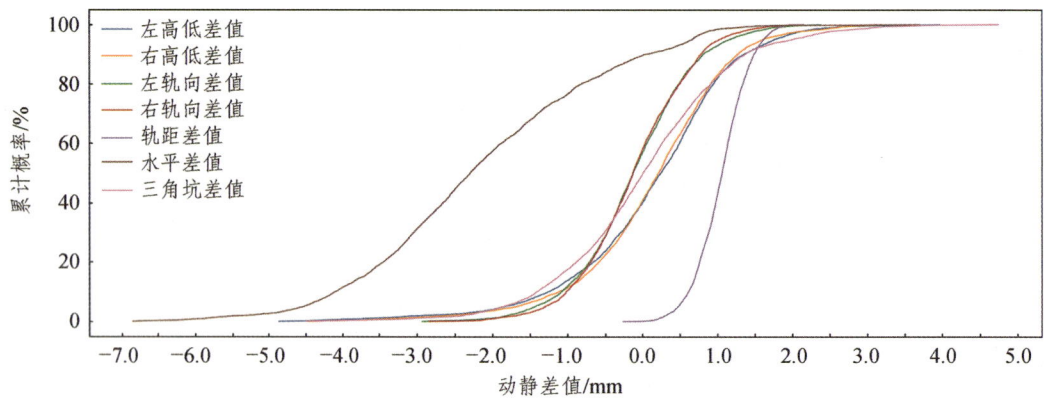

图 4-16 各指标动静数值差值累计分布

(2)轨向指标的左、右动、静态数据差值基本一致,如图4-17所示[①]。

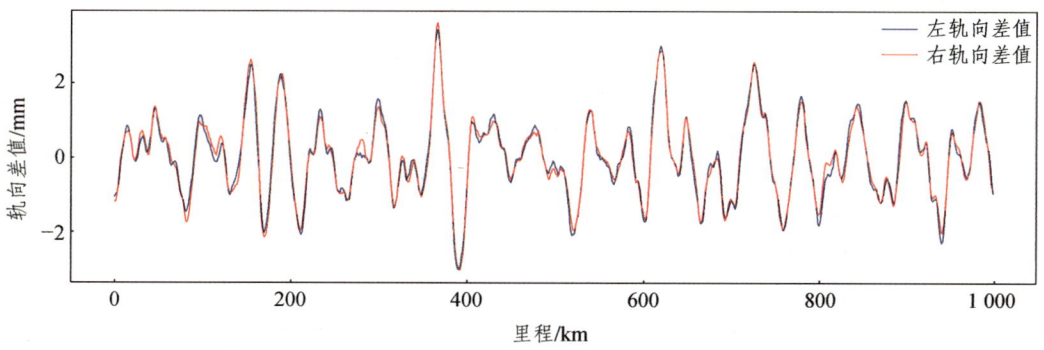

图4-17 轨向指标左、右动、静态数据差值对比

(3)水平、三角坑两项指标在直线段中的动、静态差异要比其他区段更加明显、更加离散,如图4-18所示。

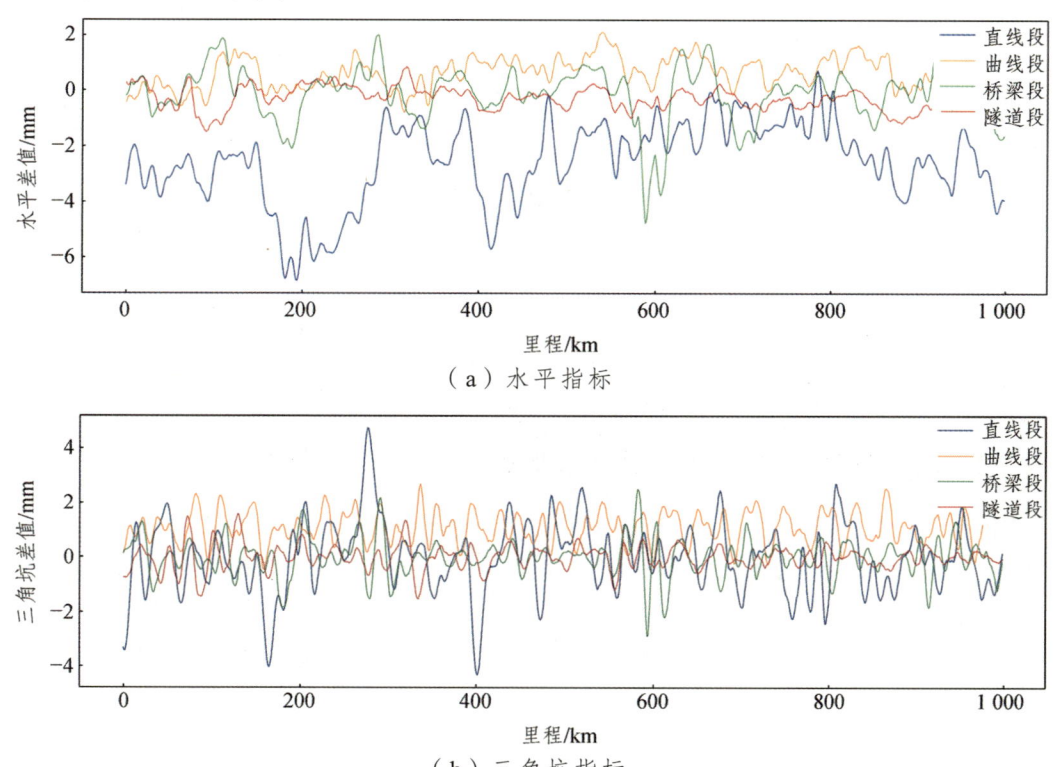

(a)水平指标

(b)三角坑指标

图4-18 水平指标和三角坑指标在各区段中的动、静态差值对比

---

① 图4-17~图4-20中横坐标为数据点数量,纵坐标为动静检测数据差值(单位为mm)。

（4）隧道区段中除轨距外的其他指标动、静态差异较其他区段更加集中，图 4-19 所示以高低指标为例。

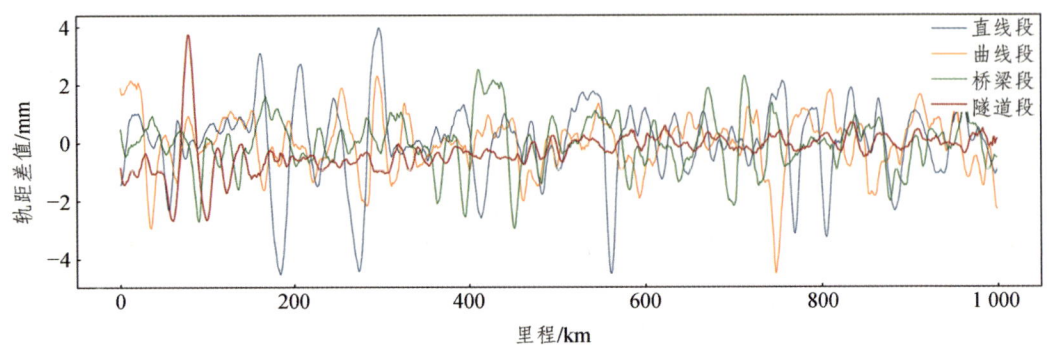

图 4-19　高低指标在各区段中的动、静态差值对比

（5）轨距指标在桥梁区段中的动、静态差异较其他区段更加集中，如图 4-20 所示。

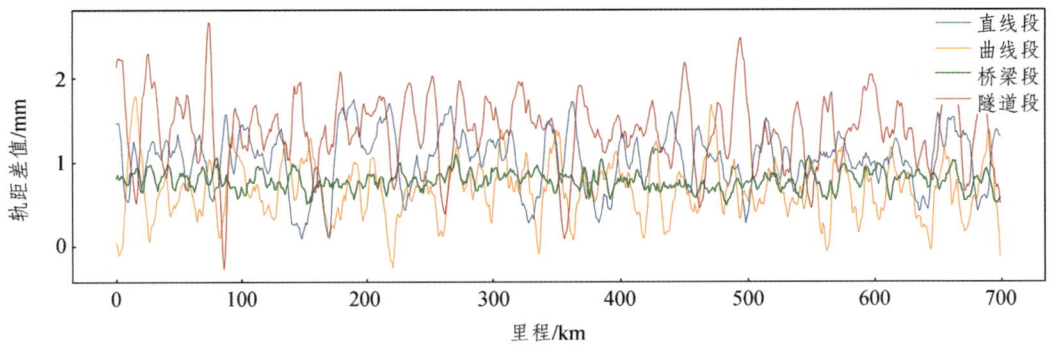

图 4-20　轨距指标在各区段中的动、静态差值对比

4.3.2　动、静态检测数据映射关系探究

动、静态检测原理及检测值定义的不同，导致动、静态检测结果存在一定差异性，因此我国高速铁路无砟轨道采用"以动态检查为主，动、静态检车相结合"的原则。此外，我国铁路线路养护维修中，对于轨道不平顺主要采用峰值管理与均值管理两种评价方法。峰值管理通过计算轨道各项几何参数在连续测点上的半峰值是否超过规定限值判定线路状态，因此它反映的是轨道局部质量状态；均值管理是通过计算 200 m 轨道区段中全部测点各项几何参数的标准差及标准差之和判定线路状态，因此它反映的是轨道区段整体质量状态。

关于轨道几何状态动、静态检测结果相关性的现有研究，大致可概括为两大类：一是从检测数据角度出发，利用统计学方法建立相关性；二是从检测原理角度出发，通过分析推导建立函数关系。虽然两种思路都可以建立动、静态检测数据间的关联并用于指导实际线路养修作业，但目前对于动静态关系的研究主要集中于几何不平顺的局部幅值，在区段均值方面则存在空白。而我国《高速铁路工程动态验收技术规范》（TB 10761—2013）[①]中规定，轨道状态检测项目应同时采用局部幅值（峰值）和区段质量（均值）进行评价。

1. 动、静态数据幅值关系探究

在本节中，笔者选取某高速铁路线路的动、静态轨道不平顺检测数据进行探索性数据分析，统计高低、轨向、轨距、水平和三角坑指标动、静态数据的分布特征，并通过回归分析尝试建立各指标动、静态数据间的函数关系。

对于各指标的动、静态检测数据分布特征分析，主要统计其均值、标准差、极值和中位数等，见表 4-11；并对各指标的动、静态数据分布情况进行对比分析，如图 4-21 所示。

表 4-11　各指标动静态检测数据分布特征对比分析　　　　　　单位：mm

指标		均值	标准差	最小值	中位数	最大值
左高低	动态	−0.003	0.812	−3.36	0	3.3
	静态	0.013	0.81	−2.634	−0.007	2.971
右高低	动态	−0.002	0.786	−3.34	0	3.29
	静态	0.013	0.846	−3.218	−0.01	4.176
左轨向	动态	0	0.654	−2.46	0	2.77
	静态	0.012	0.839	−3.432	0.013	3.144
右轨向	动态	0	0.633	−3.24	0	2.63
	静态	0.013	0.832	−3.474	0.027	3.221
轨距	动态	0.065	0.369	−1.39	0.08	2.16
	静态	0.145	0.352	−2.138	0.159	2.017
水平	动态	−0.017	0.672	−2.85	−0.03	2.17
	静态	0.811	0.813	−1.412	0.726	4.663
三角坑	动态	0	0.866	−3	−0.03	2.72
	静态	0.001	0.502	−1.907	0.001	1.736

---

① 中国铁道科学研究院．高速铁路工程动态验收技术规范：TB 10761—2013[S]．北京：中国铁道出版社，2013：7-8．

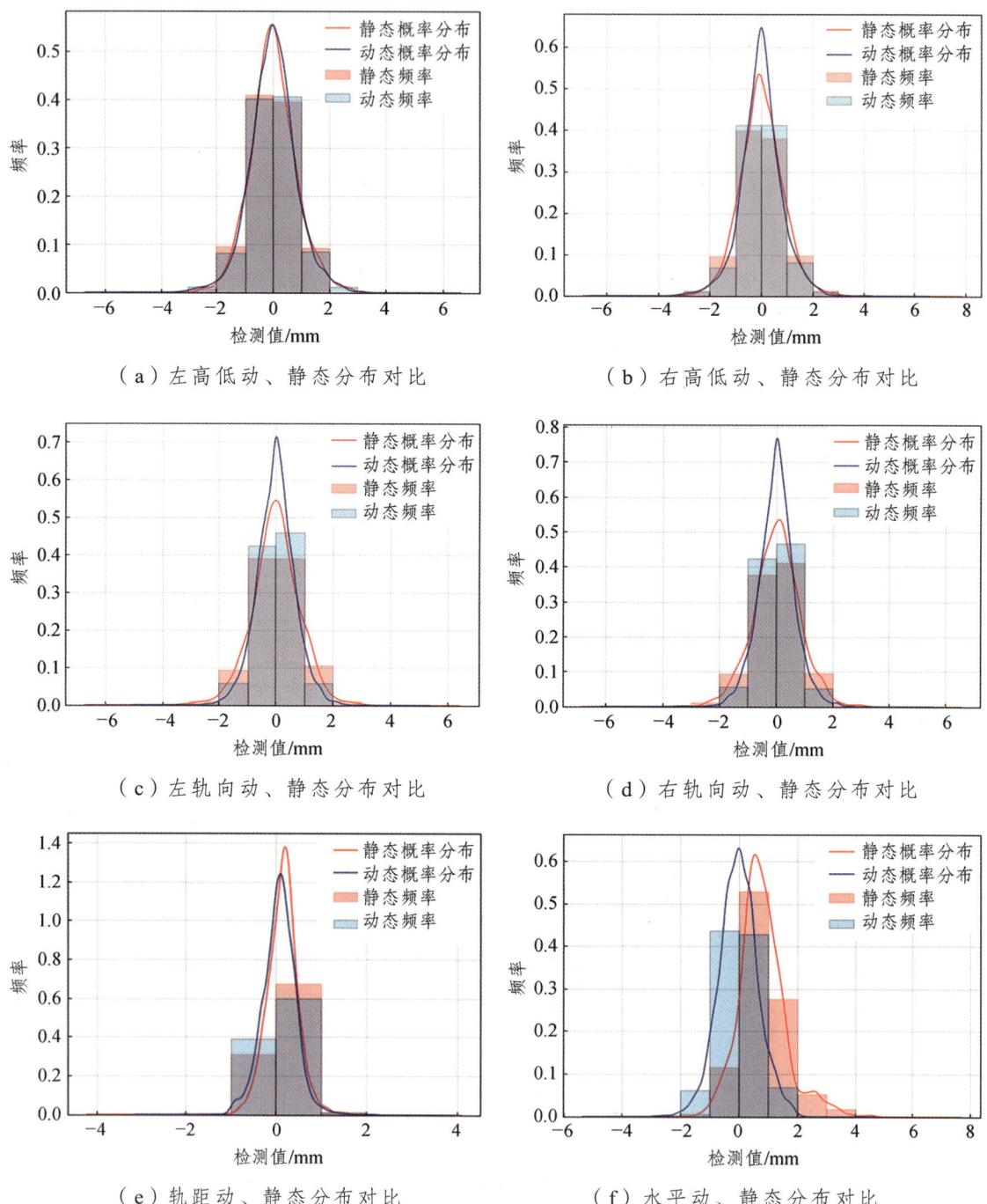

4.3 动、静态检测数据映射关系研究

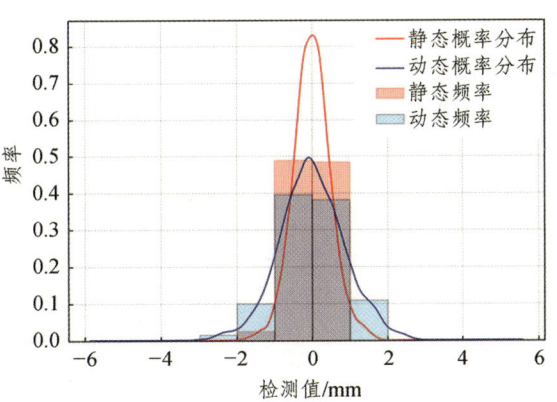

（g）三角坑动、静态分布对比

图 4-21 各指标动、静态数据分布对比

在针对轨道不平顺动、静态检测数据幅值关系的现有研究中，绝大多数都是根据观察动、静态里程对齐后的轨道不平顺波形高度相关的特点，在此基础上提取动、静态轨道不平顺波形的幅值进行线性分析，进而建立动、静态轨道不平顺检测数据幅值间的函数关系。笔者利用该分析方法尝试建立动、静态检测原始数据间的函数关系，分析结果见表 4-12。根据该分析结果可知，动、静态原始数据间并不存在一一对应的函数关系，且据上述方法所得结果不具备指导养护维修工作的实际价值。因此，对于动、静态检测数据间关系的研究方法可基于概率分布的思想，建立动、静态转移矩阵的角度展开。

表 4-12 各指标动、静态原始数据回归分析

指标	拟合公式	R^2
左高低	$y = 0.572x + 0.061$	0.468
右高低	$y = 0.685x + 0.057$	0.330
左轨向	$y = -0.645x - 0.023$	0.503
右轨向	$y = -0.792x - 0.011$	0.235
轨距	$y = 0.843x - 0.992$	0.647
轨距变化率	$y = -1.092x + 0.004$	0.492
水平	$y = -0.522x + 1.278$	0.534
三角坑	$y = 0.332x + 0.007$	0.389

2. 动、静态数据均值关系探究

轨道状态的均值管理是利用轨道质量指数进行管理的，我国以 200 m 的轨道区段作为单元区段，分别计算单元区段上左右高低、左右轨向、轨距、水平、三角坑等 7 项几

何不平顺幅值的标准差,各单项几何不平顺幅值的标准差称为单项指数,将 7 个单项指数之和作为评定该区段轨道平顺性综合质量状态的轨道质量指数(Track Quality Index,TQI)。利用 TQI 质量指数,来反映真实的轨道质量状态,用数值明确表示各个轨道区段的好坏。但是在目前实际使用中,由于现场实际情况千差万别、TQI 管理标准脱离实际等一些问题,TQI 数据长期得不到重视。在如何用好 TQI 数据方面还需要做大量工作。

动、静态 TQI 的幅值不存在一一对应的函数关系,一个静态值可能对应一组动态值,一个动态值也可能对应一组静态值。这是由动、静态检测过程中轨道结构不同的受力情况及动、静态不同的检测原理等因素综合导致的。为此,对于动、静态 TQI 数值间的关系,不能单纯地从轨道受力或检测原理角度出发,而应该基于大量检测数据,从统计学角度建立关联。且不同时刻检测数据之间符合马尔可夫过程的特征,因此,可以考虑引入隐马尔可夫模型建立动、静态 TQI 数值间的关系。马尔可夫链分析是一种常用于随机过程与时间序列的统计分析方法,其假设随机过程某一时刻状态只依赖于它的前一时刻的状态。轨道不平顺检测数据序列可看作一随机过程,相邻时间间隔的动、静态检测数据分别满足马尔可夫性,那么动静关系的探究即转换为轨道不平顺系统中任意两个状态之间转移概率的求解,转移概率反映了各状态之间转移概率的内在规律,即动静关系。于是,探究动静关系的关键问题是如何构造动静态转移矩阵以及该矩阵如何求解。考虑到轨道几何状态的动静态 TQI 关系在不同的轨道质量状态下可能存在一定差异性,笼统地对某一段线路的动静态 TQI 均值或峰值进行对比分析并建立相关性势必会影响其准确性,因此应对动静态 TQI 进行不同范围的划分,在各范围内依次建立动静态 TQI 的对应关系,由此形成动静态转换矩阵[①]。

对于一段线路的静态 TQI 检测值,按大小将其分成 m 个区间,设静态 TQI 的数值 x^J 位于区间 $i(i=1,2\cdots m)$ 的个数为 k_i^J。将与静态 TQI 对应的相同区段动态 TQI 同样按大小分成 n 个区间,设动态 TQI 的数值 x^D 位于区间 $j(j=1,2\cdots n)$ 的个数为 k_j^D。定义 P_{ij} 为某一个单元区段其静态值 x^J 位于区间 i 内且动态值 x^D 位于区间 j 内的概率,即:

$$P_{ij} = P(x^D = j | x^J = i) \tag{4-13}$$

则该段线路所有单元区段中动态 TQI 在区间 j 内的总个数 k_j^D 可通过式(4-14)求得:

$$k_j^D = \sum_{i=1}^m P_{ij} \cdot K_i^J \tag{4-14}$$

上述公式也可用矩阵的形式表述,如式(4-15)所示:

---

① 谭社会,毛晓君. 基于转换矩阵的新建无砟高铁动静态轨道质量指数关系研究[J]. 铁道科学与工程学报,2016,13(9):1677.DOI: 10.19713/j.cnki.43-1423/u.2016.09.003.

$$\begin{bmatrix} k_1^D \\ k_2^D \\ \vdots \\ k_n^D \end{bmatrix} = \begin{bmatrix} P_{11} & \cdots & P_{1m} \\ \vdots & & \vdots \\ P_{n1} & \cdots & P_{nm} \end{bmatrix} \begin{bmatrix} k_1^J \\ k_2^J \\ \vdots \\ k_m^J \end{bmatrix} \tag{4-15}$$

定义 $\boldsymbol{K}^D = [k_1^D, k_2^D, \cdots, k_n^D]^T$ 为动态 TQI 数值在 n 个区间内的频数分布，$\boldsymbol{K}^J = [k_1^J, k_2^J, \cdots, k_m^J]^T$ 为静态 TQI 数值在 m 个区间内的频数分布，则式（4-15）可进一步简化为式（4-16）：

$$\boldsymbol{K}^D = \boldsymbol{P} \cdot \boldsymbol{K}^J \tag{4-16}$$

$\boldsymbol{P}$ 为 TQI 检测值从静态到动态的转换矩阵，阶数为 $n \times m$，由动静态 TQI 的区间划分个数确定。转换矩阵 $\boldsymbol{P}$ 反映了不同轨道质量状态下单元区段内动静态 TQI 间的概率特性，是一种更精细、更准确的动静态映射关系。其数值可基于一组动静态 TQI 检测数据通过式（4-17）求解。

$$P_{ij} = \frac{n_{ij}}{k_i} \tag{4-17}$$

其中：n_{ij} 为 TQI 静态值 $x^J = i$ 且动态值 $x^D = j$ 的单元区段个数。

笔者选取某高速铁路线路的动、静态轨道不平顺检测数据，建立动静态 TQI 转换矩阵，并对该转移矩阵进行求解。根据前述对动、静态检测数据的分布特征分析，得到检测数据在不同范围内的分布情况，进而将静态 TQI 值 x^J 划分成<1.35、1.35~1.50、1.50~1.65、1.65~1.80 和>1.80 五个区间，将动态 TQI 值 x^D 划分成<1.80、1.80~1.95、1.95~2.10、2.10~2.25、2.25~2.40 和>2.40 六个区间。依次统计动静态 TQI 检测值落在上述区间内的个数 k，再按公式（4-17）计算得到动静态 TQI 转换矩阵，见表 4-13。

表 4-13 动静态 TQI 转换矩阵

动态/mm	静态/mm				
	<1.35	1.35~1.50	1.50~1.65	1.65~1.80	>1.80
<1.80	28.1%	30.8%	19.3%	14.8%	3.3%
1.80~1.95	40.0%	34.2%	27.8%	26.8%	30.0%
1.95~2.10	31.9%	18.8%	23.9%	28.6%	26.7%
2.10~2.25	0.0%	10.7%	17.4%	16.1%	16.7%
2.25~2.40	0.0%	5.4%	6.2%	8.5%	13.3%
>2.40	0.0%	0.0%	5.4%	5.2%	10.0%

从表 4-13 可知：对于静态 TQI<1.35 mm 的单元区段，其动态 TQI 均小于 2.10 mm；而对于静态 TQI>1.80 mm 的单元区段，则不仅有 3.30%小于 1.80 mm 的动态值，也有 10.0%大于 2.4 mm 的动态值。由此说明线路质量状态不同，动静态 TQI 的对应关系也存在一定差异。即线路质量状态越好，静态 TQI 检测值越小，动态 TQI 变化范围也越窄、越集中；反之，线路质量状态越差，静态 TQI 检测值越大，动态 TQI 变化范围则越宽、越离散。

4.3.3 动、静态检测数据分级预警管理标准

保持高速铁路线路的高舒适度、高平顺性一直是高速铁路养护维修的重要组成部分。目前，我国铁路线路的维修管理体制方面存在诸多弊端，传统的"故障修"和粗放的"周期修"仍是线路维修的主要方式。随着铁路网规模的不断扩大，轨道设备的修理成本急剧增长，而现有的主要维修管理模式，无法科学合理地配置维修资源，轻则浪费人力、物力（过修），重则危及行车安全（失修）。传统的"周期修"模式已难以应对上述挑战，线路设备维修的核心需求正逐渐向以设备状态为主的"预测修"转变。因此，铁路工务部门迫切需要基于线路设备状态变化规律，最优配置有限的维修资源，制定新的铁路轨道维修规则，实现维修费用与运营安全的双重控制。目前，国内各铁路局集团有限公司工务部门都在开展高速铁路检测数据分析应用工作，但其只是基本建立在铁路工务管理信息系统基础之上并对各种来源检测数据简单加权整合，在评价体系的顶层设计、指标的合理专业解释、权重的确定以及结果落地应用方面仍有待实践验证。

在 4.3.2 节中，我们利用动静态轨道不平顺检测数据建立了两者之间的状态转换矩阵，并可根据转换矩阵求得动态检测数据各指标的分布特征及出现在不同数值区间的概率；然后综合考虑静态检测数据取值、各等级管理值的维修紧迫性以及现场工务人员的工程经验，设计出不同状态下各等级概率的权重，进而获得当前状态下动态检测数据的数学期望。在此基础上，根据动态验收管理标准[①]，见表 4-14 和表 4-15，针对动态检测数据各检测指标的标准差进行等级划分，可根据轨道状态和维修的优先级分为"故障""预防""跟踪"以及"安全"四个等级；进而建立轨道不平顺检测数据分级预警管理标准，根据期望值的所在范围指导养护维修计划的制订和工作安排；并以此判定轨道几何状态以及养护维修的优先级，最终推动线路平顺性控制由"周期修"向"状态修"的转变。

表 4-14　160 km/h<v≤250 km/h 线路轨道质量指数管理值

项目	高低	轨向	轨距	水平	三角坑	TQI
管理值	1.4×2	1.0×2	0.9	1.1	1.2	8.0

---

① 国家铁路局. 轨道几何状态动态检测及评定：TB T 3355—2014[S]. 北京：中国铁道出版社，2014：5.

表 4-15　250 km/h<v≤350 km/h 线路轨道质量指数管理值

项目	高低	轨向	轨距	水平	三角坑	TQI
管理值	0.8×2	0.7×2	0.6	0.7	0.7	5.0

4.4　本章小结

由于受研究时间、线路数量和检测时间跨度等条件的限制，笔者研究动静态轨道不平顺检测数据之间的映射关系问题相对有限，对于高速铁路轨道检测数据综合运用的研究工作有待进一步展开。基于目前轨道检测数据综合运用的研究现状，笔者认为需就以下几个方面进行更加深入的研究：

(1) 评价指标优化。在今后的研究中，引入动力学指标和波长管理指标，分析其数据特点，丰富评价体系；同时，对现有指标，对其统计的类型（幅值与次数）和标准等级划分还需要根据更多线路、更长检测时间范围的数据进行模拟试算以求最优。

(2) 权重分配探讨。在简单线性加权的基础上，还应摸索尝试分层次指标的多重加权模式，以更符合现场实际为目标。

(3) 评价结果应用。评价结果的地面应用是高速铁路轨道检测数据分析应用的关键。如何将评价与人力、物力及财力布局有机结合，形成切实可行的生产计划将是今后工作的重点之一。

5
轨道不平顺估计车体响应研究

高速铁路列车运行速度的不断提升，对轨道质量的评估也提出了更精确、更快速的要求。既有的评价方法普遍采用实测轨检数据计算轨道质量指数，以此评估轨道几何状态并指导线路养护维修。然而，车辆实际的振动状态在现有评价方法中极少被考虑，这可能导致依据现有的轨道状态评价标准进行评估时，难以对一些可能造成车辆发生运行事故的潜在轨道缺陷实现精确识别。车辆振动加速度既是轨道不平顺输入激励和车辆动力学响应特征的综合反映，也是车辆乘坐舒适性的直观体现，结合轨道不平顺与车体响应的轨道质量评价能进一步对轨道缺陷进行有效识别，这就需要建立一个能够有效将轨道几何状态和车体振动响应联系起来的预测模型。本章根据轨检数据的时序性和周期性特点，提出了一种卷积神经长短期记忆组合模型，将轨道几何不平顺作为输入，来实现对车体加速度的估计。

5.1 轨道不平顺估计车体响应研究现状

目前，国内外学者多使用车轨耦合动力学分析方法对轨道几何不平顺和车体动态响应之间的关联关系进行仿真分析。然而，尽管多体动力学仿真分析方法在铁路领域的相关研究中得到了广泛的应用，但是使用多体动力学仿真分析方法计算加速度效率较低，且在多种假设条件限制下，车辆悬挂、轨道刚度等参数与真实情况具有较大差异，进而导致仿真计算结果与实测结果不符。为此，本章对轨道不平顺和车体加速度之间相关关系进行了研究，并建立了一种深度学习算法模型，使用轨道不平顺快速估计车体加速度。下面对轨道不平顺和车体加速度的相关研究现状进行介绍。

5.1.1 轨道不平顺与车体加速度关联关系研究现状

针对轨道不平顺与车体加速度之间的关联关系，国内许多学者进行了相关研究。陈果等[①]为了探究不同轨道不平顺对车体横向振动造成的影响,从频域的角度分析了轨道高低不平顺、水平不平顺、方向不平顺和轨距不平顺对轨道和车体造成的影响,结果表明车体横向振动主要受水平不平顺和方向不平顺的影响,并表现为低频振动;王开云等[②]基于现场试验测试数据,运用车轨耦合动力学分析方法,研究了不同波长的线路不平顺对列车的平稳性及乘坐舒适性造成的影响及其产生的规律,得出了必须严格控制 20~30 m 波长的不平顺(虽然该段波长的幅值很小,但对车体的横向振动影响很大)的结论;胡晓依等[③]对轨道不平顺和车辆动力响应之间的频域传递特征进行探讨分析,研究了一种快速确定与车辆系统对应的轨道不平顺敏感波长的新方法,实现了对引起高速车辆振动响应的不平顺敏感波长的分析;史红梅[④]将微种群遗传算法和多体动力学分析方法相结合建立了一种对轨道静态不平顺进行评价估计的算法模型,用于实现当列车用不同的运行速度通过铁路线路时对轨道几何静态不平顺的获取;刘玉标等[⑤]利用京津城际铁路实测轨道不平顺,通过多体动力学仿真得到车体振动响应,使用相干性分析对轨道不平顺和车辆动力响应在频域上的相关关系进行探讨分析,确定了主要造成车体振动响应的几何不平顺类型及其相应的几何不平顺波长成分,结果表明车体前部横向振动加速度主要是由方向不平顺和水平不平顺联合引起的,而垂向振动加速度则主要是由垂向不平顺单独影响的。

关于轨道不平顺与车体加速度之间关联关系的问题,国外许多学者也进行了相关研究。Belotserkovskii[⑥]为了研究车辆、钢轨、轨枕之间的振动响应特征,考虑了一种具有相同质量车轮、相同车轮间距、相同荷载作用的周期性轨道模型,计算了匀速运动的无限轮列下的轨道和车轮的垂向振动,结果表明在周期性的轨道模型处,钢轨产生周期性的垂向振动同时使车轮也产生周期性的垂向振动;Popp 等[⑦]针对传统车辆-轨道系统建模方法的不足,提出了一种将轨道考虑为弹性体的车轨耦合动力学方法,结果表明弹性轨

---

① 陈果,翟婉明,左洪福. 轨道随机不平顺对车辆/轨道系统横向振动的影响[J]. 南京航空航天大学学报,2001(3):227-232.
② 王开云,翟婉明,刘建新,等. 线路不平顺波长对提速列车横向舒适性影响[J]. 交通运输工程学报,2007(1):1-5.
③ 胡晓依,侯茂锐,常崇义,等. 基于稳态、非稳态振动信号分析的轨道不平顺敏感波长及其与车辆响应间关系的研究[J]. 中国铁道科学,2012(B08):6.
④ 史红梅. 基于车辆动态响应的轨道不平顺智能感知算法研究[D]. 北京:北京交通大学,2013:71-73.
⑤ 刘玉标,张营营. 车体响应与轨道不平顺的相干分析[C]//第 22 届全国结构工程学术会议论文集:第Ⅰ册,2013:470-474.
⑥ BELOTSERKOVSKII P M. The interaction of an infinite wheel-train with a constant spacing between the wheels moving uniformly over a rail track[J]. Journal of Applied Mathematics & Mechanics, 2004, 68(6):923-931.
⑦ POPP K, KAISER I, KRUSE H. System dynamics of railway vehicles and track[J]. Archive of Applied Mechanics, 2003, 72(11/12):960-961.

道对车辆的影响更为明显；Tanasoiu 等①分析了不同的车辆对轨道不平顺的动力响应差异，结果表明对于大于 30 m 的轨道不平顺波长，使不同设备产生的动力响应特征是相似的，而对于小于 30 m 的轨道不平顺波长，使不同设备产生的动力响应特征存在明显差异；Majka 等②通过建立了一个桥梁-列车相互作用的多体动力学分析方法对桥梁段列车的动力响应进行了研究，结果表明在桥梁地段，列车的振动响应受到轨道不平顺的影响表现得更为强烈；Liu 等③利用多体动力学软件模拟了车辆在含有大量随机生成的横向和纵向轨道几何组合成的轨道上的性能，提出了轨道几何相互作用图（TGIM）方法，用于评价多个轨道几何对轨道安全性的影响程度；Luber 等④通过构造一个基于系统辨识的参数滤波函数得到传递函数，再用函数来模拟车辆-轨道的动态特征，结果表明在轨道不平顺和车体加速度两个因素之间存在高度相关性。

以上对轨道车辆的研究主要是基于初始车辆参数建立多体动力学仿真模型进行。然而车辆在长期服役情况下，由于制造误差、橡胶老化、温度以及车载耦合作用等多种因素的影响，其动力学参数具有随机性⑤，这使得建立的车辆-轨道耦合模型难以反映真实列车运营情况。

5.1.2 车辆参数估计研究现状

为了真实地反映列车在轨道上的实际运营情况，许多学者在进行多体动力学仿真模型的构建之前，都会对列车悬挂参数进行一定的优化设计。张剑⑥基于专家领域先验知识，对全部设计变量进行综合评定分析，确定了对车辆动力学影响较大的设计参数，实现了设计空间的有效缩减；于曰伟等⑦利用随机振动理论，分析了高速列车垂向悬挂参数取不同数值时对列车垂向振动造成的影响，并建立了一种高速列车车辆的垂向减振器的阻尼参数的估计方法，对高速列车车辆的垂向减振器的阻尼的最优参数选取提供了一

---

① TANASOIU A, COPACI I. Studies regarding the improvement of the geometrical characteristics of high speed railway[J]. Mechanical Engineering, 2007, 9: 167-170.
② MAJKA M, HARTNETT M. Dynamic response of bridges to moving trains: A study on effects of random track irregularities and bridge skewness[J]. Computers & Structures, 2009, 87 (19-20): 1251.
③ LIU Y, MAGEL E. Performance-based track geometry and the track geometry interaction map[J]. Proceedings of the Institution of Mechanical Engineers: Part F: Journal of Rail and Rapid Transit, 2009, 223 (2): 111-119.
④ LUBER B, HAIGERMOSER A, GRABNER G. Track geometry evaluation method based on vehicle response prediction [J]. Vehicle System Dynamics, 2010, 48 (sup1): 172.
⑤ 徐井芒. 高速道岔曲尖轨磨耗仿真分析研究[D]. 成都：西南交通大学，2015：44-47.
⑥ 张剑. 基于代理模型技术的高速列车性能参数设计及优化[D]. 成都：西南交通大学，2015：100-101.
⑦ 于曰伟，周长城，赵雷雷. 高速列车垂向随机振动及减振器阻尼参数优化[J]. 铁道学报，2019，41（9）：34-42.

定的参考；翟建平等[1]将轮轴横向力和轮重减载率作为估计目标，探究了在横风作用下不同车辆悬挂参数组合对车体振动造成的影响，并使用多目标优化方法对悬挂参数进行估计，结果表明得到的车辆动力学参数在横风作用下表现良好；应雪等[2]通过经验判断，给定悬挂参数的取值范围，利用 Kriging 代理模型对不同悬挂参数进行了区间估计，并利用多体动力学模型验证了该方法的有效性；崔利通等[3]通过研究在线车辆异常抖动的问题，发现列车运行到后期会出现车轮和钢轨不适配的问题，这就导致列车在运行过程中车轮出现蛇行抖动，而列车二系横向减振器并没有将这部分振动过滤掉，使其传递到车体，使车体产生蛇行运动，因此，他对抗蛇行减振器阻尼参数进行了估计优化，并将优化后的抗蛇行减振器应用于实际线路中，结果表明优化后的抗蛇行减振器能有效地减少车体的蛇行运动。

以上研究虽然考虑了车辆悬挂参数在实际运行中的改变，但并没有给出一个完整的方法对在役列车的悬挂参数进行估计，且最终的结果验证通常都是利用多体动力学仿真模型进行的。

5.1.3 基于数据模型对车体响应和轨道不平顺的研究现状

利用轨道几何并基于数据模型预测车体响应是一种可行的方法，其中数据模型又可进一步分为基于信号处理的模型和基于机器学习的模型。杨怀志等[4]、牛留斌等[5]基于系统辨识理论，以实测轨道不平顺和车体垂向加速度为基础，计算轨检数据功率谱密度及其相干函数，用状态空间方法构建了轨道不平顺和车体加速度之间的传递模型，并对车体加速度进行了估计；Li 等[6]通过快速傅里叶变换在频域上求解，或者通过基于系统辨识构造的滤波函数在时域上求解，提出了一种基于轨道-车辆交互仿真的动态垂向轨道不平顺评估方法；Odashima 等[7]基于卡尔曼滤波，使用车体加速度实现对轨道垂向不平顺

---

[1] 翟建平，张继业，李田. 横风下高速列车动力学参数的多目标优化[J]. 交通运输工程学报，2020，20（3）：80-88.

[2] 应雪，姜杰，邹益胜，等. 基于 Kriging 代理模型的高速列车悬挂参数的区间优化[J]. 兰州交通大学学报，2015，34（1）：104-108.

[3] 崔利通，李国栋，宋春元，等. 高速动车组悬挂参数优化研究[J]. 铁道学报，2021，43（4）：42-50.

[4] 杨怀志，牛留斌，谷永磊，等. 基于空间状态辨识理论的高速铁路车体垂向加速度预测模型[J]. 铁道建筑，2020，60（2）：110-115.

[5] 牛留斌，刘金朝，曲建军，等. 基于状态空间法的轨道不平顺与车体横向加速度关联模型[J]. 铁道学报，2020，42（8）：123-129.

[6] LI M X D, BERGGREN E G, Berg M. Assessment of vertical track geometry quality based on simulations of dynamic track—vehicle interaction[J]. Proceedings of the Institution of Mechanical Engineers Part F Journal of Rail & Rapid Transit, 2009, 223（F2）：131-139.

[7] ODASHIMA M, AZAMI S, NAGANUMA Y, et al. Track geometry estimation of a conventional railway from car-body acceleration measurement[J]. Mechanical Engineering Journal, 2017, 4（1）：00498.

的预测，预测结果表明，该算法对轨道垂向不平顺的预测具有较好的精确性；Shafiullah 等[1]利用回归算法对车体垂向加速度进行了预测，并利用快速傅里叶变换从预测数据中生成车体垂向加速度的频谱分析，用于评估轨道几何状态；Berggren 等[2]提出了一种将车辆-轨道耦合模型与系统辨识理论相结合的方法，用于计算长大轨道区段不同行驶速度下多种类型车辆的轮轨力。

以上研究都是基于信号处理，建立的模型计算效率高，计算概念清晰，但其本质上是线性模型，只适用于列车匀速运行条件。近些年来，随着人工智能的快速发展，深度学习算法也被应用到工程的各个方面。基于机器学习的模型主要是利用人工神经网络和支持向量机等智能模型进行构建的，其能够对工程中的问题进行自我学习，掌握相应问题的客观规则，从而实现自动解决问题。国内外专家学者也将深度学习相关的算法用于识别轨道几何形状与车辆响应之间的复杂模型和非线性关系。

牛留斌[3]使用相干函数对车体振动和轨道不平顺之间的相干性进行了深入分析，确定了对车体加速度影响较大的波动频段，构建了一个3层的BP神经网络关联模型，使用轨道不平顺对车体加速度进行预测；Kraft 等[4]基于循环神经网络（RNN）神经网络建立黑箱模型，实现了利用轨道不平顺预测加速度；裴国史[5]对车辆-轨道多体动力学模型在谐波型不平顺激扰作用下产生的车体振动响应特征进行了分析，探究了不同动力学响应指标因为不同的几何不平顺的波长、幅值、波数变化而产生变化的相应规律，建立了时间序列预测模型、神经网络模式识别预测模型、BP神经网络预测模型以及径向基网络预测模型，将其用于识别谐波型轨道不平顺，并对比不同预测模型的识别效果；耿松[6]通过将轨道不平顺定义为输入变量，将车体振动加速度设置为输出，建立了车辆系统的BP、RBF、NARX等神经网络模型；杨晓[7]以深度学习理论为基础，搭建了轨道不平顺估计模型，并使用相干性分析方法确定了估计模型的关联变量。

---

[1] SHAFIULLAH G M, ALI A, THOMPSON A, et al. Predicting Vertical Acceleration of Railway Wagons Using Regression Algorithms[J]. IEEE Transactions on Intelligent Transportation Systems, 2010, 11（2）: 290-299.

[2] BERGGREN E G, LI M, SPNNAR J. A new approach to the analysis and presentation of vertical track geometry quality and rail roughness[J]. Wear, 2008, 265（9）: 1488-1496.

[3] 牛留斌. 基于BP神经网络的轨道不平顺与车体振动关联模型[J]. 中国铁道科学, 2016, 37（2）: 26-32.

[4] KRAFT S, JULIEN C, AURELIE M. Black-box modelling of nonlinear railway vehicle dynamics for track geometry assessment using neural networks[J]. Vehicle System Dynamics, 2019, 57（9）: 1268-1269.

[5] 裴国史. 基于神经网络与车辆系统动力响应特征的高速铁路谐波型几何不平顺识别研究[D]. 成都: 西南交通大学, 2018: 81-83.

[6] 耿松. 基于神经网络的轨道车辆振动状态预测方法研究[D]. 上海: 上海工程技术大学, 2015: 66-67.

[7] 杨晓. 基于深度学习和车体响应的轨道高低不平顺估计研究[D]. 北京: 北京交通大学, 2020: 87-88.

以上研究多是通过建立黑箱模型，直接进行输入输出数据之间关联性的研究，而没有考虑到列车实际运行时的空间和时间上信息的传递形式，且没有考虑到轨道不平顺对车体垂向振动的影响存在滞后性的特点。

5.1.4 深度学习研究现状

关于深度学习的研究，早在1958年，Rosenblatt就提出了单层感知机模型，并在此基础上建立了第一个神经网络模型[1]，以此开启了神经网络的相关研究。1986年，Rumelhart等通过将输入与输出单元直接相连，以输出信号作为输入信号的反馈，反复多次优化输入输出之间连接的相对强度，使得实际输出逐步逼近期望输出，实现了一个名为误差反向传播算法（Back-propagating algorithm，BP）的构建[2]。2006年，Hinton等使用逐层贪婪算法对神经网络缓慢的学习过程进行初始化[3]，实现了对MNIST手写数字识别准确率的大幅度提高；随后他们提出了一种多层神经网络，其具有中心层较小的特点，通过训练，实现了对高维输入向量的重新构造，进而实现了对高维数据的降维处理，减小了数据分析预测的难度[4]。以这两篇文献为开端，神经网络进入了快速蓬勃发展的阶段[5]。而且，神经网络模型的网络层数和网络参数直接影响数据特征的提取，层数和参数越多，特征提取越多，因此，在后来的发展历程中，神经网络模型的规模和层数都有很大程度的提升，被称为深度神经网络（Deep Neural Networks，DNN）。2010年以来，随着相关理论的不断创新，DNN被成功运用到诸多领域，其中，应用比较普遍的有循环神经网络（Recurrent Neural Network，RNN）、卷积神经网络（Convolution Neural Networks，CNN）、残差网络（Residual Networks，ResNets）等。

本章主要使用CNN和LSTM两种深度学习神经网络模型，在此对两种网络模型的研究现状作一个简要介绍。

RNN是一种随时间展开的模型，每个时刻都有输入和输出，每个时刻的输出都受到之前时刻的影响，同时，当前时刻的状态也对下一时刻的行为造成影响。最早的RNN是Hopfield[6]在1982年提出的霍普菲尔网络（Hopfield Network，HN）；随后，

---

[1] ROSENBLATT F. The perceptron: a probabilistic model for information storage and organization in the brain[J]. Psychological Review, 1958, 65: 405-408.
[2] RUMELHART D E, HINTON G E, WILLIAMS R J. Learning representations by back-propagating errors[J]. Nature, 1986, 323: 533-536.
[3] HINTON G E, OSINDERO S, TEH Y W. A Fast Learning Algorithm for Deep Belief Nets[J]. Neural Computation, 2006, 18 (7): 1546-1548.
[4] Hinton G E, et al. Reducing the Dimensionality of Data with Neural Networks[J]. Science, 2006: 504-507.
[5] 胡聪丛，胡桓. 深度神经网络的发展现状[J]. 电子技术与软件工程, 2017 (4): 29-31.
[6] HOPFIELD J J. Neural networks and physical systems with emergent collective computational abilities[J]. Proceedings of the National Academy of Sciences of the United States of America, 1982, 79 (8): 2554-2558.

Elman[①]在1990年提出了一种对时间序列数据进行处理的网络结构。然而，简单的RNN在训练的过程中存在梯度消失和梯度爆炸的问题，使其无法对较长时间的序列保持记忆。为了解决这一问题，Hochreiter等[②]在1997年提出了一种名为长短时记忆神经网络的训练模型（Long Short-Term Memory，LSTM），在RNN模型的基础上增添了一个记忆状态单元，使其能够保存长期的信息，随后LSTM被广泛应用于各个领域中直到今日。

卷积神经网络在最开始是专门为处理二维形状的可变性而设计的，它基于梯度的学习算法来合成一个复杂的决策曲面，通过少量的预处理操作来实现对高维模式较为准确的分类。但由于当时硬件的局限性，CNN网络在当时并未得到很好的推广[③]。Hinton与其学生Krizhevsky[④]训练了一个大型的深度卷积神经网络，该网络由5个卷积层、5个全连接层以及5个池化层组成，网络中包含有约6 000万个参数和65万个神经元。在2010年的ImageNet ILSVRC比赛中，Hinton团队利用其所提出的卷积神经网络对120多万张图片进行分类，最终以其较高的准确率和较快的训练速度获得了比赛的冠军。从此，卷积神经网络得到了飞速发展，并随着ILSVRC竞赛的开展，越来越多的CNN模型被提出，模型的精度和运算效率也得到了大幅度的提升。

5.2 动检数据分析

本节对预处理后轨道动检数据进行相干性分析，包括车体垂向加速度、车体横向加速度和不同类型的几何不平顺，明确了与车体垂向加速度、车体横向加速度关联性强的几何不平顺波长成分，从而确定了估计模型的输入与输出；对几何不平顺进行轨道谱分析，探究了不同的几何不平顺在空间频域上的变化特征；并简要分析了列车的运行速度对车体垂向加速度和车体横向加速度的影响，为之后将列车运行速度确定为估计模型的输入进行了解释说明。

5.2.1 车体响应与轨道不平顺的相干性分析

本节数据为高速综合检测列车实测数据，包括左右高低、左右轨向、轨距、超高和水平不平顺数据，并利用第3章中提出的里程误差修正算法对原始检测数据进行了预处理，提高了数据的准确性，保证了数据的合理性。此外，轨道不平顺引起的车体动力响应频率成分十分复杂，且车体动力响应的不同频段会受到不同类型轨道不平顺的不同波

---

① ELMAN J L. Finding Structure in Time[J]. Cognitive Science，1990，14（2）：207-209.
② HOCHREITER S，SCHMIDHUBER J. Long Short-Term Memory[J]. Neural Computation，1997，9（8）：1743-1748.
③ LECUN Y，BOTTOU L. Gradient-based learning applied to document recognition[J]. Proceedings of the IEEE，1998，86（11）：2317-2318.
④ KRIZHEVSKY A，SUTSKEVER I，HINTON G E. ImageNet Classification with Deep Convolutional Neural Networks [J]. Communications of the ACM，2017，60（6）：84-90.

长成分的影响；因此，在分析过程中，模型的输入分量较为复杂。下面将使用相干函数对轨道不平顺和车体响应进行相干性分析，将相干性强的不平顺作为估计模型的输入，以实现对模型输入变量的简化。相干函数的计算公式为：

$$\gamma_{xy}^2(\omega) = \frac{G_{xy}^2(\omega)}{G_x(\omega)G_y(\omega)} \tag{5-1}$$

式中：ω——空间频率；

$G_{xy}(\omega)$——系统输入和输出的互谱；

$G_x(\omega)$、$G_y(\omega)$——系统输入和输出的单边谱。

一般情况下，$0 \leq \gamma_{xy}^2 \leq 1$，相干函数值越接近 1，表明输入对输出的影响越大。一般认为相干系数大于 0.8 时，输入与输出之间具有较强的相干关系。由于每条线路有许多批次的检测数据，且每次的检测数据并不完全相同，为了反映线路总体的车体加速度与轨道不平顺之间的相关性，取各批次车体加速度与轨道不平顺相干函数的平均值进行相干性分析。

1. 垂向车体加速度与轨道不平顺相干性分析

CRTS I 型双块式轨道、CRTS II 型板式轨道、CRTS III 型板式轨道车体垂向加速度和几何不平顺的相干函数曲线如图 5-1、图 5-2 和图 5-3 所示。

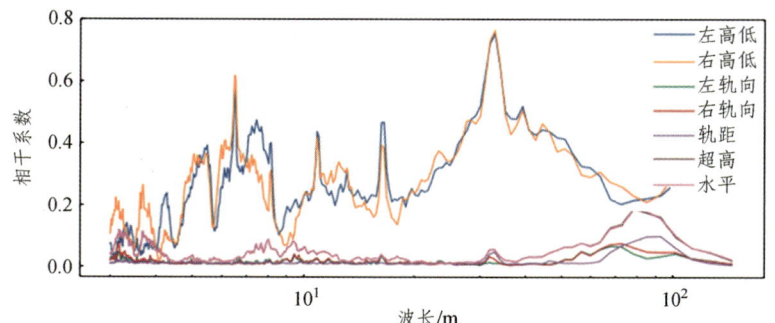

图 5-1　CRTS I 型双块式轨道车体垂向加速度和几何不平顺的相干函数

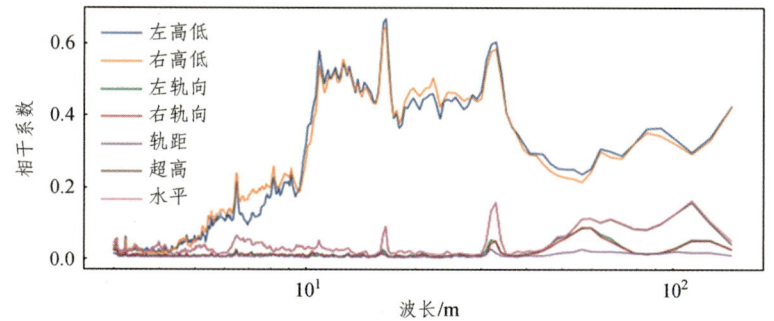

图 5-2　CRTS II 型板式轨道车体垂向加速度和几何不平顺的相干函数

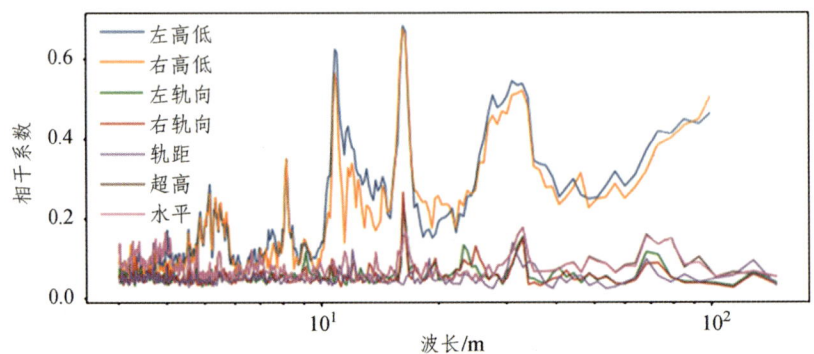

图 5-3　CRTS Ⅲ 型板式轨道车体垂向加速度和几何不平顺的相干函数

从图 5-1、图 5-2 和图 5-3 中可以看出，不同类型轨道板车体垂向加速度与不同的轨道几何不平顺的相干性变化趋势基本相同，在波长 10~50 m 范围内，左右高低不平顺与车体垂向加速度的相干系数较大，这表明轨道高低不平顺和车体垂向加速度之间具有极强的相干性，同时也证明了轨道高低不平顺是引起车体垂向振动的主要激扰源。该计算结果与相关文献中车体垂向加速度与长波高低不平顺相干性强这一结论相吻合，为使用轨道高低不平顺估计车体垂向加速度提供了依据。

2. 横向车体加速度与轨道不平顺相干性分析

CRTS Ⅰ 型双块式轨道、CRTS Ⅱ 型板式轨道、CRTS Ⅲ 型板式轨道车体横向加速度和几何不平顺的相干函数曲线如图 5-4、图 5-5 和图 5-6 所示。

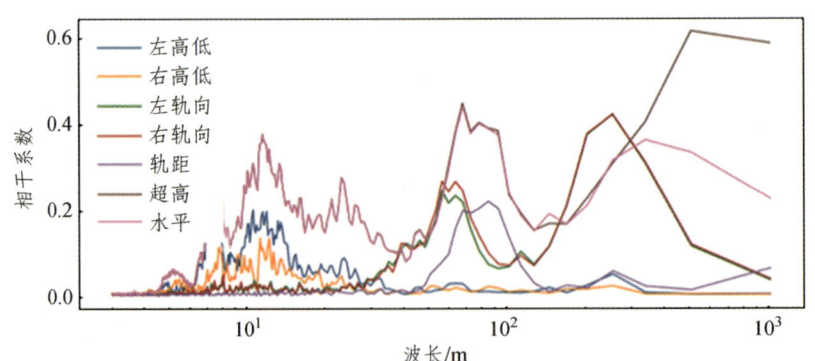

图 5-4　CRTS Ⅰ 型双块式轨道车体横向加速度和几何不平顺的相干函数

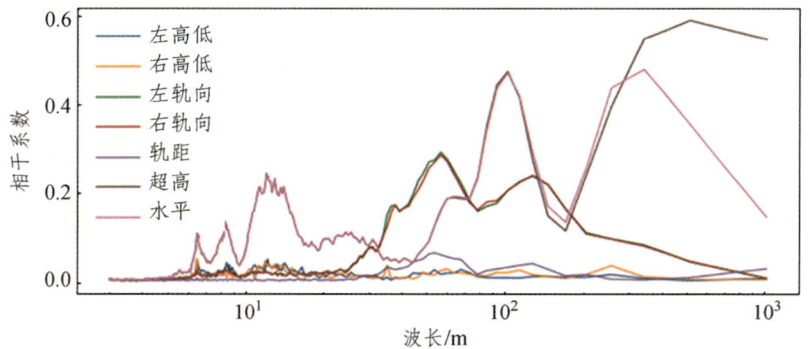

图 5-5　CRTS Ⅱ 型板式轨道车体横向加速度和几何不平顺的相干函数

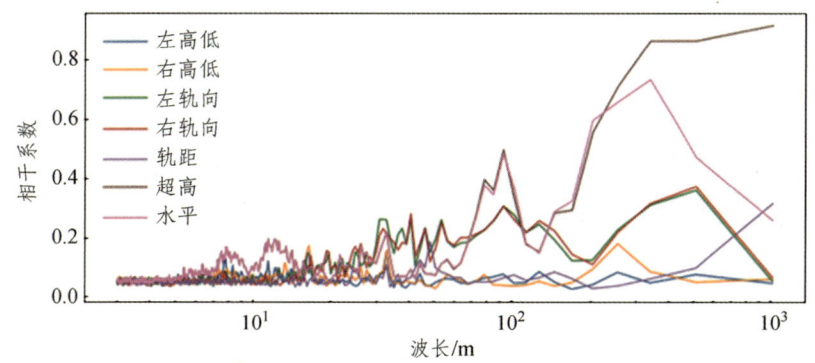

图 5-6　CRTS Ⅲ 型板式轨道车体横向加速度和几何不平顺的相干函数

从图 5-4、图 5-5 和图 5-6 中可以看出，不同类型轨道的车体横向加速度与不同的轨道几何不平顺的相干性变化趋势基本相同，在 3~200 m 的波段范围内，左右轨向不平顺和水平不平顺与车体横向加速度的相干系数较高；在大于 200 m 的波段范围内，横向车体加速度与超高、水平不平顺的相干性较高，即轨向、超高、水平是引起车体横向振动的重要因素，因此，本章使用轨向、超高、水平不平顺作为估计车体横向加速度模型的输入。

3. 依据相干性分析对动检数据进行分段

不同的轨道类型、轨下基础结构和不同路线线形处的力学参数不同，施工方式不同，从而导致不平顺在不同的轨道类型、不同的轨下基础结构和不同路线线形处呈现出不同的曲线波动。一般来说，轨下基础结构分为桥梁、路基和隧道三种，路线线形分为直线段和曲线段两种。为了确保本章所建立模型的适用性，将轨检数据根据轨道类型、轨下基础结构和不同的路线线形分为不同的工况类型。

国内外研究和相关实践证实,高低不平顺和水平不平顺的波长特征与轨下基础结构密切相关,而轨向和轨距不平顺的特征波长与轨下基础无关。从上述的相干性分析中可以得到,车体垂向加速度与高低不平顺高度相关,因此,本章根据轨道类型和轨下基础结构将垂向轨检数据分为 8 种工况,其中由于 CRTSⅢ型板式无砟轨道的检测路段没有隧道结构,因此仅将该条线路分为桥梁和路基 2 种工况;车体横向加速度与轨向、超高、水平不平顺高度相关,轨向的特征波长与轨下基础无关,超高直接由路线线形人为设置,因此将横向轨检数据根据轨道类型和路线线形分为 6 种工况。

5.2.2 轨道谱特征分析

上一小节通过相干性分析确定了将左右高低不平顺作为估计车体垂向加速度的输入,将左右轨向、超高、水平不平顺作为估计车体横向加速度的输入。本小节首先对轨道谱特征分析方法进行简单的介绍,然后对 3 条轨道的左右高低不平顺在桥梁、路基、隧道 3 种工况下的轨道谱特征进行分析,并对左右轨向、水平不平顺在直线段和曲线段两种工况下的轨道谱特征进行分析。

1. 基于 Welch 谱估计方法的分析过程

第 1 章中介绍了轨道不平顺功率谱的概念和谱估计方法,本章采用的谱估计方法为 Welch 谱估计方法,数据为高速综合检测列车实测数据,采样间隔为 0.25 m,利用快速傅里叶变换对数据进行处理,数据点数即为 Welch 法中每次计算的分段数据的长度 N,通常取 2 的 n 次幂。N 越大,计算得到的功率谱分辨率越高,但方差加大;N 越小,计算得到的功率谱的方差越小,但功率谱的分辨率较低。取 $N=4\,096$ 点,对应长度为 1 024 m。相邻两段数据之间的重叠部分长度设为分段数据长度的一半。

利用 Welch 法计算轨道谱的过程如下:

(1) 选取 3 条轨道中桥梁段、路基段、隧道段大于 1 km 区段的左右高低不平顺和 3 条轨道中直线段、曲线段大于 1 km 区段的左轨向、右轨向、水平、三角坑不平顺作为轨道不平顺谱输入数据。

(2) 采用海明窗将轨道不平顺采样数据按 4 096 点(计算长度为 1 024 m)划分为子段,且相邻各段数据间有 50%的点重叠。

(3) 对划分好的每段数据进行谱分析,计算每一段数据的功率谱。

(4) 将求得的每段数据的功率谱相加除以子段数求得功率谱的平均值,就得到了整个信号的功率谱。

在轨道不平顺谱中包含了轨道不平顺随机波形的大量信息,图 5-7 所示为一个简化的轨道谱图。

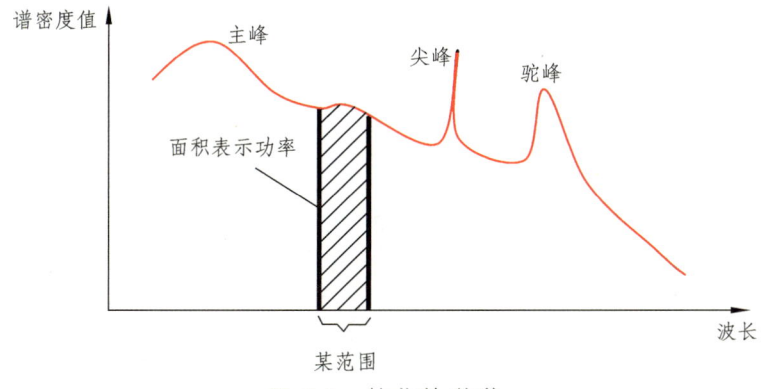

图 5-7 简化轨道谱

从图 5-7 中可以得到：

（1）图中横坐标表示波长，纵坐标表示谱密度值，任意两波长与轨道不平顺谱曲线和横轴之间围成的面积（图中阴影部分）表示功率，该面积越小，表示该波段范围的波长的幅值越小，均方值也越小，即代表该段轨道的平顺性越好。

（2）谱密度值最大处为主峰，表示频谱中信号的主能量。

（3）图中出现的尖峰代表轨道不平顺数据存在周期性波长成分，且该波长成分是尖峰值所对应的横坐标值。

（4）图中出现的驼峰表示原始轨道不平顺数据中存在幅值随机变化的窄带随机性波长成分。

2. 不同工况下几何不平顺功率谱特征分析

垂向轨检数据根据轨道类型和轨下基础结构分为 CRTS Ⅰ 型双块式轨道桥梁段、路基段、隧道段，CRTS Ⅱ 型板式轨道桥梁段、路基段、隧道段和 CRTS Ⅲ 型板式轨道桥梁段、路基段共 8 种工况。横向轨检数据根据轨道类型和路线线形分为 CRTS Ⅰ 型双块式轨道直线段、曲线段，CRTS Ⅱ 型板式轨道直线段、曲线段和 CRTS Ⅲ 型板式轨道直线段、曲线段共 6 种工况。

1）高 低

对垂向轨检数据 8 种工况的左右高低不平顺功率谱图进行分析可知，不同轨道类型、同一轨下基础结构对应的左右高低不平顺的功率谱图基本一致，且轨下结构周期性也会引起轨道不平顺的周期性特点。下面以桥梁段为例，说明不同轨道类型的高低不平顺在空间频域上的变化特征。

图 5-8、图 5-9、图 5-10 分别是 CRTS Ⅰ 型双块式轨道、CRTS Ⅱ 型板式轨道、CRTS Ⅲ 型板式轨道桥梁段的左右高低不平顺功率谱图。从图中我们可以看到，左右高低不平顺的功率谱图基本一致：在波长 3～15 m 波段范围内，随着波长的增加，功率谱密度也

呈现上升趋势；在波长 15~35 m 波段范围内，功率谱密度大致不变，为整个波长范围的高能量波段范围；在波长 35~150 m 波段范围内，随着波长变长，功率谱密度逐渐降低。3 条轨道的功率谱中均包含 32.7 m、16.35 m、10.89 m、8.17 m、6.54 m 的周期性波长成分。其中最明显的特征波长成分为 6.54 m 和 32.7 m，这是因为高速铁路中桥梁一般为 32 m 简支梁桥，CRTS Ⅱ 型板式轨道的轨道板长为 6.45 m，CRTS Ⅰ 型双块式轨道道床板分块长度在 5~7 m，CRTS Ⅲ 型板式轨道轨道板长 5.6 m，即轨下结构周期性引起了轨道不平顺的周期性特点。

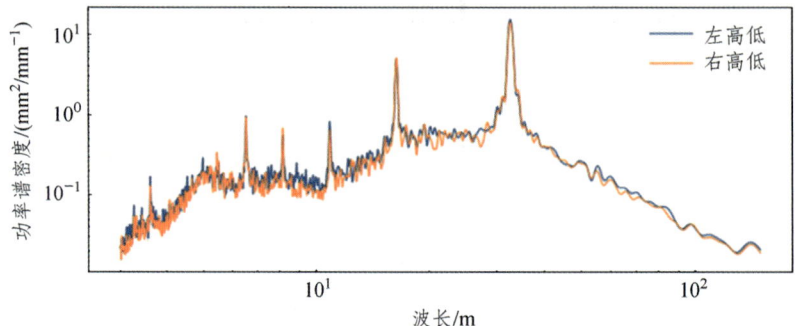

图 5-8　CRTS Ⅰ 型双块式轨道桥梁段高低不平顺功率谱

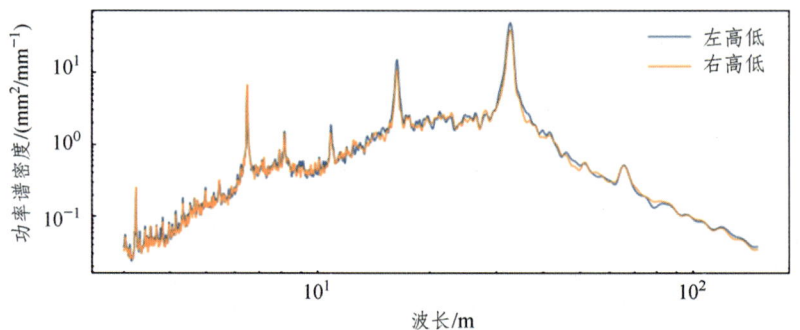

图 5-9　CRTS Ⅱ 型板式轨道桥梁段高低不平顺功率谱

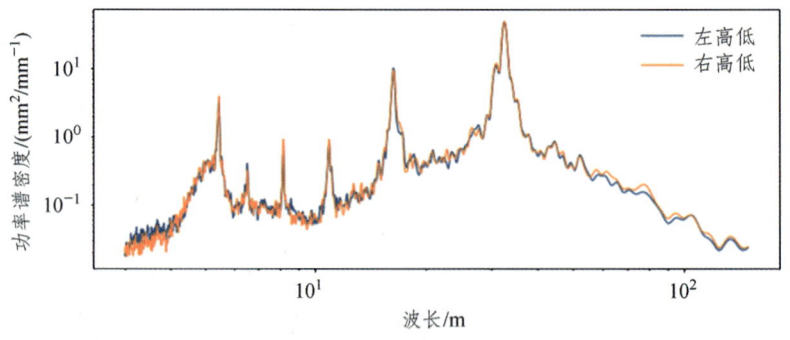

图 5-10　CRTS Ⅲ 型板式轨道桥梁段高低不平顺功率谱

2）轨　向

（1）直线段。

轨向不平顺的产生机制主要有钢轨轨头侧面磨耗不均匀、钢轨在使用过程中产生弯曲变形、钢轨扣件扣压力不足等等。图 5-11、图 5-12、图 5-13 分别是三条线路直线段的左右轨向不平顺功率谱图。从图中我们可以看到，左右轨向不平顺的功率谱图变化趋势基本一致，特别是在超过 30 m 的范围内，左右轨向不平顺的功率谱图基本完全重合。从图中可以看出，直线段轨向不平顺的能量主要集中在 10~100 m 波长范围内。

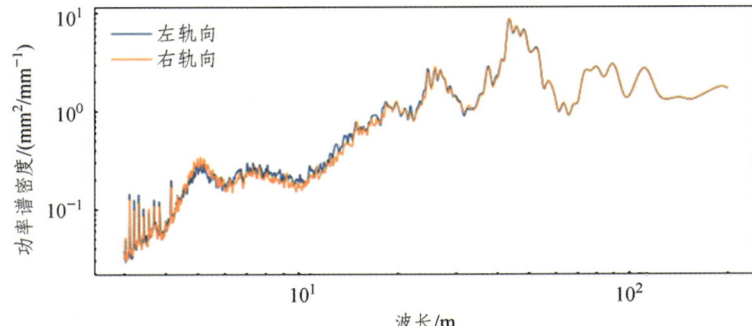

图 5-11　CRTS Ⅰ 型双块式轨道直线段轨向不平顺功率谱

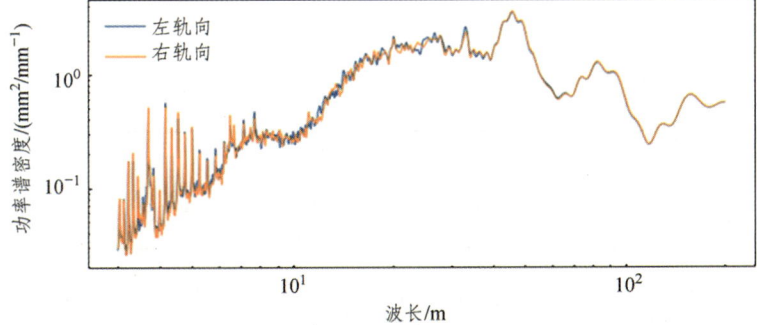

图 5-12　CRTS Ⅱ 型板式轨道直线段轨向不平顺功率谱

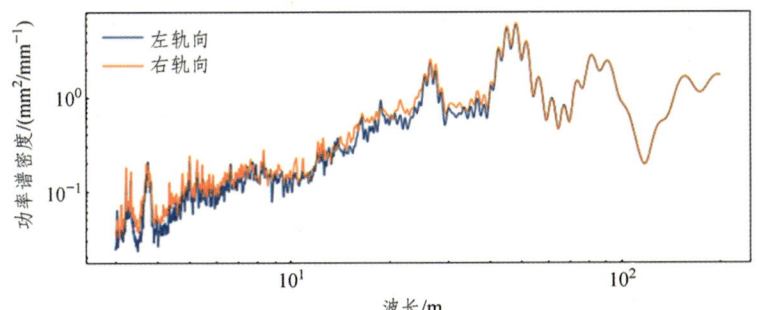

图 5-13　CRTS Ⅲ 型板式轨道直线段轨向不平顺功率谱

(2) 曲线段。

图 5-14、图 5-15、图 5-16 分别是 3 条线路曲线段的左右轨向不平顺功率谱图。从图中我们可以看到，左右轨向不平顺的功率谱图变化趋势基本一致，相比于直线段轨向不平顺，曲线段的轨向不平顺的能量更加集中，能量主要集中在 15~40 m 波长范围内，在大于 40 m 波长范围内，随着波长的增加，功率谱密度逐渐降低。

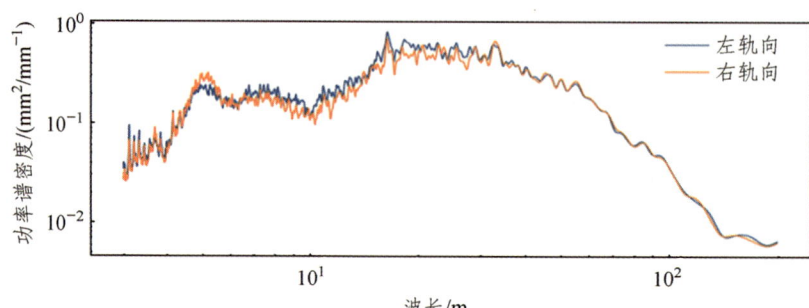

图 5-14　CRTS I 型双块式轨道曲线段轨向不平顺功率谱

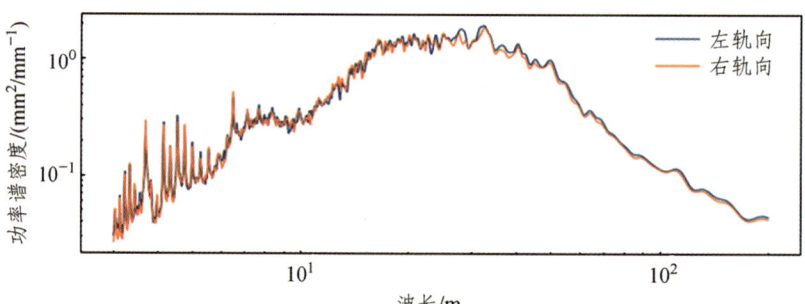

图 5-15　CRTS II 型板式轨道曲线段轨向不平顺功率谱

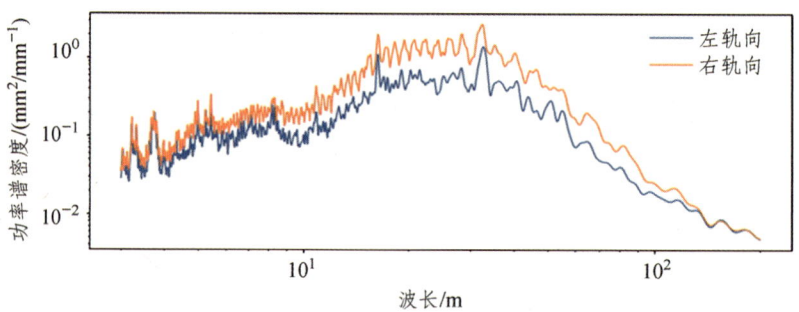

图 5-16　CRTS III 型板式轨道曲线段轨向不平顺功率谱

3）水　平

(1) 直线段。

图 5-17、图 5-18 和图 5-19 分别是 3 条线路直线段的水平不平顺功率谱图。从图中

可以看出，3条线路直线段的水平功率谱图变化类似：在小于25 m波长区段，随着波长的增加，功率谱密度呈现上升趋势；在25～75 m波段范围内，功率谱密度大致不变，为整个波长范围的高能量波段范围；水平不平顺功率谱的整体变化趋势和高低不平顺功率谱的变化趋势近似，在32 m波段处有一个明显的尖峰，水平不平顺的特征波长与轨下基础结构密切相关。

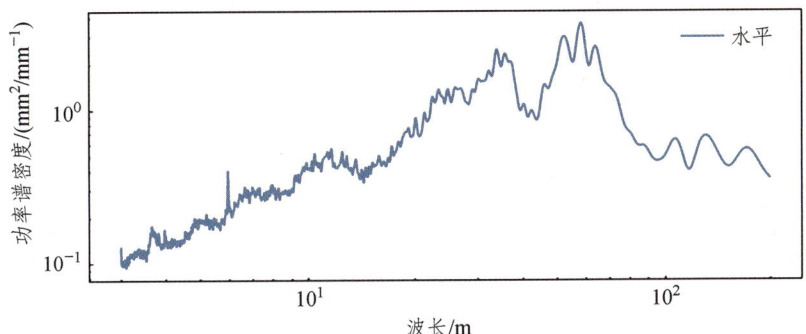

图 5-17　CRTS Ⅰ 型双块式轨道直线段水平不平顺功率谱

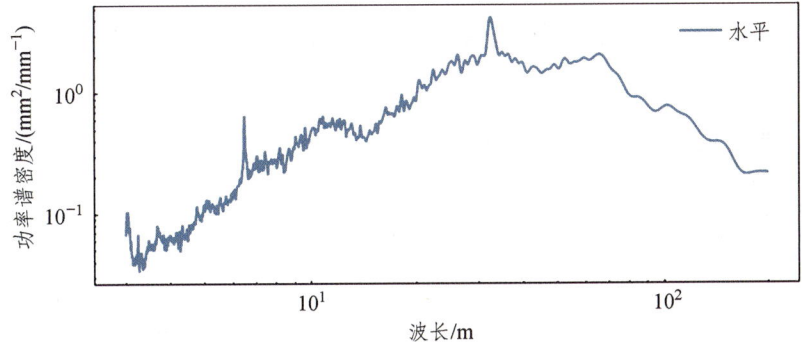

图 5-18　CRTS Ⅱ 型板式轨道直线段水平不平顺功率谱

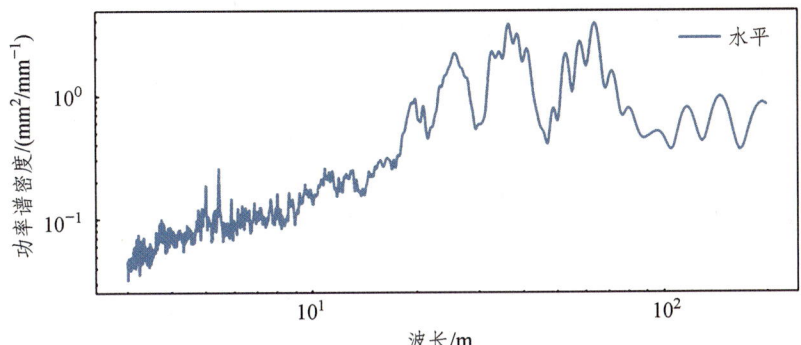

图 5-19　CRTS Ⅲ 型板式轨道直线段水平不平顺功率谱

(2) 曲线段。

图 5-20、图 5-21 和图 5-22 分别是 3 条线路曲线段的水平不平顺功率谱图。从图中我们可以看出,3 条线路直线段的水平功率谱图变化类似:在小于 25 m 波长区段,随着波长的增加,功率谱密度呈现上升趋势;在 25~75 m 波段范围内,功率谱密度大致不变,为整个波长范围的高能量波段范围;水平不平顺功率谱的整体变化趋势和高低不平顺功率谱的变化趋势近似,在 32 m 波段处有一个明显的尖峰,水平不平顺的特征波长与轨下基础结构密切相关。

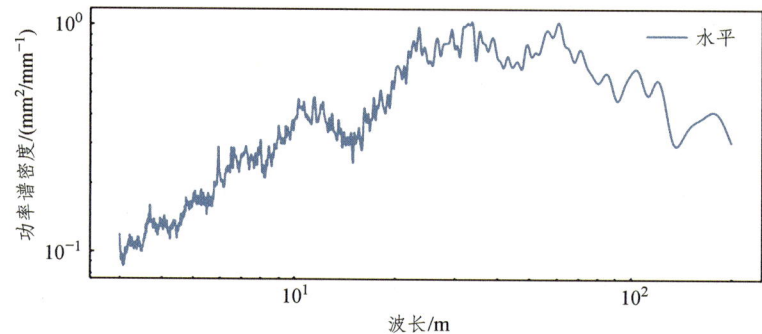

图 5-20 CRTS Ⅰ 型双块式轨道曲线段水平不平顺功率谱

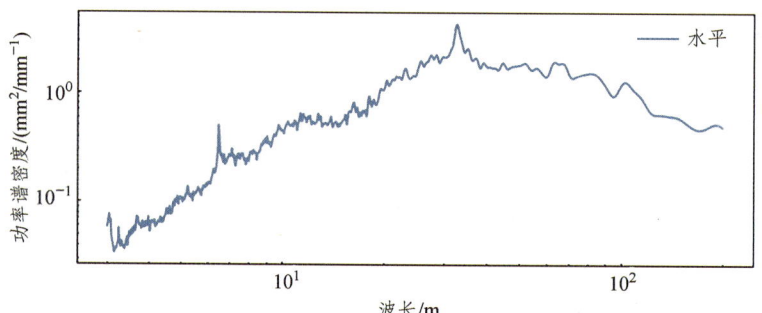

图 5-21 CRTS Ⅱ 型板式轨道曲线段轨向不平顺功率谱

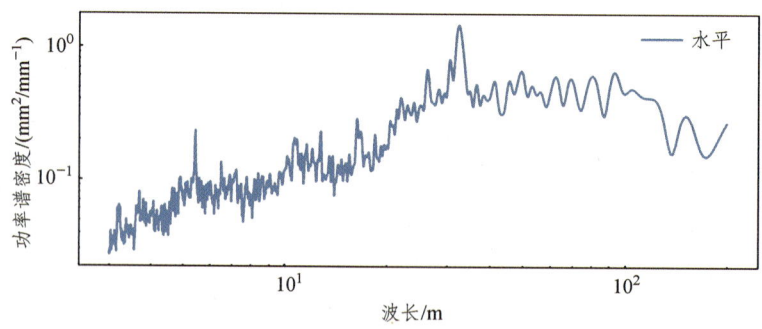

图 5-22 CRTS Ⅲ 型板式轨道曲线段水平不平顺功率谱

5.2.3 列车运行速度对车体响应的影响

为了探究列车运行速度变化对车体响应的影响,我们通过 UM 动力学软件建立多体动力学模型,对同一段线路在 160 km/h、200 km/h、240 km/h、280 km/h、320 km/h 的列车运行速度下计算得到的车体垂向加速度和车体横向加速度进行分析。图 5-23 给出了不同速度下的车体垂向加速度信息,图 5-24 给出了不同速度下车体垂向加速度功率谱密度信息。

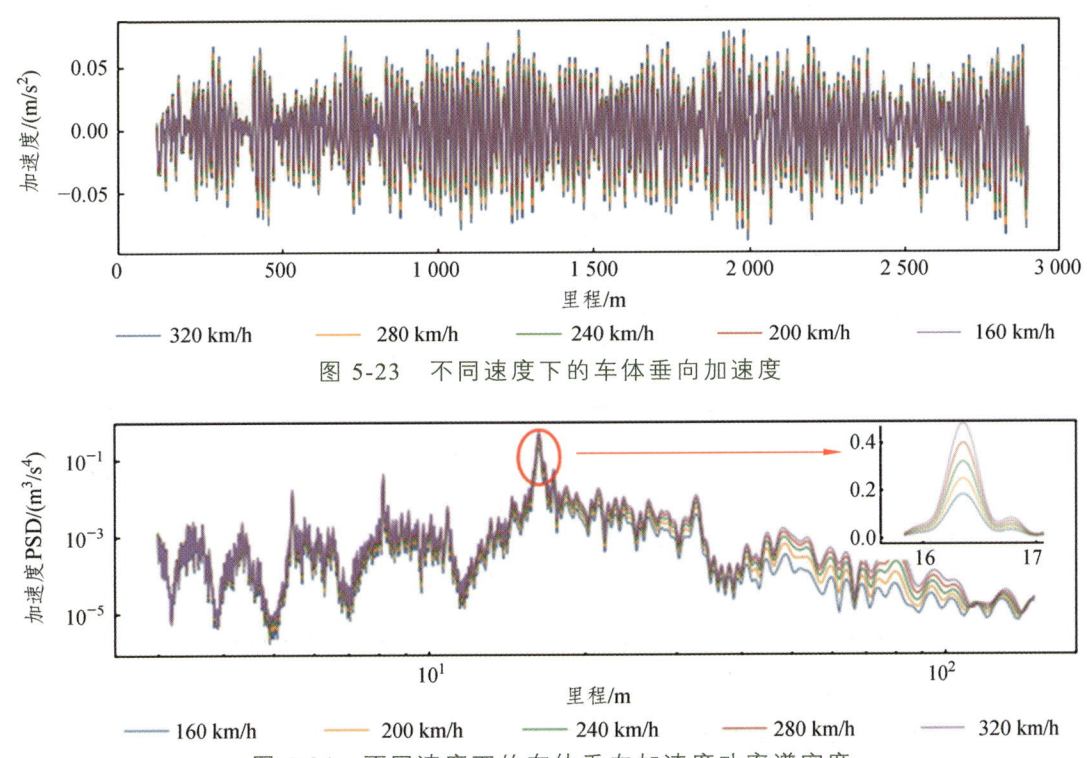

图 5-23 不同速度下的车体垂向加速度

图 5-24 不同速度下的车体垂向加速度功率谱密度

从图 5-23 和图 5-24 中可以看出,随着列车运行速度的增加,车体垂向加速度的幅值增加,波形几乎没有变化。当列车运行速度从 160 km/h 增加到 320 km/h 时,车体垂向加速度的功率谱密度的主峰段的幅值从 0.18 mm^3/s^4 上升到了 0.49 mm^3/s^4,增加了 1.7 倍。

不同速度下的车体横向加速度如图 5-25 所示,不同速度下车体横向加速度功率谱密度图如图 5-26 所示。从图 5-25 中可以看到,在曲线段,当运行速度为 160 km/h 时,车体横向加速度为负值,峰值最大,随着运行速度逐渐提高,峰值逐渐减小,向 0 轴靠拢,当运行速度为 280 km/h 时,车体横向加速度几乎没有曲线超长波长特征。随着列车运行速度进一步增加，车体横向加速度变为正值，峰值逐渐增加。这是因为在过曲线时，列车会产生离心力，通过设置曲线超高来平衡列车运行时产生的离心力，在曲线超高和列车自重作用下，列车会产生一个向心力，列车离心力和向心力相加得到的力产生车体横向加速度。当列车运行速度低于曲线超高设计速度时，向心力大于离心力，列车产生偏向曲线圆心的车体横向加速度；当列车运行速度大于曲线超高设计速度时，向心力小于离心力，列车产生远离曲线圆心的车体横向加速度。

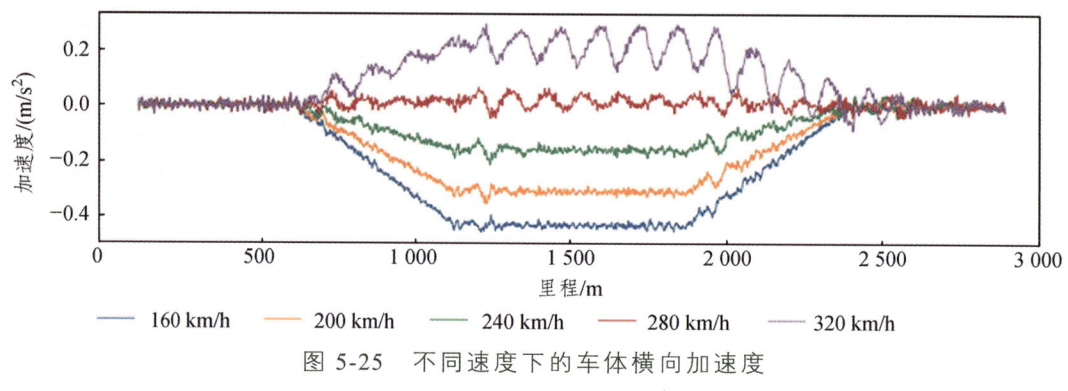

图 5-25　不同速度下的车体横向加速度

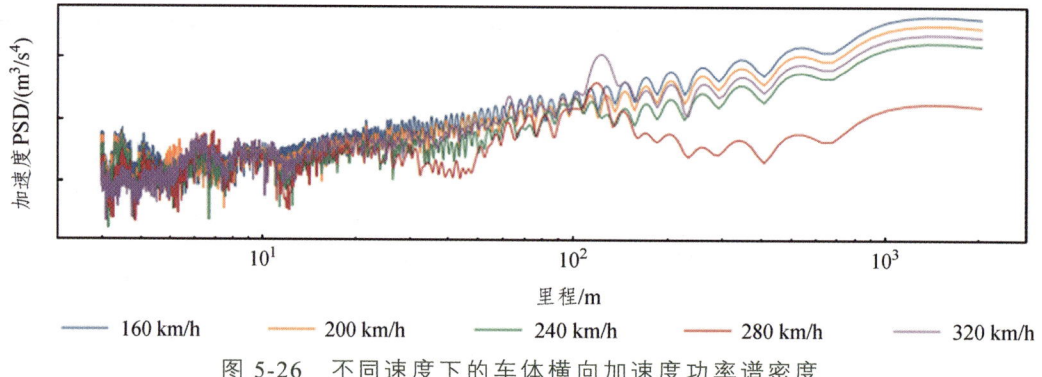

图 5-26　不同速度下的车体横向加速度功率谱密度

从上述分析可以看出，列车运行速度对车体加速度的影响很大，因此，将其作为车体加速度估计模型的输入是必不可少的。

5.3　多体动力学模型与悬挂参数估计

车辆在长期服役情况下，由于制造误差、橡胶老化、温度以及车载耦合作用的影响，其动力学参数具有随机性，这使得在役高速列车的实际悬挂参数和原始设计值有所差别。为了使建立的多体动力学模型仿真计算出的车体加速度更接近实测的车体加速度，本节提出了一种基于近似贝叶斯计算方法对在役高速列车的悬挂参数进行估计，再利用得到的悬挂参数的估计值建立多体动力学模型，将悬挂参数优化后的多体动力学模型作为下一节中深度学习算法的对比模型。

5.3.1 多体动力学模型

本节以国内 CRH 某型高速列车为研究对象，使用 UM 动力学软件建立了车辆-轨道耦合动力学模型。车辆拓扑模型如图 5-27 所示。建立的车辆模型为单个动车模型，包括 1 个车体、2 个转向架、8 个轴箱、4 个轮对等共 15 个刚体，其中，由于轮对主要运动状态为滚动状态，因此，轮对只考虑横移、侧滚、浮沉和摇头 4 个自由度，其余刚体均考虑横移、侧滚、浮沉、点头和摇头 5 个自由度。在轮对与转向架之间设置一系悬挂，一系悬挂由钢弹簧、一系垂向减振器和轴箱转臂装置组成，力元有一系钢弹簧力和一系垂向阻尼力；二系悬挂位于车体和转向架之间，由空气弹簧、二系横向减振器、抗蛇行减振器等组成，力元有二系空气弹簧力、牵引杆拉力、横向止挡力、二系横向减振力、二系垂向减振力和抗侧滚扭杆力。

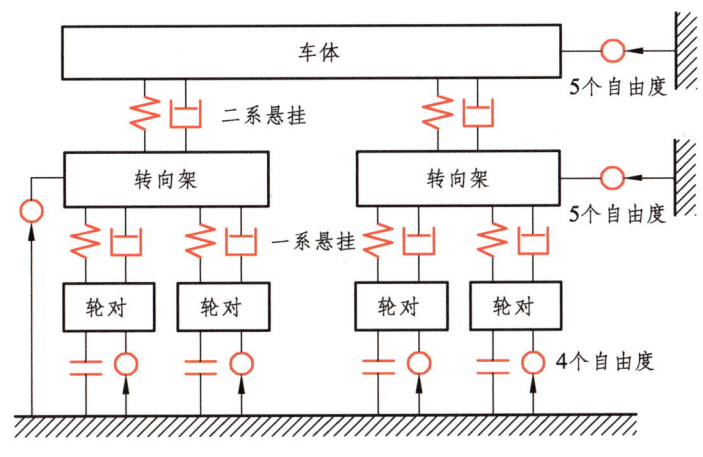

图 5-27 车辆拓扑模型

轨道模型设计采用连续弹性支撑的无质量轨道模型，钢轨类型为中国铁路常用的 60 轨，车轮踏面为 LMA 型。将实测轨道不平顺数据与曲线数据等作为输入激励，设计轨道线形与行驶阻力。车辆模型和轨道模型之间通过轮轨接触模型连接。轮轨接触模型采用赫兹接触理论计算接触应力，采用 FASTSIM 算法进行轮轨滚动接触计算，设置轮轨间的摩擦因数为 0.25。建立的车辆-轨道耦合模型的主要参数见表 5-1。

表 5-1 车辆-轨道耦合模型主要参数

参数	数值	参数	数值
车体质量/t	38.884	轮对点头转动惯量/($kg \cdot m^2$)	118
车体侧滚转动惯量/($kg \cdot m^2$)	125.9	轮对摇头转动惯量/($kg \cdot m^2$)	693
车体点头转动惯量/($kg \cdot m^2$)	1 905.3	车辆定距/mm	17 375
车体摇头转动惯量/($kg \cdot m^2$)	1 797.9	轴距/mm	2 500
构架质量/kg	2 200	车轮滚动圆横向跨距/mm	1 493
构架侧滚转动惯量/($kg \cdot m^2$)	1 236	车轮滚动圆直径/mm	920
构架点头转动惯量/($kg \cdot m^2$)	1 233	单根轨垂向刚度/(N/m)	4.4×10^7
构架摇头转动惯量/($kg \cdot m^2$)	2 336	单根轨横向刚度/(N/m)	1.8×10^7
轮对质量/kg	1 517	单根轨垂向阻尼/(N·s/m)	4×10^5
轮对侧滚转动惯量/($kg \cdot m^2$)	693	单根轨横向阻尼/(N·s/m)	1×10^5

5.3.2 悬挂参数估计

本小节采用近似贝叶斯计算方法对车辆悬挂参数进行估计，并将估计的车辆悬挂参数仿真计算得到的车体加速度与基于原车辆参数仿真计算得到的车体加速度进行对比分析。

1. 估计方法及数值模型建立

贝叶斯估计的核心是贝叶斯公式。对于随机变量，首先根据历史数据或专家经验假定先验分布 $p(\theta)$，然后采用当前的实测样本 D，结合一定的条件概率对 $p(\theta)$ 进行修正，最终得到 θ 的后验分布概率 $p(\theta|D)$。

$$p(\theta|D) = \frac{p(D|\theta)p(\theta)}{p(D)} \tag{5-2}$$

式中：$p(D|\theta)$ 为给定 θ 条件下 D 发生的条件概率，也就是似然函数；
$p(D)$ 为条件 D 发生的全概率。

使用式（5-2）估计后验概率分布的概念简单直观，但对于复杂的模型来说，似然函数的计算成本非常高，甚至很难得到明确的解析解。近似贝叶斯估计避免了通过模拟数据和记录数据之间的比较来计算似然函数，尝试用数值模型产生仿真样本从而逼近似然函数。

近似贝叶斯估计通过误差函数直接对比仿真和实测响应样本相似性的方法，避免了似然函数的求解，其具体步骤如下：首先从 $p(\theta)$ 中随机抽取一个候选参数样本 θ^*；将 θ^* 代入数值模型 $M(\theta^*)$ 中计算 D^*；然后构建包含 D^* 和 D 的误差函数 $\rho(D, D^*)$ 并预设容差 ε；

若计算出的 $\rho(D,D^*) \leq \varepsilon$，则接受 θ^*（即认为 D^* 是来自 D 的样本总体），否则抛弃 θ^*；重复上述步骤，直到抽取的样本数目足以估计 $p(\theta|D)$。

根据上述的求解步骤可以知道，近似贝叶斯估计实际就是利用 $\rho(D,D^*)$ 对 $p(\theta|D)$ 进行近似代换，其中，ε 的作用就是对 D^* 和 D 之间相似程度的判断精度进行调整。$\varepsilon \to \infty$ 时几乎任何样本 $D^*(\theta^*)$ 都会被接受，样本选取条件非常宽松，计算效率较高，但 $p(\theta|D)$ 趋近于 $p(\theta)$；$\varepsilon \to 0$ 时样本的选择逐渐严格，这不可避免地导致了求解效率的下降，但参数后验概率分布估计趋近于 $p(\theta|D)$ 的真实值。在实际的应用过程中，需要在计算效率和求解精度之间进行取舍，寻找到一个最佳的平衡点，因此常常要根据已有经验或者通过试算来实现对合适的 ε 的选择。

需要指出的是，贝叶斯估计中 $\rho(D,D^*)$ 的定义是非常关键的，想要得到较好的 $p(\theta|D)$ 估计，可以使用样本的充分统计量（比如均值、方差等）来定义 $\rho(D,D^*)$。

当直接使用多体动力学仿真模型作为近似贝叶斯估计中的数值模型进行计算时，需要在动力学软件中多次调整悬挂参数数值进行计算，且由于悬挂参数较多，在调整数值时容易出现错误。为解决这个问题，本节引入了 Kriging 代理模型计算由于悬挂参数变化而导致仿真模型计算出的车体加速度与实测车体加速度的误差，作为贝叶斯计算中的数值模型，能大大提高计算效率。

Kriging 代理模型是一种基于统计方法的空间局部插值模型，该模型将多体仿真模型的响应函数 $y = y(x)$ 视为一个随机过程，即：

$$y(x) = \boldsymbol{f}^T(x)\boldsymbol{\beta} + z(x) \tag{5-3}$$

式中：$\boldsymbol{f}^T(x) = \{f_1(x), f_2(x), \cdots, f_p(x)\}$ 为回归基函数；

$\boldsymbol{\beta}^T(x) = \{\beta_1, \beta_2, \cdots, \beta_p\}$ 是回归系数；

$z(x)$ 表示用回归模型 $\boldsymbol{f}^T(x)\boldsymbol{\beta}$ 计算近似响应函数时的系统偏差。

根据最小均方误差的原则，对于给定的实验数据 $\{(x_1, y_1), \cdots, (x_n, y_n)\}$，可由下面的式子给出未试验点 x 处仿真响应的 Kriging 预测均值 $\mu_{\hat{y}}(x)$ 和预测方差 $s_{\hat{y}}^2(x)$：

$$\begin{aligned} u_{\hat{y}}(x) &= \boldsymbol{f}^T(x)\hat{\boldsymbol{\beta}} + \boldsymbol{r}^T(x)\boldsymbol{R}^{-1}(\boldsymbol{Y} - \boldsymbol{F}\hat{\boldsymbol{\beta}}) \\ s_{\hat{y}}^2(x) &= \sigma_z^2[1 - \boldsymbol{r}^T(x)\boldsymbol{R}^{-1}\boldsymbol{r}(x) + \boldsymbol{h}^T(\boldsymbol{F}^T\boldsymbol{R}^{-1}\boldsymbol{F})^{-1}\boldsymbol{h}] \end{aligned} \tag{5-4}$$

式中：

$$\begin{cases} \boldsymbol{f}(x) = \{f_1(x), \cdots, f_p(x)\}^T & \boldsymbol{F}(x) = \{\boldsymbol{f}(x_1), \cdots, \boldsymbol{f}(x_n)\}^T \\ \boldsymbol{R} = \{R(x_i, x_j)\} & \boldsymbol{r}(x) = \{R(x, x_1), \cdots, R(x, x_n)\}^T \\ \hat{\boldsymbol{\beta}} = (\boldsymbol{F}^T\boldsymbol{R}^{-1}\boldsymbol{F})^{-1}\boldsymbol{F}^T\boldsymbol{R}^{-1}\boldsymbol{Y} & \boldsymbol{h} = \boldsymbol{f}(x) - \boldsymbol{F}^T\boldsymbol{R}^{-1}\boldsymbol{r}(x) \end{cases} \tag{5-5}$$

对式（5-4）、式（5-5）及其中相关函数 $R(x_i, x_j, \theta)$ 选择与未知数 σ_z^2、θ 估计的更多相关知识在这里就不赘述了。

建立好的代理模型需要进行精度检验，精度满足要求才能替代多体仿真模型，否则需要重新调整设计变量或者设计变量的取值范围。在本节中，代理模型的精度通过复相关系数 R^2 进行检验，其相应的表达式如下：

$$R^2 = \frac{\sum_{i=1}^{p}(\hat{y}_i - \overline{y})^2}{\sum_{i=1}^{p}(y_i - \overline{y})^2} \tag{5-6}$$

式中：第 i 个检验点的预测值和真实值分别用 $\hat{y}_i$ 和 y_i 来表示；检测样本中真实值的平均值通过 $\overline{y}$ 来定义；p 为检验点的数量。复相关系数 R^2 满足关系 $0 \leqslant R^2 \leqslant 1$，复相关系数越接近 1，则表明模型的拟合预测效果越好，置信度越高。通常，复相关系数大于 0.90 时即可满足工程应用中的精度要求。

2. 悬挂参数估计流程

本节使用近似贝叶斯计算对多体动力学模型的悬挂参数进行估计，使建立的多体动力学模型仿真计算出的车体加速度与实测的车体加速度更加接近。其流程如图 5-28 所示。

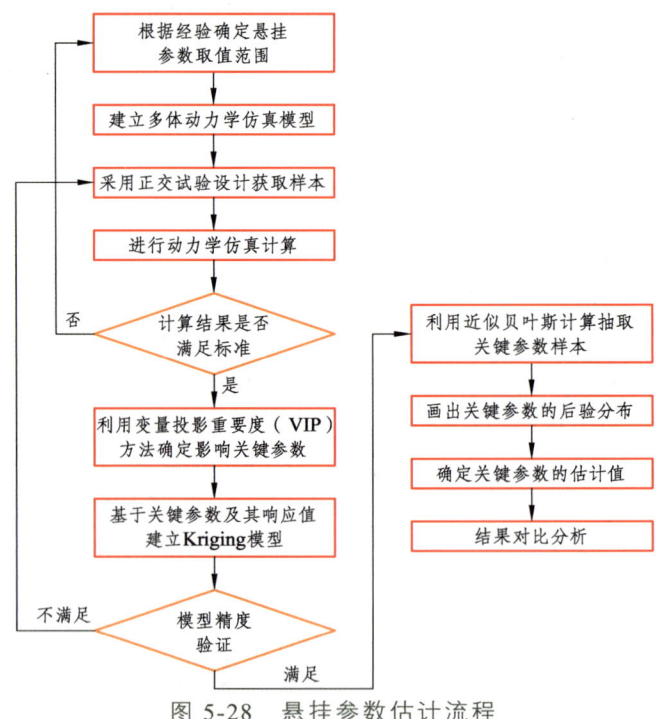

图 5-28 悬挂参数估计流程

3. 关键参数确定

高速列车悬挂参数对车体动力学响应影响很大。考虑到车辆结构的对称性，为便于分析，此处我们忽略了前后构架的悬挂参数差异，默认前转向架和后转向架的悬挂参数保持一致；之后，我们基于CRH某型动车初始车辆参数和历史经验，结合弹簧阻尼部件在列车实际运营时的参数变化来给定相应悬挂参数的取值域，具体参数见表5-2。

表5-2 高速列车悬挂参数设计变量

符号	参数属性名称	单位	取值域
X_1	一系弹簧纵/横向刚度	MN/m	0.5~20
X_2	一系弹簧垂向刚度	MN/m	0.5~20
X_3	一系垂向减振器刚度	MN/m	2~20
X_4	一系垂向减振器阻尼	kN·s/m	10~100
X_5	空气弹簧纵/横向刚度	MN/m	0.1~3
X_6	空气弹簧垂向刚度	MN/m	0.1~3
X_7	空气弹簧垂向阻尼	kN·s/m	20-60
X_8	二系横向减振器刚度	MN/m	1~50
X_9	二系横向减振器阻尼	kN·s/m	20~200
X_{10}	抗蛇行减振器刚度	MN/m	10~100
X_{11}	抗蛇行减振器阻尼	kN·s/m	1 000~5 000

功率谱密度能同时从幅值和波长两方面描述车体加速度的波形特征，同时参照《机车车辆动力学性能评定及试验鉴定规范》（GB 5599—2019）中对车体加速度数据的处理方法，对车体垂向加速度和车体横向加速度采用0.4~40 Hz带通滤波，使用皮尔逊相关函数对滤波后预测值的功率谱密度曲线和真实值功率谱密度曲线之间的皮尔逊相关系数进行计算，并将其作为悬挂参数变动对车体垂向加速度和横向加速度造成影响的评价函数：

$$r[x(\omega), y(\omega)] = \frac{1}{\sqrt{E[x(\omega)^2] - \{E[x(\omega)]\}^2}} \times \frac{E[x(\omega)y(\omega)] - E[x(\omega)]E[y(\omega)]}{\sqrt{E[y(\omega)^2] - \{E[y(\omega)]\}^2}} \quad (5\text{-}7)$$

式中：$x(\omega)$和$y(\omega)$是预测值和真实值在0.4~40 Hz频段内的功率谱密度；$r[x(\omega), y(\omega)]$为功率谱密度的皮尔逊相关系数；$E[\ ]$表示样本的期望。

为确保参数取值的全覆盖，采用分层抽样的方法对悬挂参数进行抽样，将表5-2中的11个参数作为性能设计变量参数，并将每个参数变量的取值范围均匀分成10个区间，在每个区间里随机选取一个值，得到10个值，采用正交试验法设计得到120组设计参数数据样本。将得到的 120 组设计参数代入之前建立的车辆-轨道动力学模型,使用 UM 动力学分析软件计算出车体垂向加速度和车体横向加速度。

变量投影重要度(Variable Importance in the Projection,VIP)是偏最小二乘法(Partial Least Squares,PLS)对多重线性的输入变量提供的一种数据辅助分析方法。VIP 分析方法通过计算出每个输入变量对模型的解释程度,即各输入变量对输出变量的影响程度,筛选出对模型解释程度大的自变量,在保证模型精度的前提下,简化模型的复杂程度,提高模型的计算效率。假设有 p 个自变量用 $x_1,x_2,\cdots,x_p$ 表示,输出变量用 Y 表示,则对于第 $j(j=1\sim p)$ 个变量的 VIP 计算公式如下:

$$\text{VIP}_j = \sqrt{\frac{p}{\sum_{h=1}^{m} r_h^2(Y;t_h)} \sum_{h=1}^{m} r_h^2(Y;t_h) w_{hj}^2} \qquad (5\text{-}8)$$

式中:m 为提取的潜变量(主成分)个数;

w_{hj} 是自变量 x_j 在潜变量 t_h 上的权重;

$r_h(Y;t_h)$ 是输出变量 Y 和潜变量 t_h 的相关系数。

现有的结论认为,若 $\text{VIP}_j>1$,则表示 x_j 是模型重要的驱动因素。

为了探究悬挂参数对车体振动的影响,将基于 120 组参数样本仿真计算得到的车体加速度作为预测值,将基于原车辆参数仿真计算得到的车体加速度作为真实值,基于式(5-7),计算出不同悬挂参数值组合下仿真得到的车体垂向加速度与基于原车辆参数仿真计算得到的车体垂向加速度之间的皮尔逊相关系数 r_{vs},以及不同悬挂参数值组合下仿真得到的车体横向加速度与基于原车辆参数仿真计算得到的车体横向加速度之间的皮尔逊相关系数 r_{hs}。

以表 5-2 中 11 个参数作为输入变量,r_{vs} 和 r_{hs} 作为输出变量,计算出 11 个参数对 r_{vs} 和 r_{hs} 的 VIP 值,计算结果见表 5-3。

表 5-3 悬挂参数对 r_{vs} 和 r_{hs} 的 VIP 值

悬挂参数	r_{vs} VIP 值	r_{hs} VIP 值
X_1	0.59	0.62
X_2	1.60	1.37
X_3	0.69	0.48
X_4	0.88	0.67
X_5	0.78	1.86
X_6	2.06	1.33
X_7	0.50	0.34

续表

悬挂参数	r_{vs} VIP 值	r_{hs} VIP 值
X_8	0.70	0.53
X_9	0.53	1.24
X_{10}	0.55	0.86
X_{11}	0.59	0.78

由表 5-3 可知，在 r_{vs} 的影响因素中，一系弹簧垂向刚度和空气弹簧垂向刚度的 VIP 值大于 1，表明这两个悬挂参数对车体垂向加速度的影响较大，将其定义为车体垂向加速度的关键参数；在 r_{hs} 的影响因素中，一系弹簧垂向刚度、空气弹簧纵横向刚度、空气弹簧垂向刚度和二系横向减振器垂向阻尼的 VIP 值大于 1，表明这 4 个悬挂参数对车体横向加速度的影响较大，据此将其定义为影响车体横向加速度的关键参数。

4. 构建 Kriging 代理模型

将上述基于 120 组参数样本仿真计算得到的车体加速度作为预测值，将实测的车体加速度作为真实值，基于式（5-7），计算出预测值和真实值之间的垂向、横向加速度的 r_{vm}、r_{hm}。

将计算得到的车体垂向、横向加速度的关键参数作为输入变量，r_{vm}、r_{hm} 作为输出变量，分别建立垂向 Kriging 模型和横向 Kriging 模型，以计算得到的 120 组试验数据中的 105 组作为训练数据构建代理模型，其余 15 组试验数据作为验证数据用来检验代理模型的精度，图 5-29、图 5-30 为垂向 Kriging 模型误差和横向 Kriging 模型误差验证图，计算得到垂向 Kriging 模型和横向 Kriging 模型的复相关系数为 0.938 7、0.902 4，模型的精度满足工程应用的要求。

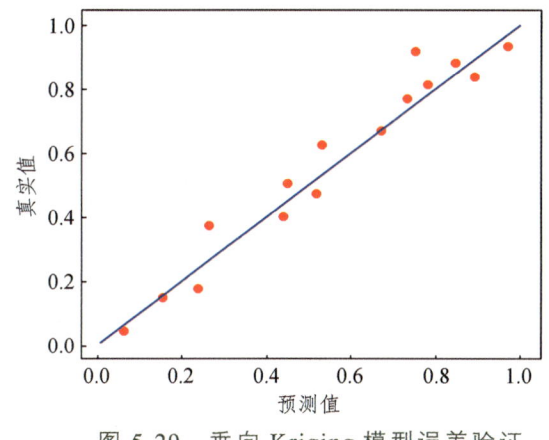

图 5-29 垂向 Kriging 模型误差验证

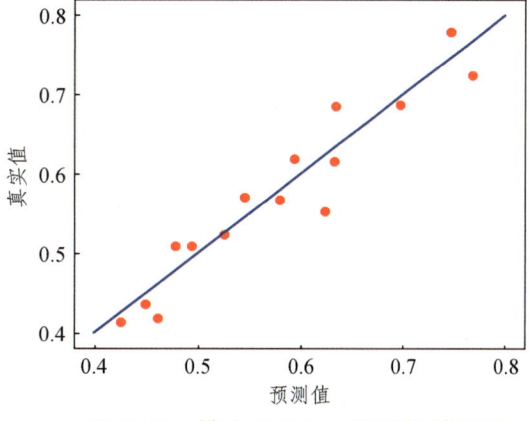

图 5-30 横向 Kriging 模型误差验证

5. 结果对比分析

将验证好的 Kriging 模型代入近似贝叶斯计算中，以一系弹簧垂向刚度、空气弹簧纵横向刚度、空气弹簧垂向刚度和二系横向减振器阻尼为设计变量，将仿真车体加速度与实测车体加速度之间的功率谱密度误差作为目标，确定系统优化目标为：

$$\begin{cases} \min\{f_v(x_v), f_h(x_h)\} \\ f_v(x_v) = 1 - \rho_{vm} \\ f_h(x_h) = 1 - \rho_{hm} \end{cases} \quad (5-9)$$

式中：$f_v(x_v)$、$f_h(x_h)$ 为车体垂向、横向加速度与实测车体加速度的误差；

ρ_{vm}、ρ_{hm} 为垂向、横向 Kriging 模型的输出值；

x_v、x_h 表示垂向、横向车体加速度的关键参数。

综上分析可知，在役高速列车悬挂参数的估计是一个多目标、多参数优化问题。本节采用线性加权法来完成评价函数的构造，并将该多目标函数转化为单目标函数进行求解，以实现对求解过程的简化。在对各个子目标函数进行线性加权求和的操作过程中，统一采用无量纲归一化进行处理，所得到的新目标函数为：

$$F = \omega_v f_v(x_v) + \omega_h f_h(x_h) \quad (5-10)$$

式中：ω_v 和 ω_h 为加权因子，其具体值可根据目标的不同重要程度分别确定，但需保证条件 $\omega_v + \omega_h = 1$ 被满足。

本节对不同优化条件下车体加速度的变化情况进行考虑，综合确定 3 组不同的加权因子值，见表 5-4。

表 5-4 加权因子取值

名称	ω_v	ω_h
第一组	1.0	0
第二组	0	1.0
第三组	0.42	0.58

表 5-4 中，第一组为只对车体垂向加速度进行优化；第二组只对车体横向加速度进行优化；第三组同时对车体垂向、横向加速度进行优化。第三组参照《高速铁路无砟轨道线路维修规则（试行）》里的车体加速度的峰值管理数值确定，见表 5-5，其中车体垂向、横向加速度各级容许偏差管理值平均值的倒数在两者倒数之和中的占比即为加权因子取值。

表 5-5 线路轨道动态质量容许偏差管理值

项目	经常保养	舒适度	临时补修	限速
偏差等级	Ⅰ 级	Ⅱ 级	Ⅲ 级	Ⅳ 级
车体垂向加速度/(m/s²)	1.0	1.5	2.0	2.5
车体横向加速度/(m/s²)	0.6	0.9	1.5	2.0

取容差 $\varepsilon = 0.3$，抽取的后验分布的样本数为 1 000 组，使用近似贝叶斯模型计算得到 3 组不同加权因子取值下关键参数的后验分布图，如图 5-31、图 5-32、图 5-33 所示。

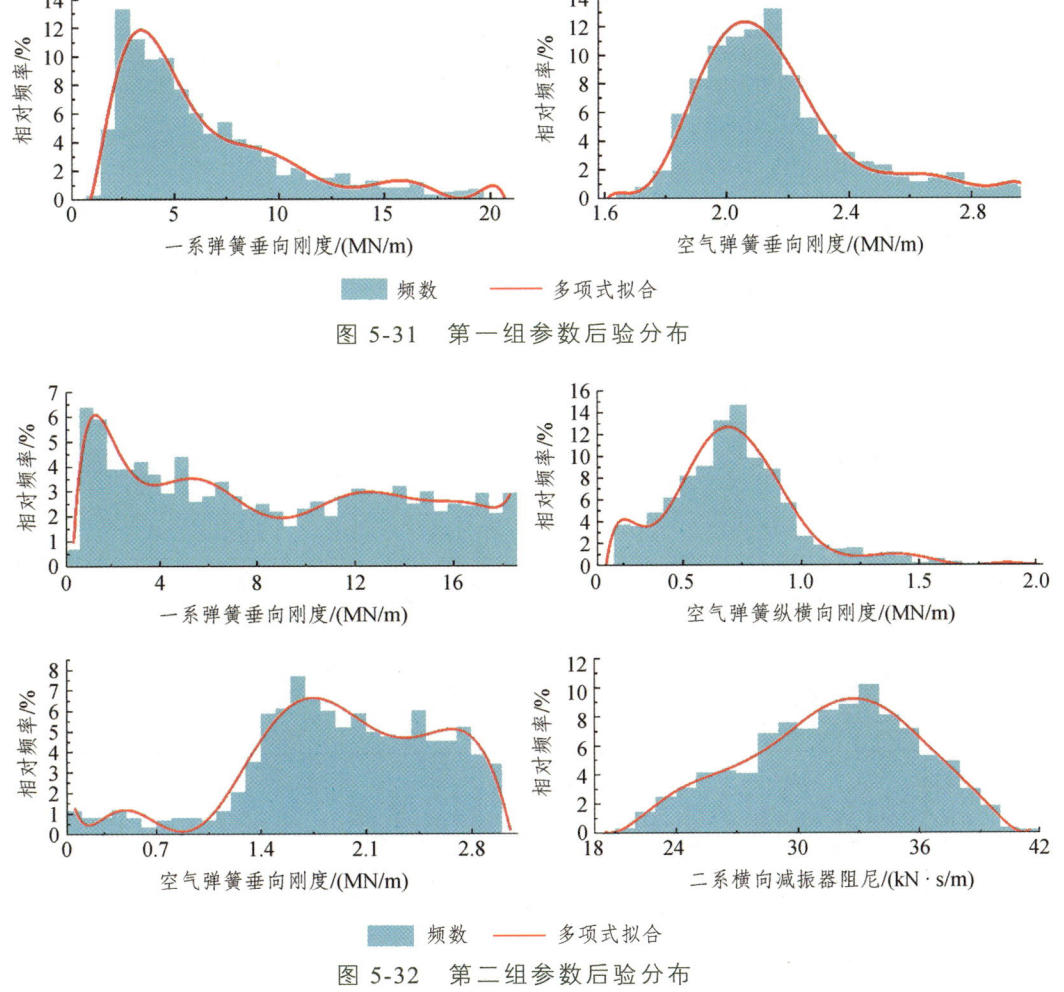

图 5-31 第一组参数后验分布

图 5-32 第二组参数后验分布

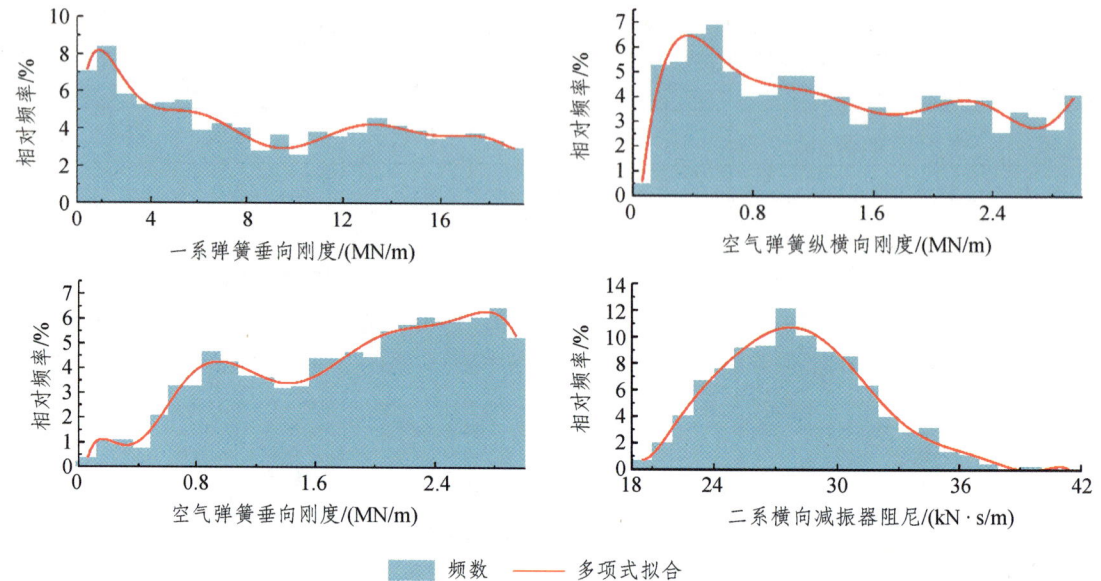

图 5-33 第三组参数后验分布

将图 5-31、图 5-32、图 5-33 中相对频率最大处参数值作为在役列车关键参数的估计值，见表 5-6。其中，垂向 Kriging 模型的设计变量只有一系弹簧垂向刚度和空气弹簧垂向刚度，因此，第一组只能得到这两个关键参数的后验分布，空气弹簧纵横向刚度和二系横向减振器默认为原车辆参数。

表 5-6 关键参数估计值

悬挂参数	X_2	X_5	X_6	X_9
第一组	2.8	—	2.05	—
第二组	1.1	0.775	1.625	33.5
第三组	1.6	0.48	2.62	28.2

将得到的不同加权因子取值下的关键参数估计值代入建好的多体动力学模型中，仿真计算车体加速度，并与实测车体加速度进行对比。仿真与实测的车体加速度的时域波形对比图如图 5-34、图 5-35 所示。

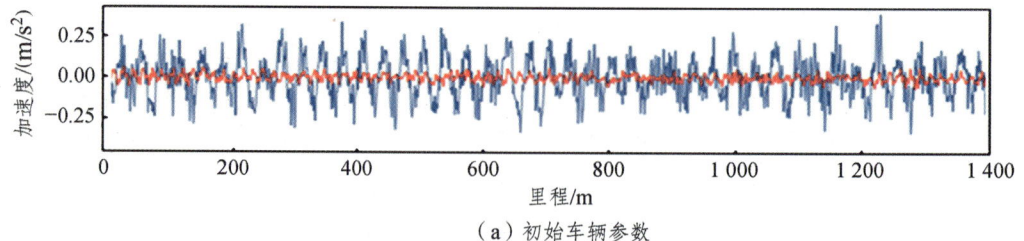

（a）初始车辆参数

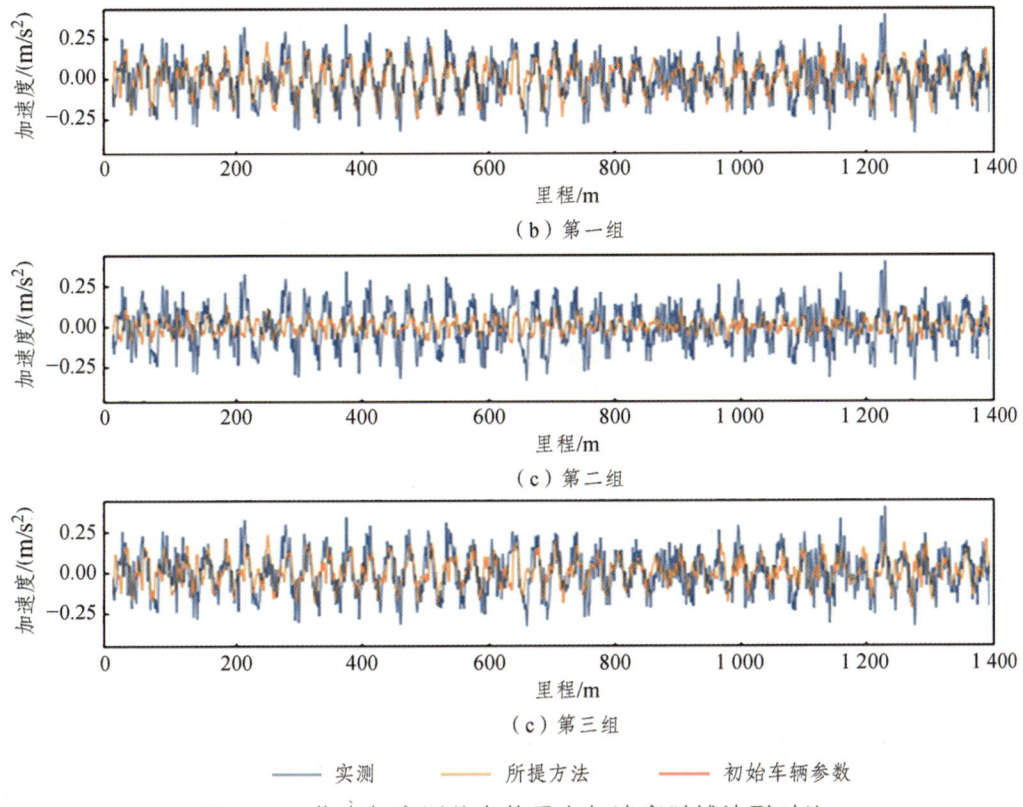

（b）第一组

（c）第二组

（c）第三组

—— 实测　　—— 所提方法　　—— 初始车辆参数

图 5-34　仿真与实测的车体垂向加速度时域波形对比

（a）初始车辆参数

（b）第一组

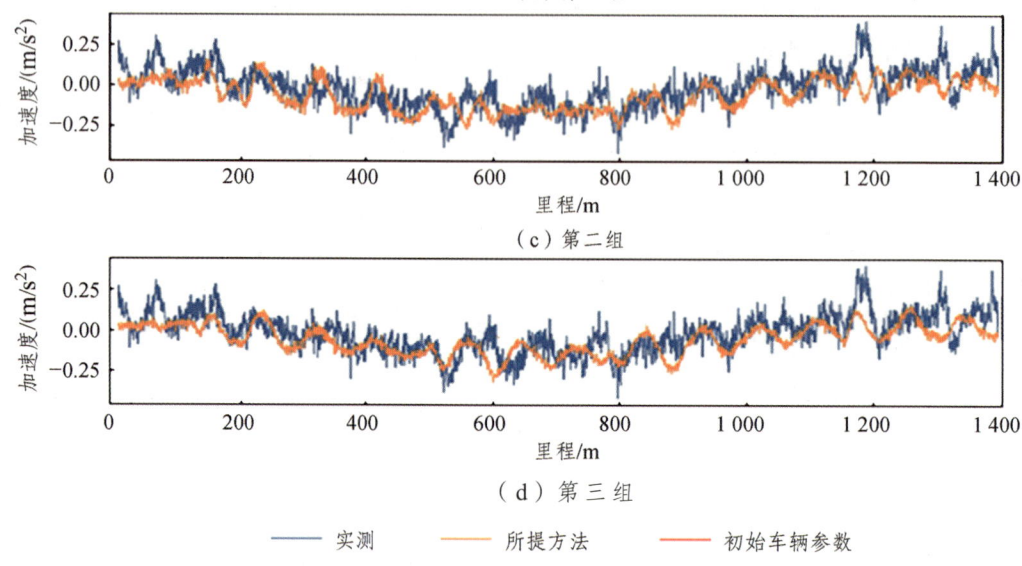

(c) 第二组

(d) 第三组

—— 实测　　—— 所提方法　　—— 初始车辆参数

图 5-35　仿真与实测的车体横向加速度时域波形对比

从图 5-34（a）、图 5-35（a）中可以很明显地看出，依据初始车辆参数仿真计算得到的车体加速度和实测车体加速度之间存在较大的差异，这是由于列车的服役使得车辆悬挂参数发生了一定的改变。因此，在对在役高速列车进行参数估计时，应以实测数据作为指标进行研究。图 5-34（b）~（d）、图 5-35（b）~（d）是本节所提方法在表 5-4 中所选取的几种加权组合下得到的结果，从结果中可以看出：在车体垂向加速度中，只考虑垂向影响和同时考虑垂向、横向影响这两种情况下，所提方法的结果与实测结果之间都能达到高度的吻合；在车体横向加速度中，相比于原始车辆的仿真数据，所提方法与实测结果之间的吻合度更高。

为了从幅值和波长两方面对结果进行对比分析，我们绘制了对应的功率谱密度（PSD）图，如图 5-36、图 5-37 所示。

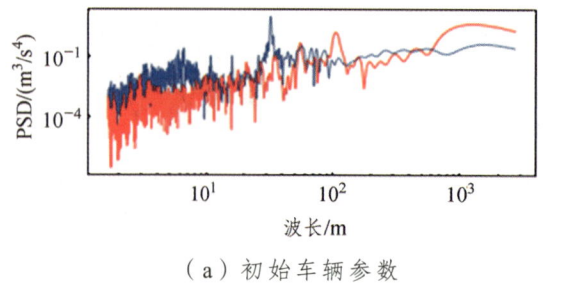

（a）初始车辆参数

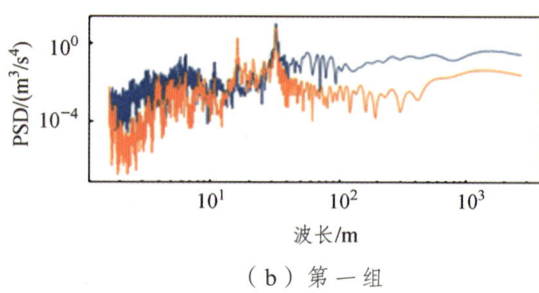

（b）第一组

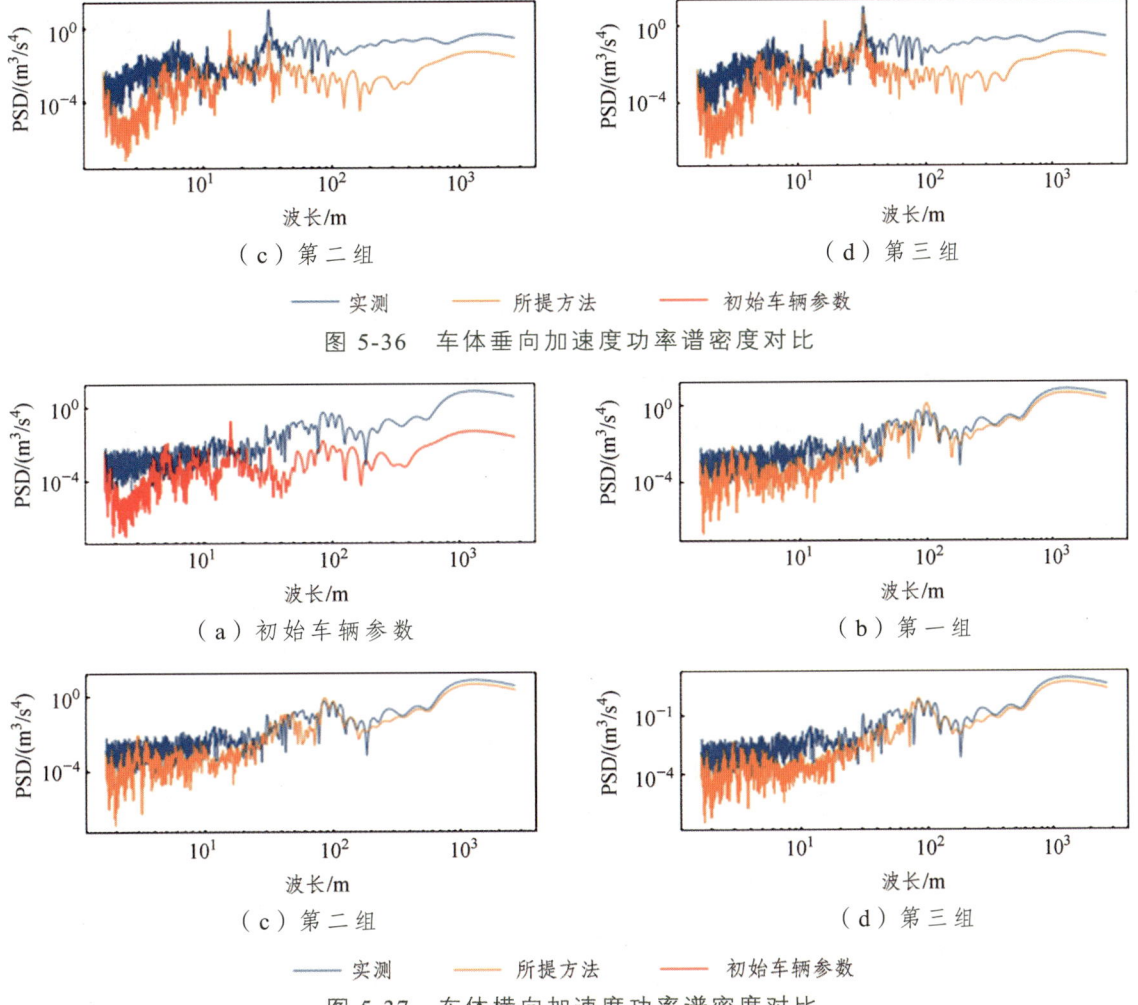

图 5-36 车体垂向加速度功率谱密度对比

图 5-37 车体横向加速度功率谱密度对比

从图 5-36（a）对比曲线中可以看出，实测垂向车体加速度的功率谱密度的能量主要集中在 30～35 m 波长范围内，依据初始车辆参数仿真计算得到的数据与实测数据之间差异较大，这也说明了在役列车的实际悬挂参数与初始车辆参数有所不同。从图 5-36（b）～（d）中可以看出，在单独考虑垂向和同时考虑垂向、横向这两种情况下，所提方法的估计曲线在能量主要集中的波长（频谱）范围方面与实测结果都能较好地吻合，这说明了采用所提方法来估计车辆的悬挂参数是合理且有效的。

从图 5-37 中可以看出，采用初始车辆参数进行仿真的结果和当前实测的结果之间差异非常明显，初始的车辆参数已经不能实现对在役列车进行有效的评估。而采用所提方法估计得到的结果与实测曲线具有较高的一致性,特别是在功率谱密度主要集中的大于100 m 波长的范围内,所提方法与实测结果实现了良好的吻合。

加速度功率谱密度的皮尔逊相关系数的计算结果见表 5-7。

表 5-7 关键参数结果分析

相关系数	初始车辆参数	第一组	第二组	第三组
$\rho(v)$	0.045	0.964	0.328	0.906
$\rho(h)$	0.429	0.634	0.856	0.795

在表 5-7 中,$\rho(v)$、$\rho(h)$ 分别是仿真计算得到的车体垂向加速度、车体横向加速度与实测车体加速度的功率谱密度在 0.4~40 Hz 频段范围内的皮尔逊相关系数。

从表 5-7 中可以看到,对比于原车辆参数,3 种优化结果计算得到的车体加速度与实测车体加速度功率谱密度之间的皮尔逊相关系数均有增大。其中,第一组的 $\rho(v)$ 为 0.964,相比于初始车辆参数增加了 0.919;第二组的 $\rho(h)$ 为 0.856,相比于初始车辆参数增加了 0.427;第三组的 $\rho(v)$ 和 $\rho(h)$ 为 0.906 和 0.795,相比于初始车辆参数分别增加了 0.864、0.366。将第三组优化后建立的多体动力学模型作为下一节中深度学习模型的对比模型。

5.4 基于深度学习的车体加速度估计

本节将对深度学习算法进行简单的介绍,然后搭建一种 CNN-LSTM 组合模型,并简单介绍模型的搭建及优化,最后使用搭建好的 CNN-LSTM 组合模型、LSTM 模型和第 5.3 节优化后的多体动力学仿真模型对不同工况下的车体垂向加速度和车体横向加速度进行估计,将估计结果与实测轨检数据进行对比分析。

5.4.1 神经网络简介

神经网络(Neural Networks,NN)是由大量的、简单的处理单元(称为神经元)广泛地互相连接而形成的复杂网络系统,它反映了人脑功能的许多基本特征,是一个高度复杂的非线性动力学习系统。神经网络具有大规模并行、分布式存储和处理、自组织、自适应和自学能力,特别适合处理需要同时考虑许多因素和条件的、不精确和模糊的信息处理问题。本节主要使用卷积神经网络和循环神经网络两种深度学习神经网络模型。下面对这两种网络模型进行简单介绍。

1. 卷积神经网络

卷积神经网络（CNN）是专门针对图像设计的经典深度学习模型，具有良好的特征表达能力，可以通过在高维时序数据的不同层次提取通用特征进而增强模型预测的稳定性。其基本结构主要包括输入层、卷积层、池化层、全连接层和输出层。其中：卷积层主要用于特征提取，是 CNN 的关键组成部分；池化层有平均池化和最大池化，其目的都在于减少特征量，也就是降维；全连接层主要起分类的作用，将分布式特征映射到样本标记空间。一般来说，卷积层和池化层会有若干个，卷积层和池化层嵌套组合而成，全连接层一般放在网络的最后，与输出层相连。

CNN 的最大特点是稀疏连接（局部感受）和权值共享，该特性可以有效减少需要进行训练的参数个数，降低计算复杂度，并使得训练出来的模型具有更强的泛化能力。同时，由于 CNN 中每一层由多个卷积核组成，每个卷积核可以实现一种特征的有效提取，故可以通过设置多个卷积核实现对数据不同特征的提取，这对图像处理问题十分契合。当然，对于时间序列问题，也可以将其在时间轴上展开成网格后进行处理。

2. 循环神经网络

在普通多层 BP 神经网络的基础上，通过增加隐含层各单元之间的横向连接，将神经网络上一时间步的值传递到当前时间步中，使神经网络具有记忆功能，就形成了循环神经网络（RNN）。RNN 结构如图 5-38 所示。

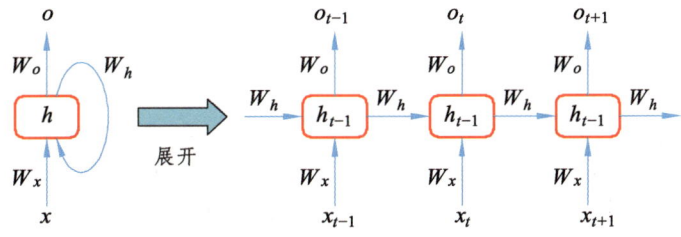

图 5-38　RNN 结构

图中，x 表示输入向量，o 表示输出向量，h 表示隐藏层的向量，W_x、W_h、W_o 分别表示输入层和隐藏层、隐藏层和隐藏层、隐藏层和输出层之间的权重。

RNN 只有一个记忆状态，在训练过程中容易产生"梯度消失"或"梯度爆炸"的问题，使 RNN 无法捕捉到长周期的影响。为了解决这个问题，相关领域学者提出了一种 RNN 的特殊变体——长短期记忆模型（Long-Short Term Memory，LSTM）。LSTM 模型在 RNN 模型的基础上增添了一个记忆状态 C，使其能够保存长期的信息。LSTM 的基本单元结构如图 5-39 所示。

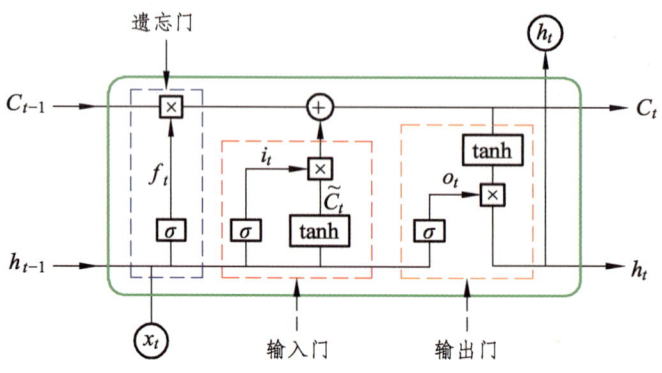

图 5-39 LSTM 网络的基本单元结构

LSTM 的基本单元结构由 3 个门控结构组成，通过 3 个门控结构调整当前信息和历史信息的权重，优化得到最优模型，计算公式如下：

$$f_t = \sigma[W_f \cdot (h_{t-1}, x_t) + b_f] \tag{5-11}$$

$$i_t = \sigma[W_i \cdot (h_{t-1}, x_t) + b_i] \tag{5-12}$$

$$\widetilde{C}_t = \tanh[W_C \cdot (h_{t-1}, x_t) + b_c] \tag{5-13}$$

$$o_t = \sigma[W_o \cdot (h_{t-1}, x_t) + b_o] \tag{5-14}$$

$$C_t = \widetilde{C}_t \odot i_t + C_{t-1} \odot f_t \tag{5-15}$$

$$h_t = o_t \odot \tanh C_t \tag{5-16}$$

式中：f_t、i_t、$\widetilde{C}_t$、o_t 分别是遗忘门、输入门、输入门节点、输出门；

C_t、h_t 分别是当前时刻细胞记忆状态、当前时刻隐藏层输出；

W_f、W_i、W_C、W_o 分别是遗忘门、输入门、输入节点、输出门的权重；

b_f、b_i、b_c、b_o 分别是对应的偏置参数；

(h_{t-1}, x_t) 表示上一时刻的隐藏输出和当前时刻输入的拼接；

$\odot$ 为矩阵元素积；

σ 和 $\tanh$ 表示 Sigmoid 函数变化和 $\tanh$ 函数变化。

5.4.2 模型搭建及优化

本节提出的 CNN-LSTM 组合模型主要由两部分组成，其中：CNN 模型负责波形特征提取，LSTM 负责时间序列上信息的传递。在 CNN 模型部分参考二维卷积处理方式，使用宽为轨道不平顺种类数、长为输入序列长的卷积核，体现车体同时受轨道上不同种类的轨道不平顺激励作用。卷积层采用线性整流函数（ReLu）激活，增加非线性。CNN通过不同的卷积核提取数据的不同波形特征，将提取出的特征向量与当前时刻的列车运行速度以时序序列方式构造并作为 LSTM 的输入数据。之后，LSTM 整合当前以及之前时刻的轨道不平顺特征与速度信息，输出当前时刻车体状态信息。这一过程体现了车辆振动不仅受当前时刻轨道不平顺与列车速度的影响，同时也受之前时刻车体本身振动的影响这一事实。再通过全连接层，得到当前时刻的车体加速度。考虑到车辆振动是一个连续的状态，车辆所受到的轨道不平顺也是连续的，将其步长设为 1。由于在研究时，作者对车体垂向加速度和横向加速度的估计是分开研究的，因此，分别建立了垂向 CNN-LSTM 组合模型和横向 CNN-LSTM 组合模型，两个模型的结构基本相同。

在训练过程中，为避免 CNN 网络中提取的特征过多出现过拟合，在 CNN 和 LSTM 的连接层放置一个 dropout 随机阻塞层间节点之间的连接。本节采用 Adam 优化方法训练 CNN-LSTM，学习率设置为 0.001。

1. **模型评价指标**

在对预测模型的性能进行评价的过程中，采用均方根误差（RMSE）对模型性能进行评价。RMSE 代表预测值和真实值之间的绝对误差，对预测值和真实值的特大或特小误差反应非常敏感，能够很好地评估预测值和真实值之间的偏离程度。

$$RMSE = \sqrt{\frac{1}{n}\sum_{i=1}^{i=n}(\hat{y}_i - y_i)^2} \tag{5-17}$$

式中：$\hat{y}_i$ 和 y_i 是预测值和真实值；n 是数据序列长度。

RMSE 值越大，整体偏差越大；RMSE 越接近 0，整体偏差越小。

2. **垂向 CNN-LSTM 组合模型**

垂向 CNN-LSTM 组合模型以实测轨道左右高低不平顺和列车运行速度作为输入数据，将轨道左右高低不平顺按时间序列特征展开，表征为空间维度上左右两根钢轨的垂向波动信息。使用宽为 2、长为输入序列长的卷积核，体现车体同时受左右轨道不平顺的影响而产生车体振动。垂向 CNN-LSTM 模型如图 5-40 所示。

对 CNN-LSTM 组合模型来说，输入序列长度、卷积核数以及 LSTM 网络深度的大小都会对模型估计结果造成一定的影响。本节采用试验法在一定范围内对上述这些参数的值进行选定，使模型尽量达到最优。当研究一个参数时，所有其他的参数都固定在一个适当的范围内保持不变，使用 RMSE 评价指标对模型性能进行评价。经过试验确定了垂向 CNN-LSTM 的模型参数和模型结构，模型细节见表 5-8。

5 轨道不平顺估计车体响应研究

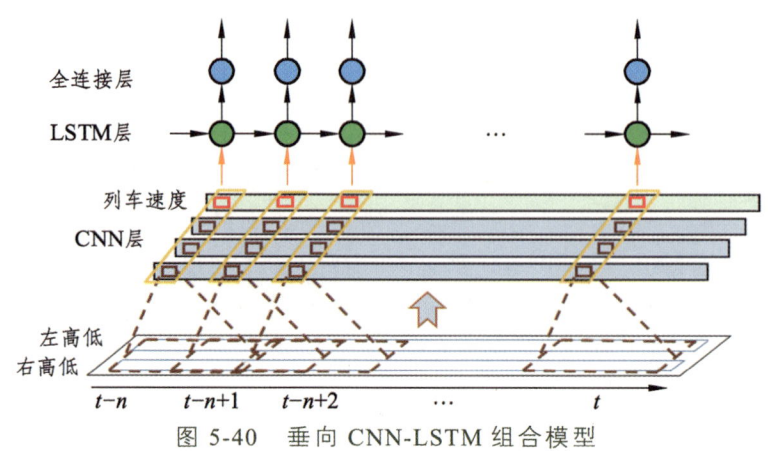

图 5-40 垂向 CNN-LSTM 组合模型

表 5-8 垂向 CNN-LSTM 模型细节

连接层	输出数据的尺寸	细节
输入层	$2 \times t$	左右高低不平顺组成的二维数据，t 根据研究线路的长短而定
CNN	48×1	1 层卷积层，卷积核数目设为 48，卷积核尺寸设为 2×256，ReLu 激活函数
LSTM	48×1	5 层 LSTM 层，输入数据为 CNN 层的输出数据加上当前采样点列车运行速度，droupout 率为 0.2
全连接层	32×1	tanh 激活函数
全连接层	16×1	tanh 激活函数
全连接层	1×1	tanh 激活函数
输出层	1×1	当前采样点垂向车体加速度

此外，为了验证模型的高效性，分别使用动力学仿真模型、LSTM 模型、CNN-LSTM 模型对一段长为 3 km 的路段进行计算，计算结果见表 5-9，其中 T 为 3 种模型计算花费的时间。

表 5-9 模型预测时间

模型	T/s
动力学仿真模型	53.047
LSTM 网络模型	1.755
CNN-LSTM 网络模型	1.653

表 5-9 的结果显示，计算一段长为 3 km 路段的车体垂向加速度时，动力学仿真模型花费的时间为 53.047 s，而 CNN-LSTM 网络模型花费的时间为 1.653 s，预测效率提升了

32倍。为更合理地验证所建立模型相对于动力学仿真模型的高效性,对模型的训练时间也进行了考虑。完成训练的神经网络模型可重复使用,因此只需考虑模型完成一次训练的时间。对于 1 000 km 的线路,建立的 CNN-LSTM 网络模型在训练迭代次数为 40 次时,花费时间约为 60 min,预测时间约为 9 min,总共花费 69 min。而动力学仿真模型的单次计算时间约为 295 min。可以明显看出,随着所分析线路长度的增加,CNN-LSTM 模型的高效性愈发显著。

3. 横向 CNN-LSTM 组合模型

在前文的轨道不平顺和横向车体加速度的相干性分析中已经得到,在 3~200 m 的波段范围内,左右轨向和水平与车体横向加速度的相干系数较高;在大于 200 m 的波段范围,横向车体加速度与超高、水平的相干性较高。由于车体横向加速度在曲线段会呈现一个超长波长,这个超长波长主要受列车运行速度和超高的影响,曲线波动比较平缓,更多的是一种因超高和列车运行速度导致的波动趋势。考虑到车体横向加速度在曲线段处的这一特殊性,CNN 网络部分只对左右轨向和水平不平顺的波长特征进行提取,将超高和列车运行速度作为 LSTM 层的输入数据。CNN-LSTM 模型使用宽为 3、长为输入序列长的卷积核。横向 CNN-LSTM 模型如图 5-41 所示。

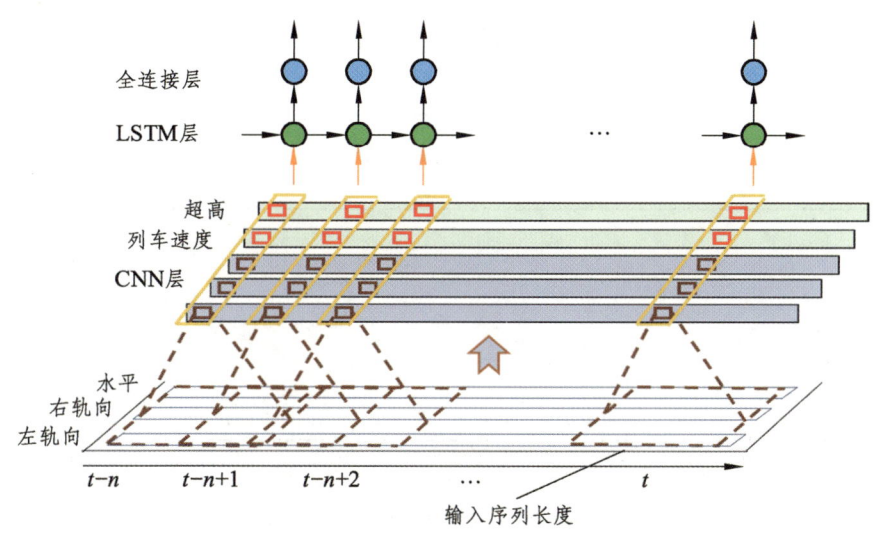

图 5-41 横向 CNN-LSTM 组合模型

横向 CNN-LSTM 模型参数的同样采用试验法进行选择。横向 CNN-LSTM 模型参数细节见表 5-10。

表 5-10　横向 CNN-LSTM 模型细节

连接层	输出数据的尺寸	细节
输入层	$3 \times t$	左右轨向、水平不平顺组成的二维数据，t 根据研究线路的长短而定
CNN	48×1	1 层卷积层，卷积核数目设为 48，卷积核尺寸设为 3×256，ReLu 激活函数
LSTM	48×1	5 层 LSTM 层，输入数据为 CNN 层的输出数据加上当前采样点列车运行速度和当前超高，droupout 率为 0.2
全连接层	32×1	tanh 激活函数
全连接层	16×1	tanh 激活函数
全连接层	1×1	tanh 激活函数
输出层	1×1	当前采样点横向车体加速度

5.4.3　车体垂向加速度估计结果对比分析

对垂向 CNN-LSTM 模型进行训练和验证时，将数据按照 80%、10% 和 10% 的比例分为训练数据集、验证数据集和测试数据集。为使模型能够充分训练且减少无用的训练次数，在训练模型时引入了早停机制，即当损失函数在连续 N 个迭代周期内都没有降低时停止训练，按照经验取 N=10。CNN-LSTM 模型的训练及验证损失函数如图 5-42 所示。CNN-LSTM 组合模型迭代训练 40 次时，均方误差（MSE 误差）已经趋于平缓。验证集误差随着训练集误差下降而下降，且均收敛到一个较小的差错值，表明模型拟合能力较好。

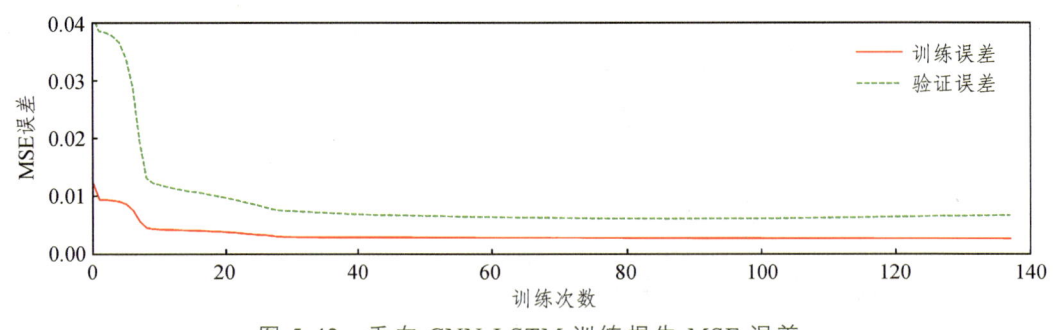

图 5-42　垂向 CNN-LSTM 训练损失 MSE 误差

为了验证垂向 CNN-LSTM 模型对不同工况的适应性，本节使用动力学仿真、LSTM 模型和垂向 CNN-LSTM 模型对不同轨道类型和不同轨下基础结构的车体垂向加速度进行估计，并将估计结果和实测车体垂向加速度进行对比，计算相应的 RMSE 指标。

1. 桥梁段车体垂向加速度估计

不同类型轨道桥梁段车体垂向加速度估计如图 5-43、图 5-44、图 5-45 所示。

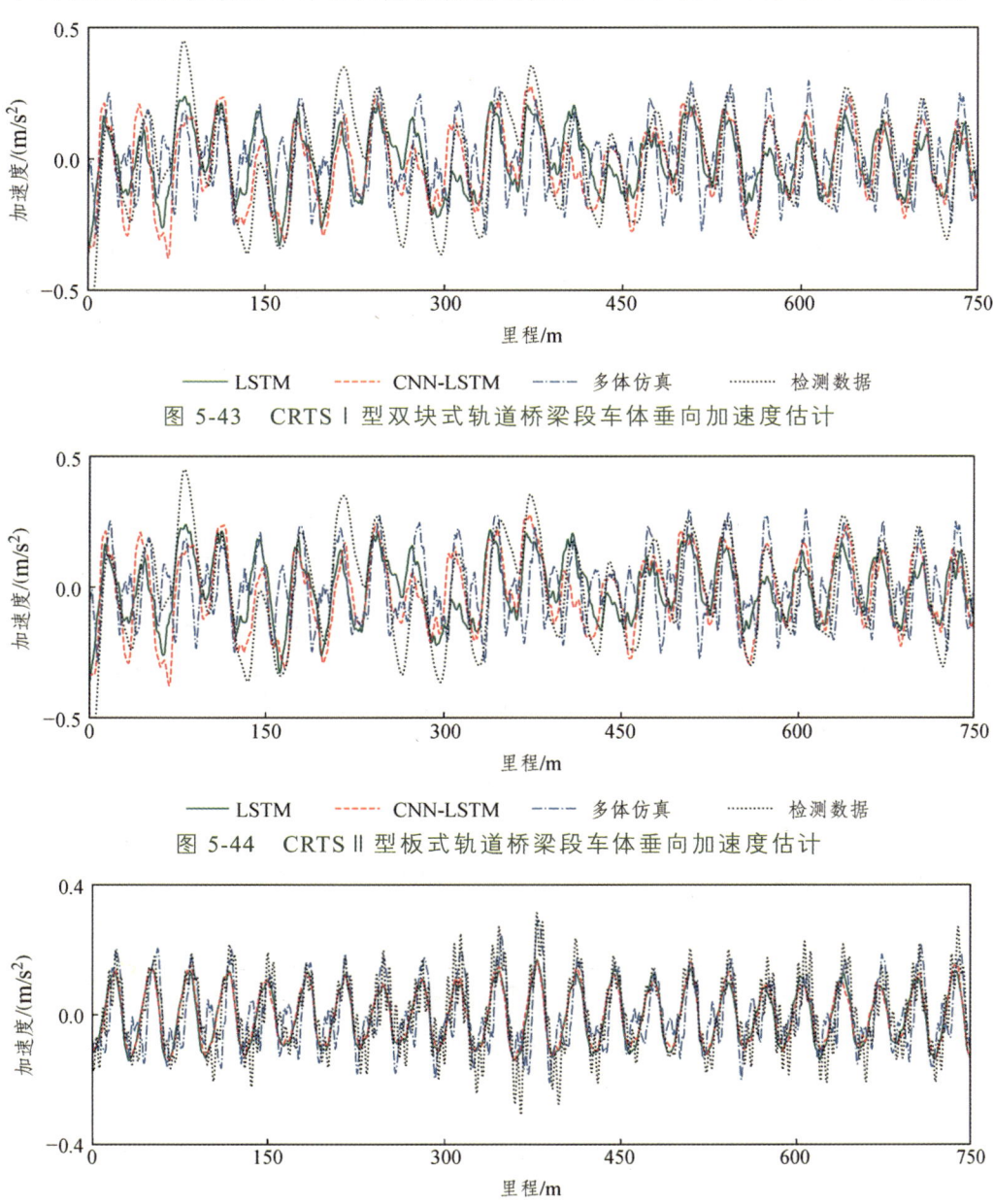

图 5-43　CRTS Ⅰ 型双块式轨道桥梁段车体垂向加速度估计

图 5-44　CRTS Ⅱ 型板式轨道桥梁段车体垂向加速度估计

图 5-45　CRTS Ⅲ 型板式轨道桥梁段车体垂向加速度估计

从图 5-43、图 5-44、图 5-45 中我们可以看到，车体垂向加速度在桥梁段有一个明显的波动周期。计算得到的 RMSE 误差见表 5-11。

表 5-11 桥梁段车体垂向加速度估计结果 RMSE 指标　　单位：m/s²

轨道类型	动力学仿真模型	LSTM 模型	CNN-LSTM 模型
CRTS Ⅰ 型双块式轨道	0.162	0.129	0.112
CRTS Ⅱ 型板式轨道	0.151	0.099	0.091
CRTS Ⅲ 型板式轨道	0.086	0.062	0.059
平均值	0.133	0.097	0.087

如表 5-11 所示，对于不同轨道类型的桥梁段，3 种模型对车体垂向加速度预测均有较好的结果。在这 3 种模型中，CNN-LSTM 模型的平均 RMSE 值最小，为 0.087，相比 LSTM 模型、动力学仿真模型的平均 RMSE 值分别减少了 0.01、0.046，这说明了 CNN-LSTM 网络精确度更高且在效率上可实现一定的提升。为了更直观地查看车体垂向加速度在频域上的波形对比情况，给出了与图 5-43、图 5-44、图 5-45 对应的功率谱密度（PSD）图，如图 5-46、图 5-47、图 5-48 所示。

从图 5-46、图 5-47 和图 5-48 中可以看到，桥梁段车体垂向加速度在频域上表现为 32 m 波长处有一个明显的驼峰，这是由 32 m 简支梁导致的周期性高低不平顺激励产生的。动力学仿真模型预测结果的能量主要分布在 10～40 m 波长范围，在桥梁路段 32 m 主波长处的预测结果与实测数据的吻合程度较好，在 40 m 波长附近快速下降，表明动力学仿真模型对于周期性明显的波动信息具有较好的预测性能，对于随机性大的波动和长波段的预测结果较差。LSTM 模型和 CNN-LSTM 模型在整个波段和不同工况的预测结果方面与实际数据的吻合程度均较好，证明了基于深度学习的轨道不平顺与垂向加速度映射模型的适用性。

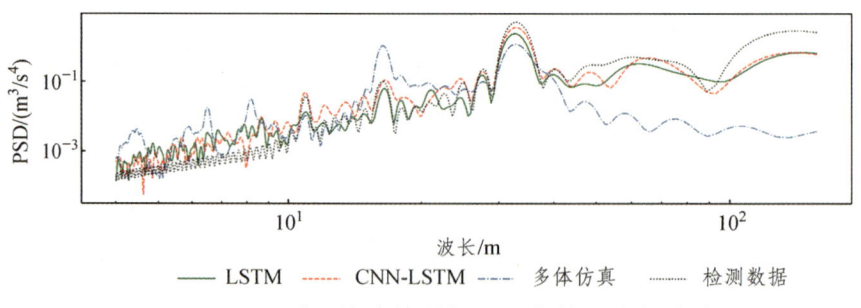

图 5-46 CRTS Ⅰ 型双块式轨道桥梁段车体垂向加速度 PSD

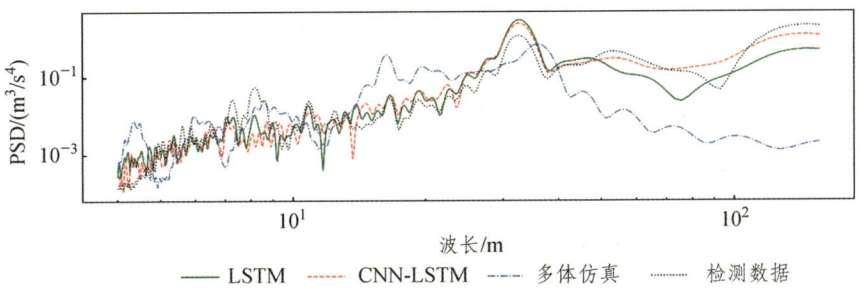

图 5-47　CRTS Ⅱ 型板式轨道桥梁段车体垂向加速度 PSD

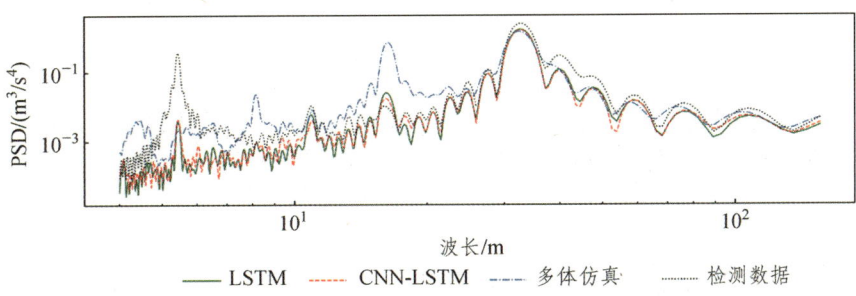

图 5-48　CRTS Ⅲ 型板式轨道桥梁段车体垂向加速度 PSD

2. 路基段车体垂向加速度估计

不同类型轨道路基段车体垂向加速度估计如图 5-49、图 5-50 和图 5-51 所示。

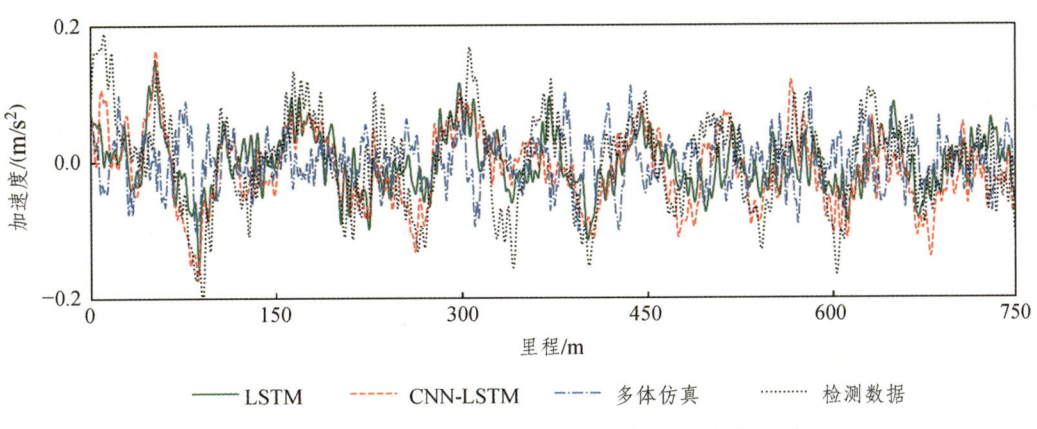

图 5-49　CRTS Ⅰ 型双块式轨道路基段车体垂向加速度估计

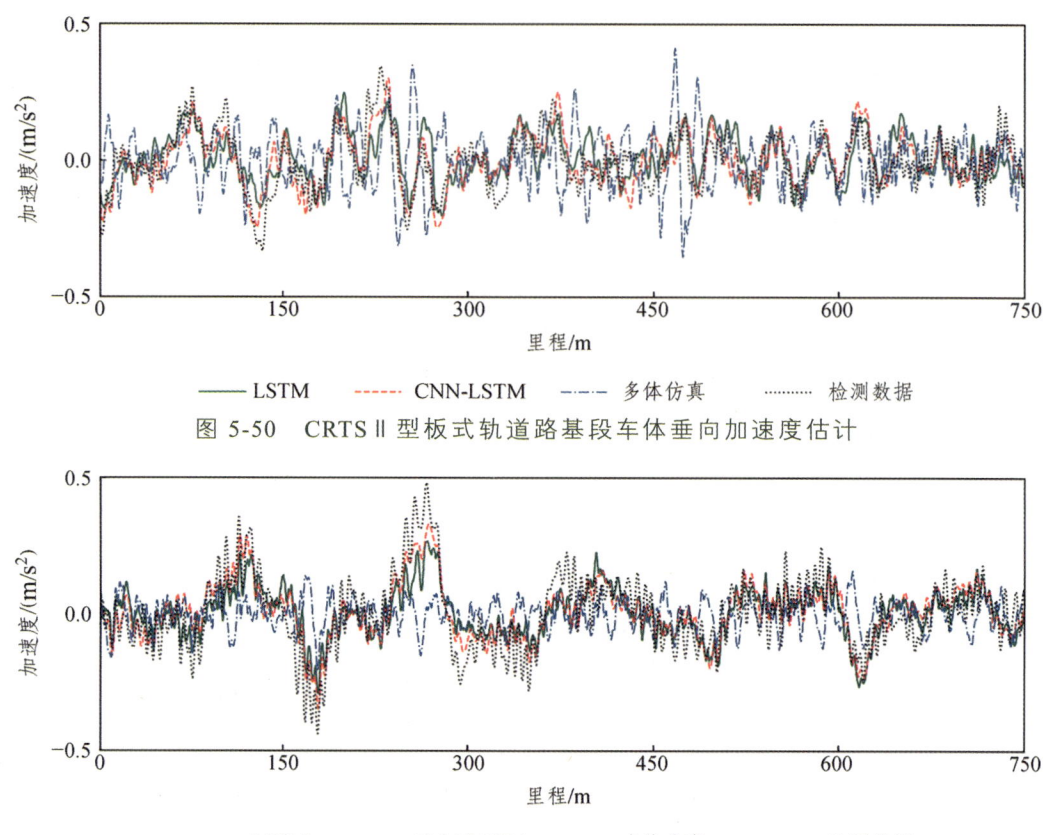

―― LSTM　　---- CNN-LSTM　　-·-·- 多体仿真　　······ 检测数据

图 5-50　CRTS Ⅱ 型板式轨道路基段车体垂向加速度估计

―― LSTM　　---- CNN-LSTM　　-·-·- 多体仿真　　······ 检测数据

图 5-51　CRTS Ⅲ 型板式轨道路基段车体垂向加速度估计

从图 5-49、图 5-50 和图 5-51 中我们可以看出，路基段的波形随机性较大，这可能是由于路基沉降等。计算得到的 RMSE 误差见表 5-12。

表 5-12　路基段车体垂向加速度估计结果 RMSE 指标　　　　单位：m/s^2

轨道类型	动力学仿真模型	LSTM 模型	CNN-LSTM 模型
CRTS Ⅰ 型双块式轨道	0.076	0.057	0.052
CRTS Ⅱ 型板式轨道	0.144	0.076	0.065
CRTS Ⅲ 型板式轨道	0.136	0.081	0.071
平均值	0.119	0.071	0.062

如表 5-12 所示，对于不同轨道类型的路基段，在这 3 种模型中，CNN-LSTM 模型的平均 RMSE 值最小，为 0.062，相比 LSTM 模型、动力学仿真模型的平均 RMSE 值分

别减少了 0.009 和 0.057；相比于桥梁段的周期性波动曲线，CNN-LSTM 模型对随机性波形的估计效果相比于多体动力学模型提升更加明显。图 5-52、图 5-53、图 5-54 中给出了与图 5-49、图 5-50、图 5-51 对应的功率谱密度（PSD）信息。

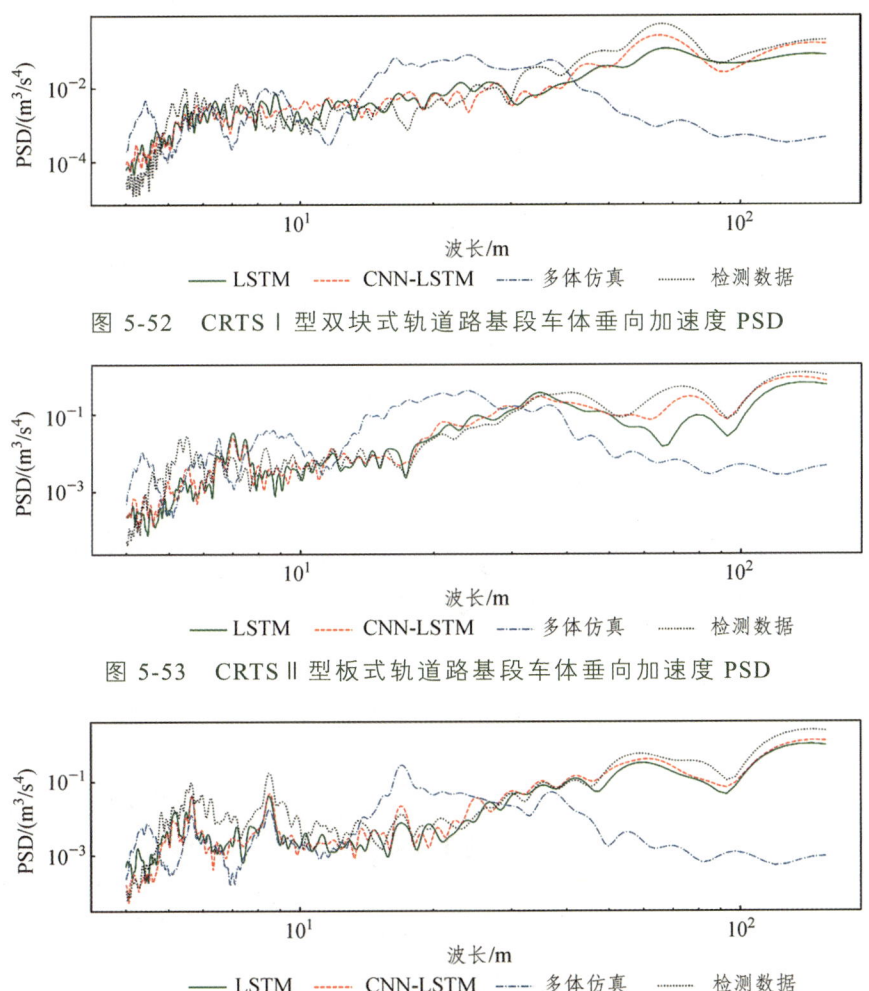

图 5-52 CRTS Ⅰ 型双块式轨道路基段车体垂向加速度 PSD

图 5-53 CRTS Ⅱ 型板式轨道路基段车体垂向加速度 PSD

图 5-54 CRTS Ⅲ 型板式轨道路基段车体垂向加速度 PSD

从图 5-52、图 5-53、图 5-54 中可以看到，路基段车体垂向加速度在频域上没有明显驼峰，且在长波范围内，功率谱密度幅值较大。动力学仿真模型估计结果的能量主要分布在 10～40 m 波长范围内，估计结果与实测数据相差较大，在 40 m 波长附近快速下降，表明动力学仿真模型对于随机性大的波动和长波段的预测结果较差。LSTM 模型和 CNN-LSTM 模型在整个波段和不同工况的预测结果方面与实际数据的吻合程度均较好。

3. 隧道段车体垂向加速度估计

不同类型轨道隧道段车体垂向加速度估计如图 5-55 和图 5-56 所示。

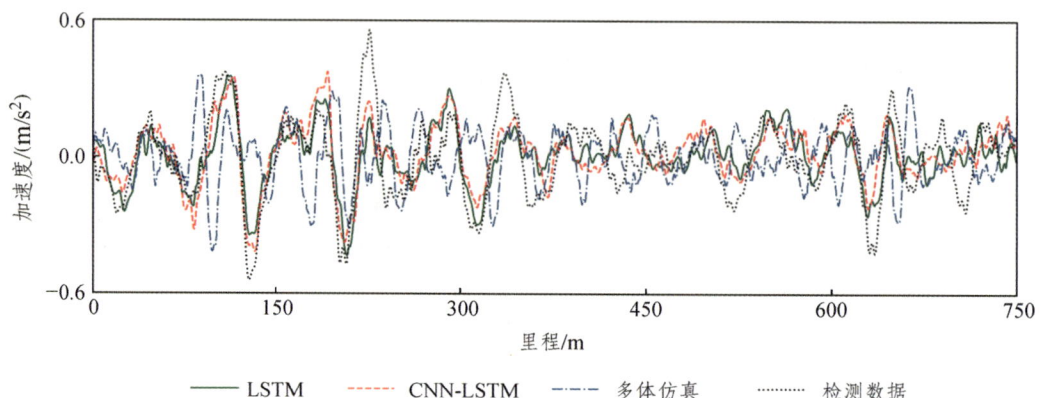

图 5-55　CRTS Ⅰ 型双块式轨道隧道段车体垂向加速度估计

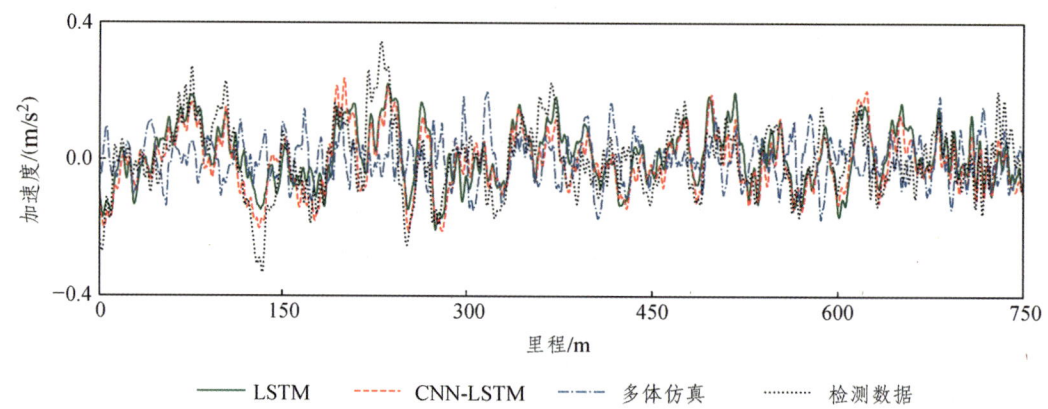

图 5-56　CRTS Ⅱ 型板式轨道隧道段车体垂向加速度估计

从图 5-55，图 5-56 中我们可以看出，隧道段的波形与路基段波形类似，波形的随机性较大。计算得到的 RMSE 误差见表 5-13。

表 5-13　隧道段车体垂向加速度估计结果 RMSE 指标　　　　单位：m/s²

轨道类型	动力学仿真模型	LSTM 模型	CNN-LSTM 模型
CRTS Ⅰ 型双块式轨道	0.169	0.123	0.117
CRTS Ⅱ 型板式轨道	0.119	0.078	0.072
平均值	0.144	0.101	0.095

如表 5-13 所示，对于不同轨道类型的路基段，在这 3 种模型中，CNN-LSTM 模型的平均 RMSE 值最小，为 0.095，相比 LSTM 模型、动力学仿真模型的平均 RMSE 值分别减少了 0.006 和 0.049。与图 5-55 和图 5-56 对应的功率谱密度（PSD）图如图 5-57 和图 5-58 所示。

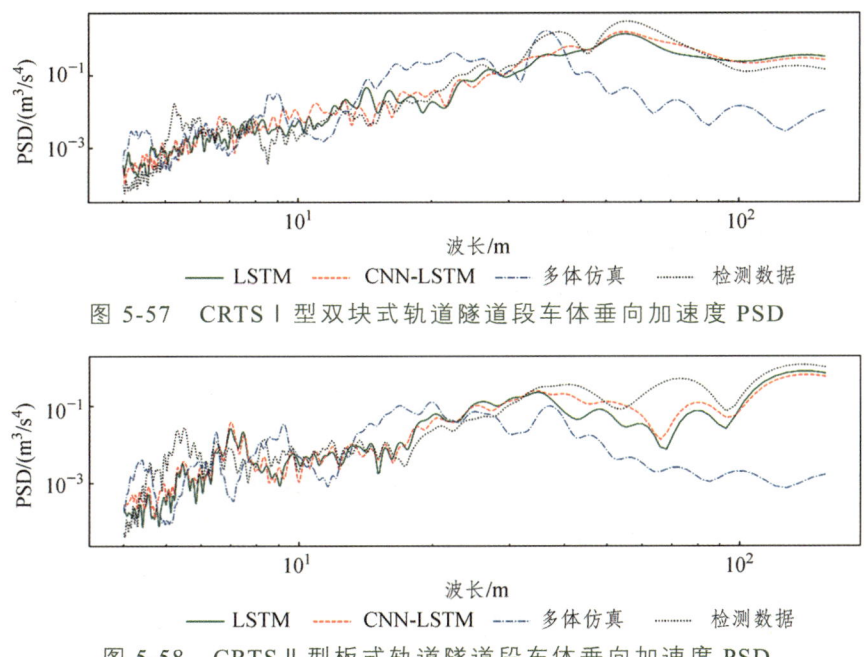

图 5-57　CRTS Ⅰ 型双块式轨道隧道段车体垂向加速度 PSD

图 5-58　CRTS Ⅱ 型板式轨道隧道段车体垂向加速度 PSD

从图 5-57 和图 5-58 中可以看到，隧道段车体垂向加速度在频域上没有明显驼峰，且在长波范围内，功率谱密度幅值较大。动力学仿真模型估计结果的能量主要分布在 10～40 m 波长范围内，估计结果与实测数据相差较大，在 40 m 波长附近快速下降。LSTM 模型和 CNN-LSTM 模型在整个波段和不同工况的预测结果方面与实际数据的吻合程度均较好。

5.4.4　车体横向加速度估计结果对比分析

横向 CNN-LSTM 模型的训练及验证损失函数如图 5-59 所示：横向 CNN-LSTM 组合模型迭代训练 40 次时，MSE 误差已经趋于平缓；验证集误差随着训练集误差下降而下降，且均收敛到一个较小的差错值，表明模型拟合能力较好。

为了验证横向 CNN-LSTM 模型对不同工况的适应性，本节分别使用动力学仿真、LSTM 模型和横向 CNN-LSTM 模型对不同轨道类型和不同路线线形的车体横向加速度进行估计，并将估计结果和实测车体横向加速度进行对比，计算相应的 RMSE 指标。

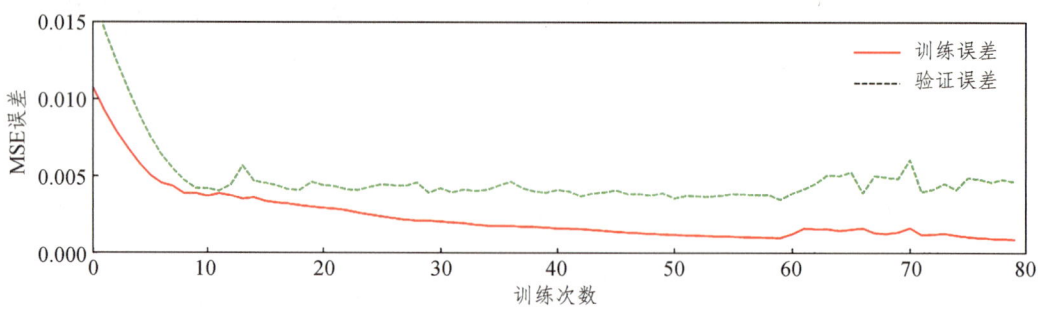

图 5-59　横向 CNN-LSTM 训练损失 MSE 误差

1. 直线段车体横向加速度估计

不同类型轨道直线段车体横向加速度估计如图 5-60、图 5-61 和图 5-62 所示。

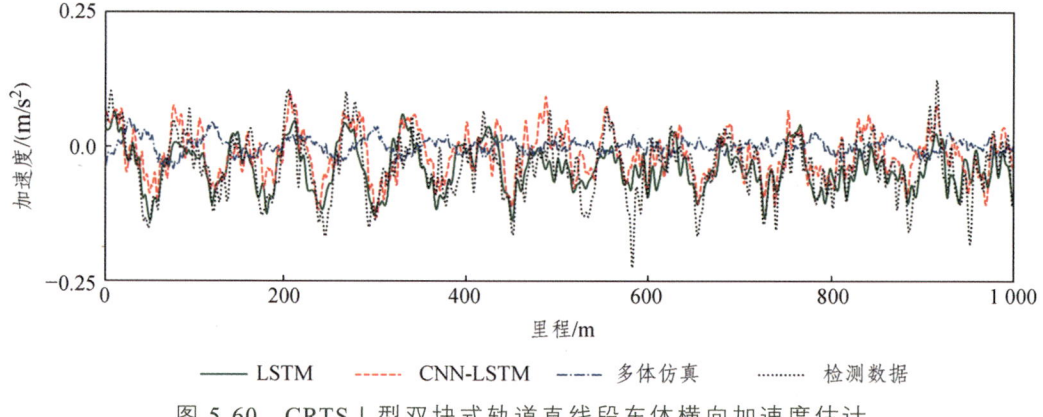

图 5-60　CRTS Ⅰ 型双块式轨道直线段车体横向加速度估计

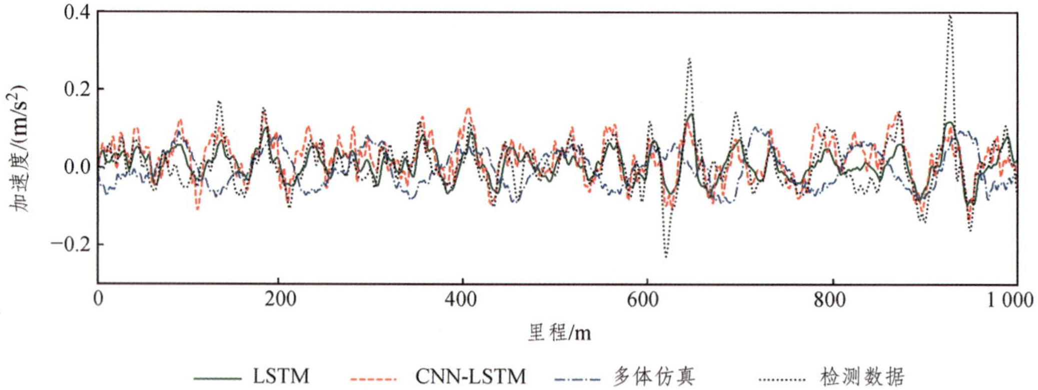

图 5-61　CRTS Ⅱ 型板式轨道直线段车体横向加速度估计

5.4 基于深度学习的车体加速度估计

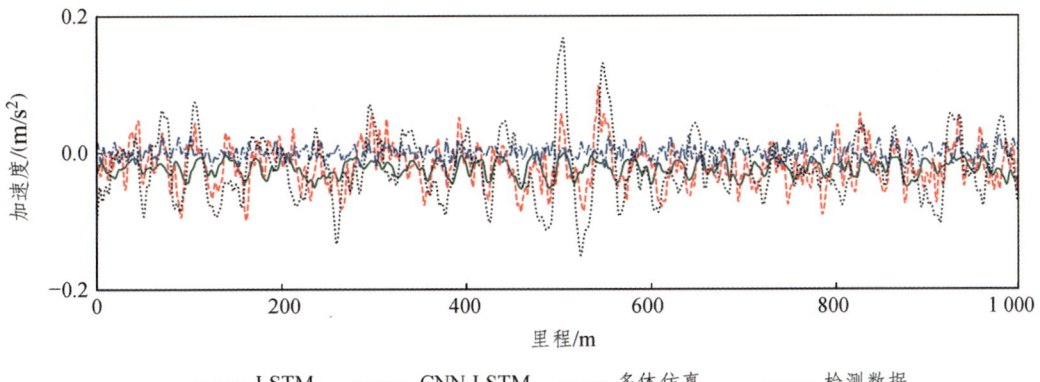

——— LSTM　---- CNN-LSTM　—·—· 多体仿真　········ 检测数据

图 5-62　CRTSⅢ型板式轨道直线段车体横向加速度估计

从图 5-60、图 5-61、图 5-62 中我们可以看到，车体横向加速度在直线段有比较明显的波动周期。计算得到的 RMSE 误差见表 5-14。

表 5-14　直线段车体横向加速度估计结果 RMSE 指标　　　　单位：m/s^2

轨道类型	动力学仿真模型	LSTM 模型	CNN-LSTM 模型
CRTS Ⅰ型双块式轨道	0.082	0.053	0.045
CRTS Ⅱ型板式轨道	0.093	0.062	0.056
CRTS Ⅲ型板式轨道	0.062	0.046	0.042
平均值	0.079	0.054	0.048

如表 5-14 所示，对于不同轨道类型的直线段，在这 3 种模型中，CNN-LSTM 模型的平均 RMSE 值最小，为 0.048，相比 LSTM 模型、动力学仿真模型的平均 RMSE 值分别减少了 0.006 和 0.031，这说明 CNN-LSTM 网络精确度更高且在效率上可实现一定的提升。为了更直观地查看车体横向加速度在频域上的波形对比情况，给出了与图 5-60、图 5-61、图 5-62 对应的功率谱密度（PSD）图，如图 5-63、图 5-64、图 5-65 所示。

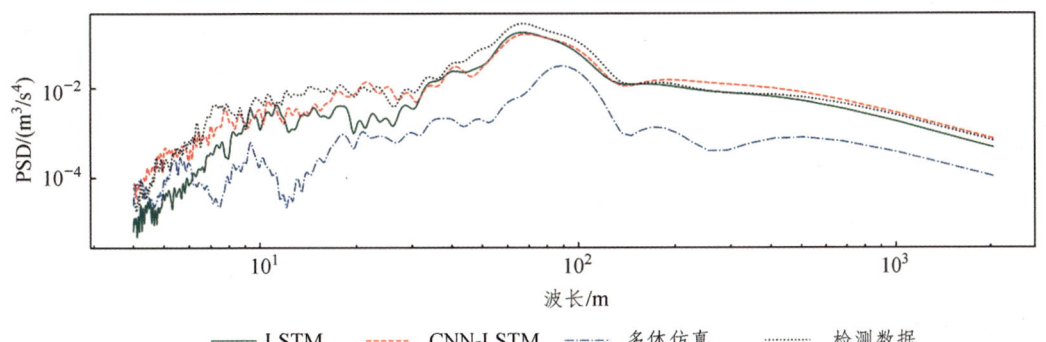

——— LSTM　---- CNN-LSTM　—·—· 多体仿真　········ 检测数据

图 5-63　CRTSⅠ型双块式轨道直线段车体横向加速度 PSD

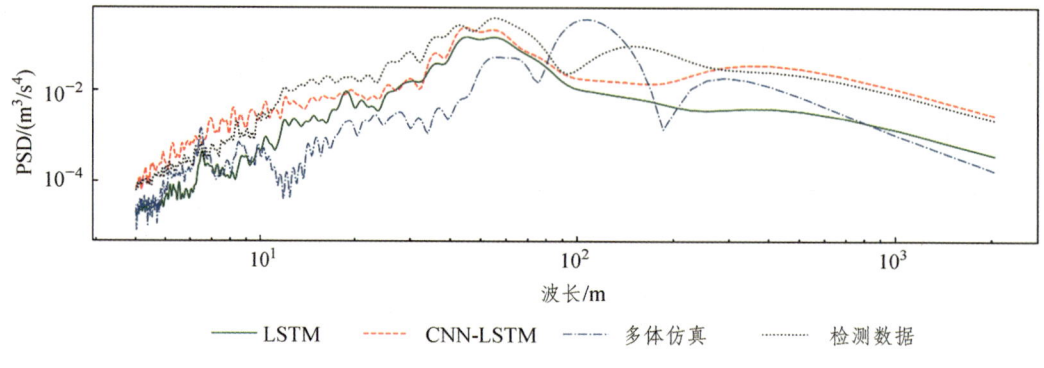

图 5-64　CRTS Ⅱ 型板式轨道直线段车体横向加速度 PSD

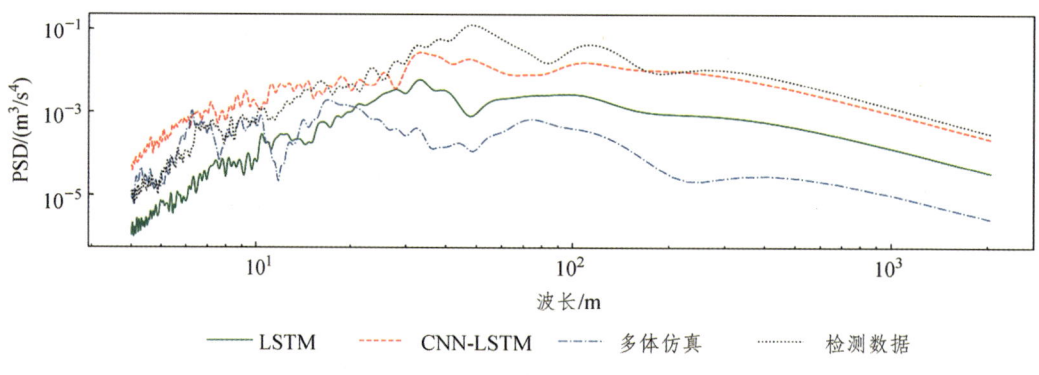

图 5-65　CRTS Ⅲ 型板式轨道直线段车体横向加速度 PSD

从图 5-63、图 5-64、图 5-65 中可以看到，直线段车体横向加速度的能量主要分布在 40～100 m 波长范围内。从前文中车体横向加速度与轨道不平顺的相干性分析中可知，在 40～100 m 范围内，车体横向加速度主要受轨向和水平不平顺的影响，直线段没有超高，因此在直线段车体横向加速度没有大于 200 m 的超长波曲线。在 3 种估计模型中，LSTM 模型和横向 CNN-LSTM 模型在整个波段对不同工况的估计结果方面与实际数据的吻合程度均较好，动力学仿真模型的估计结果相对较差。

2. 曲线段车体横向加速度估计

不同类型轨道曲线段车体横向加速度估计如图 5-66、图 5-67 和图 5-68 所示。

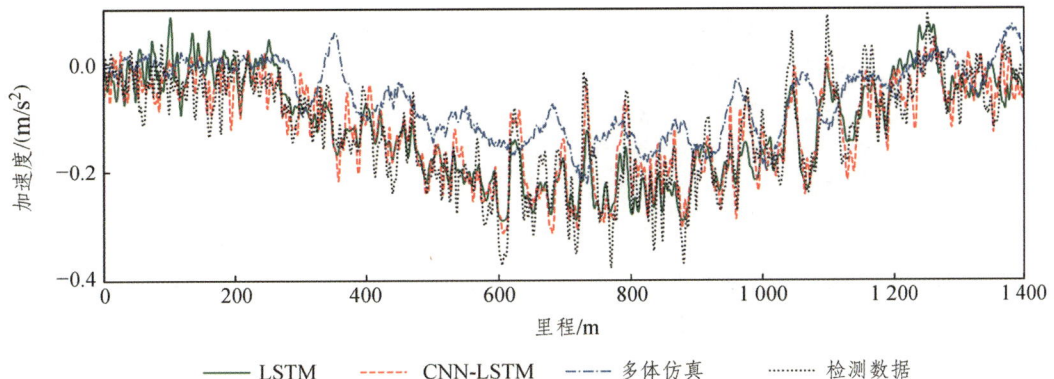

图 5-66　CRTS Ⅰ 型双块式轨道曲线段车体横向加速度估计

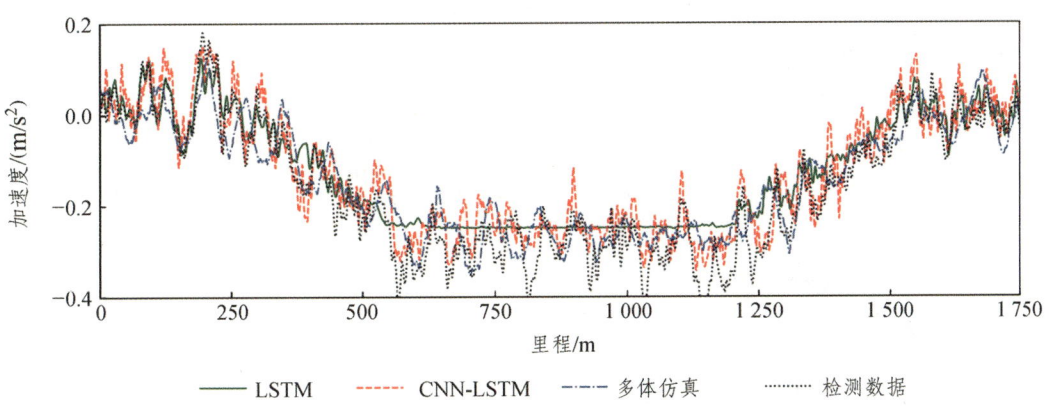

图 5-67　CRTS Ⅱ 型板式轨道曲线段车体横向加速度估计

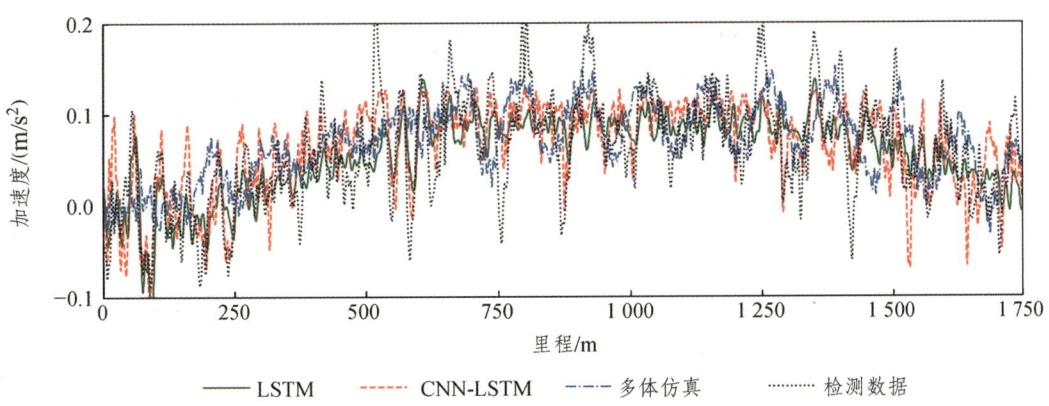

图 5-68　CRTS Ⅲ 型板式轨道曲线段车体横向加速度估计

从图 5-66、图 5-67、图 5-68 中我们可以看到，在曲线段，3 种模型对不同轨道类型的车体横向加速度的估计结果都比较好，其中 CNN-LSTM 模型的估计结果与实测数据的吻合程度最好。计算得到的 RMSE 误差见表 5-15。

表 5-15　曲线段车体横向加速度估计结果 RMSE 指标　　　单位：m/s^2

轨道类型	动力学仿真模型	LSTM 模型	CNN-LSTM 模型
CRTS Ⅰ 型双块式轨道	0.092	0.048	0.044
CRTS Ⅱ 型板式轨道	0.069	0.060	0.054
CRTS Ⅲ 型板式轨道	0.056	0.048	0.041
平均值	0.072	0.052	0.046

如表 5-15 所示，对于不同轨道类型的曲线段，在这 3 种模型中，CNN-LSTM 模型的平均 RMSE 值最小，为 0.046，相比 LSTM 模型、动力学仿真模型的平均 RMSE 值分别减少了 0.006 和 0.026。图 5-69、图 5-70、图 5-71 是与图 5-66、图 5-67、图 5-68 对应的功率谱密度（PSD）信息。

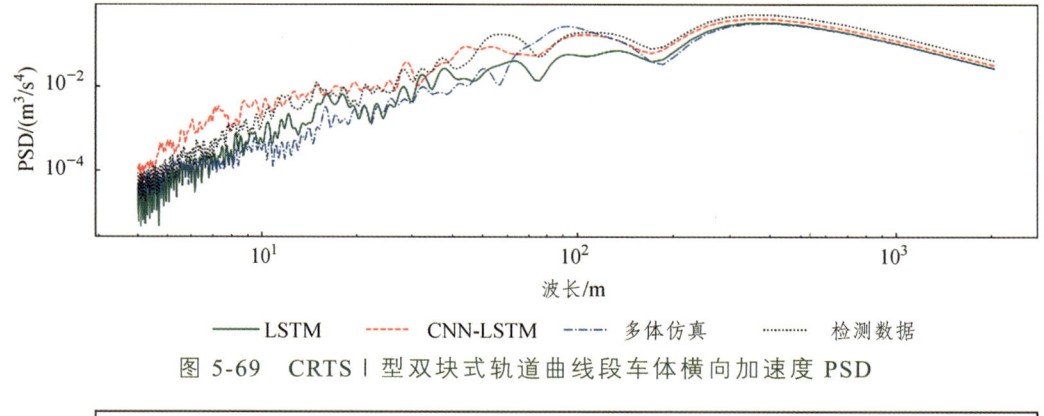

图 5-69　CRTS Ⅰ 型双块式轨道曲线段车体横向加速度 PSD

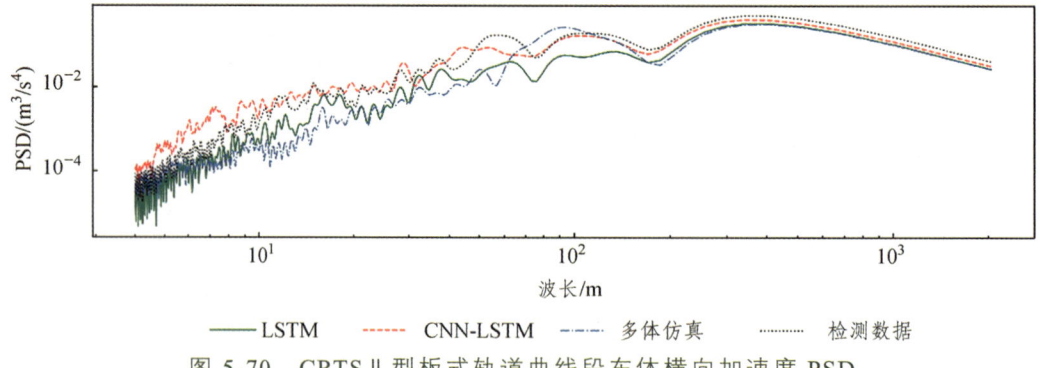

图 5-70　CRTS Ⅱ 型板式轨道曲线段车体横向加速度 PSD

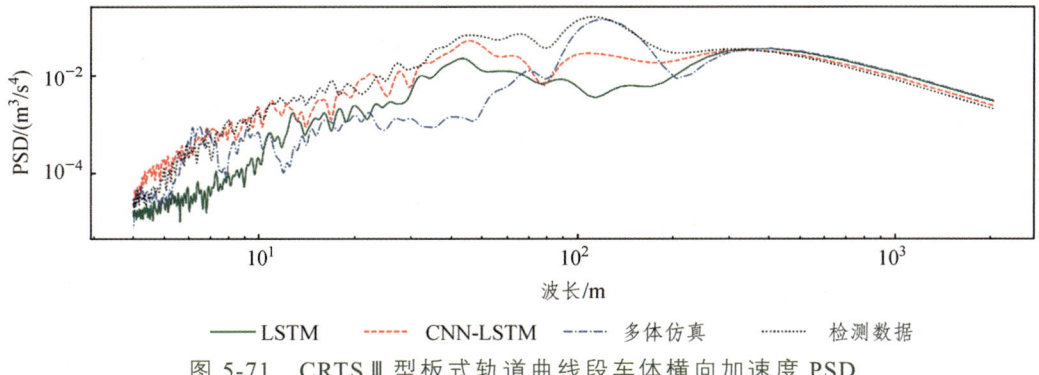

图 5-71　CRTS Ⅲ 型板式轨道曲线段车体横向加速度 PSD

从图 5-69、图 5-70、图 5-71 中可以看到：由于曲线段超高的存在，车体横向加速度的能量主要分布在大于 200 m 的超长波段内；在小于 200 m 波段范围，曲线段的车体横向加速度的波形特征和直线段基本相同。从前文中速度对车体横向加速度影响的分析中可知，在曲线段，车体横向加速度在超长波段上受速度影响很大，当运行速度接近曲线设计速度时，横向车体加速度就几乎没有超长波段，如图 5-67 所示。超长波段的幅值较小，则该车体横向加速度的超长波段在频域上的幅值就小。从上述图中也可以看出，LSTM 模型和多体动力学模型对超长波段的估计结果较好，在小于 100 m 波长范围内，CNN-LSTM 模型的估计结果更优。

5.5　本章小结

本章根据实测轨道不平顺与车体加速度的时空数据传递特征，建立了一种 CNN-LSTM 组合模型，该模型将轨道不平顺与列车运行速度作为输入，实现对车体加速度的估计。在该组合模型中，CNN 网络对数据波形特征进行提取，LSTM 网络进行时序数据之间的传递。为验证建立模型的科学性和可靠性，本章将实测数据依据不同轨道类型、不同轨下基础结构和不同路线线形分为不同工况，使用动力学仿真模型、LSTM 模型和 CNN-LSTM 模型对不同工况下的车体加速度进行估计，并将估计结果与实测数据进行对比分析。可以得到以下结论：

（1）高低不平顺对车体垂向加速度的影响较大，轨向、水平、超高对车体横向加速度的影响较大；速度的增大会使车体垂向加速度的幅值增大，使车体横向加速度的幅值和波形均发生改变。利用该统计规律，可以通过车体加速度对轨道不平顺的运营状态进行评估，并针对不同轨道不平顺类型的较差区段制订对应的养护维修计划。

（2）利用近似贝叶斯估计算法对车辆悬挂参数进行估计，在计算过程中发现：对车体垂向振动响应影响程度较大的悬挂参数主要有一系弹簧垂向刚度和空气弹簧垂向刚度，对车体横向振动响应影响程度较大的悬挂参数主要有一系弹簧垂向刚度、空气弹簧纵横向刚度、空气弹簧垂向刚度和二系横向减振器阻尼。将优化后的悬挂参数代入多体动力学仿真中，计算结果表明，相比于原车辆参数模型仿真得到的车体加速度，使用优化后的悬挂参数值仿真计算得到的车体加速度更接近实测数据。

（3）使用建立的 CNN-LSTM 模型、LSTM 模型和多体动力学模型对不同工况下的车体加速度进行估计，结果表明，3 种模型均能对车体加速度进行有效估计。其中：多体动力学模型对周期性的波形估计结果较好，对随机性大的波形估计结果较差；CNN-LSTM 模型和 LSTM 模型对整个波段的估计结果均较好，其中又以 CNN-LSTM 模型估计得到的车体加速度与实测车体加速度最为吻合，且计算效率更高。

6 车体响应反演轨道不平顺与轨道板变形识别研究

定期开展轨道几何不平顺测量是制定高速铁路养护维修策略的基本前提。回顾第 1 章轨道不平顺检测技术介绍，包括了目前应用广泛的动、静态检测技术，作者对矢距差法、中点弦测法、惯性基准法分别展开了说明。面对这些检测方法分别存在的传递函数不稳定、设备成本昂贵等问题，近年来出现了大量的基于车体响应反演轨道不平顺的研究，进而对轨道几何与轨道下部结构的服役状态进行分析和评估。本章围绕车载式轨道不平顺检测和基于轨道不平顺数据挖掘的轨道板变形分析展开，着重介绍车对地不平顺反演的算法模型和不平顺时空数据挖掘技术。

6.1 车载式不平顺检测及轨道板变形识别研究背景

过去的大量研究表明，轨道不平顺作为外部激励，其服役状态及平顺性劣化程度可以通过机车车辆子系统不同构件的动态响应进行反演估计，这些动态响应包括轴箱、转向架、车体振动加速度以及轮轨作用力等。轨道不平顺数据具有在空间上超长跨度，时间上连续变化的特点，通过对具有时空分布特征的轨道不平顺数据进一步挖掘，可以得到轨道线路和下部结构的服役状态，例如轨道板挠曲变形。为了帮助读者了解关于车载式不平顺检测与轨道板变形识别研究相关背景，本节将开展详细的国内外研究现状介绍。

6.1.1 车载便携式检测研究现状

现有的轨道动检系统通常成本较高，一般需要昂贵的惯性导航系统和轴箱、转向架、车身上的许多其他传感器。此外，这些轨道动检系统通常只配置在专用轨道检测车上，其他在役列车的运营信息无法得到有效利用。轨道不平顺动态检测频率一般为每月 1~2 次，铁路运维人员难以在检测周期内及时发现轨道不平顺的变化，从而无法及时开展服役状态评估和维修决策制定工作。考虑到高速铁路板式无砟轨道在我国使用的普遍性，轨道板变形病害发生的危害性和高频性，及时有效地掌握轨道不平顺信息同时可以用于评价轨道板的服役状态。

针对现有不平顺动态检测方法的不足，为实现对轨道几何不平顺高效率、低成本的检测识别和维护管理，国内外学者开展了大量的通过车载便携式设备对地面轨道几何进行测量的研究，即车对地检测。车对地检测一般采用加速度计、陀螺仪等多种传感设备采集车体、轴箱、转向架等机车构件的动态响应，并通过建立逆滤波模型来反演估计轨道不平顺或钢轨缺陷。例如，可以通过建立逆滤波模型来捕捉转向架运动姿态和轨道不平顺激励之间的映射关系，这减少了轨道几何测量系统的复杂度，可以替代惯性基准法开展高效的轨道不平顺检测[①]。此外，有研究人员利用车体垂向加速度来推断轨道刚度变化[②]；以及通过轴箱加速度识别钢轨短波不平顺缺陷，例如钢轨压溃、焊接接头和钢轨波磨等[③]。

作者总结了国内外一些通过机车车辆不同构件的动态响应反演估计轨道不平顺的相关研究。如表 6-1 所示，轨道不平顺反演的目标主要包括高低不平顺和轨向不平顺，而反演模型的输入数据类型多样，包括轴箱、构架、车体多类车辆构件的各种动力响应数据。传统的轨道不平顺反演方法一般是采用逆滤波原理建立车辆动力响应与轨道不平顺之间的状态转移函数。常见的逆滤波原理包括 FIR 逆滤波器[④]、卡尔曼滤波[⑤]、扩展卡尔曼滤波[⑥]等。

表 6-1　国内外研究轨道不平顺反演的代表方法

方法	输入数据	反演对象	作者
FIR 逆滤波器	构架俯仰角	高低不平顺	程朝阳、魏世斌
扩展卡尔曼滤波	车体、构架多个仿真动力响应	高低不平顺	王贵，等
置信规则库推理	车体、轴箱垂向振动	高低不平顺	徐晓滨，等
NARX 神经网络	轴箱、构架多个仿真动力响应	高低不平顺	王贵，等
卡尔曼滤波	车体、构架、轴箱加速度	轨向、水平不平顺	De Rosa，等
卡尔曼滤波	车体加速度、俯仰角	高低不平顺	Tsunashima，等
混合滤波方法	轴箱、构架加速度	高低、轨向不平顺	Jun Seok Lee，等
AM-CNN-GRU 模型	车体垂向、横向加速度、车速	高低不平顺	Xiaoli Hao，等

---

① TSUNASHIMA Hitoshi，NAGANUMA Yasukuni，KOBAYASHI Takahito. Track Geometry Estimation from Car-Body Vibration[J]. Vehicle System Dynamics，2014，52（sup1）：211-216.
② QUIRKE Paraic，CANTERO Daniel，OBRIEN Eugene J，et al. Drive-by Detection of Railway Track Stiffness Variation Using in-Service Vehicles[J]. Proceedings of the Institution of Mechanical Engineers：Part F：Journal of Rail and Rapid Transit，2017，231（4）：503-508.
③ SALVADOR Pablo，NARANJO Valery，INSA Ricardo，et al. Axlebox Accelerations：Their Acquisition and Time-Frequency Characterisation for Railway Track Monitoring Purposes[J]. Measurement，2016，82：310.
④ 程朝阳，魏世斌. 基于陀螺仪的轨道高低不平顺检测[J]. 铁道建筑，2018，58（10）：122.
⑤ DE ROSA Anna，ALFI Stefano，BRUNI Stefano. Estimation of Lateral and Cross Alignment in a Railway Track Based on Vehicle Dynamics Measurements[J]. Mechanical Systems and Signal Processing，2019，116：613.
⑥ 王贵，邢宗义，王晓浩，等. 基于扩展卡尔曼滤波的轨道垂向不平顺估计[J]. 铁道标准设计，2016，60（7）：15.

6.1 车载式不平顺检测及轨道板变形识别研究背景

随着大数据和人工智能的兴起，研究人员开展了一系列的机器学习在交通智能运维领域的应用研究，包括交通流预测、道路裂缝检测、钢轨断轨率预测、铁路部件的图像分割和识别、铁路线形优化等，还有一些神经网络模型被应用于路面粗糙度评估和高速铁路轨道质量评估中。通过向量内积或卷积运算，神经网络可以在训练过程中自动提取输入数据的重要特征，并可以作为一个黑盒模型来拟合任何相关数据之间的映射关系。

在通过车载数据反演估计轨道不平顺的研究方面，王贵等[1]建立了 NARX 神经网络，通过轴箱、构架多个车辆构件的动力学仿真数据估计了轨道高低不平顺，然而该方法缺少实测数据验证。徐晓滨等[2]采用置信规则库推理方法，通过车体和轴箱的垂向振动反演轨道高低不平顺。Jun Seok Lee 等[3]采用混合滤波方法，通过轴箱、构架加速度数据反演轨道高低、轨向不平顺。

虽然上述这些研究在特定领域都具有一定的优势，但是利用车体加速度估计轨道不平顺的方法相比于基于轴箱、转向架加速度的方法更加安全和便捷。然而，由于车辆系统中存在一系、二系悬挂装置，因此在自下而上的振动传递过程中形成一定的过滤作用，利用高频信息丢失的车体加速度来反演轨道不平顺是一项非常具有挑战性的任务。

综上所述，利用车载动力响应数据反演估计轨道不平顺是铁路运输安全运维工作的重中之重。与现有的基于惯性基准法的方法和其他车载检查相比，使用车身加速度来估计轨道不平顺是最有效和成本最低的方法。本章将在第 6.2 节详细介绍一种车载便携式轨道不平顺检测方法，该方法仅利用车体垂向加速度来反演估计轨道高低不平顺。

6.1.2 轨道板变形识别研究现状

板式无砟轨道是高速铁路线路中最主要的轨道结构形式之一，能够为高速铁路提供较好的整体性和平顺性。然而由于长期暴露在自然环境中，受到太阳辐射、降雨降雪、路基沉降、轮轨动荷载等复杂因素叠加的影响，轨道板在长期服役后容易出现板端翘曲、板中上拱变形等结构性病害[4]，使钢轨受迫发生挠曲变形，降低轨道平顺性，进而影响高速列车行车安全。另外，我国高速铁路覆盖范围广，里程沿线较长，基于人工经验的轨道板变形检测方法效率低下，且无法利用检测结果对轨道板变形程度进行劣化预测。随着高速铁路智能化运维需求的增长，在轨道结构服役过程中，及时、有效地掌握各部

---

[1] 王贵，邢宗义，蒋杰，等. 基于 NARX 神经网络的轨道垂向不平顺估计[J]. 广西大学学报（自然科学版），2016，41（2）：428-430.

[2] 徐晓滨，汪艳辉，文成林，等. 基于置信规则库推理的轨道高低不平顺检测方法[J]. 铁道学报，2014，36（12）：72.

[3] LEE Jun Seok, CHOI Sunghoon, KIM Sang-Soo, et al. A Mixed Filtering Approach for Track Condition Monitoring Using Accelerometers on the Axle Box and Bogie[J]. IEEE Transactions on Instrumentation and Measurement, 2012, 61（3）: 753-755.

[4] 王继军，尤瑞林，王梦，等. 单元板式无砟轨道结构轨道板温度翘曲变形研究[J]. 中国铁道科学，2010，31（3）：13.

分轨道结构的信息是保障高速铁路安全运营的重要基础。因此，近年来大量研究人员采用了道旁监测和车载检测等手段获取实测数据，通过数据挖掘的方法对不同轨道结构病害进行识别和预警。

道旁监测主要利用加速度传感器、位移传感器、应变片等设备实时采集关于钢轨、轨道板等轨道结构的振动响应、相对位移和受力情况，通过对采集得到的信号进行时、频域分析，设置一定的评价标准和参考阈值，从而实现对不良区段（结构）的辨识。道旁监测通常需要在轨道两侧安装大量的各类传感器设备，通过光纤或无线传输技术获取实时监测数据，其数据质量较高、数据类型较多。然而由于道旁监测设备成本较高，传感器暴露在外界环境下极容易受损，难以长期稳定地获取数据。因此，道旁监测数据量十分有限，一般应用在诸如道岔的关键节点上，而难以在整个区间线路中推广。

车载检测方面，研究人员通常利用大量轨道不平顺数据或车体动力响应数据反映轨道结构病害的内在信息。现如今，轨道综合检测车作为目前发展最成熟的轨道动态不平顺检测设备，已经广泛运用于我国各铁路局集团有限公司。轨检车在检测过程中采集包括车体、轴箱加速度，各项轨道不平顺指标，轮轨力，行车速度，里程位置信息等在内的多项指标数据。我国各大铁路干线多年以来已经积累了海量历史轨检数据，这些数据为高速铁路轨道板变形异常识别的大数据分析提供了可能性。

笔者总结了近年来国内外有关高速铁路轨道板病害识别道旁监测和车载监测的研究，见表6-2。Tao Wang 等[1]通过连续测量 CRTS I 型板式无砟轨道的温度和高程变化，研究了温度场作用下轨道板层间离缝的病害机理。研究发现，温度梯度是造成层间离缝的主要原因，且 I 型板四角处离缝比其他部位更严重，铺设钢轨后可以有效地减缓层间离缝。作者建议当相邻轨道板出现高程差时，应该在轨道板下方放置垫片，以防止较低的轨道板被拉起，进一步产生新的离缝。Pingrui Zhao 等[2]对 CRTS I 型轨道板做了室外试验，测试并分析了轨道板温度梯度的统计特性以及温度梯度与地面气温的关系。研究结果表明，轨道板温度梯度随地面气温呈现周期性的变化，沿轨道板高度方向呈现明显的非线性，且轨道板顶部温度梯度大于底部温度梯度。Cañete 等[3]设计了基于三轴加速度振动信号的轨道板监测系统，通过分析轨道板振动信号主频特性实现了异常轨道板识

---

[1] Wang Tao, JIA Hengqiong, LIU Zike, et al. Experimental Study of the Gap between Track Slab and Cement Asphalt Mortar Layer in CRTSI Slab Track[J]. Journal of Modern Transportation, 2018, 26, (3): 176-177.

[2] ZHAO Pingrui, LIU Xueyi, LIU Guan. Experimental Study of Temperature Gradient in Track Slab under Outdoor Conditions in Chengdu Area[J]. Journal of Modern Transportation, 2014, 22 (3): 154.

[3] CAÑETE Eduardo, CHEN Jaime, DÍAZ Manuel, et al. Wireless Sensor Networks and Structural Health Monitoring: Experiences with Slab Track Infrastructure[J]. International Journal of Distributed Sensor Networks, 2019, 15 (3): 9-10.

别。通过光纤振动传感器可建立在线监测系统,识别轨道板横向变形①和轨道板垂向变形脱空②;基于分布式光纤位移传感数据的弦测技术③也可以用来进行轨道板的变形监测识别;通过分析轨道不平顺检测数据,可以建立轨道板变形和气温变化的关联关系④,以及进行轨道板上拱识别和预测分析⑤。

表 6-2 国内外轨道板变形异常检监测技术

检监测手段	研究对象	研究方法	作者
道旁监测	CRTS Ⅰ 型板垂向变形与离缝	现场测试	Wang Tao,等
	轨道板变形和温度关系	室外试验	Zhao Pingrui,等
	轨道板异常监测	轨道板振动主频分析	Cañete,等
	轨道板横向变形识别	光纤振动监测	Wang Qi'ang,等
	轨道板脱空识别	光纤振动监测	彭勃
	轨道板变形监测	分布式光纤弦测法	刘艳芬
车载检测	轨道板变形和温度关系	滤波器+相关分析	杨飞,等
	轨道板上拱识别和预测	机器学习	杨飞,等

在识别轨道缺陷的其他检(监)测技术领域,高频轴箱加速度信号通常被用于轨道短波病害的识别⑥。文献⑦提出了一种车载式检测系统,利用列车轴箱加速度对钢轨波磨、塌陷以及焊缝接头等短波病害进行时频域分析,通过小波能量指标对不同类型的钢轨病害实现了识别和定位,其检测结果准确率达到 84%,误报率为 19%。

综上所述,轨道结构的平顺性是高速铁路安全运营的重要保障。目前,针对车载检

---

① WANG Qi'ang, NI Yiqing. Measurement and Forecasting of High-Speed Rail Track Slab Deformation under Uncertain SHM Data Using Variational Heteroscedastic Gaussian Process[J]. Sensors,2019,19,(15):13.

② 彭勃. 光纤测振技术在高铁轨下结构病害自动监测中的应用[J/OL]. 铁道勘察,2021:4-5[2023-01-09]. DOI:10.19630/j.cnki.tdkc.202011110004.

③ 刘艳芬,柴雪松,冯毅杰,等. 基于光纤弦测的无砟轨道变形监测关键技术研究[J]. 铁道建筑,2022,62(4):8-9.

④ 杨飞,王秀丽,尤明熙,等. 基于不平顺的 CRTS Ⅱ 型轨道板状态评价方法研究[J]. 铁道工程学报,2020,37(7):33.

⑤ 杨飞,赵钢,尤明熙,等. 基于高低不平顺变化特征的轨道板拱起识别与预警模型研究[J]. 铁道学报,2021,43(8):112-113.

⑥ MOLODOVA Maria, LI Zili, NÚñez Alfredo, et al. Automatic Detection of Squats in Railway Infrastructure[J]. IEEE Transactions on Intelligent Transportation Systems,2014,15,(5):3-5.

⑦ MOLODOVA Maria, OREGUI Maider, NÚñez Alfredo, et al. Health Condition Monitoring of Insulated Joints Based on Axle Box Acceleration Measurements[J]. Engineering Structures,2016,123(September):227-229.

测数据的挖掘深度不足，尤其是利用轨道动检数据分析轨道板变形病害的研究较少。为此，本章第 6.3 节针对铺设 CRTS Ⅰ、Ⅱ、Ⅲ型板 3 种轨道板的不同高速铁路线路长期检测的轨道动态不平顺进行数据挖掘，利用同一条铁路线的多次检测结果建立数据驱动模型，结合轨道不平顺时域、频域和空间域信息，通过分析大量轨道动检数据的内在信息得到高速铁路轨道板变形位置和劣化规律，为研究高速铁路轨道下部结构提供新的思路。通过对轨道不平顺开展数据挖掘，提取其中能够反映轨道板变形的有效信息，能够极大提升高速铁路轨道板变形异常的检测效率，缩减人力成本开支。

6.2 基于车体加速度的轨道不平顺反演模型

轨道不平顺激励与车体响应在空间频域存在复杂的非线性映射关系。不同波长的轨道不平顺会激发不同频段的车体响应，不同类型的轨道不平顺对车体各个方向的振动产生不同的影响。因此，在建立车体加速度到轨道不平顺的映射模型之前，有必要利用相干性理论研究频域中激励和响应之间的关系，以帮助建立科学的反演模型。神经网络可以看作拟合任何相关数据之间关系的黑盒模型。它通过向量内积或卷积运算，可以在训练过程中自动提取输入数据的重要特征。神经网络在梯度下降的优化算法下不断更新神经元连接权重，从而提高模型的输出准确性。然而，神经网络参数的点估计方法不能反映现实中存在的许多偶然不确定性或认知不确定性。为了弥补数据的固有噪声和模型的认知缺陷造成的不确定输出，本节提出了基于贝叶斯深度学习（BDL）的方法，其训练过程将神经网络参数的点估计改进为分布估计，其输出从轨道不平顺幅值改进为轨道不平顺区间。

6.2.1 激励-响应相干性分析

相干研究可以用来分析两种不同的输入和输出数据在频域上的依赖关系。在相干分析中，输入和输出数据之间的依赖关系通常采用相干函数来分析，其定义如式（6-1）所示。

$$r_{xy}(f) = \frac{\left|G_{xy}(f)\right|^2}{G_{xx}(f) \cdot G_{yy}(f)} \tag{6-1}$$

式中：$G_{xx}(f)$ 和 $G_{yy}(f)$ 分别表示输入数据 $x(t)$ 和输出数据 $y(t)$ 的自功率谱；$G_{xy}(f)$ 是 $x(t)$ 和 $y(t)$ 的互功率谱，即 $x(t)$ 和 $y(t)$ 的互相关函数的傅里叶变换。相干系数 $r_{xy}(f)$ 的取值在 0 到 1 之间，其物理意义是输入和输出数据在不同频率成分下的归一化互谱密度，相干系数值越大，对应频段内输入数据和输出数据的依赖程度越强，同时也揭示了不同频率成分下输出数据源自输入数据的程度。

在车辆-轨道耦合动力学系统中，相干分析可以用于研究车辆-轨道系统中轨道不平顺激励和车体加速度响应之间的频域依赖性。一般采用周期图法来计算轨道不平顺和车体加速度数据的自功率谱密度函数和互功率谱密度函数，基于公式（6-1）得到不同类型的轨道不平顺激励和不同方向的车体加速度响应之间的相干系数，从而确定轨道不平顺反演模型的输入和输出。

采用轨道动检数据计算轨道不平顺与车体加速度之间的相干系数，动检数据的采样频率为 $4\ m^{-1}$。计算相干系数的数据长度约为 1 km（4 096 个采样点），移动窗口的长度为 1 024 个采样点，每个计算窗口有 50%的重叠。图 6-1 和图 6-2 比较了车体垂向加速度和横向加速度与不同轨道不平顺指标之间的相干系数。X 轴和 Y 轴分别表示波长和相干系数。可以看出，轨道高低不平顺与车体垂向加速度的相干系数明显高于其他指标，5 m 波长以上的高低不平顺与车体加速度具有较强的相干性，而 40 m 波长以上的轨向不平顺与车体横向加速度的相干系数较高。因此，使用车体垂向加速度反演轨道高低不平顺是合理的，使用车体横向加速度可以用于反演 40 m 及以上中长波范围内的轨向不平顺。

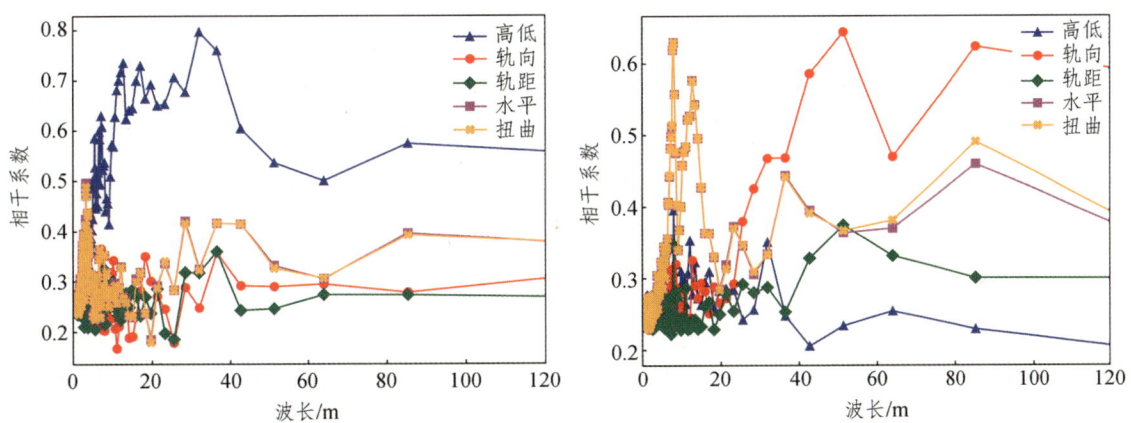

图 6-1　各不平顺与车体垂向加速度相干系数　　图 6-2　各不平顺与车体横向加速度相干系数

6.2.2　扩展自编码器模型

输入为原始数据、输出为最终结果的神经网络属于端到端的神经网络，其最初是为了解决自然语言处理或计算机视觉等问题而提出的，其主要目的是将一种类型的信号转换为另一种类型的信号，例如机器翻译。通过车体响应信号对轨道不平顺的估计是一个序列到序列，即端到端的过程，由于车体加速度在一系、二系悬挂装置的滤波作用下被滤掉了大量的高频信息，因此基于车体加速度的轨道不平顺反演模型需要进行特殊的设计，为此作者提出了扩展自编码器（Extended Auto Encoder，EAE）神经网络。该网络由编码器、解码器和估计器三个子网络组成。

编码器和解码器的组合被称为自编码器,通常自编码器中两个子网络的神经元结构是对称的。自编码器的每个神经层通常采用多层感知器(Multi-layer Perceptron,MLP)[①],编码器中的神经元数量逐层减少,而解码器则相反。如图 6-3 所示,通常编码器的作用是将原始数据输入信息压缩降维,再通过解码器将压缩后的信息重构还原为原始数据。在模型的训练过程中,信息压缩和解码重构的过程协同进行;同时也伴随着矛盾关系,即信息压缩程度越大,重构还原难度越大,反之亦然。自编码器的损失函数为重构数据和原始数据之间的均方根误差,通过梯度下降和反向传播算法求解自编码器神经元权重参数,使其满足损失函数最小化条件,该过程为二次凸优化问题求解。

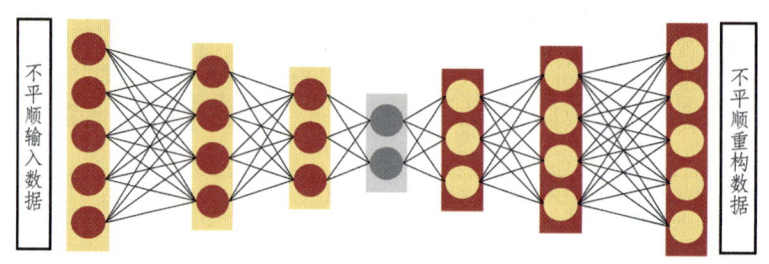

图 6-3 自编码器神经网络结构

受自编码器中信息压缩和数据重构思想的启发,考虑到车体加速度同样是经信息压缩后的数据,作者利用自编码器对轨道不平顺数据进行降维处理,并引入了估计器子网络用于连接车体加速度和降维后的轨道不平顺,由此构成了扩展自编码器神经网络模型。如图 6-4 所示,编码器将轨道不平顺的信息压缩成潜在表示,解码器对其进行重构。估计器使用车体加速度作为输入来估计降维后的轨道不平顺。在 EAE 模型的训练过程中使用了轨道不平顺的固有信息,利用车体加速度估计降维后的轨道不平顺,将数据还原的任务交给了解码器,一定程度上解决了信息丢失的问题,显著降低了估计器的任务难度。

作者采用了三种类型的估计器:MLP、长短期记忆[②]和卷积神经网络[③]。LSTM 估计器采用三层双向神经元,隐藏层大小设置为 4。MLP 和 CNN 估计器的模型参数详细信息见表 6-3 和表 6-4。

---

① TOLSTIKHIN Ilya, HOULSBY Neil, KOLESNIKOV Alexander, et al. 2021. MLP-Mixer: An All-MLP Architecture for Vision[z]. ArXiv.2105. 01 601 2021.
② HOCHREITER Sepp, SCHMIDHUBER Jürgen. Long Short-Term Memory[J]. Neural Computation,1997,9,(8):1740-1743.
③ LECUN Y, BOTTOU L, BENGIO Y, et al. Gradient-Based Learning Applied to Document Recognition[J]. Proceedings of the IEEE, 1998, 86, (11): 2283-2288.

6.2 基于车体加速度的轨道不平顺反演模型

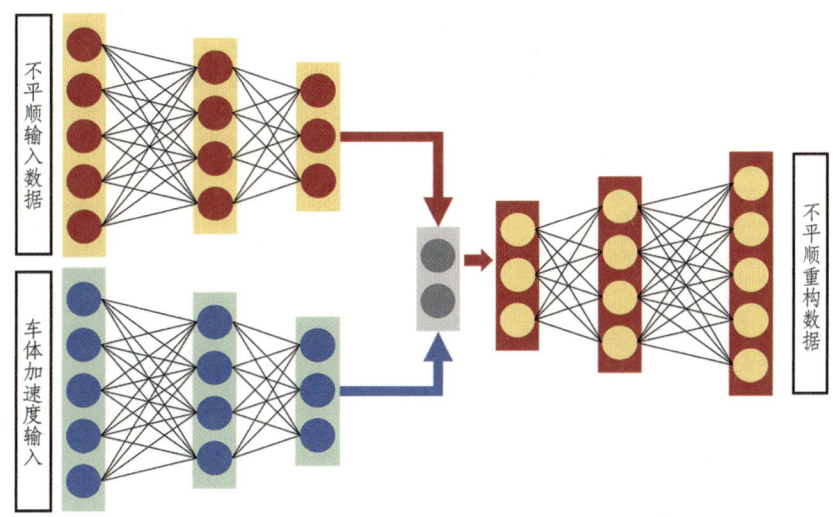

图 6-4 扩展自编码器神经网络结构

表 6-3 CNN 估计器的模型参数

神经层	输入	输出	卷积核数	卷积核大小	卷积步长	激活函数	批归一化
输入层	800, 1	—	—	—	—	—	—
卷积层	800, 1	416, 8	8	385	1	ReLU	True
卷积层	416, 8	160, 16	16	257	1	ReLU	True
卷积层	160, 16	160, 32	32	129	1	ReLU	True
卷积层	160, 32	32, 32	32	9	1	ReLU	True
压平层	32, 32	1 024, 1	—	—	—	—	—
全连接层	1 024, 1	64, 1	—	—	—	Tanh	
输出层	—	64, 1					

表 6-4 MLP 估计器的模型参数

神经层	输入	输出	Dropout	激活函数
输入层	800, 1	—	—	—
全连接层	800, 1	400, 1	0.2	Sigmoid
全连接层	400, 1	200, 1	0.2	Sigmoid
全连接层	200, 1	64, 1	0.2	tanh
输出层	—	64, 1		

自编码器和估计器的训练同步进行。因此，只要自编码器的重构误差足够小，并且估计器能够准确地估计降维后的轨道不平顺，那么估计器和解码器的组合模型即可以实现车体加速度到轨道不平顺的估计。简单来说，EAE 模型是车体加速度到轨道不平顺的间接估计模型，该模型结构具有以下两个优点：

（1）车体加速度直接估计轨道不平顺的端到端长序列模型可能会遭受维数灾难，而自编码器可以有效地压缩估计目标的信息，避免维数过多而导致的过拟合，从而辅助估计器实现更好的估计。

（2）模型学习车体加速度到轨道不平顺低维表示的映射关系可以大大降低训练的难度，从而使模型更快收敛。

显然，EAE 模型的损失函数包含两部分：一部分是自编码器的重构误差，另一部分是估计器-解码器的估计误差。最终的损失函数 L_{EAE} 如公式（6-2）所示。

$$L_{EAE} = \frac{1}{N}\sum_{i=1}^{N}(\hat{y}_i - y_i)^2 + \frac{1}{N}\sum_{i=1}^{N}(\bar{y}_i - y_i)^2 \tag{6-2}$$

在训练参数的过程中，采用 Adam 优化器[1]，学习率为 0.001，$\beta_1 = 0.9$，$\beta_2 = 0.999$，设置的最大迭代次数为 10 000 次；但作者引入了提前停止机制以避免模型过拟合，耐心参数设置为 10，即当验证损失函数在 10 次迭代中不再减少时，训练过程会提前终止。

6.2.3 贝叶斯深度学习理论及模型

考虑到轨道不平顺数据的随机性，作者在扩展自编码器神经网络模型基础上建立了一个贝叶斯深度学习（Bayesian Deep Learning，BDL）模型来估计轨道不平顺的置信区间。传统的深度学习模型使用随机梯度下降来寻找输入和输出数据集之间的映射关系，由于网络参数的学习是一个点估计过程，这样的模型会经常误判噪声和不确定因素。相反，贝叶斯深度学习将网络参数视为随机变量，将网络参数点估计问题转化为参数分布估计问题。贝叶斯深度学习的核心是已知输入、输出数据 X、Y 的情况下求解映射模型的参数的后验分布 θ，通过贝叶斯公式求解后验分布 $P(\theta|X,Y)$，如公式（6-3）所示。

$$P(\theta|X,Y) = \frac{P(x,y|\theta)P(\theta)}{P(x,y)} \tag{6-3}$$

然而在实际情况下，分母 $P(x,y)$ 是参数 θ 对整个实数集的积分，这是不可能直接实现的。因此，贝叶斯深度学习通常采用马尔可夫链蒙特卡罗（Monte Carlo，MC）采样[2]，

---

[1] KINGMA Diederik P, BA Jimmy. Adam: A Method for Stochastic Optimization[Z]. ArXiv Preprint ArXiv: 1412.6980.2. 2014.

[2] ZHANG, Ruqi, LI Chunyuan, ZHANG Jianyi, et al. Cyclical Stochastic Gradient MCMC for Bayesian Deep Learning[Z]. ArXiv Preprint ArXiv: 1902.03932. 2019: 1-2.

即对参数 θ 进行多次吉布斯采样来近似分母的积分,这种基于采样的方法属于无偏估计,即只要采样数足够大,其估计结果就可以无限接近真实值。此外,后验分布还可以通过一些简单分布,例如伯努利分布 $Q(\theta;\lambda)$ 的叠加逼近来估计,即变分推断[①],与采样方法不同的是,变分推断引入了简单分布的先验条件,是一种有偏估计,同时假设不同参数的分布相互独立,即公式(6-4):

$$P(\theta_1,\theta_2,\theta_3|x,y) = Q(\theta_1|p_1)Q(\theta_2|p_2)Q(\theta_3|p_3) \tag{6-4}$$

具体地,为了得到简单分布的参数 λ,采用 KL 散度推导出优化目标函数,即公式(6-5):

$$KL(Q\|P) = \int P(\theta|x,y) \log \frac{P(\theta|x,y)}{Q(\theta,\lambda)} d\theta \tag{6-5}$$

在实际的贝叶斯神经网络参数训练中,采用蒙特卡罗 Dropout(MC Dropout)的模型训练方法来模拟变分推断过程,这种方法不消耗额外的计算资源,也不需要改变原始神经网络的结构。且 MC Dropout 在数学上被证明是变分推断结果的近似值[②]。MC Dropout 的具体操作是在训练和测试过程中以一定概率 λ 随机关闭一些神经元的权重,可以看作在原始神经网络中加入了一些伯努利噪声,即公式(6-6):

$$W_i = M_i \cdot \mathrm{diag}([Z_{i,j}]_{j=1}^{K_i}) \quad Z_{i,j} \sim \mathrm{Bernoulli}(\lambda_i) \text{ for } i=1,2\cdots K_{i-1} \tag{6-6}$$

训练后的神经网络得到了每个神经元参数关闭的概率,即该伯努利分布的参数 λ。在测试过程中,轨道不平顺估计阶段也会以概率 λ 随机关闭一些神经元,因此每次对相同的测试数据可以得到不同的估计结果。经过 m 次估计,最终可以计算得出所有估计结果的均值 μ 和标准差 σ,以及对应的置信区间。基于人为设定的置信区间范围,估计结果也由一般的点估计改变为区间估计。显然,增加置信区间的宽度使区间估计结果更加偏向于保守,但同时也伴随着不确定性的增加。因此,需要一个评价标准来平衡估计区间的覆盖率和置信区间的宽度。覆盖率 C 通过计算真实值处于估计区间中的个数得到,如公式(6-7)所示。为了权衡覆盖率和置信区间的宽度,作者提出了一个综合指标来评估估计性能,称为覆盖宽度-误差标准 CWE,该指标是覆盖率 C、覆盖宽度 W、覆盖误差 E 的算数平均。覆盖宽度和覆盖误差的计算如公式(6-8)和公式(6-9)所示。

[①] TRAN Dustin, HOFFMAN Matthew D, SAUROUS Rif A, et al. Deep Probabilistic Programming[Z]. ArXiv Preprint ArXiv:1701.03757.2017:4-6.

[②] Gal Yarin, GHAHRAMANI Zoubin. Dropout as a Bayesian Approximation: Representing Model Uncertainty in Deep Learning[J]. In International Conference on Machine Learning, 2016: 1055-1056.

$$C = \frac{1}{N}\sum_{I=1}^{N}\xi_i(I(x_i), y_i) \quad \xi_i(I(x_i), y_i) = \begin{cases} 1 & y_i \in I(x_i) \\ 0 & \text{其他} \end{cases} \tag{6-7}$$

$$W = \frac{1}{N}\sum_{i=1}^{N}\exp(I^l(x_i) - I^u(x_i)) \tag{6-8}$$

$$E = \frac{1}{N}\sum_{i=1}^{N}\exp(-|\tilde{I}(x_i) - y_i|) \quad \tilde{I}(x_i) = \begin{cases} I^u(x_i) & y_i > I^u(x_i) \\ I^l(x_i) & y_i < I^l(x_i) \end{cases} \tag{6-9}$$

贝叶斯深度学习通过引入模型参数分布估计来解决数据噪声的偶然不确定性和模型的认知不确定性问题。因此，将贝叶斯深度学习框架应用于 EAE 模型上，其轨道不平顺估计结果由幅值估计变为区间估计，为轨道不平顺的反演和评价提供了一种新的思路和方式。

6.2.4 轨道不平顺反演实例分析

长期以来，轨道综合检测车被广泛用于轨道动态不平顺的周期性检测。轨检车同步测量车体加速度（垂向和横向）和轨道几何参数（即轨道左右高低、左右轨向、轨距、水平和三角坑）。作者使用 2016 年至 2019 年中国东部高铁线路 3 年的轨检车动检数据，检测频率为每月 2 次，共计 72 次检测样本数据。动检数据从里程标 K190+000 开始，到 K298+000 结束，每次检测区间长度约 108 km。动检车的检测速度约 300 km/h，采样频率为 4 m^{-1}。

此外，根据车辆-轨道多体动力学仿真模型，作者计算了变速条件下车体加速度的仿真数据，作为对在役车辆状态近似的数据补充。具体地，作者将实测的轨检数据中轨道左右高低和左右轨向数据作为动力学仿真中的激励，并将实际的轨检车辆运行速度作为仿真模型的车辆运行速度，通过动力学数值仿真计算得到对应的车体加速度数据。因此，除了轨检数据中实测的车体加速度数据外，通过动力学模型可以得到另一组数值仿真的车体加速度数据。仿真和实测的车体加速度均将作为轨道不平顺反演模型的输入，最终得到估计的轨道不平顺数据。最后，采用低通数字滤波器去除轨道高低不平顺 5 m 以下的波长分量，按照 200 m（800 个点）的长度对数据进行切片。用于轨道不平顺反演模型的训练集、验证集和测试集的比例划分为 6∶2∶2。

下面介绍扩展自编码器模型在仿真和真实数据集上的轨道不平顺反演效果，以及与其他传统神经网络模型的反演结果比较。采用的评价指标是平均绝对百分比误差（Mean Absolute Percentage Error，MAPE），如公式（6-10）所示。

$$MAPE = \frac{100\%}{N}\sum_{i=1}^{N}\left|\frac{\bar{y}_i - y_i}{y_i}\right| \tag{6-10}$$

6.2 基于车体加速度的轨道不平顺反演模型

以车体垂向加速度作为输入，采用各类不同的传统神经网络模型反演的轨道高低不平顺的 MAPE 值见表 6-5，每项括号中为对应工况下模型的训练时间。综合考虑模型的反演性能、复杂度和训练时间，卷积神经网络 CNN 的效果最好，将作为 EAE 模型中的估计器。

表 6-5 各类传统神经网络模型的 MAPE 及训练时间

数据类型	MLP	CNN	LSTM
仿真数据	6.35%（14 s）	5.73%（13 s）	6.99%（93 s）
真实数据	7.26%（33 s）	7.42%（17 s）	8.12%（164 s）

仿真数据集和实测数据集上 EAE 模型的训练和验证损失曲线如图 6-5、图 6-6 所示。可以看出，随着迭代次数的增加，训练损失和验证损失均逐步下降，验证损失曲线稳定后模型收敛。仿真和实测数据集的轨道不平顺反演测试结果如图 6-7、图 6-8 所示。其中，X 轴和 Y 轴分别表示里程和轨道高低不平顺幅值。反演估计值和实际值分别由实线和虚线两种线型表示。图 6-7 显示了仿真数据集的反演测试结果，图 6-8 显示了实测数据集的反演测试结果。仿真数据集和实测数据集反演测试结果的 MAPE 分别为 2.67% 和 3.75%。从反演曲线的结果中可以看出，在仿真数据集和实测数据集上，反演估计值和真实测量值几乎相同，在一些关键位置，特别是在波峰和波谷，即可能存在的桥梁挠曲变形或接头处，反演估计值略小于真实测量值。

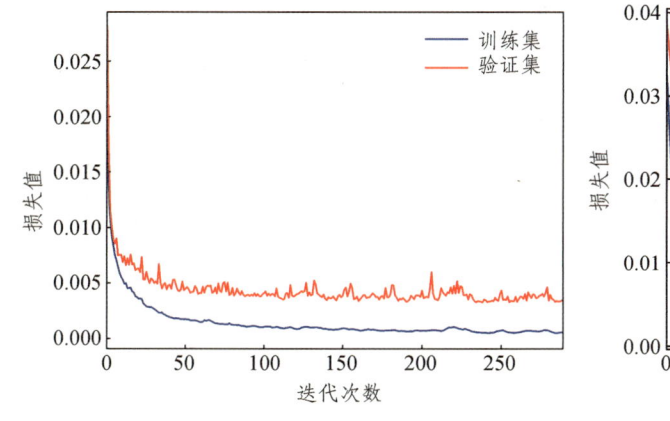

图 6-5 仿真数据集 EAE 模型训练损失曲线

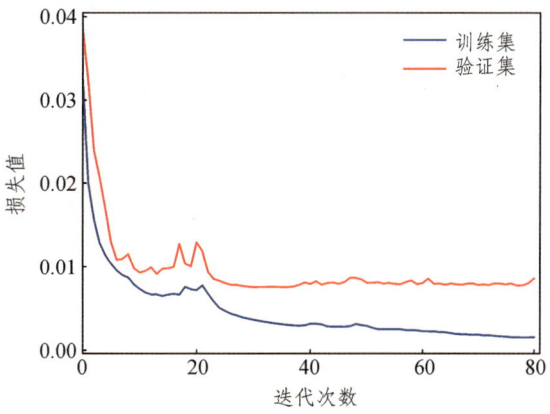

图 6-6 实测数据集 EAE 模型训练损失曲线

6 车体响应反演轨道不平顺与轨道板变形识别研究

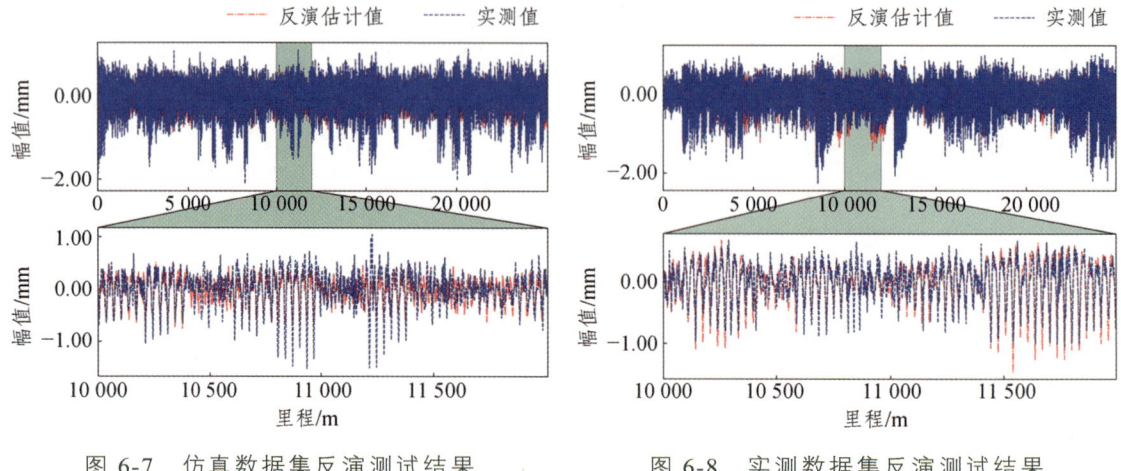

图 6-7 仿真数据集反演测试结果　　　　　图 6-8 实测数据集反演测试结果

图 6-9、图 6-10 分别展示了仿真数据集和实测数据集上 EAE 模型反演估计测试结果的 PSD 曲线。可以看出，反演估计值和真实值在频域上吻合较好，估计值略小于实际值。此外，EAE 反演模型捕捉了轨道高低不平顺在 5.4 m 和 32 m 处的两个显著的特征波长。这是高速铁路中最常见的高低不平顺特征波长，由轨道板和简支梁桥的周期性铺设造成。而其中 16 m 附近的尖峰值是离散傅里叶变换导致 $1/n$ 倍频信号的特征导致的，实际中仍然代表 32 m 简支梁桥。

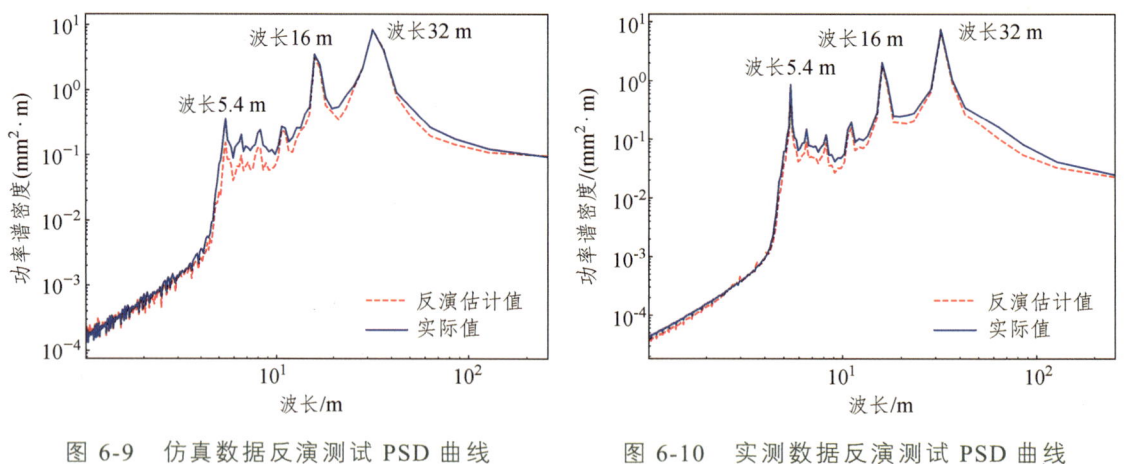

图 6-9 仿真数据反演测试 PSD 曲线　　　　图 6-10 实测数据反演测试 PSD 曲线

上述分析证明了扩展自编码器神经网络的反演估计性能优于一般神经网络模型。在大多数情况下，EAE 模型可以实现对轨道高低不平顺时域和频域的有效估计。然而，反演估计结果普遍相对小于真实值，该问题可以通过引入贝叶斯深度学习模型得以解决。

由于 EAE 模型的轨道高低不平顺幅值反演结果相对于真实值偏小，因此引入贝叶斯深度学习模型来估计轨道高低不平顺的置信区间，从而帮助铁路运维相关人员建立基于区间估计的养护维修策略。根据本节提出的覆盖宽度-误差标准来衡量区间估计的性能，在进行轨道高低不平顺区间估计之前，首先需要对区间估计开展敏感性分析，即考虑输入序列长度和置信区间宽度对覆盖宽度-误差标准的影响。图 6-11 显示了 CWE 指标在不同输入序列长度和置信区间宽度下的测试结果。

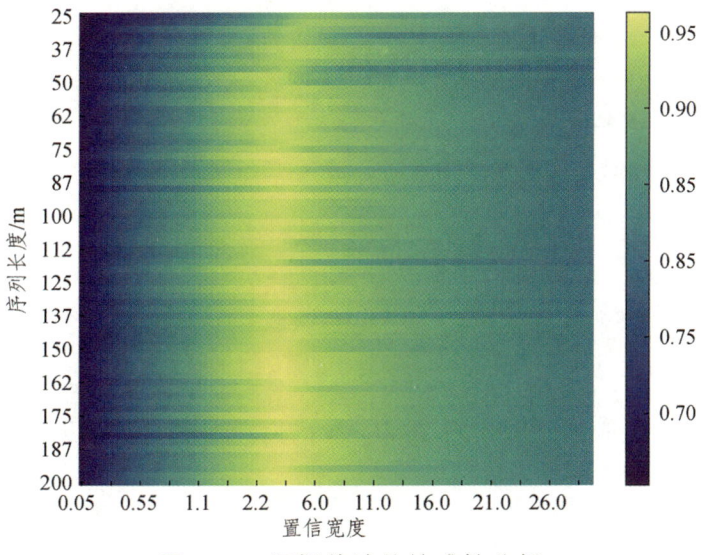

图 6-11 区间估计的敏感性分析

可以清楚地看出，随着输入序列长度的变化，CWE 值的变化不明显，而置信区间宽度对 CWE 值的影响很大。随着置信区间的增大，CWE 值先增大后减小。这是因为当置信区间较小时，CWE 值主要受覆盖率 C 和误差 E 控制；而当置信区间较大时，则受覆盖宽度 W 控制。当置信区间在 2～4 之间时，CWE 值达到最大值。因此，在以下的轨道高低不平顺区间估计中，置信区间宽度的值设置为 3，即估计区间的范围是平均值±3 倍标准差。

贝叶斯深度学习在实测数据测试集上的时域波形区间估计和功率谱密度区间估计结果如图 6-12、图 6-13 所示。其中，阴影部分代表 BDL-EAE 模型的区间估计结果，而蓝色曲线代表轨道高低不平顺在时域和频域的实际值。区间估计是一个具有概率的概念，意味着所估计的区间是一个正态分布，估计区间上下包络线范围内的点出现的概率不同，越接近区间均值，概率越大，反之越小。

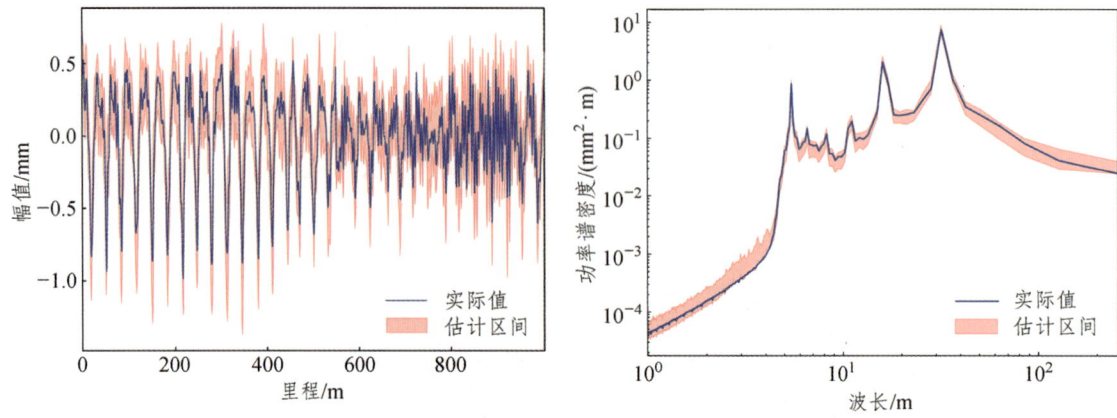

图 6-12　高低不平顺时域区间估计结果　　图 6-13　高低不平顺功率谱密度区间估计结果

实测数据测试集上的估计结果表明，93.3%的功率谱密度真实值位于估计区间的包络线范围内，98.6%的时域波形位于估计区间的包络线范围内。尽管引入了概率这一不确定性，BDL-EAE 的区间估计还是比 EAE 的点估计更安全和保守。在关系重大生命财产安全的高速铁路运维领域，这种保守的估计可以避免漏掉超限制，从而减少安全隐患。

6.3　基于轨道不平顺的轨道板变形识别及预测模型

轨道板正常和变形区段在轨道高低不平顺上的反映具有一定的差别，利用轨道高低不平顺数据提取能够反映轨道板变形程度的有效指标，是识别轨道板变形位置和开展变形趋势预测分析的关键所在。

考虑到轨道板变形在频域上反映的特征波长和空间上离散分布的特点，作者提出了基于连续小波变换的频域能量指标，首先根据不同类型轨道板特征波长设置一定的截止波长范围，计算轨道中心高低不平顺的加权小波能量指标作为衡量轨道板变形的标准，并利用虚拟轨检程序对其有效性进行了验证。其次，为了避免一次检测样本出现的偶然误差对识别结果的影响，作者将多次检测数据的计算结果合并，得到变形能量指标的时-空分布矩阵。在空间尺度上，由于缺乏对轨道板异常位置的先验分布，作者将非参数方法的核密度估计（Kernel Density Estimation）运用于轨道板变形的里程定位识别，按照95%置信区间筛选变形能量指标异常里程，将该里程值的概率密度函数峰值作为变形概率最大位置，通过 Density-Based Spatial Clustering of Applications with Noise（DBSCAN）算法对轨道板变形异常区段进行聚类分析，从而得到不同类型轨道板变形区段长度的分布规律。在时间尺度上，作者提取并统计多个异常里程处的变形能量指标时间序列，并利用长短期记忆神经网络模型对变形异常位置处的能量指标进行了预测分析。

6.3.1 轨道不平顺数据分布和预处理

经过调研,作者搜集了 2016 年至 2019 年国内某 CRTS I 型板线路 40 次动检数据,CRTS II 型板线路 100 次动检数据,CRTS III 型板线路 74 次动检数据,检测频率平均一个月 1~2 次,轨检车的运行速度平均为 200 km/h。该轨道动检数据采样频率为 4 m^{-1},记录了轨道左右高低、水平、左右轨向、轨距、三角坑 7 项不平顺指标,车体垂向、横向加速度以及线路里程和超高等信息。本节仅讨论轨道板结构沿竖向的挠曲变形,因此提取了线路左、右轨道高低不平顺数据作为研究的数据基础。不同轨下结构的力学参数、施工方式不同,也导致轨道板出现不同的变形特征。因此,根据线路台账信息,将里程修正后的高低不平顺数据进行分段处理,其中包括桥梁区段和路基区段,并分别按照不同轨道板及区段类型对其进行建模分析。

通常情况下,轨道板出现的竖向变形对左、右钢轨的影响程度相同,左、右高低不平顺在同一区段的波形相似,尽管在细节波形和幅值上有所差异,但其整体变化趋势是保持一致的。然而,受到随机不平顺的影响,实测数据中个别数据的左、右高低不平顺波形差异较大。由于作者后续将取左、右高低不平顺的平均值作为线路中心不平顺进行分析,而左、右高低不平顺数据相差较大区段的波形幅值计算结果将趋近于 0,为了不影响后续分析结果,作者将这些区段的左、右高低不平顺波形视为失效数据剔除。考虑到轨道动检数据的可重复观测性,同一区段的数据具有变化相似的波形,失效数据占比相对较小,因此作者提出了移动窗波形匹配的算法对失效数据进行逐一剔除。为了提取相似波形区段,需要采用数字滤波器对左、右高低不平顺数据进行低通滤波处理,从而得到波形的整体趋势。现有数字滤波器方法分为有限脉冲响应滤波(FIR)和无限脉冲响应滤波(IIR),其中 IIR 由于设计简单、计算成本较低而被广泛运用。综合考虑,作者选取了巴特沃斯滤波器为模拟原型滤波器。巴特沃斯滤波器的特点是在通带内的幅频曲线最大限度平坦,在阻带内逐渐下降至零,能够尽可能避免信号失真。其幅度平方函数见公式(6-11),其中,N 为滤波器阶数,ω_c 为截止频率,ω_p 为通频带边缘频率。N 阶滤波器共计 $2N$ 个极点,通常取 S 域左平面上 N 个极点作为滤波器极点能够保证滤波器系统稳定,由极点得到模拟滤波器系数 a_s、b_s。经过双线性变换得到数字域系数 a_z、b_z,最后通过差分方程得到滤波结果。

$$|H(\omega)|^2 = \frac{1}{1+\left(\dfrac{\omega}{\omega_c}\right)^{2N}} = \frac{1}{1+\epsilon^2\left(\dfrac{\omega}{\omega_p}\right)^{2N}} \tag{6-11}$$

式中:ϵ 是滤波器衰减因子。

对滤波后数据采用移动窗口计算左、右高低不平顺趋势波形的皮尔逊相关系数,将

其作为衡量两者相似度的标准,其计算过程见公式(6-12)。其中,$X = \{x_i | i = 1, 2 \cdots N\}$ 为左高低不平顺数据,$Y = \{y_i | i = 1, 2 \cdots N\}$ 为右高低不平顺数据。$P(X,Y)$ 为窗长内左右高低不平顺的相关系数,其阈值取 0.9。在移动窗遍历整个线路数据的过程中,相关系数小于阈值的区段将被视为失效数据而剔除。

$$P(X,Y) = \frac{E[XY] - E[X]E[Y]}{\sqrt{E[X^2] - (E[X])^2} \sqrt{E[Y^2] - (E[Y])^2}} \tag{6-12}$$

高速铁路线路在路基沉降、结构变形、钢轨表面病害等因素的影响下,导致轨道不平顺的波长成分较多,分布较广,其特征波长通常在 0.01~200 m 区间内,被分为长波、中波以及短波不平顺。其中:长波不平顺分布范围通常在 30~150 m 之间,主要由路基不均匀沉降、桥梁挠曲变形等因素造成;中波不平顺分布范围通常在 1~30 m 之间,主要由轨道板变形、钢轨轧制过程中产生的不平整、钢轨焊缝、接头等因素造成;而短波不平顺分布范围通常在数毫米到数百毫米之间,主要由钢轨表面波磨、擦伤、剥离掉块等钢轨伤损造成。

因此,考虑到原始高低不平顺中信号的频域成分复杂,为了进一步分析轨道板变形的特征波长及其分布规律,作者采用了巴特沃斯数字滤波器对原始高低不平顺信号进行了带通滤波处理,从而获取 2~10 m 的轨道板特征波长范围内的高低不平顺波形。根据定义,相邻两个波峰或波谷之间的距离为一个波长。通过统计分析不同结构类型、不同轨道板类型的轨道高低不平顺滤波后波形,基本可以确定轨道板变形导致的高低不平顺特征波长的分布规律。作者根据波峰点位置计算了轨道高低不平顺滤波信号的波长(利用波谷点位置的计算结果类似),得到不同类型轨道板变形波长的频数分布直方图,并根据拉普拉斯分布拟合了其概率密度函数。拉普拉斯概率密度函数 $f(x)$ 和分布函数 $F(x)$ 见公式(6-13)、(6-14)。

$$f(x) = \frac{1}{2\lambda} e^{-\frac{|x-\mu|}{\lambda}} \tag{6-13}$$

$$F(x) = \int_{-\infty}^{x} f(u) du = \begin{cases} \frac{1}{2} e^{\left(\frac{x-\mu}{\lambda}\right)} & x < \mu \\ 1 - \frac{1}{2} e^{\left(-\frac{x-\mu}{\lambda}\right)} & x \geq \mu \end{cases} \tag{6-14}$$

式中:μ、λ 为常数;μ 为均值,是位置参数;λ 为尺度参数,其值等于 $\sigma/\sqrt{2}$(σ 为标准差)。根据统计学原理,利用样本参数对整体参数进行估计时,通常将显著性水平设置为 0.05,即在置信水平为 95%区间内的数据被认为可靠,从而可根据 $F(2\mu-t) - F(t) = 0.95$ 求出对应的截止波长范围 $t \sim 2\mu - t$。95%置信区间内的波长分布概率密度函数将作为权重曲线运用于后续章节小波能量加权计算中。

6.3.2 轨道不平顺小波能量指标

原始轨道高低不平顺数据可以看作随里程变化的时域信号，在不同里程位置，随着轨道板变形程度的不同，对应的高低不平顺幅值也有所变化。然而，轨道板作为一种连续铺设的结构，需要在频域上考虑轨道板变形对高低不平顺的特征波长的影响范围。为了对轨道板变形程度进行量化分析，作者提出了小波能量的评价标准。

小波能量基于连续小波变换，其本质是一种常见的时频分析方法，能够同时提供时域和频域的信息。相比于短时傅里叶变换，连续小波变换将正弦函数替换成小波函数作为基函数，通过计算母小波函数在不同尺度下缩放、平移后的结果得到一簇小波函数，将不同尺度下的小波函数对原始信号作卷积实现对任意信号的逼近，其中压缩后的小波可以用于识别原始信号中的高频成分，而拉伸后的小波可以用于识别原始信号中的低频成分。最终得到不同时刻、不同尺度下的小波系数。由于小波系数为复数，对其取平方可以得到小波能量。根据连续小波变换的数学性质，小波能量越大，代表该位置处的频率成分越明显。连续小波变换弥补了短时傅里叶变换中窗长固定的缺陷，使时频分析结果在低频部分具有较高的频率分辨率，在高频部分具有较高的时间分辨率，能够有效地运用于非平稳时间序列的研究，因此被誉为"数学显微镜"，在各领域的学术研究中得到了广泛的运用。小波系数及小波能量的计算见公式（6-15）、（6-16）：

$$W_n(a,b) = \frac{1}{\sqrt{a}} \int_{-\infty}^{+\infty} f(t) \psi^* \left(\frac{t-b}{a} \right) dt \tag{6-15}$$

$$E = W_n^2(a,b) \tag{6-16}$$

式中：$W_n(a,b)$ 为小波系数，a 和 b 分别为尺度因子和平移因子；$f(t)$ 为原始时域信号；ψ 代表母小波；*为复数运算；$1/\sqrt{a}$ 为归一化因子，从而确保小波与尺度因子相互独立。

$$\psi(t) = e^{i\omega_0 t} e^{-t^2/2} \tag{6-17}$$

$$a_f = \omega_0 \left(\frac{f_s}{f_w} \right) w_{\text{tar}} \tag{6-18}$$

一般情况下，对时间序列进行分析时希望得到平稳连续变化的小波振幅，通常将非正交的 Morlet 函数作为母小波函数，该小波函数为一个对数衰减的复三角函数，其计算公式见式（6-17）。小波能量尺度与频率之间存在一定的换算关系[①]，其换算公式见式（6-18）。式中：a_f 为尺度因子；f_s 和 f_w 分别为采样频率和分析小波频率；w_{tar} 为目标波长；ω_0 为母小波中心频率。

---

① NAGARAJAIAH Satish, BASU Biswajit. Output Only Modal Identification and Structural Damage Detection Using Time Frequency & Wavelet Techniques[J]. Earthquake Engineering and Engineering Vibration, 2009, 8 (4): 589.

同时，作者考虑到轨道板变形导致的轨道高低不平顺波长分布的随机性，按照上一小节提出的轨道板变形特征波长分布的概率密度作为频域权重曲线对小波能量的计算结果进行加权处理，最终计算得到随里程变换的特征波长范围内加权后的小波能量曲线。为了方便后续讨论，作者将计算得到的小波能量定义为轨道变形指标（Track Deformation Index，TDI）。TDI 的计算见公式（6-19）：

$$TDI = \frac{1}{N}\sum_{i=1}^{N}\omega_i E_i \tag{6-19}$$

式中：N 为权重曲线长度；ω_i 为不同频率下的权值；E_i 为对应频率下的小波能量值。

将轨道高低不平顺的小波能量作为轨道板变形的评价指标是后续建模分析的基础，其合理性决定了识别和预测模型的准确度。因此，为了验证小波能量指标能够有效地反映轨道板变形，在进行实测数据分析前，作者利用轨道谱时域反演生成不同工况的虚拟高低不平顺对该指标进行了合理性验证。

为了模拟不同类型轨道板的变形，并考虑到实际变形曲线的复杂性，作者将轨道板的变形曲线简化为沿纵向变化的正弦函数[①]，并将跨中设置为变形异常区段，在此基础上叠加了德国低干扰谱的时域反演信号 1～50 m 波长的随机不平顺。其中沿线路设计了CRTS Ⅰ、Ⅱ、Ⅲ型板各 20 跨，将各轨道板结构第 5～15 跨设置为变形区段，具体工况的设计见表 6-6：

表 6-6 工况设置参数

参数	CRTS Ⅰ 型板	CRTS Ⅱ 型板	CRTS Ⅲ 型板
结构跨数	20	20	20
结构长度	4 856 mm	6 450 mm	5 600 mm
异常位置	124～172 m	329～393 m	554～610 m
正常幅值（最大值）	0.2 mm	0.2 mm	0.2 mm
异常幅值（最大值）	0.6 mm	0.6 mm	0.6 mm

图 6-14 所示为虚拟高低不平顺及对应的小波能量计算结果。图下半部的曲线为高低波形，横纵坐标分别为里程和幅值，阴影部分为对应的Ⅰ、Ⅱ、Ⅲ型板设置区段，深色阴影部分即跨中位置为变形异常区段；图上半部为小波能量计算结果，横纵坐标分别为里程和波长，并用虚线框注释了不同类型轨道板对应的区段位置。从该结果可看出小波

[①] 赵林，刘学毅，毕澜潇，等. 高温荷载下 CRTS Ⅱ 型板式轨道上拱变形特性研究[J]. 铁道科学与工程学报，2019，16（2）：285.

能量异常位置和预先设置的工况基本吻合，对应的波长与结构长度也基本吻合。这验证了不同特征波长的轨道板在小波能量图中具有一定区分度，利用小波能量作为评价指标能够有效地捕捉轨道板变形异常位置。

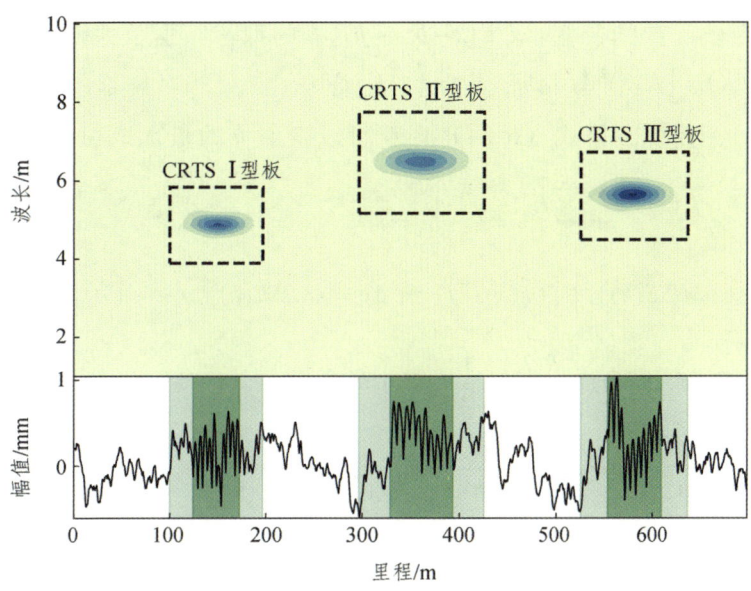

图 6-14 虚拟高低不平顺识别结果

6.3.3 轨道板变形识别时空模型

根据上一小节得到的 TDI 指标仅体现了一次动检数据的结果，然而由于检测设备和人为因素影响，动检数据往往具有一定程度的偶然误差。为了避免误差对小波能量曲线的计算结果产生影响，作者对同一条线路的连续多次动检数据计算了小波能量曲线，从而得到了小波能量的时间-空间二维分布矩阵。在空间尺度上，根据 99.7% 的置信度水平，小波能量值大于均值加 3 倍标准差的位置将被视为异常，基于此筛选标准可以得到若干疑似轨道板变形的里程坐标。此外，作者引入了核密度估计的分析方法对轨道板疑似变形位置进行统计分析，利用异常值里程坐标的概率密度函数对轨道板变形里程作进一步定位识别，尽可能降低偶然误差带来的影响。

概率密度函数的估计通常分为参数估计法和非参数估计法。常见的参数估计法有极大似然估计法，即假设总体样本服从某种分布特征（通常采用高斯分布），通过对样本的观测计算得到联合概率密度，进而在参数空间中求解似然函数，最终得到样本集的分布参数。不同于参数估计法，核密度估计是一种非参数的估计方法，该方法不对整体样本引入任何先验知识，而是计算每一个样本的核函数，最终对所有样本加权得到整体样本的概率密度函数[①]。由于轨道板变形异常位置的里程分布具有随机性,也没有任何先验分布的规律可循,因此作者采用核密度估计的方法得到其概率密度分布,从而得到轨道板变形异常发生概率最大的里程位置。核密度估计的计算见公式(6-20)。其中:n 为样本点个数;K 为核函数,考虑到高斯分布良好的数学性质,作者在众多可选核函数中采用了高斯核;h 为核函数的带宽,$x_i \in [x-h, x+h]$。h 的取值根据公式(6-21)和公式(6-22)确定。其中,$R(K) = \int K(x)^2 \mathrm{d}x$,$m_2(K) = \int x^2 K(x) \mathrm{d}x$。对公式(6-22)求导并令导数为零,得到公式(6-23),最终由公式(6-24)计算可以得到 h 的最优取值。

$$\hat{f}_h(x) = \frac{1}{nh} \sum_{i=1}^{n} K\left(\frac{x - x_i}{h}\right) \tag{6-20}$$

$$MISE(h) = E\int (\hat{f}(x) - f(x))^2 \mathrm{d}x = AMISE(h) + o\left(\frac{1}{nh} + h^4\right) \tag{6-21}$$

$$AMISE(h) = \frac{R(K)}{nh} + \frac{1}{4} m_2(K)^2 h^4 R(f'') \tag{6-22}$$

$$\frac{\partial}{\partial h} AMISE(h) = -\frac{R(K)}{nh^2} + m_2(K) h^3 R(f'') = 0 \tag{6-23}$$

$$h_{AMISE} = \frac{R(K)^{\frac{1}{5}}}{m_2(K)^{\frac{2}{5}} \cdot R(f'')^{\frac{1}{5}} \cdot n^{\frac{1}{5}}} \tag{6-24}$$

图 6-15 为核密度估计的示意图,虚线为每个样本点按照核函数的分布被估计的结果,多个样本点在相近位置处重复出现会叠加该位置的概率密度,蓝色实线为最终得到的样本整体的概率密度函数。根据概率密度函数的数学性质可以得到,函数曲线下与坐标横轴间面积代表了变形出现的概率,从而通过该方法可以推断出最可能出现轨道板变形的里程位置。

得到轨道板变形异常里程坐标后,作者进一步利用 DBSCAN 算法对 TDI 指标异常的里程位置进行聚类分析,从而自动识别轨

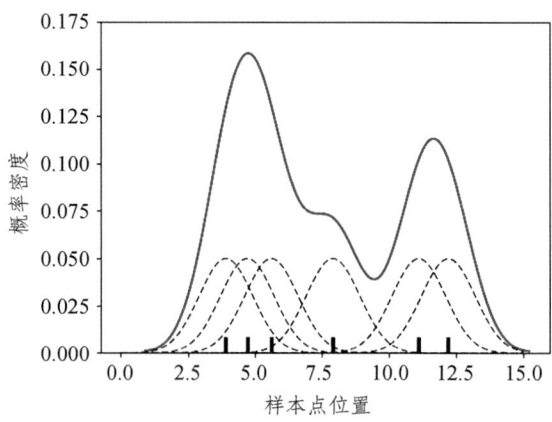

图 6-15 核密度估计示意图

---

① SHEATHER, Simon J, Jones Michael C. A Reliable Data-Based Bandwidth Selection Method for Kernel Density Estimation[J]. Journal of the Royal Statistical Society: Series B (Methodological), 1991, 53(3): 684.

道板出现连续变形异常区段的位置及长度。DBSCAN 是一种基于密度的无监督学习算法，不容易受到远离密度核心的噪声点干扰，具有较强的稳健性[①]。此外，DBSCAN 聚类算法不需要提前人为设定聚类簇的数量，在聚类过程中会自动识别并添加新的聚类簇。在作者所讨论的问题中，需要在不知道轨道板变形异常区段的长度和分布的条件下，利用 TDI 指标找到可能出现轨道板连续变形区段的位置，因此，DBSCAN 适用于该问题的求解。

图 6-16 所示为 DBSCAN 的算法流程。DBSCAN 算法需要设定两个参数，即邻域半径 r 和聚类簇中包含的最少样本数 p。算法过程主要分为两步：首先遍历全部样本点，如果某个样本点的邻域半径内的样本数大于 p，则将该点设置为核心点，其余点被定义为密度直达点，并进一步检测每一个密度直达点是否为核心点（即以该点作为核心，邻域半径内的样本数大于 p），如果满足要求则将其对应的密度直达点合并到原聚类簇中，形成更新的聚类簇，新的密度直达点被视为原簇内的密度可达点。重复上述过程，直到无法继续增加新的核心点或密度直达点，由此完成整个聚类过程。聚类完成后仍然有部分点没有被归为任何聚类簇，这些点被称为离群点。

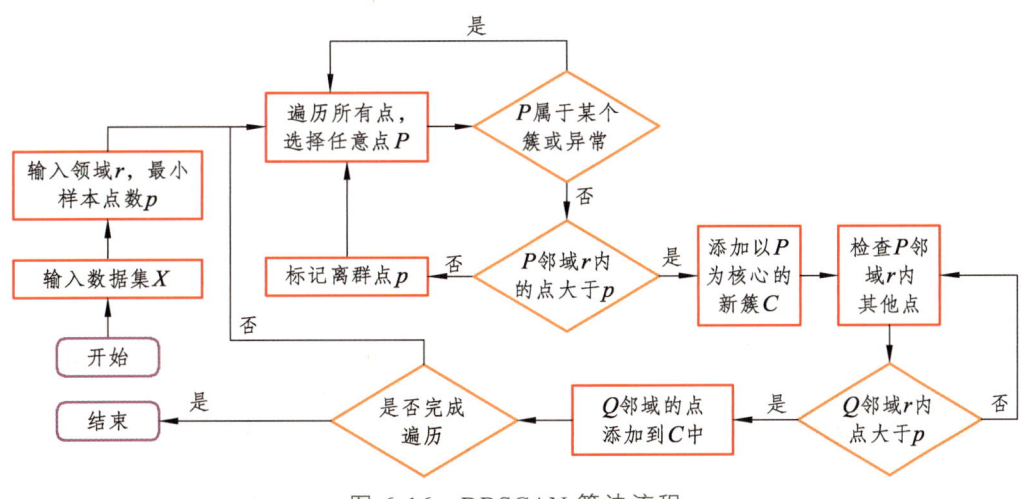

图 6-16　DBSCAN 算法流程

图 6-17 为 DBSCAN 聚类效果示意图，其中圆点、叉点和星点分别代表核心点、密度直达（可达）点和离群点，经过聚类后可以分辨出两个聚类簇和离群点。作者定义任意两个样本点的间隔为轨道板变形里程坐标的欧氏距离，邻域半径按照动检车的采样频率取 $4\ \text{m}^{-1}$，p 值取 3，即仅当某位置前后 0.25 m 范围内 3 个点的 TDI 值均为异常时，才判定该处为轨道板连续变形区段。

---

① ESTER Martin, KRIEGEL Hans-Peter, SANDER Jörg, et al. A Density-Based Algorithm for Discovering Clusters in Large Spatial Databases with Noise[C]. Kdd-96 Proceedings, 1996, 96: 229.

6.3.4 轨道板变形发展预测模型

确定轨道板变形的里程坐标后，结合小波能量时-空分布矩阵，可以提取变形位置处对应的小波能量值随时间的变化曲线，进而分析轨道板变形程度在时间尺度下的长期变化规律。考虑到提取的轨道板变形位置的小波能量值为一时间序列，轨道板在长期服役下受到季节性的温度变化和残余变形长期累积的影响，其变形劣化具有一定的规律可循。为此，作者采用了 LSTM 神经网络模型对小波能量时间序列进行研究。LSTM 被称作长短期记忆模型，是基于循环神经网络（RNN）的优化模型。RNN 和 LSTM 都可以用于处理序列数据的预测问题。

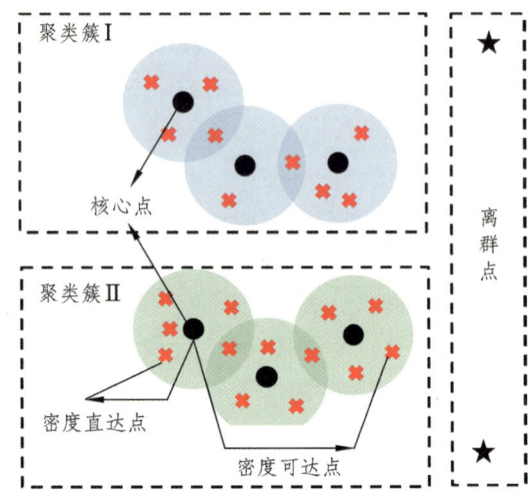

图 6-17 DBSCAN 聚类效果示意图

相比于 RNN 模型，LSTM 具有更复杂的结构和更优秀的性能，能够解决长序列数据在利用梯度下降法求解过程中出现的梯度消失问题。图 6-18 所示为 LSTM 神经网络的结构，图中的大矩形框代表每一个神经元，该神经元能够对当前输入 x^t 做一系列变化得到当前预测输出 $\bar{y}^t$，并且输出当前状态 c^t，当前隐变量 h^t 传入下一个神经元中，在 x^{t+1} 中进行同样操作，反复多次后得到 $\bar{y}^i(i=1,2\cdots T)$。

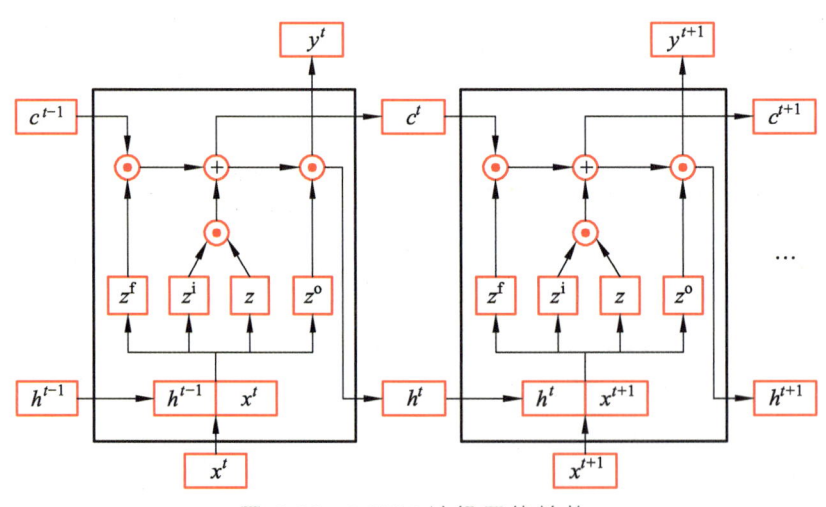

图 6-18 LSTM 神经网络结构

LSTM 模型的关键在于神经元的设计和训练，在 RNN 模型的基础上，LSTM 网络的神经元具有遗忘门 z^f、输入门 z^i 和输出门 z^o 三个不同的操作，不同于逻辑运算中的布尔运算符,LSTM 中的门控制操作是一个介于 0 到 1 之间的值,能够决定信息传递的百分比,且每个神经元的门均是通过观测数据训练得到的,能够根据不同的输入数据作出不同的调整。其中,z 的作用是将当前输入数据 x^t 和上一个神经元传入的隐变量 h^{t-1} 线性变换后通过 tanh 激活函数映射到 -1 到 1 的区间中,实现数据尺度的缩放,该操作能够加速训练过程,提高算法的稳健性。而 3 个门操作均是把当前输入数据 x^t 和上一个神经元传入的隐变量 h^{t-1} 进行线性变换,再利用 Sigmoid 激活函数将值映射到 0 到 1 的区间中,z^i 决定了多大程度上保留当前输入信息,z^f 决定了多大程度上忘记过去的信息,z^o 决定了多大程度上输出状态信息作为下一个神经元的隐变量,z、z^i、z^f、z^o 的计算见公式(6-25)~(6-28)。

$$z = \tanh(W \cdot [h^{t-1}, x^t] + b) \tag{6-25}$$

$$z^i = \sigma(W_i \cdot [h^{t-1}, x^t] + b_i) \tag{6-26}$$

$$z^f = \sigma(W_f \cdot [h^{t-1}, x^t] + b_f) \tag{6-27}$$

$$z^o = \sigma(W_o \cdot [h^{t-1}, x^t] + b_o) \tag{6-28}$$

其中:W、W_i、W_c、W_o 为权重;b、b_i、b_c、b_o 为偏置项,其值可以通过训练数据得到,求解过程采用梯度下降法。最终,当前状态量 c^t、当前隐变量 h^t 以及当前预测输出值 $\overline{y}^t$ 的计算见公式(6-29)~(6-31)。

$$c^t = z^f \odot c^{t-1} + z^i \odot z \tag{6-29}$$

$$h^t = z^o \odot \tanh c^t \tag{6-30}$$

$$\overline{y}^t = \sigma(Vh_t + c) \tag{6-31}$$

下面介绍基于梯度下降的反向传播算法,该算法的核心在于通过求定义的损失函数 L 对各项待求系数的偏微分,得到损失函数梯度下降最快的方向,从而改变初始权重系数和偏置项系数,在反复迭代的过程中,找到模型的最优系数。损失函数有各种定义方式,其目标均是尽可能降低预测值 $\overline{y}^t$ 和实际值 y^t 之间的误差。在通常情况下,损失函数需要被定义为连续可微的函数,作者采用均方误差作为损失函数,其定义见公式(6-32)。

$$L = \frac{1}{2}(\overline{y}^t - y^t)^2 \tag{6-32}$$

从公式(6-32)可以看出,由于 y^t 为常数,求导过程主要关注 $\overline{y}^t$,根据求导链式法则,为了得到 $\overline{y}^t$ 对各项系数的偏导数,首先要对 $\overline{y}^t$ 中包含的各种中间变量求偏导,并且需要考虑时间维度上的累计损失函数总和。以遗忘参数 W_f 为例,其求解过程见公式(6-33),其中 t 时刻状态量 c^t、t 时刻遗忘门函数 z^{ft} 为中间变量,其余参数的求解结果过程均与此类似。

$$\frac{\partial L}{\partial W_f} = \sum_{t=1}^{T} \frac{\partial L}{\partial c^t} \frac{\partial c^t}{\partial z^{ft}} \frac{\partial z^{ft}}{\partial W_f} \tag{6-33}$$

6.3.5 轨道板变形时空数据挖掘实例分析

本小节将针对我国某 CRTS Ⅰ、Ⅱ、Ⅲ型板线路的动态高低不平顺数据开展实例分析，计算轨道中心高低不平顺的 TDI 值，并结合多次检测数据的计算结果得到 TDI 时-空分布矩阵，通过核密度估计和 DBSCAN 聚类分析对轨道板变形位置和区段进行定位识别，进而对轨道板变形异常位置处 TDI 的时间序列进行预测分析。

1. 轨道板变形空间位置识别分析

本小节将展示不同类型轨道板变形异常的识别结果。图 6-19 所示为某桥梁区段和路基区段 CRTS Ⅰ型轨道板的计算结果。其中：热力图为 TDI 指标时-空分布矩阵，横坐标为检测时间，纵坐标为里程，其颜色从深蓝到黄色代表 TDI 值依次增大；热力图右侧的曲线为轨道板变形异常值的概率密度分布，其峰值处为异常位置的识别结果；热力图上侧的曲线分别对应该桥梁和路基区段轨道板变形异常位置处的 TDI 时间序列曲线。该结果可以反映出桥上、路基Ⅰ型板的变形异常位置和对应的变形程度变化规律，初步分析得到 CRTS Ⅰ型板的变形位置的 TDI 指标较正常区段显著，变形指标具有较强的季节性，整体趋势性增长不明显，主要是在一年范围内出现波动。图 6-20 所示为某桥梁区段和路基区段的 CRTS Ⅱ型轨道板的变形分析结果，初步分析得到 CRTS Ⅱ型板的变形位置的 TDI 指标较正常区段显著，变形指标也具有明显的季节性，且整体呈现逐年增长的趋势。图 6-21 所示为某桥梁区段和路基区段的 CRTS Ⅲ型轨道板的变形分析结果，初步分析得到 CRTS Ⅲ型板的变形位置的 TDI 指标较正常区段显著，桥上Ⅲ型板变形指标亦具有较强的季节性，整体趋势性变化较弱，主要是在一年范围内出现波动；而路基Ⅲ型板除了有季节性变化规律外，还出现了整体趋势下降的现象。

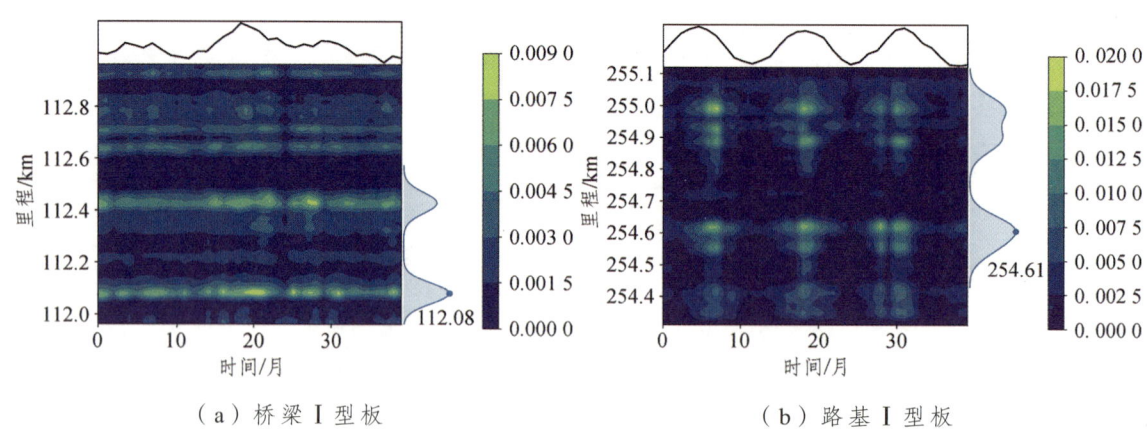

（a）桥梁Ⅰ型板　　　　　　（b）路基Ⅰ型板

图 6-19　CRTS Ⅰ型板 TDI 指标时空分布矩阵

6.3 基于轨道不平顺的轨道板变形识别及预测模型

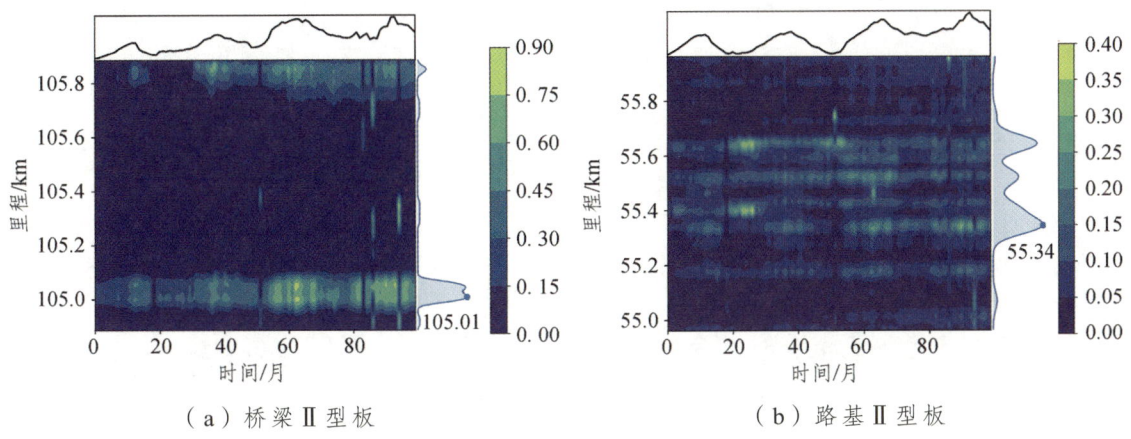

（a）桥梁Ⅱ型板　　　　　　　　（b）路基Ⅱ型板

图 6-20　CRTSⅡ型板 *TDI* 指标时空分布矩阵

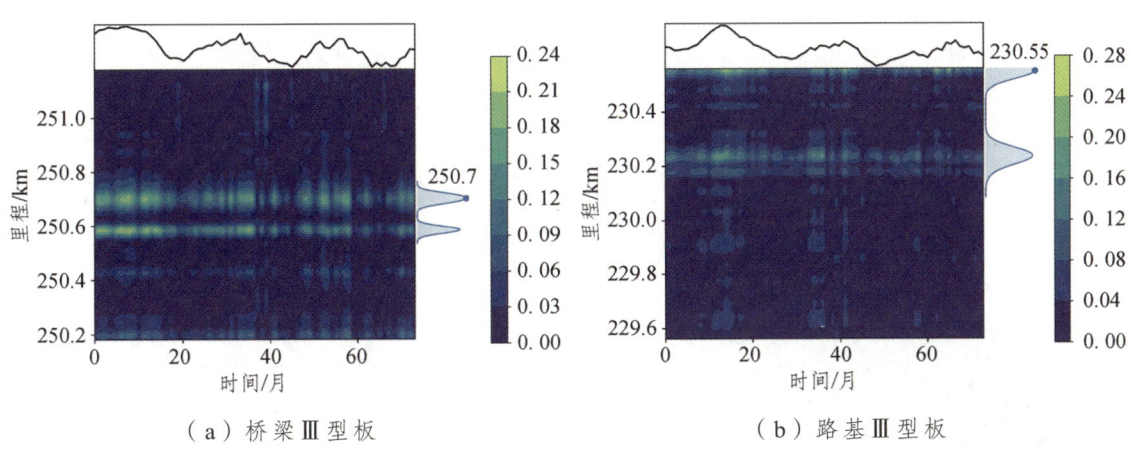

（a）桥梁Ⅲ型板　　　　　　　　（b）路基Ⅲ型板

图 6-21　CRTSⅢ型板 *TDI* 指标时空分布矩阵

2. 轨道板变形劣化预测分析

进一步地，作者为了探究 CRTSⅠ型板的变形指标 *TDI* 在时间上的变化规律，利用 LSTM 神经网络模型分别对桥上、路基上Ⅰ型板的 *TDI* 时间序列进行了预测分析。由于实测数据的时间间隔是一个月一到两次，样本数据较少，为了防止 LSTM 神经网络模型出现过拟合现象，作者对原始时间序列按照每天一次的频率进行了重采样，将前 60% 的数据作为训练集，后 40% 的数据作为测试集。在模型训练过程中，设置了不同的预测工况，预测数据长度和历史数据长度分别设置为 15 d、30 d、45 d 和 60 d，最后按照不同的工况对测试序列进行预测，计算了观测值和预测值之间的决定系数（R-square）。图 6-22

所示为桥上Ⅰ型板的测试结果，其中图6-22（a）为不同测试工况下的预测R-square值，横轴代表预测数据长度，纵轴代表历史数据长度，并通过热力图显示R-square的大小，越偏蓝色代表R-square值越大，预测效果越好，反之则代表预测效果越差。

从图6-22（a）中不难得出，一般情况下，当历史数据的长度相同时，预测天数越长，预测效果越差；然而，对于同样的预测天数，增加历史数据长度并不能带来明显的预测效果提升，这种现象可能是由模型过拟合造成的，因为更长的输入序列会增加更多的模型参数，而序列未来的数值往往只与序列最近的数值相关。当预测天数为15 d时，即铁路局集团有限公司普遍的检测间隔时间，预测结果的R-square值达到0.88，说明了该方法对桥上Ⅰ型板的短期变形预测是有效的。图6-22（b）为对应的滚动预测结果，其中蓝色实线代表 *TDI* 观测值，黑色虚线为预测值，红色实线为检测当天的当地气温。可以看出预测效果良好，预测值能够较好地反映真实情况。路基Ⅰ型板的计算结果如图6-23所示。可以看出，与桥上Ⅰ型板类似，随着预测数据长度的增加，路基Ⅰ板的预测效果逐步下降，且在同样的预测数据长度下，增加历史数据长度不能显著提升预测效果。然而，相比于桥上Ⅰ型板的变形预测结果，路基Ⅰ型板的预测效果普遍较好，对未来30 d、45 d、60 d的预测结果均能保证R-square值在0.9以上，其原因可能是由于路基Ⅰ型板的变形规律较稳定，绝大程度上受温度控制，而桥上Ⅰ型板可能还会受到桥梁变形的影响，例如图6-23（b）中 *TDI* 在第三个波峰突然下降，可能是受到了其他因素的叠加作用所。综上所述，LSTM模型基本能够实现对桥上、路基上CRTS Ⅰ型板变形的短期和中长期预测，预测结果的准确性受历史数据影响较大。

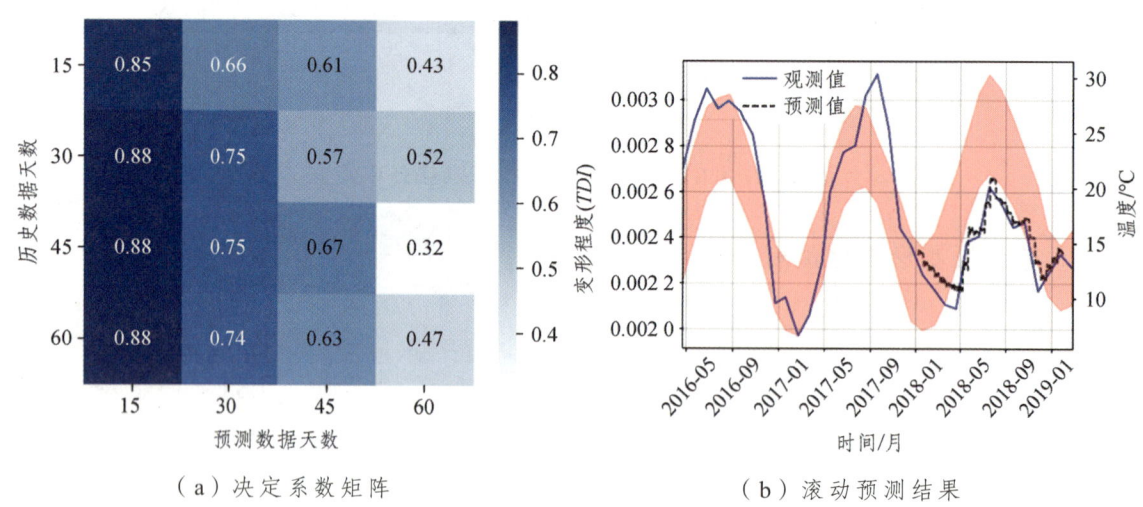

（a）决定系数矩阵　　　　　　（b）滚动预测结果

图6-22　桥上CRTS Ⅰ型板变形预测结果

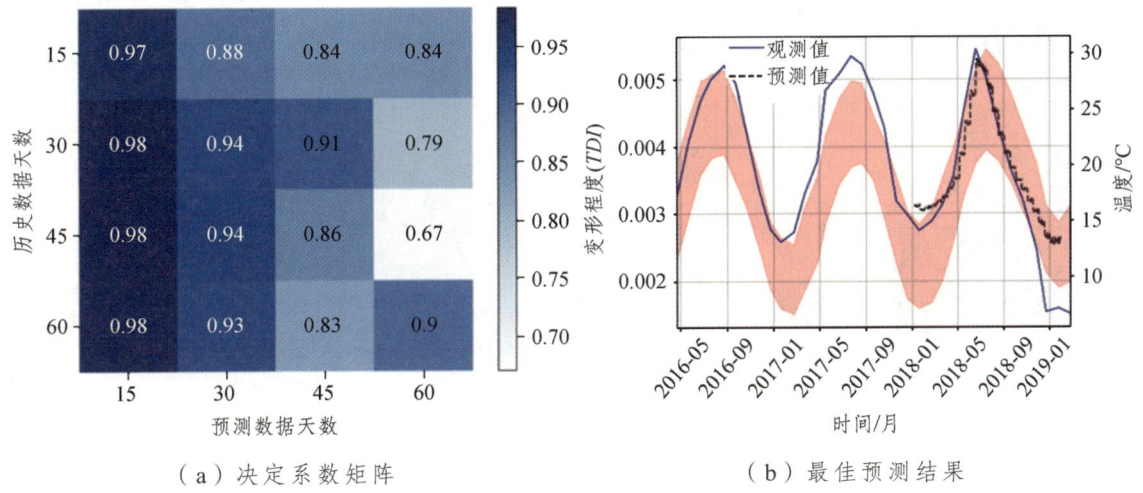

(a) 决定系数矩阵　　　　　　　　(b) 最佳预测结果

图 6-23　路基上 CRTS I 型板变形预测结果

图 6-24 所示为桥上 II 型板的测试结果，其中图 6-24（a）为不同测试工况下的预测 R-square 值，横轴代表预测数据长度，纵轴代表历史数据长度，并通过热力图显示 R-square 的大小，越偏蓝色代表 R-square 值越大，预测效果越好，反之则代表预测效果越差。从图 6-24（a）中可以看出，一般情况下，当历史数据的长度相同时，预测天数越长，预测效果越差；然而，对于同样的预测天数，增加历史数据长度并不能带来明显的预测效果提升。II 型板的预测效果普遍偏低，只有当预测天数为 15 d 时预测结果的 R-square 值达到 0.87，图 6-24（b）为对应的滚动预测结果（即历史数据天数和预测数据天数均为 15 d），其中蓝色实线代表 TDI 观测值，黑色虚线为预测值，红色实线为检测当天的当地气温。可以看出桥上 II 型板的 TDI 值随时间的整体增长趋势较快，该方法只能对桥上 II 型板短期内的变形程度进行预测。路基 II 型板的计算结果如图 6-25 所示。可以看出，与桥上 II 型板类似，随着预测数据长度的增加，路基 II 板的预测效果逐步下降，且在同样的预测数据长度下，增加历史数据长度不能显著提升预测效果。然而，相比于桥上 II 型板的变形预测结果，路基 II 型板的预测效果更好，对未来 60 d 的预测 R-square 值依然能够达到 0.79。图 6-25（b）为最佳的滚动预测结果（即历史数据天数和预测数据天数均为 15 d），其中蓝色实线代表 TDI 观测值，黑色虚线为预测值，红色实线为检测当天的当地气温，结果显示尽管路基 II 型板也出现随时间整体增长的趋势，然而其增长速率较桥上 II 型板缓慢，因此其长期预测结果的 R-square 值普遍偏高。综上所述，LSTM 模型基本能够实现对桥上、路基上 CRTS II 型板变形的短期和长期预测，预测结果的准确性受历史数据影响较大。

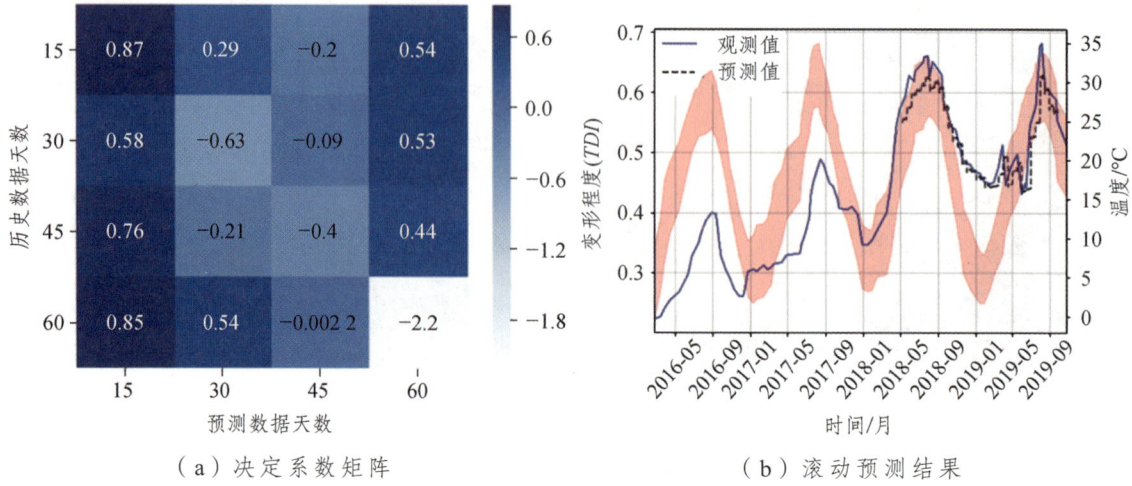

（a）决定系数矩阵　　　　　　　（b）滚动预测结果

图 6-24　桥上 CRTS Ⅱ 型板变形预测结果

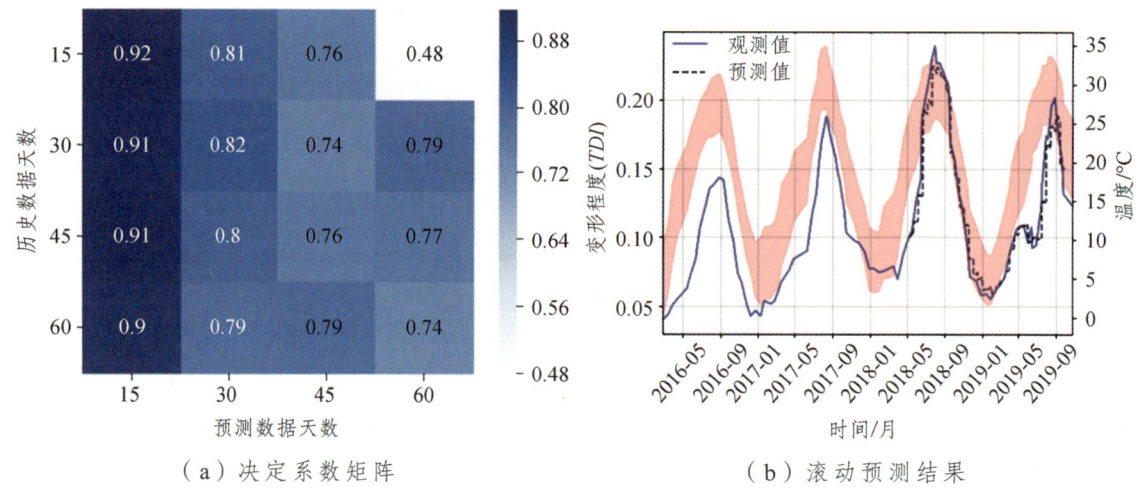

（a）决定系数矩阵　　　　　　　（b）滚动预测结果

图 6-25　路基 CRTS Ⅱ 型板变形预测结果

图 6-26 所示为桥上Ⅲ型板的测试结果，其中图 6-26（a）为不同测试工况下的预测 R-square 值，横轴代表预测数据长度，纵轴代表历史数据长度，并通过热力图显示 R-square 的大小，越偏蓝色代表 R-square 值越大，预测效果越好，反之则代表预测效果越差。从图 6-26（a）中不难得出，桥上Ⅲ型板的预测效果同 CRTS Ⅰ、Ⅱ型板类似，即给定同样的历史数据长度，预测效果随预测数据长度下降，且增加历史数据长度不能显著提升预测效果。图 6-26（b）为最高 R-square 值对应的滚动预测结果，其中蓝色实线代表 TDI 观测值，黑色虚线为预测值，红色阴影部分为检测当天最高、最低气温。可以看出桥上Ⅲ型板的变形程度与温度呈负相关，其变形程度在低温季节加剧，高温季节减缓，推测该位置处轨道板

可能出现了冻胀现象。路基Ⅲ型板的计算结果如图 6-27 所示。可以看出，与桥上Ⅲ型板类似，随着预测数据长度的增加，路基Ⅲ型板的预测效果逐步下降，且在同样的预测数据长度下，增加历史数据长度不能显著提升预测效果。然而，相比于桥上Ⅲ型板的变形预测结果，路基Ⅲ型板的预测效果普遍更差，R-square 值在历史天数为 45 d、预测天数为 15 d 时达到最大值 0.69。图 6-27（b）为对应的滚动预测结果，其中蓝色实线代表 TDI 观测值，黑色虚线为预测值，红色阴影部分为检测当天最高、最低气温。可以看出桥上Ⅲ型板的变形程度与温度呈正相关，其变形程度在高温季节加剧，低温季节减缓，此外，随着时间的推移，路基Ⅲ型板的变形程度呈整体下降趋势，该现象可能是由于路基不均匀沉降，掩盖了轨道板上拱变形。综上所述，LSTM 模型基本能够实现对桥上、路基上 CRTSⅢ型板变形的短中期和短期预测，预测结果的准确性受历史数据影响较大。

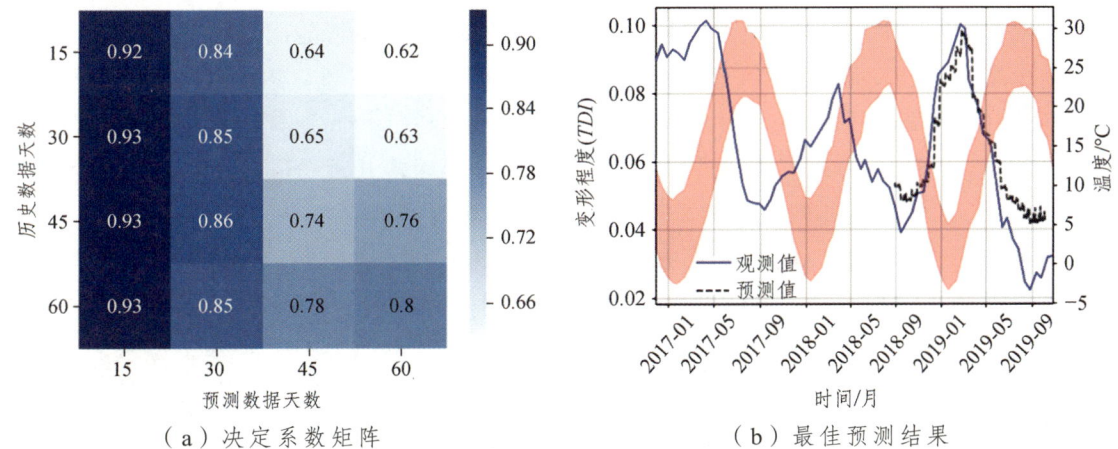

（a）决定系数矩阵　　　　　　　　（b）最佳预测结果

图 6-26　桥上 CRTSⅢ型板变形预测结果

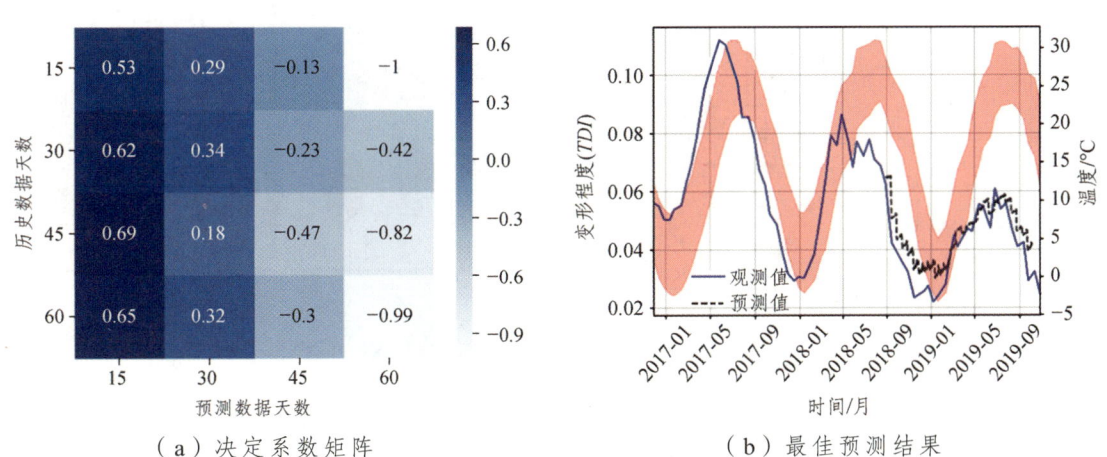

（a）决定系数矩阵　　　　　　　　（b）最佳预测结果

图 6-27　路基 CRTSⅢ型板变形预测结果

3. 各类轨道板时空数据挖掘对比分析

根据上述计算结果，本小节将对比不同轨道板出现变形病害的特点，包括轨道板变形程度、变形区段长度以及变形特征波长等。图 6-28 统计了桥上、路基上 CRTS Ⅰ、Ⅱ、Ⅲ 共计 6 种轨道板变形程度的箱形图，其中横轴代表不同类别的轨道板，纵轴为 TDI 取对数值（为了避免各类之间 TDI 值数量级上的差距）。图中矩形框为下四分位数 Q_1 到上四分位数 Q_3 的区间，红色实线为中位数 Q_2，四分位距 $IQR = Q_3 - Q_1$，上边界为 $M + 1.5IQR$，下边界为 $M - 1.5IQR$。可以看出桥上、路基 Ⅰ 型板的变形程度 TDI 指标远小于 Ⅱ、Ⅲ 型板的 TDI 值，Ⅱ 型板的 TDI 值最大，由此推测 Ⅱ 型板出现变形病害时的变形程度最大，对轨道高低不平顺的影响最严重。

利用 DBSCAN 聚类方法，作者计算了不同类型轨道板有可能出现的连续变形区段长度。图 6-29 统计了不同类型轨道板的变形区段长度分布情况。从图中结果不难发现：桥上、路基 Ⅱ 型板的变形区段长度分布较广，最高可达到 100 m；其次是桥上 Ⅲ 型板，最高达到 70 m；桥上、路基 Ⅰ 型板和路基 Ⅲ 型板的变形区段长度分布较为集中，最大值均在 40 m 以下，而所有类型轨道板的变形区段长度绝大多数分布在 10~40 m 范围内。基于该统计结果，作者建议根据 TDI 指标确定轨道板变形里程坐标后，进一步对该位置附近的轨道板进行筛查，对 CRTS Ⅱ 型板的变形检测范围扩大到 100 m 范围内，对桥上 Ⅲ 型板的变形检测范围扩大到 70 m 范围内，对路基 Ⅲ 型板和桥上、路基 Ⅰ 型板的检测范围扩大到 40 m 范围内。

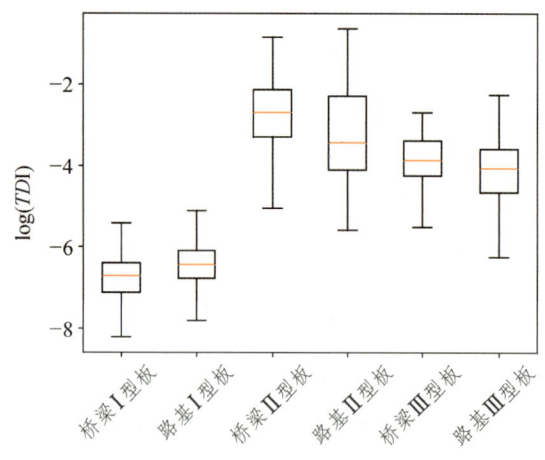

图 6-28 不同轨道板变形程度指标

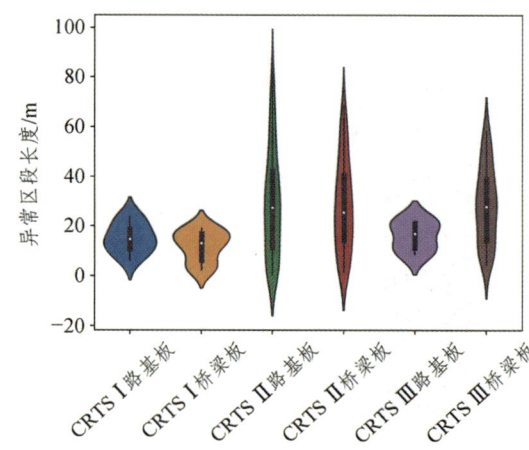

图 6-29 不同轨道板连续变形区段长度

表 6-7 为不同轨道板类型对应的变形特征波长，从表中对比可以看出，轨道板变形

特征波长和其结构长度具有一定关联，轨道板纵向尺寸越大，其变形导致的特征波长越长。所有类型的轨道板变形特征波长分布范围均在 3~10 m 内。

表 6-7　不同轨道板变形特征波长范围　　　　　　　　　　单位：m

轨道板类型	结构长度	桥梁板特征波长	路基板特征波长
CRTS Ⅰ	4.856~4.962	3.79~7.63	3.68~7.95
CRTS Ⅱ	6.450	3.75~9.60	3.65~9.72
CRTS Ⅲ	4.856~5.600	3.47~8.71	3.37~8.68

表 6-8 为采用 LSTM 神经网络对不同类型轨道板变形程度预测的有效预测时间，可以看出：CRTS Ⅰ、Ⅱ 型桥梁板的有效预测时间均小于路基板，说明桥梁板的变形影响因素更复杂，其变化规律不稳定；而 CRTS Ⅲ 型路基板的预测效果低于桥梁板。因此建议对 Ⅰ、Ⅱ 型板着重关注桥梁区段的轨道板变形，而对 Ⅲ 型板则着重关注路基区段的轨道板变形，提前发现可能出现病害的区段，从而进行预防性的维修工作。

表 6-8　不同轨道板的有效预测时间　　　　　　　　　　单位：d

轨道板类型	桥梁板有效预测天数	路基板有效预测天数
CRTS Ⅰ	15~30	15~60
CRTS Ⅱ	15	15~60
CRTS Ⅲ	15~60	15

上述已经对 CRTS Ⅰ、Ⅱ、Ⅲ 型桥上、路基上轨道板进行了时空数据挖掘，实现了轨道板变形定位识别、变形区段长度统计、变形劣化预测分析以及不同轨道板的变形和温度的关联性分析。从分析结果可以发现，不同类型的轨道板具有不同的变形规律和温度特性，CRTS Ⅰ 型和 Ⅱ 型板在整体升温条件下会加剧变形，Ⅱ 型板的残余变形会随时间累积，而 CRTS Ⅲ 型板在整体降温条件下会加剧变形。为了对比不同类型轨道板的温度特性，作者统计了大量区段的各类轨道板变形程度时间曲线和温度时间曲线的皮尔逊相关系数，图 6-30 所示为不同类型轨道板的变形程度和当地气温的相关性分析的统计结果，图中横坐标为相关系数，纵坐标为概率密度，不同颜色和线型的曲线代表了不同类型轨道板的变形程度与温度之间的相关系数的分布情况。由相关系数的数学性质知道，轨道板变形程度和温度相关系数介于 -1 到 1 之间，且越靠近 -1 说明轨道板变形程度在低温季节越显著，在高温季节减缓，反之亦然。从图中的统计结果可以看出，CRTS Ⅰ、Ⅱ 型板和路基 Ⅲ 型板的变形程度与温度大多呈正相关，而桥梁 Ⅲ 型板的变形程度与温度大多呈负相关，该结果与之前得到的结论相一致。

6 车体响应反演轨道不平顺与轨道板变形识别研究

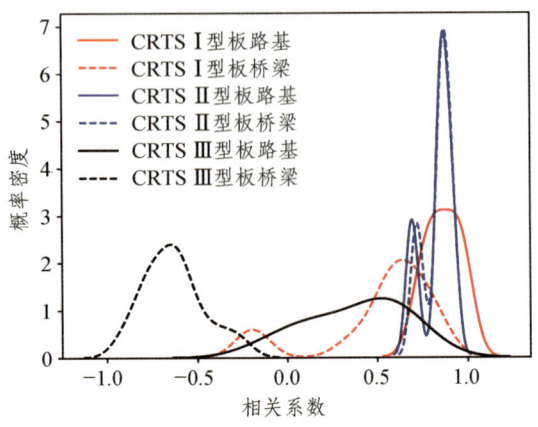

图6-30 轨道板变形和温度相关性分析

结合过去其他学者对不同轨道板的变形机理和影响因素研究得出的结论，轨道板整体升、降温和温度梯度对轨道板上拱、翘曲变形的影响最明显。混凝土较差的热传导性能，导致长期暴露在太阳辐射下的轨道板表面温度较高，板底温度与表面存在传热延迟，进而在轨道板厚度方向上出现温度梯度。CRTS Ⅰ型轨道板表面温度变化快于大气温度变化，变形主要为板角翘曲和层间离缝，建议在施工过程中灌注砂浆时尽量选择昼夜温差较小时候。CRTS Ⅱ型板在正温度梯度条件下上拱，负温度梯度下翘曲。温度梯度越大，上拱变形越大，且整体升温导致上拱增大，而轨道板自重可抑制上拱，轨道板越厚，变形越小。而季冻区CRTS Ⅲ型板冻胀波峰位置离底座板板缝越远，对轨道结构损伤的影响范围及程度越大；冻胀波长越短，轨道结构损伤程度越大[1]。综上研究成果所述，由于不同类型轨道板具有不同的温度特性，在高速铁路结构设计和施工过程中需要根据不同地区的气候特点实施不同的优化方案。

作者通过轨道动检数据反映轨道板变形的方法固然在一定程度上能够减少检测成本，然而由于数据量有限，缺乏对轨道板变形和温度的直接测量数据，不能反映区段内轨道板在一天内的变化情况，同时未考虑沿轨道板厚度方向温度梯度的变化情况，仅采用检测当天最高、最低气温作为参考依据。因此，作者对轨道板温度特性的讨论仅限于整体升、降温对轨道板变形的影响。

6.4 本章小结

本章节介绍了国内外关于轨道不平顺车载检测以及高速铁路轨道板变形的研究现状，提出了利用车体加速度反演估计轨道不平顺的模型，以及对历史轨道不平顺的时空

---

[1] 景璞，肖杰灵，庄丽媛，等. 季冻区CRTS Ⅲ型板式轨道非线性损伤机制研究[J]. 铁道科学与工程学报，2021，18（7）：1694.

数据挖掘方法，实现了车对地便携检测和轨道板变形识别及劣化预测。相关的分析结论整理如下：

（1）所提出的扩展自编码模型相比于传统的神经网络模型，通过训练自编码器部分捕捉输出数据的内在信息，可以有效地将轨道不平顺数据压缩到低维表征空间，同时训练反演估计网络使其获得更好的性能。与传统神经网络模型相比，扩展自编码器网络对 10 m 波长以下轨道高低不平顺估计性能有明显提升，能够较好地识别高速铁路线路中分别源于轨道板和简支梁桥的 5.4 m 和 32 m 两个显著的特征波长。

（2）扩展自编码器模型在一些关键位置（例如梁桥挠曲峰值点和梁端接头）的高低不平顺反演估计结果值略小于实际值。作者建立的基于贝叶斯深度学习的扩展自编码器模型实现了对轨道高低不平顺区间估计，并提出了评价区间估计效果的 CWE 值，随着置信区间的增大，CWE 值先增大后减小，在置信区间为 2~4 时达到最大值。置信区间取 3 时，时域和频域的估计结果覆盖率分别为 98.6%和 93.3%。轨道高低不平顺标准差的估计结果也有显著改善，约 99%的估计值在真实值上下一个标准差范围内。

（3）CRTS Ⅰ、Ⅱ、Ⅲ型板的变形幅值均呈现较明显的季节性规律。其中，CRTS Ⅰ、Ⅱ型的桥梁、路基板以及 CRTS Ⅲ型路基板的变形均与温度呈正相关，其变形程度在高温季节加剧，低温季节减缓，高温季节时轨道板内部温度应力过大从而出现板端翘曲或板中上拱现象。而 CRTS Ⅲ型桥梁板的变形与温度呈负相关，其变形程度在低温季节加剧，高温季节减缓，在低温季节可能会出现冻胀现象。

（4）CRTS Ⅰ型板的变形程度随时间没有明显的整体增长趋势，而 CRTS Ⅱ型板的变形程度随时间具有明显的整体增长趋势，桥上Ⅲ型板的整体增长趋势不明显，路基Ⅲ型板随时间整体呈下降趋势。这说明Ⅱ型板的残余变形随服役时间不断累积，而路基Ⅲ型板的上拱程度可能在路基不均匀沉降的影响下被掩盖。对 TDI 下降区段应该引起足够重视，确定该区段是否出现了路基不均匀沉降。

（5）桥上、路基Ⅱ型板的变形区段长度最高达到 100 m，桥上Ⅲ型板最高达到 70 m，桥上、路基Ⅰ型板和路基Ⅲ型板的变形区段长度最大值均在 40 m 以下。通过该统计规律可以指导铁路局集团有限公司工作人员对轨道板的变形检测，确定异常位置的检测范围。作者建议根据 TDI 指标确定轨道板变形里程坐标后，进一步对该位置附近的轨道板进行筛查，对 CRTS Ⅱ型板的变形检测范围扩大到 100 m 范围内，对桥上Ⅲ型板的变形检测范围扩大到 70 m 范围内，对路基Ⅲ型板和桥上、路基Ⅰ型板的检测范围扩大到 40 m 范围内。

7 轨道不平顺管理值研究

轨道不平顺是轮轨系统的主要激扰源，是造成车体各种振动的主要原因，对列车运营的安全性、乘客乘坐的舒适性、养护维修的经济性等都有着巨大的影响。在我国高速铁路不断发展的大背景下，伴随着车速提升带来的高速度、客货共线带来的高密度等问题对轨道的平顺性提出了更高的要求。为此，对轨道的平顺性状态进行科学合理的评价就显得尤为重要。目前，我国针对线路养护维修工作所采用的主要评价方法仍是均值管理和峰值管理。均值管理针对高低（左、右轨）、轨向（左、右轨）、轨距、水平、三角坑 7 项 5 类数据，以 200 m 为单元区段计算各项标准差并求和，即为评价轨道状态的轨道质量指数（Track Quality Index，TQI）。峰值管理不仅含有 7 项不平顺指标，还包括车体垂向加速度、车体横向加速度、轨距变化率等。峰值管理将实测数据半峰值作为管理值，划分 4 个等级并根据不同等级进行扣分，以此作为养护维修的标准。因此，这两种评价方法的合理性及关联性直接关系到实际现场的工作强度及养护作业成本。本章针对轨道动态不平顺管理值的合理性问题展开介绍，提出利用分位数法对既有 TQI 管理值进行合理性分析及评价，利用广义帕累托分布（Generalized Pareto Distribution）拟合超限数据样本，结合峰值管理的超限峰值划分及超限概率给出峰值管理建议值；以及采用优势分析方法，计算得出不同轨道板、不同运营时速下，动态不平顺指标的相对重要性。以上研究内容对寻找均值管理与峰值管理之间的相关性、两者的合理化并完善既有管理规范具有一定意义。

7.1 国内外高速铁路轨道不平顺管理概述

7.1.1 国内不平顺均值、峰值管理

根据铁路发展和运输安全的需要，我国建立了基于峰值评价和均值评价两个方面的轨道不平顺动态管理标准体系。随着铁路的不断提速，特别是高速铁路的运营，该管理系统经过几次大的修订，形成了现行轨道不平顺动态管理标准。

7.1 国内外高速铁路轨道不平顺管理概述

轨道动态不平顺的检查项目为轨距、水平、轨向、高低、扭曲、复合不平顺、车体垂向振动加速度、车体横向振动加速度、轨距变化率等。

1. 峰值管理

线路（含道岔及调节器范围）各项偏差等级划分 4 级：Ⅰ 级为经常保养标准，Ⅱ 级为舒适度标准，Ⅲ 级为临时补修标准，Ⅳ 级为限速标准。峰值管理评价采用扣分法，各项目偏差扣分标准为：Ⅰ 级每处扣 1 分，Ⅱ 级每处扣 5 分，Ⅲ 级每处扣 100 分，Ⅳ 级每处扣 301 分。

峰值管理评价以整千米为单位，每千米扣分总数为各级、各项偏差扣分总和，计算公式见式（7-1）：

$$S = \sum_{i=1}^{4}\sum_{j=1}^{M} K_i C_{ij} \tag{7-1}$$

式中：S 表示整千米扣分总数；K_i 是各级偏差的扣分数；C_{ij} 是各项目的各级偏差个数；M 是参与评分的项目个数。

每千米线路局部峰值动态评定标准：优良——总扣分在 50 分及以内；合格——总扣分在 51~300 分；失格——总扣分在 300 分以上。

不同速度等级线路轨道动态质量容许偏差管理值见表 7-1、表 7-2。

表 7-1 200（不含）~250 km/h 线路轨道动态质量容许偏差管理值

偏差等级	项目			
	经常保养	舒适度	临时补修	限速（160 km/h）
	Ⅰ 级	Ⅱ 级	Ⅲ 级	Ⅳ 级
轨距/mm	+4/−3	+6/−4	+8/−6	+12/−8
水平/mm	5	8	10	13
扭曲（基长 3 m）/mm	4	6	8	10
高低（波长 1.5~42 m）/mm	8	11	14	14
轨向（波长 1.5~42 m）/mm	7	8	10	10
高低（波长 1.5~70 m）/mm	10	15	—	—
轨向（波长 1.5~70 m）/mm	8	12	—	—
车体垂向加速度/(m/s^2)	1.0	1.5	2.0	2.5
车体横向加速度/(m/s^2)	0.6	0.9	1.5	2.0
轨距变化率（基长 3 m）/‰	1.0	1.2	—	—

表 7-2　250（不含）～350 km/h 线路轨道动态质量容许偏差管理值

偏差等级	项　目			
	经常保养	舒适度	临时补修	限速（160 km/h）
	Ⅰ 级	Ⅱ 级	Ⅲ 级	Ⅳ 级
轨距/mm	+4/-3	+6/-4	+8/-6	+12/-8
水平/mm	5	8	10	13
扭曲（基长 3 m）/mm	4	6	8	10
高低（波长 1.5～42 m）/mm	5	8	11	14
轨向（波长 1.5～42 m）/mm	5	7	8	10
高低（波长 1.5～70 m）/mm	6	10	15	—
轨向（波长 1.5～70 m）/mm	6	8	12	—
车体垂向加速度/（m/s²）	1.0	1.5	2.0	2.5
车体横向加速度/（m/s²）	0.6	0.9	1.5	2.0
轨距变化率（基长 3 m）/‰	1.0	1.2	—	—

注：① 表中管理值为轨道不平顺实际幅值的半峰值。
　　② 水平限值不包含曲线按规定设置的超高值及超高顺坡量。
　　③ 扭曲限值包含缓和曲线超高顺坡造成的扭曲量。
　　④ 车体垂向加速度采用 20 Hz 低通滤波处理的值进行评判；车体横向加速度Ⅰ、Ⅱ级标准采用 0.5～10 Hz 带通滤波处理的值进行评判，Ⅲ、Ⅳ级标准采用 10 Hz 低通滤波处理的值进行评判。
　　⑤ 避免出现连续多波不平顺和轨向、水平逆向复合不平顺。

2. 均值管理

轨道质量指数是一套基于数学统计方法来评价轨道整体质量状态的综合指标和先进技术，它为深入了解轨道实际状态提供了一个科学有效的手段。

以 200 m 轨道区段作为单元区段，分别计算单元区段上水平、左高低、右高低、左轨向、右轨向、三角坑和轨距 7 项轨道几何不平顺幅值的标准差。而各单项几何不平顺幅值的标准差称为单项指数，7 个单项指数之和则称为该评价单元区段轨道平顺性综合质量状态的轨道质量指数。

TQI 数值的大小与轨道的平顺性紧密相关，数值越大表明轨道的平顺性越差、波动性越大，各单项指数同样也反映该单项几何不平顺的平顺程度。

根据我国铁路工作者以及专家学者的多年经验发现，仅凭局部不平顺幅值的大小评定轨道质量状态或判别不良地点的方法是不全面的，且具有一定的局限性。而结合轨道不平顺的幅值大小和波形特征进行综合考虑,才能更真实地反映轨道质量的实际状态[①]。
TQI 计算公式如下:

$$TQI = \sum_{i=1}^{7} \sigma_i \tag{7-2}$$

$$\sigma_i = \sqrt{\frac{1}{n}\sum(x_{ij}-\bar{x}_i)^2} \tag{7-3}$$

式中:σ_i——各项几何偏差的标准差;

x_{ij}——各项几何偏差在单元区段中连续采样点的幅值的算术平均值;

n——采用点的个数(200 m 单元区段中 $n=800$)。

区段均值评价采用扣分法。单个 TQI 计算单元的扣分标准为:小于等于管理值扣 0 分,大于管理值但小于等于管理值 110% 扣 40 分,大于管理值 110% 但小于等于管理值 120% 扣 50 分,大于管理值 120% 扣 61 分。

区段均值评价以整千米为单位,每千米扣分总数为 5 个计算区段的 TQI 扣分值之和,计算公式如下:

$$T = \sum_{1}^{5} T_{200} \tag{7-4}$$

式中:T 表示每千米扣分总数,为单个 TQI 计算单元的扣分数。每千米线路区段均值评定标准为:均衡——总扣分为 0;计划——总扣分在 0~100(含)分;优先——总扣分在 100 以上。

"均衡"代表线路质量均衡,无须维修;"计划"代表应写入维修计划,适时修理;"优先"代表应优先写入维修计划,尽快采取修理措施。不同速度线路轨道质量指数(TQI)管理值见表 7-3。

表 7-3 不同速度线路轨道质量指数(TQI)管理值

速度	项目	高低	轨向	轨距	水平	扭曲	TQI
200~250 km/h	波长范围(1.5~42 m)	1.4×2	1.0×2	0.9	1.1	1.2	8.0
250~350 km/h	波长范围(1.5~42 m)	0.8×2	0.7×2	0.6	0.7	0.7	5.0

注:波长范围为 1.5~42 m 的单项标准差计算长度为 200 m。

---

① 田新宇,陈东生,杨凤春. 轨道几何不平顺幅值管理与均值管理的相关性分析[J]. 中国铁路,2008(11):48-50.

7.1.2 均值峰值相关性研究概述

轨道不平顺管理分为轨道不平顺指数所表示的均值管理标准以及峰值管理。近些年来，围绕着二者的相关性有许多相关的研究。同济大学许玉德等通过数理统计得到轨道不平顺实测数值的半峰值与标准差的 3 倍之间有强相关性并认为在高铁不断提速的国情下应提高对均值管理标准的重视[①]；西南交通大学徐金辉等从截止波长、周期不平顺等方面研究两种管理方式的优劣，并建议峰值管理的扣分标准制定为连续扣分[②]；董英荣等对两种管理方式的理论和数据进行对比分析发现，无论是均值管理方法还是峰值管理方法都存在局限性，进行轨道管理的时候需要两者结合，并有待进一步完善[③]；田新宇等基于相关系数发现 TQI 与峰值扣分管理和超限程度没有必然联系，并认为两种管理方式存在显著差异但具有互补性[④]。上述研究对我国既有动态不平顺管理标准的合理性进行了初步探索，对今后完善并形成成熟的评价体系提供了理论支撑。

但是目前相关研究仍存在不足之处：没有分别对不同运行时速所对应的 TQI 管理值进行合理的综合研究与运用，且大多采用仿真而非实测的轨道不平顺，难以反映实际运营条件下的数据分布；忽视了不同的轨下结构（如轨道板类型）对轨道动态不平顺的影响，缺乏对不同轨道板类型之间的不平顺比较分析；忽略动态不平顺管理中峰值管理与均值管理之间的内在联系，缺少对各单项不平顺实测数据半峰值与标准差实际意义的关系挖掘。如文献只是利用统计分布的方法进行分析。本章将介绍基于分位数回归的轨道质量指数阈值合理性数据分析方法。该法通过建立峰值管理与均值管理的联系，通过分位数法处理不同轨道板时域条件下轨道峰值数据，并通过所得中位数反推均值管理建议值。

7.1.3 峰值管理合理性研究概述

在针对峰值管理标准的合理性与应用的研究中，华东交通大学李明华等通过建立整车模型并求解运动方程，探索并给出速度 300 km/h 线路的高低不平顺阈值[⑤]；北京交通大学张媛基于数据分类的思想，利用仿真数据获得不同速度等级下的不平顺峰值安全域边界[⑥]；吴旺青通过分析多种工况下仿真模型，提出并划分了秦沈客运专线试验段轨道

---

① 许玉德，周宇，吴纪才. 轨道不平顺半峰值和标准差的相关性分析[J]. 铁道科学与工程学报，2005，2（4）：26-30.
② 徐金辉，汪力，王源，等. 轨道不平顺峰值管理与均值管理的分析[J]. 铁道建筑，2015（6）：147-151.
③ 董英荣，刘婷婷. 轨道质量评价峰值管理与均值管理的研究[J]. 山东交通科技，2017（5）：96-97.
④ 田新宇，陈东生，杨凤春. 轨道几何不平顺幅值管理与均值管理的相关性分析[J]. 中国铁路，2008（11）：48-50.
⑤ 李明华，李立林，何晓源. 高速铁路轨道不平顺幅值控制研究[J]. 铁道工程学报，（9）：28-32.
⑥ QIN Y, YU S, ZHANG Y, et al. Security Region Estimation of the Peak of Track Irregularity Based on Dangerous Points Distribution Ratio and SVM[C/OL]//SUN Z, DENG Z. Berlin, Heidelberg: Springer Berlin Heidelberg, 2013(254): 421-428[2023-01-11]. http://link.springer.com/10.1007/978-3-642-38524-7_46. DOI: 10.1007/978-3-642-38524-7_46.

动态质量容许偏差建议管理值[1]；杨飞、蒋兴等基于动力学仿真技术分别提出高速及重载下的线路不平顺最大建议峰值[2]；Gua G 等研究了轨道不平顺在铁路桥梁路段引起的动冲击荷载，阐述了轨道不平顺峰值对行车安全的重要影响[3]。

以上研究对影响轨道平顺性的控制因素进行了详细分析，但针对铁路养护维修基础性工作的铁路峰值超限风险价值（Value At Risk，VAR）以及峰值管理值的合理性研究并不多见。本章将介绍一种基于极值理论的不平顺峰值超限研究方法，通过引入帕累托分布得出超限分布以及相应的概率，进而可以根据结果进行峰值管理指标的拟定，提高峰值管理值的合理性。

7.1.4 不平顺指标权重研究概述

在轨道不平顺指标权重的研究中，同济大学沈坚锋等学者通过对异源数据的融合，基于层次分析法对轨道几何指标的参数权重进行敏感性分析并修正了初始权重[4]；许玉德等采用统计方法分析沪宁线各单项不平顺权重并给出建议管理值[5]；钟进军依据均值管理理论并结合现场实际的应用情况，对各项不平顺指标的权重作出修改[6]；徐金辉等引入波长权重系数提出新的平顺性评价指标——轨道加权质量指数（TWQI）[7]；杨翠平等在徐金辉的基础上进行改进，提出一种基于带通滤波的不平顺敏感波长计权指标——轨道加权质量指数（F-TWQI）[8]；Shafiullah 等利用回归算法预测车辆垂向加速度产生条件，并对垂向加速度特性展开研究[9]；Furukawa 等研究了车辆的横向动力及其对轨道劣化和修复的影响，通过研究横向力的不同组成部分来建立模型预测车辆对曲线路段的影响[10]。

---

[1] 吴旺青. 秦沈客运专线 300 km/h 综合试验段轨道不平顺管理标准建议值的研究[J/OL]. 铁道标准设计，2003（4）：1-4. DOI：10.13238/j.issn.1004-2954.2003.04.001.

[2] 杨飞，黎国清，刘金朝，等. 高速铁路轨道不平顺预设试验最大幅值的研究[J]. 铁道建筑，2011（7）：112-115.

[3] GU G, LILLEY D M, FRANKLIN F J. A structural articulation method for assessing railway bridges subject to dynamic impact loading from track irregularities[J]. Vehicle System Dynamics, 2010, 48（10）：1077-1095.

[4] 沈坚锋，许玉德，李海锋，等. 轨道几何状态综合评价指标参数权重的敏感性分析[J]. 同济大学学报（自然科学版），2015，43（11）：1709-1714.

[5] 许玉德，周宇. 既有线轨道质量指数的分布与不平顺权重系数统计分析[J]. 中国铁道科学，2006，27（4）：71-75.

[6] 钟进军. 轨道平顺状态均值管理的理论与应用探讨[J]. 上海铁道科技，2008（3）：20-22.

[7] 沈坚锋，许玉德，李海锋，等. 轨道几何状态综合评价指标参数权重的敏感性分析[J]. 同济大学学报（自然科学版），2015，43（11）：1709-1714.

[8] 杨翠平，丛建力，王源，等. 基于带通滤波的轨道不平顺敏感波长计权评价方法[J]. 振动与冲击，2019，38（19）：1-6.

[9] SHAFIULLAH G M, ALI A, THOMPSON A, et al. Predicting Vertical Acceleration of Railway Wagons Using Regression Algorithms[J]. IEEE Transactions on Intelligent Transportation Systems, 2010, 11（2）：290-299.

[10] FURUKAWA A, YOSHIMURA A. Identification of Rolling Stock Lateral Dynamic Characteristics and Their Track Irregularity Maintenance Applications[J]. Qr of Rtri, 2005, 46（1）：7-12.

但上述对轨道不平顺指标的研究仍存在不足：忽略了各项不平顺指标与加速度之间的内在联系，如果仅用数理统计的方法进行分析会具有一定的随机性，导致结果不够可靠；没有考虑运用可靠的模型进行权重分析，并且也无法保证各自变量在所有子模型中的相对重要性恒定不变。对此，本章将通过优势算法定量分析各项不平顺指标对加速度的影响大小，进而可以解决上述问题，提出适合实际情况的精调作业方案。

7.2 关联车体响应的轨道不平顺各项指标相对权重分析

车辆在实际运行中受线路不平顺的激励，是车辆产生不同方向加速度的原因：过大的垂向加速度会造成车体的点头、浮沉等振动；过大的横向加速度会造成车体的侧摆、侧滚等振动，甚至引发脱轨事故[1]。目前，我国线路养护维修中常用的评价方法仍是均值管理和峰值管理，其中均值管理仅针对高低（左、右轨）、轨向（左、右轨）、轨距、水平、三角坑7项5类不平顺数据，而车体横向加速度及车体垂向加速度的容许偏差管理值仅出现在峰值管理中[2]。然而，轨道不平顺各项指标是影响峰值管理中加速度指标的主要原因[3]。因此，为了更加科学合理地评价轨道不平顺状态并有针对性地开展养护维修工作，研究现有规范中5类动态不平顺对加速度的影响权重十分重要。

本节基于优势分析方法，利用不同板式无砟轨道线路的轨检车实测数据，将5类不平顺作为自变量，以此分别建立了横向加速度、垂向加速度与5类7项不平顺之间的线性回归模型，并计算得出不同工况下动态不平顺指标的相对重要性，以此定量地确定各类不平顺对加速度的影响程度。研究动态不平顺均值管理，5类不平顺对峰值管理中车体振动加速度的影响权重，不仅可以关联均值管理与峰值管理，有效结合两种评价方法，而且对实现线路状态的准确评估、科学高效地指导现场养护维修具有重要意义。为了反映真实线路状态，得到具有参考价值的相对权重，本节采用时间历程的实测动检数据进行统计分析。

7.2.1 优势分析法

Budescu于1993年提出了一种分析变量间相对重要性的先进方法，即优势分析（Dominance Analysis）[4]。优势分析方法的最大特点就是充分考虑了回归模型中自变量对模型的依赖问题，通过全面比较全模型下的所有子模型，从而实现各自变量相对重要程度的定性定量分析。

---

[1] 陆贤斌. 轨检车车体横向加速度的判定与分析[J]. 上海铁道科技，2018（1）：85-88.
[2] 吴细水，刘丙强.《高速铁路无砟轨道线路维修规则（试行）》主要内容及特点[J]. 中国铁路，2012（5）：15-18.
[3] 董英荣，刘婷婷. 轨道质量评价峰值管理与均值管理的研究[J]. 山东交通科技，2017（5）：96-97.
[4] BUDESCU, DAVID V. Dominance analysis: a new approach to the problem of relative importance of predictors in multiple regression[J]. Psychological Bulletin，1993，114（3）：542-551.

如果两个自变量在所有子模型中的优势关系恒定，即认定这两个自变量之间存在完全优势（Complete Dominance）。同时，优势分析方法还给出了条件优势（Conditional Dominance）及总体优势（General Dominance），分别对应于平均贡献及总平均贡献中不同自变量之间的相对重要性排序。以上3种优势分析方法给出的优势级别可以对各自变量进行相对重要性的定性分析。而优势分析的另一优点在于不仅仅能做定性分析，还能准确、直观地进行各自变量的相对重要性定量分析。在优势分析方法中，结合先验理论和实证考察，选择合适的自变量确定一个回归模型，即为全模型。由全模型中所有自变量不同组合得到的全部可能的子模型有 2^P-1 个（P 为全模型中自变量的总数），计算各自变量加入不含其自身的子模型时，对模型的增量贡献，再将这些值相加求平均，所得结果为该自变量的贡献占比，即优势权重，公式表示为：

$$C_{X_i}^{(K)} = \sum (R_{Y \cdot X_i \cdot X_h}^2 - R_{Y \cdot X_h}^2) / \binom{P-1}{K} \tag{7-5}$$

其中：X_i 为某一自变量；$C_{X_i}^{(K)}$ 表示当 X_i 加入含有 K 个自变量但不含 X_i 的子模型时，对子模型的平均增量贡献，X_h 表示除 X_i 后子模型中已有的其他 K 个自变量，R 表示子模型的重要性。

自变量 X_i 对于全模型的总平均贡献为：

$$C_{X_i} = \frac{1}{P} \sum_{K=0}^{P-1} C_{X_i}^{(K)} \tag{7-6}$$

除此之外，利用优势分析计算车体振动加速度影响因子的相对重要性时，不易受到不平顺指标之间的强弱相关性影响，能够避免夸大或减弱某一不平顺指标的相对重要性[①]。

7.2.2 用于逻辑回归及分类的伪 R^2 计算

本小节以车体振动加速度是否超限为因变量，以 5 类不平顺指标为自变量，设 P 为加速度超限发生的概率（1 表示超限，反之为 0），通过对数变换即可得逻辑回归模型：

$$\ln P = \ln \frac{y}{1-y} = \boldsymbol{w}^\mathrm{T}\boldsymbol{x} + b \tag{7-7}$$

其中：$\boldsymbol{x} = (x_1, x_2, x_3, x_4, x_5)$ 为影响加速度超限概率 P 的五类不平顺（自变量）；b 为常数。

本小节采用拟合优度来评价逻辑回归模型效果，拟合优度可以基于最大似然估计进

[①] SUH, EUNKOOKDIENER, EDOISHI, et al. The shifting basis of life satisfaction judgments across cultures: Emotions versus norms[J]. Journal of Personality & Social Psychology, 1998, 74（2）: 482-493.

行计算，但无法像线性模型一样直接得到模型的确定系数。为了衡量逻辑回归模型的整体拟合度，已有不少学者基于 R^2 有界性、线性不变性、单调性及直观可解释性的 4 个特性，总结并定义了多种类似指标[①]。

McFadden 在 1974 年给出了适用于逻辑回归模型的伪 R^2 指标，能够在区间 0~1 内单调变化，且不受量纲的影响，在满足 R^2 所有 4 个属性的同时能直观且合理地解释因误差引起的比例大小变化：

$$R_{\mathrm{M}} = 1 - \frac{\log L_{\mathrm{full}}}{\log L_{\mathrm{null}}} \tag{7-8}$$

其中：L_{null} 为只包含模型截距的似然函数值，L_{full} 为包含模型截距和自变量的似然函数值，分别等价于线性模型中的总平方和与残差平方和。

1998 年 Estrella 对 McFadden 的伪 R^2 指标进行了改进，添加了一个幂指数，使得自变量具有数学可解释性，同时满足 R^2 所有 4 个属性，其中公式中 N 表示样本量大小。

$$R_{\mathrm{E}}^2 = 1 - \left[\frac{\log L_{\mathrm{full}}}{\log L_{\mathrm{null}}}\right]^{-\frac{2}{N}\log L_{\mathrm{null}}} \tag{7-9}$$

Cox 和 Snell 也提出过一种广义决定系数，但该指标无法达到最大值 1，且只满足 R^2 所有 4 个属性中的 3 个。

$$R_{\mathrm{C}}^2 = 1 - \left[\frac{\log L_{\mathrm{full}}}{\log L_{\mathrm{null}}}\right]^{\frac{2}{N}} \tag{7-10}$$

对此，Nagelkerke 对其进行修正后，得到了一个更为精确的指标，但该指标也只满足 R^2 所有 4 个属性中的 3 个，即不具有解释性。

$$R_{\mathrm{N}}^2 = \frac{1 - [\log L_{\mathrm{null}} / \log L_{\mathrm{full}}]^{2/N}}{1 - (\log L_{\mathrm{null}})^{2/N}} \tag{7-11}$$

经过实际计算及研究表明，4 种不同伪 R^2 指标的计算结果相同，4 种指标所得的优势关系也一致[②]。因此，出于科学审慎的态度，选取满足 R^2 所有 4 个属性的 R_{M}^2 指标作为本节的逻辑回归评价指标。

此外，本节同样对车体振动加速度与 5 类不平顺指标进行了线性回归分析，并与逻

[①] LUO W, AZEN R. Determining Predictor Importance in Hierarchical Linear Models Using Dominance Analysis[J]. Journal of Educational & Behavioral Statistics，2012，38（1）：3-31.
[②] 张波，代鲁燕，黄启风，等. Logistic 回归模型中自变量相对重要性的优势分析[J]. 浙江预防医学，2012（8）：13-15.

辑回归进行对比;再将所有检测数据计算所得指标相对权重进行核密度估计;最后进行归一化处理得到最终不同运营时速、不同板式轨道板线路的相对权重。

7.2.3 核密度估计

由于线路不平顺是一个随机过程,不仅仅是里程的随机函数,同样在时间维度具有不确定性[①]。而为了得到更准确的结果,就需要对所有不同检测时间的实测数据进行优势分析,但由于不平顺具有随机性,无法假设优势分析所得结果的数据分布特性,即无法实现参数估计。此时,非参数检验方法——核密度估计,就能很好地解决这个问题。

$$\widehat{f}_h(x) = \frac{1}{n}\sum_{i=1}^{n} K_h(x-x_i) = \frac{1}{nh}\sum_{i=1}^{n} K\left(\frac{x-x_i}{h}\right) \tag{7-12}$$

式中:$K(*)$为核函数;$h>0$为平滑函数,称为宽或窗口。

利用核密度估计,可以得到不同指标在多次实测数据下的拟合曲线,将拟合曲线最高点的相对权重进行归一化,即可得到不平顺指标相对权重的最终结果。

本节计算动态不平顺各指标的相对重要性流程如图 7-1 所示。

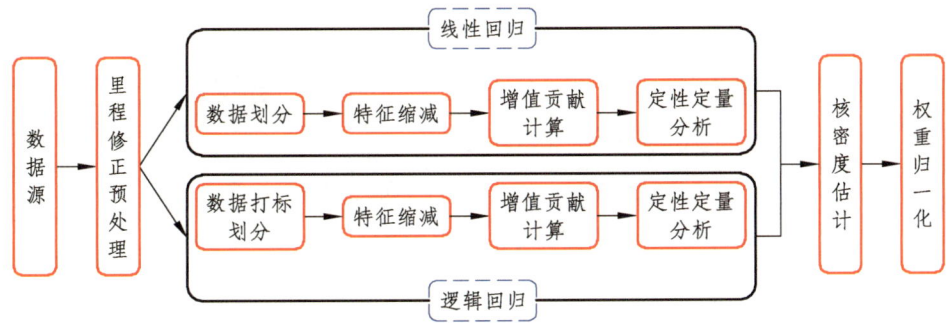

图 7-1 计算动态不平顺各指标相对权重流程

7.2.4 实例分析

本节利用实测动检数据,计算了 5 类不平顺指标在所有子模型中的增值贡献,并基于此对 5 类不平顺指标的相对重要性进行了定性、定量分析。

1. 数据源

为探究轨道动态不平顺中线路轨道质量指数(TQI)管理值不同指标的相对重要性,本节利用 3 条华东线路(华东 A、B、C)实测数据,分别对应 I 型、II 型、III 型板式无

[①] 徐金辉,汪力,王源,等. 轨道不平顺峰值管理与均值管理的分析[J]. 铁道建筑,2015(6):147-151.

砟轨道线路不平顺数据进行分析。其中：华东 A 线有效里程为 270 km，共 115 次实测数据；华东 B 线有效里程为 240 km，共 100 次实测数据；华东 C 线有效里程为 90 km，共 74 次实测数据。由于综合检测列车获取实测数据过程中难免存在里程误差，因此需要运用里程误差修正模型进行数据预处理。在此基础上，将 5 类动态不平顺指标作为自变量，分别与车体横向加速度、垂向加速度建立回归模型，进行优势分析以获得各自变量的相对权重。

2. 计算各自变量的增值贡献

优势分析不仅可以实现线性回归，同时可以进行分类任务，其中分类计算就需要用到上述提到的伪 R^2 指标。为使计算结果更具可靠性，本节分别进行了线性回归及分类计算。在分类计算中，以Ⅲ型板式无砟轨道、华东 C 线为例，根据我国《铁路线路修理规则》对横向加速度实测数据进行打标（超限=1，未超限=0），并各取一半构成数据样本。华东 C 线所有实测数据横向加速度超限情况如图 7-2 所示。

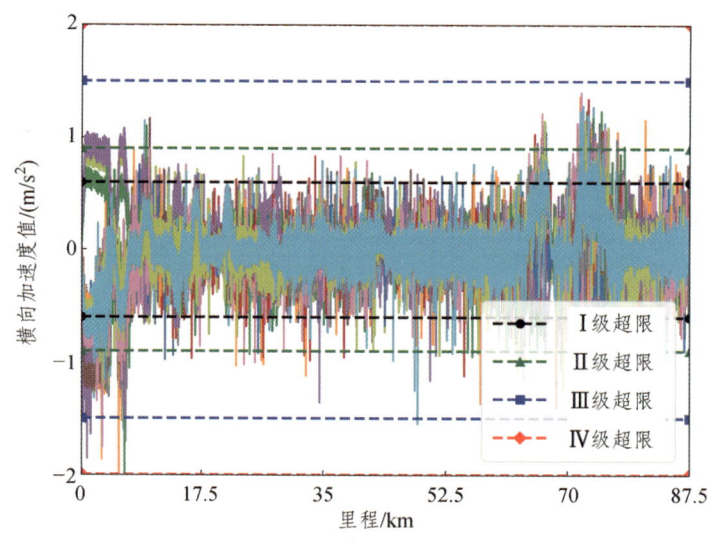

图 7-2 华东 C 线横向加速度超限图

为减少子模型的个数并保证不丢失数据的有效信息，对高低（左、右轨）、轨向（左、右轨）两个不平顺指标进行特征缩减。具体做法是选取左、右轨绝对值最大者为代表数据，将左、右轨归并成一组数据。表 7-4 是华东 C 线某一次实测数据全模型下含有 5 个自变量时（X_1 为高低不平顺，X_2 为轨向不平顺，X_3 为轨距不平顺，X_4 为水平不平顺，X_5 为三角坑不平顺），当各自变量加入到不含其自身的子模型后，该变量所带来的增值贡献的一个例子。

表 7-4 各因素对横向加速度超限的相对贡献

模型中的变量（X）	$R^2_{Y,X}$	增值贡献（ΔR^2)				
		X_1	X_2	X_3	X_4	X_5
空集/$K=0$，平均贡献	0	1.120×10^{-4}	1.240×10^{-4}	0.223	1.970×10^{-3}	1.960×10^{-3}
X_1	1.12×10^{-4}		1.090×10^{-4}	0.223	1.920×10^{-3}	1.930×10^{-3}
X_2	1.240×10^{-4}	9.701×10^{-5}		0.236	1.870×10^{-3}	1.930×10^{-3}
X_3	0.223	6.902×10^{-5}	0.140		2.370×10^{-3}	1.080×10^{-3}
X_4	1.970×10^{-3}	6.301×10^{-5}	2.300×10^{-5}	0.223		1.790×10^{-3}
X_5	1.960×10^{-3}	8.001×10^{-5}	9.400×10^{-5}	0.222	1.807×10^{-3}	
$K=1$，平均贡献		7.700×10^{-5}	3.544×10^{-3}	0.226	1.993×10^{-3}	1.684×10^{-3}
X_1、X_2	2.210×10^{-4}			0.236	1.837×10^{-3}	1.907×10^{-3}
X_1、X_3	0.223		1.388×10^{-2}		2.331×10^{-3}	1.065×10^{-3}
X_1、X_4	2.031×10^{-3}		1.8×10^{-5}	0.223		1.777×10^{-3}
X_1、X_5	2.041×10^{-3}		8.3×10^{-5}	0.222	1.771×10^{-3}	
X_2、X_3	0.237	7.3×10^{-8}			1.001×10^{-3}	8.001×10^{-5}
X_2、X_4	1.994×10^{-3}	5.9×10^{-5}		0.236		1.781×10^{-3}
X_2、X_5	2.055×10^{-3}	6.9×10^{-5}		0.235	1.728×10^{-3}	
X_3、X_4	0.225	2.9×10^{-5}	1.259×10^{-2}			9.401×10^{-4}
X_3、X_5	0.224	5.0×10^{-5}	1.367×10^{-2}		2.231×10^{-3}	
X_4、X_5	3.765×10^{-3}	4.2×10^{-5}	1.301×10^{-5}	0.222		
$K=2$，平均贡献		4.2×10^{-5}	6.708×10^{-3}	0.229	1.811×10^{-3}	1.262×10^{-3}
X_1、X_2、X_3	0.237				1.011×10^{-3}	8.012×10^{-4}
X_1、X_2、X_4	2.052×10^{-3}			0.236		1.773×10^{-3}
X_1、X_2、X_5	2.124×10^{-3}			0.235	1.692×10^{-3}	
X_1、X_3、X_4	0.225		1.256×10^{-2}			9.340×10^{-4}
X_1、X_3、X_5	0.224		1.362×10^{-2}		2.204×10^{-3}	
X_1、X_4、X_5	3.807×10^{-3}		1.1×10^{-5}	0.222		
X_2、X_3、X_4	0.238	3.5×10^{-6}				7.331×10^{-4}
X_2、X_3、X_5	0.237	1.5×10^{-6}			9.401×10^{-4}	

续表

模型中的变量 (X)	$R^2_{Y,X}$	增值贡献 (ΔR^2)				
		X_1	X_2	X_3	X_4	X_5
X_2、X_4、X_5	3.778×10^{-3}	3.9×10^{-5}		0.235		
X_3、X_4、X_5	0.226	1.9×10^{-5}	1.237×10^{-2}			
$K=3$，平均贡献		1.6×10^{-5}	9.641×10^{-3}	0.232	1.460×10^{-3}	1.059×10^{-3}
X_1、X_2、X_3、X_4	0.238					7.371×10^{-4}
X_1、X_2、X_3、X_5	0.237				9.410×10^{-4}	
X_1、X_2、X_4、X_5	3.817×10^{-3}			0.234		
X_1、X_3、X_4、X_5	0.226		1.236×10^{-2}			
X_2、X_3、X_4、X_5	0.238	7.5×10^{-6}				
$K=4$，平均贡献		7.5×10^{-6}	1.236×10^{-2}	0.234	9.410×10^{-4}	7.371×10^{-4}
X_1、X_2、X_3、X_4、X_5	0.238					
总平均贡献		5.1×10^{-5}	6.474×10^{-3}	0.229	1.635×10^{-3}	1.363×10^{-3}
相对重要性百分比		0.02%	2.72%	96.00%	0.69%	0.57%

以 X_3 为例，当用 X_3 单独预测横向加速度是否超限时，伪 R^2 指标为 0.223，当 X_3 加入到只含有 X_1 的模型中所引起 R^2_M 的贡献增量为 0.223，同理可以获得不同子模型产生的贡献增量。再对所有贡献增量求平均，当 $K=0$ 时，X_3 的平均贡献增量为 0.223/1=0.223；当 $K=1$ 时，平均贡献增量为 (0.223+0.236+0.223+0.222)/4=0.226。同理，可以分别获得 $K=2$ 时，平均贡献增量为 0.229；$K=3$ 时，平均贡献增量为 0.232；$K=4$ 时，平均贡献增量为 0.234。此时，可得 X_3 总平均贡献为 (0.223+0.223+0.229+0.232+0.234)/5=0.228。同理，可以分别获得其余各自变量的总平均贡献。

3. 优势定性分析

对表 7-4 中不同优势类别的 5 项不平顺指标进行排序，可以得到表 7-5 的结果。以自变量 X_2 为例，在所有子模型中，X_2 的 R^2 均大于 X_1 的 R^2，因此 X_2 不仅完全优于 X_1，还满足条件优势及总体优势。而 X_2 对于 X_4 及 X_5，在平均贡献及总平均贡献中都是有优势的。因此，X_2 条件优势及总体优势优于 X_4 及 X_5。同理，可以获得各自变量对其他变量的优势级别，具体情况见表 7-6。

表 7-5 各自变量的优势度量

优势类别	X_1	X_2	X_3	X_4	X_5
个体优势	1.120×10^{-4}	1.240×10^{-4}	2.226×10^{-1}	1.971×10^{-3}	1.960×10^{-3}
交互优势	4.500×10^{-5}	6.631×10^{-3}	2.289×10^{-1}	1.754×10^{-3}	1.373×10^{-3}
平均部分优势	7.500×10^{-6}	1.236×10^{-2}	2.345×10^{-1}	9.410×10^{-4}	7.370×10^{-4}
总体优势	5.100×10^{-5}	6.476×10^{-3}	2.288×10^{-1}	1.635×10^{-3}	1.363×10^{-3}
相对权重百分比	0.02%	2.72%	96.00%	0.69%	0.57%

表 7-6 各自变量的优势级别

不平顺指标	完全优势	条件优势	总体优势
X_1	[ ]	[ ]	[ ]
X_2	[X_1]	[X_1, X_4, X_5]	[X_1, X_4, X_5]
X_3	[X_1, X_2, X_4, X_5]	[X_1, X_2, X_4, X_5]	[X_1, X_2, X_4, X_5]
X_4	[X_1, X_5]	[X_1, X_5]	[X_1, X_5]
X_5	[X_1]	[X_1]	[X_1]

4. 优势定量分析

由表 7-4 可以发现各自变量的总平均贡献之和等于模型的决定系数,将各自变量的总平均贡献与决定系数相除即为各自变量的相对权重。即变量 X_1 解释或预测横向加速度的总平均贡献占已知决定系数的 0.02% ($5.1 \times 10^{-5}/0.238$),其余变量权重同理可得。由此,用优势分析所求各自变量的相对贡献要比传统方法得到的更精确、更直观,即 X_3(96.00%)>X_2(2.72%)>X_4(0.69%)>X_5(0.57%)>X_1(0.02%)。从最终结果看,轨距相对权重占比约 96%,是影响并产生横向加速度的主要因素。

5. 不平顺指标权重计算结果

为探究优势分析利用分类计算及线性回归在预测车体加速度时 5 项不平顺相对权重的准确性,分别对车体横向加速度及垂向加速度进行分类任务及线性回归计算,结果见表 7-7。

表 7-7 5 项不平顺指标在不同计算方式下的相对权重

加速度	计算方式	X_1	X_2	X_3	X_4	X_5	R^2
横向	分类	0.018 1%	2.554%	96.332%	0.219%	0.878%	0.238
横向	回归	0.014 6%	2.762%	95.629%	1.132%	0.462%	0.238
垂向	分类	24.104%	0.508%	1.837%	71.820%	1.732%	0.040 9
垂向	回归	68.029%	0.524%	1.637%	29.613%	0.197%	0.293

由表 7-7 可得：对于横向加速度而言，分类与回归的伪 R^2 指标结果基本一致，且 5 项不平顺指标的相对权重计算结果差异不大，说明对于横向加速度而言，分类计算与线性回归均可行。而对于垂向加速度而言，由于实测数据超限样本极少，是不平衡数据，人为设置超限阈值进行打标分类的结果并不理想，导致伪 R^2 计算结果很差。但采用线性回归进行计算时，可以获得较高的伪 R^2 值，且相对权重较大的分别是 X_1（高低）及 X_4（水平），这也符合线路实际情况。

将 5 项不平顺指标所有实测数据的相对权重做直方图，并对其拟合进行核密度估计，再分别选取拟合曲线最高点对应的相对权重进行归一化处理，即可得到该时速下 5 项不平顺指标的最终相对权重。对其余不同板式无砟轨道、不同运营时速下的实测数据做相同处理，结果见表 7-8 至表 7-10。

表 7-8 华东 A 线（Ⅰ型板）5 项不平顺指标相对权重

项目		高低	轨向	轨距	水平	三角坑
垂向	200～250 km/h	94.14%	0.51%	0.31%	4.73%	0.31
	250～350 km/h	93.44%	0.41%	0.61%	5.13%	0.41
横向	200～250 km/h	2.87%	14.33%	38.22%	31.84%	12.74%
	250～350 km/h	0.79%	2.82%	81.26%	14.11%	1.02%

表 7-9 华东 B 线（Ⅱ型板）5 项不平顺指标相对权重

项目		高低	轨向	轨距	水平	三角坑
垂向	200～250 km/h	94.25%	0.84%	0.31%	3.66%	0.94%
	250～350 km/h	93.94%	0.72%	0.41%	4.11%	0.82%
横向	200～250 km/h	0.31%	2.09%	95.19%	1.05%	1.36%
	250～350 km/h	1.93%	12.86%	40.19%	38.59%	6.43%

表 7-10 华东 C 线（Ⅲ型板）5 项不平顺指标相对权重

项目		高低	轨向	轨距	水平	三角坑
垂向	200～250 km/h	88.02%	1.94%	2.05%	7.56%	0.43%
	250～350 km/h	97.34%	0.31%	0.20%	1.74%	0.41%
横向	200～250 km/h	0.31%	0.84%	93.82%	1.89%	3.14%
	250～350 km/h	4.34%	13.33%	34.77%	43.47%	4.09%

7.2 关联车体响应的轨道不平顺各项指标相对权重分析

基于此，本节最终采用线性回归模型来探究 5 项不平顺指标对于不同类别加速度的影响权重。同时，为了消除不同运营时速带来的影响，根据规范将实测数据的速度划分为 200~250 km/h 及 250~350 km/h 两个类别。同样以 Ⅰ 型板、华东 C 线为例，将 200~250 km/h 所有实测数据进行概率密度分析，结果如图 7-3 所示。

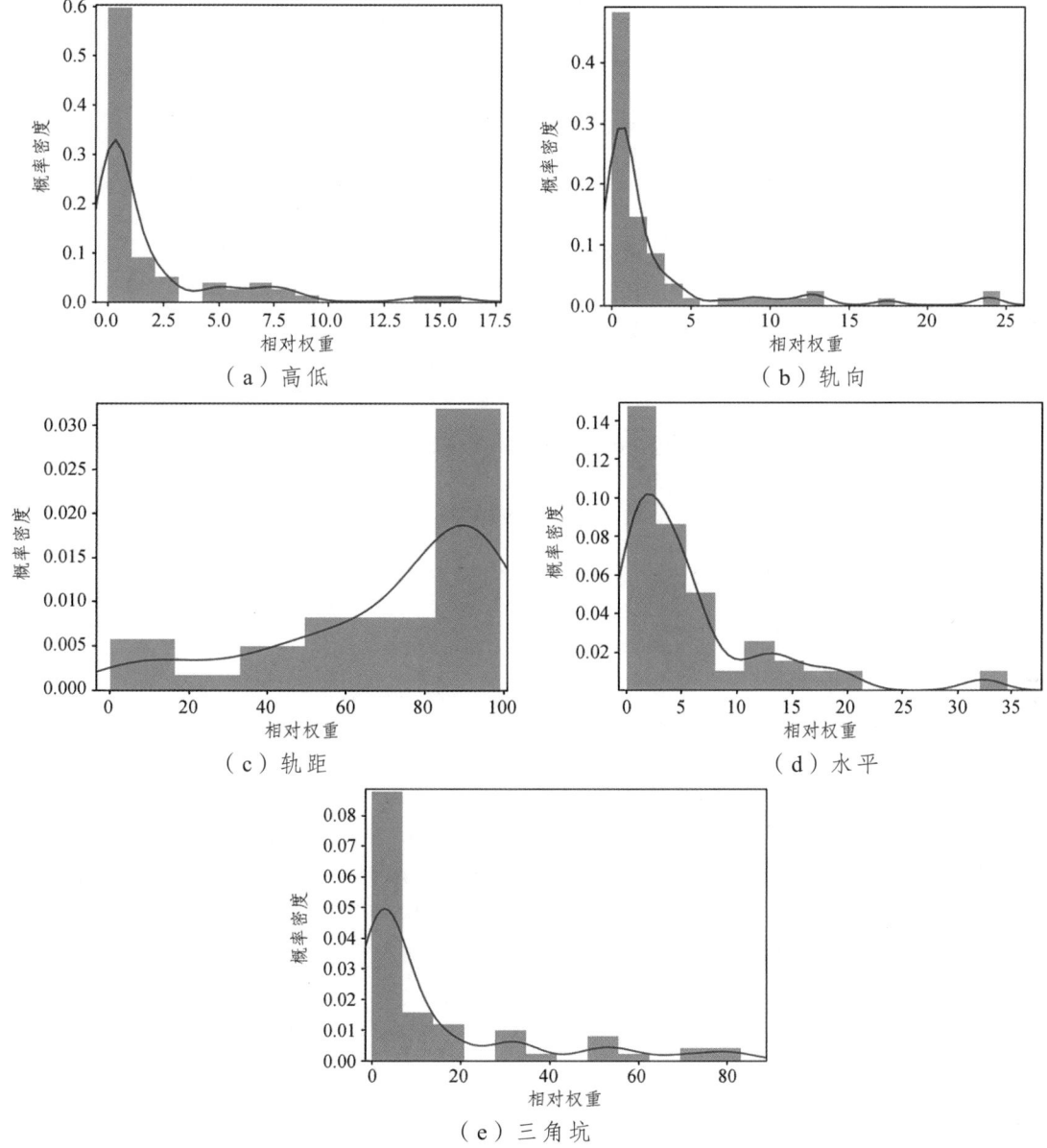

图 7-3 5 项不平顺指标概率密度直方图

由以上 3 个表可以发现：

（1）从垂向加速度的角度分析可得：对于 3 种不同的板式无砟轨道，5 项不平顺指标中高低占比最大，基本都超过 90%；其次为水平不平顺指标，其相对权重占比较其余指标高出至少 3 倍。这说明高低与水平不平顺是车体产生垂向加速度的主要影响因素，其中高低不平顺是主要诱因。基于此，为规避轨道垂向不平顺引起的车辆损伤及线路不稳定的问题，现场养护维修工作应特别关注高低变化率较大的部位，如轨道接头、桥梁两端、路基过渡段等。

（2）从横向加速度的角度分析可得：其中华东 A 线（Ⅰ型板），运营速度在 200~250 km/h 时，轨距、水平相对权重较大，分别为 38.22%、31.84%，250~350 km/h 时轨距的相对权重为 81.26%，远远大于其余指标；而 Ⅱ 型、Ⅲ 型板式无砟轨道结论与 Ⅰ 型板正好相反。Ⅱ 型、Ⅲ 型板式无砟轨道线路在低运营速度下，轨距相对权重最大，均超过 90%；而在高运营速度下，轨距、水平两项不平顺指标的权重均较大，在 30% 以上。基于此，为避免轨道横向不平顺带来的钢轨磨耗甚至车辆脱轨等问题，现场养护维修工作应特别关注横向加速度易扣分区段，如曲线轨距加宽处及道岔区段等。

7.3 基于分位数回归的轨道质量指数阈值合理性数据分析

随着现代化铁路的不断提速及行车密度的增加，线路设备长期满负荷运行。在此情况下，对轨道设备进行定期检查的"计划修"已无法从根本上满足要求，依据轨道状态及维修历史的"状态修"应运而生，并被认为是一种先进的维修体制。然而，不同时速、不同状态下轨道动态不平顺管理值的合理性直接决定了其能否科学准确地用于评价轨道状态，进而影响线路养护维修作业。

7.3.1 不平顺管理值及合理性研究

目前，利用轨检车与高速综合检测列车测量轨道几何形位是我国最常见的轨道动态不平顺检测手段。轨检数据的采样间隔通常为 0.25 m，检测对象包括线路高低（左、右轨）、轨向（左、右轨）、轨距、水平、三角坑等 7 项指标。根据现有标准，我国利用轨检车的实测数据来评价轨道质量状态的两种方法包括峰值管理法和均值管理法。

国外主要通过局部幅值及区段质量两部分来实现对高速铁路轨道动态不平顺的管理，并以局部幅值管理为主导，其局部幅值对应我国《铁路线路修理规则》中规定的峰值管理。田国英等[①]针对德国、日本、法国等轨道动态不平顺局部幅值管理方式及检测方法，结合速度等级、管理等级及所测弦长（波长范围）等方面进行综合分析，将我国

---

① 田国英，高建敏，翟婉明. 高速铁路轨道不平顺管理标准的对比分析[J]. 铁道学报，2015（3）：64-71.

不同速度等级下 7 项轨道动态不平顺幅值管理标准与各国高速铁路速度等级相近、管理级别划分同等的动态不平顺管理标准进行对比研究，得到如下结论：我国现有峰值管理标准接近于日本新干线不平顺管理标准，尤其是峰值管理中的Ⅰ级（经常保养）动态质量容许偏差管理值与日本相似，但相较于德国及法国相应划分等级的管理标准更为严苛。由此可见，我国既有峰值管理标准严格于世界上大部分高速铁路发达国家。

因此，根据翟婉明等学者的研究，可以将不同时速下我国现行峰值管理中的Ⅰ级动态质量容许偏差管理值作为合理的标准，通过寻找实测数据中半峰值与标准的关系，反推均值管理的可靠性。

7.3.2 数据预处理

1. 数据源

为验证均值管理中轨道质量指数管理值及各单项标准差的合理性，分别选取西南 A 线上行 2015 年 1 月—2017 年 8 月（共 56 次有效检测次数）、运行速度为 250 km/h，西南 B 线上行 2016 年 1 月—2017 年 7 月（共 36 次有效检测次数）、运行速度为 300 km/h，以及不同运营速度、不同轨道板的 4 条华东线（A、B、C、D）和一条Ⅲ型板的西南 C 线共同作为分析对象，各条线路详细信息见表 7-11。

表 7-11 西南华东七条不同线路信息

线路	西南 A	西南 B	西南 C	华东 A	华东 B	华东 C	华东 D
速度/（km/h）	200~250	250~350	200~250	250~350	200~250	250~350	250~350
轨道板类型	CRTS Ⅰ	CRTS Ⅰ	CRTS Ⅲ	CRTS Ⅰ	CRTS Ⅱ	CRTS Ⅱ	CRTS Ⅲ

2. 里程误差修正模型

轨道动态不平顺，是线路不平顺的动态反映，主要通过综合检测列车进行检测。而轨检车系统容易受轮轨间的相对滑动、GPS 局限性等多种因素影响，检测数据会出现重复、缺失等问题。更棘手的是在测量过程中会不断积累里程误差，出现数据滞后等问题，从而造成轨道质量状态评估的失真，增加线路维修管理的困难。针对该问题，西南交通大学汪鑫等提出基于数据波形匹配与统计方法建立的里程误差定量评估与修正模型[①]。本节在该模型基础上，为适应新的检测数据并兼顾计算效率与模型精度，适当调整相对里程误差修正中的窗长及移动步长两个参数，对所有用到的铁路局集团有限公司动检实测数据进行里程误差修正，以实现全线里程误差控制在 10 m 以内。

---

① 汪鑫，王源，王平，等. 高速铁路动检车检测数据里程误差评估与修正[J/OL]. 铁道标准设计，2018，62（7）：46-51. DOI: 10.13238/j.issn.1004-2954.2018.07.

7 轨道不平顺管理值研究

西南某条线路为例,选取 2017 年 3 月 24 日至 2019 年 4 月 6 日共 26 次综合检测列车的实测数据,经过里程修正分别可得原始动检数据[图 7-4(a)]、绝对里程误差修正后动检数据[图 7-4(b)]以及相对里程误差修正后动检数据[图 7-4(c)]的对比图。

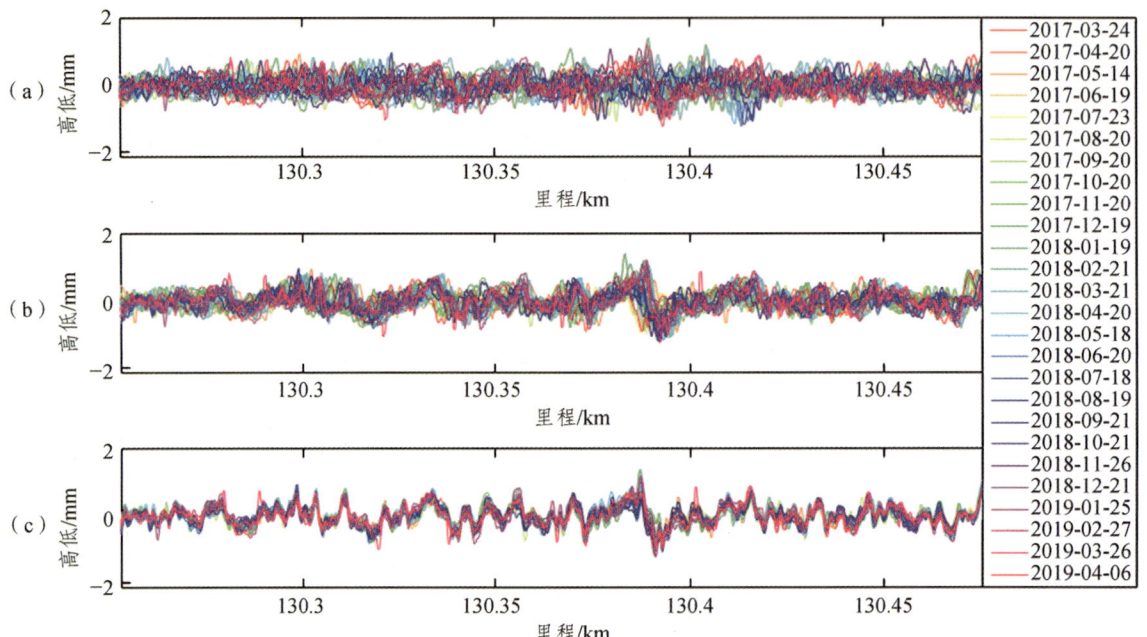

(a)修正前检测数据　(b)修正绝对误差后检测数据　(c)修正相对误差后检测数据

图 7-4　K130+550—K130+800 处左高低里程修正效果

由图 7-4 可知:受综合轨检车检测时产生里程误差的影响,时间历程下原始检测数据的波形存在明显的偏差,同时由于该误差的存在导致无法科学准确地描述轨道实际质量状态,同样无法判断轨道动态不平顺的演变规律,进而导致对现场铁路轨道的预知性维护管理更加困难。运用里程误差修正模型后可以明显发现,轨道高低不平顺波形数据具备较好的吻合性、重复观测性。此时,根据修正后的动检数据,能够快速定位线路质量状态不良区段,有利于动态不平顺管理值的计算与制定,同时现场养护维修工作人员可以结合时间历程检测数据制定更科学、更精细的养护维修策略。

3. 基于时间序列的异常值处理

由于实际检测数据中的轨道局部劣化状态会引起较大的轨道动态不平顺幅值变化,因此,仅根据某一次检测数据无法准确判断各项指标的峰值异常值。而利用时间序列数据进行分析,可以更科学地识别轨道动态不平顺中的峰值异常值。将轨道动态几何不平顺中各指标在 t 时间 k 位置处的幅值记为 y_{tk},将其在时间历程下 k 位置处的轨道不平顺

7.3 基于分位数回归的轨道质量指数阈值合理性数据分析

均值及标准差分别记为 $\bar{y}_k$，σ_k，则该位置处轨道不平顺的阈值范围[图 7-5（a）中黑线]见式（7-13）：

$$\bar{y}_k - d \cdot \sigma_k \leq y_{tk} \leq \bar{y}_k + d \cdot \sigma_k \tag{7-13}$$

式中：d 一般取 3~4，当线路几何状态稳定时 d 取 3，当线路几何状态较差时可取 4。

以西南某条线路为例，观察时间序列实测数据（图 7-5）可知：某些位置处检测数据异常存在时间上的"孤立性"（如图中 I 和 II）：I 处超限峰值的检测时间为 2016 年 5 月 7 日，II 处为同年 11 月 11 日，而 III 处两个超限峰值的检测时间分别为 2017 年 5 月 7 日与 5 月 17 日。自此轨道数据预处理方法介绍完毕，接下来的内容将使用里程误差修正之后的数据。

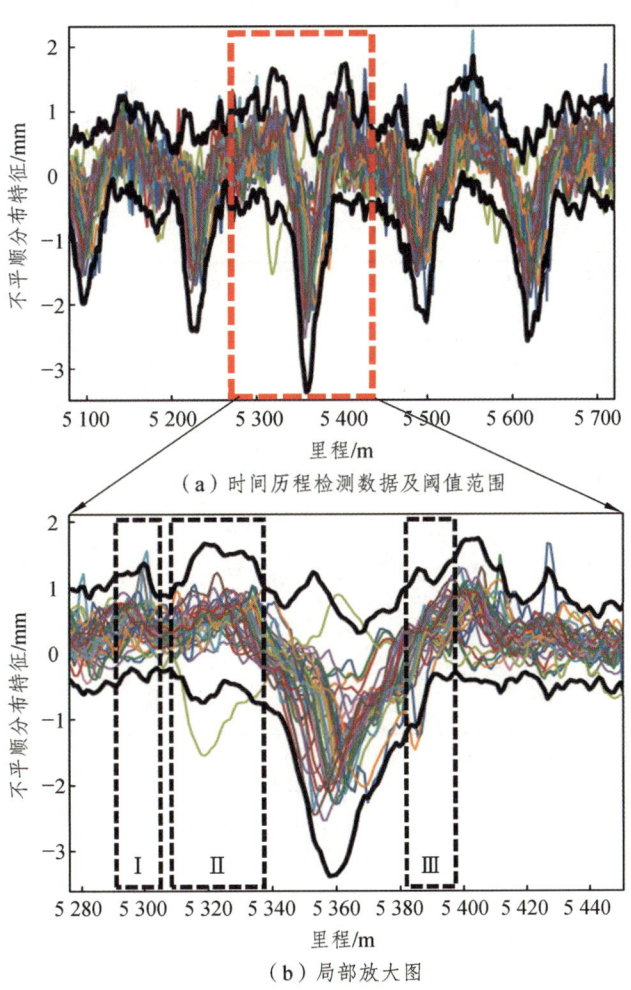

（a）时间历程检测数据及阈值范围

（b）局部放大图

图 7-5　时间历程检测数据

7.3.3 分位数回归统计分析

分位数为随机变量概率分布的等分点,在此方法中其作用为过滤半波峰异常点。对于任意实值随机变量 Y,它的所有性质都可以由 Y 的分布函数,即

$$F(y) = \Pr(Y \leqslant y) \tag{7-14}$$

确定。对于任意的 $0 < \tau < 1$,定义随机变量 Y 的 τ 分位数函数 $Q(\tau)$ 为:

$$Q(\tau) = \inf\{y : F(y) \geqslant \tau\} \tag{7-15}$$

$Q(\tau)$ 完全刻画了随机变量 Y 的样本分布性质,即存在比例为 τ 的部分小于分位数函数 $Q(\tau)$,而比例为 $1-\tau$ 的部分位于分位数函数 $Q(\tau)$ 之上[①]。

本章将修正后的西南 B 线不平顺检测数据最大峰值和标准差作相关性图,拟合不同的分位数回归(Quantile Regression)直线,同时沿用传统的最小二乘法(OLS:Ordinary Least Squares),对两者进行比较。如图 7-6 所示,其中红实线为线性最小二乘法的回归线,虚直线则表示线性分位数回归线,从下到上,它们的 τ 值依次是:0.5、0.6、0.7、0.8、0.9、0.95。

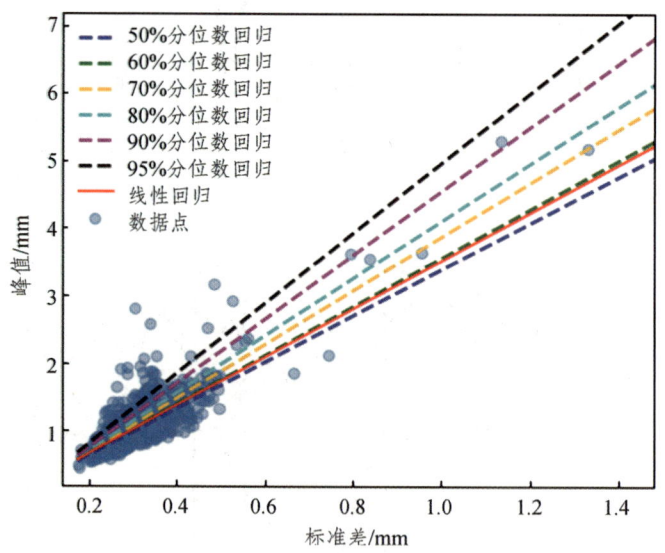

图 7-6 高低不平顺实测数据的分位数回归

由图 7-6 可以发现,随着标准差的增大,对应峰值间的差别也随之拉大。然而传统的 OLS 分析得到的是条件期望函数,即峰值的期望,因此即使峰值的分布发生变化,平

---

① 李育安. 分位数回归及应用简介[J]. 统计与信息论坛,2006,21(3):35-38.

均来看峰值还是以同样的斜率稳定上升。此外，对于标准差小的区段来说，OLS 拟合值过高。这是因为少数的高标准差区段拉高了整体的均值，可见 OLS 对异常点敏感，体现了它的不稳健性。相比之下，分位数回归则不易受离群值的影响。

7.3.4 七项指标拟合分析

本小节对于同一运营时速的线路，利用轨检车所有历史实测数据进行综合统计分析。分别将历次检测数据作 80%、90%及 95%分位回归，所得拟合斜率以箱形图（Box-plot）的形式来描述，如图 7-7 所示，其中纵坐标为峰值与标准差的比值，也就是图 7-6 中各点峰值坐标与标准差的比值。

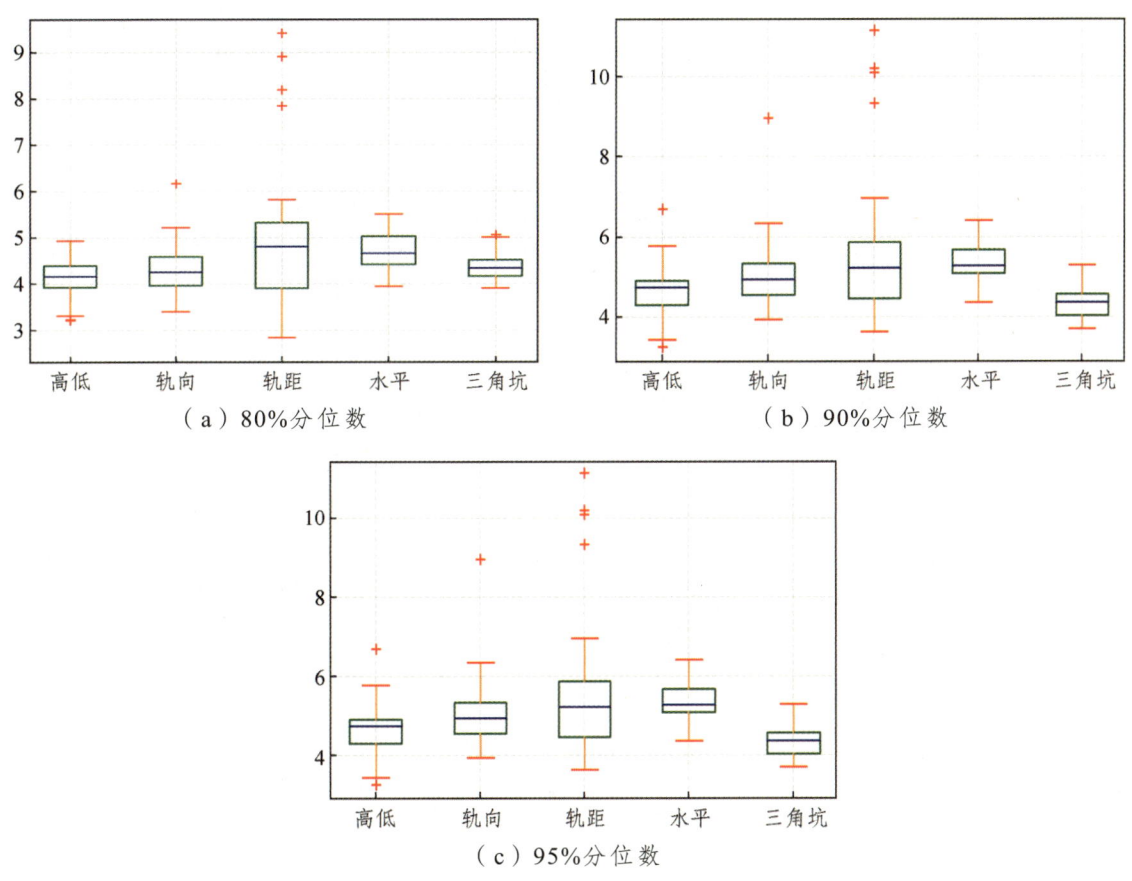

图 7-7 不同指标多次拟合斜率箱形图

箱形图又称为盒须图或箱线图，是一种表征一组数据分散情况的统计图，主要用于体现原始数据分布的特征，还可以进行多组数据分布特征的比较。箱形图包括最小值

(min)、下四分位数（Q_1）、中位数（X_m）、上四分位数（Q_3）和最大值（max）。如图 7-7 所示，绿色矩形框的上下两端边的位置分别对应数据的上、下四分位数（Q_3、Q_1）；矩形框内部的蓝色线段为中位线，对应中位数（X_m）。上四分位数与下四分位数之间的距离是数据分布的一种简单度量，它给出被数据的中间一半所覆盖的范围。该距离称为四分位数极差（IQR），定义为：

$$IQR = Q_3 - Q_1 \tag{7-16}$$

因此，最大值（max）定义为 $Q_3+1.5IQR$，最小值（min）定义为 $Q_1-1.5IQR$。基于此，若最大值大于数据整体最大值，则视大于最大值（max）或小于最小值（min）的数据为离群点，如图红色加号所示。

在统计分析中，中位数有着至关重要的作用，它不仅反映数据的位置信息，还与均值有倍数关系。本节采用中位数作为最终结果，用作接下来的均值管理建议值计算，见表 7-12。

表 7-12 不同分位数下各指标半峰值与标准差的倍数关系

分位数	高低	轨向	轨距	水平	三角坑
80%	4.148	4.237	4.794	4.653	4.330
90%	4.745	4.940	5.240	5.290	4.386
95%	5.007	5.461	5.903	5.814	5.001

7.3.5 均值管理建议值

第 7.3.1 节提到，有学者研究，可以将不同时速下我国现行峰值管理中的 I 级动态质量容许偏差管理值作为合理的标准，通过寻找实测数据中半峰值与标准的关系，反推均值管理的可靠性。据此，假设不平顺半峰最大值与测得的不平顺标准差之比等于容许偏差管理值与轨道质量指数（TQI）建议管理值之比，即：

$$\frac{A}{TQI} = \frac{A_r}{TQI_r} \tag{7-17}$$

其中：$\frac{A}{TQI}$ 为检测不平顺结果中最大半峰值与标准差之比，通过之前的分位数算法取中位数获得，见表 7-12；A_r 为容许偏差管理值，《高速铁路有砟轨道线路维修规则》有所介绍，见表 7-1、表 7-2；TQI_r 为均值建议管理值。

现通过容许偏差值 A_r 以及当前轨道不平顺数据所得的峰值 A 以及标准差 TQI 反推均值建议管理值 TQI_r。TQI_r 计算以 90%分位数下高低不平顺为例，此时高低指标的峰值容许偏差管理值为 4 mm。根据式（7-17），将其与表 7-12 中 90%分位数回归所得中位数的比值作为该时速下高低指标均值建议管理值，即 4/4.745 = 0.84。

同理，分别计算其余各指标的建议管理值结果，见表 7-13，并根据所得建议管理值统计整条线路，计算小于该管理值的里程所占比例。对运行速度为 250 km/h 的西南 A 线实测动检车数据作相同处理，计算并给出运行速度为 200～250 km/h 线路均值管理中轨道质量指数（TQI）建议管理值，结果见表 7-14。

表 7-13　250（不含）～350 km/h 轨道质量指数（TQI）计算结果

分位数	项目	高低	轨向	轨距	水平	扭曲	TQI
80%	建议管理值（1.5～42 m）	1.1	1.0	0.8	1.0	1.0	7.0
	小于管理值所占比例/%	98.23	98.96	93.21	93.56	99.87	95.84
90%	建议管理值（1.5～42 m）	0.9	0.8	0.8	0.9	0.9	6.0
	小于管理值所占比例/%	94.44	95.32	93.21	89.72	99.54	91.33
95%	建议管理值（1.5～42 m）	0.7	0.7	0.6	0.8	0.8	5.0
	小于管理值所占比例/%	91.88	92.87	90.81	87.17	97.64	88.69

表 7-14　200～250 km/h 轨道质量指数（TQI）计算结果

分位数	项目	高低	轨向	轨距	水平	扭曲	TQI
80%	建议管理值（1.5～42 m）	1.4	1.1	0.9	1.1	1.1	8.0
	小于管理值所占比例/%	96.56	97.02	96.25	85.78	96.55	88.56
90%	建议管理值（1.5～42 m）	1.2	1.0	0.8	0.9	0.9	7.0
	小于管理值所占比例/%	92.78	95.37	94.82	81.31	94.95	84.28
95%	建议管理值（1.5～42 m）	1.0	0.9	0.8	0.7	0.7	6.0
	小于管理值所占比例/%	88.41	92.25	94.82	77.88	78.89	81.55

由表 7-13 知，利用分位数回归分析运行速度在 250（不含）～350 km/h 范围内的西南 B 线可得，95%分位数回归所得建议管理值与既有规范一致，此时能保证全线约 88%的线路 TQI 满足要求。由表 7-14 知，利用分位数回归分析运行速度在 200～250 km/h 范围内的西南 A 线可得，80%分位数回归所得建议管理值与既有规范一致，此时同样能保证全线约 88%的线路 TQI 满足要求。

因此，建议采用 80%及以上分位数计算所得的 TQI 作为速度 200～250 km/h 线路的管理值，而时速 250（不含）～350 km/h 线路建议采用 95%及以上分位数计算所得的 TQI 作为管理值。

为分析不同轨道板线路状态,利用上海局集团有限公司不同运营时速的Ⅰ型、Ⅱ型、Ⅲ型 3 种板式无砟轨道线路数据进行统计分析,结果见表 7-15,可知:

(1) 从相同分位数分析,华东线路小于建议管理值的比例普遍高于西南线路,说明华东线路更平顺。

(2) 运营时速在同一范围内的不同线路,在相同分位数下,如果计算的标准差管理值越高,则表明该线路峰值与标准差的倍数较小,该线路养护维修状态较好,特别是单点不平顺超限的数量较少,不需要较严格的 TQI 管理值进行整体管理。

(3) 反之,相同时速范围的不同线路,在相同分位数下,如果计算的标准差管理值越低,则表明该线路峰值与标准差的倍数较大,该线路整体不平顺有可能还是较好,但是单点不平顺超限可能比较多,需要压低 TQI 管理值确保较低的峰值超限数量。

(4) 从不同分位数分析,华东 CRTS Ⅰ 型板式无砟轨道计算所得建议管理值大于Ⅱ型、Ⅲ型板式无砟轨道。这可能与轨道板结构有关,Ⅰ型板质量轻,纵向独立,加之砂浆填充层可能存在离缝等情况引起不均匀垂向偏离,导致动态实测值有较大的离散性。

表 7-15 不同轨道板轨道质量指数(TQI)计算结果

分位数	项目	Ⅰ型板			Ⅱ型板		Ⅲ型板	
		西南 A 线	西南 B 线	华东 A 线	华东 B 线	华东 C 线	西南 C 线	华东 D 线
		200~250	250~350	250~350	200~250	250~350	200~250	250~350
80%	建议管理值	8.0	7.0	7.9	7.0	7.1	9.3	7.0
	小于管理值占比/%	88.56	95.84	100.00	99.74	99.81	100.00	99.77
90%	建议管理值	7.0	6.0	7.2	6.3	6.9	8.7	6.4
	小于管理值占比/%	84.28	91.33	100.00	99.65	99.75	100.00	99.75
95%	建议管理值	6.0	5.0	6.7	5.6	6.3	8.3	6.0
	小于管理值占比/%	81.55	88.69	99.85	99.47	99.69	100.00	99.75

同时,为了分析既有峰值管理标准与均值管理的关系,对西南 A 线、西南 B 线、华东 A 线 3 条实测数据 5 项不平顺指标的峰值超限频率进行了统计,由于超限次数远远少于总测量数据样本,因此超限频率用百万比(0.001‰)来表示,结果见表 7-16。

表 7-16 不同线路不同峰值等级超限频率

不同线路	偏差等级	高低/0.001‰	轨向/0.001‰	轨距/0.001‰	水平/0.001‰	扭曲/0.001‰
西南 A 线	Ⅰ（经常保养）	6.09	211.10	537.90	4.06	44.66
	Ⅱ（舒适度）	6.09	69.01	464.83	0	0
	Ⅲ（临时补修）	0	10.15	383.64	0	0
	Ⅳ（限速管理）	0	0	209.07	0	0
西南 B 线	Ⅰ（经常保养）	120.41	1 556.74	3 838.96	135.89	174.01
	Ⅱ（舒适度）	18.13	972.57	3 095.88	54.49	8.33
	Ⅲ（临时补修）	5.08	533.28	450.50	11.98	1.66
	Ⅳ（限速管理）	2.75	250.67	106.92	0.47	0.27
华东 A 线	Ⅰ（经常保养）	166.60	522.76	34 664.82	1.67	15.83
	Ⅱ（舒适度）	4.91	278.18	23 171.50	0.52	0.31
	Ⅲ（临时补修）	0.02	149.37	18 663.21	0.18	0.15
	Ⅳ（限速管理）	0	87.21	14 807.79	0.10	0.13

由表 7-16 可知：

（1）对比 3 条线路，轨距出现峰值超限的频率最大，养护维修时需要特别关注。

（2）结合表 7-15、表 7-16，均值管理只能反映线路的整体平顺性状态，无法反映轨道局部质量状态的优劣。在均值管理方面，华东 A 线、西南 B 线均优于西南 A 线；然而在局部峰值超限方面，西南 A 线的表现最好。这可能与西南 A 线轨距指标与其余指标离散程度过大有关，体现在均值管理的标准差计算结果较差。

（3）既有峰值管理与均值管理均有一定的局限性，且各有优劣，需兼顾两者以科学合理地评价轨道质量状态并及时准确地开展养护维修工作。

7.4 基于极值理论的轨道不平顺峰值超限管理研究

近年来，高速铁路的快速发展对轨道平顺性提出了新的要求。轨道平顺性对行车安全、乘坐舒适性、轨道寿命及环境噪声等具有重要影响[①]。轨道不平顺的峰值超限可能会引起列车的爬轨和脱轨，对行车安全构成极大危害，同时也是各国现有线路养护维修常用的基本评价指标。

虽然目前已有不少学者利用仿真模型、仿真数据对可能影响轨道产生峰值超限的控

---

① 罗林. 高速铁路轨道必须具有高平顺性[J]. 中国铁路，2000（10）：8-11.

制因素进行了详细分析,但是针对铁路养护维修基础性工作的铁路峰值超限风险价值（VAR）以及峰值管理值的合理性研究还处于起步阶段,尚未形成成熟的评价体系。VAR 指在一定置信水平和未来某段时期内的最大可能损失,广泛应用于金融风险管理并正逐渐向其他行业扩展。运用于铁路中时,是对轨道不平顺峰值超限风险价值的评估,指在给定的显著水平下,线路在未来一段时间内可能出现的最大峰值。针对轨道不平顺峰值超限存在低频高损、数据稀疏的特点,本节采用极值理论（Extreme Value Theory）中的峰值过阈值法（Peaks Over Threshold）模型[①],根据一定规则选取阈值,对历史检测值超过阈值的数据进行建模,并运用广义帕累托分布研究并确定新样本序列的分布函数,将既有峰值标准不同等级的容许偏差管理值视为损失值 VAR_P 来反推超限概率 P,以此来评价既有峰值管理标准的合理性。大量学者研究表明,基于峰值过阈值法模型的极值理论方法在描述数据分布的尾部特征方面更具优势,侧重于关注超限数据序列分布,充分考虑了所有较大实测值出现的可能,能更客观地反映工程实际,是一种相对准确的分位数分析方法和预测工具[②]。最后,本节结合西部某高铁轨检车实测数据,验证了该方法的可行性和有效性。

7.4.1 峰值过阈值法模型

与一般的模型不同,峰值过阈值法模型主要研究超过设定阈值的数据样本,观察该类序列的数值大小及总体分布特征。对于轨检车实测值序列 X,假设 u 为阈值,超过阈值 u 的样本个数为 n_u,$F(x)$ 为分布函数。峰值过阈值法模型分析的是在 $X>u$ 的条件下,超限值 $y_i = X - u(i=1,2\cdots n_u)$ 的条件分布函数 $F_u(y)$ 为:

$$F_u(y) = P(X-u \leqslant y | X>u) \quad y \geqslant 0 \tag{7-18}$$

由条件概率公式可得:

$$F_u(y) = \frac{F(u+y)-F(u)}{1-F(u)} = \frac{F(x)-F(u)}{1-F(u)} \tag{7-19}$$

将式（7-19）变形可得:

$$F(x) = F_u(y)[1-F(u)]+F(u) \quad X \geqslant u \tag{7-20}$$

Balkema-de Haan 定理表明,对足够大的阈值 u,超限值 y_i 近似服从于广义帕累托分

---

① 李宛玉,戴贤春,刘敬辉. 基于 POT 模型的铁路事故定量风险度量研究[J]. 铁道运输与经济,2013, 35（6）: 1-4; 14.

② BEKIROS S D, GEORGOUTSOS D A. Estimation of Value-at-Risk by extreme value and conventional methods: a comparative evaluation of their predictive performance[J/OL]. Journal of International Financial Markets, Institutions and Money, 2005, 15（3）: 209-228. DOI: 10.1016/j.intfin.2004.05.002.

布 $G_{\xi,\sigma}(y)$[195]，该分布的累计分布函数（CDF）为：

$$F_u(y) \approx G_{\xi,\sigma}(y) = \begin{cases} 1-\left(1+\dfrac{\xi}{\sigma}y\right)^{-\frac{1}{\xi}} & \xi \neq 0 \\ 1-e^{-\frac{y}{\sigma}} & \xi = 0 \end{cases} \qquad (7\text{-}21)$$

式中：σ 表示尺度参数；ξ 表示形状参数，当 $\xi \geqslant 0$ 时，$y \in [0,\infty)$，当 $\xi < 0$ 时，$y \in \left[0,\dfrac{\sigma}{\xi}\right]$。

超限值的概率密度函数 $g_{\xi,\sigma}(y)$ 为累计分布函数的一阶导函数：

$$g_{\xi,\sigma}(y) = \dfrac{\mathrm{d}F_u}{\mathrm{d}y} = \begin{cases} \dfrac{1}{\sigma}\left(1+\dfrac{\xi}{\sigma}y\right)^{-\left(1+\frac{1}{\xi}\right)} & \xi \neq 0 \\ \dfrac{1}{\sigma}e^{-\frac{y}{\sigma}} & \xi = 0 \end{cases} \qquad (7\text{-}22)$$

因此，对于给定的一个轨检车实测值序列 $\{x_1, x_2, \cdots, x_n\}$，对数似然函数 $L(\xi,\sigma|y)$ 可以表示为：

$$L(\xi,\sigma|y) = \sum_{i=1}^{n}\ln g_{\xi,\sigma}(y_i) = \begin{cases} -n\ln\sigma - \left(1+\dfrac{1}{\xi}\right)\sum_{i=1}^{n}\ln\left(1+\dfrac{\xi}{\sigma}y_i\right) & \xi \neq 0 \\ -n\ln\sigma - \dfrac{1}{\sigma}\sum_{i=1}^{n}y_i & \xi = 0 \end{cases} \qquad (7\text{-}23)$$

7.4.2 广义帕累托分布函数的参数估计

由上述公式可知，对阈值 u、尺度参数 σ 和形状参数 ξ 的正确估计是建立峰值过阈值法模型的关键。根据反复试验发现，阈值 u 的选取直接关系到能否准确估计尺度参数及形状参数。过大的阈值，会导致超限样本数量太少，从而影响分布函数的估计；过小的阈值，则无法保证超限数据的收敛性，导致参数估计的偏差过大。基于轨检车实测值序列的特点，本节依据超限期望图来确定阈值 u①。

广义帕累托分布在 $\xi > -1$ 时，其超限期望函数 $e(m)$ 是线性函数，可以表示为：

$$e(m) = \dfrac{\sigma + \xi m}{1 + \xi} \qquad (7\text{-}24)$$

---

① 谭德俊，邹敏烨. 操作风险损失的广义帕累托分布参数估计及其应用[J]. 财经理论与实践，2010（6）：24-27.

定义如下形式的平均余值函数：

$$e(u) = \frac{\sum_{i=1}^{n_u}(X-u)}{n_u} \quad (7\text{-}25)$$

其中：$n_u = \max\{i|y_i\}$。

由式（7-24）可知，若样本具有厚尾分布特征，即可认为其服从 $\xi > -1$ 的广义帕累托分布，则其期望余值是关于 u 的线性函数。据此，可以根据实测轨检车数据得出的超限期望图，通过选取充分大的临界值 u_0，使得当 $X \geq u_0$ 时，$e(x)$ 为近似线性函数，以此作为确定阈值的依据；同时，可以得到轨检车实测值序列 X 中超过阈值的样本个数 n_u。

当 u 确定以后，利用轨检车实测值序列 X，根据最大似然估计，即可得到尺度参数 σ 和形状参数 ξ 的估计值。

7.4.3 动态不平顺峰值管理指标的拟定及合理性评价

在阈值确定后，用 $(n-n_u)/n$ 作为 $F(u)$ 的经验估计，将式（7-21）代入式（7-20）可得过阈值 u 的数据分布函数为：

$$\begin{aligned}
F(x) &= F_u(y)(1-F(u)) + F(u) \\
&= \begin{cases} \dfrac{n_u}{n}\left\{1-\left[1+\dfrac{\xi}{\sigma}(x-u)\right]^{-\frac{1}{\xi}}\right\} + \left(1-\dfrac{n_u}{n}\right) \\ \dfrac{n_u}{n}\left(1-e^{-\frac{x-u}{\sigma}}\right) + \left(1-\dfrac{n_u}{n}\right) \end{cases} \\
&= \begin{cases} 1-\dfrac{n_u}{n}\left[1+\dfrac{\xi}{\sigma}(x-u)\right]^{-\frac{1}{\xi}} & \xi \neq 0 \\ 1-\dfrac{n_u}{n}e^{-\frac{x-u}{\sigma}} & \xi = 0 \end{cases}
\end{aligned} \quad (7\text{-}26)$$

根据上述方法求得式（7-26）中各参数的估计值后，即可确定过阈值 u 条件下的分布函数。再依据现有峰值管理中不同等级的管理值，利用分布函数的逆函数即可求得相应的超限发生概率，从而实现对现有动态管理值的合理性评价。

令 x_m 为轨检车实测值不同等级下的管理值，当 $x > x_m$ 时轨道动态不平顺影响舒适度、临时补修或限速，其概率为：

$$P(x > x_m) = P_\alpha = \int_{x_m}^{+\infty} f(x)\mathrm{d}x \quad (7\text{-}27)$$

根据动态不平顺不同等级指标的重要性确定不同等级的发生概率 P_α（即 α），一般为 1%～5%。则对于给定的置信水平 P，可能损失值 VAR_P 就是损失分布的 P 分位数，即 x_m 的估计值：

$$\hat{x}_m = VAR_P = F^{-1}(P) = u + \frac{\sigma}{\xi}\left\{\left[\frac{n}{n_u}(1-P)\right]^{-\xi} - 1\right\} \tag{7-28}$$

具体拟定及评价动态不平顺峰值管理指标的流程如图 7-8 所示。

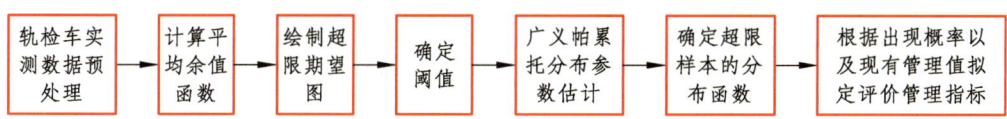

图 7-8　拟定峰值管理不同等级指标的流程

7.4.4　实例分析

本节以运行速度为 300 km/h 的某客运专线为例，选取该线上行段 280 km 自 2016 年至 2019 年共 60 次轨检车实测数据进行分析，并利用里程误差修正模型进行预处理。

1. 厚尾检测

以某次检测数据中高低-半峰值（绝对值）为例，绘制概率分布直方图，如图 7-9 所示。由图 7-9 可知，该线路高低峰值分布具有明显的非正态性。通过指数分位数法进行检验，可以证实该线高低峰值分布具有相对明显的厚尾性，说明该线实际运营出现高低峰值的概率较正态分布出现的概率要大。因此，本节通过极值理论建立峰值过阈值法模型计算风险概率，针对厚尾分布进行重点分析。

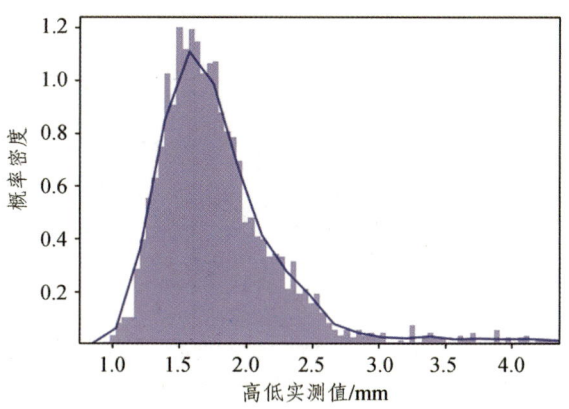

图 7-9　高低实测值概率分布直方图

2. 阈值讨论及参数估计

以高低-半峰值（绝对值）为例，根据式（7-25）计算样本平均余值函数，绘制超限期望图（图 7-10）。一般而言，合适的阈值 u 能够将 10% 左右的数据划分为超限样本，否则无法抓住序列分布的特征。经过多次试验验证，选取 7 km 为一个区间进行划分较为合理，由此可得 4 800 个轨检车高低-实测半峰值序列。

由图 7-10 可以看出，当阈值 u 在 3 mm 附近时，余值函数 $e(u)$ 变化幅度较小为近似线性函数且斜率有正向变大的趋势，说明超限数据较正态分布的尾部要厚，用帕累托模型进行厚尾的分布拟合以描述尾部的特征是适合的。此时，只有少量的高低实测值点分布在 7~9 mm 的尾部，且收敛速度缓慢，符合帕累托分布的特征。

利用余值函数即可初步判定该观测值为所需阈值 u。此时过阈值 $u=3$ mm 的样本个数 n_u 为 387，占比约为 8%。由此可以推断阈值为 3 时比较合适。也允许适当放宽该线左高低峰值 I 级管理值，不妨取 $u=4$、$u=5$ 并与 $u=3$ 进行对比（图 7-11、图 7-12）。利用最大似然估计，分别计算 3 种不同阈值情况下的尺度参数和形状参数估计值及对应的累计分布函数和风险价值，见表 7-17。

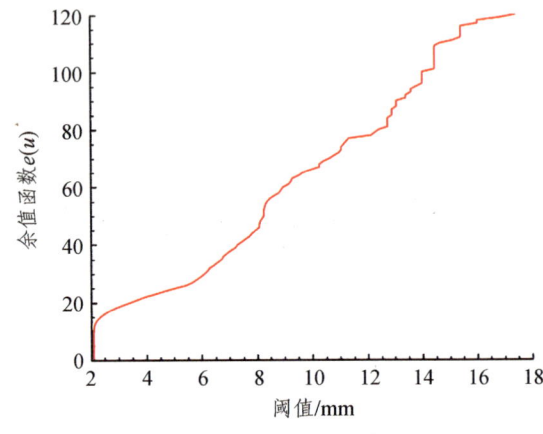

图 7-10 高低实测值序列超限期望图

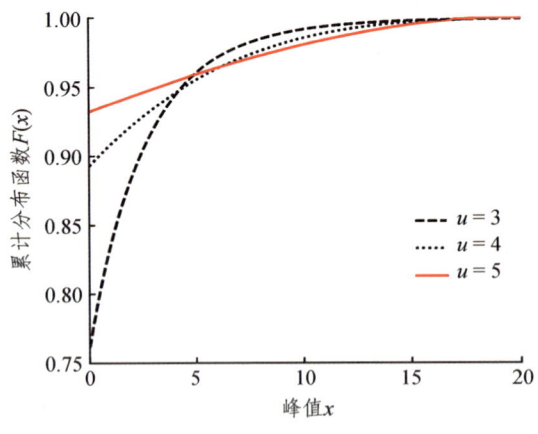

图 7-11 不同阈值下的累计分布函数图

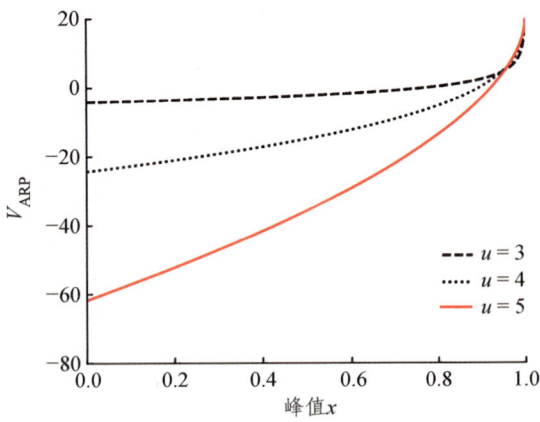

图 7-12 不同阈值下的风险价值函数图

表 7-17 不同阈值下的累积分布函数 $F(x)$ 和风险价值函数 VAR_P 参数大小

u	n_u	ξ	n_u/n	ξ/σ
3	387	0.060 4	0.081	0.019 6
4	271	-0.323 0	0.056	-0.054 0
5	216	-0.556 7	0.045	-0.069 2

由图 7-11 可知,阈值 $u=3$ 比 $u=4$、$u=5$ 的累计分布函数 $F(x)$ 包含更多的超限阈值概率,使得估计的参数更准确。由图 7-12 知,尽管不同阈值在低显著水平($P<90\%$)下,相同的显著水平各自的风险价值不同;但当显著水平较高时($P \geqslant 90\%$),相同的显著水平、不同的阈值对应的风险价值十分相近。因此从严谨的角度出发,本节选取阈值 $u=3$ mm 科学合理。而对于动态不平顺水平这一项指标,规范中 I 级管理值为 5,大于其余同级别各指标。作如上相同分析后发现水平阈值取 4 更为合理。

3. 峰值管理值的拟定及评价

确定阈值后,在高低-半峰值的偏差等级为 I 级(经常保养)超限概率为 5% 的情况下,对超阈值样本使用广义帕累托分布求得的 I 级管理值指标为 4.4 mm,与规范中 250(含)~350 km/h 线路轨道动态质量容许偏差管理值的 4 mm 相近。结合式(7-28)可以反推出该线路出现高低峰值偏差为等级 I 级时的概率为 5.85%,出现 II 级(舒适度)的概率为 3.14%,出现 III 级(临时补修)的概率为 1.72%,而出现 IV 级[限速(160 km/h)]的概率为 0.55%。对其余几项指标作相同处理,分别可得各自阈值、尺度参数、形状参数及不同等级下的超限概率,见表 7-18、表 7-19。

表 7-18 不同指标的阈值及参数估计值

项目	阈值 u	尺度参数 σ	形状参数 ξ
高低	3	3.089 1	0.060 4
轨向	3	4.333 8	0.073 0
轨距	3	0.866 5	-0.010 4
水平	4	6.402 9	-1.078 6
三角坑	3	2.782 3	-0.122 5

表 7-19　某运营速度为 300 km/h 线路不同指标峰值超限概率（%）

指标	经常保养 I 级	舒适度 II 级	临时补修 III 级	限速（160 km/h） IV 级
轨距	5.53	0.52	0.16	0.05
水平	4.35	3.53	2.69	1.83
扭曲（基长 3 m）	6.03	2.74	1.79	1.14
高低（波长 1.5～42 m）	5.85	3.14	1.72	0.55
轨向（波长 1.5～42 m）	9.68	7.73	6.19	4.98

由表 7-18、表 7-19 可得：对于该客运专线而言，轨向的动态质量容许偏差管理值相对宽松，超过 9% 的概率需要经常保养，更有约 5% 的概率需要限速，可以考虑根据规范适当提高标准；轨距的 II 级及以上峰值管理值相对严格，均只有小于 1% 的概率，可以考虑根据规范适当放宽标准；其余指标水平、扭曲和高低的峰值管理值相对合理，可以根据现场实际情况，适当调整。

4. 峰值管理值的拟定及评价

在《高速铁路无砟轨道线路维修规则（试行）》中，峰值管理还包含车体垂向加速度、横向加速度的等级划分，见表 7-20。

表 7-20　250（不含）～350 km/h 线路轨道动态质量容许偏差管理值

项目 偏差等级	经常保养 I 级	舒适度 II 级	临时补修 III 级	限速 IV 级
车体垂向加速度/（m/s^2）	1.0	1.5	2.0	2.5
车体横向加速度/（m/s^2）	0.6	0.9	1.5	2.0

然而根据实际现场养护维修调查发现，加速度检测值往往小于 I 级标准，而达不到检修的目的。因此，本节对已有垂向、横向的现场加速度检测值按照时间序列作箱形图分析，结果如图 7-13 所示。从图中可以发现，垂向加速度的范围在 −0.04～0.04 m/s^2 内，横向加速度的范围在 −0.03～0.03 m/s^2 内，均未有检测值超过规范中的 I 级标准。这说明现场养护维修作业时，峰值管理中的加速度指标并没有起到很好的限制效果。本节采用的基于极值理论的峰值过阈值法模型有其特定的应用范围，只适用于描述及分析过阈值数据的广义帕累托分布特征，不必对数据序列总体的分布类型进行建模。由于该线路不同检测时间下的加速度实测值均未有超限的情况出现，这也意味着此模型不适用于该线路既有加速度管理值的合理性评估。因此，需要根据现场实际情况，适当地将现有峰值管理中的加速度指标严格化以达到实际的养护维修参考标准。

7.4 基于极值理论的轨道不平顺峰值超限管理研究

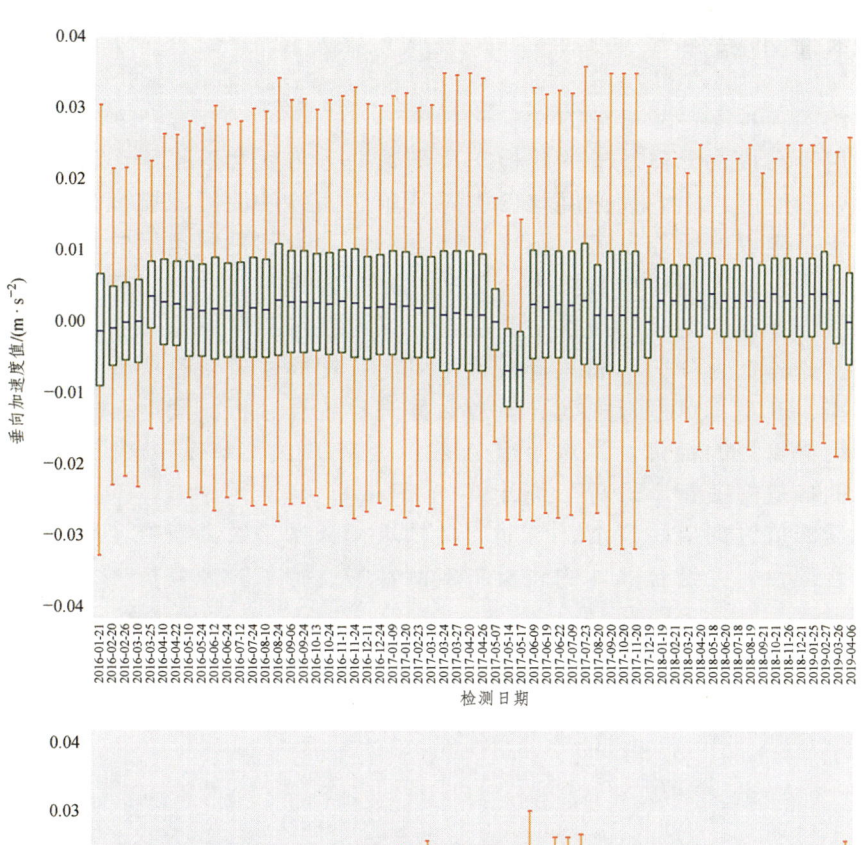

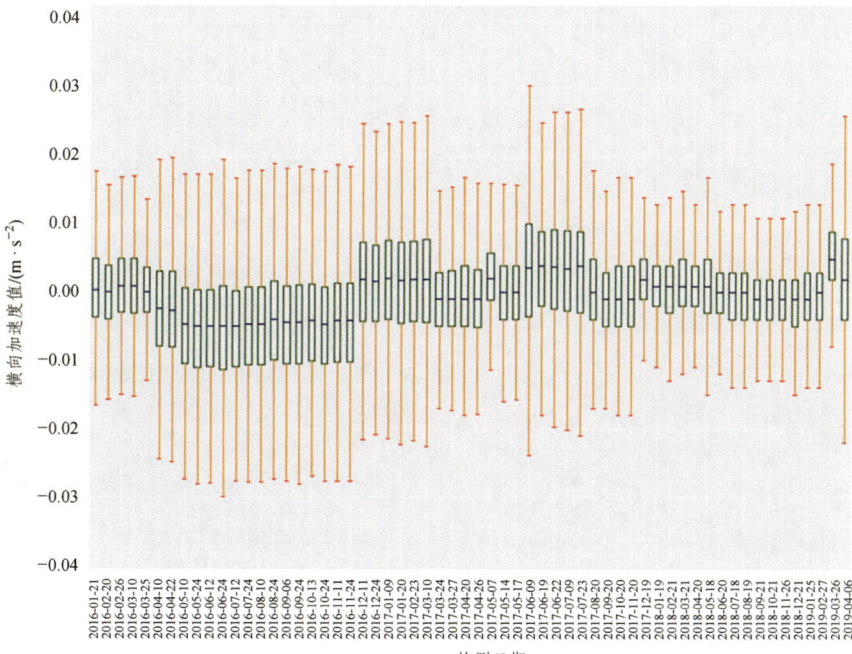

图 7-13 加速度实测值时间序列箱形图

7.5 本章小结

本章介绍了3种不平顺管理方法：

（1）利用不同板式无砟轨道的轨检车实测数据，将5类不平顺作为自变量，以此分别建立了横向加速度、垂向加速度与5类不平顺之间的线性回归模型。采用优势分析方法，计算得出不同板式无砟轨道、不同加速度下，动态不平顺指标的相对权重。

（2）通过对大量实测动检数据的分位数回归拟合斜率，并利用箱形图取中位数作为最终的半峰值与标准差之间的线性倍数关系，以此获得不同时速下各不平顺指标的均值管理建议值。此外，为分析不同轨道板线路可能存在的轨道质量状态差异，利用不同运营时速的Ⅰ型、Ⅱ型、Ⅲ型板式无砟轨道数据进行统计分析。同时，为了分析既有峰值管理标准与均值管理的相关性，对西南A线、西南B线、华东A线3条实测数据5项不平顺指标的峰值超限频率进行了统计。

（3）基于峰值过阈值法模型，借助广义帕累托分布函数，研究了轨道动态不平顺峰值管理值的合理性，并结合具体的轨检车实测数据进行了验证分析。

8

数据物理模型融合下的轨道不平顺精调方案研究

8.1 轨道不平顺精调简介

轨道不平顺是列车高速、安全、稳定运行的关键,也是列车振动的根源。列车运行速度的提高,对轨道规整性的要求越来越高[①]。无论是轨道动态检测,还是静态检测中的连续测量模式或离散测量模式,都是为了准确、有效地获取轨道几何参数,科学、真实地评价轨道平顺性状态。通过几何尺寸的调整(轨道精调),可实现轨道平顺值的有效控制。动态检测获取的轨道几何参数反映了机车荷重和动态作用力下的轨道不平顺状态[②]。然而,检测里程并不准确,且精确的轨道扣件系统的调整量也无法通过动态检测获取的几何参数来确定[③]。因此,动态检测只能快速地对线路的整体平顺性作出评价,并指出大致的问题区间,完成局部调整的概略评估和确定调整的大致方向。线路联调联试之前的轨道全面、系统的精调,以及运营维护中局部区域的检测数据的复核以及具体调整方案的制订,仍然需要静态检测手段才能够完成。

8.1.1 轨道不平顺精调分类

1. 按轨道结构类型

根据轨道结构类型的不同,轨道不平顺精调可以分为有砟轨道精调和无砟轨道精调。对于有砟轨道来说,其轨下基础为石质散粒道床,通常也称为碎石道床,用以支撑、固定钢轨的轨枕和扣件等部件直接布设于碎石道床之上。因此,有砟轨道的平顺性受道床质量影响较大,其平顺性控制通常以道床清筛、捣固等措施结合扣件调整来进行。有

[①] 安国栋. 高速铁路精密工程测量技术标准的研究与应用[J]. 铁道学报, 2010(2): 98.
[②] NIELSEN J, BERGGREN E, LÖLGEN T, et al. Overview of methods for measurement of track irregularities[J]. RIVAS Railway Induced Vibration Abatement Solutions Collaborative Project, 2013, 4: 7-9.
[③] YAO L, SUN H, Zhou Y, et al. Detection of high speed railway track static regularity with laser trackers[J]. Survey Review, 2015, 47(343): 279.

砟线路平顺性通常可以整体道床变动的形式来加以整治；区别于此，无砟轨道则是采用混凝土、沥青混合料等整体基础取代散粒碎石道床的轨道结构。其轨枕本身是由混凝土浇筑而成，通过不同形式的轨道板加以过渡，可以将钢轨、轨枕等直接铺在混凝土道床之上。这种方式形成的轨道结构，整体性较好，不容易随时间发生较大程度的变形。因而，其平顺性控制主要聚焦于上部结构，如轨道板和扣件等。精调的类型又可以细分为双块无砟轨道板精调，如 CRTS I b、CRTS II b 和板状无砟轨道板的精确调整，如 CRTS I、CRTS II、CRTS III 以及应力放散后的扣件精调。

2. 按线路建设时期

根据线路建设时期的不同，轨道不平顺精调又可以划分为：新建线轨道精调和既有线轨道精调（施工期精调和运营期精调）。对于新建线来说，其平顺性在控制过程中不需要考虑先验条件，在保证高程控制点准确性的前提下，参照线路线形设计文件对线路进行施工即可。其施工阶段包含：长轨铺设、焊接、应力放散、扣件锁紧等精细化操作[①]。在这一阶段，紧固件系统的可调整范围较充足，线路平顺性通常可以实现较好的控制。而对于既有线来说，线路线形和轨道不平顺等受长期外荷载、地质条件变动等因素影响，发生了不确定性变化。在经历了多次调整变动后，紧固件系统的调节范围有限。若仍完全参照设计线形进行精调，在满足 10 m、30 m 及 300 m 弦不平顺等指标要求的前提下，调整方案制订更加困难。

8.1.2 轨道不平顺精调方法

1. 有砟轨道不平顺精调方法

根据控制技术的不同，有砟轨道精调可以分为基于平顺性的渐伸线方法和基于外部标志的坐标法两类[②]。渐伸线方法包括矢距法、偏角法和绳正法。矢距法与偏角法多用于线路改建和线路大修，绳正法多应用于线路维修养护。这 3 种方法均需要准确计算既有线的线路参数，然后计算出拨动距离[③]。

现行的离散测量模式的轨道精调技术源于坐标法[④]。其原理是依靠轨道控制网，通过全站仪测量并采用极坐标法获取轨道点坐标高程，结合线路设计参数，求解横向、垂向偏差等外部几何参数，并利用传感器采集轨道内部几何参数，依据轨道内外几何参数允许限差制订精调方案并指导现场精调。在利用连续测量模式对轨道平顺性控制并进行轨道精调的研究中，南昌大学的魏晖博士与朱洪涛教授等提出了基于中点弦测法的轨道

---

① 何华武. 无碴轨道技术[M]. 北京：中国铁道出版社，2005，5：10.
② 魏晖. 高速铁路轨道平顺性静态检测理论与精调技术研究[D]. 南昌：南昌大学，2014：11-12.
③ 丁克良，刘大杰，周全基. 既有铁路曲线整正平差算法[J]. 测绘学报，2004，33（3）：195.
④ 魏晖，朱洪涛，万坚. 绝对测量在无砟轨道的轨向控制中的精度分析[J]. 铁道工程学报，2012（5）：1.

矢距计算通式[①]，可根据轨道测量采集的短弦中点矢距数据推算 30 m、300 m 弦校核矢距差。在中点弦测法的基础上，结合轨检仪的惯性轨迹建立轨道不平顺向量模型，构造以恢复平顺性为目标的无砟轨道精调量的逐次超松弛迭代算法[②]。单纯利用轨道内部几何参数进行轨道精调的方式，由于缺少外部参考基准控制而无法获取轨道外部几何参数，导致连续测量模式能检测轨道状态并指导轨道调整，保证局部线路方向的平顺性，却不能控制长大线路方向的偏差。

2. 无砟轨道不平顺精调方法

高速铁路无砟轨道由于依靠外部高精度参考基准进行建设，扣件系统的可调量制约了完全以平顺性最优为目标而不考虑外部几何参数要求的轨道精调。若长久采用上述空间坐标法的轨道精调方式，可能导致实际精调中轨道扣件无法调整到模拟位而反复调整甚至调整方案无法实施的困境。为推广应用于高速铁路无砟轨道精调，必须以外部几何参数为基准进行轨道测量。通过线路设计参数可获取轨道外部几何参数，依靠轨道平顺状态要求，计算轨道扣件调整量，对轨道不平顺进行控制。完全基于全站仪测量的轨测仪采用"停-走"的作业模式，在全站仪测方向精度为 0.5″时，可以满足高速铁路 30 m 弦不平顺 ±2 mm 轨向限差要求。在采用多传感器数据融合的动态测量方式中，全球导航卫星系统/惯性定位系统（GNSS/INS）组合或者 GNSS 动态测量所获取的轨道外部几何参数无法满足高速铁路无砟轨道长波平顺性控制的相关精度要求，只能通过全站仪设站将高精度外部三维坐标控制信息引入检测系统，并以坐标测量方式检测轨道，这是目前有可能满足无砟轨道长波高平顺性控制要求的重要技术手段。现阶段高速铁路无砟轨道精调技术一般采用两种方法：

一是编制精调软件，通过人工输入调整量的方式模拟轨道精调。为了方便、快速地模拟调整，部分精调软件会采用半自动计算给定初值与人工输入确定终值相结合的方式模拟轨道精调[③]。

二是编制 Excel 计算表格，通过人工模拟调整量，计算调整后的轨道几何形位。

上述两种调整方法遵循在满足基准轨 30 m 弦和 300 m 弦轨向、高低平顺性指标的要求下，通过轨距、轨距变化率以及水平、扭曲等几何状态指标调整非基准轨。受软件操作人员的技术水平和主观因素影响，调整方案经常会有漏点，存在整体调整量过大或者调整完成后局部扣件可调量超限等问题，需要反复、多次对钢轨进行模拟调整才能使

---

① 朱洪涛，魏晖，王志勇，等. 轨检仪弦测法"以小推大"检查轨道轨向不平顺的理论研究[J]. 铁道学报，2007，29（1）：37.
② 魏晖，朱洪涛，赵国堂，等. 基于中点弦测模型的无砟轨道精调量迭代求解[J]. 西南交通大学学报，2015，50（1）：131.
③ 全顺喜，王平，伍曾. 客运专线无砟轨道道岔精调系统的研究与应用[J]. 铁道标准设计，2010（2）：37.

得基准轨的轨向和高低,以及非基准轨的轨距、轨距变化率、水平和扭曲等平顺性参数满足要求,不仅费时费力,也难以保证将钢轨调整到最优状态。而且,依靠基准轨轨向高低以及轨距、轨距变化率、水平和扭曲来约束非基准轨,非基准轨的轨向和高低平顺性精度显然要比基准轨低。

8.1.3 轨道不平顺精调研究现状

1. 有砟轨道平顺性控制方法研究现状

对于有砟轨道平顺性控制方法的研究,黎浩镰教授[1]、吴学镇[2]、郝瀛教授[3]等众多学者对渐伸线方法的原理、适用条件、参数计算公式、拨距误差等问题进行了深入的分析研究,使得该方法更加成熟和完善。

随着铁路的提速、运载量的提高以及轨道结构的变化,为了弥补渐伸线方法根本上存在的缺陷,坐标法得到了更多的应用。贺国宏教授推导了适用于任意线形的中桩平面坐标计算和直线与曲线相交计算的方法,该模型可使铁道工程中拨正量计算、复线间距计算、曲线隧道进洞关系计算等繁杂的计算变得非常简便、通用而且精确[4];何恩祥高工等提出通过极坐标测量法直接或间接取得线路中心各测点(含拨距控制点)的坐标,计算多组曲线半径和缓和曲线长对应的最小拨道量绝对值之和,从而获取最优拨距量[5];刘鑫高工等提出具有线性约束和非线性目标函数的既有铁路曲线整正优化设计原理和方法,并采用简约梯度法进行优化计算[6];丁克良博士等在研究铁路线形特点和曲线整正原则的基础上,探讨以既有铁路线实测坐标为观测值,运用最小二乘平差方法进行曲线整正[7];李红艳博士等提出利用坐标法和最小二乘法进行铁路既有线曲线复测的计算方法,以提高精度和效率[8];杨辉等基于最优化思想,直接利用既有线测点坐标构建整正曲线拨距量目标函数,并在相应约束条件下采用单纯形法进行曲线整正[9];刘永孝博士、

---

[1] 黎浩镰. 对整正既有曲线的几个问题的探讨[J]. 长沙铁道学院学报,1980(1):30.
[2] 吴学镇. 既有线改建中采用渐伸线法时选配曲线半径的方法探讨[J]. 西南交通大学学报,1980(3):18.
[3] 郝瀛. 改建既有线平面时对曲线传统拨距法的误差分析[J]. 铁道学报,1984,6(1):71.
[4] 贺国宏. 线形计算的通用模型及其在铁道工程中的应用[J]. 铁道学报,1997,19(4):99.
[5] 何恩祥,李伟,白存仓,等. 全站仪整体优化坐标法整正及增改建铁路既有曲线[J]. 铁道勘察,1998,(4):35.
[6] 刘鑫,曾学贵. 快速铁路既有曲线约束非线性最优化整正研究[J]. 铁道学报,2003,25(3):101.
[7] 丁克良,刘大杰,周全基. 既有铁路曲线整正平差算法[J]. 测绘学报,2004,33(3):195.
[8] 李红艳,陈治亚,邢诚,等. 铁路既有线曲线复测计算方法[J]. 中国铁道科学,2009,30(2):18.
[9] 杨辉,李一龙. 基于坐标的既有铁路曲线整正约束优化算法研究[J]. 数学的实践与认识,2009,39(24):166.

刘学毅教授等提出了利用既有测点沿径向到拨后曲线的距离计算拨距的新方法[1]；缪鹍博士等针对既有线曲线整正中线路曲线线形参数初始值要求高而导致线路设计半径和缓和曲线长参数识别过程复杂等问题，提出基于粒子群算法（PSO）的坐标法既有线曲线整正方法[2]。

2. 无砟轨道平顺性控制方法研究现状

全顺喜在其博士论文中提到了采用 Lingo 等优化软件，在建立轨向、高低、水平、轨距等常规平顺性不等式方程组的基础上，优化求解[3]。但遗憾的是，文中对于实测数据的复杂性等问题导致近乎无法求解的情况，未能再做进一步的研究。武汉理工大学的李济民与郭顺生教授等提出采用遗传算法对轨道精调进行优化调整[4]，其缺点是平顺性指标并未约束至目标函数模型，问题区间与非调整区间无平顺性连接，且部分点调整量过大。中铁大桥勘测设计院的聂松广等提出利用无砟轨道基准轨偏移量采用多项式拟合迭代的方法对轨道进行模拟调整[5]，它仅依靠函数逼近度和曲率半径等来确定剩余调整量函数（阶数），却没有针对轨道几何参数进行函数约束。仅依靠拟合偏差曲线的方法，难以有效地保证调整后轨道的各几何状态参数满足指定的要求。对于轨道精调，严格意义上讲，当某根轨枕作为基准弦的首（或尾）端时，如何调整该轨枕以保证在其构成的基准弦中所有检测波（即测量点与检核点）平顺的同时，还需要考虑该轨枕在其他基准弦中作为测量点所构成的检测波的平顺性。每根轨枕都会成为基准弦的端点，也会成为其他基准弦中的测量点。它的调整不仅会影响它所构成的检测波的平顺性，也会影响它作为基准弦端点时所包含其他检测波的平顺性，左右这些检测波端点的调整，影响它们作为基准弦端点时所包含的检测波的平顺性，如此环环相扣，犹如多米诺骨牌效应。因此，对于轨道精调中调整方法和检测模型、调整流程、调整策略等方面存在的不足而导致的轨道精调内外作业存在费时费力，调整方案可能难以实施而返工重调，以及高精度测量成果必须配合较大整体调整量才能对轨道不平顺进行控制等困境，亟待改善现有高速铁路轨道调整作业模式和精调工法，使轨道不平顺状态能够被科学、准确和高效地控制。

3. 轨道精调应用软件研究现状

目前，绝大多数离散测量模式的轨检仪均配有相应的人工调整软件，如北京寰铁测

---

[1] 刘永孝，刘学毅，杨俊斌，等．计算既有铁路曲线坐标法拨距（编者按：应为"拨距"）的一种新方法[J]．西南交通大学学报，2013，48（5）：825．
[2] 缪鹍，田家凯，杨小礼．基于PSO的既有线曲线整正方法[J]．中国铁道科学，2014，35（3）：8．
[3] 全顺喜，王平，陈嵘．无砟轨道高低和方向不平顺计算方法研究[J]．铁道学报，2012，34（5）：81．
[4] 李济民．基于遗传算法的轨道精调系统的设计与应用[D]．武汉：武汉理工大学，2012：43．
[5] 聂松广，吴迪军，周凌焱．无砟轨道基准轨模拟调整量自动计算方法研究[J]．铁道科学与工程学报，2016，13（7）：1241．

绘技术有限公司针对铁路长轨精调,在德国Sinning公司GEDO CN轨道测量系统基础上,研发的长轨精调平顺性评价系统（LRA）软件,AMBERG公司生产的GRP1000系统中的DTS轨道精调软件[①],成都普罗米新科技有限责任公司自主研发的SGJ-I-CDP-3系统轨道检测数据分析管理软件,长沙悦诚机电科技有限公司自主研发的长钢轨调整软件等。西南交通大学全顺喜博士与王平教授等研发的无砟轨道几何形位精调软件（ASTGS）,提出采用直接逐枕搜索不符合要求的轨枕,根据相关轨道几何参数调整该轨枕或者与之相隔一定间距的另一轨枕,并计算最小调整值,基本实现了钢轨在平顺性指标下的半自动化调整,但是在调整结果不满足要求时,仍然需要人工参与手动调整。中铁工程设计咨询集团有限公司研制的SGJ-T-CEC-I型轨测仪中提供的CECGJS软件系统精调模块等[②],同样通过人工模拟调整量,计算调整后轨道几何形位,实现调整功能。

8.2　智能化轨道不平顺精调方案

现有人工精调方式费时费力以及不考虑轨道几何关系的线形优化方法实际应用价值不大等问题,都促进了更贴合实际的智能化轨道不平顺精调研究的发展。当前对于轨道精调方案的研究方向,主要分为：数据驱动优化和物理模型优化。其中,从数据角度进行优化的方案较多,而考虑物理耦合模型进行优化的方案研究较少。以下将对两种优化方向展示各自较典型的优化方案。

8.2.1　基于数据驱动的轨道精调方案

本节介绍了一种较常规的考虑了轨道几何参数关系的高速铁路无砟轨道不平顺迭代优化方法[③],可以更有效、更准确地改善轨道平顺性,为控制轨道状态提供优化的精调方案,解决轨道精调方案制订费时费力、调整后轨道质量变化较大的问题。

1. 目标函数确定

轨道精调的目的是以最小化的人力物力成本,实现线路平顺性的调整。更具体地,此成本反映在调整扣件位置处累计调整量的大小。假设有一条长度为L的待调整轨道,在其长度范围内包括了ω根轨枕。当用计算垂向（横向）不平顺评价指标的最长参考弦l（$l<L$）对需要调整的轨道进行分段时,分段后的轨道L是一个分段规划单元。假设任何分段规划单元长度为$N-M$,轨枕数量为n,每个轨枕扣件处的轨道检查点的垂向（横

---

① 郝亚东, 赵杰, 樊延春. 基于GRP1000的无砟轨道精调测量研究[J]. 测绘通报, 2012（4）: 52.
② 中铁工程设计咨询集团有限公司. SGJ-T-CEC-I型轨道几何状态测量仪使用说明书[DB/OL]. 2010, 2: 59. https://www.docin.com/p-675023390.html.
③ LI Yangtenglong, WANG P, CEN M, et al. Iterative Optimization Adjustment Method for Ballastless Track Irregularity of High-Speed Railway[J]. Journal of Surveying Engineering, 2022 148（4）, 1.

向）偏差为 $p_i(i \in [M,N])$。以 t_i 表示规划单元中每个轨道检查点的调整值，则调整后的垂向（横向）偏差 p_i' 如式（8-1）所示：

$$p_i' = p_i + t_i \tag{8-1}$$

在确定了每个检查点位置下偏差值的调整关系后，根据分段规划单元中所有轨道检查点的调整值，建立最小化累计调整量优化目标函数。优化目标函数如式（8-2）所示：

$$h(t_i) = \min \sum_{i=M}^{N} |t_i| \tag{8-2}$$

其中：$i \in [M,N]$，M 和 N 表示分段规划单元中轨道检查点的起终点位置，$n = N - M + 1$。

2. 约束条件确定

在确定了目标函数后，需要对用以控制平顺性的常规约束进行定义。对于单轨来说，轨道状态几何参数分为垂向（横向）偏差和高低（轨向）轨道不平顺等。垂向（横向）偏差为静态绝对测量下钢轨的空间位置数据，是精调操作所针对的直接对象。偏差数据的大小直接反映了线路空间状态平顺性的变化。高低（轨向）不平顺则是利用不同检测弦模型，在偏差数据的基础之上得到的换算数据，用来对线路平顺性效果进行评估。对于双轨来说，轨道不平顺参数间还需要用衍生参数来进行约束，包括水平、轨距和扭曲不平顺幅值和变化率等，以此实现对双轨的相对平顺性控制。

垂向（横向）偏差数据直接反映了轨道状态，公式化表达如式（8-3）所示：

$$f_{\text{偏差}} = g(t_i) = p_i \tag{8-3}$$

当 $t_i = 0$ 时，表示原始轨道状态。

高低（轨向）不平顺数据在不同弦长下所包含的信息不同，波长和振幅也各有不同，间接反映了不同轨道状态。在轨道静态检测中，计算不平顺的方法有矢距偏差法和中点弦测法两种。其具体原理介绍详见第 1.2 节，此处主要以数学公式的方式对其进行定义，方便下一步建模。

基于矢距偏差法的不平顺 f_1 计算：

为了简化讨论，假设在长度为 l 的分段规划单元中，有一条长度为 $x(x \leq l)$ 的基准弦。而基准弦中又包含了检测弦，其起点和终点分别为 M_x 和 $N_x(M_x < N_x)$，其计算公式如式（8-4）所示：

$$f_1 = g_2(t_{M_x}, t_i, t_j, t_{N_x}) = g(t_i) - g(t_j) + u^{-1}\left[g(t_{N_x}) - g(t_{M_x})\right] \tag{8-4}$$

其中：$g(t_{M_x})$ 和 $g(t_{N_x})$ 分别表示长度为 x 的参考弦的起终点偏差；$g(t_i)$ 和 $g(t_j)$ 分别表示检

测弦的起终点偏差；$i \in [M_x+1, N_x-w_x]$，$[M_x, N_x] \in [M, N]$，$j = i+w_x-1$，w_x 表示检测弦包含的轨枕数量，$i<j$；$u=(j-i)^{-1}(N_x-M_x)$。

基于中点弦测法的不平顺 f_2 计算：

为了简化讨论，假设在长度为 l 的规划单元中，有一条长度为 $y(y \leq l)$ 的基准弦。其起点和终点分别为 M_y 和 $N_y(M_y<N_y)$，公式如式（8-5）所示：

$$f_2 = g_2(t_{M_y}, t_i, t_{N_y}) = g(t_i) - 0.5[g(t_{N_y}) + g(t_{M_y})] \tag{8-5}$$

其中：$g(t_{N_y})$ 和 $g(t_{M_y})$ 分别表示弦的起终点偏差；$g(t_i)$ 表示弦中点的偏差；$i \in [M_y+0.5(w_y-1), N_y-0.5(w_y-1)]$，$w_y$ 表示弦长范围内包含的轨枕数量，$[M_y, N_y] \in [M, N]$。

借助公式（8-3）、（8-4）以及（8-5）确定了偏差值和不平顺后，通过添加约束边界值来建立相关不等式约束方程。在不等式约束方程中，以调整后的偏差 p_i' 来代替原始偏差 p_i，定义 t_i 为调整量。则对应约束方程可以简化如下：

1）垂向（横向）偏差约束

$$\begin{cases} t_i \leq \chi_1 - p_i \\ t_i \geq -\chi_1 - p_i \end{cases} \tag{8-6}$$

其中：χ_1 和 $-\chi_1$ 分别表示垂向（横向）偏差的允许边界值。

2）高低（轨向）不平顺约束

30 m/300 m 弦不平顺约束：

$$\begin{cases} t_i - t_j + u^{-1}t_{N_x} - u^{-1}t_{M_x} \leq \delta_x - (p_i - p_j + u^{-1}p_{N_x} - u^{-1}p_{M_x}) \\ -t_i + t_j - u^{-1}t_{N_x} + u^{-1}t_{M_x} \leq \delta_x + (p_i - p_j + u^{-1}p_{N_x} - u^{-1}p_{M_x}) \end{cases} \tag{8-7}$$

其中：δ_x 和 $-\delta_x$ 分别表示 30 m/300 m 弦不平顺约束的允许边界值。

10 m 弦不平顺约束：

$$\begin{cases} t_i - 0.5t_{N_y} - 0.5t_{M_y} \leq \delta_y - p_i + 0.5(p_{N_y} + p_{M_y}) \\ -t_i + 0.5t_{N_y} + 0.5t_{M_y} \leq \delta_y + p_i - 0.5(p_{N_y} + p_{M_y}) \end{cases} \tag{8-8}$$

其中：δ_y 和 $-\delta_y$ 分别表示 10 m 弦不平顺约束的允许边界值。

3）允许调整值约束

由于运营期的高速铁路无砟轨道精调大多在扣件系统内进行，而受扣件系统可调范围的限制，必须添加扣件的允许调整值约束。因此，结合当前位置垫板的厚度和管理极限，约束剩余可调量。该约束定义如下：

$$\begin{cases} \alpha_i = V_{\text{up}} - D_i \\ \beta_i = D_i - V_{\text{low}} \\ t_i \leqslant \alpha_i \\ -t_i \leqslant -\beta_i \end{cases} \quad (8\text{-}9)$$

其中：$i \in [M, N]$；α_i 和 β_i 分别表示扣件 i 剩余调整量的上下允许边界值；D_i 表示当前位置下的垫板厚度；V_{up} 为扣件初始上限，在维护标准下 $V_{\text{up}} = 26$，在调整极限下 $V_{\text{up}} = 40$；V_{low} 为扣件初始下限，$V_{\text{low}} = -4$。

4）衍生不平顺参数约束

所谓衍生参数，是指在左右两根轨的高低（轨向）不平顺参数基础之上，通过换算关系得到的不平顺参数。通常用来评价两根钢轨间的相对平顺性。其中一次换算可得的水平和轨距不平顺约束如式（8-10）所示：

$$|D(i)| = |p'_{2,i} - p'_{1,i}| \leqslant \chi_2 \quad (8\text{-}10)$$

式中：$i \in [M, N]$；$p'_{1,i}$ 和 $p'_{2,i}$ 分别为左右轨调整后的剩余偏差；χ_2 为允许偏差边界值。

在水平和轨距不平顺的基础之上，更进一步换算可得扭曲和轨距变化率约束，用来控制和评价相对平顺性，公式如式（8-11）所示：

$$H(i) = |r^{-1}(D(i + n_l) - D(i))| \leqslant \chi_3 \quad (8\text{-}11)$$

式中：$i \in [M, N - n_l]$，n_l 为作用距离所含轨枕数，无砟轨道静态铺设要求规定扭曲距离为 3 m，轨距变化率距离为 0.625 m；$r = 1$ 或 $r = 625$ 分别表示扭曲或轨距变化率的计算系数；χ_3 为允许偏差边界值。

3. **轨道状态最优解确定**

在定义完成约束条件后，利用线性规划理论对其进行求解。基于分段规划单元中所有轨枕扣件位置下的偏差值，采用单纯形法对约束模型实现求解。由于单纯形法要求变量均为非负数，因此，将偏差值调整量转化为如下形式进行求解：

$$\begin{cases} t_i = v_i^+ - v_i^- \\ |t_i| = v_i^+ + v_i^- \end{cases} \quad (8\text{-}12)$$

其中：$v_i^+ \geqslant 0$；$v_i^- \geqslant 0$。

通过将公式（8-12）中的调整量代入式（8-2）和式（8-6）~（8-9）中进行替换。从而得到新的目标函数方程如下所示：

$$h(t_i) = \min \sum_{i=M}^{N} (v_{1,i}^+ + v_{1,i}^-) \tag{8-13}$$

其中：$v_{1,i}^+$ 和 $v_{1,i}^-$ 分别表示 i 点调整量的不同部分。

新的剩余可调量约束表达式如式（8-14）所示：

$$\begin{bmatrix} \mathbf{A}_{n\times 2n} \\ -\mathbf{A}_{n\times 2n} \end{bmatrix} \cdot \mathbf{V}_{2n\times 1} \leqslant \begin{bmatrix} \mathbf{L}^A_{\Delta\,n\times 1} \\ \mathbf{L}^A_{\nabla\,n\times 1} \end{bmatrix} \tag{8-14}$$

其中：

$$\mathbf{A}_{n\times 2n} = \begin{bmatrix} 1_{1,1} & -1_{1,2} & 0 & 0 & \cdots & 0 & 0 \\ 0 & 0 & 1_{2,3} & -1_{2,4} & \cdots & 0 & 0 \\ \vdots & \vdots & \vdots & \vdots & & \vdots & \vdots \\ 0 & 0 & 0 & 0 & \cdots & 1_{n,2n-1} & -1_{n,2n} \end{bmatrix}$$

$$\mathbf{V}_{2n\times 1} = \begin{bmatrix} v_M^+ & v_M^- & v_{M+1}^+ & v_{M+1}^- & \cdots & v_N^+ & v_N^- \end{bmatrix}^{\mathrm{T}}$$

$$\mathbf{L}^A_{\Delta\,n\times 1} = \begin{bmatrix} \alpha_M & \alpha_{M+1} & \cdots & \alpha_N \end{bmatrix}^{\mathrm{T}}$$

$$\mathbf{L}^A_{\nabla\,n\times 1} = \begin{bmatrix} -\beta_M & -\beta_{M+1} & \cdots & -\beta_N \end{bmatrix}^{\mathrm{T}}$$

新的垂向（横向）偏差约束表达式如式（8-15）所示：

$$\begin{bmatrix} \mathbf{B}_{n\times 2n} \\ -\mathbf{B}_{n\times 2n} \end{bmatrix} \cdot \mathbf{V}_{2n\times 1} \leqslant \begin{bmatrix} \mathbf{L}^B_{\Delta\,n\times 1} \\ \mathbf{L}^B_{\nabla\,n\times 1} \end{bmatrix} \tag{8-15}$$

其中：

$$\mathbf{L}^B_{\Delta\,n\times 1} = \begin{bmatrix} \chi - p_M & \chi - p_{M+1} & \cdots & \chi - p_N \end{bmatrix}^{\mathrm{T}}$$

$$\mathbf{L}^B_{\nabla\,n\times 1} = \begin{bmatrix} \chi + p_M & \chi + p_{M+1} & \cdots & \chi + p_N \end{bmatrix}^{\mathrm{T}}$$

$$\mathbf{B}_{n\times 2n} = \mathbf{A}_{n\times 2n}$$

新的高低（轨向）不平顺约束表达式如下所示：

30 m/300 m 弦不平顺约束：

$$\begin{bmatrix} \underset{(n_x-w_x-1)\times(n-n_x-\upsilon)}{\boldsymbol{I}} & \underset{(n_x-w_x-1)\times 2n_x}{\boldsymbol{C}} & \underset{(n_x-w_x-1)\times(n-n_x+\upsilon)}{\boldsymbol{I}} \\ \underset{(n_x-w_x-1)\times(n-n_x-\upsilon)}{\boldsymbol{I}} & \underset{(n_x-w_x-1)\times 2n_x}{-\boldsymbol{C}} & \underset{(n_x-w_x-1)\times(n-n_x+\upsilon)}{\boldsymbol{I}} \end{bmatrix} \cdot \underset{2n\times 1}{\boldsymbol{V}} \leqslant \begin{bmatrix} \underset{(n_x-w_x-1)\times 1}{\boldsymbol{L}_\Delta^C} \\ \underset{(n_x-w_x-1)\times 1}{\boldsymbol{L}_\nabla^C} \end{bmatrix} \quad (8\text{-}16)$$

其中：$\upsilon \in \mathbb{Z}$ 且 $\upsilon \in [0, n-n_x]$；

$$\underset{(n_x-w_x-1)\times(n-n_x-\upsilon)}{\boldsymbol{I}} = \begin{bmatrix} 0 & \cdots & 0 \\ \vdots & & \vdots \\ 0 & \cdots & 0 \end{bmatrix}$$

$$\underset{(n_x-w_x-1)\times 2n_x}{\boldsymbol{C}} = \begin{bmatrix} -u^{-1} & u^{-1} & \underset{1,3}{1} & \underset{1,4}{-1} & 0 & 0 & \cdots & \underset{1,2(2+w_x-1)-1}{-1} & \underset{1,2(2+w_x-1)}{1} & 0 & \cdots \\ -u^{-1} & u^{-1} & 0 & 0 & \underset{2,5}{1} & \underset{2,6}{-1} & \cdots & 0 & 0 & \underset{2,2(3+w_x-1)-1}{-1} & \cdots \\ \vdots & \vdots & \vdots & \vdots & \vdots & \vdots & & \vdots & \vdots & \vdots & \\ -u^{-1} & u^{-1} & 0 & 0 & \cdots & \cdots & \underset{i-1,2i-1}{1} & \underset{i-1,2i}{-1} & \cdots & \cdots & \\ \vdots & \vdots & \vdots & \vdots & \vdots & \vdots & \vdots & \vdots & \vdots & & \\ -u^{-1} & u^{-1} & 0 & 0 & 0 & 0 & \cdots & 0 & 0 & \cdots & \end{bmatrix}$$

$$\begin{bmatrix} 0 & \cdots & \cdots & 0 & 0 & u^{-1} & -u^{-1} \\ \underset{2,2(3+w_x-1)}{1} & \cdots & \cdots & 0 & 0 & u^{-1} & -u^{-1} \\ \vdots & \vdots & \vdots & \vdots & \vdots & \vdots & \vdots \\ \cdots & \underset{i-1,2j-1}{-1} & \underset{i-1,2j}{1} & \cdots & \cdots & u^{-1} & -u^{-1} \\ \vdots & \vdots & \vdots & \vdots & \vdots & \vdots & \vdots \\ \underset{n_x-w_x-1,2(n_x-w_x)-1}{1} & \underset{n_x-w_x-1,2(n_x-w_x)}{-1} & \cdots & \underset{n_x-w_x-1,2(n_x-1)-1}{-1} & \underset{n_x-w_x-1,2(n_x-1)}{1} & u^{-1} & -u^{-1} \end{bmatrix}$$

$$\underset{(n_x-w_x-1)\times 1}{\boldsymbol{L}_\Delta^C} = \begin{bmatrix} \delta_x - G_{M_x\sim(M_x+1)\sim(M_x+w_x)\sim N_x} & \delta_x - G_{M_x\sim(M_x+2)\sim(M_x+w_x+1)\sim N_x} & \cdots & \delta_x - G_{M_x\sim(N_x-w_x)\sim(N_x-1)\sim N_x} \end{bmatrix}^{\mathrm{T}}$$

$$\underset{(n_x-w_x-1)\times 1}{\boldsymbol{L}_\nabla^C} = \begin{bmatrix} \delta_x + G_{M_x\sim(M_x+1)\sim(M_x+w_x)\sim N_x} & \delta_x + G_{M_x\sim(M_x+2)\sim(M_x+w_x+1)\sim N_x} & \cdots & \delta_x + G_{M_x\sim(N_x-w_x)\sim(N_x-1)\sim N_x} \end{bmatrix}^{\mathrm{T}}$$

$$G_{M_x\sim i\sim j\sim N_x} = -u^{-1}p_{M_x} + p_i - p_j + u^{-1}p_{N_x}$$

10 m 弦不平顺约束：

$$\begin{bmatrix} \underset{1\times(n-w_y-\upsilon)}{\boldsymbol{I}} & \underset{1\times 2w_y}{\boldsymbol{D}} & \underset{1\times(n-w_y+\upsilon)}{\boldsymbol{I}} \\ \underset{1\times(n-w_y-\upsilon)}{\boldsymbol{I}} & \underset{1\times 2w_y}{-\boldsymbol{D}} & \underset{1\times(n-w_y+\upsilon)}{\boldsymbol{I}} \end{bmatrix} \cdot \underset{2n\times 1}{\boldsymbol{V}} \leqslant \begin{bmatrix} \underset{1\times 1}{\boldsymbol{L}_\Delta^D} \\ \underset{1\times 1}{\boldsymbol{L}_\nabla^D} \end{bmatrix} \quad (8\text{-}17)$$

其中：$\upsilon \in \mathbb{Z}$ 且 $\upsilon \in [0, n-w_y]$ ；

$$\underset{1\times 2w_y}{\boldsymbol{D}} = \begin{bmatrix} \underset{1,1}{-0.5} & \underset{1,2}{0.5} & \cdots & \underset{1,w_y}{1} & \underset{1,w_y+1}{-1} & \cdots & \underset{1,2w_y-1}{-0.5} & \underset{1,2w_y}{0.5} \end{bmatrix}$$

$$\underset{1\times(n-w_y-\upsilon)}{\boldsymbol{I}} = \begin{bmatrix} 0 & \cdots & 0 \\ \vdots & & \vdots \\ 0 & \cdots & 0 \end{bmatrix}$$

$$\boldsymbol{L}_{\Delta}^{D} = \begin{bmatrix} \delta_y - G_{M_y \sim i \sim N_y} \end{bmatrix}^{\mathrm{T}}$$

$$\boldsymbol{L}_{\nabla}^{D} = \begin{bmatrix} \delta_y + G_{M_y \sim i \sim N_y} \end{bmatrix}^{\mathrm{T}}$$

$$G_{M_y \sim i \sim N_y} = p_i - 0.5(p_{M_y} + p_{N_y})$$

新的水平和轨距不平顺约束表达式如式（8-18）所示：

$$\begin{bmatrix} \underset{n\times 2n}{\boldsymbol{E}} \\ \underset{n\times 2n}{-\boldsymbol{E}} \end{bmatrix} \cdot \underset{2n\times 1}{\boldsymbol{V}} \leqslant \begin{bmatrix} \underset{n\times 1}{\boldsymbol{L}_{\Delta}^{E}} \\ \underset{n\times 1}{\boldsymbol{L}_{\nabla}^{E}} \end{bmatrix} \tag{8-18}$$

其中：

$$\underset{n\times 1}{\boldsymbol{L}_{\Delta}^{E}} = \begin{bmatrix} \chi_2 - D_M & \chi_2 - D_{M+1} & \cdots & \chi_2 - D_N \end{bmatrix}^{\mathrm{T}}$$

$$\underset{n\times 1}{\boldsymbol{L}_{\nabla}^{E}} = \begin{bmatrix} \chi_2 + D_M & \chi_2 + D_{M+1} & \cdots & \chi_2 + D_N \end{bmatrix}^{\mathrm{T}}$$

$$\underset{n\times 2n}{\boldsymbol{E}} = \underset{n\times 2n}{\boldsymbol{A}}$$

新的扭曲和轨距变化率约束表达式如式（8-19）所示：

$$\begin{bmatrix} \underset{n\times 2n}{\boldsymbol{F}} \\ \underset{n\times 2n}{-\boldsymbol{F}} \end{bmatrix} \cdot \underset{2n\times 1}{\boldsymbol{V}} \leqslant \begin{bmatrix} \underset{n\times 1}{\boldsymbol{L}_{\Delta}^{F}} \\ \underset{n\times 1}{\boldsymbol{L}_{\nabla}^{F}} \end{bmatrix} \tag{8-19}$$

其中：

$$\boldsymbol{F} = \begin{bmatrix} \underset{1,1}{1} & \underset{1,2}{-1} & 0 & \cdots & \underset{1,2n_l+1}{-1} & \underset{1,2n_l+2}{1} & 0 & 0 & \cdots & 0 \\ 0 & 0 & \underset{2,3}{1} & \underset{2,4}{-1} & \cdots & 0 & \underset{2,2n_l+3}{-1} & \underset{2,2n_l+4}{1} & \cdots & 0 \\ \vdots & \vdots & \vdots & \vdots & \vdots & \vdots & \vdots & \vdots & & \vdots \\ 0 & 0 & 0 & \cdots & \underset{n,2k'-1}{1} & \underset{n,2k'}{-1} & 0 & \cdots & \underset{n,2(k'+n_l)-1}{-1} & \underset{n,2(k'+n_l)}{1} \end{bmatrix}$$

$$\underset{n\times 1}{\boldsymbol{L}_{\Delta}^{E}} = \begin{bmatrix} r\chi_2 + D_M - D_{M+n_l} & \cdots & r\chi_2 + D_{N-n_l} - D_N \end{bmatrix}^{\mathrm{T}}$$

$$\underset{n\times 1}{\boldsymbol{L}_{\nabla}^{E}} = \begin{bmatrix} r\chi_2 - D_M + D_{M+n_l} & \cdots & r\chi_2 - D_{N-n_l} + D_N \end{bmatrix}^{\mathrm{T}}$$

4. 迭代过程

上述高速铁路无砟轨道不平顺优化调整方法的实施步骤如下:
(1) 使用最长参考弦 $l(l \leqslant L)$ 划分要调整的轨道区间 L,得到分段规划单元。
(2) 在分段规划单元中,建立目标函数和轨道状态几何参数函数模型。
(3) 添加几何参数和扣件的允许限值,建立轨道状态约束模型。允许限值的迭代更新按式(8-20)计算:

$$\theta' = \theta + \sum_{2}^{i}\left[(-1)\times\left(\frac{1}{2}\right)^{i-1}\theta\right] \quad (i \geqslant 2) \tag{8-20}$$

其中:θ 表示不等式约束方程在第一个解中的初始允许极限值。不同的约束指标具有不同的初始值 θ。
(4) 用单纯形法求解目标函数方程和不等式约束模型,得到分段规划单元中的偏差和调整量。
(5) 其他单元通过逐点移动建立的,重复步骤(2)到(4)。

5. 实例分析

以一段约 612 m 长的无砟轨道垂向偏差为例进行算法验证,如图 8-1 所示。铁路里程为 K441+993 至 K442+605,其中包含轨枕 940 根,垂直偏差范围为 −4.4~4.3 mm。

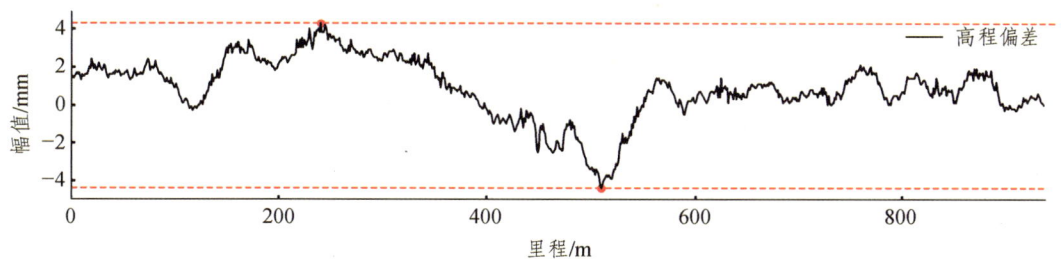

图 8-1 原始垂向偏差示意图

为了准确评估本节提出方法的效果,笔者对线路原始垂向偏差进行了优化调整,记录了每次调整过程中的偏差极值和标准差,并根据轨道内部几何参数评估和分析了调整过程中的轨道不平顺。

在试验过程中,约束的初始边界值如下:
(1) 300 m 弦不平顺允许限值为 10.0 mm。
(2) 30 m 弦不平顺允许限值为 2.0 mm。
(3) 10 m 弦不平顺允许限值为 2.0 mm。
(4) 每个扣件的允许调整范围为 −8.0~8.0 mm。

8 数据物理模型融合下的轨道不平顺精调方案研究

根据状态函数和约束的初始边界值,进行迭代计算5次,并统计每次调整后的指标值,统计值见表8-1。

表8-1 迭代调整前后内部几何参数指标统计值

指标	0(原始值)	调整后值				
		1	2	3	4	5
最大值	4.31	4.15	3.30	3.15	3.03	2.79
最小值	-4.42	-4.38	-2.67	-2.17	-2.44	-0.51
标准差	1.55	1.52	1.16	0.94	0.996	0.76

从表中统计结果来看,迭代优化结束后线形波动性变小。对每次迭代下的调整效果进行展示,如图8-2所示。

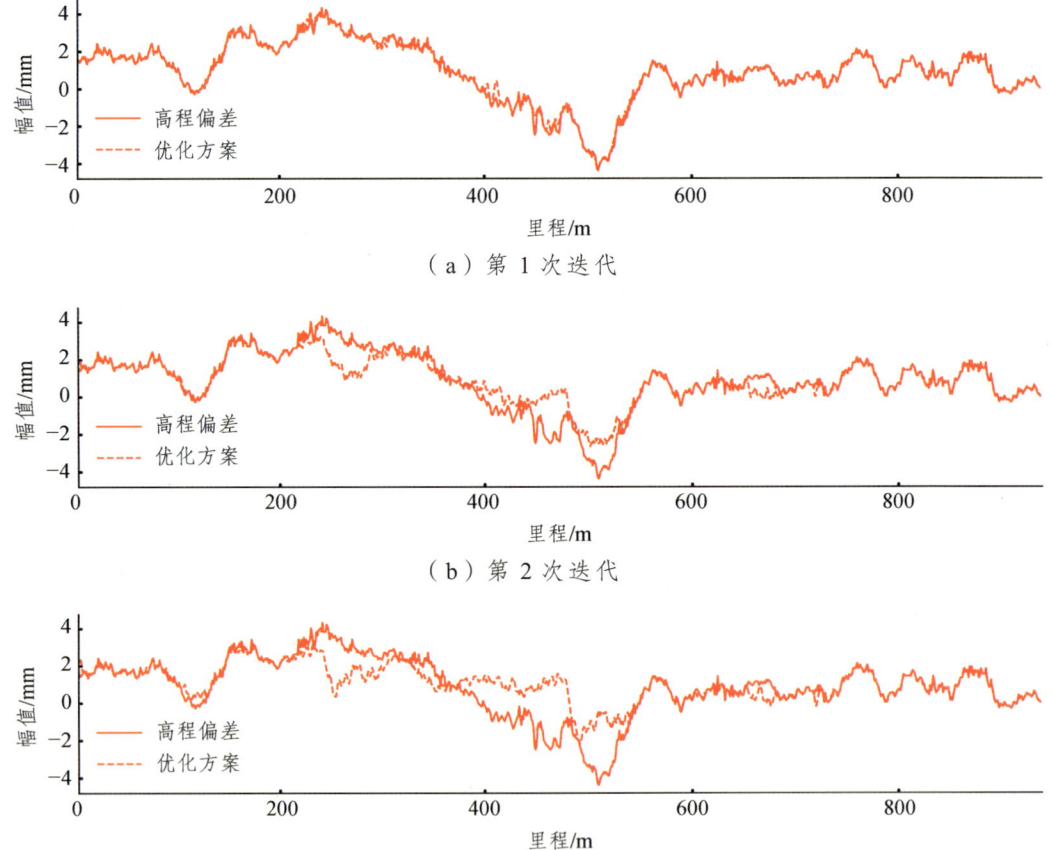

(a) 第1次迭代

(b) 第2次迭代

(c) 第3次迭代

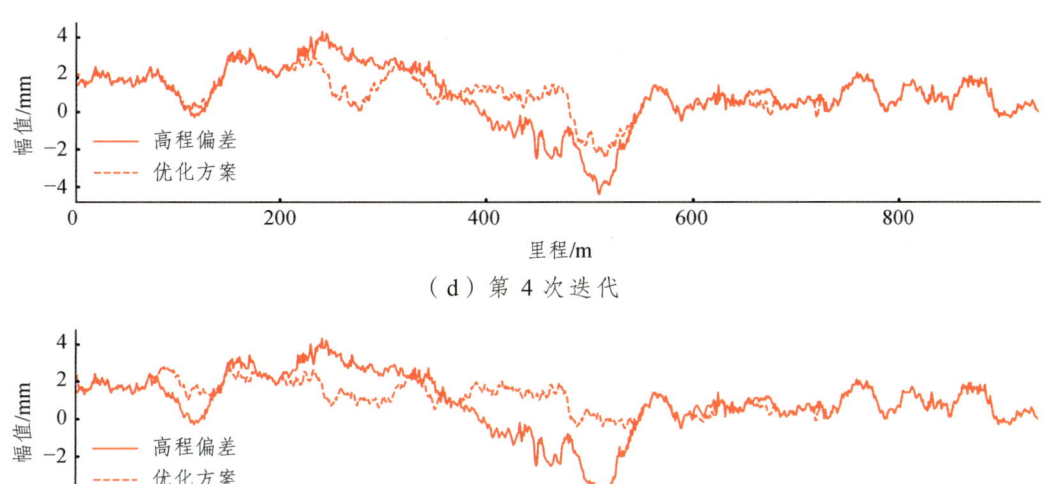

(d) 第 4 次迭代

(e) 第 5 次迭代

图 8-2　不同迭代次数下调整效果图

上述基于数据驱动的高速铁路无砟轨道精调优化研究成果，可以在不需要人工参与的情况下，获得复杂条件下的最优轨道平顺状态和相应的最优调整量，大大提高了所提出的轨道精调方案的优化效果和效率。

8.2.2　基于物理耦合模型的轨道精调方案

现有轨道精调方法[1]认为，对轨检小车测得的轨道不平顺数据根据相关验收标准进行加减，按得到的计算调整量进行精调后，轨道的调整量与计算调整量相同。并且认为，需要进行精调的轨枕在精调后，对其他轨枕没有影响，把轨道精调看成简单的加减问题。然而，精调时实际上往往是多个轨枕相互作用，非调整枕处轨道的几何尺寸也要发生变化，轨道的实际调整量与计算调整量可能有较大差异，并不是简单的加减问题[2]。

1. 模型的基本假设

轨道精调时，无论在区间线路还是车站岔区，轨道高低的调整均是通过更换调高垫板来实现的，调整完毕后全面拧紧扣件螺栓。其调整量的影响范围相较于下部基础结构变化较小，因而研究范围可以适当收缩在轨枕以上部件。在调整前后，扣件经历了应力

---

[1] 王建华. 无砟轨道铺轨测量与精调技术[J]. 铁道工程学报，2009（9）：31.
[2] 魏贤奎，全顺喜，王平. 轨道高低调整量的影响因素[J]. 西南交通大学学报，2012，47（2）：198.

释放与重新施加两个过程。因此，为了贴近真实条件下的调整过程，仿真模型需要遵循以下假设：

（1）仅考虑垂直剖面的不规则性影响。
（2）不考虑热力影响。
（3）仅考虑轨下垫板刚度，不考虑枕木和路基的刚度。
（4）轨下垫板具有线弹性，符合胡克定律。
（5）调高垫板是刚性的，不会发生垂向变形。
（6）扣件调整前后施加的压力一致。

2. 模型的建立

在满足基本假设的前提下，笔者利用有限元方法建立了一个钢轨-扣件-轨下垫板的双弹簧耦合模型，其轨枕轮廓图和建模示意图分别如图 8-3（a）和图 8-3（b）所示。在实际微调施工中，调整后的轨枕和相邻两个轨枕的紧固件应松开。而工作完成后，紧固件将被施加紧固件卡扣力。因此，在调整枕位置处，以压力 P 代表扣件弹簧的初始压力，以 D_i 表示调整轨处的计算调整量，即调整垫板的厚度。

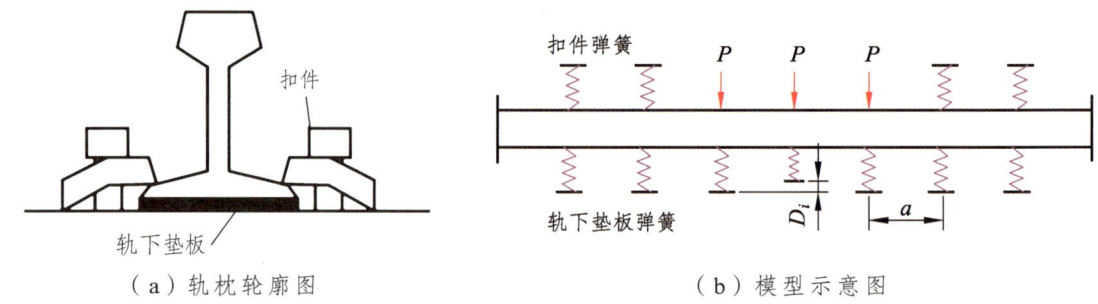

（a）轨枕轮廓图　　　　　　　　（b）模型示意图

图 8-3　双弹簧耦合模型构造示意图

一个完整的调整过程为：释放调整枕处扣件压力 P，通过改变计算调整量 D_i 来模拟调高垫板的更换过程。随后，重新施加扣件压力 P，使其重新回到调整前水平。在此过程中，轨下垫板单元在扣件向上拧松时，会逐步释放其弹性变形；当扣件完全放松后，弹性变形完全释放，恢复原有尺寸；当扣件再次向下拧紧时，弹性性能继续发挥，扣件单元与之类似。对于调整点的高程来说，在考虑扣件和轨下垫板变形的情况下，其变化等于计算调整量 D_i 与变形量之和。

3. 模型的结构及参数设计

沿着建立的钢轨实体模型分配 13 根轨枕，如图 8-4（a）所示，图中方块表示扣件所在位置。假定枕木和路基的刚度为无穷大，将轨枕作为固定支撑，轨枕与钢轨之间以弹簧接触。以顶部弹簧代替扣件，底部弹簧代替轨下垫板，如图 8-4（b）所示。

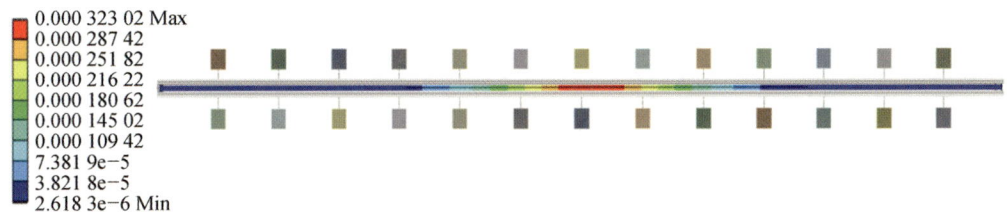

（a）模型平面图

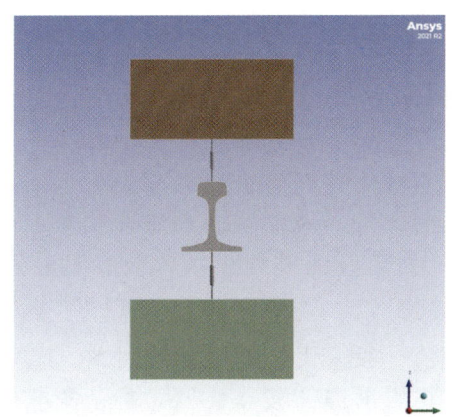

（b）元件连接剖面图

图 8-4　钢轨-扣件-轨下垫板有限元模型

由于每根轨枕位置下，钢轨两侧各有一个扣件；因此，扣件弹簧刚度实际为两个平行弹簧的等效刚度 k'，即左右两扣件刚度和。其计算公式如下：

$$k' = k_{\text{left}} + k_{\text{right}} \tag{8-21}$$

同时，在上下弹簧上各施加了一个 20 kN 的压缩预应力，以表示来自扣件的初始压力。模型建立完成后，通过钢轨顶面临界线的轨迹变形数据，确定调整位置处的垂向变形，如图 8-4（a）所示。模型的具体参数见表 8-2。

表 8-2　有限元模型参数

部件	参数	值
钢轨	单位质量/（kg/m）	60.64
	横截面面积/cm^2	77.45
	重心高度/mm	81
	水平惯性矩/cm^4	3 217
	垂直惯性矩/cm^4	524

续表

部件	参数	值
扣件	弹力/kN	10
	刚度/(kN/mm)	10
	预压力/kN	20
轨下垫板	刚度/(kN/mm)	80
	预压力/kN	20

4. 物理耦合关系影响因素分析

轨道体系中有扣件、轨下垫板、钢轨等构件，这些构件通过力学耦合作用直接影响调整后的实际调整量，不同的构件对调整量的影响大小也不尽相同。对在线路垂向上可能影响实际调整的因素进行统计后，考虑轨道高低调整量更大程度上受到轨下垫板垂向刚度、轨枕间距、松开扣件个数以及调整枕根数等诸多因素的影响，此处重点加以分析。

1）垫板刚度

扣件系统的轨下橡胶垫板一般采用非弹性橡胶材料，其物理力学性能受温度、频率、加载幅值与预压状态影响，要想求得位移需要较为复杂的非线性求解算法，这里不做介绍。为了简化模型，本部分假设轨下垫板为完全弹性材料，荷载位移呈线性相关。通常，轨下垫板垂向刚度范围较大，即使计算调整量相同，由于轨下垫板垂向刚度不同，轨道高低调整量也不同。针对 60 kg/m 的钢轨，假设轨枕间距为 0.6 m，单个扣件刚度为 1 kN/mm，单个扣件扣压力为 10 kN。只有 1 根调整枕，设置中间计算调整量为 1 mm。计算将垫板刚度设置为 20 kN/mm、40 kN/mm、60 kN/mm 以及 80 kN/mm 条件下，有限元模型的高低调整量，得到的计算结果如图 8-5（a）所示（轨枕编号规则：负值表示在调整枕左侧，0 表示调整枕，正值表示在调整枕右侧）。图 8-5（b）所示为相邻扣件调整量影响值与调整枕实际调整量的比值关系。

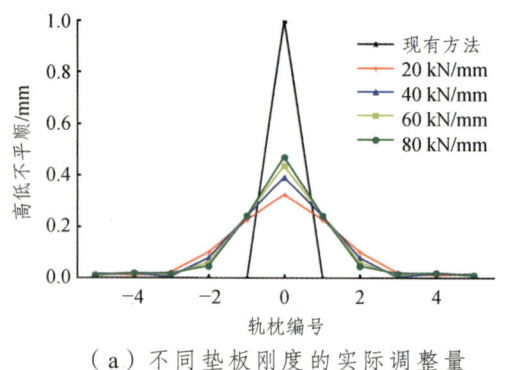
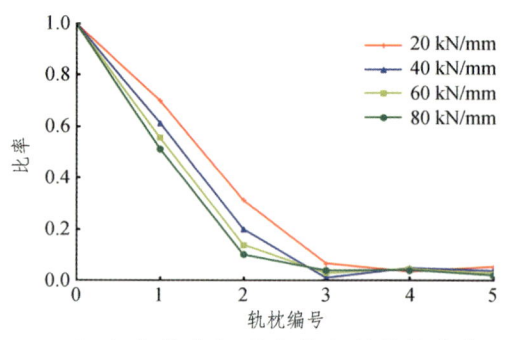

（a）不同垫板刚度的实际调整量　　（b）邻枕实际调整量与调整枕比值

图 8-5　单枕调整结果

从图 8-5 可知，现有精调方法没有考虑轨下垫板垂向刚度对精调的影响，认为精调后的调整量能够达到计算调整量，调整枕在精调后对非调整枕轨道的几何尺寸没有影响。根据计算结果，可以得到如下结论：

（1）当只有 1 根调整枕时，轨下垫板垂向刚度对轨道高低调整量的影响很大，轨下垫板垂向刚度越大，离调整枕越近，调整量越大。

（2）轨道高低调整量与计算调整量差距较大：当轨下垫板垂向刚度为 20～80 kN/mm、计算调整量为 1 mm 时，实际调整量仅 0.32～0.46 mm；要使调整量为 1 mm，对不同的轨下垫板垂向刚度，需经过计算，适当提高计算调整量。

（3）轨道精调后无论刚度取值如何，与调整枕相邻各 3 跨的非调整枕处轨道高低受到较大影响，从相邻第 3 根轨枕开始调整量影响值小于调整枕调整量的 10%，更远离调整枕的轨枕所受影响可适当忽略。

（4）扣件刚度越大，调整扣件的实际调整量越接近计算调整量。在理想情况下，扣件刚度趋于无穷，也就是目前不考虑扣件刚度的结果。

2）松开扣件个数

在精调作业中规定至少松开调整轨枕的相邻两根轨枕的扣件，防止相邻扣件因扣压力过载而发生破坏。下面研究算上调整枕的松开扣件个数与实际调整量的相关性。如图 8-6 所示，不同松开扣件个数所引起的调整量几乎相同，松开超出要求数量的扣件并不会对调整量有较大的影响。因此建模过程中可忽略扣件刚度以提高计算效率。根据武广高速铁路无砟轨道精调关键技术，精调过程中连续松开的扣件数不应超过 5 个。

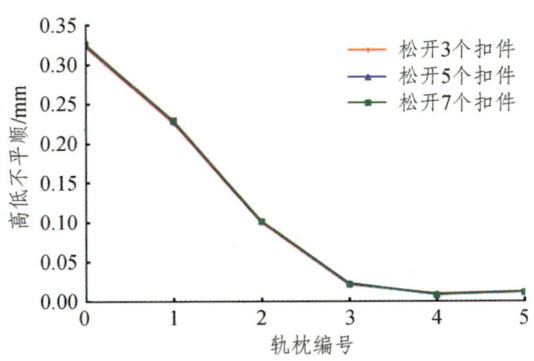

图 8-6 实际调整量与松开扣件数量的关系

3）调整枕根数

在轨道精调时，往往是多根调整枕同时调整。多根调整枕同时调整时，轨道高低调整量的规律与单根调整枕调整时有很大差别。假定计算条件：轨下垫板垂向刚度为 30 kN/mm，其余条件同上。为便于分析、比较，假定调整枕是连续的，且各调整枕的计算调整量相同。调整枕分别设置为 1、3、5 和 7 根。由于叠加原理,相邻调整轨枕调整量间会存在叠加关系,如图 8-7 所示。

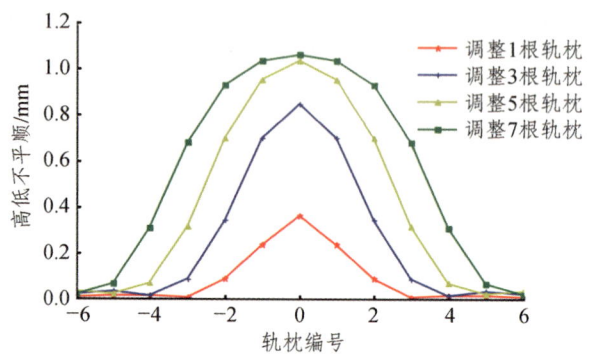

图 8-7 实际调整量与调整个数关系

如图 8-7 所示,可以得出如下结论:

(1)当有多根连续的调整枕时,随着调整枕根数的增加,中间部分枕位处的轨道高低调整量基本上可达到甚至略大于计算调整量。

(2)调整枕为 $j(j=5,7)$ 根时,中间 $j-2(j=5,7)$ 根调整枕处的调整量与计算调整量基本相等,但最外侧的 2 根调整枕处的调整量与计算调整量仍有较大差别。

5. 物理耦合关系相关结论

当对单个扣件进行调整时,会对其相邻最少 4 个扣件产生影响。为了量化此影响,对 0.5 mm、1 mm、2 mm 计算调整量下,调整扣件左右各 2 个相邻扣件的数据进行汇总计算,见表 8-3。比率代表 3 个调整量下实际调整效果的比值。

表 8-3 在不同计算调整量下实际调整效果对比

轨枕编号		-2	-1	0	1	2	总计
计算调整量	0.5	0.024	0.121	0.243	0.121	0.024	0.533
	1	0.050	0.241	0.470	0.241	0.050	1.052
	2	0.097	0.487	0.949	0.487	0.097	2.117
比率		1:2.08:4.04	1:1.99:4.02	1:1.93:3.91	1:1.99:4.02	1:2.08:4.04	1:1.94:3.97

由表 8-3 可以看出:在线路纵向上,单个扣件的计算调整量近似等于相邻 4 个扣件调整量之和;在线路垂向上,当按照单位调整量增加(减少)中心扣件计算调整量时,对其相邻扣件的影响近似呈线性增大(减少)趋势。以表中调整量计算,其比例关系近似于 1:2:4。

当同时对多个扣件进行调整时，其实际调整效果如图 8-8 所示。图中对连续的 5 个扣件都设置 1 mm 的计算调整量。绿色线代表计算调整量，蓝色线代表调整单个扣件调整效果的叠加值，红色线代表一次性调整 5 根轨枕得到的实际调整值。

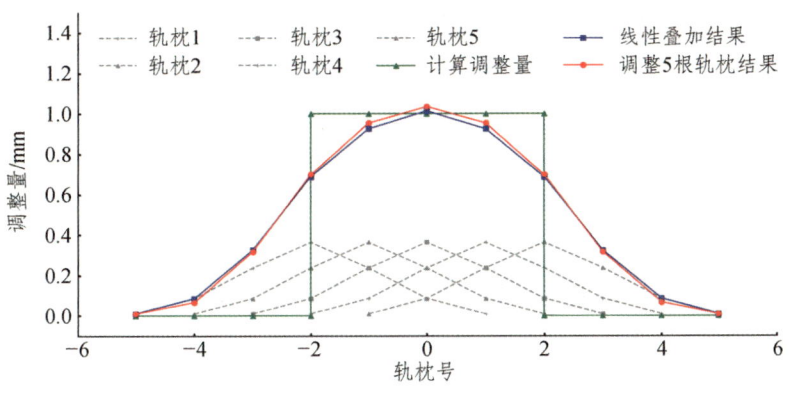

图 8-8 多扣件调整的叠加效应

从图 8-8 可以看出，当对多个扣件同时进行调整时，所产生的实际调整效果近似于单个扣件调整效果的叠加。对于一定范围的调整来说，实际曲线相较于理论曲线更平滑。以上结论表明，在考虑邻枕关系影响后，调整曲线的波形会更加平滑，但累计调整量基本无变化。

6. 实例分析

上面主要针对单根调整枕或具有相同计算调整量的连续多根调整枕的情况，对影响轨道高低调整量的因素进行了分析；然而，在实际精调过程中，调整枕可能不连续，且各调整枕的计算调整量也不相同，从而使计算变得复杂。以武广高速铁路某段 60 kg/m 钢轨无砟轨道为例，轨枕间距为 0.625 m，轨下垫板垂向刚度为 25 kN/mm。

假定以控制各轨枕处的高低不平顺绝对偏差不大于 1 mm 作为验收标准。现有方法将超限点按单位调整量控制到阈值范围内。而考虑物理耦合约束的优化方法如下：

（1）按给出的调整量计算精调后的轨道高低不平顺，找出不能满足要求的轨枕。
（2）对这些轨枕或与其相邻的轨枕处的计算调整量进行适当改变。
（3）进行计算，直到所有轨枕处的不平顺都满足要求。

通过循环迭代得出的现有方法和引入物理耦合模型优化方法的计算调整量结果，见表 8-4。

表 8-4 各轨枕处钢轨原始高程以及计算所得计算调整量与实际调整量

轨枕编号	1	2	3	4	5	6	7	8	9	10
现有方法	−0.5	0	0.5	0	0	1	0	0.5	−0.5	0
优化方法	−1.0	0.0	1.0	0.0	0.0	1.0	0.0	1.0	−1.0	0.0
轨枕编号	11	12	13	14	15	16	17	18	19	20
现有方法	0	0	0	0	1	0	0	1	−1	0
优化方法	0.0	0.0	0.0	0.0	1.0	0.0	0.0	2.0	−1.0	0.0
轨枕编号	21	22	23	24	25	26	27	28	29	30
现有方法	0	0.5	0	0	−1	−0.5	0	0	0	0.5
优化方法	0.0	1.0	0.0	0.0	−1.0	−1.0	0.0	0.0	0.0	1.0

如表 8-4 所示，在同样优化规则下，考虑物理耦合模型前后输出的调整方案不同。在现有调整方案下，根据各轨枕处调整量、轨道垫板刚度、钢轨型号以及材料特性，结合有限元算法，可求解出其相应的实际调整效果，如图 8-9 所示。图中蓝色线为现有调整方案下的理论调整结果，红色线为现有方案的实际调整效果。

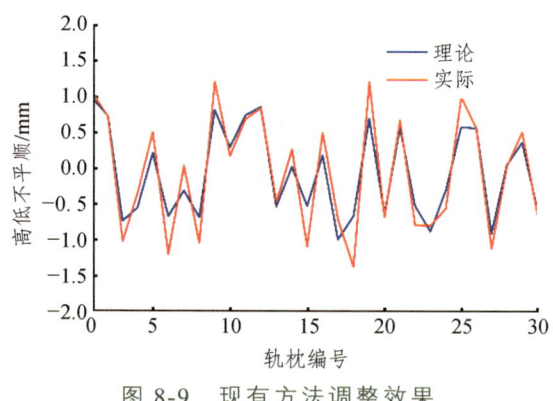

图 8-9 现有方法调整效果

如图 8-9 所示，现有方案即使理论上所有轨枕处不平顺值均小于 1 mm，但是实际效果下由于垫板刚度的存在，会使部分位置下的不平顺值仍超出 1 mm 阈值限制，从而导致重复精调作业。区别于此，优化方法在方案制订的过程中，同时考虑了理论效果和实际效果，如图 8-10 所示。图中蓝色线为原始偏差值，红色线为考虑了物理耦合关系的输出方案。

8.2 智能化轨道不平顺精调方案

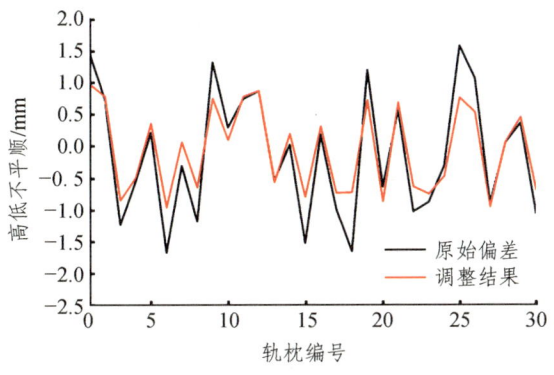

图 8-10　优化方法调整效果

如图 8-10 所示，考虑物理耦合关系的优化方法，由于充分考虑了多个轨枕的相互作用，对计算调整量进行了适当优化，就可一次使得精调后的轨道不平顺满足要求，减少了按现有方法精调后复测不合格情况的产生，提高了精调效率。

8.2.3　数据物理融合下的轨道精调方案

参考前述对数据驱动和物理耦合模型的方案介绍，在进行方案设计时，仅考虑某一种方式的处理方案都不是完全最优和贴合实际的。因此，建立数据物理融合下的轨道精调方案是一种迫切的需求。考虑到智能算法的高效性和准确性，上述通过建立有限元模型的方式来计算物理耦合约束的方法，因其计算过程的复杂性不适用于自编程算法之中。因此，必须研究物理耦合约束的解析计算方法，与传统的数据优化方案结合，来实现数据物理约束融合下的精调方案优化。

1. 物理耦合约束解析计算方法

本节将利用元素刚度矩阵法对物理耦合计算方法进行探索。元素刚度矩阵法是固体力学中应用的一种重要方法。该方法通过建立各节点的位移、约束与外力之间的关系，实现对某个节点位置变形的计算。基于此，我们可以由计算调整量推导出其对应的实际调整效果。元素刚度矩阵法的二维力学模型如图 8-11 所示。

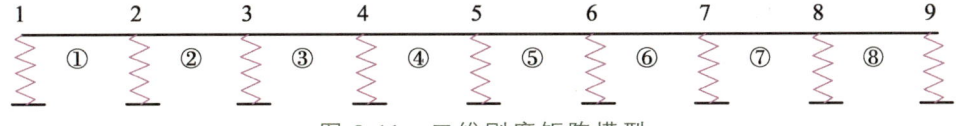

图 8-11　二维刚度矩阵模型

对于所建立的精调模型来说，其初始参数为：轨枕间隔、钢轨转动惯量、轨下垫板刚度、计算调整量以及钢轨弹性模量。在完成参数确定后，需要建立单位刚度矩阵。一个标准的二维单位刚度矩阵是由水平、垂直和旋转 3 个方向组成的 3×3 矩阵。由于没有施加平行于轨道方向的力，元素的刚度矩阵 k_{unit} 可简化为：

$$\boldsymbol{k}_{\text{unit}} = \begin{pmatrix} \dfrac{12EI}{l^3} & \dfrac{6EI}{l^2} & -\dfrac{12EI}{l^3} & \dfrac{6EI}{l^2} \\ \dfrac{6EI}{l^2} & \dfrac{12EI}{l^3} & \dfrac{12EI}{l^3} & \dfrac{12EI}{l^3} \\ -\dfrac{12EI}{l^3} & \dfrac{12EI}{l^3} & \dfrac{12EI}{l^3} & \dfrac{12EI}{l^3} \\ \dfrac{12EI}{l^3} & \dfrac{12EI}{l^3} & \dfrac{12EI}{l^3} & \dfrac{12EI}{l^3} \end{pmatrix} = \begin{pmatrix} \boldsymbol{k}_{11} & \boldsymbol{k}_{12} \\ \boldsymbol{k}_{21} & \boldsymbol{k}_{22} \end{pmatrix} \quad (8\text{-}22)$$

在得到单元刚度矩阵后,首先借助转换矩阵 $\boldsymbol{T}$,将其转换为整体坐标系下的单元刚度矩阵 $\overline{\boldsymbol{k}}_{\text{unit}}$,而后组合计算出整体刚度矩阵 $\boldsymbol{K}_c$,如式(8-23)所示:

$$\boldsymbol{T} = \begin{pmatrix} \cos\theta & 0 & 0 & 0 \\ 0 & 1 & 0 & 0 \\ 0 & 0 & \cos\theta & 0 \\ 0 & 0 & 0 & 1 \end{pmatrix} \quad (8\text{-}23)$$

$$\overline{\boldsymbol{k}}_{\text{unit}} = \boldsymbol{T}^{-1} \boldsymbol{k}_{\text{unit}} \boldsymbol{T} \quad (8\text{-}24)$$

$$\boldsymbol{K}_c = \begin{pmatrix} \boldsymbol{k}_{11} & \boldsymbol{k}_{12} & 0 & 0 & 0 & 0 & \cdots \\ \boldsymbol{k}_{21} & \boldsymbol{k}_{22}+\boldsymbol{k}_{11} & \boldsymbol{k}_{12} & 0 & 0 & 0 & \cdots \\ 0 & \boldsymbol{k}_{21} & \boldsymbol{k}_{22}+\boldsymbol{k}_{11} & \boldsymbol{k}_{12} & 0 & 0 & \cdots \\ 0 & 0 & \boldsymbol{k}_{21} & \boldsymbol{k}_{22}+\boldsymbol{k}_{11} & \boldsymbol{k}_{12} & 0 & \cdots \\ 0 & 0 & 0 & \boldsymbol{k}_{21} & \boldsymbol{k}_{22}+\boldsymbol{k}_{11} & \boldsymbol{k}_{12} & \cdots \\ 0 & 0 & 0 & 0 & \boldsymbol{k}_{21} & \boldsymbol{k}_{22}+\boldsymbol{k}_{11} & \cdots \\ \vdots & \vdots & \vdots & \vdots & \vdots & \vdots & \end{pmatrix} \quad (8\text{-}25)$$

最后,需要建立整个系统的位移矢量与外力矢量之间的关系。假设每根轨枕都不受弯矩影响,对于每个轨枕节点来说,其外力来自轨下垫板弹簧的压缩(拉伸)力。弹簧的延伸长度等于计算出的调整量减去实际的调整。因此,该关系可以表示为:

$$\boldsymbol{K}_c \begin{pmatrix} y_1 \\ 0 \\ y_2 \\ 0 \\ y_3 \\ 0 \\ y_4 \\ 0 \\ y_5 \\ 0 \\ \vdots \end{pmatrix} = \begin{pmatrix} D(\delta_1 - y_1) \\ 0 \\ D(\delta_2 - y_2) \\ 0 \\ D(\delta_3 - y_3) \\ 0 \\ D(\delta_4 - y_4) \\ 0 \\ D(\delta_5 - y_5) \\ 0 \\ \vdots \end{pmatrix} \quad (8\text{-}26)$$

对式(8-26)进行转换后,最终得到的邻枕关系解析计算公式可简化为如下形式:

$$(K_c+D)^{-1}Y = \delta \tag{8-27}$$

其中:K_c代表全局刚度矩阵;Y代表实际调整量矩阵;D代表垫板刚度矩阵;δ代表计算调整量。

2. 物理耦合约束解析解与数值解对比

设置单元矩阵初始参数与有限元模型参数一致。其中,轨下垫板刚度为 80 kN/mm,轨枕间距为 0.625 m,钢轨为 60 kg/m 型钢轨。随后对比单个扣件调整和多个扣件调整在两种不同方法下的效果,结果如图 8-12 所示。图中蓝色曲线代表有限元模型得到的数值解,红色曲线表示单元刚度矩阵法得到的解析解。

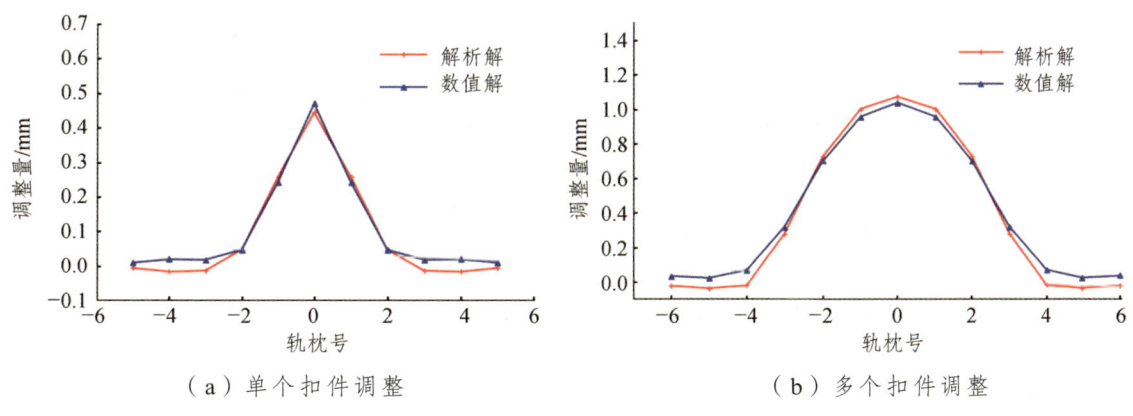

(a)单个扣件调整　　　　　　　　(b)多个扣件调整

图 8-12　数值解与解析解对比

从图 8-12 可以看出,本节所提方法计算结果与有限元结果基本一致。对相邻扣件的影响,在前后两个扣件范围内,偏差较小,其他范围略有偏差,但可以忽略不计。这说明了本节所提出的以简单的解析解来代替复杂的有限元数值解的方法具备有效性和正确性。

3. 物理耦合约束对优化方案的影响

本节主要展示了在数据优化模型中添加了物理耦合约束后,对精调效果的影响以及考虑影响后调整方案的变化。以某段路基上拱地段垂向偏差调整为对象,计算垫板刚度为 80 kN/mm 下的物理耦合关系。优化模型在涵盖此约束前后的高程偏差调整效果如图 8-13 所示。图中,虚线代表模型所输出的理论方案,实线代表理论方案的实际效果。

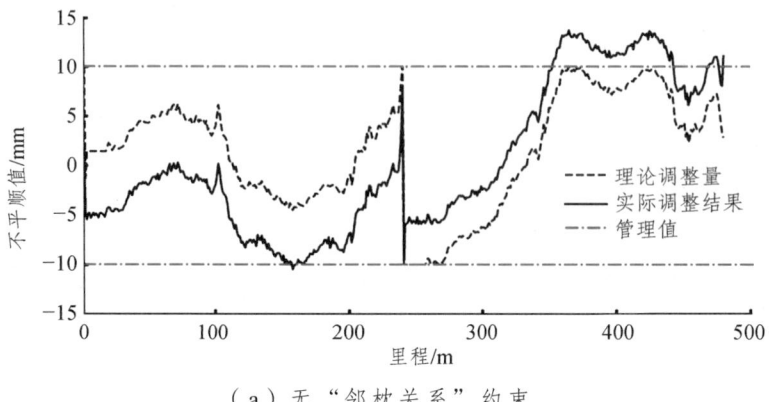

(a) 无"邻枕关系"约束

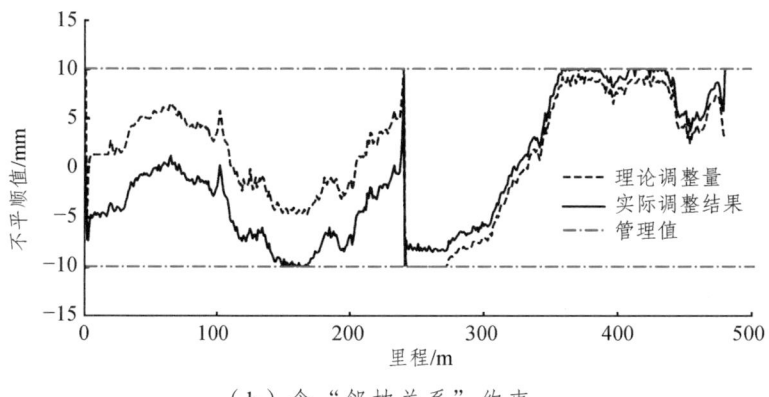

(b) 含"邻枕关系"约束

图 8-13 理论调整方案与实际效果

如图 8-13 所示：受邻枕影响，模型计算得到的理论方案和实际调整效果间存在差别，仅依靠理论方案进行不平顺的调整时，其实际效果仍可能存在超限情况；当将物理耦合约束添加进模型后，模型输出的理论方案会考虑调整后的实际效果，从而保证理论方案和实际效果均不超限。数据物理融合下的轨道精调方案，才能更准确高效地指导实际精调工作。

4. 实例分析

本节以一段路基上拱不平顺数据为例，进行处理分析。受路基上拱影响，平顺性变化在垂向上更为显著，因此，试验部分以高程偏差为例进行分析。在对现场路段的实际扣件厚度进行测量统计后，综合考虑维修标准和调整极限，分别将可调量上界设置为 26 mm 和 40 mm。

在实际施工过程中，一个合理的施工长度，通常以一个天窗期内可操作范围（100～200 m）为参考，如图 8-14 所示。

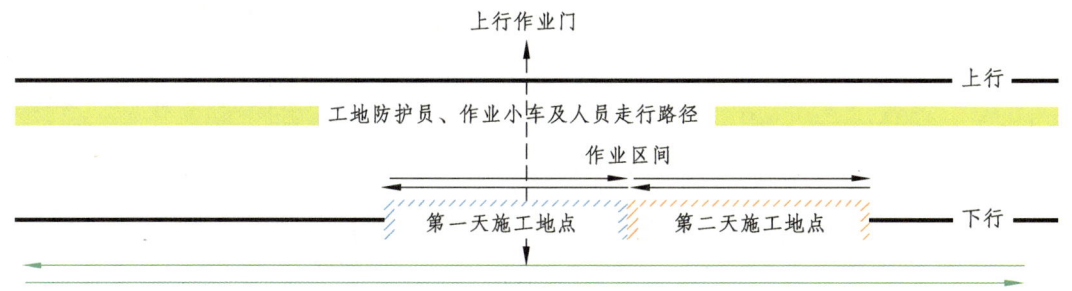

图 8-14 一个天窗期的作业范围

一个有效的日常维护施工方案，应满足施工长度要求和施工连续性要求。在施工过程中，不能因前后两天分段施工而出现平顺性的剧烈偏差。利用本节所提的多目标优化模型，对线路进行调整，其高程偏差调整效果如图 8-15 所示。

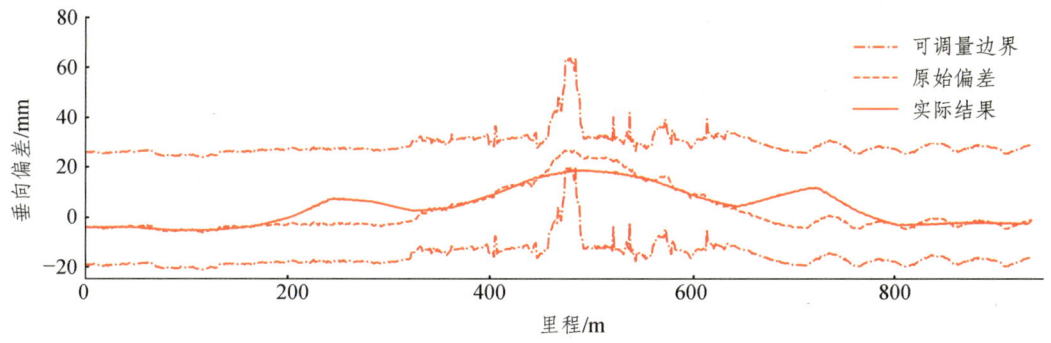

图 8-15 高程偏差调整效果

从图 8-15 中可以看出，多目标优化模型所得的曲线主要变动范围为桩号 200～800 区间，其所对应区间长度约为 375 m。单个天窗期调整范围为 187.5 m，符合一次施工长度要求。优化曲线受可调量上界影响较小，可以通过不断收缩上界，降低现有超限扣件厚度，来实现更合理的调整边界设置，为未来的养护维修提供充足的预留量。

此方法明确了理论方案和实际调整效果间的差别，并给出了高效的差别计算方法。当邻枕关系作为约束添加进模型后，在保证模型运算速度的前提下，输出的理论方案会考虑调整后的实际效果，保证各指标最终效果不超限。为了实现量化对比，此处对比计算了不同调整量下，物理耦合约束添加前后的方案效果，见表 8-5。

表 8-5　不同方案调整效果对比

方案	累计调整量 /mm	调整扣件数	标准差/mm			极差/mm			运行时间 /s
			10 m	30 m	300 m	10 m	30 m	300 m	
原始	0	0	0.69	0.99	13.78	6.25	7.02	48.25	—
不考虑物理耦合约束方案	2 315	511	0.46	0.63	6.43	2.84	3.38	20.45	0.78
	2 735	726	0.28	0.36	6.07	1.74	2.25	20.01	0.82
	3 155	793	0.22	0.31	5.49	1.46	1.95	19.38	0.84
考虑物理耦合约束方案	2 315	482	0.47	0.68	6.33	2.00	3.00	19.99	3.21
	2 735	655	0.31	0.42	5.98	1.4	1.40	19.85	1.56
	3 155	786	0.23	0.30	5.62	1.00	1.20	19.19	2.83

从表 8-5 中可以看出，随着累积调整的增加，各方案下的不规则性都会得到改善。物理耦合约束的添加对模型运行时间和调整量的影响不大。它可以改善轨道不平顺的范围，减少超限点，解决了调整过程效率低、费时费力、理论方案与实际效果不一致等问题，方便了运维人员，大大提高了劳动生产率，节省了劳动力，进而使得运维成本降低。

8.3　精调方案的效果评估方法

为全面合理地评价轨道精调方案，需根据轨道检测数据的特点，选择评价指标，并按照一定的原则来制定轨道精调的综合性评价指标。为获得综合性评价指标，消除不同指标量纲的差异，势必要对每一项评价指标进行无量纲化，赋以不同的权重，最终合成适用于精调评估的综合性指标[①]。

8.3.1　融合指标评价方法概述

轨道精调的方案评估过程是一个融合指标评价的过程。其中心思想是：先明确评价目标，在此基础上对目标进行分解，制定对应评价指标。而后按照不同的方法将制定的每个指标进行量化，最后按照一定的合成方法进行合成，确定最终的融合评价指标来评价目标。在整个评价过程中，各个环节都有具体相对应的方法，无信息传递，所以各个环节之间的方法可以相互组合，组成种类丰富的评价方法，用公式表示即为：

$$F = \xi(\omega_i y_i)(i = 1, 2 \cdots p) \tag{8-28}$$

一个典型的融合指标评价过程如图 8-16 所示。

---

① 申彦军. 高速铁路轨道精调方案评价方法研究[D]. 成都：西南交通大学，2019：24.

▶▶ 8.3 精调方案的效果评估方法 ◀◀

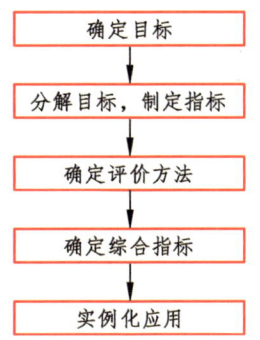

图 8-16 融合指标评价过程

如图 8-16 所示,在评价目标确定的前提下,多指标综合评价的关键就是:判定单项指标、无量纲化、单项指标定权以及指标合成方法的确定。将该综合评价过程引入轨道精调方案的评价中,有可靠的理论依据,使得评价过程与评价结果科学可靠。一个融合指标的综合评价方法体系如图 8-17 所示。

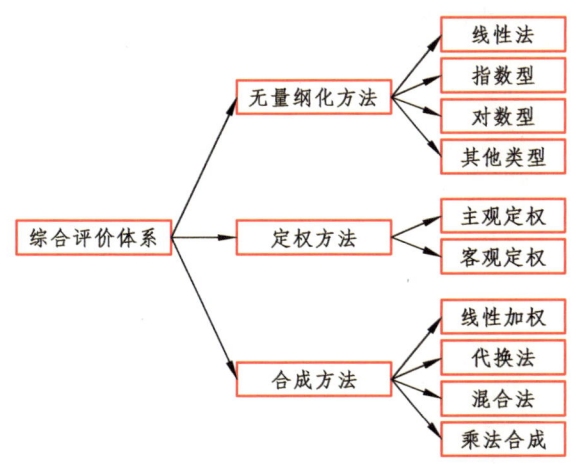

图 8-17 综合评价体系

8.3.2 融合评价指标体系制定

要建立适用于轨道精调的融合评价指标体系,则制定过程除了需要遵循评价指标的选择原则之外[1],还要在满足原则的基础上,结合具体的轨道平顺性数据来指导生成相应的评价指标。

---

[1] 张尧庭,张璋. 几种选取部分代表性指标的统计方法[J]. 统计研究,1990(1):52.

1. 指标选择原则

轨道精调方案评价指标的制定是进行全面合理评价轨道精调方案的基础，因此，在制定评价指标的过程中，应遵循以下原则：

（1）代表性。在选择指标时，应保证所选取的指标能够从不同侧面反映经过精调方案处理后线路平顺性各项评判指标的质量。

（2）可比性。为了达到准确评价轨道精调方案质量的目的，所确定的评价指标对任何一个评价模型来说都是公正客观的，即能够反映方案的共性，不应设置针对某些模型的特定指标。

（3）全面性。在选择指标时，要能够从反映轨道精调方案质量的整体角度考虑问题，尽可能保证参与的各项指标全面可靠，要涵盖现有管理体系中的所有与线路平顺性相关的评价指标规范值。

（4）科学性。所制定的评价指标应含义明确，指标数据来源真实可靠，计算过程有科学依据。只有真实条件下的数据才能真正反映线路的实际情况，评价才有意义。

2. 单项指标确定

本节以轨道静态绝对检测数据为例，从偏差值、10 m 弦不平顺、30 m 弦不平顺和 300 m 弦不平顺 4 个方面进行方案评价。同时，遵循综合评价指标选择原则，制定以下轨道精调评价指标体系，见表 8-6。

表 8-6 轨道精调方案评价指标体系

序号	指标	单位	相关性
1	偏差均值	mm	-
2	偏差标准差	mm	-
3	10 m 弦不平顺均值	mm	-
4	10 m 弦不平顺标准差	mm	-
5	30 m 弦不平顺均值	mm	-
6	30 m 弦不平顺标准差	mm	-
7	300 m 弦不平顺均值	mm	-
8	300 m 弦不平顺标准差	mm	-

注：在相关性列中，"＋"表示"极大型"指标，指标值越大越好；"－"表示"极小型"指标，指标值越小越好。

从表 8-6 中可以看出，这 8 项指标从统计的角度可以分为两大类：平均值与标准差。用平均值与标准差作为评价指标可以最大限度地保留原始数据的信息，从根本上保证后续评价过程不失真。从内业数据处理的角度可以将这 8 项指标分为四大类：偏差值、10 m 弦不平顺、30 m 弦不平顺和 300 m 弦不平顺。从这四大类进行分析制定指标可以保证全面地对方案进行评价。其中：指标 1 和指标 2 分别用来评价原始轨道偏差值的大小与原始轨道偏差值分布的离散程度，直接体现了轨道线形在空间上的变化情况；指标 3 和指标 4 分别用来评价 10 m 弦不平顺值的大小与 10 m 弦不平顺值分布的离散程度，以不同换算模型来对中短波平顺性进行验证。指标 5 和指标 6 分别用来评价 30 m 弦不平顺值的大小与 30 m 弦不平顺值分布的离散程度，其数据中涵盖了更多的中短波信息，从中短波平顺性角度对轨道线形加以评价；指标 7 和指标 8 分别用来评价 300 m 弦不平顺值的大小与 300 m 弦不平顺值分布的离散程度，其数据中涵盖了更多的长波信息，从长波平顺性角度对轨道线形加以评价；

8.3.3 无量纲化方法

在综合评价的过程中经常会遇到一个问题：指标之间的单位不同且量级也不相同。这样就导致了无法对评价目标直接进行客观真实的评价，所以有必要对原始评价指标值进行无量纲化。其方法大致可以分为两类：线性无量纲化和非线性无量纲化。线性无量纲化的特点是无量纲化变换均为线性变换,线性变换函数的计算都运用了某些统计指标，如最大值、最小值、均值、方差等[①]，一般包括标准化、极值处理、比例法以及功效系数法等。以下为几种无量纲化方法的介绍：

1. 标准化

$$x_i^* = \frac{x_i - \overline{x}_i}{S_i} \tag{8-29}$$

式中：$\overline{x}_i$ 和 S_i 分别表示第 i 项指标的平均值与标准差；x_i 表示原始值；x_i^* 表示无量纲化后值。

2. 极值处理

"极大型"无量纲化：

$$x_i^* = \frac{x_i - m_i}{M_i - m_i} \tag{8-30}$$

式中：M_i 和 m_i 表示单项指标 x_i 的极大值和极小值；x_i^* 表示无量纲化后值。

"极小型"无量纲化：

---

① 詹敏，廖志高，徐玫平. 线性无量纲化方法比较研究[J]. 统计与信息论坛，2016, 31 (12)：17.

$$x_i^* = \frac{M_i - x_i}{M_i - m_i} \tag{8-31}$$

式中：M_i 和 m_i 表示单项指标 x_i 的极大值和极小值；x_i^* 表示无量纲化后值。

3. 比例法

$$x_i^* = \frac{x_i}{x_i'} \tag{8-32}$$

式中：x_i' 表示第 i 项指标的特殊点，可取 M_i、m_i 或 $\bar{x}_i$；x_i 表示原始值；x_i^* 表示无量纲化后值。

4. 归一化

$$x_i^* = \frac{x_i}{\sum_{i=1}^{n} x_i} \tag{8-33}$$

5. 向量规范化

$$x_i^* = \frac{x_i}{\sqrt{\sum_{i=1}^{n} x_i^2}} \tag{8-34}$$

6. 功效系数法

"极大型"无量纲化：

$$x_i^* = \frac{x_i - m_i}{M_i - m_i} \cdot d + c \tag{8-35}$$

式中：M_i 和 m_i 表示单项指标 x_i 的极大值和极小值；c 和 d 为已知正常数；x_i^* 表示无量纲化后值。

"极小型"无量纲化：

$$x_i^* = \frac{M_i - x_i}{M_i - m_i} \cdot d + c \tag{8-36}$$

式中：M_i 和 m_i 表示单项指标 x_i 的极大值和极小值；c 和 d 为已知正常数；x_i^* 表示无量纲化后值。

无量纲函数具备以下几个方面的性质：

性质 1：单调性，经无量纲函数处理前后不改变排序。

性质 2：缩放无关性，对原始值进行放缩不会影响无量纲化结果。
性质 3：区间稳定性，对原始值无量纲化后，指标值在一个确定的区间内。
性质 4：差异比不变性，保留无量纲化结果与原始值间的差异比较关系。
性质 5：平移无关性，对原始的指标值进行平移后不影响无量纲化结果。

标准化、极值处理和功效系数法可以满足的条件最多，其中功效系数处理函数 5 个性质都可以满足，相对于其他处理函数更优良，在实际应用中更加广泛。

8.3.4 融合指标定权

在评价目标明确的情况下，各个指标之间的相对重要性程度是不相同的，指标赋权就是用来衡量各个指标之间的重要性程度的，用式（8-37）表示：

$$\omega_i > 0(i=1,2\cdots m), \sum_{i=1}^{m} \omega_i = 1 \tag{8-37}$$

权值确定得是否合理，直接影响到综合评价结果的科学合理程度。

1. 定权方法

指标赋权方法包括主观赋权和客观赋权等[①]。两种赋权方法从总体上来说：主观赋权法带有一些主观色彩，比较依靠判决者的主观思维与工作经验；客观赋权是依靠指标数据之间的规律，利用统计分析的方法数来确定指标权重。主观赋权法包括特征值法、专家打分法与德尔菲法等。客观赋权法包括标准离差法、关联函数法、主成分分析法和熵权法等。

2. 权重计算

评价对象为轨道精调方案，属于行业研究，优先选择主观赋权方法。主观赋权法中的专家打分法与德尔菲法主观性强的缺点突出，且无法通过数学的方法减弱；特征值法经过数学处理可减弱主观性影响使得评价更客观与富有逻辑性，可信度强。所以本节采用特征值法确定权重。

轨道精调分为横向调整与竖向调整，在评价时应将两者分开进行，横向与竖向各 8 个指标分别赋权。特征值法赋权过程如图 8-18 所示：设 n 个指标赋权，将各个指标相对于评价目标的重要性程度（表 8-7）做两两比较构造出判断矩阵 A，若 $k_{ij} = k_{iu}/k_{ju}$，则称 A 为一致性矩阵，此时，判断矩阵 A 的最大特征值 $\lambda_{\max} = n$。然后求矩阵 A 的与特征值 n 对应的特征向量 $\boldsymbol{\omega} = (\omega_1, \omega_2, \cdots, \omega_n)^{\mathrm{T}}$，最后将其归一化后得到这 n 个评价指标的权重系数。

---

① 路云飞，李琳琳，张壮. 决策指标组合赋权方法的研究及应用[J]. 计算机工程，2018，44（1）：84.

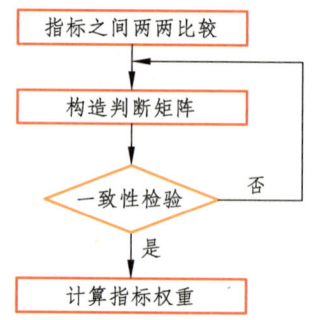

图 8-18 特征值法赋权过程

表 8-7 分级比例标度参考

赋值（k_i/k_j）	说明
1	表示 k_i 和 k_j 相比，同样重要
3	表示 k_i 和 k_j 相比，k_i 比 k_j 稍微重要
5	表示 k_i 和 k_j 相比，k_i 比 k_j 明显重要
7	表示 k_i 和 k_j 相比，k_i 比 k_j 强烈重要
9	表示 k_i 和 k_j 相比，k_i 比 k_j 极端重要
2、4、6、8	对应以上相邻判断的情况

为得到比较客观的判断矩阵，要求对所决策的问题有一定的认识。客观事物具有复杂性且由于人们认识的多样性，往往会导致主观判断出现不一致性，特别地，在指标较多的情况下，随着判断矩阵的阶数增多会导致判断矛盾的现象。为了避免这样的情况发生，就必须对构造的判断矩阵进行一致性检验，用判断矩阵的特征值的变换来检查判断矩阵的一致性程度，如式（8-38）所示：

$$C.I. = \frac{\lambda_{\max} - n}{n-1} \tag{8-38}$$

当 $C.I.=0$ 时，判断矩阵具有完全的一致性，当 $C.I.$ 略大于 0 时，具有满意一致性，但这种说法不够严密，还需引入判断矩阵的平均随机一致性指标 $R.I.$ 值，$R.I.$ 值对应矩阵的阶数是确定的，见表 8-8。

表 8-8 平均随机的一致性指标

n	1	2	3	4	5	6	7	8
$R.I.$	0.00	0.00	0.52	0.89	1.12	1.26	1.36	1.41

当 $C.R.=C.I./R.I.<0.1$ 时，判断矩阵具有一致性。

8.3.5 融合评价指标合成

如何将已经量化且赋权的单项评价指标合成为一综合评价值，是综合评价的最后一个关键问题。不同的指标合成模型，表示了不同的评价方法和评价思路，因此应该科学合理地选择指标合成方法。

1. 合成方法

关于指标合成的一些方法，包括：加法合成法（加权线性合成法）、代换合成法、加乘混合法和乘法合成法等。总体上看可分为两大类：一类为幂平均合成法，包括加法合成法和乘法合成法，以及一直被广泛应用却很少引人注目的平方合成法；另一类为所谓的特殊合成法，包括4种合成模型中的加乘混合法和代换合成法等。在进行指标无量纲化的过程中，如果综合评价的指标合成值为平均值的话，可以从最大程度上使单项评价指标值的物理意义与综合评价值的物理意义相统一，就可以看出单项评价指标值的优劣性。若综合评价值为各项指标值之和（总量指标），则综合评价值的结果受指标个数的影响，无法直接从得到的评价结果判断评价目标的水平。因此，在指标合成模型选择中，都采取平均化的措施。

2. 合成方法选择

表中指标经无量纲化处理后，均转换为"极小型"指标，其合成公式为：

$$k = \omega_1 k_1 + \omega_2 k_2 + \omega_3 k_3 + \omega_4 k_4 + \omega_5 k_5 + \omega_6 k_6 + \omega_7 k_7 + \omega_8 k_8 \tag{8-39}$$

对于同一段原始检测数据经不同人员调整后，对方案进行评价，综合指标值为百分制结果，得分越多，则方案从整体上越优。

3. 评价等级划分

在指标量化时，采用功效系数法无量纲化指标，所得到的无量纲化后指标值位于区间[60，100]。经合成模型得到综合得分后，理论上综合值位于区间[60，100]，当综合值小于60时，则认为方案不合格。故将轨道精调方案评价结果划分为3个等级：优良（85～100分）；合格（60～85分）；不合格（0～59分）。

8.4 精调工具软件

8.4.1 手动精调软件

为改善现有Excel精调工具在调试过程中的可视化效果较差、调整效率较低等问题，有学者开发了基于Windows 10系统和C++语言，能够在Windows 7/10平台上运行的，具备轨枕插值、里程对齐及分级调控等功能的手动精调软件，其交互界面如图8-19所示。

在调整过程中,利用该软件可以较直观地观察波形的变化趋势,通过拖动和缩放波形,直接明了地发现数据中所存在的趋势较差、幅值超限等特殊位置,避免了仅依靠数据表格调整时,对数据整体趋势判断不清导致的陷入局部优化的问题。调整时可直接在图形中选点,并进行分级调整量的设置,可控制调整效果不同程度的变动。这种方式在极大程度上提升了调整的效率。

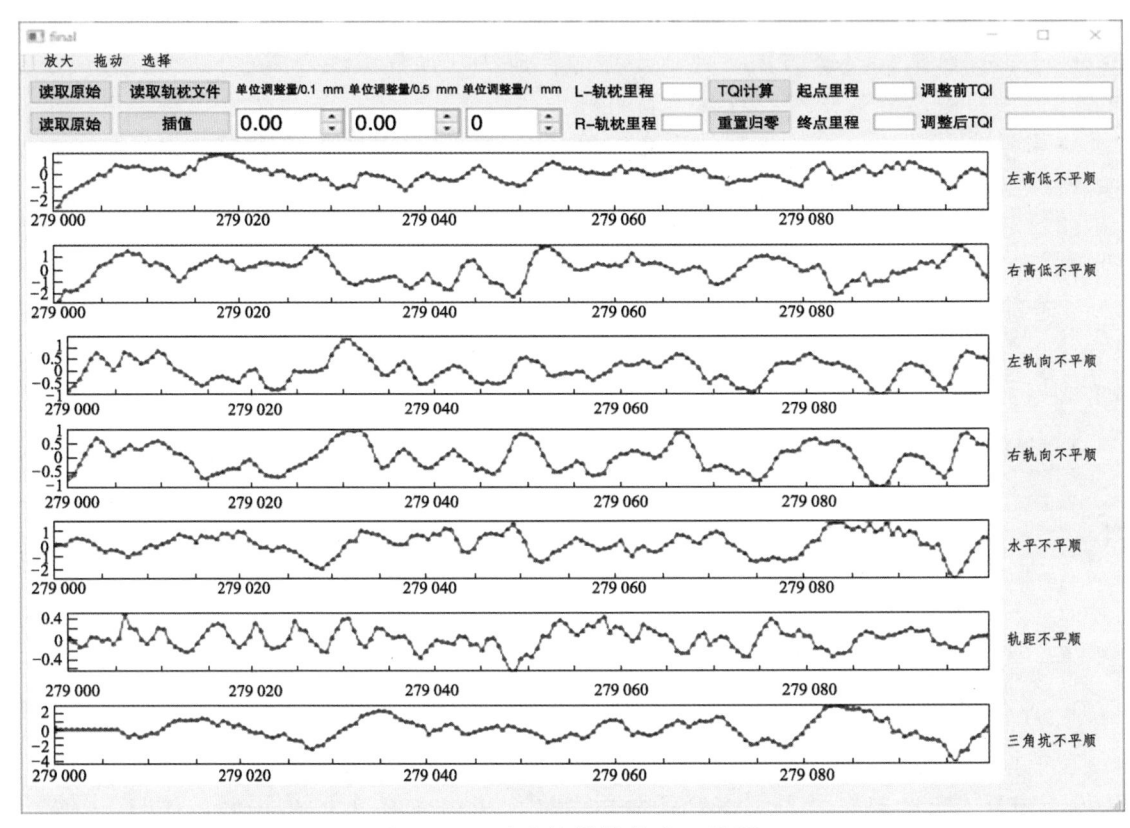

图 8-19　手动精调软件交互界面

8.4.2　自动精调软件

从各个方面来看,自动化技术都是当前时代的主流研究方向。与各个行业的自动化发展相同,轨道行业的发展自然也离不开自动化的方向。然而阻碍轨道精调自动化发展的最大问题就在于智能输出轨道精调方案。众所周知,轨道精调行业目前主要采用人为判读方法对轨道数据进行调整,该方式效率低下,准确度差,且要求人为经验极高,不同人对轨道的调整效果完全不同。因此轨道平顺性调整方案自动化输出就显得尤为重要。在拥有了自动化输出方案的前提下,自动化轨道数据调整就可以顺水推舟依靠目前已经高度发展的机械自动化实现,最终实现轨道精调的无人化,这无疑能够大大降低铁路行业工人的工作强度,提高工作效率。基于此,为更方便地进行轨道调整工作,实现轨道数据精调自动化并能够运用到实际工程中,笔者引入粒子群算法对小波分解输出结果进行寻优调整,通过参照预处理后的调整数据,在规定扣件使用量的约束条件下实现轨道平顺性最优,输出最优调整方案,以此保证精调工作的质量能更直观、清晰地指导精调工作。该软件基于 Windows 10 系统,利用 Python 语言编制,采用 C/S 模式系统结构,能够在 Windows 7/10 平台上运行,其交互界面如图 8-20 所示。

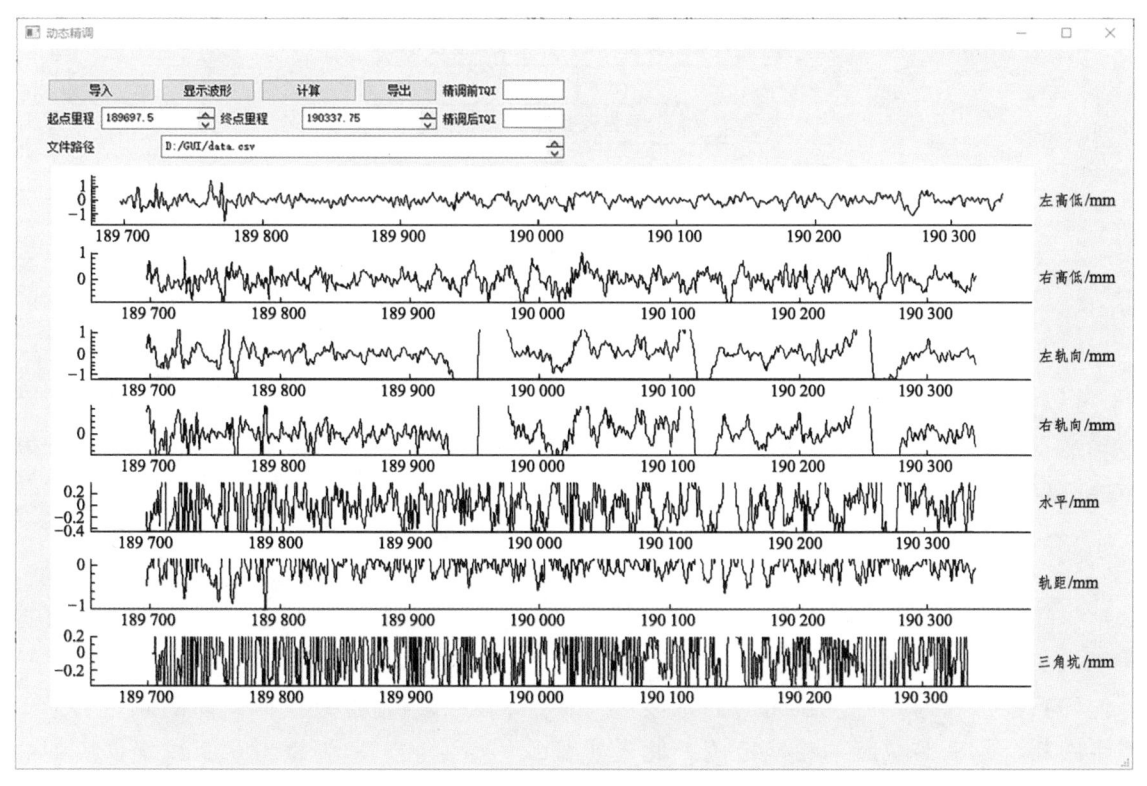

图 8-20　自动精调软件交互界面

1. 软件主要功能模块介绍

本软件在动态精调使用过程中,主要分为轨道动检数据文件的选择与导入、选择待调整范围的起止里程、显示待调整数据调整前的原始波形、自动计算最佳调整位置和最优调整量、显示调整后波形和精调前后 TQI 值并进行对比分析、生成并导出调整报告 6 部分内容,图 8-21 所示为该软件的主要构架图。

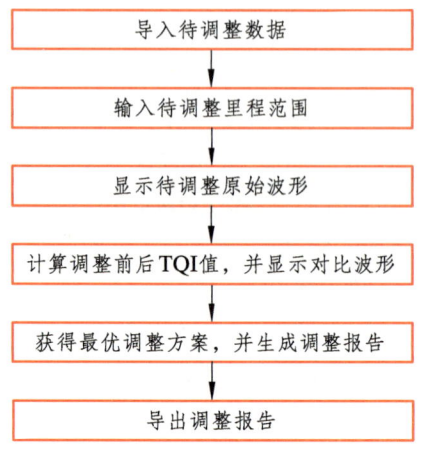

图 8-21 软件构架

2. 软件使用实例演示

为了更加清晰地显示软件工作流程，我们以一段高速铁路线路轨道结构动态检测数据作为调整对象进行演示，具体过程如下：

（1）数据导入。选择待调整数据文件，在软件的 V1.0 版本中，导入待调整数据文件的格式为".csv"文件。该文件由轨检车随车系统生成的".geo"文件经波形查看软件导出后所得。

（2）确定分析区段。在"起、终点里程"所对应的文本框内输入待调整数据的起、止里程，即可手动输入所需调整区段的范围，软件自动识别将要显示的波形的起止里程数据。在软件的 V1.0 版本中，软件会自动将间隔为 0.25 m 的动检数据按 0.625 m 进行插值。

（3）波形实时交互。点击"显示波形"按钮，显示待调整数据精调前的原始波形，初步判断所需调整位置的粗略范围，此时所显示的原始波形即为按 0.625 m 插值后的波形，即波形数据间隔与轨枕位置间隔一致。

（4）智能优化。点击"计算"按钮，依据自动化调轨算法计算得出最佳调整位置和最优调整量，并显示调整后波形和精调前后的 TQI 值，以此对调整前后进行对比分析，判断自动调整的效果，如图 8-22 所示。

（5）保存优化方案。点击"导出"按钮，生成含有对应最佳调整位置的轨枕号信息和含有最佳调整量等内容的调整报告文件并选择路径对文件进行保存，以便对现场的调整工作进行指导。

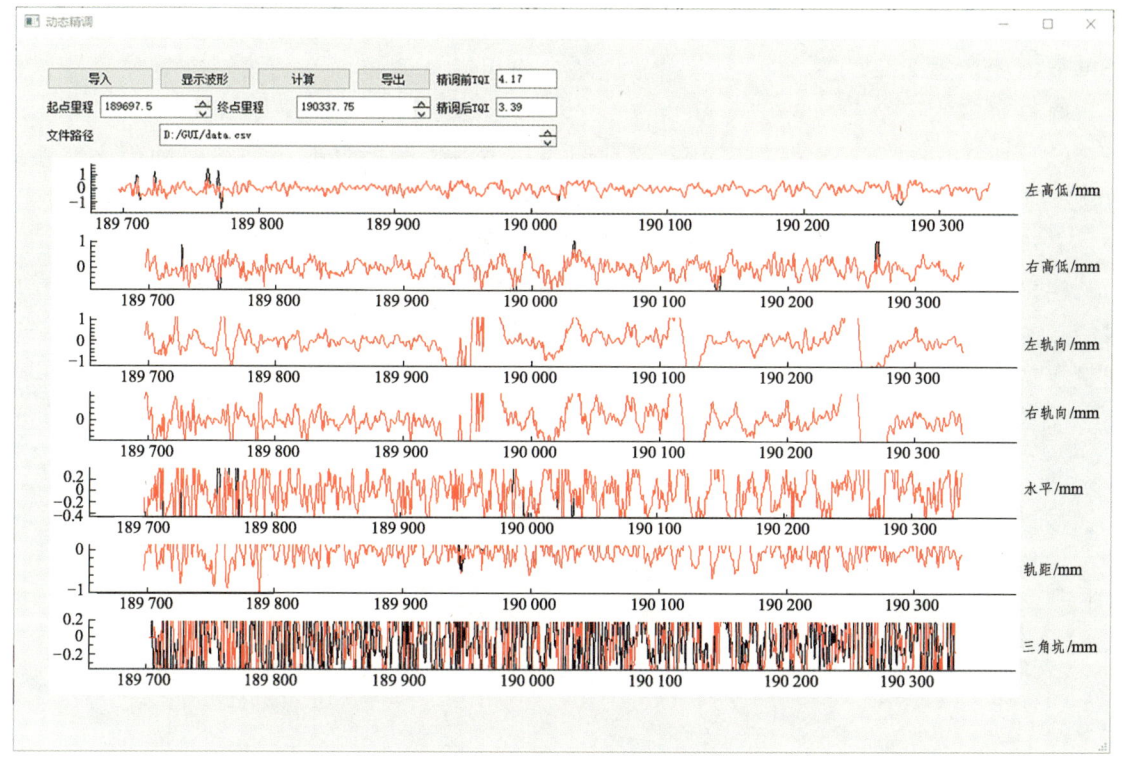

图 8-22　调整前后波形对比

8.5　本章小结

本章首先介绍了国内外关于轨道平顺性控制方法的研究现状，分别提出了基于数据驱动、基于物理耦合模型以及基于数据物理融合下的智能化轨道精调方法，实现了快速高效地制订平顺性维护方案的目的；其次，对调整方案制订后的综合评价方法进行了介绍；最后，对设计的精调软件情况进行介绍。相关的成果结论整理如下：

（1）所提出的基于数据驱动的高速铁路无砟轨道精调优化研究成果，以线性优化原理为基础，以最小调整量为目标，通过收敛约束阈值和迭代优化，较高效地实现了平顺性最优控制。可以在不需要人工参与的情况下，获得复杂条件下的最优轨道平顺状态和相应的最优调整量，大大提高了所提出的轨道精调方案的优化效果和效率。

（2）所提出的基于物理耦合模型的精调优化方法，充分考虑了轨枕间的相互作用，使得一次精调后的轨道平顺性满足要求，避免了复测不合格情况的产生。邻枕耦合作用的相关结论有：单个扣件进行调整，会对其相邻最少4个扣件产生影响，且单个扣件的计算调整量近似等于相邻4个扣件调整量之和。多个扣件同时调整，实际调整效果近似于单个扣件调整效果的叠加。在考虑邻枕耦合作用后，调整曲线的波形会更加平滑，但累计调整量基本无变化。

（3）所提出的基于数据物理融合的精调优化方法，同时涵盖了前述两种优化算法的特点。通过所提出的邻枕耦合作用解析计算公式，将该作用约束化后加入自编程算法之中，真正意义上实现了同时兼顾调整量和实际效果的目的。

（4）为全面合理地评价轨道精调方案，在选择符合轨道横垂向偏差和轨道不平顺数据特点的评价指标基础上，通过对指标进行无量纲化，消除了不同指标量纲的差异，通过赋权和合成，最终建立了一个适用于精调方案评估的综合性指标。

9

我国高速铁路十年动检数据趋势分析与修理评价

　　中国高速铁路自 2012 年以来经历了快速进步的发展阶段，历经十年的发展之后新建线路也逐步趋近饱和状态，我国高速铁路已经进入"运营维修"阶段。我国高速铁路主要采用的轨道结构类型大多为无砟轨道结构形式，因此目前铁路线路维护部门愈来愈重视无砟轨道线路的养护维修工作。经过时间的累积，列车荷载的反复作用、外界环境以及人工作业等因素对轨道不平顺状态产生影响，进一步直接影响到列车运行的平稳性和安全性。为了保证列车的运行速度、乘客的乘坐舒适度、线路设备的使用寿命，需要采取较为先进的技术手段进行日常的养护维修工作。

　　"周期修"就是当工务设备使用年限达到修理规则上规定的维修周期或者设备各项技术指标超过了相应的管理标准时进行的周期性维修，但是由于无砟轨道结构的病害呈现随机性的特点，因此对于高速铁路无砟轨道线路来说不宜采用"周期修"的维修模式。

　　"状态修"是以轨道线路状态为前提，以配件寿命周期管理为保证，通过人工或自动检测监测手段准确识别轨道线路状态，有效及时地对轨道线路进行维修的一种轨道线路检修体系。状态修是按轨道线路的实际状态确定修理时间，不提前规划轨道线路修理的时间和修程，而是在检测轨道线路的状态后确定最佳修理时间。这种制度不利于统一管理，对于轨道线路状态的监测设备、配件检测水准和故障的数据分析要求都比较高；但是其优点是能提高轨道线路的检修效率，降低检修成本。

　　"预防修"是提前预防轨道线路状态发生极度恶化的现象，依据历年来的检、养、修数据探求其间存在的规律性，明确合理的维修时间，在未发生故障之前，提前对轨道线路段进行养护维修。预防修是一种强制性的维修手段，不管轨道线路状态目前表现如何，只要到了计划维修的时间，就进行强制维修，这样对轨道线路状态的评价和趋势预测都存在极高的要求，只有完全掌握轨道线路状态的劣化发展趋势，才能进一步精确地制订计划维修的时间，否则很容易会出现"过度修"和"不足修"的现象。

　　根据以往现场的养护维修经验可知，轨道线路状态受到初建轨道时的工况、状态、地理环境、轨底结构、养修管理办法等多种因素的影响。无砟轨道在初始建成时存在的结构缺陷也会导致后续运营中产生不平顺现象,并且也进一步影响了日后运营过程中无砟轨道的扣件调整量。因此,在对多年来的轨检车数据进行分析时需要把握重要时间点和重要线路区段两个方面。在时间维度上,明确轨道线路状态变化趋势是否存在一定的周期性或者规律性,以及不同线路区段频繁出现轨道线路状态恶化的时间点是否存在重叠现象,并且分析造成这种变化趋势的原因。在空间维度上,需要明确是否存在反复维修反复病害的线路区段,在长时间的运营中,必定存在多次"周期修""状态修"以及"预防修",提取出需要多次反复进行维修的线路区段进行重点关注。

9.1 板式无砟轨道十年动检数据分析

高速铁路线路的轨道平顺性状态对列车的行车安全和旅客乘坐舒适度具有决定性作用[1]。在列车动荷载、路基不均匀沉降、桥梁挠曲变形等因素的综合作用下,高速铁路线路产生轨道不平顺,之后通过车辆系统反作用于轨道系统,致使轮轨动力响应加剧,进一步恶化轨道平顺状态。综合检测列车检测数据是进行轨道平顺状态评价的最全面、最有效的手段。通过综合检测数据里程或时间信息提取、多角度的分析和挖掘,可深度评价线路轨道劣化规律,并可根据线路轨道的实际情况执行针对性的养护维修作业计划[2]。基于轨道动检数据开展科学养护维修方案制订一直都是铁路工务领域的重要环节。本节对某 CRTS I 型以及 CRTS II 型板式无砟轨道铁路线路轨道不平顺检测数据进行数据预处理以及可视化呈现。

9.1.1 数据预处理

在某 CRTS I 型板式无砟轨道铁路线路 2012 年 1 月至 2021 年 12 月的原始动检数据中,每个月的检测数据涵盖 K40+072~K285+872 共 245.8 km 长线路,每 0.25 m 一个测点,共 98.32 万行里程数据。在某 CRTS II 型板式无砟轨道铁路线路 2012 年 1 月至 2021 年 12 月的原始动检数据中,每个月的检测数据涵盖 K9+000~K144+800 共 135.8 km 长线路,每 0.25 m 一个测点,共 54.32 万行里程数据。两种轨道板的每个测点都包括左右高低、左右轨向、轨距、超高、三角坑以及水平等 8 列轨道不平顺数据,数据量相对庞大。下面以 CRTS I 型板式无砟轨道铁路线路的数据为例,进行数据预处理部分展示。

1. 里程误差修正

相邻两个月在同一个检测点对应的轨道不平顺数据相差应该不大,所以绘制同一被测轨道、不同检测时间的对比图可以展示原始检测数据里程点位是否对齐,是否存在里程漂移的现象。

---

[1] 罗林,张格明,吴旺青,等. 轮轨系统轨道不平顺状态的控制[M]. 北京:中国铁道出版社,2006:27.
[2] 温宇星. 铁路线路轨道几何尺寸不平顺养护维修方法[J]. 现代制造技术与装备,2022(12):146.

9.1 板式无砟轨道十年动检数据分析

图 9-1 所示为 K41+822～K42+070 线路区段 2012 年 1 月和 2012 年 2 月的超高对比图，图中明显存在里程漂移的现象。后续在使用该动检数据时需要先将这 10 年的不平顺检测数据进行里程对齐，采用第 3 章提到的里程误差修正模型进行数据对齐。对齐后的数据检测超高值在峰值上能够一一对应。经过里程修正之后的超高对比图如图 9-2 所示。

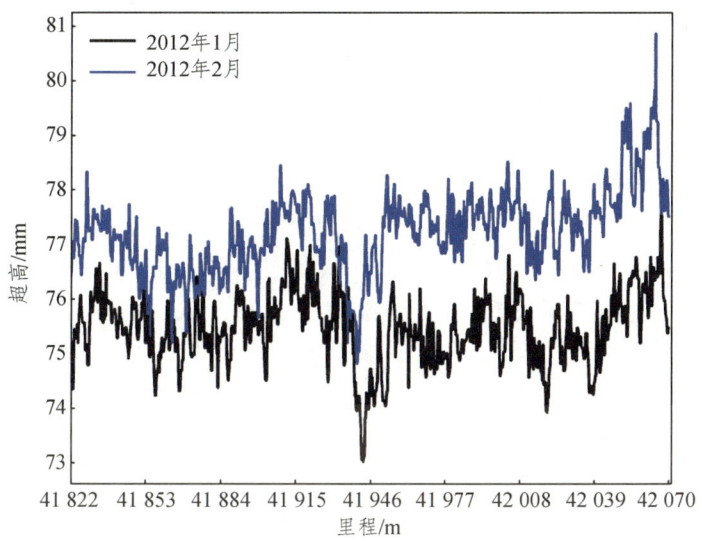

图 9-1　K41+822～K42+070 超高对比图

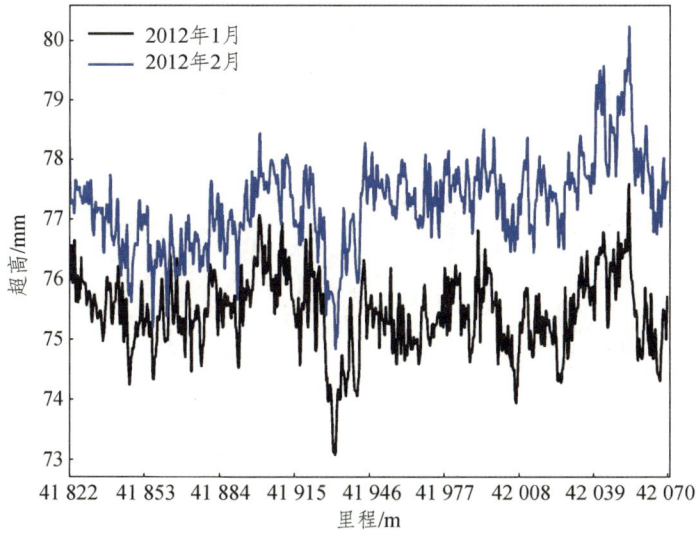

图 9-2　K41+822～K42+070 超高对比图

图 9-1 和图 9-2 对应的线路区段均在同一个曲线段内,依据该曲线段对应初始设计超高为 75 mm 分析可知,2012 年 1 月检测超高相对于设计超高变化不大,仍旧在 75 mm 上下波动,而 2012 年 2 月的检测超高均在 78 mm 上下波动,长期运行下的高速铁路轨道在列车动荷载、路基不均匀沉降、桥梁挠曲变形等因素的综合作用下形成轨道不平顺,致使相邻月份之间同线路区段的超高检测值之间存在毫米级的差值,验证了轨道线路状态会随着时间的推移产生变化,需要制订合理的养护维修计划以保障铁路线路运输安全性的必要性。

2. 补全缺失数据

经过上述里程误差的修正,可以得到修正后的不平顺检测数据表,同样每个月对应着 98.32 万行里程数据以及 8 列不平顺数据,依据轨道不平顺评价方法中的轨道质量指数评价法,在时间上对每个月的数据单独分析,在空间上以 200 m 为一个线路区段单元,分别计算 200 m 单元内对应的 800 个检测数据的左右高低、左右轨向、轨距、水平以及三角坑的各自标准差作为该线路区段的单项指数,并将其求和计算该线路区段的 TQI 质量指数。将每个线路区段不同检测时间对应的各项计算标准差汇总后发现,在检测过程中,检测数据丢失、天气影响检测数据失效、漏检等多种影响因素导致 2012 年 6 月及 2014 年 1 月的数据缺失,因此在后续分析之前应该先补齐缺失数据,以形成完整的月度检测数据,利于后续的时间序列分析。下面以 K44+072~K44+272 区段的左高低检测数据为例,绘制左高低标准差时域变化图,如图 9-3 所示。

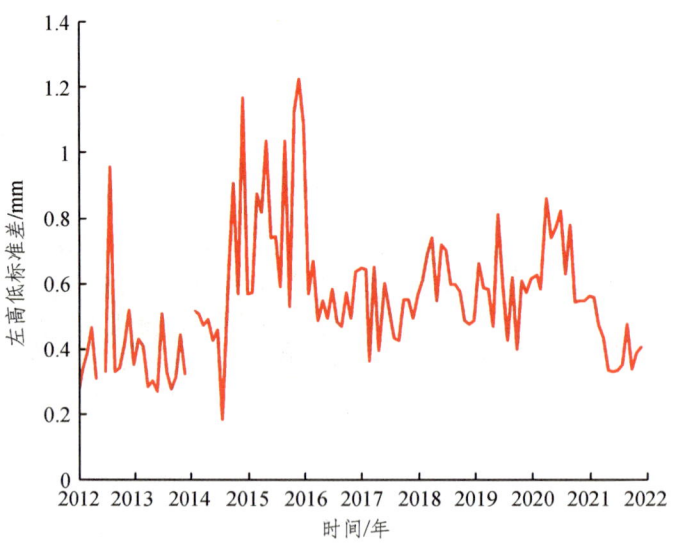

图 9-3 K44+072~K44+272 左高低标准差(缺失)

缺失的数据导致绘制的曲线不连续，采用线性插值的方式补齐数据，补齐后的数据如图 9-4 所示：

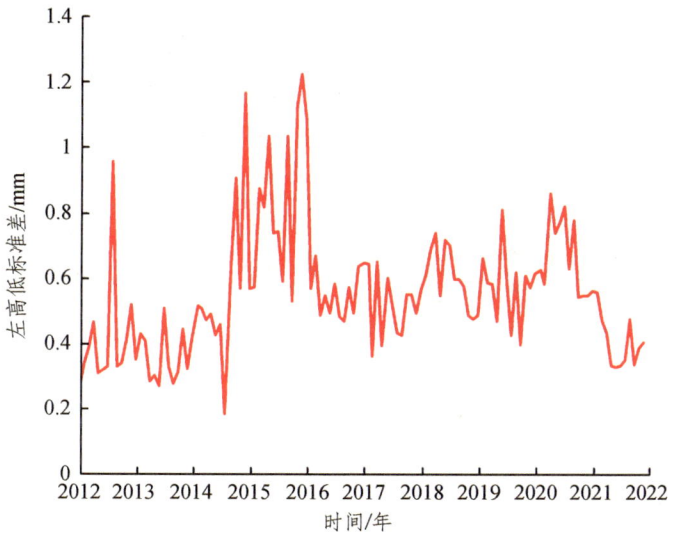

图 9-4　K44+072～K44+272 左高低标准差（补全）

9.1.2　数据特点与可视化

CRTS Ⅰ 型板式无砟轨道数据包含了 245.8 km 十年内的动检数据，CRTS Ⅱ 型板式无砟轨道数据包含了 135.8 km 十年内的动检数据，两条线路段的数据量十分庞大，数据类型也比较丰富，下面分别进行同一时间内不同线路区段的各项不平顺标准差变化趋势分析以及同一线路区段内的各项不平顺标准差随时间的变化趋势分析。数据分析时将线路区段分为路基段、隧道段以及桥梁段，路基段又分为直线段和曲线段分别进行分析讨论。

1. 同时间不同线路区段分析

1）CRTS Ⅰ 型板式无砟轨道

基于数据预处理和各项标准差计算后可以得到各项指标在同一时间内随着里程变化的发展趋势，选取 2012 年 12 月 K234+672～K236+872 线路区段的各项不平顺标准差数据绘图，如图 9-5 所示。该段内包含了隧道、桥梁以及路基（直线、曲线）多种不同的线路区段。

轨向不平顺主要是由铺轨施工和大修作业的轨道中心线测量定位偏差、轨排横向残余变形累积和轨头侧面磨耗不均匀、扣件失效、轨道横向刚度不一致等多种原因造成的。图中展示的左右轨向标准差随着里程的变化趋势基本一致，且波动范围均在 0.65 mm 以下，曲线段部分达到峰值 0.63 mm。

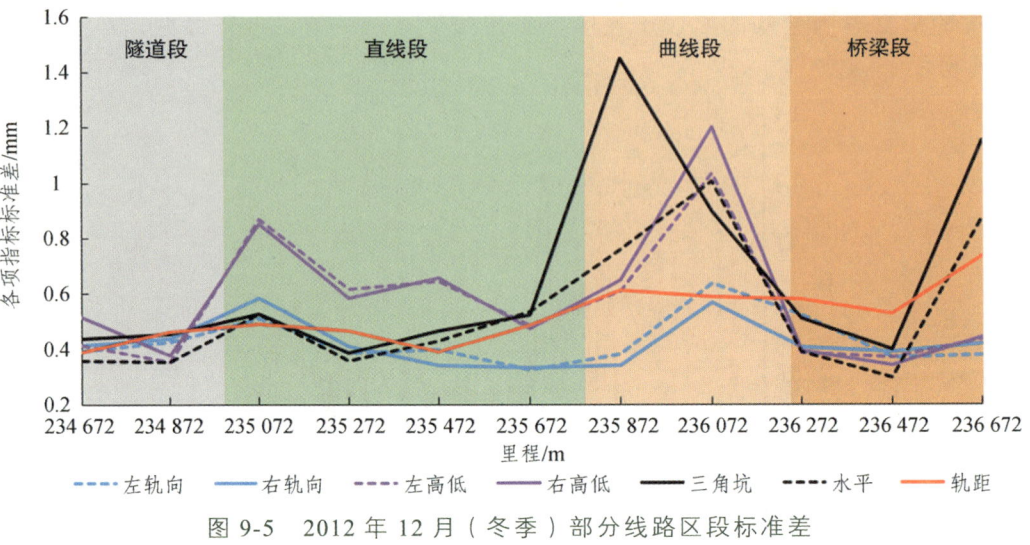

图 9-5 2012 年 12 月（冬季）部分线路区段标准差

高低不平顺的影响因素包括了线路施工和大修作业的高程偏差、路基施工后产生的不均匀沉降、桥梁以及涵洞过渡段的刚度变化过大、桥梁折角和挠曲变形、路基的不均匀变形、轨道线路中存在垂向刚度不一致等。图示中的左右高低不平顺变化趋势也相差不大，均在曲线段部分达到峰值 1.21 mm（1.04 mm）。该曲线段位于路基段和桥梁段之间的过渡段部分，因此刚度变化较大，比较容易产生较大的高低不平顺现象。

扭曲不平顺又称为三角坑，水平不平顺与左右轨向息息相关。根据图示变化趋势可知，它们均在曲线段部分达到峰值，这是因为曲线段是过渡段，刚度变化较大。因此在指定养护维修计划时应该重点关注该段里程范围内的轨道不平顺变化趋势，结合"预防修"的概念，提前采取相应的维修措施，对轨道不平顺劣化的趋势进行遏制，防止其进一步恶化后影响列车运行的平稳性和安全性。

为了检验该数据的变化是否受到季节性的影响，绘制该线路区段在 2013 年 8 月（夏季）的标准差趋势变化图（图 9-6）与图 9-5 进行对比。经过了 8 个月的线路运行之后，明显可以看出各项指标产生的峰值点位发生了一定的变化，但仍旧遵循着左右轨向不平顺变化相似以及左右高低不平顺趋势一致的现象。这样的变化表明了季节所带来温度变化对轨道线路不平顺状态具有一定的影响。夏季由于温度升高，轨道线路段的各个组成部件的线膨胀系数不一致会进一步影响轨道不平顺状态，桥梁段的变化尤为明显，三角坑标准差值达到了 1.6 mm 的新峰值。反之隧道段无论在冬季还是夏季，其各项标准差均在 0.6 mm 上下浮动，且历经了半年的时间之久，标准差计算值前后相差不超高 0.2 mm，由此推断隧道段不平顺状态受季节影响不大。

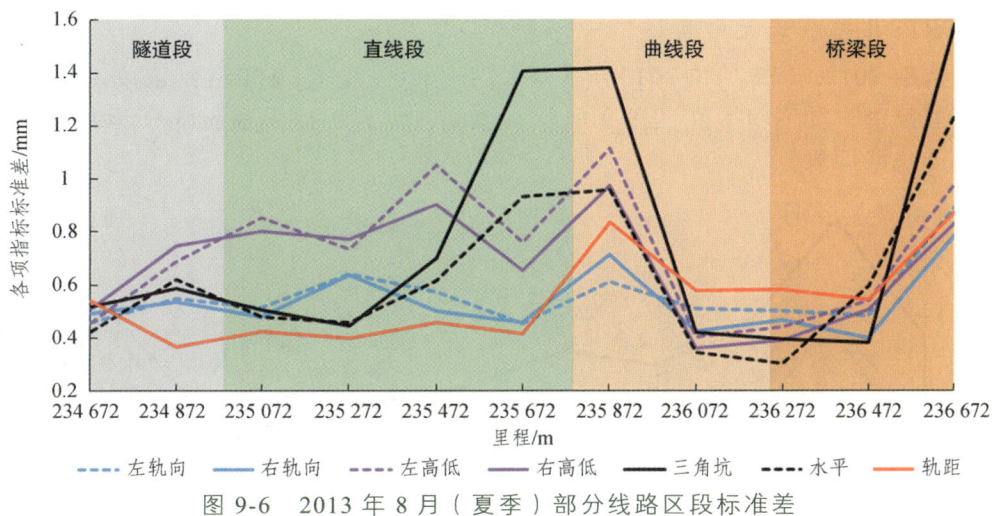

图 9-6 2013 年 8 月（夏季）部分线路区段标准差

分析完各个单项不平顺标准差幅值变化之后，综合分析轨道质量指数 TQI 随着线路区段以及时间的变化趋势，如图 9-7 所示。由横向分析可知，最容易出现轨道不平顺现象且轨道质量指数 TQI 值偏高的线路区段集中在桥梁段，为了保障线路运行的平顺性以及乘客的安全性，应该加强对桥梁段轨道不平顺的检测精度和频率。由纵向分析可知，经过了 8 个月的运营与维护，除了 K236+072～K236+272 线路区段以外，其他各个线路区段计算 TQI 值均有一定程度的小范围波动，分析是由于 2012 年 12 月时该线路区段 TQI 值已经达到了 5.9 mm，之后采取了一定的养护维修措施，进一步使得该段 TQI 值在 8 个月之后有大幅度下降的趋势，保障了后续的安全运营要求。

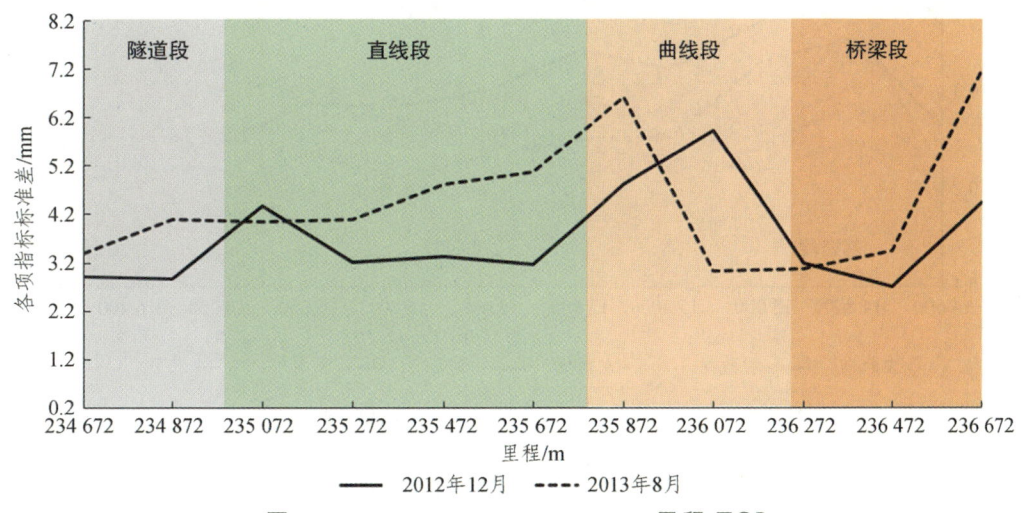

图 9-7　K234+672～K236+672 里程 TQI

2）CRTSⅡ型板式无砟轨道

同样选取 2012 年 12 月和 2013 年 8 月 K14＋600～K16＋800 线路区段的各项不平顺标准差数据绘图，如图 9-8 和图 9-9 所示。该段内包含了桥梁以及路基（直线、曲线）多种不同的线路区段。

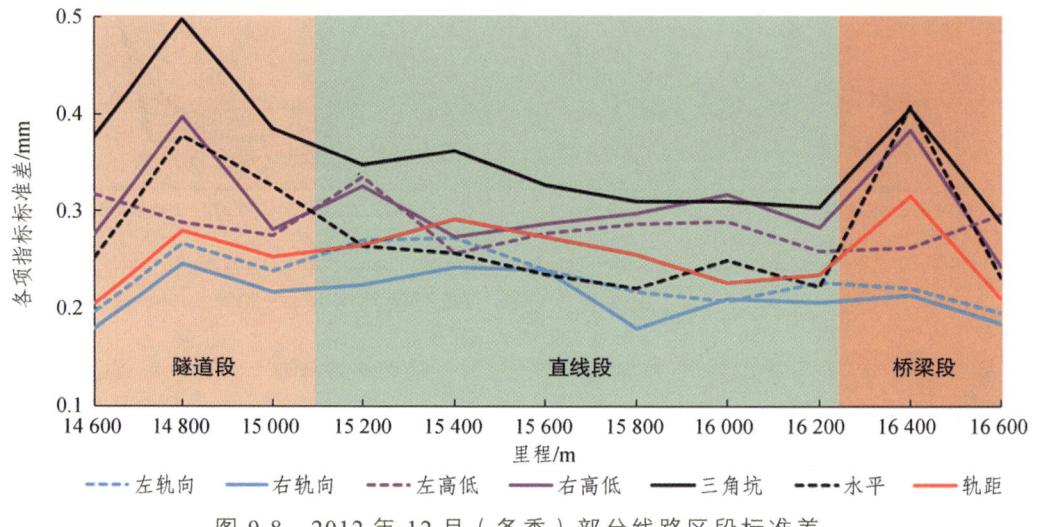

图 9-8　2012 年 12 月（冬季）部分线路区段标准差

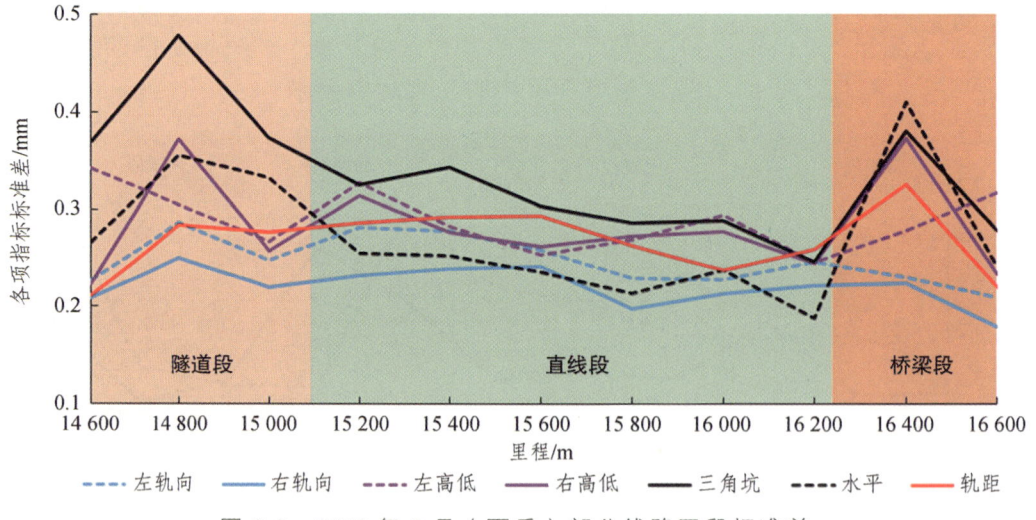

图 9-9　2013 年 8 月（夏季）部分线路区段标准差

与 CRTSⅠ型板式无砟轨道线路的结果相同，同一时间内左、右轨向不平顺指标和左、右高低不平顺指标随着里程的变化趋势相似，且各项不平顺指标计算标准差的峰值也均出现在曲线段和桥梁段。与 CRTS I 型板式无砟轨道线路的冬季和夏季的对比结果不同，CRTS II 型板式无砟轨道线路的各项不平顺于 2012 年 12 月至 2013 年 8 月的变化并不明显且趋势大致相同。造成这种区别的原因，一方面是两条线路的轨道板类型不同，另一方面是 CRTS II 型板式无砟轨道线路在 2012 年 12 月的各项不平顺标准差的峰值不超过 0.5 mm，线路平顺性状况良好。

2. 同线路区段不同时间分析

1）路基段

铁路线路的路基段是整个线路中桥梁、涵洞与隧道之间的连接枢纽，是铁路线路中较为基础的部分，且在桥梁之前的路基过渡段承担着重要的刚度过渡任务。过渡段是路基与结构物等衔接时需特殊处理的地段，是路基不均匀沉降控制的关键，一般来说过渡段与桥梁等连接压实度高。

(1) CRTS I 型板式无砟轨道。

路基段又分为直线段和曲线段，直线段部分取 K235+272～K235+472 线路区段作为代表，曲线段部分取 K235+872～K236+072 线路区段作为代表，分别绘制十年高低不平顺标准差变化图，如图 9-10 所示。以 200 m 区段的左高低标准差作为不平顺指标代表来进行后续的数据分析。

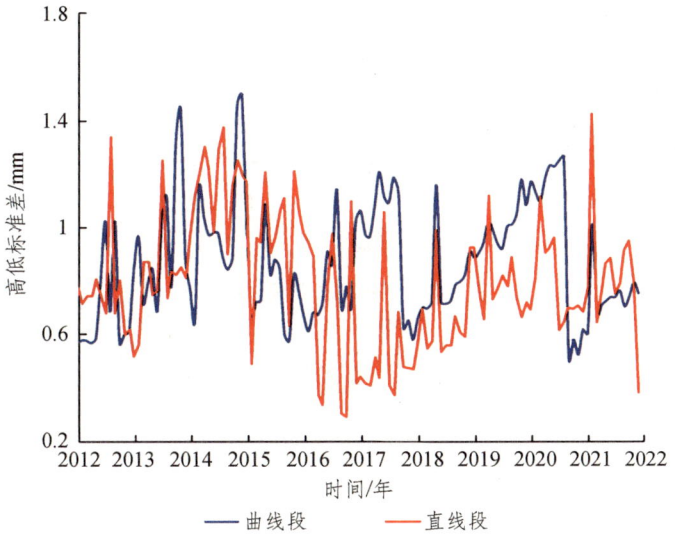

图 9-10　CRTS I 型不同路基段左高低标准差

经过对比分析可知，曲线段左高低标准差幅值与直线段相差不大，但曲线段在 10 年间大部分的时间内计算标准差均在直线段上方。二者出现峰值的时间段有部分对应，主要集中在每年的夏季 7、8 月以及冬季 11、12 月，表示轨道不平顺的发展趋势含有一定的季节性变化。

（2）CRTS Ⅱ型板式无砟轨道。

直线段部分取 K15＋600～K15＋800 线路区段作为代表，曲线段部分取 K14＋800～K15＋000 线路区段作为代表，分别绘制十年高低不平顺标准差变化图，如图 9-11 所示。

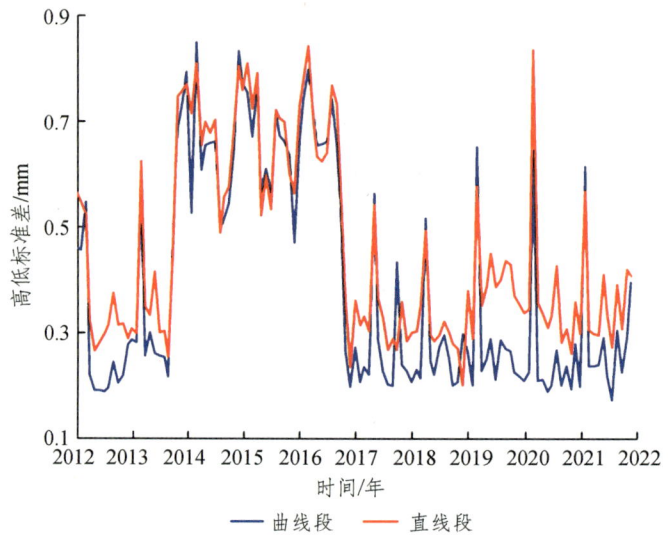

图 9-11　CRTS Ⅱ型不同路基段左高低标准差

与 CRTS Ⅰ型板式无砟轨道相比，Ⅱ型板的直线段和曲线段在十年间的变化趋势相似，由于 K15＋600～K15＋800 直线段部分是路基和桥梁的过渡段，因此该段幅值与曲线段幅值相似。两个线路区段均表现出一定的周期性峰值，具体数据见表 9-1，2017 年至 2019 年以及 2020 年至 2021 年出现峰值的周期均为 11 个月，且大部分均出现在冬季。

表 9-1　路基段周期性峰值

年/月	左高低标准差/mm	
	K14＋800～K15＋000 曲线段	K15＋600～K15＋800 直线段
2017/5	0.543	0.563
2018/4	0.493	0.512
2019/3	0.577	0.652
2020/3	0.837	0.647
2021/2	0.569	0.615

2）桥梁段

桥梁自身的结构相较于路基复杂很多,因此在研究其轨道不平顺状态时需要考虑的影响因素相较于路基来说也会增多,桥梁段的轨道线路安全性评价也尤为重要。铁路桥梁荷载大,冲击力大,行车密度大,要求能抵抗自然灾害的标准高,特别是结构要求有一定的竖向横向刚度和动力性能。

(1) CRTS I 型板式无砟轨道。

取 K236+472～K236+672 线路区段作为桥梁部分代表,再取另一个桥梁段 K196+072～K196+272 与其进行对比分析,两个线路区段各自均包含于两个不同的特大桥内部,绘制左高低标准差变化趋势图如图 9-12 所示。

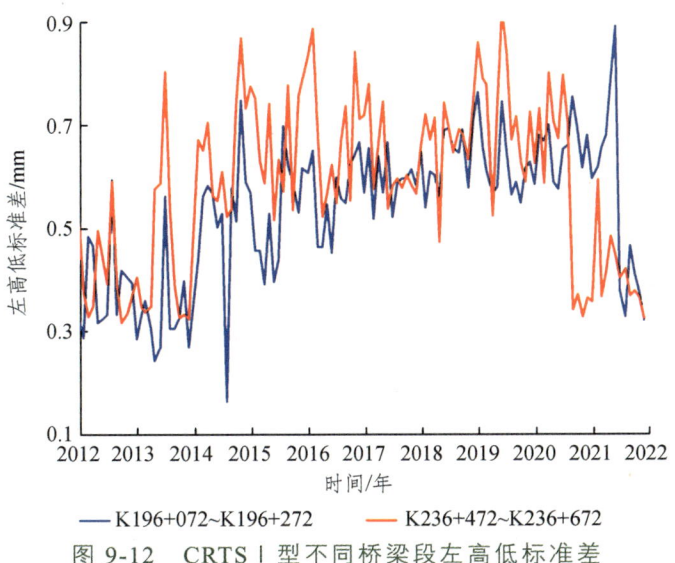

图 9-12 CRTS I 型不同桥梁段左高低标准差

图 9-10 中曲线段左高低标准差出现的峰值达到了 1.45 mm,但是隧道段的最大峰值也不超过 0.9 mm,这两个线路区段在这 10 年间的变化趋势有极大部分是重叠的。由于冬季和夏季的温度和湿度相较于全年的气候来说较为极端,鉴于桥梁结构中的各材料的线膨胀系数不完全相同,因此比较容易出现轨道不平顺的现象。图 9-12 中也反映了 2014—2019 年间若是出现高低不平顺峰值,时间点也都常在冬季和夏季这两个季度内。

图 9-12 中,K236+472～K236+672 线路区段在 2020 年 8 月之前,随着时间的累积,计算得到的左高低标准差呈现为逐步递增且含有一定季节性的发展趋势;但是 2020 年 8 月之后出现了较大的突变,左高低标准差由 0.7 mm 降至 0.34 mm,下降了 0.36 mm。这样巨大的降幅并且伴随着 2020 年 9 月之后的数据均在 0.4 mm 上下浮动,表示 2020 年 8 月检测之后 9 月检测之前一定存在人为干预的养护维修作业,调整了该线路区段的轨道

几何形位，保证了后续铁路轨道的运营安全性。这样的干预调整同样存在于 K196＋072～K196＋272 线路区段，该线路区段的降幅更为明显，自 2021 年 6 月的 0.89 mm 下降至 2021 年 7 月的 0.38 mm，下降了 0.51 mm。

上述各个线路区段中均包含一定程度的养护维修工作，例如图 9-10 中绘制的曲线段和直线段均存在至少两次大幅度下降的趋势，体现了在这十年间，除了日常定期的养护维修工作以外，还需要根据每一个线路区段实际的线路状况进行及时的精调和维修。这个环节在线路的长时间运营中是不可或缺的。因此线路运行状态的实时掌握对于铁路线路运营的安全性和平顺性以及乘客的舒适度等的影响极为重要。

（2）CRTS Ⅱ 型板式无砟轨道。

取 K16＋600～K16＋800 线路区段作为桥梁部分代表，再取另一个桥梁段 K55＋400～K55＋600 与其进行对比分析，两个线路区段各自均包含于两个不同的特大桥内部，绘制左高低标准差变化趋势图，如图 9-13 所示。

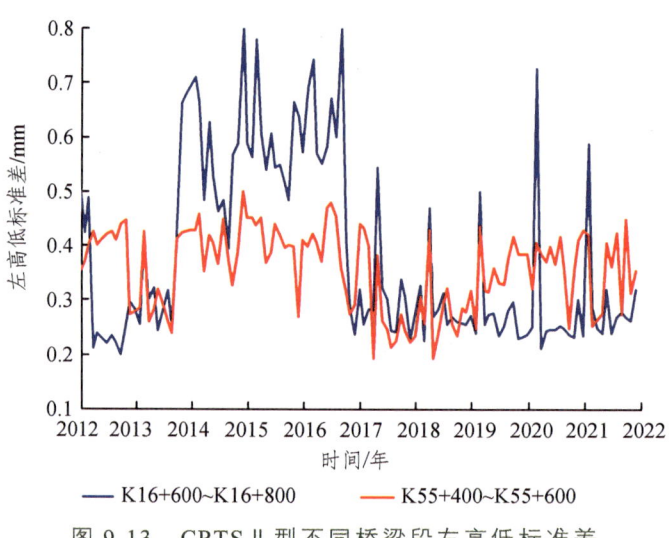

图 9-13　CRTS Ⅱ 型不同桥梁段左高低标准差

K16＋600～K16＋800 线路区段于 2016 年 9 月检测之后进行了大修，使得标准差产生巨大降幅，轨道线路平顺性状态被改善。两个特大桥不同的线路区段所展现的变化并不相似，K16＋600～K16＋800 线路区段也展现了与路基段所述同样的周期性峰值现象，且峰值对应的月份与路基段的月份完全相同。

3）隧道段

（1）CRTS Ⅰ 型板式无砟轨道。

铁路穿越山岭地区时，由于牵引能力有限和最大限坡的要求，需要克服高程障碍。

开挖隧道穿越山岭是一种合理的选择,其作用是缩短线路、减小坡度、改善运营条件、提高牵引能力。隧道与桥梁共同作为铁路线路的重要组成结构。

取 K234+672~K234+872 段作为代表短隧道段,再取另一个 K285+272~K285+472 线路区段代表中长隧道段,绘制左高低标准差的变化趋势图,如图 9-14 所示。

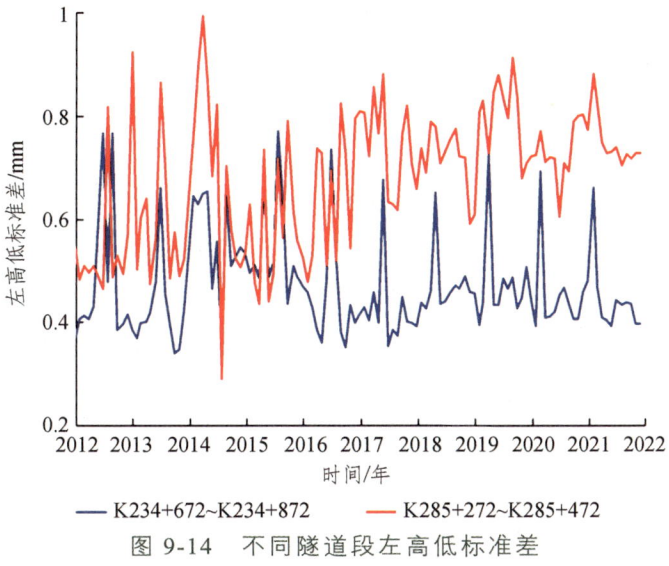

图 9-14 不同隧道段左高低标准差

图 9-10 中曲线段绘制左高低标准差的峰值达到了 1.45 mm,但是隧道段的最大峰值也不超过 1.0 mm,这同样印证了之前的推论,曲线段部分由于设置了曲线超高且在人工维护和养修过程中容易出现高程偏差,进一步造成高低不平顺的现象,因此在养护维修作业时应该重点注意曲线段部分里程。图 9-14 中 K234+672~K234+872 线路区段对应的桥梁左高低标准差在 2016 年之后呈现出一定的周期性峰值,以 11 个月为一个周期,出现一次左高低标准差峰值,具体数值见表 9-2。

表 9-2 K234+672~K234+872 里程特殊时间点标准差

年/月	左高低标准差/mm	年/月	左高低标准差/mm
2016/7	0.74	2019/4	0.72
2017/6	0.68	2020/3	0.69
2018/5	0.65	2021/2	0.66

如果存在季节性因素,应该以一个季度、半年或者一年为一个峰值周期进行发展,但是数值反映 11 个月为一个峰值出现周期,考虑是因为存在除了季节性因素(温度、湿度)

以外的人为因素，存在周期性打磨和养护维修的可能性。但是这样的周期性峰值也仅仅只在这一个隧道段出现，随机抽取的 K285＋272～K285＋472 隧道段则并不存在这样的现象，且该段左高低标准差随着时间的累积在逐年增大。这表示该段未经过周期性的人为干预，随着运行里程和运营时间的累积铁路线路状态也逐步下降；同时印证了养护维修作业没有余力进行全线路段的打磨和精调，需要确定每一个线路区段对应的轨道线路状态，从而进行精准的"状态修"和"预防修"。

3. 热力图展现整体变化趋势

1）CRTS I 型板式无砟轨道

为了展现整体线路在时间和里程上的趋势走向，绘制 K234＋072～K240＋072 里程内的左高低标准差热力图，横坐标表示 2012 年至 2021 年每隔一个月的检测时间，纵坐标则表示以 200 m 为一个里程计算单元的里程坐标，如图 9-15 所示，标准差越大绘制颜色越深，反之越浅。同一检测时间不同检测区段计算所得的左高低标准差分布呈现随机性，主要是因为不同的线路区段所在的地点不同，自然周围的环境因素以及施工工况有很大的不同，并且所包含的轨道结构也不尽相同，桥梁段和路基段以及隧道段之间的不平顺相关性并不大。

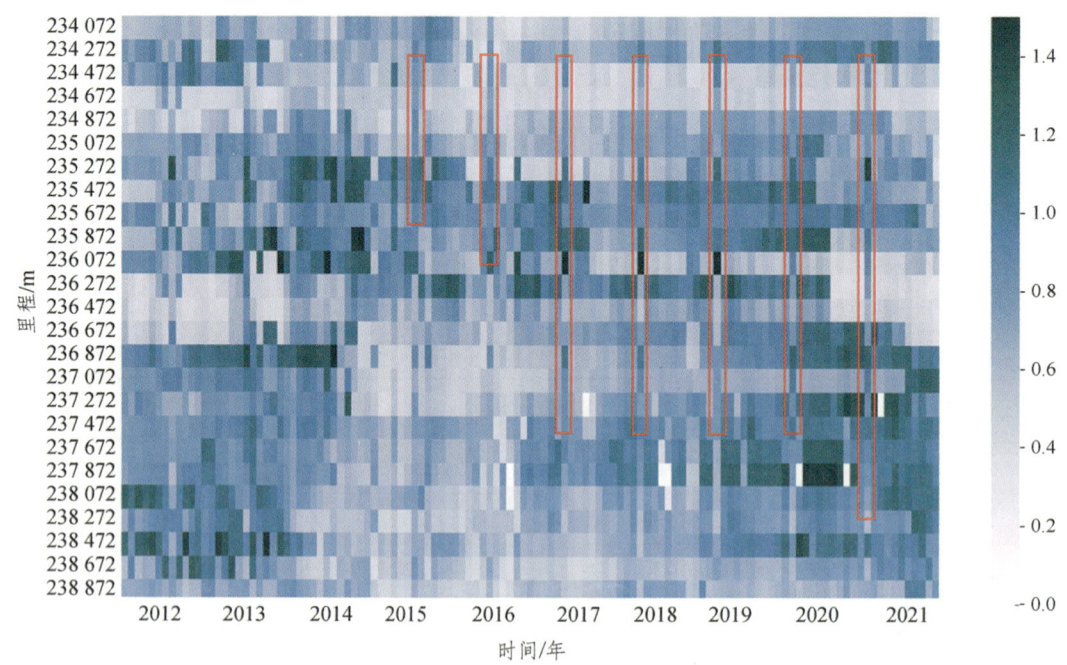

图 9-15　K234＋072～K240＋072 段左高低标准差热力图（CRTS I 型）

同一计算区段在不同的检测时间中的左高低标准差的分布具有一定的规律性。横向观察左高低标准差变化，明显发现标准差随着时间的变化逐渐呈现出周期性现象，图中红框部分圈出了周期性出现的峰值部分。这几段里程自 2015 年起每相隔 11 个月均会出现一次峰值，峰值的大小不一，且相邻线路区段相差也较大，例如 K236＋072～K236＋272 线路区段出现了均大于 1.3 mm 的标准差峰值，但是 K236＋272～K236＋472 在相同月份的标准差均小于 0.8 mm。依据之前的数据可知，K236＋072～K236＋272 线路区段之所以出现较大的峰值且与相邻线路区段存在较大差异是因为该线路区段不仅仅是路基的曲线段部分，同样也是路基段和桥梁段之间的过渡段，因此这样的特殊线路区段需要着重注意。事实表明该线路区段的标准差也比较容易出现偏高的现象。

2015 年 8 月起直至 2020 年 2 月为止，出现周期性峰值的线路区段较多，并且这些线路区段均是连续的，出现峰值的周期为 11 个月，这样与季节性因素的影响无法完全吻合，因此考虑是在环境因素等的共同影响下，这些线路区段都还存在周期性打磨作业。除了这些峰值的出现存在周期性变化这一特征外，经过全程十年的分析，每一个线路区段在每一年中的 7 月、8 月和 9 月比较频繁会出现较高标准差的现象。

为了验证之前的周期性峰值的存在是否有普适性，随机抽取一段 5 km 的线路区段进行绘图，并与之前的热力图分布进行对比分析。抽取线路区段为 K134＋072～K139＋072，如图 9-16 所示，该段里程均为路基部分，不存在桥梁和隧道等结构物，并且不包含过渡段。

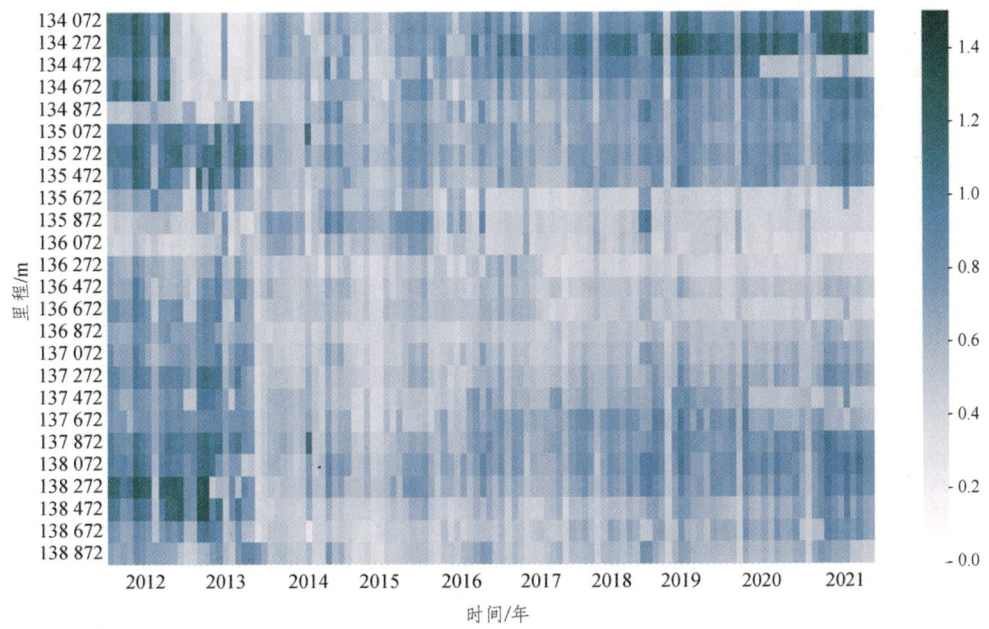

图 9-16　K134＋072～K139＋072 段左高低标准差热力图（CRTS Ⅰ 型）

K134+072～K139+072 线路区段内的 3 km 左高低标准差随时间变化趋势并不存在周期性峰值的现象，反而是出现的较大标准差的部分较为集中，每一个线路区段都需要进行精准的轨道不平顺状态评价和未来劣化趋势的发展预测，进而对现场的养护维修工作进行指导。K134+072～K134+872 内所包含的 4 个线路区段明显均在 2012 年 10 月检测之后进行了养护维修，计算标准差自 2012 年 11 月至 2021 年 12 月都随着时间不断增加，表示轨道高低不平顺状态随着时间不断劣化，且不存在大规模养护维修工作对这几段里程进行人工干预。这 4 个路基段随着时间的劣化速率较低，经过了养护维修工作的调整之后轨道不平顺状态能够维持较长的时间，这与之前的周期性打磨仍存在标准差超过 1.4 mm 峰值的线路区段有着截然不同的趋势变化。K134+072～K134+672 内所包含的 3 个线路区段均明显在 2013 年 11 月检测过后进行了养护维修工作，且后续的劣化趋势相较于之前的 4 个线路区段更为缓慢，日常的养护维修工作完全可以满足该里程部分的正常运营要求。

2）CRTS Ⅱ型板式无砟轨道

绘制 K14+000～K19+000 段左高低标准差热力图如图 9-17 所示。由 3 个热力图对比明显可知，CRTS Ⅰ型板式无砟轨道的左高低不平顺标准差幅值大于 CRTS Ⅱ型，且 CRTS Ⅱ型呈现的周期性峰值相较于 CRTS Ⅰ型更为明显和规律。K14+000～K19+000 线路区段均在 2016 年 10 月检测之前进行了大规模的线路养护维修，K18+000～K19+000 线路区段经过维修之后又产生了较大的波动，故在 2019 年 7 月又进行了维修。

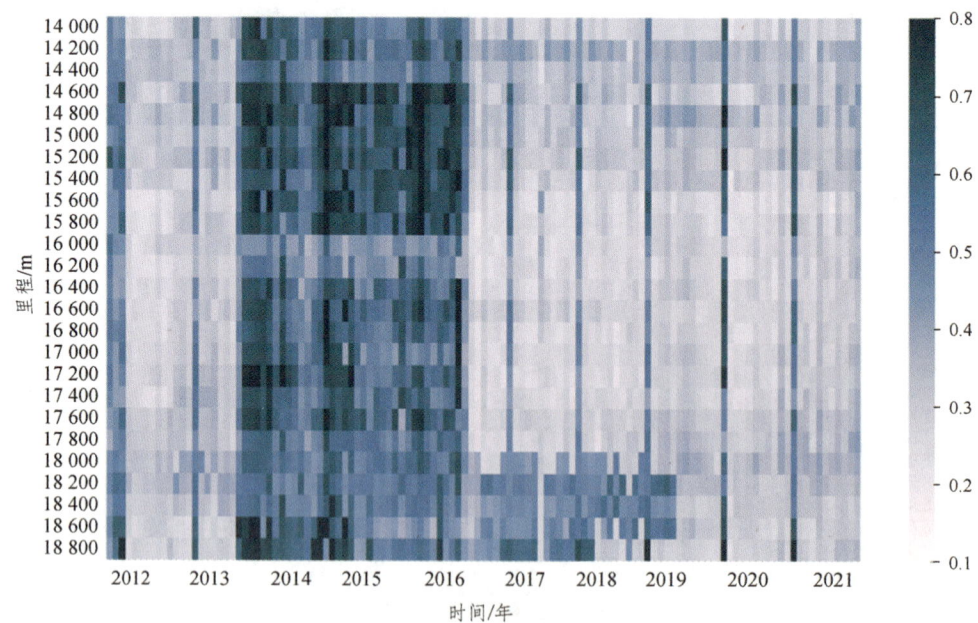

图 9-17　K14+000～K19+000 段左高低标准差热力图（CRTS Ⅱ型）

同一检测时间不同监测区段计算所得的左高低标准差分布呈现一定的随机性，主要是因为不同的线路区段所在的地点不同，自然周围的环境因素以及施工工况有很大的不同，并且所包含的轨道结构也不尽相同，桥梁段和路基段以及隧道段之间的不平顺相关性并不大。同一计算区段在不同的检测时间中的左高低标准差的分布具有一定的规律性，于2017年5月、2018年4月、2019年3月、2020年3月、2021年2月表现出规律性峰值。

9.2 基于信息熵和 S-G 滤波器的线路区段维修评价模型

长期以来，国内外大量学者利用综合检测列车检测数据开展了针对铁路智能运维的多角度研究，主要包括轨道不平顺评价指标研究、轨道不平顺劣化趋势研究、线路养护维修决策制定研究等。

陈宪麦采用非线性最小二乘优化算法获取轨道谱模型的拟合参数，提出了三级分级形式的我国干线铁路的通用轨道谱[1]；Bai 等提出了一种新的朴素贝叶斯轨道质量指数 TAN-TQI 用于评价轨道平顺状态，实现轨道质量指标的短程预测[2]；李晨钟等引入小波能量作为轨道板变形评价指标，通过建立时空数据挖掘模型实现了不同轨道板的变形定位识别和劣化预测[3]；杨翠平等提出基于带通滤波的轨道不平顺敏感波长计权评价指标，即轨道加权质量指数 F-TWQI（Track Weighed Quality Index），对目前主要计权方法的缺陷进行优化[4]。

基于以上研究，笔者提出了基于信息熵和 Savitzky-Golay 滤波器（后文简称为 S-G 滤波器）的高速铁路线路维修程度分析模型，并对某 CRTS I 型板式无砟轨道高速铁路线路开通运营十余年来的综合检测列车历史数据作建模分析。由于在车辆系统和轨道系统的相互作用中，高低不平顺受到轮轨力的影响较为剧烈，因此采用高低不平顺检测数据进行维修程度的分析研究。同时，笔者从时间域和空间域两个角度考虑线路轨道不平顺的劣化趋势，得到了少量维修、适量维修、多次维修 3 种不同维修程度的敏感区段集合；并提取出线路区段分类绘图，判断人为分析和模型分类的结果是否一致，用于验证分析模型的有效性。经初步验证，该方法可用于重点区段维修线路，可有效指导现场养护维修工作。

---

[1] 陈宪麦. 轨道不平顺时频域分析及预测方法的研究[D]. 北京：铁道科学研究院，2006：41-45.
[2] Bai L, Liu R, Sun Q, et al. Classification-learning-based framework for predicting railway track irregularities[J]. Proceedings of the Institution of Mechanical Engineers, Part F: Journal of Rail and Rapid Transit, 2016, 230（2）: 602-603.
[3] 李晨钟，利璐，汪健辉，等. 基于轨道动检数据的轨道板的变形识别及预测[J]. 西南交通大学学报，2022, 57（2）: 308-309.
[4] 杨翠平，从建力，王源，等. 基于带通滤波的轨道不平顺敏感波长计权评价方法[J]. 振动与冲击，2019, 38（19）: 2-3.

9.2.1 线路区段维修程度分析模型

多年积累的历史轨道动检数据体量庞大，数据种类繁杂。为了凝练海量轨检数据所表达的轨道不平顺状态，以便提取长大线路中的异常线路区段，笔者提出了基于信息熵和 S-G 滤波器的线路区段维修程度分析模型。该分析模型以信息熵值量化线路区段内轨道不平顺数值的异常程度，定义熵值较大的部分为异常线路区段，进一步采用 S-G 滤波器平滑去噪，绘制高低不平顺变化趋势曲线，从而对线路区段不同维修程度等级进行划分。

1. 信息熵理论

信息熵是信息论的基本概念，用于描述信息源各个可能事件发生的不确定性。信息熵能够实现对节点信息变化量的度量[①]。信息熵就是计算随机事件的出现概率，对于系统来说，系统所包含的数据越复杂，信息熵越大，反之信息熵越小，极端考虑当系统只出现一种情况时，信息熵为零。因此考虑将每一个线路区段作为一个系统，则该线路区段在十年内每个月的高低标准差数据表示该系统内部的基础秩序，若系统计算信息熵越大，则表示该系统的秩序越混乱，进一步反映线路区段内的高低标准差变化越大。

通常，一个信源发送出什么符号是不确定的，衡量它可以根据其出现的概率来度量。概率大，出现机会多，则不确定性小；反之则不确定性就大。不确定性函数 f 是概率 P 的减函数；两个独立符号所产生的不确定性应等于各自不确定性之和，即公式（9-1）：

$$f(P_1, P_2) = f(P_1) + f(P_2) \tag{9-1}$$

这称为可加性。同时满足这两个条件的函数 f 是对数函数，即公式（9-2）：

$$f(P) = \log \frac{1}{P} = -\log P \tag{9-2}$$

在信源中，考虑的是这个信源所有可能发生情况的平均不确定性。如果信源符号有 n 种取值 $x_1, x_2 \cdots x_n$，各自对应的概率为 $P_1, P_2 \cdots P_n$，并且这时 P 为离散随机变量 X 中 x_i 出现的概率，设 $P\{X = x_i\} = p_i (i=1,2\cdots n)$，$p_i \geqslant 0$，$\sum p_i = 1$，则 X 的信息熵的计算公式如式（9-3）：

$$H(X) = H(p_1, p_2 \cdots p_n) = -\sum_{i=1}^{n} p_i \log p_i \tag{9-3}$$

当 $p_i = 0$ 时，$p_i \log p_i = 0$；当对数的底数分别为 2、e、10 时，信息熵的单位分别为比特（bit）、奈特（nat）以及迪特（dit），此次研究中采用底数为 2 的信息熵来进行分析计算。

---

① 董家凡. 基于时间序列分析和信息熵的结构损伤识别[J]. 铁道科学与工程学报，2022，19（7）：2034-2035.

2. 基于信息熵提取异常线路区段

将每一个线路区段在指定滑动窗口计算得到的信息熵的最大值作为该线路区段的熵值。计算每个线路区段的时域信息熵之前需要明确计算信息熵的滑动窗口大小。由于每一个线路区段均含有较多的月度数据，存在计算窗口内所有数据均大于标准差限值且无较大波动的现象。这样的数据段无法用信息熵值来进行捕捉，因此将信息熵计算窗口进行细化，以 1 年为一个步长均匀增大计算窗口大小，增加到无上述状态为止。设置线路区段时域信息熵计算窗口为 1 年、2 年、3 年。

明确了计算窗长之后，需要根据各个不同窗长对应的信息熵值来划分异常里程区段。设临界节点信息熵值为：

$$h = \bar{x} + ns^2 \tag{9-4}$$

式中：n 为临界节点参数，取值范围为 (0, 3]，从 0 开始，以 0.5 个步长均匀增大，判断超出临界节点信息熵值对应的线路区段是否存在超限标准差以及极大波动的情况，若模型提取较差，则增大 n 值，反之则输出 n 值作为临界节点参数。具体判断流程如图 9-18 所示。得到临界节点信息熵值后，进一步提取各个计算窗长对应的异常线路区段，为了弥补计算窗长对最终结果的影响，最终将不同窗长提取线路区段结果取并集。

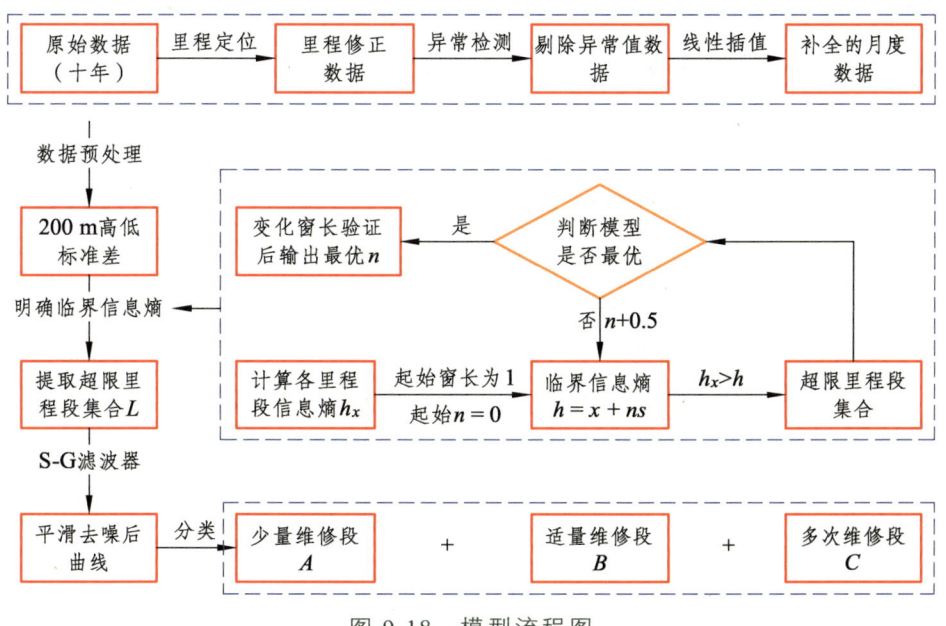

图 9-18 模型流程图

3. S-G 滤波器

S-G 滤波器最初由 Savitzky 和 Golay 于 1964 年提出[①]，之后被广泛地运用于数据流平滑除噪。利用该滤波器追求时间序列曲线的上包络线，该滤波器能在滤除噪声的同时确保信号的形状、宽度不变[②]。S-G 滤波是一种基于最小二乘法多项式拟合法，常被用于光谱预处理中的一种移动窗口加权平均算法。它通过一定长度的窗口大小，对待处理数据进行多项式加权拟合，继而求出最小均方根误差。其基本公式如式（9-5）所示：

$$X_i^m = \frac{\sum_{j=-m}^{j=m} C_j X_{j+i}}{N} \tag{9-5}$$

其中：N 为窗口大小，满足 $N = 2m+1$；C_j 表示 S-G 多项式拟合的系数。

S-G 滤波器中需要重点确定以下两个参数：

（1）N：窗口大小，该值需为正奇整数。窗长越小，曲线越贴近真实曲线；窗长越大，平滑效果越厉害。

（2）对窗口内的数据点进行 k 阶多项式拟合，k 的值需要小于窗长。k 值越大，曲线越贴近真实曲线；k 值越小，曲线平滑越厉害。另外，当 k 值较大时，受窗口长度限制，拟合会出现问题，高频曲线会变成直线。

因此在模型选定参数时需要首先明确这两个参数。

4. 基于 S-G 滤波器划分线路区段维修程度

若对运营高速铁路线路轨道不开展养护维修，则线路的平顺性状态随时间呈负相关趋势。随着时间的累积，各项不平顺指标的标准差计算值逐步增大。但在运营期间，为维护线路平顺性，必然进行定期的养护维修，其特点是在人工作业的影响下高低标准差会形成骤降的趋势，可利用该趋势频次进行维修程度划分。

利用 S-G 滤波器将高低标准差曲线进行平滑去噪，剔除一些小范围的上下数值波动，关注高低不平顺的整体发展趋势。利用 S-G 滤波器进行滤波之后的高低标准差时域变化图呈现为平滑的趋势曲线。若是进行了维修等人工作业，造成的前后标准差的变化是较大的，因此增加了剔除小变化极值部分（剔除平滑后曲线极大值与极小值之差小于 0.095

[①] CHEN J, JÖNSSON P, TAMURA M, et al. A simple method for reconstructing a high-quality NDVI time-series data set based on the Savitzky-Golay filter[J]. Remote Sensing of Enviroment, 2004, 91: 332.

[②] 吴川虎, 陶于祥, 罗小波. 基于 Google Earth Engine 的重庆市植被指数长时间序列 S-G 滤波方法的改进与实现[J]. 遥感技术与应用, 2021, 36（5）: 1190.

的极大值标记)。定义剔除后的平滑趋势曲线所含有的极大值数目为划分该线路区段维修程度的依据,极大值越多则表示维修程度越重。

首先将所有动检数据进行异常值剔除、里程定位对齐数据、线性插值补全缺失数据等预处理,以 200 m 为一个线路区段划分研究对象。设置一年的时间跨度为信息熵计算窗长,得到不同线路区段的时域信息熵值,以 1 年为一个步长增大计算窗长后再次计算信息熵,增加窗长至 3 年为止。所有计算窗长均完成计算后,进一步划分异常临界信息熵值的对应参数,提取超出临界节点信息熵值的线路区段组成异常区段集合。不同计算窗长提取到的线路区段集合取并集,作为最终的异常线路区段集合 L。

对集合内部数据采取 S-G 滤波器滤波后拟合曲线。为了减少局部波动、毛刺等的不良影响,剔除小范围内波动产生的极值。以删减后的极大值数目作为划分维修次数的依据。定义删减后的极大值数目为 N,$N=1$ 为少量维修集合 A,$N=2$ 为适量维修集合 B,$N=3$ 为多次维修集合 C。该模型的逻辑流程如图 9-18 所示。

9.2.2 案例分析

对某开通运营十余年的 CRTS I 型板式无砟轨道铁路线路的动态检测数据采用上述维修程度分析模型,计算了每个线路区段对应的信息熵值,提取出全线内所包含的异常线路区段,并进行不同维修程度的划分。

1. 数据预处理

某 CRTS I 型无砟轨道铁路线路 K40+072～K285+872 共 245.8 km 的轨道不平顺检测数据的时间段为 2012 年 1 月至 2021 年 12 月共 10 年,共计 118 组月度数据。数据存在检测数据缺失的现象,缺失 2012 年 6 月以及 2014 年 1 月的原始轨道动态检测数据。由于原始数据存在里程漂移现象,首先需要进行里程定位,以及数据补齐和异常点剔除等数据预处理工作,如图 9-18 所示。

里程修正采用超高进行数据对齐,对于缺失时间点的不平顺数据采用线性内插的函数进行计算补齐,使得十年数据时间连续。异常点是指超过 $\mu\pm3\sigma$ 区间内的值,将其剔除后用均值替换该异常值。

2. 计算时域信息熵

数据预处理之后划分 200 m 为一个单元区段进行高低标准差的计算,用于计算信息熵提取异常线路区段。图 9-19 所示为 K40+472～K40+672 区段的高低标准差随时间变化曲线。研究数据表明,自 2012 年起高低标准差呈现逐步增大的趋势,在此过程中为了保证该线路运行过程中的安全性和平顺性,图 9-19 中线路段明显经过线路维修。

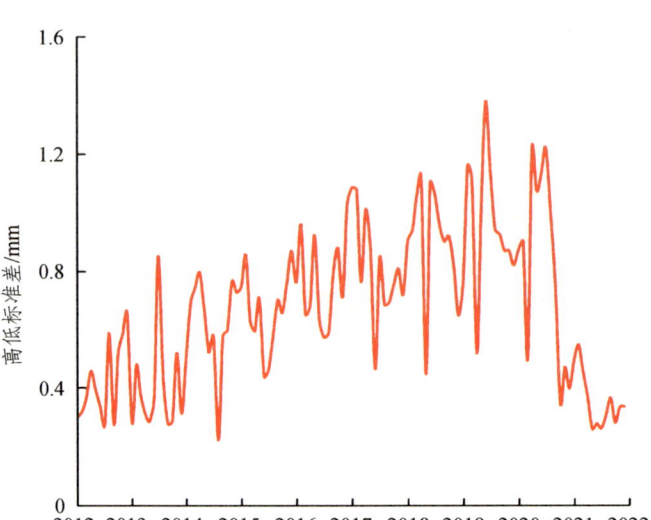

图 9-19 200 m 线路区段标准差时域图

1）确定计算窗长

信息熵计算窗长为一年时，存在计算窗口内所有数据均大于标准差限值且无较大波动的现象。K44+872～K45+072 线路区段从 2019 年 11 月至 2020 年 10 月，连续 12 个高低标准差值较大，但是波动较小，计算得出的信息熵较小（如图 9-20 最大计算信息熵达到 3.11）：1.96。

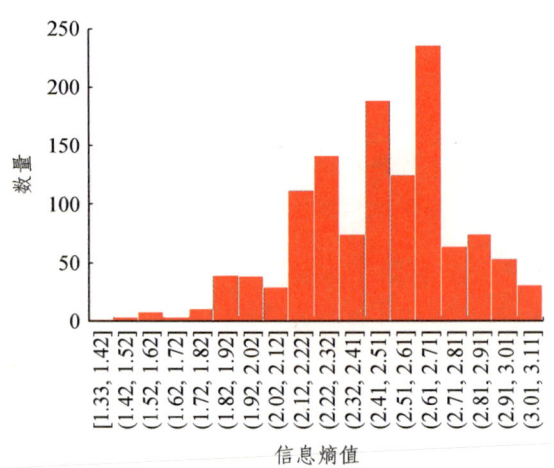

图 9-20 全线一年窗长计算信息熵分布直方图

该时间段内的高低不平顺标准差值较大,计算均值超过了 0.8 mm(表 9-3),但是信息熵值远小于计算中位数,所以一年的计算窗长难以捕捉该时间段内的不平顺,继续增大窗长作为数据补充。

表 9-3　K44 + 872 ~ K45 + 072 里程特殊时间段标准差

年/月	高低标准差/mm	年/月	高低标准差/mm
2019/11	0.766 2	2020/5	0.912 7
2019/12	0.744 2	2020/6	0.928 7
2020/1	0.762 8	2020/7	1.002 5
2020/2	0.777 2	2020/8	0.815 7
2020/3	0.721 8	2020/9	0.967 1
2020/4	0.982 2	2020/10	0.740 2

扩大计算窗长至 2 年,依旧存在上述现象,K59 + 072 ~ K59 + 272 线路区段从 2016 年 12 月至 2018 年 12 月,连续 24 个高低标准差值较大,计算信息熵较小(如图 9-21 最大计算信息熵达到 3.52):1.25。根据分布直方图可知,该时间段内的高低不平顺标准差值较大,计算均值超过了 0.8 mm(表 9-4),但是信息熵值远小于计算中位数,2 年窗长难以捕捉该时间段内的不平顺,因此继续增大窗长作为数据补充。

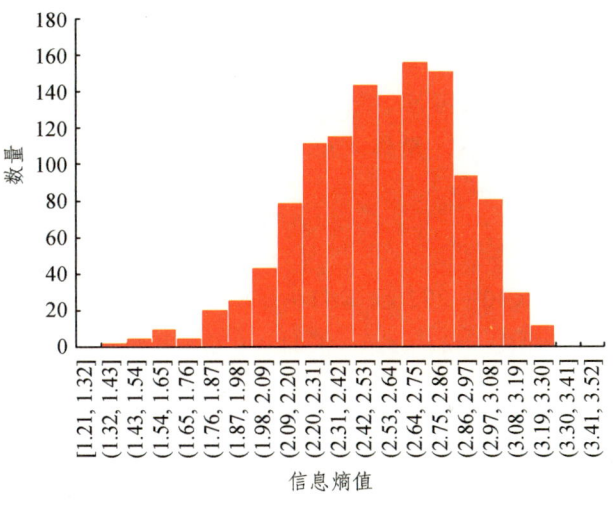

图 9-21　全线 2 年窗长计算信息熵分布直方图

表 9-4　K59+072～K59+272 里程特殊时间段标准差

年/月	高低标准差/mm	年/月	高低标准差/mm
2016/12	0.735 4	2017/12	0.800 6
2017/1	0.783 6	2018/1	0.699 4
2017/2	0.834 2	2018/2	0.795 6
2017/3	0.801 2	2018/3	0.784 4
2017/4	0.845 8	2018/4	0.829 3
2017/5	0.822 5	2018/5	0.741 4
2017/6	0.774 2	2018/6	0.828 0
2017/7	0.729 6	2018/7	0.785 5
2017/8	0.750 3	2018/8	0.790 6
2017/9	0.837 6	2018/9	0.846 1
2017/10	0.802 9	2018/10	0.888 8
2017/11	0.773 6	2018/11	0.876 5

继续扩大窗长至 3 年，并且验证后数据不存在连续 3 年（36 个连续值）持续高标准差的现象。将计算窗口扩大至 4 年后提取得到的敏感区段完全包含于 1 年、2 年、3 年的结果并集中，因此信息熵计算窗长取到 3 年时已经能够提取较为完全的敏感线路区段。经过上述信息熵计算窗长的细致考虑，为了将全程 245.8 km 中包含的所有高低标准差波动较大的线路区段完全提取出来，最终明确模型采用信息熵计算窗长为 1 年、2 年和 3 年的结果并集。

2）确定临界节点信息熵

分别绘制 K40+072～K40+272 和 K41+072～K41+272 区段左高低标准差时域变化趋势图作为对比展示，如图 9-22 所示，K41+072～K41+272 对应的 200 m 区段的高低标准差波动较大，并且峰值较高，一年窗长计算得信息熵为：2.92（对比 K40+072～K40+272 对应的 200 m 区段计算得一年窗长信息熵为 2.22，远小于 2.92）。信息熵越大，对应的线路区段内数据越复杂，波动越大，存在反复病害可能性越大。结合原始数据判断 K41+072～K41+027 属于重点注意线路区段。

9.2 基于信息熵和S-G滤波器的线路区段维修评价模型

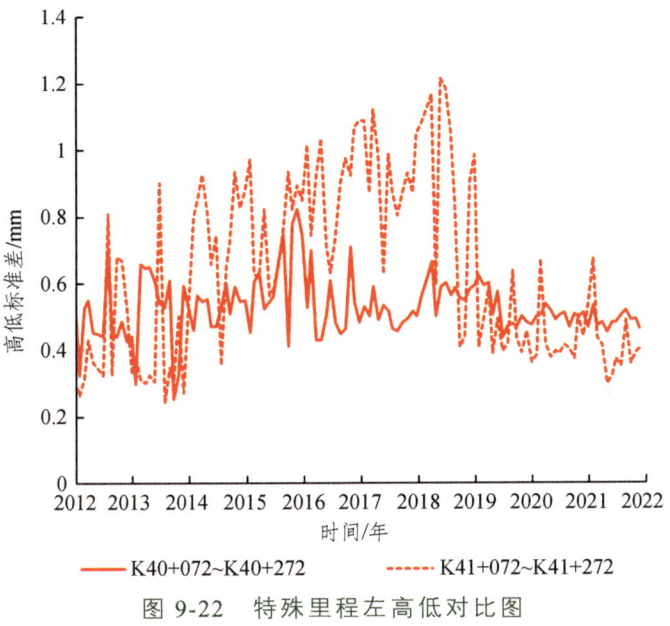

图9-22 特殊里程左高低对比图

经过不同滑动窗长计算时域信息熵的分布直方图可得，随着窗长的增加，信息熵计算数值分布越来越趋近于正态分布。临界节点信息熵值为均值和n倍标准差的和：

$$h = \bar{x} + ns$$

选取临界节点信息熵的参数n，参考图9-18内部的流程图。节点参数n从0开始，以0.5为一个步长增大，直至模型最终提取区段的里程点均出现高标准差、频繁波动、反复维修、重点维修段即可。

以1年窗长为实例，初始界定信息熵值为$h = \bar{x} + 0 \times s = 2.46$，但是提取出来的K43+072～K43+272线路区段并不存在高标准差及较大波动的变化现象。需要提高节点信息熵的值，取$n = 0.5$，计算得$h = \bar{x} + 0.5 \times s = 2.615$，仍旧提取了K43+072～K43+272线路区段。进一步增大节点信息熵，取$n = 1$，计算得$h = \bar{x} + 1 \times s = 2.77$，此时提取的线路区段均满足以上要求，因此最终选定参数$n = 1$，提取线路区段效果较好。

采用窗长为2年的信息熵进行验证计算，模型提取线路区段最优对应参数$n = 1$，因此窗长为3年时然采用此参数进行划分异常线路区段和正常线路区段。

根据全长245.8 km对应信息熵统计数据可得：1年窗长对应平均值为2.46，标准差为0.31，临界熵值为$h_1 = \bar{x} + s = 2.77$；2年窗长对应平均值为2.54，标准差为0.35，临界熵值为$h_2 = \bar{x} + s = 2.89$；3年窗长对应平均值为2.55，标准差为0.36，临界熵值为$h_3 = \bar{x} + s = 2.91$。不同窗长对应临界节点信息熵值见表9-5。

表 9-5 不同窗长对应临界节点信息熵值

计算窗长	1 年	2 年	3 年
均值	2.46	2.54	2.55
标准差	0.31	0.35	0.36
临界信息熵	2.77	2.89	2.91

取计算信息熵大于临界节点信息熵值的线路区段，求得不同计算窗长提取线路区段的并集，得到最终提取异常线路区段集合 L，共计 286 个（全部线路区段共 1 230 个，占全线路的 23.3%），提取出来的线路区段高低标准差变化均波动较大，并且是反复维修着重注意的线路区段。

3. 划分不同维修程度线路区段

该分类主要目的是将集合 L 中的线路区段划分为 3 个不同维修次数的子集合，分别为少量维修（A）、适量维修（B）、多次维修（C）。划分后的线路区段集合能够直接判断这十年中反复病害、反复维修的重点线路区段的维修程度，为现场养护维修的决策提出较为直接的指导意见。

1）确定 S-G 滤波器参数

滤波器拟合的曲线需要贴合原曲线的发展趋势，但不能有过多的干扰信息，需将时间序列曲线进行平滑去噪处理。根据 9.2.1 节第 3 点的介绍，需要在使用 S-G 滤波器之前明确窗长和 k 值两个重要参数。随机选定里程集合 L 里的一个 200 m 线路区段作为参数选定的验证里程。窗长（正奇数）一般取值考虑整体数据集合的长度以及数据集的季节性波动。

研究数据中每一个线路区段均包含 10 年（120 个）的左高低数据，初步设置窗长为 1 年、3 年和 4 年。与信息熵计算窗长不同，滤波器窗长设置必须为正奇数，最终确定滤波器计算窗长以每个月为一个计量单位，定义为 13、37、48。再经过对比模型拟合效果后确定，对比如图 9-23 所示。拟合效果正如 9.2.1 节所述：窗长越小（13-蓝色），拟合曲线与原曲线贴合度越高，拟合曲线含有过多小范围波动，该窗长不予考虑。窗长过大（49-黑色），曲线在 2012 年初未能较好地捕捉到先下降后上升趋势，因此不予考虑。综上，取窗长为 37，为该模型最优窗长参数取值。

在集合 A 中随机选取一个线路区段，并验证上述取得计算窗长的合理性，随机抽取到的线路区段为 K64+072～K64+272，分别绘制 13、37、49 的窗长对比如图 9-24 所示。

9.2 基于信息熵和 S-G 滤波器的线路区段维修评价模型

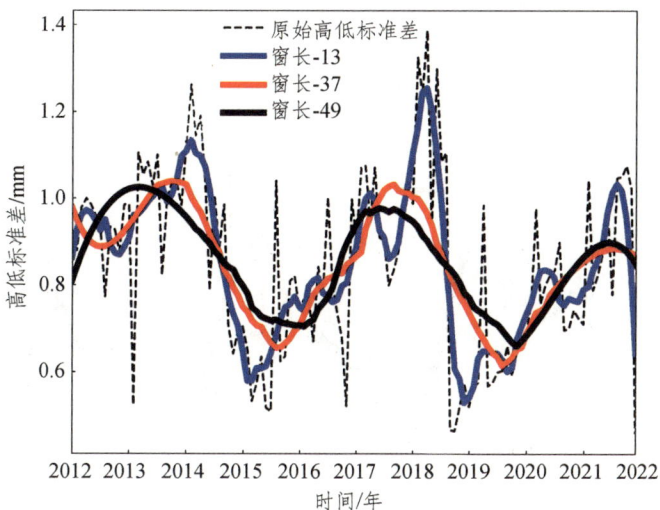

图 9-23　K274+672～K274+872 段不同窗长效果对比图

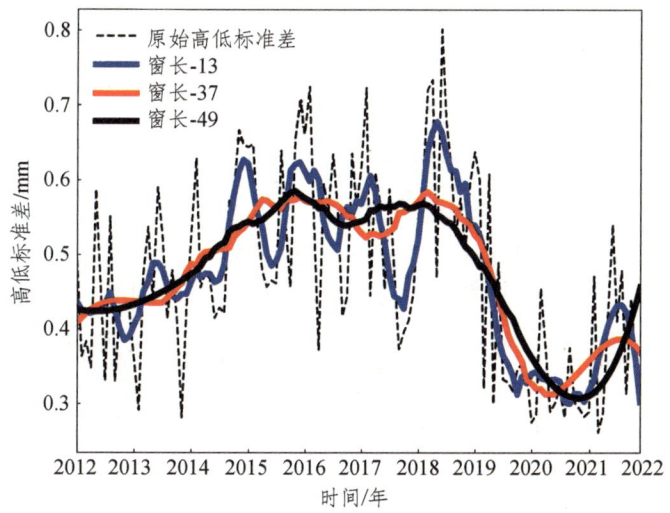

图 9-24　K64+072～K64+272 段不同窗长效果对比图

窗长 37 能够捕捉到 2017 年至 2018 年的先下降后上升趋势以及 2021 年末的先上升后下降趋势，因此验证成功。最终取计算窗长 37 为最优参数。根据经验可知 k 值一般取值为 3，本研究考虑对比 1、3、5 的模型效果最终决定。

如图 9-25 所示，k 值越小（1-蓝色），曲线趋势越不明显，不予考虑；$k=3$ 和 $k=5$ 时，效果相差不大，为了节省计算时长和化简拟合多项式次数，考虑取 $k=3$ 为模型最优参数。图 9-24 和图 9-25 均为滤波一次的曲线，仍有部分含有毛刺，因此考虑将滤波后的曲线进行二次同参数滤波，呈现出的曲线就更为平滑且不改变趋势走向，更加利于后续分类的实现。平滑两次后效果如图 9-26 所示。

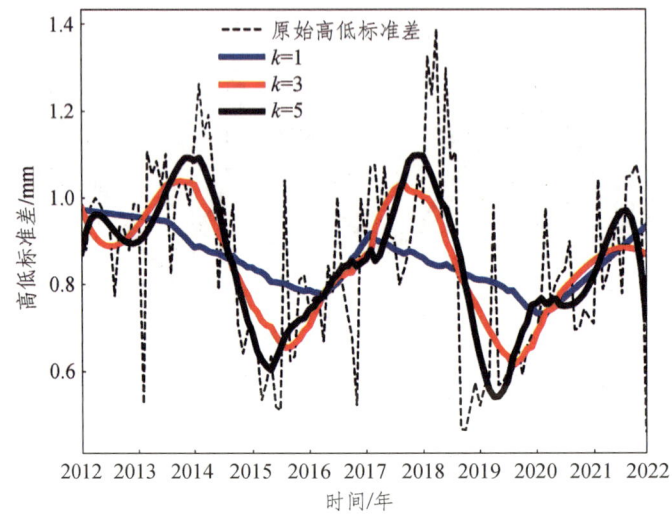

图 9-25　K274+672～K274+872 段不同 k 值效果对比图

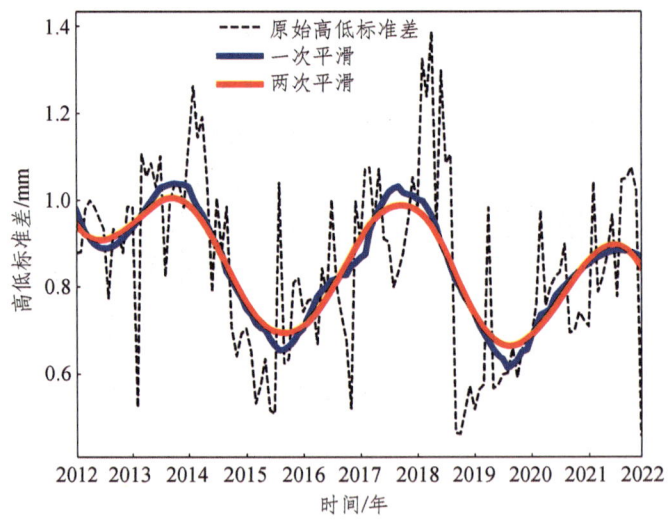

图 9-26　K274+672～K274+872 段两次平滑效果对比图

2）不同维修程度分类

如果不干预该线路区段，则根据时间的推移，标准差数据应该呈现局部波动但整体上升的趋势。如果出现极大值，则表示该处后标准差有了大幅度的下降，考虑是小修、大修等人为干预造成的。定义滤波后的曲线极大值数量代表该线路区段的维修次数。

9.2 基于信息熵和S-G滤波器的线路区段维修评价模型

程序在运行过程中发现存在波动较小的极值，例如前后两极值之间相差小于0.095。该小波动极值会影响后续的里程分类，需要剔除该极值，不作为维修次数的计数。以下所有图示中三角形代表极大值，圆形代表极小值。

剔除小波动后的极大值数目为 N，若 $N=1$，则将其划分为少量维修程度集合；若 $N=2$，则将其划分为适量维修程度集合；若 $N=3$，则将其划分为多次维修程度集合。

根据图 9-27（a）和图 9-27（b）的对比明显可知，第 115 个线路区段对应 K63+072～K63+272，根据左高低标准差原始曲线走向人工将其判断为一个范围内的大拐点。输出极大值为一个则表示该程序运行成功，但是剔除小波动前的图 9-27（a）明显展示有 3 个拐点，其中两个都属于范围内小波动拐点，不应纳入维修程序划分的考虑范畴。剔除前后两极值之间相差小于 0.095 的部分后，再次运行的结果如图 9-27（b）所示。输出的极大值个数与人工判断的结果相吻合。

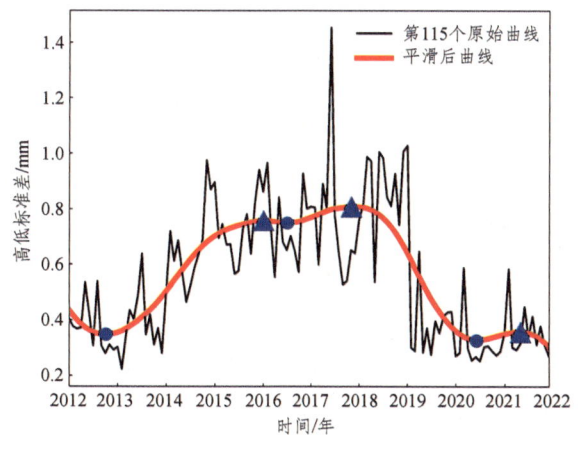 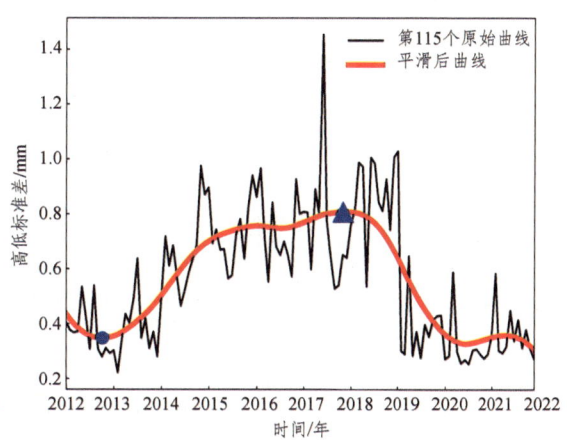

（a）K63+072～K63+272 剔除小波动前　　（b）K63+072～K63+272 剔除小波动后

图 9-27　剔除小波前后对比

3）分类后的集合

将集合 L 内的全部线路区段均依次代入到上述的分类模型中进行维修次数划分，并最终输出 3 个异常线路区段集合。3 个集合分别为：少量维修集合 A（内含 212 个线路区段）、适量维修集合 B（内含 71 个线路区段）、多次维修集合 C（内含 3 个线路区段）。

根据表 9-6 中的数据，CRTS I 型板式无砟轨道铁路线路全程 245.8 km 的线路中包含需要着重注意的维修线路区段占整体线路的 23.25%，且大部分都是少量维修能够满足的线路区段。3 个不同程度的维修集合所包含的轨下结构占比各不相同，统计各个集合内含有桥梁、隧道、曲线和直线的数量，如图 9-28 所示。

表 9-6 各维修线路区段分类集合占比

集合特征	线路区段			
	少量维修	适量维修	多次维修	非敏感线路
包含个数	212	71	3	944
占整体比率	17.24%	5.77%	0.24%	76.75%
占集合 L 比率	74.13%	24.83%	1.04%	—

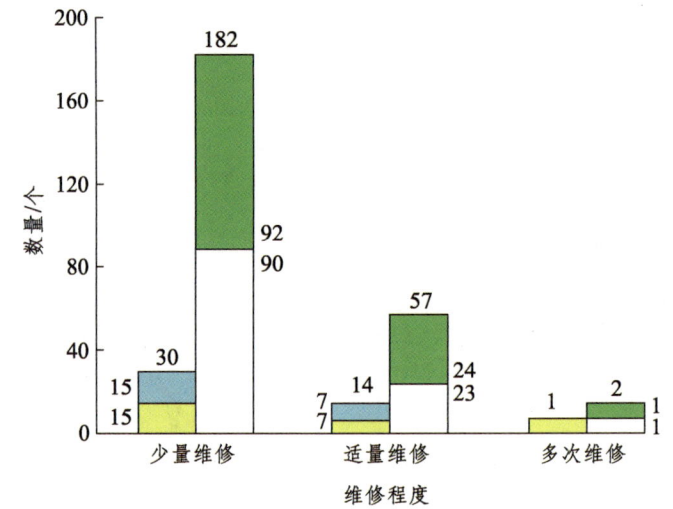

图 9-28 不同维修程度包含轨下结构统计

此 CRTS I 型板式无砟轨道线路在研究的这十年中,所提取的敏感区段均不包含隧道部分,说明隧道部分高低不平顺状态相比于其他轨下结构部分较稳定。路基部分产生不均匀沉降、过渡段刚度变化过大以及桥梁折角和挠曲变形都容易产生轨道线路的高低不平顺现象。横向对比 3 个维修程度,所含有的不同轨下结构占比均有相同的特点,每个集合中路基段数量最多,其次是桥梁段。3 个集合中包含的敏感桥梁段占总桥梁里程的 25.7%,而路基段只占总路基里程的 22.9%。相较而言,桥梁部分较容易发生反复高低不平顺现象。

分别随机抽取 3 个集合中的两个线路区段展示滤波趋势曲线以及极大值数量,如图 9-29、图 9-30 和图 9-31 所示。

9.2 基于信息熵和S-G滤波器的线路区段维修评价模型

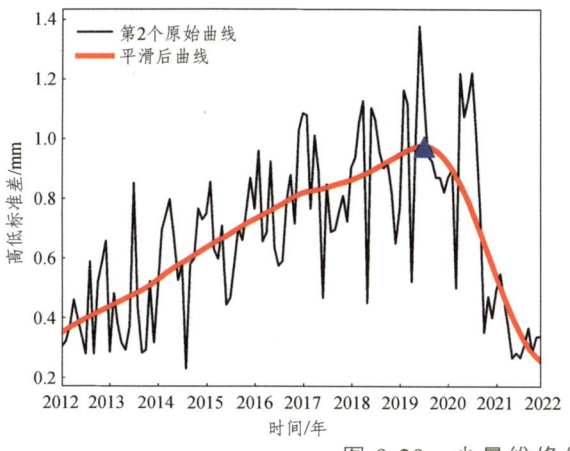
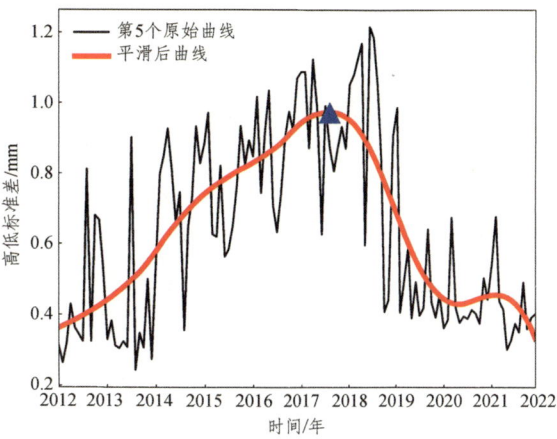

图 9-29　少量维修代表线路区段（A）

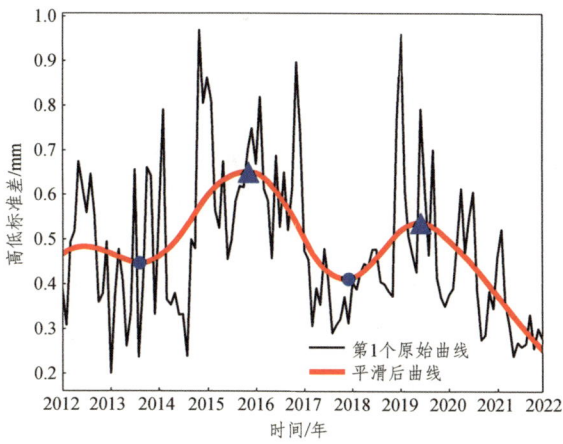
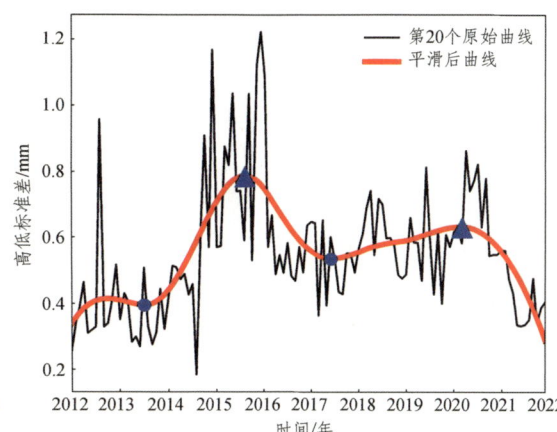

图 9-30　适量维修代表线路区段（B）

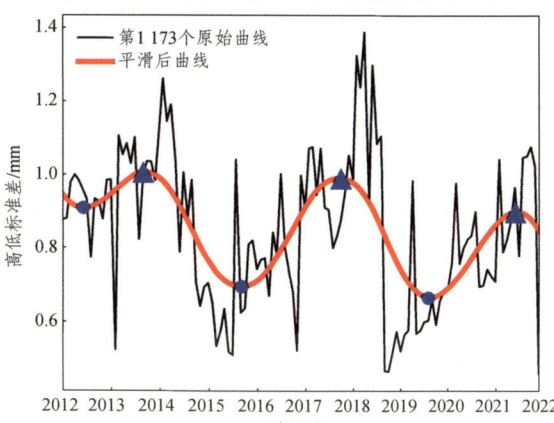

图 9-31　多次维修代表线路区段（C）

本章小结

无砟轨道采用混凝土或者沥青混合料等材料取代了传统的散粒道砟道床，这样会增出扣件可调范围内的不良几何状态部分的维修作业要求。针对无砟轨道的结构特点，要通过科学先进的检测手段和多角度多维度的数据分析方法在线路状态劣化前采取措施来保证线路运行质量。线路设备维修贯彻"预防为主，防治结合，养修并重"的基本原则，按照线路发展的现实状态和发展规律，进行"周期修""状态修"以及"预防修"。但是由于目前的无砟轨道日常检测产生的数据量较为庞大，所以需要将各种几何状态评价参数进行综合全面的定量分析，才能满足"预防修"的基础准备工作。

对比 CRTS I 型板式无砟轨道和 CRTS II 型板式无砟轨道的各项不平顺标准差在路基段、隧道段和桥梁段的变化可知，左、右轨向标准差随着里程的变化趋势基本一致，并且左、右高低标准差随着里程的变化趋势也基本相同。

在同一计算区段不同的检测时间中的左高低标准差的分布具有一定的规律性，对于两种板式无砟轨道中均存在的周期性峰值现象，考虑是进行了"周期修"和"状态修"的综合作用造成的。CRTS I 型板式无砟轨道在 2015 年 8 月起直至 2020 年 2 月为止，出现周期性峰值的线路区段较多，并且这些线路区段均是连续的，出现峰值的周期为 11 个月，这样与季节性因素的影响无法完全吻合。除了这些峰值的出现存在周期性变化这一特征外，经过全程十年的分析，每一个线路区段在每一年中的 7 月、8 月和 9 月比较频繁会出现较高标准差的现象。CRTS II 型板式无砟轨道同样在 2017 年 5 月、2018 年 4 月、2019 年 3 月、2020 年 3 月、2021 年 2 月表现出规律性峰值。

同一检测时间不同检测区段计算所得的左高低标准差分布呈现一定的随机性，主要是因为不同的线路区段所在的地点不同，自然周围的环境因素以及施工工况有很大的不同，并且所包含的轨道结构也不尽相同，桥梁段和路基段以及隧道段之间的不平顺相关性并不大。

本章分析结果体现了在这十年间，除了日常定期的养护维修工作以外，还需要根据每一个线路区段实际的线路状况进行及时的精调和维修，这个环节在线路的长时间运营中是不可或缺的。因此线路运行状态的实时掌握对于铁路线路运营的安全性和平顺性以及乘客的舒适度等的影响极为重要。

本章提出的基于信息熵和 Savitzky-Golay 滤波器的高速铁路维修程度分析模型，通过对我国某 CRTS I 型板式无砟轨道开通运营十年综合检测列车历史数据建模分析，得到了少量维修、适量维修、多次维修 3 种不同维修程度的敏感区段集合。分类结果显示该方法能够较好地区分长大里程及长久时间内会发生反复病害或需要进行反复维修和重点关注的线路区段。

敏感区段集合包含的线路区段数目为 286（所有线路区段共计 1 230 个），占线路总长度的 23.3%。经过十年的发展变化，需要养护且重点关注的线路区段占比并不大，说明该线路过去十年的周期性养护维修作业满足了绝大部分区间的运营需求。对提取的敏感区段则需要制定合理的状态修和预防修决策。从划分的集合内包含线路区段数目分析，少量维修集合（A）内包含的线路区段最多，共计 212 个（占敏感区段集合的 74.1%），反映了在这十年中有额外养护维修需求的线路区段中绝大部分维修的程度并不高，在这些线路区段采取少量维修措施后能够满足线路安全运行的需求。提取出某 CRTS I 型板式无砟轨道线路开通运营十余年来线路区段中的敏感区段，并将其划分为少量维修、适量维修和多次维修 3 个里程集合，明确提取出需要重点关注和养护的线路区段，有着现实的指导意义。